BIBLIOGRAPHIE

DES PRINCIPALES

Éditions Originales

D'ÉCRIVAINS FRANÇAIS

DU XVe AU XVIIIe SIÈCLE

JULES LE PETIT

BIBLIOGRAPHIE

DES PRINCIPALES

ÉDITIONS ORIGINALES

D'ÉCRIVAINS FRANÇAIS

DU XVE AU XVIIIE SIÈCLE

1969
GEORG OLMS VERLAG
HILDESHEIM · NEW YORK

Reprografischer Nachdruck der Ausgabe Paris 1888
Printed in the Netherlands
Herstellung: J. C. Gieben, Amsterdam
ISBN 3 487 04174 x

PRÉFACE

Nous avons essayé de décrire, dans cet ouvrage, les principales éditions originales des écrivains français illustres ou de ceux qui intéressent le plus les bibliophiles à un titre quelconque. Ce livre n'aura sans doute aucun attrait pour ceux dont nous avons entendu quelquefois exprimer ainsi l'opinion *bibliophilique :* « Pourquoi rechercher plutôt les éditions originales que des éditions plus récentes, qui coûtent moins cher, sont peut-être meilleures et, à coup sûr, mieux imprimées? » Ces gens, exclusivement pratiques, ayant jusqu'à un certain point raison, nous n'entreprendrons point de les convertir. Il est évident qu'au point de vue du texte définitif et de la typographie, les éditions modernes sont assez souvent supérieures aux anciennes. Mais il arrive fréquemment que les premières éditions renferment des passages supprimés ou modifiés plus tard, et qui n'en avaient pas moins un grand intérêt dans leur forme primitive, pour faire connaître au lecteur différentes nuances des idées, des opinions, de l'esprit ou du talent de l'auteur. Il est donc curieux de posséder les unes à côté des autres. Et puis, sans tomber dans le fétichisme, n'y a-t-il pas un certain charme à conserver les éditions qu'un écrivain éminent, dont le génie fait l'admiration de tous, a données et corrigées lui-même, surtout les premières, celles qui lui ont évidemment causé les plus vives émotions? Et quand cet écrivain est de notre pays, il s'y mêle nécessairement une sorte d'enthousiasme patriotique, qui s'adresse autant à l'homme qu'à ses œuvres et doit encore augmenter, chez le bibliophile, le désir d'avoir en sa possession l'édition qui lui a passé par les mains. Ce goût des éditions originales est donc au moins aussi légitime et aussi élevé que la passion des provenances célèbres ou des belles reliures, par exemple, passion que nous sommes loin de réprouver, en étant nous-même possédé, tout en ne lui attribuant cependant qu'une importance secondaire.

Les éditions originales des écrivains français sont toujours recherchées par un certain nombre de bibliophiles et de lettrés. Si elles n'atteignent plus, dans les ventes et chez les libraires, les prix fantastiques d'antan, elles ont néanmoins conservé une valeur importante, valeur sérieuse et que l'on peut considérer comme durable, parce qu'elle est désormais assise sur des bases solides. En effet, ce goût des premières éditions, comme celui des livres en général, a passé par diverses phases. Les prix ont subi plusieurs fluctuations n'ayant eu souvent d'autres raisons d'être que le caprice de faux amateurs de livres, qui s'étaient un moment jetés dans la mêlée des vrais bibliophiles, parce que c'était la mode de « faire une bibliothèque » et d'avoir des livres anciens. Il s'en est suivi une grande hausse des prix qui, jusque-là, avaient été très modérés, trop modérés peut-être. Mais comme tout ce qui repose seulement sur la mode et le caprice ne peut avoir de durée, les désœuvrés, les financiers vite parvenus et autres amateurs éphémères, se sont ennuyés de rechercher des objets dont la possession ne leur procurait pas d'autres jouissances qu'une mince satisfaction de vanité. Ils ont bientôt renoncé, ou de leur plein gré, ou forcés par des catastrophes financières, à jeter à pleines mains l'or et les billets de banque, si facilement amassés qu'ils fussent, en échange de livres qu'ils ne savaient guère apprécier. Ils ont enfin laissé le champ libre aux bibliophiles plus sérieux, dont le goût inné est encore fortifié par un sage raisonnement, et dont l'esprit délicat sait comprendre et savourer la joie qu'on éprouve à posséder les éditions données par les écrivains eux-mêmes, à les relire et à les comparer parfois avec des éditions modernes, peut-être plus belles, mais présentant souvent un texte moins authentique.

Il en est résulté que les prix, montés jusqu'à la dérision, du fait même de ces amateurs capricieux, sont redevenus rationnels ; et, comme ces prix se débattent désormais entre un bon nombre de gens que le goût des livres n'abandonnera pas de sitôt, que d'ailleurs la petite armée bibliophilique fait chaque jour de nouvelles et intelligentes recrues, on peut préjuger que les prix actuels se maintiendront assez longtemps.

Pour ce qui est du goût particulier des éditions originales, les découvertes que nous faisons ou que nous signalons souvent depuis quelques années, nous autres, modestes bibliographes, découvertes ayant rapport à des modifications de texte faites au moyen de *cartons,* ou à des différences entre les textes des éditions *princeps* et ceux des éditions postérieures, redonnent aux premières un regain d'intérêt. La jeune génération des bibliophiles, notamment, attache à ces particularités une grande importance. Aussi, pour la satisfaire, sommes-nous obligé, en décrivant ces livres, d'apporter dans nos recherches une exactitude minutieuse, qui donne à nos travaux de bibliographie une apparence de sécheresse et d'aridité que n'avaient pas les ouvrages de nos maîtres, Charles Nodier, ou Tenant de Latour, ou Jules Janin, ni les livres fantaisistes et spirituels de plus jeunes écrivains bibliophiles, de notre excellent ami Octave Uzanne, par exemple.

Mais comme notre ouvrage n'est pas destiné à devenir un livre de chevet de châtelaine en villégiature, et que, d'autre part, nos Universités n'auront jamais l'idée d'en faire un livre de lecture à l'usage des jeunes citoyens, déjà passablement surmenés par d'autres études qui ne leur seront guère plus profitables et qui leur procureront à coup sûr moins d'agrément, de ces études secondaires spéciales, bonnes à fabriquer plus de déclassés et de vulgaires politiciens pour les petits journaux de province que d'hommes de mérite, aux sentiments élevés, nous sommes parfaitement tranquille sur le sort de notre volume. Nous savons que ceux qui daigneront l'acquérir sont déjà un peu nos confrères en bibliophilie, c'est-à-dire des gens pleins d'aménité, d'équité et d'indulgence et qui, d'ailleurs, nous sauront gré des détails méticuleux et techniques dans lesquels nous sommes entrés pour leur rendre service.

Nous prévoyons bien qu'il nous sera fait différentes objections à propos du présent livre. Il était à peine commencé, d'ailleurs, que le simple plan de ce travail nous attirait d'amicales critiques. Pourquoi avoir choisi un nombre relativement restreint d'écrivains français? Pourquoi n'avoir pas pris toutes les œuvres de chacun? Enfin pourquoi avoir choisi tel écrivain au lieu de tel autre et pourquoi cet ouvrage-ci et non pas celui-là? Afin de plaire aux gens systématiques, les plus enclins toujours à soulever ces objections, nous répondrons par des chiffres, nous plaçant, pour un moment, au point de vue commercial, ce qui fera plaisir à notre éditeur. Il était matériellement impossible de prendre d'un seul coup tous les écrivains français et tous leurs ouvrages, même approximativement, sans remplir plus de quinze volumes, qui auraient peut-être contenu dix à douze mille *fac-similés* et auraient coûté évidemment plus de trois cent mille francs. Car l'idée d'offrir aux bibliophiles, à côté de la description de chaque ouvrage, la *figure* de son titre reproduite par un procédé, a bien son charme, croyons-nous, mais l'exécution, si simple qu'elle soit, faite même par les procédés nouveaux, est toujours assez coûteuse. Et encore eût-il fallu dix ans pour mener à bien le travail en question. Si notre idée est exploitée plus tard par des bibliographes plus patients que nous, on verra peut-être dans un certain nombre d'années ce rêve se réaliser. Mais quant à présent, nous qui tenons plutôt, tout en nous rendant utile à nos collègues en bibliophilie, à contribuer à l'accroissement de la fortune de notre éditeur qu'à sa déconfiture, nous avons cru qu'il fallait agir avec prudence. Si les *grands brasseurs d'affaires* ne nous approuvent pas, peu nous importe.

Quant au choix que nous avons fait des auteurs et des principaux livres de chacun d'eux, nous l'abandonnons complètement à la critique. Nous serons même heureux d'écouter les observations qu'on voudra bien nous faire à ce sujet et de les mettre à profit, s'il y a lieu de donner d'autres éditions, que nous aurons dans ce cas le loisir d'augmenter. Brunet, le plus exact des bibliographes (avant M. Émile Picot et M. Harisse), a préludé à son superbe *Manuel*, véritable chef-d'œuvre de patience et de savoir, par un simple in-8°. Puis il a donné, dans l'espace de soixante ans environ, quatre autres éditions, graduellement augmentées, y compris la dernière, de 1860-1865, qui contient six gros volumes. Eh bien! cet important *vademecum* des bibliophiles et aussi des libraires, tout en rendant aux uns et aux autres de réels services, ne les satisfait plus entièrement. D'abord, par suite de la progression du goût des livres et de l'accroissement de leur valeur vénale, autant qu'à cause de l'éducation devenue pour tous plus pratique (on ne peut pas, hélas! dire plus élevée), les bibliophiles sont devenus très difciles. Les descriptions de Brunet ne sont plus à leur gré assez détaillées; il s'est borné à signaler seulement, par exemple, sans les décrire, les éditions originales séparées de nos classiques du xviie siècle, qui, de son temps, étaient peu recherchées et qui sont devenues, depuis, l'ornement de toutes les belles bibliothèques. Nous avons voulu combler un certain nombre de ces lacunes, en publiant notre livre.

Nous tenons à expliquer un peu le plan que nous avons suivi.

Obligé de nous borner à faire d'abord un seul volume, nous avons choisi de préférence les ouvrages de littérature, poésie, roman, théâtre ou critique, nous réservant de nous occuper des autres branches dans une nouvelle édition augmentée ou dans un nouveau volume. Toutefois, on verra que ce choix n'est pas exclusif. Les auteurs qui figurent dans ce travail sont d'abord ceux dont notre pays peut s'énorgueillir, et ensuite quelques-uns dont les œuvres, sans avoir une aussi haute valeur littéraire, sont l'objet des convoitises des bibliophiles, pour d'autres motifs. Les livres choisis sont, autant que nous avons pu nous les procurer, les meilleurs de ces écrivains, et après cela ceux qui sont encore recherchés des amateurs. Nous n'avons pas oublié que les bibliophiles ont souvent sur les volumes, au point de vue *livresque*, un jugement tout différent de celui des critiques ou du commun des mortels, et que parfois aussi ils ont entre eux des idées différentes sur les ouvrages et sur les éditions. Afin de donner à tous une petite satisfaction et de leur procurer aussi le plaisir de pouvoir nous lancer quelques pointes, nous avons décrit des œuvres de genres assez disparates; nous serons heureux si la satisfaction de trouver la description de leurs ouvrages favoris peut nous attirer, de la part des uns et des autres, le pardon d'avoir décrit à côté quelques livres qui leur soient moins agréables.

D'ailleurs, nous devons avouer qu'un certain nombre de bibliophiles et de libraires ont été un peu nos complices en cette affaire. Car il nous a bien fallu avoir recours non seulement aux bibliothèques publiques, mais encore aux collections privées et aux principales librairies, pour voir, collationner, comparer entre eux les livres que nous décrivons et en faire reproduire les titres. Nous demandons même, à tous ceux qui ont mis tant d'obligeance à nous être utiles, la permission de leur exprimer ici toute notre gratitude. Nous devons une particulière reconnaissance à M. Léopold Delisle, l'éminent administrateur général de la Bibliothèque nationale, à M. Ol. Thierry, premier conservateur des imprimés de la même bibliothèque, pour nous avoir facilité les moyens de consulter un grand nombre de volumes les plus précieux et d'en faire reproduire les titres, au moyen d'appareils assez encombrants. Nous remercions M. Alphonse Pauly, l'érudit conservateur, des bons renseignements qu'ils nous a donnés, et MM. Richert et Blaive, les employés si zélés de la Bibliothèque, du soin qu'ils ont mis à nous chercher les volumes de la réserve, que nous avons dû si fréquemment consulter. Nous adressons aussi nos remerciements à MM. les conservateurs de la bibliothèque de l'Arsenal, notamment à M. Bonnefon, et à MM. les conservateurs de la bibliothèque de Versailles.

La bienveillance des grands amateurs de livres ne nous a pas fait défaut non plus. M. le baron de Ruble, M. le comte de Fresne, M. Daguin, M. le baron Pichon, M. Bocher, M. de Marchéville, M. Eugène Paillet, M. A. de Claye, le regretté baron de La Roche-Lacarelle, M. G. de Villeneuve, M. Lessore, nous ont permis, avec la plus grande courtoisie, de puiser largement dans leurs bibliothèques, ce qui nous a été d'un précieux secours. Nous gardons toujours le souvenir de cet aimable accueil.

MM. Rouquette, Durel, Porquet, Morgand, libraires, ont mis beaucoup d'obligeance à nous communiquer les livres qu'ils possédaient.

Toutes ces facilités nous ont permis de donner nos descriptions le plus exactement possible, non seulement d'après un exemplaire de chaque ouvrage, mais bien souvent d'après la comparaison faite entre plusieurs. Malgré nos recherches soigneuses, nous avons pu commettre des erreurs ou des inexactitudes; nous serons obligé aux bibliophiles ou aux libraires qui les découvriraient, de vouloir bien nous les signaler; nous serons heureux de leur en donner acte dans une nouvelle édition ou, peut-être auparavant, dans un *erratum* publié à part.

Chaque article de notre ouvrage se termine par un résumé des prix que les éditions décrites ont atteints dans les différentes ventes publiques, ou dans les principales librairies, depuis environ quarante ans. Cette partie de notre travail, tout en offrant un enseignement pratique, permettra encore aux observateurs de faire des déductions presque philosophiques sur les motifs des différentes fluctuations des prix pendant cette période. Les uns pourront attribuer ces mouvements ascensionnels ou descendants à la mobilité du caprice des bibliophiles; d'autres en rendront responsables la rivalité d'amateurs tenaces ou la concurrence des libraires; d'autres encore accuseront ou la dureté des temps ou l'accroissement de la prospérité publique de causer la baisse ou la hausse de leurs objets préférés. Et peut-être s'en trouvera-t-il de plus rêveurs que les autres, qui, s'élevant au-dessus de toutes ces questions un peu banales, diront, dans le langage aussi sensé que sceptique de Joseph Prudhomme : Les livres ont le sort de tout, en ce monde; tantôt idolâtrés, tantôt négligés, tantôt bafoués même, ils naissent, vieillissent, disparaissent et se succèdent, faisant parfois le bien, parfois le mal, quand ils ne sont pas simplement inutiles; ils passent comme ceux qui les ont produits, comme passent toutes choses, les hommes et les idées, les bibliophiles et les bibliothèques, les gouvernements et les ministères, les nations et les générations. Et la conclusion des sages sera celle-ci : Puisque tout être intelligent ne peut avoir une existence passable sans un idéal quelconque (opinion qui rend furieux les matérialistes), prenons pour notre idéal ce qui renferme la quintessence de l'esprit humain, de ce que Dieu nous a donné de meilleur après la conscience : le génie et le talent. Aimons les livres et choisissons-les bons, intéressants et beaux. Nous y trouverons toujours des distractions intellectuelles et souvent des consolations aux tristesses dont est émaillée la vie même des plus heureux.

J. L. P.

AVIS

—

Dans cet ouvrage, les *fac-similés* de titres et les descriptions sont disposés par ordre chronologique, subordonné parfois cependant à la difficulté de la mise en pages.

A la fin du volume, une double table alphabétique des noms d'auteurs et des titres de leurs livres facilitera aux bibliophiles les recherches qu'ils voudront faire.

LES

ÉDITIONS ORIGINALES

D'ÉCRIVAINS FRANÇAIS

ᴸᵉ Rommant De La Rose

Petit in-folio, imprimé en caractères gothiques, et composé de 150 feuillets, à 2 colonnes, de 41 lignes chacune dans les pages pleines. Les feuillets ne sont pas chiffrés en haut. Ils portent en bas les signatures a-t, et forment dix-neuf cahiers de huit feuillets chacun, sauf pour le dernier cahier t, qui n'en a que six. Le 1er feuillet, sur lequel se trouve le titre, n'est pas signé en bas, mais compte cependant pour a 1.

Le titre n'est composé que de ces seuls mots : *Le Rommant de la Rose.* (Voir ci-dessus). Le reste de la page est en blanc, de même que le verso du 1er feuillet. Le texte commence au recto du second. (Voir le *fac-similé* ci-après).

Au recto du dernier feuillet, au bas de la seconde colonne, on lit :

> Cest la fin du rōmant de la rose
> Ou tout lart damour est enclose.

Cette édition rarissime est considérée comme la plus ancienne du célèbre poème, dans lequel les dames sont parfois traitées si vivement, malgré l'époque chevaleresque à laquelle il fut écrit.

On n'y voit ni date ni lieu d'impression. Mais elle est attribuée à Guillaume Le Roy, imprimeur à Lyon, parce que les caractères en sont semblables à ceux du *Doctrinal de Sapience* (de Guy de Roye, archevêque de Sens), publié, en 1485, par le même Guillaume Le Roy et portant son nom. Il n'y a pas de réclames au bas des pages.

Les grandes lettres initiales avaient été laissées en blanc; on avait seulement imprimé à leur place de petites lettres destinées à servir d'indication aux calligraphes qui, à cette époque, étaient chargés de dessiner et d'enluminer les grandes majuscules. En effet, dans plusieurs exemplaires, les grandes initiales furent dessinées à la main, à l'époque de l'impression du livre, et on les trouve ordinairement coloriées.

Le texte contient un assez grand nombre de gravures sur bois, naïvement exécutées. Nous donnons ci-après la reproduction du recto du 2e feuillet, où commence le texte, au-dessous d'une des plus grandes gravures; le 1er feuillet ne contient au milieu de la page, vers le haut, que le titre en une ligne indiqué par nous ci-devant et reproduit en fac-similé. Brunet déclare qu'il n'a vu ce titre que fait à la plume ; pourtant il nous paraît incontestable que celui de la BIBLIOTHÈQUE NATIONALE (Y + + 4376. A. Réserve) est bien de l'impression. Si les caractères n'en sont pas mobiles, ce qui nous étonnerait, c'est au moins de la xylographie. Et ce titre nous a paru semblable dans les cinq ou six autres exemplaires qui, à différentes époques, nous sont passés sous les yeux.

Le *Roman de la Rose*, commencé vers la fin du XIIIe siècle, par Guillaume de Lorris, fut achevé, dans le commencement du XIVe, par Jehan de Meung. Son apparition en imprimé, à la fin du XVe siècle, donna lieu à quelques bouleversements dans le royaume de la galanterie, et les poètes engagèrent en l'honneur des femmes un assez chaleureux tournoi, qui inspira plusieurs écrits restés fameux.

Nous décrivons ci-après (pages 4-5) *le Champion des Dames*, l'un des plus importants parmi ces poèmes et aussi celui qui eut peut-être le plus de succès.

Prix de l'édition du *Roman de la Rose* décrite ci-dessus : Vente Solar (1860), ex. orné d'une riche reliure en maroquin doublé, par Trautz-Bauzonnet, 1,620 fr. — Vente Renard (1881), ex. rel. en mar., 1.300 fr. — Vente du baron J. Pichon (1869), ex. en mar., 1,650 fr. — Vente Yemeniz (1867), ex. richement relié par Niedrée, 1,530 fr. — Vente Didot (1878), superbe ex. rel. en mar. doublé, par Trautz, 5,500 fr. — Vente Turner (1878), bel ex. rel. en mar. br., 2,800 fr.

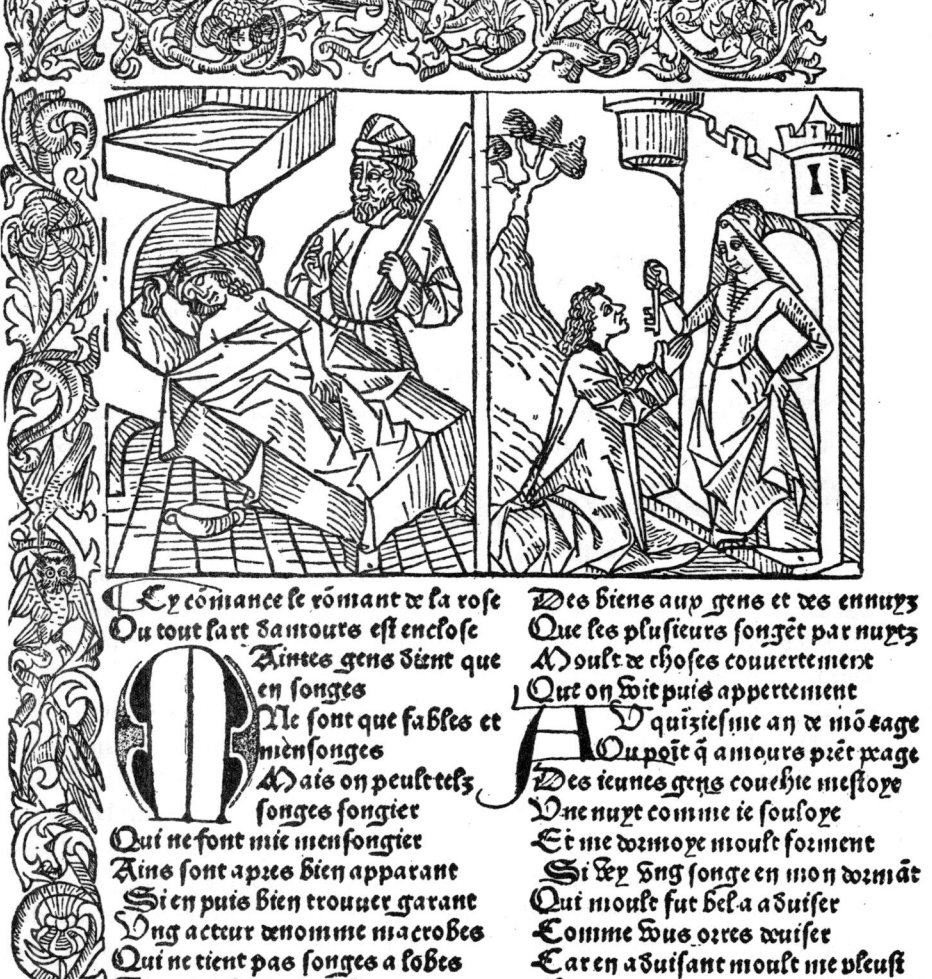

Cy cōmance le rōmant de la rose
Ou tout lart damours est enclose
 Aintes gens dient que
 en songes
 Ne sont que fables et
 mensonges
 Mais on peult tels
 songes songier
Qui ne font mie mensongier
Ains sont apres bien apparant
Si en puis bien trouver garant
Ung acteur denomme macrobes
Qui ne tient pas songes a lobes
Aincois escript la vision.
Qui aduint au roy cipion
Quiconques cuide ne qui die
Que ce soit une musardie
De croire que songe aduienne
Et qui vuldra pour fol men tienne
Car endroit moy ay ie fiance
Que songe soit signifiance

Des biens aux gens et des ennuyz
Que les plusieurs songēt par nuytz
Moult de choses couuertement
Que on voit puis appertement
 V quiziesme an de mō eage
 Ou point q amours priēt peage
Des ieunes gens couchie mestoye
Une nuyt comme ie souloye
Et me dormoye moult forment
Si vey vng songe en mon dormāt
Qui moult fut bel a auiser
Comme vous orres deuiser
Car en auisant moult me pleust
Mais en songe oncques riēs neust
Qui aduenu du tout ne soyt
Comme lystoire le recoit
Or vueil ce songe rimoyer
Pour voz cuers plus fort esgayer
Amours le me prie et commande
Et se nulz ou nulle demande
Comment ie vueil que ce rōmans

Cliché réduit. — Hauteur originale, y compris la bordure : 222 millim. —
Largeur, à la 1re ligne du texte, y compris la bordure : 160 millim.

Petit in-folio, caractères gothiques, contenant 185 feuillets à 2 colonnes de 36 lignes chacune, aux pages pleines. Les feuillets ne sont pas chiffrés et n'ont pas de réclames; ils sont signés de a - z et A - Aiij. Le texte ne commence qu'au recto du 5ᵉ feuillet. Les quatre premiers contiennent le titre, composé de ces seuls mots sur la première page recto : LE CHAMPION DES DAMES (voir ci-contre), — le verso est blanc, — une épître dédicatoire à « Philippe duc de Bourgongne ».

Édition très précieuse et fort rare, que l'on croit être la plus ancienne de cet ouvrage. Elle n'a ni date, ni lieu, ni nom d'imprimeur. On l'attribue à Guillaume Le Roy, imprimeur à Lyon, de même que l'édition du *Roman de la Rose*, décrite ci-dessus, quoique le *Champion des Dames* soit imprimé en caractères bien plus beaux. Ce qui a donné naissance à cette supposition, c'est que les caractères du titre, en deux lignes, de ce dernier livre, ressemblent à ceux qu'employa Guillaume Le Roy pour le *Doctrinal de Sapience*, imprimé en 1485, déjà cité dans notre précédent article.

Dans le cours du texte, on voit un certain nombre de gravures sur bois, d'un dessin primitif, mais expressives. La place des initiales fut laissée en blanc, pour être remplie par la calligraphie. On trouve des exemplaires où ces initiales sont faites à la main, ordinairement à l'encre de couleur, et d'autres où elles sont restées en blanc. (BIBL. NAT. Y. 4388. Réserve.)

L'auteur du *Champion des Dames* est MARTIN FRANC, secrétaire du pape Félix V. Il composa son poème pour défendre les femmes contre les attaques violentes qui leur avaient été faites dans le *Roman de la Rose*.

Nous avons fait reproduire ci-après le feuillet où commence l'épître dédicatoire, précédée d'une grande gravure sur bois représentant l'auteur à genoux offrant son livre à Philippe, duc de Bourgogne.

PRIX, Vente Solar (1860), ex. relié en mar. doublé, par Trautz, 1,400 fr. — Catal. Fontaine (1875), bel ex. rel. par Trautz, 1,500 fr. — Vente Turner (1878), bel ex. rel. en mar. vert, par Bauzonnet, 2,900 fr. — Vente Didot (1878), ex. rel. en mar. vert, par Derome, 1,130 fr. — Vente Renard (1881), rel. moderne à mosaïque, de Hagué, 920 fr. — Répertoire Morgand et Fatout (1882) ex. de la vente Turner, coté 4,000 fr.

Trespuissant et tresexcellent prince Philippe duc de bourgougne & de Bzabã et de lembourg: Conte de flandres: dartoys & Bourgougne: palatin de henault & de holande Zelãde et de namur: Seigneur de frize de saluis et de malines: Martin franc idigne secretaire de nostre tressaict pere le pape Felip cinquieme: apres tres humble recommandacion.

Depuis tresredoubte prince que songe me moustra les horribles assaulx et sa cruelse guerre: que malebouche contre amours et les dames maine: et que par le commandement de stricte ieux selon mõ pouoir: et comme seal notaire: la conqueste notable et la glorieuse victoire de franc vouloir leur chãpion: doubte ma tenu longuement: et fait diuersemẽt peser. Car dung couste me stoit euãt mes ieulx la puissãce de malebouche: leql si est vaincu cheualereusemẽt. Neantmains tousiours luy demierct grãdes et fortes aliances: pricd palinet de daugier le mauluais: qui continuellmẽt tiẽt sur les chemins et passages espies et roticrs pour destrousser et mettre a mort les souldiers damours. Et auec cela: ou ie retiroye mes feux des choses foraines: et selon la doctrine de perse: en moy mesme me queroye: memoire en son miroir me remoustroit mille haultz et treselers engis: lesquelz

a ii

CHAMPION DES DAMES. — Cliché réduit. —
Hauteur originale, y compris la signature a ii : 218 millim. — Largeur au cadre : 160 mill.

Le grant testament villon et le petit. Son codicille. Le iargon ⁊ ses balades

Petit in-4°, imprimé en caractères gothiques, et contenant 58 feuillets, titre compris. Les feuillets ne sont pas chiffrés. Ils portent les signatures a-h, et forment huit cahiers de 8 feuillets et de 6 feuillets. Les cahiers a, b, c, ont 8 feuillets chacun; d, e, f en ont 6; g et h en ont 8.

Au recto du dernier feuillet, dont le verso est blanc, on lit la mention suivante : *Cy finist le grant testament* ‖ *maistre François Villon. Son* ‖

codicille ses balades & iargō ‖ *Et le petit testament. Impri* ‖ *me a paris Lan mil cccc qua* ‖ *tre uings et neuf.*

La marque qui se trouve sur le titre est celle de Pierre Levet. (BIBL. NAT. Recueil Y. 4405. Réserve.)

Cette édition est la plus ancienne connue avec date de ces poèmes de Villon. Elle contient 10 gravures sur bois, formant en tout quatre sujets; deux de ces sujets sont répétés quatre fois chacun. Seules, les deux gravures de l'*Evesque* et du Gibet (ou des *trois pendus*) ne se répètent pas.

L'édition de Levet, 1489, est d'une insigne rareté Nous ne trouvons pas trace d'exemplaire ayant été mis aux enchères, au moins dans notre siècle.

On trouve à la Bibliothèque nationale, Recueil Y. 4404. Réserve, et dans la superbe collection du regretté baron James de Rothschild (voy. son Catalogue, n° 450), une édition, également précieuse, sans date, que M. Picot croit avoir été imprimée vers 1490. C'est, dit-il, celle que l'abbé Prompsault considère comme la plus ancienne. Toute assertion de M. Émile Picot, qui est un maître en bibliographie, méritant un grand crédit et pouvant faire loi, nous nous permettons de discuter celle-ci, qu'il ne donne pas d'ailleurs comme sienne et de soutenir la priorité de l'édition décrite ci-dessus (de Pierre Levet, 1489).

D'abord, la désignation de l'abbé Prompsault ne se rapporte pas exactement au titre de l'édition dont il s'agit, puisqu'il l'annonce ainsi : *Cy commence le grand codicille et testament maistre François Villon* (s. l. n. d.), *in-8° gothique;* tandis que celle du catalogue de Rothschild a pour titre : *Le grant testament Villon & le petit. Son codicille. Le iargon Et les balades* (avec un très grand L historié, formé par des têtes grotesques d'animaux, un dragon, un bec d'oiseau, arrangés à la façon de la calligraphie). Ensuite, si l'édition a été imprimée vers 1490, comme le pense M. Picot, elle serait postérieure à celle de Levet, puisque celle-ci EST DATÉE de 1489, en toutes lettres.

Dans le même recueil de la Bibliothèque nationale, Y. 4405. Réserve, nous trouvons la fameuse édition de *Pathelin le grant et le petit,* portant à la fin la mention : « Imprimé a paris..... par germain beneaut », et datée de 1490, décrite par nous ci-après (page 22). Chose à remarquer, les deux gravures du commencement de ce *Pathelin* (le portrait de *Maistre Pierre* et celui de *Guillemette*) se trouvaient déjà plusieurs fois répétées dans le *Villon* décrit ci-dessus de Pierre Levet et y représentaient : l'une, en cinq endroits, Villon; l'autre, d'abord, *la Vieille en regrettant le temps de sa jeunesse;* ensuite, *Beaulté d'amours,* et enfin, *la grosse Margot.*

LES OEVVRES DE
maiſtre Francoys Villon.

Le monologue du francarchier de Baignollet.

Le Dyalogue des ſeigneurs de Mallepaye & Bailleuent.

On les vend au premier pillier a la grand ſalle du Palays pour Ga-
liot du pre.

M.D.XXXII.

Petit in–8°, imprimé en lettres rondes, contenant 146 feuillets non chiffrés, titre compris. A la fin, au recto d'un feuillet séparé, dont le reste est blanc, on lit : *Ce present liure ‖ a este acheue de imprimer a Paris Le ‖ xx. iour de Iuillet M. V. C. XXXII. ‖ pour Galliot du Pre, Libraire iure de ‖ Luniuersité de Paris.*

Édition précieuse et la plus complète qui eût paru jusqu'alors des œuvres de Villon. Dans la revision qui en fut faite par Clément Marot l'année suivante et publiée sous la date de 1533, on supprima plusieurs pièces, considérées comme étrangères à Villon, entre autres *Les Repeues franches*, poésies qui ne sont probablement pas de Villon, mais plutôt d'un de ses compagnons de joyeuse vie, peut-être, comme le croyait M. Paul Lacroix, « de son ami Jean de Calais, auteur ou éditeur du *Jardin de Plaisance* ».

PRIX : Vente de Bure (1853), ex. en mar. doublé, 496 fr. — Vente Solar (1860), mar. doublé, 510 fr. — Vente de Béhague (1880), ex. très bien relié, par Trautz, mais un peu raccommodé, 895 fr. — Vente Guy-Pellion (1882), très bel ex. richement relié par Thibaron-Joly, 1,510 fr.

    Ḣ dixiesme an de mon
     doulant exil
 o   E pres mait dueil & mait
     mortel peril
    Et les oñgiers quay ius㆟
ques cy passez
Dont iap souffert graces a dieu assez
Na pas grantmentes croniques lisoie
Et es haulz faiz des anciens disoie
Qui au premier noble france fonderēt
Ceulx en vertu tellement abonderent

Que du pays furēt vrais possesseurs
Et lont laissie a leurs bōs successeurs
Ꝙ tāt leurs me²s ꞇ le²s doctrines crurēt
Que le² royaulme ꞇ le² pouoir accreurent
Et si firent honnourer et armer
Craindre ꞇ doubter deca et dela mer
Iustes en fais secourans leurs amis
Durs aux mauuais ꞇ fiers aux enemis
Audans donneurs ꞇ haulx entrepreneurs
Amans vertus des vices repreneurs
Regnans par droit eureux ꞇ glorieux

a.ii.

Art contreffait
Deuez banir
Orgueil forfait
Me fait pamir
Joindre et vnir
Ne me deuez
Veoir le deuez
Sans grant demour
Tout conceuez
Loyal amour

Ces chiez trouuez
Le parceuez
V fay demour
Mais que prenez
Loyal amour

Amoureuse princesse
Madame a dire voir
Qui mal penser ne cesse
Ne vous peut deceuoir
Par reffuz ou non voir
Com mauuais escondire
Vicieulx tous mauldire
Vueille le dieu des dieux
A vng mot sans plus dire
En cueur religieux

Prince parfait ioyeux
Dix foiz ce pouez lire
Trouuerez es dix lieux
Soit bien ou mal escrire
En cueur religieux

Ce present liure ou quel est traittie des fais maistre alain chartier a este/ Imprime en la ville de paris par honnourable homme maistre pierre le caron expert en lart de im pression demourant en la grant rüe du tem ple ioingnāt a saincte auoye faisāt le coing de la rue geffroy langeuin. Le. v..iour de sep tembre. Lan mil.iiij^{c}.iiij^{xx}.et noeuf

Les fais maistre alain || Chartier notaire et se || cretaire du Roy char || les vi^{e}.

(C'est là tout le libellé du titre, dont l'initiale L est très grande et historiée ; le dessin est formé de deux profils grotesques superposés et d'un poisson dont le long *bec* pince la gorge du grotesque d'en-haut.)

Nous avons fait reproduire ci-dessus la dernière page, qui contient une mention donnant la date et le nom de l'imprimeur. Notre cliché précédent (page 9) est la reproduction du recto du premier feuillet qui suit le titre.

Voici la description de ce volume aussi précieux que rare.

Petit in-folio imprimé à 2 colonnes de 36 lignes chacune, en caractères gothiques. En tête et à mi-page du premier feuillet après le titre (voy. ci-devant) se trouve une grande gravure sur bois, laquelle est répétée ensuite deux fois dans le cours du volume.

Le texte est divisé en deux parties. La première contient 77 feuillets non chiffrés, signés a-kiiij, par cahiers de 8 feuillets chacun, sauf pour les suivants : cahier e, contenant 6 feuillets ; h, 6 feuillets ; i, 10 feuillets, et k, 7 feuillets ; mais, pour ce cahier k, il devait exister un feuillet blanc, correspondant au dernier. La seconde partie contient 84 feuillets non chiffrés, signés A-Liiij, par cahiers de 8 feuillets chacun, sauf pour les cahiers E et H, qui ont chacun 6 feuillets seulement. (BIBL. NAT. Y. 4391. Réserve.)

Cette édition de Pierre Le Caron, 1489, est la plus ancienne que l'on connaisse avec date des œuvres d'Alain Chartier.

PRIX : Vente Crozet, ex. en mar., 225 fr. — Vente Yemeniz (1867), mar., de Bauzonnet, 420 fr. — Vente du baron J. Pichon (1869), bel ex. rel. en veau fauve, 1,100 fr., revendu en 1870 à la vente Potier, 900 fr. — Vente Guy-Pellion (1882), ex. en mar., 720 fr., provenant de la vente Turner (1878), où il avait été adjugé à 800 fr. — Vente Didot (1878), ex. rel. en mar. doublé, par Lortic, 980 fr.

Il existe une autre édition, également in-folio, portant à la fin le nom et la marque de Pierre Le Caron, avec l'adresse de « la rue de Quīquēpoit » sans date, qui doit avoir suivi de près la première. Cette adresse est la seconde de Pierre Le Caron, qui la garda au moins jusqu'en 1493. Le texte en est plus resserré ; les colonnes se composent de 40 lignes chacune. Le nombre des feuillets est de 134 en totalité, tous non chiffrés, savoir : pour la 1re partie, 64 feuillets, signés A-Kiiij, plus 1 feuillet non signé et un feuillet blanc, indispensable pour compléter le cahier; et pour la 2 partie, 68 feuillets, dont 64 signés A-Liiij (les deux derniers non signés terminant le cahier). On en voit à la BIBL. NAT., sous la cote Y, 4392, Réserve, 2 exemplaires, dont l'un est imprimé sur peau vélin, avec des miniatures du temps ajoutées sur les marges, au verso du titre et en tête de chaque partie. Le dernier n'a pas à la fin la mention qui contient le nom de Pierre Le Caron, l'adresse de la « rue Quīquēpoit », ni la marque de Pierre Le Caron.

Un exemplaire de cette seconde édition, rel. en maroquin doublé par Trautz, fut adjugé à la vente Didot (1878) à 1,450 fr.

Ensuyuent les droitz Nouueaulx Auecle Debat des dames et des armes/ Lequeste entre la simple et la rusee auec son playdoye Et le monologue coqllart/ auec plusieurs autres choses fort ioyeuses. Compose par maistre Guillaume coquillart Official de reims lez champaigne xxy

On les vend a Paris/en la rue neufue nostre dame. A lescu de france Et au Palays en la gallerie comme on va en la chancellerie.

Cum Priuilegio

Petit in-4°, caractères gothiques, contenant 88 feuillets non chiffrés, signés de aa–bb et de A–U, formant 22 cahiers de 4 feuillets chacun, tous complets. Les pages sont à longues lignes. Le titre, imprimé en rouge et en noir, porte les armoiries de Jean Godart, chanoine et grand chantre de Notreıme de Reims, après 1512 (un des successeurs de Coquillart). A la fin se trouve la mention : *Cy finissent ‖ les droitz nouueaulx CAuec ‖ le debat des dames, et des ‖ armes. Imprīe nouuelle ‖ ment a paris Par la vefue ‖ feu jehā trepperel Demou ‖ rāt en la rue neufue nostre ‖ dame. CA l'enseigne de lescu de france.* (Bıbliot. nat. Y. 4404. Réserve.)

La justification des pages est irrégulière; dans quelques cahiers, les pages pleines ont 32 lignes et même quelques-unes 30 seulement; et dans la plupart des autres cahiers, surtout vers la fin, les pages pleines se composent de 33 lignes. Cette édition, très bien imprimée, est, selon Brunet, la plus ancienne connue des œuvres de Coquillart. Elle avait d'abord été annoncée au *Manuel du libraire* comme portant la date de 1493, quoiqu'elle soit sans date. Mais, dans sa 5ᵉ édition, Brunet a rectifié son dire et a déclaré qu'il ne l'avait annoncée ainsi antérieurement que d'après le catalogue de la Bibliothèque du Roi. Or, nous avons eu sous les yeux l'exemplaire d'après lequel l'article avait été fait (Bibl. nat. Y. 4404. Réserve), et nous avons remarqué qu'en effet la date de 1493 avait été écrite anciennement à la main, au bas de la mention finale ; c'est là ce qui a induit en erreur d'abord le rédacteur du catalogue et ensuite l'auteur du *Manuel*.

La date ne peut dans tous les cas être antérieure à la fin de 1511 ; elle est peut-être même postérieure à 1522 ; car c'est en 1511 seulement que mourut l'imprimeur Jehan Trepperel, et le livre porte le nom de sa *veuve*, qui, depuis la mort de son mari jusque vers 1522, fut associée avec Jehan Janot. Sur le titre on voit le chiffre **xxij**, qui est tout simplement une remarque typographique pour désigner le nombre des cahiers que contient le volume. On retrouve la même remarque sur d'autres ouvrages de cette époque.

Il existe une autre édition de Trepperel, qui a été signalée à tort par M. Tarbé, en tête de son Coquillart (Reims, 1847), comme étant de 1491. Cette édition, postérieure à la précédente, doit être décrite ainsi :

Sensuyuent les ‖ droitz Nouue ‖ aulx : CAuec le de ‖ bat des dames / et des armes Lāqueste en ‖ tre la simple / et la rusee / auec son plaidoye ‖ La cōplaicte de Echo a Narcisus et le res ‖ fus q̄l luy fist auec la mort dicel uy narcis' ‖ Et le monologue coq̄llart CAuec plusieurs ‖ autres choses fort ioyeuses. Compose par ‖ maistre Guillaume coquillart Official de Reims lez champaigne. ix. c.

On les vēd a Paris en la rue neufue no ‖ stre dame a lenseigne de lescu de France. | Petit in-4°, contenant 36 feuillets non chiffrés, signatures a-i, par cahiers de 4 feuillets chacun, tous complets. (Le chiffre ix. c., qu'on voit sur le titre est une remarque typographique, indiquant que le volume contient ix cahiers). Les pages sont à deux colonnes de 41 lignes. Le titre, imprimé en rouge et noir, est orné des mêmes armes que celles de l'autre édition ci-dessus. A la seconde page (verso du titre) se trouve une gravure sur bois, représentant l'auteur dans son cabinet de travail. A la fin (au verso de la dernière page imprimée), on voit la marque de Jean Trepperel (le fils) qui imprima en 1527 et 1528, et ensuite de 1531 à 1532. Au bas du recto de la dernière page imprimée on lit la mention : *Cy finissent les droitz* || *Nouueaulx* / *auec le debat des Dames et des armes* || *Imprime nouuellement à Paris en la* || *rue neufue nostre Dame a lenseigne de Lescu de France.* (Voir Bibl. nat. Y. 4403. A. 1. Réserve.)

La dernière mention seule sert à faire distinguer la présente édition d'une autre exactement semblable, dont le titre porte également l'enseigne de l'*escu de France,* mais qui contient à la fin le nom d'Alain Lotrian, lequel fut imprimeur après Trepperel le fils, de 1528 à 1546.

Très petit in-8° allongé, se composant de 96 feuillets chiffrés, en totalité, y compris le titre (reproduit ci-dessus), dont le verso est occupé par un court sommaire intitulé *Le contenu en ce present volume.* Les feuillets sont signés en bas 𝔄-𝔐 et forment 12 cahiers, tous réguliers, de 8 feuillets chacun.

Cette jolie et précieuse édition, imprimée en caractères gothiques, contient de plus que la précédente, décrite par nous pages 12 et 13, le *Monologue du puys* et le *Monologue du gendarme casse* (qui porte ici dans le texte le titre de *Monologue des perruques*).

Déjà ces pièces avaient paru dans la jolie édition en lettres rondes publiée chez Galliot du Pré, à Paris, en 1532, petit in-8° de 158 feuillets.

Mais quoique celle-ci soit fort bien imprimée et très recherchée pour ce motif, elle est moins correcte que celle de François Juste, 1535, dans laquelle on a rétabli un texte plus conforme à celui des originaux. En effet, dans l'édition de 1532, ce texte avait été un peu modifié, les mots étaient quelquefois rajeunis et la forme particulière de Coquillart n'avait pas toujours été respectée.

Comme François Juste a publié à la même époque deux éditions de Coquillart, nous complétons la description de celle dont le titre est reproduit ici, en donnant la mention qui se trouve au bas du verso du 96e et dernier feuillet. Après le mot Finis, on lit cette mention, qui forme six lignes, se raccourcissant graduellement, de façon à ne laisser que la date sur la sixième : *Imprime nouuellement, par Francoys* || *Juste, Demourant deuant no-* || *stre Dame de Confort* || *a Lyon. Le xxj. de* || *Januier.* || *1535.*

Le sommaire placé au verso du titre indique les pièces suivantes : *Les Droitz nouueaulx, qui cōmencent de Jure naturali. — Le Playdoye & proces dentre la Simple & la Rusee. — Le Blason des Armes et des Dames. — Le Monologue de la Botte de foing. — Le Monologue du puys. — Le Monologue du gendarme cassé. — Et aultres petites œuures, composées par ledict Coquillart.*

Ainsi que nous l'avons dit, le *Monologue du gendarme* prend dans le texte le titre de *Monologue des perruques*, titre qui a été conservé dans toutes les éditions postérieures, entre autres dans celle de la collection Constelier, publiée en 1723, qui est l'une des plus correctes, et dans celle que M. Charles d'Héricault donna en 1857, dans la *Bibliothèque elzévirienne*, de Pierre Jannet, et qui est la plus complète et la meilleure.

De plus, il est bon de faire remarquer que l'édition de Fr. Juste ne contient pas les *petites œuvres*, annoncées par erreur au sommaire, de même qu'elles étaient annoncées dans l'édition de Galliot du Pré, qui ne les contient pas davantage.

On trouve un exemplaire de cette édition rarissime de François Juste, à la Bibl. nat. Y. 4400. Réserve. Un autre appartient à l'auteur de cette *Bibliographie*. Nous croyons qu'il en existe peu d'autres exemplaires.

Prix : A la vente K*** (Kamensky), en 1881, un ex. rel. en mar. doublé par Trautz, fut vendu 380 fr. Cet ex. provenait de la Librairie Fontaine, où il avait été coté 1.000 fr.

℃ Le present liure appelle le chasteau de labour a este a=
cheue le dernier iour de May. Mil. Cincq cens. Pour
Symon Vostre/ libraire demourant a Paris en la rue
neuue nostre dame/a lenseigne sainct ihan leuangeliste

Le Chasteau de Labour (par Gringore)

In-8°, composé de : 50 feuillets non chiffrés, formant 6 cahiers, signés
A-F, chaque cahier contenant 8 feuillets, sauf le cahier F, qui en contient 10.
L'impression est en caractères gothiques; les pages se composent chacune de
32 lignes longues. On y voit un certain nombre de gravures sur bois, lesquelles sont évidemment de deux mains différentes : les unes, les plus grandes,
sont largement exécutées au simple trait sur fond blanc ; les autres, plus

petites, sont plus finement gravées, sur fond criblé. Chacune de ces dernières représente une des sept vertus, personnifiée par une femme armée en guerre et à cheval, renversant d'un coup de lance un des péchés capitaux, personnifié aussi par une autre femme, laquelle est montée sur un animal différent pour chaque sujet.

A la fin, au verso du 49e feuillet, se trouve un huitain, dont les premières lettres sont placées en acrostiche et donnent le nom de l'auteur : *Gringore*.

Voici ce huitain en entier :

> Grace rendz au hault createur
> Regnant en triumphe haultaine
> Inuocant le poure pecheur
> Nourry en la gloire mondaine
> Gardien de nature humaine
> Omnipotent plain de noblesse
> Resplendissant au hault demaine
> Estendant sur nous sa largesse.

Viennent ensuite les vers suivants :

> Prenez en gre ce simple liure
> Lequel vous montrera l'adresse
> De pourete ou de richesse
> Mais que vous le vueillez ensuyure.

Enfin, au bas du même verso on lit ce curieux quatrain, dans lequel on trouve la date de la démolition du pont Nostre Dame :

> Le vendredi de deuant la toussaincts
> Vingt et cinquiesme octobre du matin
> Mil. CCCC. nonante neuf rien mains
> Le noble pont nostre dame print fin.

Le dernier feuillet est occupé au recto et au verso par deux grandes gravures sur bois remarquables, à fond criblé, qui sont probablement du même artiste que les petites vignettes citées par nous ci-dessus. Au bas de celle du verso, qui représente un arbre généalogique (L'arbre de Jessé), on lit ces mots : *Le Chasteau de labour*. Dans l'intérieur du volume, en dehors du titre et du dernier feuillet, les gravures sur bois sont au nombre de 30 en totalité. (BIBL. NAT. Y. 4441. A. Réserve.)

Cette précieuse et superbe édition est la seconde de Simon Vostre, suivant Brunet. Mais elle correspond exactement à sa description de la première qui, dit-il, est datée de 1499. C'est pourquoi nous la prenons ici comme type, n'ayant pas trouvé la première. Elle n'en diffère probablement que par la date. Brunet annonce qu'à la fin de la première se trouve la mention : *Ce present liure appelle le Chasteau de labour a este acheue le dernier iour de Decembre mil cccc. iiii xx. xix. Pour symō Vostre libraire demourāt a Paris en la rue neuve Nostre Dame a lenseigne sainct iehā leuāgeliste.*

Une édition de Pigouchet pour Simon Vostre, différente des deux précédentes, figure à la BIBL. NAT. Y. 4441. B. Réserve. Elle porte une date antérieure à celle dont nous avons fait reproduire le titre. Ainsi on lit sur le titre, au bas de la marque de Pigouchet, la mention : *Le Chasteau de labour auec aucunes balades & addi* || *ciōs nouuellemēt composees : a este acheue le dernier iour* || *de Mars Lan : mil cinq cens. Pour Simō Vostre li* || *braire demourant a Paris en la rue neuue nostre dame a* || *lenseigne sainct jehan leuangeliste.* || Cette édition du « dernier jour de Mars » nous paraît antidatée et doit avoir paru après celle du « dernier jour de May » décrite ci-dessus. En effet, les augmentations qui sont portées sur le titre : « aucunes balades et addicions nouvellement composées », existent dans l'édition du dernier jour de mars et forment au commencement, après le *Prologue*, 20 pages et demie de plus que dans l'autre. Elle se compose donc de 60 feuillets, avec les signatures a–h, par cahiers de 8 feuillets, sauf pour le dernier qui n'en a que 4.

Nous pensons que la date de cette dernière est tout bonnement de 1500 (vieux style), ce qui veut dire 1501 (nouveau style).

PRIX de celle-ci : Vente Solar (1860), ex. rel. en mar. par Trautz, 600 fr. Ce volume aurait actuellement une valeur beaucoup plus grande. — Quant à l'une ou l'autre des deux éditions précédentes, il est difficile d'en déterminer le prix. Nous ne les avons pas vues figurer dans un catalogue de vente publique ou de librairie, sauf à la vente Didot (1878), où un exemplaire de la première édition, incomplet du dernier feuillet, rel. en mar. v. par Niedrée, fut adjugé à 400 fr.

Nous ne donnons ici que cet ouvrage de Gringore. C'est le premier qu'il ait publié, et on le considère aussi comme le meilleur qu'il ait composé.

¶ Sensuit la table de ce present liure intitule des Cent nouuelles nouuelles lequel en soy contient Cent chapitres ou hystoires, ou pour mieulx dire nouueaulx comptes a plaisance.

¶ La premiere nouuelle traicte dung qui trouua facon de iouir de la femme de son voisin, lequel il auoit enuoye dehors pour plus aiseemēt en iouir, & luy retourne de son voyaige le trouua qui
a.ii.

Les Cent Nouvelles nouvelles (par Louis XI et les seigneurs de sa Cour).

Petit in-folio, en caractères gothiques, à 2 colonnes de 36 lignes pour les pages pleines. Le volume contient 154 feuillets non chiffrés, portant les signatures 𝔄-𝔗, par cahiers de 8 feuillets chacun, sauf pour le cahier 𝔄, qui est de 9 feuillets, plus un feuillet blanc, le cahier 𝔈 (et non pas 𝔉, comme dit Brunet) qui est de 6 feuillets, et le cahier 𝔗, de 10 feuillets. Les pages ont un titre courant varié, qui donne le numéro de chaque nouvelle et le nom du « seigneur » qui l'a composée. (Bibl. Nat. Y 2. 594. Réserve).

Les nouvelles contenues dans ce recueil furent racontées à la cour de Louis XI, alors dauphin, par les jeunes gentilshommes de son entourage, et ensuite rédigées et copiées à plusieurs exemplaires avant d'être imprimées.

Cette précieuse et originale édition commence (sans frontispice ni titre) par une épître-dédicace : « *A mon tres redoulte seigneur Monseigneur le duc de Bourgoingne et de Brebant;* » laquelle occupe entièrement les deux pages du premier feuillet, avec une grande et belle gravure sur bois en tête. Une seconde grande gravure occupe le haut du deuxième feuillet recto, et est suivie des mots : *Sensuit la table*... C'est cette page dont nous donnons ci-devant la reproduction, ainsi que du dernier feuillet, où se trouve la marque de Vérard (Voir ci-après). Dans le texte on voit de nombreuses gravures plus petites (une pour chaque nouvelle), dont quelques-unes sont répétées.

Une remarque intéressante à signaler : l'une des grandes gravures sur bois du commencement de ce volume se retrouve en tête de l'édition (sans date) des *Fais d'Alain Chartier,* qui porte le nom de Pierre Le Caron. Cet imprimeur donna avec Vérard une autre édition des *Fais maistre Alain Chartier,* sans date, où leurs deux noms sont accolés, avec l'adresse de Vérard « sur le pont nostre Dame ».

Cette édition *princeps* des *Cent nouvelles*, du livre français le plus parfait peut-être du xve siècle, tant pour la clarté et l'élégance du style que pour l'exécution typographique, est extrêmement rare, et les bibliophiles se sont disputé avec acharnement les deux ou trois exemplaires qui sont passés aux enchères.

Prix : A la vente Armand Bertin (en 1854), un exemplaire incomplet d'un feuillet, suivant le catalogue, ou de plusieurs, selon Brunet, fut adjugé, malgré cela et malgré quelques raccommodages, à 700 fr. — Et à la vente Solar (1860), un bel ex., complet, orné d'une riche rel. en mar. doublé, par Trautz-Bauzonnet, atteignit le prix de 6,001 francs.

mō treschier et tressingulier amy q̃ auez
garde et moy aprins mon enticte chaste
te et ma chaste entierete/ l'onneur et la
bonne renōmee de moy mon mary mes
parens et amis. Benoist soit mon chier
espoux de qui iay garde et entretenu la
lecon qui donne grant apaisemēt a mō
cueur. Di ca mō amy ie vo⁹ rendz telles
graces et remercye cōme ie puis du grāt
honneur et biens que mauez faiz pour
lesquelz ie ne vo⁹ scauroye ne pourroye
iamais rendre ne donner suffisātes gra
ces non feroient tous mes amis. Le bon
et saige seigneur voyant son entreprinse
estre bien acheuee print congie de la bon
ne damoiselle et doucemēt la monnest̄
quil lui souuint de chastier desormaiz sa
nature par abstinence et toutes les foiz
quelle sen sentiroit esguillonnee/ par le
quel moyen elle demoura entiere iusqe
au retour de son mary qui ne sceut rien
de lauēture/ car elle lui cela si fist le clerc
pareillement.

Cy finissent les cent nouuelles nouuel
les composees et recitees par nouuelles
gens de puis na gueres/ et imprimees a
paris le. xxiiii. iour de decembre Mil
CCCC.lxxx. et xi. p ā thoine Verard li
braire demourant a paris sur le pont
nostre dame a lymage saint iehan euā
geliste ou au palaiz au premier pillier
deuant la chappelle ou on chāte la messe
de messeigneurs les presidens.

> les oisons maintenant les eos paistre
> or cuidope estre sur tous maistre
> de trompeurs dirp et bailleurs
> des fort coureux et des bailleurs
> de paroles en payement
> a rendre au iour du iugement
> et Vng bergier des champs me passe
> par saint iaques se ie trouuasse
> Vng sergent ie te fisse prendre
>
> Le Bergier
>
> Bee
>
> Pathelin
>
> Deu bee len me puisse pendre
> Se ie ne vois faire venir
> Vng bon sergent mesaduenir
> Lup puisse il sil ne ten prisonne
>
> Le Bergier
>
> Sil me treuue ie lup pardonne
>
> Explicit maistre pierre pathelin
> Imprime a paris au saumō deuāt le
> palois pargermaī beneaut iprimeur
> le xx me iour de decembre
> lan mil iiii c iiii xx et dix

Pathelin le grant et le petit

Très petit in-4°, imprimé en caractères gothiques, et composé de 41 feuillets imprimés, plus 1 feuillet blanc, à la fin, pour compléter le dernier cahier. Les feuillets ne sont pas chiffrés, ils portent en bas les signatures a-f, par cahiers de 8 feuillets, pour a, b, c, de 6 feuillets pour d, e, f, (en comprenant le feuillet blanc à la fin du cahier f). Les pages comprennent 29 lignes.

Le titre, comme on le voit ci-dessus, ne contient qu'une ligne imprimée en haut du recto. Au bas de la même page, à droite, on voit seulement la signature aı. Au verso se trouve une gravure sur bois représentant dame Guillemette debout devant des fleurs. En tête du texte (recto du feuillet signé aii), on retrouve une autre gravure représentant maistre Pierre. On voit des gravures en cinq autres endroits, mais les mêmes sujets sont répétés deux fois. Celle du commencement du texte (maistre Pierre) est la seule qui ne soit pas répétée. Cette gravure et la précédente avaient déjà paru dans le Villon de 1489, décrit ici, pages 6 et 7.

A la fin du verso du 41e feuillet, on lit la mention : *Explicit maistre pierre pathelin* ‖ *Imprime a paris au saumō deuāt le* ‖ *palois par germaī beneaut īprimeur* ‖ *le xxme iour de decembre* ‖ *lan mil iiii c iiii xx et dix* (1490).

Édition la plus ancienne avec date que l'on connaisse de cette farce célèbre, attribuée à Ant. de la Salle, et tant de fois interprétée ou imitée depuis le xve siècle jusqu'à nos jours. Elle eut un tel succès dès l'origine, qu'il en fut fait un bon nombre d'éditions dans les dernières années du xve siècle.

LES ÉDITIONS ORIGINALES.   23

Toutes sont rares et particulièrement celle de 1490, que nous venons de
décrire, est de la plus insigne rareté. (BIBL. NAT. Y. 4405. *Recueil*. Réserve.)

Nous n'avons trouvé aucune trace d'adjudication d'un exemplaire de cette édition
précieue.

Petit in-8°, imprimé en caractères gothiques et composé de 36
feuillets non chiffrés en totalité, y
compris le titre, au verso duquel
commence la pièce. Les feuillets
sont signés en bas de A-E et forment 5 cahiers de 8 feuillets chacun, sauf pour le dernier cahier E,
qui n'en a que 4. Les pages ont 28
lignes.

On n'y voit ni nom d'imprimeur, ni lieu d'impression. Mais
l'examen minutieux des caractères
permet presque d'affirmer que
cette plaquette sort des presses de
Trepperel et fut probablement imprimée par la veuve de Jehan (Ier),
c'est-à-dire entre 1511 et 1527.

La figure qu'on voit sur le
titre avait déjà paru dans le texte
de l'édition de *Pathelin* imprimée
par Germain Beneaut, que nous
avons décrite page 22. Elle fut
simplement copiée avec habileté et
regravée pour cette petite édition.

On trouve à la suite cette autre pièce, qui fait nécessairement partie du
volume, quoique étant d'une impression différente :
LE TESTAMĒT PATHELIN A QUATRE PSONNA || GES. CEST ASSAUOIR.

PATHELIN. GUILLEMETTE. LAPOTICAIRE. ET MESSIRE IEHĀ LE CURE.

16 feuillets non paginés, signés A et B, et formant 2 cahiers complets de 8 feuillets chacun. Le titre que nous venons d'indiquer forme trois lignes en plus belle gothique que le reste, et est suivi d'une gravure sur bois qui remplit la page. Cette gravure est répétée au recto du 13ᵉ feuillet. On en retrouve une autre, différente, au recto du 16ᵉ et dernier feuillet, dont le verso est occupé par la grande marque de Guillaume Nyverd, qui était imprimeur à Paris dans les premières années du XVIᵉ siècle.

Cette marque est reproduite ci-dessus en fac-similé. Voici les vers qui entourent cette gravure, représentant l'Annonciation :

Tout ainsi q̄ descend en la f [leur] la rosee,
La face au : mirouer et au cueur la pensee.
Le soleil en voirriere sans estre entamee.
La voix en la maisō sans estre : deffermee.
Entra le filz de dieu en la vierge. honoree.

Ce sont là de poétiques images de la conception de la vierge Marie.

L'exemplaire superbe qui nous a servi pour faire exécuter les deux facsimilés ci-dessus et pour notre description nous a été obligeamment prêté par M. Eugène Paillet. Ce précieux livre provient de la vente de la collection Double (1881), où il a été acquis pour 2,800 francs, non compris les frais d'adjudication.

IAN MAROT

DE CAEN SVR LES DEVX

heureux Voyages de Genes & Venife, victo=
rieufement mys a fin, Par le trefchreftien Roy
Loys Douziefme de ce nom. Pere du Peuple.
Et veritablement efcriptz par iceluy Ian Ma=
rot, alors Poete & Efcriuain de la trefmagnani
me Royne Anne, Ducheffe de Bretaigne, &
depuys, Valet de chambre du trefchreftié Roy
Francoys, premier du nom.

On les vent a Paris deuant Lefglife Sainéte
Geneuiefue des Ardens Rue Neufue Noftre
Dame, A Lenfeigne du Faulcheur.

Auec Priuilege pour Trois Ans.

Petit in-8º, lettres rondes, de 101 feuillets chiffrés I à CI, titre compris, plus 1 feuillet blanc, nécessaire pour régulariser le cahier N, qui sans cela n'aurait que cinq feuillets. Au verso du dernier feuillet : *Ce present liure fut acheue dimprimer le xxii. Iour de Ianuier. M. D. XXXII. pour Pierre Roufet* (Roffet) *dict le Faulcheur, par Maistre Geufroy Tory de Bourges, Imprimeur du Roy.*

Cette première édition fut donnée par Clément Marot, six ans après la mort de Jehan Marot son père, comme l'indique *l'Epistre au Roy*, de *Clement Marot*, qui se trouve au commencement. Jehan Marot était mort en 1526, ainsi que le démontre M. Harrisse, dans son intéressante brochure : *La Colombine et Clément Marot*.

A la suite de ce livre en prose se trouve presque toujours le *Recueil* de poésies dont nous avons fait reproduire ci-après le titre.

In-8º de 86 pages chiffrées, y compris le titre, plus 1 feuillet blanc, qui doit compter dans le dernier cahier comme F iv.

Au verso du dernier feuillet imprimé se trouve un rondeau (le L^e) disposé en rébus, dont les vers sont coupés et superposés de différentes façons, de manière à former des jeux de mots avec les syllabes sous-entendues *sur*, *sous*, etc. (BIBL. NAT. Y. 4482. — L'exemplaire de ce dernier *Recueil*, que possède la Bibliothèque nationale, est incomplet des pages 49-50 et 63-64.

LE RECVEIL IEHAN
MAROT DE CAEN, POETE
& efcripuain de la magnanime Royne Anne de Bretaigne, & depuys Valet de chābre du Treschrestien Roy Françoys premier de ce nom.

En l'autre part de ce fueillet trouuerez par ordre les chofes contenues en ce Recueil.

On le vend a Paris deuant L'efglife Sainɛte Geneuiefue des Ardens Rue neufue noftre Dame, a lenfeigne du Faulcheur.

Auec priuilege pour trois ans.

PRIX : Vente Solar (1860 1re partie de Jean Marot, ex. en mar. bl. rel. de Derome, 220 fr. — Vente Didot (1878), les 2 parties réunies, rel. en mar. moderne, 280 fr. (ex. un peu défectueux). — Vente Guy Pellion (1882), ex de la 1re partie, rel. en mar. ancien, doublé, par Boyet, 360 fr.

Brunet cite une édition du *Recueil*, qui contient 40 feuillets non chiffrés avec la marque de Roffet sur le titre ; — une autre édition, datée de 1532, qu'il n'a pas vue ; — enfin, une troisième de Roffet ou de sa veuve, se composant de 83 pages, qui se trouvait chez Solar. Le rédacteur du catalogue Solar attribuait à son édition la date présumée de 1540.

LADOLE SCENCE CLEMEN TINE.

Autrement, Les Oeuures de Clement Marot de Cahors en Quercy, Valet de Chambre du Roy, compofees en leage de fon Adolefcence.
Auec la Complainɛte fur le Trefpas de feu Meſſire Florimond Robertet. Et plufieurs autres Oeuures faiɛtes par ledict Marot depuis lcage de fa dicte Adolefcēce. Le tout reueu/corrige/& mis en bon ordre.

N. Beraldus, in Clementis
Adolefcentiam.

Hi funt Clementis iuueniles, afpice, Lufus.
Sed tamen his ipfis eft iuuenile nihil.

On les vend a Paris, deuant Lefglife Sainɛte Geneuiefue des Ardens, Rue Neufue noftre Dame. A Lenfeigne du Faulcheur.

Auec Priuilege pour Trois Ans.

Petit in-8°, imprimé en lettres rondes, contenant 4 feuillets préliminaires, savoir : le titre, au verso duquel on voit deux distiques latins de deux poètes, Petrus Brissetus et G. Torinus, suivis du privilège, une épître de *Clément Marot, A ung grant nōbre de freres quil a, tous Enfans Dapollo, salut,* datée du 12 août 1532; — la *Table des choses contenues en Ladolescence Clementine et les choses contenues aux œuures qui ne sont de Ladolescence*, et enfin 1 feuillet blanc; 115 feuillets paginés en chiffres romains, plus 1 feuillet non chiffré, dont le recto contient la fin des *errata* (voir le facsimilé ci-après), lesquels commencent presque en haut du verso du feuillet précédent.

rimant, pour, enrimant.
Au.xl.f.ya, a gargoilles, lifez, & gargoilles.
Au.xliiij.f.ya, fa voye, lifez, fa vie.
Au.lxxiiij.f.ya, ne fe peult mort éfaiure, lifez/ ne fen peult mort enfuiure.
Au.lxxv.f.ya, d fleur femee, lifez, d fleurs feme
Au.xc.feu.ya, ceft ce qui procure, lifez, ceft ce qui me procure.
Au.xcij.f.ya, en affaire vrgés, lifez/en affaires.
Au.cij.f.ya, tout le beftial, lifez, tout le beftail.
Au.xcix.f.ya, tōbe on voyt, lifez/tōbe lō voyt
Au.cx.f.ya, Iay tant doulcement chante, lifez Iay tant chante doulcement.

Ce prefent Liure fut acheue dimprimer le Lundy. xij. iour Daouft. Lan. M.D. XXXII. pour Pierre Roffet, dict le Faulcheur. Par Maiftre Geofroy Tory. Imprimeur du Roy.

Nous avons tenu à donner ici le *fac-similé* de ce recto du dernier feuillet, parce qu'on y trouve la mention qui distingue cette première édition des deux autres parues chez le même libraire, sous la même date et que nous allons décrire. Le verso de ce dernier feuillet est blanc. Il n'y a pas de marque. (BIBL. NAT. Y + 4496. Réserve.)

Avant l'*erratum*, la dernière page verso de l'avant-dernier feuillet contient quatre vers, suivis des mots : *Fin. La mort n'y mord.*

Voici le titre des *errata : Emendation daucuns principaulx lieux obmis pour la haste de limpression, quon pourra facilement corriger auecques la plume.*

Le 89ᵉ feuillet ne contient que cinq lignes au recto : *Autres œuvres de Clement Marot, valet de chambre du Roy. Faictes depuis leage de son adolescēce, Par cy deuant incorrectement, et maintenant correctement imprimées.* (Le verso est blanc.)

Cette édition précieuse, et d'une rareté insigne, est jusqu'à présent la plus ancienne connue des œuvres réunies de Clément Marot. Quelques auteurs, d'après Lenglet du Fresnoy, prétendent bien que l'*Adolescence Clementine* parut pour la première fois en 1530, de format in-8°; mais comme aucun ne déclare l'avoir vue et qu'on n'en connaît pas d'exemplaire, il est permis de penser qu'il y a là une erreur faite par l'un d'eux et reproduite, sans contrôle, par les autres, comme cela arrive, hélas! trop souvent. Pourtant les mots : *Le tout reueu, corrige et mis en bon ordre,* sembleraient indiquer une édition antérieure; mais ces mots ne peuvent-ils pas s'appliquer, non à une édition collective, mais aux différents opuscules de Clément Marot parus séparément d'abord et ensuite réunis ici ?

On connaît, sous la date de 1532, une autre édition, également belle et rare, imprimée aussi par G. Tory pour Pierre Roffet ; mais cette édition est un peu différente de l'autre; les premiers feuillets et les derniers sont disposés autrement, la table est à la fin. La mention placée ici au verso du dernier feuillet est datée du « *Mecredy. xiij. Iour de Nouembre. Lan. M.D.XXXII* », au lieu du xii août, comme la première.

Dans cette seconde édition, sur le titre, à la place des quatre lignes (dont un distique) en latin, qu'on voit dans le fac-similé qui précède, on lit : *Plus amples que les premiers imprimez de ceste / ny autre Impression.* Les quatre lignes latines sont reportées en haut du verso du titre, avant les autres vers latins. Le haut de ce verso contient, par conséquent, trois distiques, au lieu de deux contenus au verso du titre de l'édition précédente. Dans la seconde il n'y a pas de feuillet blanc au commencement, mais il en faut un à la fin pour compléter le cahier P, qui sans cela n'aurait que 7 feuillets. (BIBL. NAT. Y. + 4496. A. Réserve.)

Il existe encore une autre édition de G. Tory et Roffet (ce qui fait la troisième), sous la date de 1532, et que nous avons vue à la BIBL. NAT. Y. + 4496. Aa. Réserve. Elle est exactement semblable, du commencement à la fin, à celle que nous avons citée ci-dessus comme la seconde, sauf que les chiffres de pagination et les titres courants sont plus gros, en capitales au lieu d'être en petites lettres, et que la mention de la fin, placée comme dans l'autre, en haut du verso du dernier feuillet, est datée du « *Mecredy. xij. Iour de Feburier Lan. M.D.XXX.II* ». Cette date du XII février 1532 pourrait la faire considérer comme antérieure aux deux autres. Mais on remarque que celle-ci reproduit entièrement la seconde ci-dessus, et on a reconnu que cette date, XII février 1532 (vieux style), signifiait, en nouveau style, 1533.

L'une et l'autre de ces deux dernières contient, à la fin, dix petites pièces de plus que la première. Ces pièces, sous le titre général *Autres œuvres faictes en sa dicte maladie,* forment cinq pages, et malgré cela l'édition *princeps* contient un feuillet de plus, parce que les blancs qui existaient dans la première ont tous été remplis dans la seconde et la troisième, ce qui a resserré le texte.

L'édition que nous avons citée sous la date du XII février contient bien 119 feuillets, comme celle du XIII novembre, quoique le dernier feuillet chiffré y soit coté CVII, par erreur, au lieu de CVIII, à cause d'une répétition du chiffre CVII.

PRIX de la 1re édition : Vente Solar (186), rel. mar. citron, mosaïque, par Duru, 990 fr. — Catalogue de la bibliothèque de M. E. Quentin-Bauchart *(Mes livres),* superbe ex. dans sa reliure ancienne en veau brun, très grand de marges, acheté 6,000 fr. par le baron James de Rothschild. — Vente Didot (1878), ex. raccommodé, et dont le dernier feuillet était refait, rel. en mar. r. par Duru, 880 fr. — Vente Guy-Pellion (1882), le même ex., 500 fr. — Bulletin Morgand (1883), ex. Didot, dont le dernier feuillet était refait à la plume, rel. en mar. r. orné de dorures, par Duru, 1000 fr.

2e édition : Vente Solar, ex. rel. en mar. r., par Trautz-Bauzonnet, 620 fr.

LA SVITE

de l'adolefcence Clementine,
dont le contenu fenfuyt,

Les Elegies de L'autheur
Les Epiftres differentes
Les Chantz diuers
Le Cymetiere
Et le Menu.

On les vẽd a Paris en la rue neufue noftre Da‹
me, deuant L'efglife Sainƈte Geneuiefue des
Ardens, a l'enfeigne du Faulcheur.

Auec priuilege pour trois ans.

Petit in-8°, imprimé en lettres rondes, composé de 4 feuillets préliminaires dont 1 blanc (le quatrième), 126 pages chiffrées 1 à 125, et à la fin un feuillet sur le recto duquel se trouve seulement la marque de Pierre Roffet, que nous avons fait reproduire ci-après : le verso de ce dernier feuillet est blanc.

Les 4 feuillets préliminaires contiennent : le titre, dont le verso est blanc, le *Priuilege,* quatre pièces de vers, dont trois en latin, et un feuillet entièrement blanc.

La dernière page (non chiffrée), au verso de la 125e, se termine par le mot : Fin, après lequel on lit la devise de Marot : *La mort n'y mord*. (Bibl. nat. Y. + 4496. Aa. Réserve.)

Cette édition originale de la seconde partie des œuvres de Clément Marot est très rare. Quoiqu'elle ne soit pas datée, elle dut paraître en 1533, peu de temps après *l'Adolescence Clémentine*, dont la 3ᵉ édition avait paru au commencement de cette année. Le privilège est accordé à la veuve de Pierre Roffet, et celui-ci était mort dans les premiers mois de 1533.

C'est cette édition qu'il convient de joindre à *l'Adolescence Clémentine*, du 12 août 1532 (décrite ici pages 27-28), pour former la réunion originale des œuvres de Clément Marot parues jusqu'alors.

Prix : Vente Solar (1860), bel ex. richement relié en mar., par Trautz-Bauzonnet, 500 fr. — Vente de Béhague (1880), même état, 1,920 fr. — Vente Guy-Pellion (1882), ex. relié de même, mais avec raccommodages aux premiers feuillets, 500 fr.

Les Oeuures de
CLEMENT MAROT
DE CAHORS, VA-
let de chambre du
Roy.

Augmentées de deux Liures d'Epigrammes : Et d'ung grand nombre d'aultres Oeuures par cy deuant non imprimées.
Le tout fongneufement par luy mefmes reueu, & mieulx ordonné.

A Lyon : au Logis de Monfieur Dolet.
M. D. XXXVIII.
Auec priuilege pour dix ans.

Petit in-8°, imprimé en caractères gothiques, composé de : 90 feuillets numérotés en chiffres romains, comprenant le titre, au verso duquel on voit une pièce en 5 vers latins, *Stephanus Doletus ad Clementis Maroti librum*; une épître de *Clement Marot à Estienne Dolet*, en prose française; une pièce de cinq vers latins, *Nicolai Borbonii Vandoperani poetæ ca .. en*; et l'*Adolescence Clementine* (titre, épître et texte), occupant les feuillets V à XC; — 96 feuillets, numérotés également en chiffres romains, pour *la Suite de l'Adolescence Clementine*; — enfin 26 feuillets pour *Le premier livre de la Metamorphose d'Ovide translate de latin en françois par Clement Marot*. Au verso du dernier feuillet se trouve seulement une marque de Dolet, à peu près semblable à celle du titre reproduit ici, mais plus grande et plus ornée (une main tenant une cognée, ou plutôt une doloire, au-dessus d'une bûche déjà entamée). Celle de la fin est entourée d'un bel encadrement Renaissance. Chaque titre des divisions énoncées ici reproduit le nom de Dolet, sa marque et la date de 1538, époque à laquelle il n'était pas encore imprimeur, mais écrivain et éditeur de Marot à titre d'ami.

Charmante édition, l'une des plus estimées et des plus correctes. Les caractères gothiques, qui ont servi à l'imprimer, sont fort jolis et très nets. (BIBL. NAT. Y. 4487. B. Réserve.)

Au point de vue du texte, elle doit être considérée sinon comme la meilleure, au moins comme l'une des plus soigneusement faites, car non seulement elle fut revue par le savant Estienne Dolet, mais Marot y prit une large part, ainsi qu'on en peut juger par la lettre qu'il écrivit à Dolet et qui se trouve placée en tête du volume. « CLEMENT MAROT A ESTIENNE
« DOLET. SALUT… (à la page 3 de cette épître) : « Toutesfoys au lieu des
« choses reiectées (affin que les Lecteurs ne se plaignent) i'y ay mys douze
« foys autant d'aultres OEuvres miennes, par cy deuant non imprimées :
« mesmement deux Liures d'Epigrammes. Et apres auoir reueu et le uieil
« et le nouueau, changé l'ordre du Liure en mieulx, et corrigé mille sortes
« de faultes infinies procedants de l'Imprimerie, i'ay conclu t'enuoyer le
« tout, affin que soubs le bel, et ample Priuileige, qui pour ta uertu meri-
« toire t'a este octroye du Roy, tu le fasses (en faueur de nostre amytié), r'im-
« primer, non seullemēt ainsi correct, que ie le t'envoye, mais encores mieulx :
« qui te sera facile, si tu y ueulx mettre la diligence esgalle à ton sçauoir… »

On voit que cette édition a une grande importance, et les bibliophiles autant que les lettrés la recherchent beaucoup. Elle est d'ailleurs très rare.

PRIX. La valeur en a toujours été grande. A la vente Solar (1860), un ex. annoncé comme le plus beau connu, relié en mar., avec dorure XVIe siècle, par Trautz-Bauzonnet, atteignait le prix de 1,320 fr. Il se vendrait plus du double actuellement.

Estienne Dolet, devenu imprimeur, publia encore deux autres belles éditions de Marot, dans lesquelles on trouve des augmentations. L'une parut en 1542, de format petit in-8°, en lettres rondes, et se compose de 324 feuillets en totalité. L'autre fut imprimée en 1543 et se compose de 304 feuillets, pour la première partie, et de 76 feuillets, pour les *Œuvres les plus nouuelles et récentes;* elle est aussi de format petit in-8° et en lettres rondes. Toutes deux sont rares et recherchées.

LES

OEUVRES
DE CLEMENT
MAROT, DE CA-
HORS, VALLET
DE CHAMBRE
DV
ROY.

*

Plus amples, & en meilleur ordre que parauant.

A Lyon, à l'enseigne du Rocher.
1 5 4 5.

Petit in-8°, imprimé en lettres rondes, composé de 2 parties, savoir : 479 pages chiffrées, comprenant le titre, *l'Imprimeur au lecteur*, — *l'Ordre des œuvres de Marot*, — *L'autheur à son liure*, — *Opuscules*, — *Elegies*, — *Epistres*, — *Ballades*, — *Chantz diuers*, — *Rondeaulx*, — *Chansons*, — *Epigrammes*, — *Estrenes*, — *Epitaphes*, — *Cymetiere*, — *Complainctes*, — *Oraisons*; — 8 feuillets non chiffrés, contenant la *Table des Œuvres de Marot*; la marque du Rocher, au verso du dernier feuillet dont le recto est blanc. Cette marque est la même que celle du titre, moins la devise qui l'entoure : *Adversis Constantia durat*. — 264 pages chiffrées, pour les *Traductions*

La dernière se termine à moitié du verso par les mots *Fin. Imprimé à Lyon.* (BIBL. NAT. Y. + 4489. A. Réserve.)

Il y a des exemplaires qui portent la date de 1544. Cette date seule a été changée en 1545.

Édition du plus grand intérêt, parce qu'étant la dernière donnée du vivant de Marot, et publiée par lui, elle a fixé le texte et le classement adoptés pour les éditions postérieures. Ce classement, dans l'ordre des genres de poésies ou de poèmes, est suivi là pour la première fois. C'est aussi dans cette édition que paraît pour la première fois la traduction complète des cinquante psaumes de David, par Clément Marot, dont il n'avait été donné que des fragments dans les éditions précédentes. L'impression du volume est d'ailleurs très soignée.

La marque qu'on voit sur le titre et à la fin est celle de l'imprimeur lyonnais Antoine Constantin. L'édition est connue sous le nom d'édition *du Rocher*, à cause de cette marque et des mots *à l'enseigne du Rocher* qu'on lit au-dessous.

Dans son avis au lecteur, l'imprimeur annonce que la nouvelle disposition des œuvres a été faite... « *soubs la correction et bon jugement toutes fois de l'autheur...* » Et il ajoute que plusieurs pièces parues ici étaient inédites : « *... Entre les quelz œuures en trouueras aussi plusieurs autres dudict Marot qui n'ont jusques à present esté imprimez, despartiz pareillemēt et distribuez chacun en son ordre.* »

Dans la seconde partie, la traduction des Psaumes de David est précédée de trois épîtres, l'une « *Au Roy tres chrestien François premier de ce nom.* » la seconde « *Au Roy encores* » et la troisième « *Aux dames de France touchant les dicts Pseaumes* ».

PRIX : Vente Brunet (1868), très bel ex. relié par Du Seuil, en mar. doublé, pour le Grand Dauphin, fils de Louis XIV, 1,710 fr. — Vente Lebeuf de Montgermont (1876), riche reliure en mar. doublé, par Duru, 1,550 fr. — Répertoire Morgand et Fatout, libraires (1882), reliure en mar. orné de Capé, 800 fr. — Vente Guy-Pellion (1882), reliure ancienne en mar. doublé, ex. de Sainte-Beuve, 1,510 fr.

Les grandes et mestimables Cronicqs: du grant z enorme geant Gargantua: Contenant sa genealogie/ La grādeur z force de son corps. Aussi les merueilleux faictz darmes quil fist pour le Roy Artus/cōme verrez cy apres. Imprime nouuellemēt. 1532

    Petit in-4° de 16 feuillets, imprimé en caractères gothiques, à longues lignes (30 par page pleine). Les feuillets ne sont pas chiffrés; ils portent les signatures A-D, par cahiers complets de 4 ff. chacun.

    Au verso du dernier feuillet, on lit la mention : *Cy finissent les Cro-*

nicques du grant et puis ‖ sant geant Gargantua / contenāt sa genealo ‖ gie ⫽ La grandeur et force de son corps. *Aus* ‖ si les merueilleux faictz darmes quil ‖ fist pour le noble Roy artus / *Tāt* ‖ contre les Gos et Magos que a lencōtre du Roy Dirlan ‖ de et Zelande. *Auecques* ‖ les merueilles de Mer=lin. Nouuellement ‖ Imprimees a ‖ Lyon. ‖ (Bibl. nat. Y². + 817. Réserve.)

Première et rarissime édition de cette chronique fantastique, tout à fait différente du *Gargantua,* que nous décrivons ci-après, lequel lui est incomparablement supérieur. Elle dut être imprimée par Claude Nourry, comme le *Pantagruel* que nous citons ci-après (page 40).

Jacq.-Ch. Brunet, dans une *Notice sur deux anciens romans intitulés les Chroniques de Gargantua...* parue en 1834, et ensuite Ch. Nodier (*Des matériaux dont Rabelais s'est servi pour la composition de son ouvrage...* extrait du *Bulletin du Bibliophile* de janvier 1835), ont attribué à Rabelais ce premier opuscule, qu'il a d'ailleurs mentionné lui-même en deux endroits dans le *Prologue* de son *Pantagruel,* prologue presque entièrement employé à en faire l'éloge. Ils ont donné à ce sujet des raisons suffisamment concluantes, et après eux plusieurs autres bibliographes, qui ont dû examiner mûrement la question, en s'aidant de leurs travaux, ont été du même avis. Il est donc à peu près démontré que ce livret est un premier essai qui doit être attribué à Rabelais. Il en a repris plus tard les noms et quelques idées pour composer l'ouvrage célèbre qui devait avoir tant d'influence sur la langue française et l'esprit français du xvie siècle. Nous le plaçons donc ici en tête des éditions de Rabelais.

Prix : Le seul exemplaire connu de cette précieuse plaquette, celui de la Bibliothèque de Bure, incomplet d'un feuillet, atteignit le prix de 262 fr. à la vente faite en 1835 ; cet exemplaire passa ensuite chez le prince d'Essling, à la vente duquel il fut adjugé à 700 fr. malgré son imperfection. C'est celui qui figure à la Bibliothèque nationale, et qui nous a servi pour notre description.

Dans le volume, sans doute unique, de la Bibliothèque nationale que nous venons de citer, et qui est malheureusement incomplet du troisième feuillet, on a relié à la suite des *Grandes... Cronicques,* l'opuscule intitulé : *Pantagrueline Prognostication...* que nous décrivons ci-après (pages 41-42), après le *Pantagruel* de même format.

Il existe aussi à la Bibliothèque nationale (Y² + + 817 c. Réserve) un exemplaire probablement unique d'une édition à peu près aussi ancienne, contenant le même texte, avec le titre un peu différent que voici : Le grant roy de Gargantua ‖ Les grādes cronicques ‖ du grant z énorme géant Gargantua contenant ‖ sa généalogie... (Au verso du dernier feuillet) : *Cy finissent les Cronicques... Nouvellement imprimees à Lyon.* Cette édition sans date, petit in-4°, contient 12 feuillets de 34 lignes à la page, formant 4 cahiers signés 𝔄, 𝔅, ℭ, et est imprimé en caractères gothiques. Elle est considérée par Brunet comme postérieure à celle qui est datée de 1532, mais a dû la suivre de bien près, et doit sortir des presses du même imprimeur lyonnais, car on y retrouve un grand nombre des mêmes lettres, quoiqu'elles ne soient pas partout semblables.

Sur le titre, on voit une gravure sur bois très primitive, représentant un chevalier à longue barbe, accoutré en guerre et monté sur un cheval harnaché, dont on ne voit que l'avant-train. Cet exemplaire provient de la bibliothèque de Renouard.

Nous décrivons immédiatement ci-après le *Pantagruel*, parce que nous avons la conviction qu'il fut composé avant le second *Gangantua*, quoique celui-ci doive être placé auparavant, pour l'enchaînement du sujet, dans toutes les éditions de Rabelais.

Nous aurions voulu lire l'affirmation de ce fait par les savants qui se sont occupés de Rabelais ou qui en ont donné des éditions plus ou moins commentées, au lieu de les voir tous les uns après les autres, nous allions dire *d'après les autres,* exprimer la chose comme seulement douteuse. La meilleure preuve se trouve en tête du *Gargantua,* qui commence ainsi : « *Ie vous remectz à la grāde chronicque Pātagrueline recōgnoistre la généalogie & antiquité dōt nous est venu Gargantua. En icelle vous entendrez plus au long comment les Grans (Geans) naquirēt en ce mōde & cōment d'iceulx par lignes directes yssit Gargantua pere de Pantagruel : & ne vous faschera, si pour le present ie m'en deporte.* » Il est clair que ceci n'eût pas été écrit si *Pantagruel* n'avait été composé. Et, en effet, la généalogie des Géants et de Gargantua, dont il est question ici, se trouve aux premières pages de *Pantagruel* (chap. ii). Il n'avait paru auparavant que *Les Grandes Chroniques,* décrites ici par nous (pages 37-39). Le grand succès de *Pantagruel* aura déterminé Rabelais à faire un *Gargantua* sur le même plan, ne conservant que les noms et quelques idées des *Grandes Chroniques.* Ce qui est étonnant, c'est qu'il ait attendu jusqu'en 1535 pour faire imprimer ce nouveau *Gargantua,* car on n'en trouve pas d'édition antérieure à cette date. (Voir ci-après, page 45.)

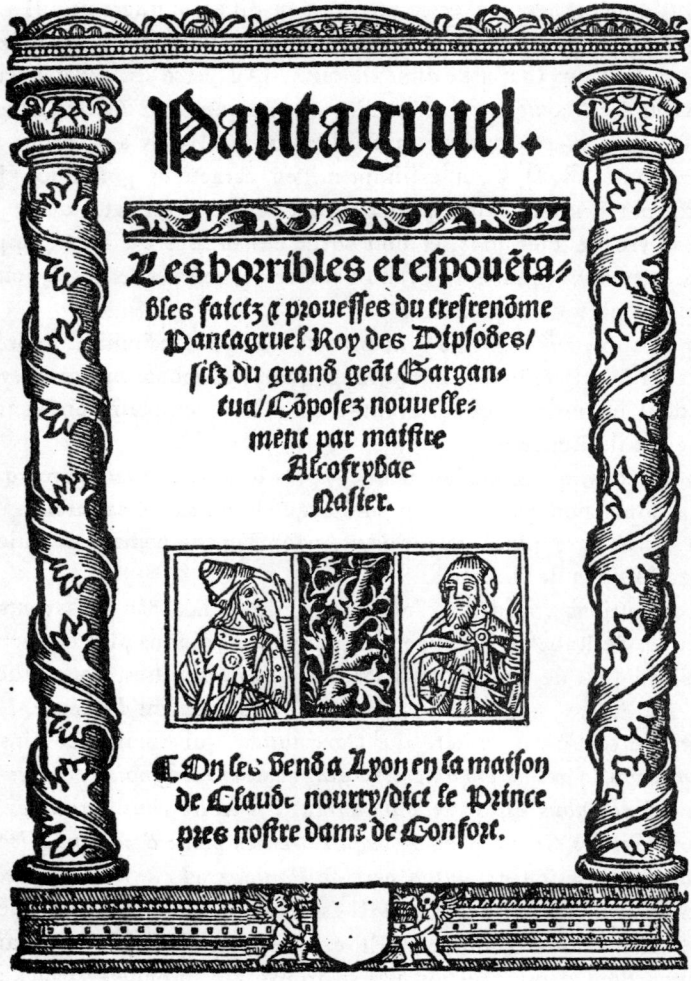

Petit in-4° de 64 feuillets, à longues lignes (29 à la page), en caractères gothiques, formant 16 cahiers, signés A-Q, de 4 feuillets non chiffrés chacun.

Le titre est imprimé en noir et en rouge (BIBL. NAT. Y². 819. B. Rés.)

Nous croyons, avec Brunet, que cette édition est la plus ancienne connue du *Pantagruel*. Elle contient le *Prologue*, 23 chapitres (ou plutôt 24, le 9ᵉ étant répété). et une sorte de *postface*, dans laquelle l'auteur annonce « le reste de l'histoire », et en donne le sommaire (voir ci-après, page 44.) Quoiqu'elle ne porte pas de date, on peut presque certifier qu'elle a été imprimée en 1532, comme les *Grandes Chroniques de Gargantua*... décrites ici, page 37. La disposition du texte et le format sont à peu près semblables dans ces deux opuscules; l'auteur, encouragé par le succès de son premier essai, aura fait imprimer celui-ci, et la *Pantagrueline prognostication*, dont voici le titre :

Petit in-4° de 4 feuillets, caractères gothiques plus petits que ceux des deux précédents ouvrages. Cette première édition, très précieuse et très rare, nous paraît avoir été imprimée à Lyon et presque certainement à la fin de 1532, puisque, d'après le titre, les pronostics étaient pour l'année 1533, c'est-à-dire pour celle qui allait commencer. Il est à remarquer, chose qui n'a pas été signalée jusqu'ici, que la marque du dernier feuillet est exactement celle de François Juste, qu'on voit un peu plus tard à la fin du *Gargantua* de 1535 (deux enfants tenant chacun dans une main une corne d'abondance, et soutenant tous deux de l'autre main un écusson). La seule différence qui existe consiste en ce que dans cette *Prognostication* l'écusson est vide (voir le fac-similé ci-après), tandis que dans le *Gargantua* l'écusson contient le chiffre de François Juste. Ce qui peut faire supposer que si l'une et l'autre de ces éditions ne viennent pas de François Juste, elles sortent pourtant des presses du même imprimeur lyonnais, vraisemblablement (pour la *Prognostication*) de celles de Claude Nourry, prédécesseur de François Juste, si, comme nous le supposons, l'impression est de la même époque que celle de *Pantagruel*, c'est-à-dire de la fin de 1532.

Cette plaquette se trouve à la Bibliothèque nationale (Y². + 817. Réserve), reliée à la suite de la première édition des *Grandes Chroniques... de Gargantua*, 1532, que nous avons décrite ci-devant, pages 37-38.

PRIX de *Pantagruel* : Nous ne connaissons aucun prix d'adjudication d'un exemplaire complet de cette précieuse édition de *Pantagruel*, qui a une très grande valeur. — A la vente des frères de Bure, en 1835, un exemplaire, incomplet de deux feuillets, fut adjugé à 60 fr., et plus tard, à la vente du prince d'Essling, où il figurait toujours incomplet à côté des *Grandes cronicques de Gargantua*, citées par nous ci-devant, il atteignit le prix de 660 fr. Il fut acquis là par la Bibliothèque nationale. C'est cet exemplaire qui nous a servi pour notre description.

Très petit in-8° allongé, imprimé en caractères gothiques, par pages de 32 lignes. Ce volume se compose de : 88 feuillets chiffrés d'un seul côté, y compris le titre ; — et 3 feuillets non chiffrés, plus 1 feuillet blanc à la fin, pour compléter le dernier cahier. Les cahiers, au nombre de douze, sont signés de 𝔄-𝔐 et se composent chacun de 8 feuillets, sauf le cahier 𝔐 qui ne contient que les 3 feuillets non chiffrés plus le feuillet blanc. — Il est à remarquer que les chiffres de foliation sont en beaucoup d'endroits d'inégale grandeur.

Le titre, reproduit ci-dessus, est imprimé en noir et en rouge dans l'original. Le verso est occupé par un *Dizain de M. Hugues Salel a l'auteur de cestui livre*, et par cette phrase : *Vivent tous bons Pantagruelistes*.

Vient ensuite le *Prologue de l'auteur*, qui occupe 4 pages, c'est-à-dire les feuillets cotés 2 et 3. Le texte du livre commence au recto du feuillet 4 et se termine au bas du verso du feuillet 88. Les 3 derniers feuillets, non chiffrés, sont occupés : d'abord par une sorte de *postface* et par la table. L'auteur annonce qu'il met « *icy fin à ce premier liure,* » parce que « *la teste lui fait un peu mal* », et il annonce qu'on aura « *la reste de l'histoire a ces foires de Francfort prochainement venātes...* » Il donne ensuite brièvement le sommaire de ce qu'on trouvera dans ce reste de l'histoire. (Cette postface, contenant le sommaire de la suite, se trouve déjà dans la première édition décrite ici (page 40) ; mais elle y était beaucoup plus courte). La table, intitulée : *Indice des matieres contenues en ce present liure,* commence à moitié du recto de l'avant-dernier feuillet et termine le volume.

Cette édition très précieuse, dont le titre ne porte pas de nom d'imprimeur, est évidemment sortie des presses de François Juste, de Lyon. Elle est exactement semblable à celle de *Gargantua,* décrite ci-après (page 45), portant la date de 1535 et le nom de François Juste ; les caractères sont les mêmes dans ces deux volumes.

Pantagruel est ici divisé en vingt-neuf chapitres, plus le *Prologue* et cette sorte de postface dont nous venons de parler, qui précède la table. Rabelais y a fait de nombreuses augmentations et y a reformé son texte primitif en beaucoup d'endroits, au moins au point de vue grammatical. De plus on y trouve un certain nombre d'expressions réputées irréligieuses, que l'auteur ou les éditeurs ont supprimées, soit volontairement, soit par ordre, dans les éditions suivantes.

Dans le magnifique exemplaire qui figurait à la vente Sunderland (*Bibliotheca Sunderlandiana*), à Londres, en 1882, et qui a été acquis par M. Morgand, libraire à Paris, lequel nous l'a obligeamment communiqué, on trouve aussi le *Gargantua* de Fr. Juste, et la *Pantagrueline Prognostication pour Lan M.D.XXXV,* imprimée de même et avec le même encadrement autour du titre que celui qu'on voit ci-dessus. Cette dernière plaquette se compose de huit feuillets.

Prix : Le superbe exemplaire de la vente Sunderland que nous venons de citer, comprenant le *Pantagruel,* le *Gargantua* et la *Pantagrueline Prognostication,* reliés en un volume, maroquin rouge, du xviie siècle, fut adjugé à Londres en novembre 1882, au prix de 320 £. (plus de 7.000 francs).

LES ÉDITIONS ORIGINALES.

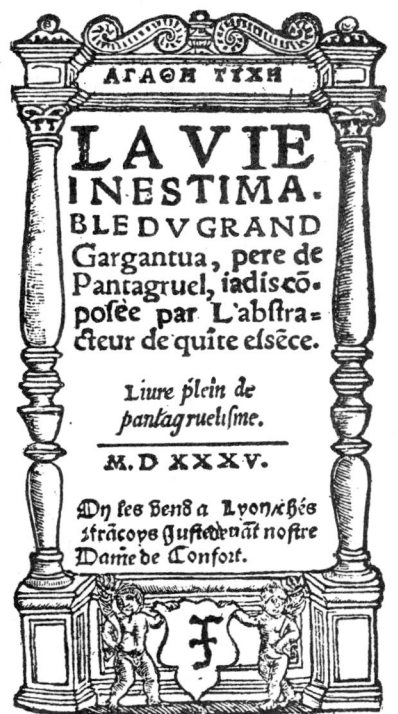

Très petit in-8° allongé, imprimé en caractères gothiques, par pages de 33 lignes. Les feuillets, au nombre de 102, y compris le titre, ne sont pas chiffrés; ils portent les signatures A-N, par cahiers de 8 feuillets, sauf pour le cahier N, qui n'en a que 6. Le titre, reproduit ci-dessus, est imprimé en noir et en rouge dans l'original. Au verso du titre se trouve un avis en vers intitulé *Au lecteurs* (sic)... au-dessous duquel on lit ces mots, en gros caractères : VIVEZ IOYEUX. Le texte se termine par cinq lignes suivies du mot FINIS, en haut du recto du dernier feuillet, où se voit aussi la marque de François Juste (voir le second fac-similé ci-dessus). Le verso de ce feuillet est blanc. (BIBL. NAT. Y² 817. Réserve.)

Cette édition précieuse du vrai *Gargantua,* de celui qui est considéré comme le premier livre de l'œuvre de Rabelais, est la plus ancienne que l'on connaisse avec date. Elle est très importante et extrêmement recherchée, non seulement pour ce motif, mais encore parce qu'elle contient un certain nombre d'expressions considérées comme trop hardies et supprimées depuis par Rabelais. On y voit, il est vrai, bon nombre de fautes, mais il faut dire qu'aucune des premières éditions des ouvrages de Rabelais n'est parfaitement correcte. Il est probable que l'auteur ne revoyait pas les épreuves et laissait ce soin à ses éditeurs, ou, dans le cas contraire, il le faisait avec beaucoup de légèreté. Elle contient le *Prologue* et 56 chapitres.

Brunet cite une autre édition à peu près analogue, mais dont le texte offre quelques différences, tant dans l'orthographe que dans certains passages du texte, et qu'il considère comme un peu antérieure à celle de François Juste, datée de 1535. Mais comme l'exemplaire vu par Brunet et comparé par nous avec le précédent, à la Bibliothèque nationale, est incomplet du titre et du 8e feuillet, il nous est impossible d'en déterminer la date. Cette édition doit être de la plus grande rareté. Nous ne l'avons pas, du reste, rencontrée ailleurs. Le texte offre certains passages qui ne se trouvent pas dans l'édition datée de 1535, mais en revanche celle-ci en contient plusieurs autres qu'on ne voit pas dans celle-là.

L'édition dont il s'agit a également 56 chapitres. Elle contient 100 feuillets non chiffrés, de 33 lignes par page; les signatures vont de 𝔄-𝔑iiij, par cahiers de 8 feuillets chacun, sauf pour le dernier qui n'en a que 4. (Dans les 100 feuillets, nous comprenons les deux qui manquent à l'unique exemplaire que nous avons signalé ci-dessus.) Cette édition n'a aucune marque à la fin. Dans le texte, les abréviations sont parfois différentes de celles de l'édition de 1535. Les lettres initiales diffèrent aussi quelquefois, mais la plupart sont les mêmes, les L, par exemple, ce qui indique qu'elle doit être aussi de François Juste. (BIBL. NAT. Y². 817. B. Réserve.)

PRIX de l'édition de 1535 : Vente Sunderland (*Bibliotheca Sunderlandiana,* Londres, 1882), superbe ex. en mar. r. rel. ancienne, avec le *Pantagruel,* de 1534, décrit ci-dessus (pages 43-44), en un seul volume, 320 £. (plus de 7.000 fr.)

Tiers liure des
FAICTZ ET DICTZ
Heroïques du noble Pantagruel, cōpoſez
par M. Franç. Rabelais doƈteur en
Medicine, & Calloïer des
Iſles Hieres.

*L'auteur ſuſdiƈt ſupplie les Leƈteurs
beneuoles, ſoy reſeruer à rire au ſoi-
xante & dixhuytieſme liure.*

A PARIS,
Par Chreſtien wechel, en la rue ſainƈt
Iacques a l'eſcu de Baſle : et en la rue faiƈt
Iehan de Beauuoys du Cheual volant.
M. D. XLVI.

AVEC PRIVILEGE DV
Roy, pour ſix ans.

Petit in-8°, contenant 4 feuillets préliminaires, non chiffrés, 355 pages chiffrées pour le texte, et 4 pages non chiffrées pour la table. Le texte est divisé en 46 chapitres ; un saut du 26ᵉ au 28ᵉ a fait porter ce chiffre de 46 à 47 (le dernier chapitre est coté 47ᵉ).

Le *Tiers livre* est le premier volume sur lequel Rabelais ait mis son nom, avec son titre de « Calloïer des Isles Hieres » qu'on ne retrouve plus d'ailleurs dans aucun autre de ses ouvrages. On a vu que dans ses livres précédents il ne s'était désigné que sous le pseudonyme de « l'Abstracteur de quinte essence », ou celui de « Alcofribas Nasier ».

La manière dont Rabelais a varié ses pseudonymes, dans ses différents ouvrages, peut presque servir à rétablir l'ordre présumé dans lequel ils furent composés. Ainsi *Les Grandes Chroniques* sont anonymes. Le *Pantagruel,* de Claude Nourry (1532?), contient le pseudonyme complet *Alcofribae* (sic) *Nasier,* anagramme de « Francoys Rabelais », mais avec une faute typographique. Dans la *Pantagrueline Proghostication... pour l'an 1533,* parue incontestablement à la fin de l'année 1532, on ne voit plus que *Alcofribas*. Dans le *Pantagruel* (de Fr. Juste), 1534, on lit *Alcofribas abstracteur de quinte essence.* Enfin, dans le *Gargantua,* de Fr. Juste, 1535, il ne reste plus que *L'abstracteur de quinte essence.* Publiés dans un autre ordre, ces pseudonymes n'eussent pas été compréhensibles.

Cette édition précieuse est considérée jusqu'ici comme la plus ancienne du *Tiers livre*. Elle est très bien imprimée, en lettres italiques, sauf pour le *Privilége,* qui est en lettres rondes. Ce privilège est daté du « dix neufviesme jour de septembre 1545 ».

L'exemplaire de la Bibliothèque nationale (Y². 824. A. Réserve) a appartenu à Pierre Daniel Huet, évêque d'Avranches, dont il porte l'*ex libris* imprimé, à l'intérieur de la garde du volume, avec des notes manuscrites qui paraissent être de sa main, sur les gardes. Nous extrayons de ces notes du savant évêque le passage suivant qui a son importance : « *Jay un Almanach pour l'an 1546, composé par maistre françoys Rabelays Docteur en Medecine, Item la Declaration que signifie le Soleil parmy les signes de la Nativite de L'enfant. a Lyon Devant nostre Dame de Confort. A la dernière feuille... se voit son sein* (sic) F. RABELÆSUS. » (Ce dernier mot est calligraphié pour imiter la signature de Rabelais et son paraphe). Cette affirmation du savant Huet, déclarant posséder l'*Almanach* en question, avec la signature autographe de Rabelais, fournit un argument sérieux à ceux qui regardent l'attribution de ce petit livre à Rabelais comme authentique.

L'exemplaire en question du *Tiers livre* que possède la Bibliothèque nationale était incomplet du dernier feuillet, contenant la fin de la table (une demi-page environ). Cette fin fut ajoutée à la main par Huet.

PRIX : Un ex. relié en mar. doublé, par Trautz-Bauzonnet figura à la vente Bertin (en 1854) et fut adjugé à 299 fr. — Le même ex. atteignit à la vente Solar (1860) le prix de 740 fr., — et à la vente Potier (1870) il fut vendu 1,800 fr. — Catal. Fontaine (1875), mar. citr. doublé de mar. bl. par Trautz, 2,500 fr. — Vente Sunderland (Londres, 1882), mar. r. bonne rel. ancienne, 95 £. st. (environ 2,400 fr.)

Une excellente édition, plus complète, du *Tiers Livre,* parut en 1552, avec le titre ainsi disposé :

Le Tiers Livre || des faicts et dicts || *Heroïqves du bon Pantagruel :* || *Composé par M. Fran.* || *Rabelais docteur* || *en Medi-* || *cine.* || Reueu & corrigé par l'Autheur, fus || la cenfure antique. || L'autheur susdict || *Supplie les Lecteurs beneuoles, foy* || *referuer a rire au foixante* || *& dixhuytiefme* || *Livre.* || A Paris. || De l'imprimerie de Michel Fezandat, au mont || S. Hilaire, à l'hostel d'Albret. || 1552. || Auec priuilege du Roy. ||

Ce volume in-8° est ainsi composé : 170 feuillets chiffrés (ou plutôt 160, à cause d'une erreur que nous allons expliquer ci-après). Dans ce nombre est compris le titre, au verso duquel on voit un dixain intitulé : *François Rabelais à l'esprit de la royne de Nauarre,* et le *Privilege,* en entier, occupant les deux feuillets qui suivent le titre ; — enfin, 3 feuillets non chiffrés, à la fin, pour la *Table,* plus 1 feuillet blanc, pour compléter le dernier cahier. Dans la foliation, les n°ˢ 90 à 99 ont été omis par erreur ; le nombre des feuillets chiffrés est donc en réalité de 160 au lieu de 170.

Cette édition est très précieuse; elle a été augmentée par Rabelais et c'est la dernière qu'il ait donnée de ce livre. On peut même dire que c'est la fin de son œuvre, car il n'est pas du tout prouvé que le cinquième Livre, publié onze ans après sa mort et que nous décrivons ci-après (page 53), puisse vraisemblablement lui être attribué en entier. Elle contient 52 chapitres, c'est-à-dire six de plus que l'originale de 1546. Toutefois, il faut remarquer que 4 chapitres ont été dédoublés. Le *Privilege* est différent. Il est ici daté de Saint-Germain en Laye, le 6 août 1550, et donné par Henri II à Rabelais pour dix ans.

L'impression est très nette, en lettres rondes, avec de jolies initiales ornées à la manière de G. Tory (Bibl. nat. Y² 826. Réserve). Le titre ne possède pas la marque de l'imprimeur qu'on voit sur le titre du *Quart Livre,* paru à peu près en même temps et décrit ci-après (page 50).

Prix : Vente Solar (1860), avec le *Quart Livre,* 1ʳᵉ éd. de Mich. Fezandat, 1552, décrite ci-après, rel. mar. citr. par Trautz, 405 fr. — Vente du baron J. Pichon (1869), le *Tiers Livre* seul, mar. bl. par Chambolle, 250 fr. — Vente Potier (1870), le même ex., 345 fr. — Vente Sunderland (Londres, 1882), très bel ex. avec le *Quart Livre,* 1ʳᵉ éd., mar. r. rel. anc., 171 £. (environ 4,300 francs).

LE
QVART LIVRE
DES FAICTS ET
dicts Heroiques du bon Pantagruel.

Compofé par M. François Rabelais docteur en Medicine.

A PARIS,
De l'imprimerie de Michel Fezandat, au mont
S. Hilaire, a l'hoftel d'Albret.
1552.

Auec priuilege du Roy.

In-8°, contenant 19 feuillets et demi non chiffrés, qui comprennent : le titre, dont le verso est blanc, la dédicace « *à tres illustre Prince, et reverendissime Monseigneur Odet cardinal de Chastillon* », signée *Franç. Rabelais medecin,* — le Prologue de l'Autheur..., avec cette faute : *Au* (sic) *lecteurs beneuoles;* — 144 feuillets chiffrés pour le texte (le texte commence au verso du feuillet qui devait être coté 1, et dont le recto est occupé par la fin du prologue; c'est ce qui nous a fait compter 19 feuillets *et demi* comme préliminaires); — enfin 4 feuillets non chiffrés, à la fin, pour la

Table, qui se termine au recto du dernier ; et un feuillet blanc pour compléter le cahier X, qui sans cela n'aurait que 7 feuillets ; — plus, dans quelques exemplaires, 9 feuillets pour une *Briefue declaration d'aulcunes dictions plus obscures...* qui ne fait peut-être pas rigoureusement partie de l'édition. (BIBL. NAT. Y². 828. Réserve. Sans la *Briefue declaration...*)

La Table occupe 7 pages, la dernière se terminant par la mention suivante : *Acheué d'imprimer le XXVIII. de Ianuier* M. D. L II.

Cette belle édition est la première complète du *Quart Livre*. Elle est très bien imprimée, en lettres rondes, avec de jolies initiales ornées, dans le genre de Geoffroy Tory. Elle contient un Privilége accordé (par Henri II) à « M. Frãcois Rabelais docteur en medecine »... pour dix ans, et daté de « Sainct Germain en Laye, le sixiesme iour d'Aoust, l'an de grâce mil cinq cens cinquante. » Les œuvres de Rabelais y sont qualifiées « d'utiles et délectables », comme, du reste, dans le Privilége accordé à Rabelais par François Ier, pour faire imprimer ses premiers livres. Cela prouve que dame Censure était moins... grincheuse au XVIe siècle qu'à notre époque de progrès !

Il existe sous la même date de 1552, et avec le nom de Fezandat, une autre édition du *Quart Livre*, de format in-16, dans laquelle on voit le même *achevé d'imprimer* daté du 28 janvier 1852. On essaya de reproduire sur le titre la gravure-marque de l'imprimeur qu'on voit sur l'originale, mais on le fit d'une façon fort maladroite. Brunet la considère avec raison comme une contrefaçon, donnée sous le nom de Fezandat. La grossièreté de la gravure du titre suffirait à le prouver.

La même année, il en parut une autre à Rouen, de format in-16. Le titre porte la date de 1552 et on y voit à la fin la rubrique : *A Rouen, par Robert Valentin libraire*. Nous en trouvons un exemplaire dans le catalogue de Solar, et un autre dans la bibliothèque Didot.

Brunet en cite aussi une de Lyon, Balthazar Aleman, 1552, dans laquelle se trouve la *Briefue declaration*.

PRIX de la 1re édition, in-8°, de Michel Fezandat : Vente Armand Bertin (1854), exemplaire annoncé par erreur avec la date de 1558, au lieu de 1552, mar. doublé, par Trautz-Bauzonnet, 240 fr. — Vente Solar (1860), le même ex. mieux annoncé, 395 fr. — A la même vente un ex. qui était réuni au *Tiers Livre*, rel. en mar. aussi par Trautz, 405 fr. — A la vente Potier (1870), l'ex. du *Quart Livre* seul, provenant de la bibliothèque Solar, coté ci-dessus 395 fr., atteignait le prix de 1,660 fr.

Edition de Rouen, Robert Valentin : Vente Solar (1860), mar. par Duru, 150 fr. — Vente Didot (1878), mar. par Capé, ex. raccommodé, 120 fr.

LES OEVVRES DE M. FRANCOIS RABElais Docteur en Medicine, contenans la vie; faicts & dicts Heroiques de

Gargantua, & de son filz Panurge: Auec la Prognostication Pantagrueline.

M. D. LIII.

In-16, en caractères ronds, contenant 932 pages chiffrées, y compris le titre, plus 10 feuillets et demi non chiffrés pour les tables. Le premier demi-feuillet où commencent les tables est au verso de la page 932. (BIBL. NAT. Y² + 834. Réserve.)

Première édition collective des quatre livres de Rabelais publiés de son vivant; elle est recherchée seulement pour ce motif, car elle est moins correcte que la plupart des suivantes. Elle est d'ailleurs très rare.

Une remarque à faire sur le titre c'est que le nom de *Pantagruel* a été remplacé par celui de *Panurge*.

Les deux premières parties offrent simplement une réimpression peu soignée des éditions de François Juste, particulièrement de celle de 1542. Quant à la troisième partie, elle reproduit peu correctement les éditions du *Tiers livre*, parues depuis l'originale de Wechel, 1546, jusqu'en 1553. Enfin la quatrième partie donne la reproduction de l'édition in-8° du *Quart livre,* parue chez Fezandat en 1552, sans tenir compte des corrections orthographiques faites dans les suivantes. Le volume se termine par la *Pantagrueline prognostication*, et les tables.

Chaque livre, à partir du SECOND (Pantagruel), a son titre à part, compris dans la pagination et contenant du texte au verso. Le premier livre (Gargantua) se termine à la page 212 ; — le *Second Livre* (Pantagruel) occupe les pages 213 à 403 ; — le *Tiers Livre* est paginé de 404 à 645 ; — le *Quart Livre* va de 646 à 915 ; — enfin la *Pantagrueline prognostication* occupe les pages 916 à 932 ; — et les Tables forment 21 pages non chiffrées, la dernière se terminant par un *Registre* des signatures des cahiers du volume.

L'impression est en petits caractères ronds, avec des initiales ornées médiocres, moins nombreuses dans les derniers livres que dans les premiers.

PRIX : Vente J. Renard (1881), ex. défectueux, mais relié en mar. ancien, orné des chiffres de Louis XIII et d'Anne d'Autriche, 600 francs.

In-16, imprimé en petits caractères ronds contenant en réalité 102 feuillets, ainsi répartis : titre, feuillets chiffrés 2 à 113, moins les feuillets 17 à 32 inclusivement, c'est-à-dire 16 feuillets omis par suite d'une erreur de pagination : — plus 5 feuillets non chiffrés pour la Table. Au verso du dernier on lit une épigramme en quatre vers, commençant par les mots : *Rabelais est-il mort...* signée NATURE QUITE. Cette signature est l'anagramme de Iean Turquet, que l'on considère comme l'auteur d'une partie du *Cinquième Livre*, quoiqu'il l'ait publié sous le nom de Rabelais. (BIBL. NAT. Y² + 831. Réserve.)

La présente édition est la première du *Cinquième Livre* complet.

Cette cinquième partie avait d'abord paru, mais moins complète, sous le titre suivant :

LE
CINQVIESME
ET DERNIER LIVRE
DES FAICTS ET DICTS
Heroïques du bon Pantagruel,
composé par M. François
Rabelais, Docteur en
Medecine.

Auquel est contenu la visitation de l'Oracle de la Diue Bacbuc, & le mot de la Bouteille : pour lequel auoir, est entrepris tout ce long voyage.

Nouuellement mis en lumiere.

M. D. LXIIII.

L'ISLE ‖ SONNANTE, ‖ PAR M. ‖ FRANCOYS RABELAYS, *qui n'a point encore este imprimee ne mise en lumiere :* ‖ *en laquelle est continuee la nauiga* ‖ *tion faicte par Pantagruel,* ‖ *Panurge et autres* ‖ *officiers.* ‖ *Imprime nouuellement.* ‖ M. D. LXII. ‖ Plaquette petit in-8° de 32 feuillets. On y trouve seulement 16 chapitres, au lieu de 47, nombre que contient le cinquième livre décrit ci-dessus. Le dernier chapitre de l'*Isle sonnante*, celui qui a pour titre l'*Isle des Apedeftes*, ne fut pas reproduit dans l'édition de 1564 du cinquième livre, ni dans celle de 1565, publiée à Lyon, par Jan Martin, ni dans l'édition de la même année sans lieu d'impression.

PRIX DU *Cinquième Livre* : Vente Solar (1860), ex. rel. en mar. citron, par Trautz, 450 fr.

PRIX DE *l'Isle Sonante* : Vente Sunderland *(Bibliotheca Sunderlandiana)*, Londres, 1882, bel ex. en mar. r. rel. ancienne, 26 £. (environ 660 fr.)

Par Marguerite de France, reine de Navarre.

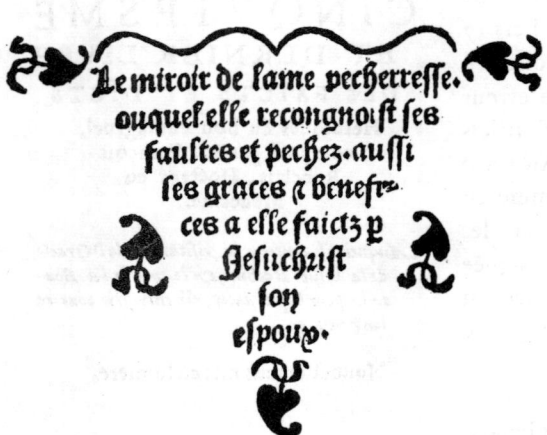

Petit in-4°, caractères gothiques, contenant 35 feuillets non chiffrés, imprimés à longues lignes (29 lignes à la page), avec notes marginales, signatures A-Iiii, par cahiers de 4 feuillets chacun, sauf le dernier qui n'en a que 3, plus 1 feuillet blanc, non compris dans le nombre de 35 ci-dessus, lequel feuillet doit correspondre au feuillet Iiii, pour compléter le dernier cahier.

L'exemplaire que nous avons sous les yeux est ainsi composé : *Le Miroir de lame pecheresse...* commençant par les mots : *Seigneur dieu cree en mo cueur net* (du feuillet Aii au verso du feuillet Gii). — Ensuite : *Discord estant en lhomme par la contrarieté de lesperit et de la chair...* (du recto de Giii au verso de H). Enfin *Oraison à nostre seigneur Jesu christ...* (du recto Hii au verso de Iiii). Là se termine le volume par les mots : *Louenge a dieu seul*. Le feuillet qui suit et termine le cahier I est en blanc. (Bibl. nat. Y. 4369. Réserve.)

Cette édition est d'une insigne rareté. Aucun exemplaire n'a figuré dans une vente publique, à notre connaissance.

———

LE MIROIR
DE TRESCHRESTIENNE
PRINCESSE MARGVERITE
de France, Royne de Nauarre,
Duchesse D'alençon & de
Berry : auquel elle uoit
& son neant, & son
tout.

Imprimé à Paris par Antoine
Augereau, demourant en la rue S.
Iacques, à l'imaige sainct Iacques
pres les Iacobins.

1533

Petit in-8°, lettres rondes, composé ainsi : titre, ne comptant ni dans la pagination ni dans la signature du bas des feuillets ; au verso, une mention ainsi conçue : *Le miroir a esté diligemment* || *recongneu, et restitué en son* || *entier, sur L'original escript de la* || *propre main de la Royne de Na* || *uarre. Parquoy nul ne s'esmerueil* || *lera s'il treuue difference entre les* || *aultres impressions et ceste cy der* || *niere. Mesmement au fueillet 19.* || *page 2. ligne 13. on trouuera quatre* || *vers, qui auoient esté auparauant* || *toutalement omis. Le premier se commence,* ||

Si la force d'une grand'... etc .. ||

auec les aultres trois ensuiuantz· ||

36 feuillets chiffrés, le dernier se terminant au bas du verso par le mot Fin. — A la suite : 20 feuillets chiffrés, commençant ainsi : *Ex authoris recognitione.* Epistre familière de prier Dieu. *Aultre epistre familière d'aimer chrestiennement. Item, Briefue doctrine pour deuement escripre selon la propriété du langaige Françoys.* Ensuite *L'Instruction et Foy d'ung Chrestien*... dont nous allons parler ci-après.

Le tout se termine au recto du 20⁰ feuillet par les mots : *Mense decembri. 1533.* (Bibl. nat. Y. 4525. Réserve.)

Cette édition, dont le texte est un peu différent de l'édition gothique ci-dessus, contient aussi en plus : d'abord un prologue de deux pages, intitulé *Marguerite, sœur unicque du Roy, Royne de Nauarre, au lecteur.* Et à la fin : *Le VIe Pseaulme de Dauid, translaté en Françoys selon L'hebrieu, par Clement Marot, Valet de chambre du Roy.* (Cette pièce de Marot, en vers, occupe trois pages.) Enfin les *Epistres* que nous venons de citer, formant une pagination à part et à la fin desquelles on retrouve une autre pièce de Clément Marot intitulée : *L'instruction et foy d'ung Chrestien, mise en Françoys par* Clement Marot, *Valet de chambre du Roy* (cette pièce occupe 4 pages, du verso du 18e feuillet au recto du 20e et dernier, dont le verso est blanc).

Une autre édition d'Augereau, 1533, avec titre en plus petits caractères, était ainsi décrite au catalogue Guy-Pellion :

Petit in-4°, lettres rondes, de 36 feuillets à 30 lignes par page. — Le verso du titre est blanc. — A la suite du *Miroir* viennent les pièces suivantes : *Discord estant en l'homme par la contrarieté de l'esprit et de la chair et paix par vie spirituelle;* — *Oraison a Nostre Seigneur Jesus-Christ;* — deux autres oraisons (en prose); — *le VI pseaulme de David translaté en françoys* (en vers) *selon l'hebreu par Clement Marot, valet de chambre du Roy.* Précieuse édition non décrite au *Manuel* de Brunet.

Au recto du dernier feuillet se trouve la mention que voici :

POVR LA
ROYNE DE
Nauarre.

Prix : Vente Guy-Pellion (1882), rel. à mosaïque de Thibaron-Joly, 1900 fr.

MARGVERITES
DE LA MARGVERITE
DES PRINCESSES,
TRESILLVSTRE
ROYNE
DE
NAVARRE.

A LYON,
PAR IEAN DE TOVRNES.
M. D. XLVII.

Auec Priuilege pour six ans.

Recueil des poésies de la reine Marguerite de Valois, reine de Navarre, sœur de François Ier.

2 volumes ou quelquefois 2 parties en 1 volume in-8°. Impression en beaux caractères italiques, sauf pour le Privilége, qui est en caractères ronds et se trouve au verso du premier titre.

La première partie contient 542 pages chiffrées, y compris le titre reproduit ci-dessus, plus, à la fin, 1 feuillet non chiffré, au recto duquel on voit une des marques (avec devise) de Jean de Tournes, et au verso un grand fleuron typographique en losange.

La deuxième partie possède exactement le même titre que la première, avec la seule adjonction des deux mots *Suyte des* (en interligne) en haut de la page, au-dessus du mot Marguerites (Ce qui fait suyte des marguerites de la marguerite....), sans aucune modification dans la disposition typographique du premier titre. Elle contient 342 pages chiffrées, y compris le titre, plus, à la fin, un feuillet dont le recto est blanc et dont le verso contient le même grand fleuron que le dernier feuillet du premier volume. (Bibl. nat. Y. 4523. 2. Réserve.)

Cette édition est également très soignée au point de vue du texte et on la recherche beaucoup. C'est d'ailleurs la plus belle des éditions assez nombreuses qui parurent en quelques années à cette époque. Elle fut publiée par le valet de chambre de la reine Marguerite, Jean de la Haye. En tête de la première partie se trouve une grande épître en vers, à l'adresse de la Reine et entièrement à sa louange.

Bien que nous ayons vu un certain nombre d'exemplaires de cette édition de 1547, nous n'avons rencontré dans aucun, pas plus que Brunet, du reste, la particularité indiquée par le rédacteur du catalogue de Soleinne (n° 93 du supplément au tome 1er), qui prétend en avoir vu un dont les pages 337 et 338 de la *Suyte des Marguerites*..... avaient été réimprimées avec un envoi « à Madame la princesse de Navarre », et qui se terminait par trois feuillets paginés 343-37 *(sic)* d'une autre impression évidemment postérieure, contenant un chant de G. Aubert, à la louange des deux Marguerite de Valois.

Nous pensons que l'exemplaire en question devait avoir été ainsi composé d'une façon factice, peut-être avec des feuillets d'un autre livre.

Prix : Vente Renouard (1853), ex. rel. en mar. anc., par Padeloup, 680 fr. — Vente Solar (1860), ex. en mar. rel. moderne, de Niedrée, 1,050 fr. — Vente Brunet (1868), rel. à mosaïque du xvie siècle, habilement restaurée, 1,450 fr. — Le même ex. revendu à la vente Guy-Pellion (1882), pour 1,500 fr. — Catal. Fontaine (1875), rel. moderne en mar., par Duru, 700 fr. — Vente du marquis de Ganay (1881), bel ex. orné d'une reliure à mosaïque, semis de marguerites, 2,350 fr. — Répertoire Morgand et Fatout (1882), très bel ex. en mar. ancien, 2,400 fr.

HISTOIRES DES AMANS FORTVNEZ.

Dediées à tresilluſtre Princeſſe Madame Marguerite de Bourbon, Ducheſſe de Niuernois.

A PARIS,

Pour Gilles Robinot libraire, tenant ſa boutique au Palais, en la gallerie par ou on va à la chancellerie.

1558.

Auec priuilege du Roy.

Recueil de contes et nouvelles composés par Marguerite de Valois, reine de Navarre, et probablement aussi par les écrivains qui fréquentaient sa cour ou étaient ses intimes, Bonaventure Des Périers, Nicolas

Denisot, Jacques Peletier du Mans, et publiés seulement après la mort de cette princesse, d'abord sans son nom, par son valet de chambre Pierre Boaistuau, et ensuite avec son nom, sous le titre d'*Heptaméron,* par Claude Gruget, comme on le verra ci-après (pages 61-63).

In-4º, composé de : 19 feuillets préliminaires non chiffrés, comprenant le titre (reproduit ci-dessus), au verso duquel est le Privilége du Roy; — une épître dédicatoire en prose, « *à tres illustre, et tres excellente princesse, Madame Marguerite de Bourbon, duchesse de Nevers... Pierre Boaistuau, surnōmé Launay, tres humble salut et perpetuelle obeissance;* » cinq pièces de vers français et latins, un avis intitulé : *Pierre Boaistuau surnommé Launay au Lecteur,* un erratum sous le titre *Faultes trouuées depuis l'impression;* une *Table de toutes les histoires contenues en ce present liure, laquelle contient aussi les sommaires desdictes histoires,* et le *Prologue;* — 184 feuillets chiffrés d'un seul côté pour le texte.

Le Privilège, accordé par Henri II à Vincent Sertenas, libraire, pour « un liure non encores imprimé, intitulé *les Histoires des amans fortunez...* » est donné pour six ans, et daté du « dernier jour d'aoust, l'an de grâce mil cinq cens cinquante-huict ».

Il n'est nullement question ici du nom de l'auteur. (BIBL. DE L'ARSENAL, B. L. 15040.)

Édition *princeps* du fameux livre qui devait porter définitivement le titre de *L'Heptameron des nouvelles de Marguerite de Valois, reine de Navarre.* Elle est très bien imprimée et enrichie de superbes initiales historiées, grandes et moyennes, ornées de dessins variés gravés sur bois. Elle contient 67 nouvelles et présente un texte un peu différent de l'édition de 1559, que nous allons décrire dans notre numéro suivant, laquelle porte pour la première fois le titre d'*Heptameron.*

L'Histoire des amans fortunez est de la plus insigne rareté. Nous en avons vu un superbe exemplaire dans la bibliothèque de M. Daguin, ancien président du tribunal de commerce.

PRIX : Vente Solar (1860), ex. rel. en vélin ancien, 820 fr. (Ce volume avait été vendu là comme complet. Mais plus tard on s'aperçut qu'il y manquait 2 feuillets, et lorsqu'il repassa aux enchères, à la vente Guy-Pellion (en 1882), il n'atteignit plus que le prix de 600 fr. Il se fût vendu quatre ou cinq fois plus cher s'il eût été complet.)

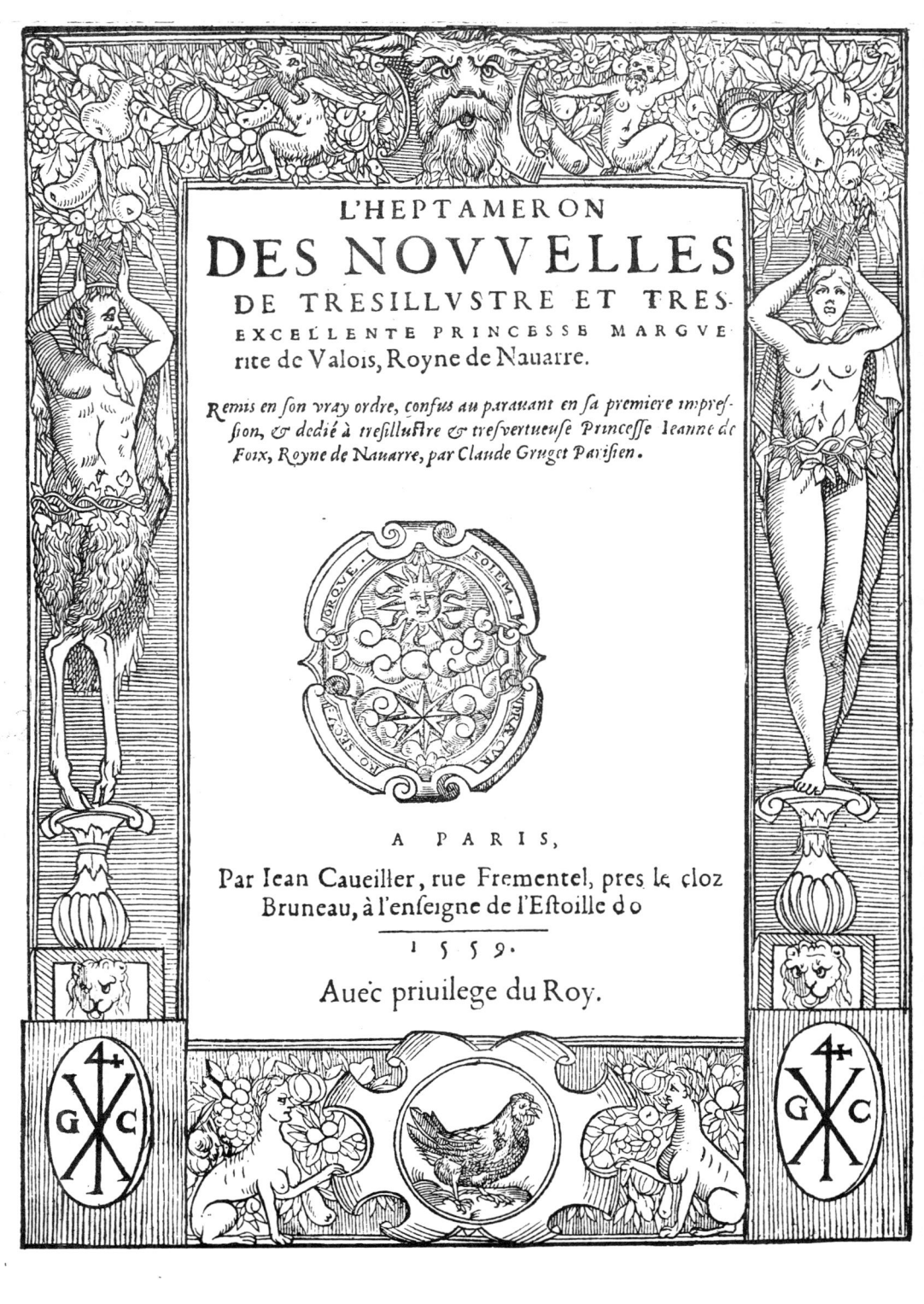

L'HEPTAMERON DES NOVVELLES

DE TRESILLVSTRE ET TRES-EXCELLENTE PRINCESSE MARGVErite de Valois, Royne de Nauarre.

Remis en son vray ordre, confus au parauant en sa premiere impression, & dedié à tresillustre & tresvertueuse Princesse Ieanne de Foix, Royne de Nauarre, par Claude Gruget Parisien.

A PARIS,
Par Iean Caueiller, rue Frementel, pres le cloz Bruneau, à l'enseigne de l'Estoille d o

1559.

Auec priuilege du Roy.

L'Heptameron des Nouvelles de Marguerite, reine de Navarre.

In-4°, composé de 6 feuillets préliminaires non chiffrés, comprenant le titre (reproduit ci-devant), dont le verso est blanc, une épître dédicatoire en prose, « A tres illustre, et tres vertueuse princesse, Ma dame Ieanne de Foix, Royne de Nauarre, Claude Grujet, son tres humble seruiteur, desire salut et felicité », la *Table des sommaires des nouvelles,* deux sonnets français, signés I. Passerat et I. Vezou, et un erratum avec le titre *Faultes aduenues en l'impression;* — 212 feuillets chiffrés d'un seul côté, pour le texte des nouvelles, y compris le Prologue; 1 feuillet non chiffré, imprimé des deux côtés pour le *Priuilege du Roy* et *l'Acheué d'imprimer;* enfin 1 feuillet ne contenant que trois lignes au recto, plus la date, le reste du recto est blanc de même que le verso.

Ces trois lignes du dernier feuillet contiennent la mention : *Imprimé à Paris, par Benoist Preuost, demeurant en la rue Frementel, près le cloz Bruneau, à l'enseigne de l'Estoille d'or. — 1559.*

Le privilège, daté de « Saint Germain en Laye, le vingt septiesme iour de Decembre, l'an de grace mil cinq cens cinquante huict », est accordé par Henri II à Gilles Gilles, marchand libraire à Paris. En voici quelques lignes qui servent à établir que cette édition, qui reproduit à peu près la première parue sous un autre titre (voir notre numéro précédent), est encore originale :
« Nostre cher et bien aimé Gilles Gilles, marchand libraire, demeurant en
« nostre dicte ville de Paris, nous a faict dire et remontrer, qu'il a (auec grands
« fraiz, peine et labeur) recouuré, et faict rediger par ordre les comptes et
« nouuelles, autresfois mises par escrit, par nostre treschere et tresamée
« tante, la feuë Royne de Nauarre : lequel liure ia auroit esté imprimé :
« Mais depuis, par mesme peine et labeur dudict suppliant, seroit accreu et
« augmenté de plusieurs comptes de mesme inuention de ladicte Dame, qu'il
« voudroit de nouueau imprimer auec ladicte augmentation, et en plus bel
« ordre et disposition, que faict et obserué n'a esté en la premiere impres-
« sion dudict œuvre, intitulé a present, Les nouuelles de la Royne de
« Nauarre. » Ce privilège était donné pour dix années. On n'y voit aucune cession ou association du titulaire Gilles Gilles, avec Jean Caveiller, dont le nom se voit ici sur le titre, ni avec Vincent Sertenas, au nom desquels on trouve aussi des exemplaires. Il est suivi de la mention : *Acheué d'imprimer le septiesme iour d'auril, 1559.*

Dans les exemplaires portant le nom de Vincent Sertenas, le titre n'a aucun encadrement. Dans ceux qui portent le nom de l'imprimeur *Benoist Preuost,* le titre est entouré d'un charmant encadrement style Renaissance, avec deux cariatides en profil (faune et bacchante), d'un très beau dessin. Ces encadrements servirent encore pour d'autres ouvrages du même format.

Le texte des nouvelles se termine presque à moitié du verso du feuillet 212, par ces mots : « *Cy finent les comptes et nouuelles de la feuë Royne de Nauarre, qui est ce que lon en a peu recouurer.* »

Il est intéressant de citer le commencement de l'épître dédicatoire : « Je
« ne me fusse ingeré, ma dame, vous presenter ce liure des nouuelles de la
« feuë Royne vostre mere, si la premiere edition n'eust obmis ou celé son
« nom, et quasi changé toute sa forme, tellement que plusieurs le meco-
« gnoissoient : Cause, que pour le rendre digne de son auteur, aussi tost
« qu'il fut diuulgué, ie recueilly de toutes parts les exemplaires, que i'en peu
« recouurer, escrits à la main, les verifiant sur ma copie : et feis en sorte que
« ie le reduisy au vray ordre qu'elle l'auoit dressé. Puis sous la permission
« du Roy, et vostre consentement, il a esté mis sur la presse, pour le publier
« tel qu'il doit estre. . . . .
« ..... Toutes fois, ie m'asseure que le receurez bien, pour le voir par
« ceste seconde impression, remis en son premier estat : car (à ce que i'ay
« peu entendre) la premiere vous desplaisoit : non que celuy qui y auoit
« mis la main ne fust homme docte, qu'il n'y ait prins peine, et si est aisé
« à croire, qu'il ne l'a voulu desguiser ainsi, sans quelque occasion : neant-
« moins son travail s'est trouué peu agreable... »

Cette édition, la vraie originale de l'*Heptameron,* tel qu'il a toujours reparu depuis, est très belle, bien imprimée et ornée de grandes lettres historiées et de fleurons Renaissance d'un beau dessin. Elle contient un texte parfois différent et plus authentique du livre, selon l'éditeur Claude Gruget, et se compose de 72 nouvelles au lieu de 67 seulement qui se trouvaient dans l'*Histoire des Amans fortunez,* laquelle n'était pas divisée par journées comme l'est celle-ci. Jeanne de Foix, à qui l'édition est dédiée, n'était autre que Jeanne d'Albret, la mère du Béarnais, qui devint Henri IV.

Prix : Vente Bertin (1854), rel. mar. doublé, par Kœhler, 321 fr. — Vente Solar (1860), mar. r. anc. rel., 265 fr. — Vente Didot (1878), rel. en mar. doublé, par **Hardy,** dorée par Marius-Michel, 900 fr. — Vente de Béhague (1880), mar. bleu, ex. défectueux, 320 fr. — Vente Guy-Pellion (1882), riche rel. en mar. doublé, par Lortic, 1,500 fr.

LE TOMBEAV DE MARGVERITE DE VALOIS ROYNE DE NAVARRE.

Faict premierement en Difticques Latins par les trois Sœurs Princeffes en Angleterre. Depuis traduictz en Grec, Italié, & François par plufieurs des excellentz Poëtes de la Fráce.

Auecques plufieurs Odes, Hymnes, Cantiques, Epitaphes, fur le mefme fubiect.

NE LA MORT, NE LE VENIN.

A PARIS.

De l'imprimerie de Michel Fezandat, & Robert GranIon au mont S. Hilaire à l'enfeigne des Grans Ions, & au Palais en la boutique de Vincent Sartenas.

1551.

AVEC PRIVILEGE DV ROY.

Recueil par Nicolas DENISOT.

Petit in-8°, imprimé en italiques et en lettres rondes, contenant 104 feuillets non chiffrés, portant les signatures A–N, par cahiers réguliers de 8 feuillets, tous complets.

Ce curieux volume, formé par Nicolas Denisot ou « conte d'Alsinois », contient de nombreuses pièces de vers en français, en latin, en grec, éloges, épitaphes, etc., signés de plusieurs poètes du temps, et relatives à Marguerite de Valois, reine de Navarre, sœur de François Ier, auteur de l'*Heptaméron* et des *Marguerites de la Marguerite*, etc.

Au verso du titre on voit le portrait de Marguerite, bien gravé sur bois, suivi d'un sixain en latin, de Rob. Hayus.

Le recto du second feuillet porte le nom de l'auteur du recueil, au commencement de la dédicace. On lit en effet : *A tresillustre princesse Madame Marguerite, sœur unique du Roy, Duchesse de Berry. Nicolas Denisot conte d'Alsinois. S.* Les mots *conte d'Alsinois* ne constituent pas un titre authentique, mais sont simplement l'anagramme parfait du nom de *Nicolas Denisot*. (BIBL. NAT. Y. + 4526. Réserve.)

PRIX : Vente Solar (1860), ex. rel. en mar., 290 fr. — Vente Yemeniz (1867) mar. doublé, de Bauzonnet, 355 fr. — Vente Brunet (1868), ex. en jolie rel. anc. de Derôme, 520 fr. — Le même, coté depuis au catal. Fontaine (1875), 1,200 fr. — Vente du baron J. Pichon (1869), mar. v. de Bauzonnet, 505 fr. — Vente Bancel (1882), très bel ex. richement relié en mar. doublé, par Trautz, 1,900 fr. — Répertoire Morgand et Fatout (1882), jolie rel. en mar. bl. de Trautz, 1,200 fr.

Petit in-8°, imprimé en lettres rondes, composé de 32 feuillets non chiffrés, y compris le titre (reproduit ci-contre), dont le verso est blanc. Chaque page a 27 lignes. Le texte se termine, au bas du recto du dernier feuillet, par une mention d'impression que nous transcrivons ci-après. Le verso du dernier feuillet est en blanc.

Le deuxième feuillet (celui qui suit le titre) est occupé par une épître remplissant les deux pages et intitulée : *Thomas Du Cleuier a son amy Pierre Tryocan S.* (Salut).

L'ouvrage contient quatre chapitres, sous les titres de Dialogues, ainsi disposés :

Le Dialogue premier commence en tête du troisième feuillet et se termine au tiers du recto du huitième. Le reste de la page est en blanc.

Le Dialogue II commence en tête du verso de ce huitième feuillet et se termine au quart du verso du seizième. La fin de la page est en blanc.

Le Dialogue III commence en haut du recto du dix-septième feuillet et se termine au bas du recto du vingt-cinquième.

Le Dialogue IV commence en haut du verso de ce vingt-cinquième feuillet et va jusqu'aux deux tiers du recto du trente-deuxième. Le dernier tiers du verso est occupé par la mention suivante, qui forme sept lignes, y compris la date :

Fin du present Liure intitulé Cymbalum || Mudi, *en Francoys Imprimé nouuellement a* || *Paris pour Iehan morin Libraire de-* || *mourant audict lieu en la rue* || *Saint Iacques a Lensei-* || *gne du croyssant.* || M. D. XXXVII. ||

Le texte ne contient aucun alinéa dans chaque dialogue. Les noms des personnages interlocuteurs se trouvent partout au milieu des lignes. Ils sont seulement imprimés en petites capitales et souvent abrégés.

Première édition, qui est d'une insigne rareté. On n'en connaît depuis bien longtemps qu'un seul exemplaire, conservé à la BIBLIOTHÈQUE DE VERSAILLES. C'est celui qui nous a servi pour faire cette description. Tous ou presque tous les autres doivent avoir été impitoyablement détruits, tant à l'époque de l'apparition de l'ouvrage que dans les deux siècles qui ont suivi. Ce livre, en effet, avait été condamné comme entaché d'impiété et d'hérésie, et le libraire Jehan Morin avait été emprisonné pour ce motif. L'auteur avait dû même se cacher pour échapper à la justice ; ce qui n'empêcha pas un éditeur de publier, l'année suivante, à Lyon, une seconde édition que nous allons décrire plus tard. Mais Des Périers ne tarda pas à mourir ; s'il faut en croire Henri Estienne, il se serait suicidé, pour mettre fin à tous ses ennuis et à sa misère, et cela peu de temps avant 1544.

Le *Cymbalum mundi* est un petit recueil de dialogues sur différents sujets, mais offrant particulièrement des allusions satiriques aux discussions religieuses qui passionnaient à ce moment-là le clergé catholique et les partisans de la Réforme. L'auteur avait déguisé sous des anagrammes les noms ou les mots qui pouvaient attirer l'attention de la censure ecclésiastique, comme on peut en juger par le commencement de l'épître que nous avons citée. Ainsi Thomas *Du Cleuier* (ou plutôt probablement *Du Clenier*, à cause d'une faute d'impression) est l'anagramme de Thomas *Incredule*; et Pierre *Tryocan* présente l'anagramme parfaite de Pierre *Croyant*. On retrouve plusieurs autres anagrammes dans le courant du livre. Une *clef* en a été donnée dans le *Bulletin du Bibliophile* (2ᵉ série), page 28; une autre *clef* se trouvait dans l'édition du *Cymbalum mundi,* publiée par M. Paul Lacroix et M. Eloi Johanneau, en 1841. L'excellente réimpression faite en 1873, par M. Félix Franck, est accompagnée de commentaires remarquables.

Si l'auteur était un sceptique, qui traitait avec ironie quelques sujets religieux, il ne faisait pourtant pas profession d'athéisme, comme quelques fanatiques tâchaient de le faire entendre. Car l'épître en question (de l'Incrédule) se termine ainsi : « *Et a Dieu mon cher amy, auquel ie prie quil te tienne en sa grace, & te doint ce que ton petit cueur desire.* »

L'exemplaire de la Bibliothèque de Versailles provient, paraît-il, de l'abbé Goujet. Il est relié en veau fauve de la dernière moitié du xviiie siècle. Une observation curieuse à noter, c'est que le bas du dernier feuillet, contenant la mention d'impression et le nom du libraire, avait été coupé et fut rétabli anciennement au moyen d'un carré de papier blanc collé derrière les deux fragments du feuillet, pour les souder ensemble et les rapprocher. Ce dut être le libraire qui, se voyant poursuivi, fit enlever cette mention de tous les exemplaires qui lui restaient. Plus tard, le possesseur, ayant retrouvé la fin du feuillet, l'aura fait remettre à sa place. On remarque aussi, dans l'exemplaire de Versailles, que le titre (reproduit ci-devant) se trouve en double ; l'un est plus court et collé sur un feuillet blanc de la taille du volume, l'autre est intact. Il est probable que l'abbé Goujet eut en même temps sous la main deux exemplaires du livre, l'un contenant la fin de la dernière page, mais sans doute incomplet d'autre part, et l'autre plus beau privé de cette fin de page. Il aura enlevé la mention qui se trouvait à l'un pour l'ajouter à l'autre, relié déjà, sans doute; il y aura joint aussi le titre en double e se sera débarrassé du reste du volume. On ne s'expliquerait guère autrement cette lacération d'une fin de feuillet, replacée ensuite, ni la présence d'un second titre.

D'après Brunet, ce serait là le même exemplaire qui aurait passé chez Gros de Boze, chez Gaignat et chez le duc de La Vallière. Mais cela ne peut être, car celui dont il s'agit est indiqué au catalogue de ce dernier comme *relié en maroquin bleu-violet,* et celui de Versailles est revêtu d'une reliure en veau fauve, incontestablement antérieure à la vente La Vallière, où l'exemplaire décrit par Brunet figurait.

Nous ignorons le sort de celui de La Vallière, mais nous aimons à croire qu'il ne s'est pas trouvé au xixe siècle un fanatique assez peu soucieux de la liberté de pensée et de la conservation des œuvres anciennes de l'esprit français, pour en faire un nouvel autodafé. C'eût été d'ailleurs un acte de vandalisme tout à fait inutile, puisque des éditions postérieures, assez nombreuses, ont pu propager l'œuvre au moins parmi les lettrés et les chercheurs.

Nous préférons supposer que ce petit livre est mystérieusement placé dans le recoin de quelque bibliothèque particulière, soigneusement fermée aux profanes, et qu'il reparaîtra un jour, à la grande joie des bibliophiles ou bibliomanes « et non aultres », comme disait cet autre mauvais sujet de Rabelais.

Ce jour-là, mes frères, il faudra délier vos bourses et ouvrir vos portefeuilles, si le volume affronte le feu des enchères. Car, je vous le dis en vérité, il faudra, pour l'obtenir, autant d'or ou d'images bleues de Paul Baudry que pour se rendre adjudicataire des beaux diamants de la couronne, dont la vente — si opportune — va évidemment sauver notre patrie!

Prix de l'exemplaire de la vente Gaignat, 350 fr. (en 1769), — et de celui de la vente du duc de La Vallière (en 1783), que Brunet croyait être le même, 120 fr.

Petit in-8°, imprimé en fins caractères gothiques, contenant 28 feuillets non chiffrés, de 29 lignes par page, signés de A à D, par cahiers de 8 feuillets, sauf le dernier (D) qui n'en a que 4. Dans ce nombre de 28 feuillets est compris le titre, dont le verso est blanc. Le dernier feuillet se termine au bas du recto par cette mention : *Fin du present Liure intitule Cymbalū*‖ *Mūdi, en Francoys Imprime nou* ‖ *uellement a Lyon par Benoist* ‖ *Bonyn imprimeur de*‖*mourāt audict lieu*‖*en la rue de*‖*Para*‖*dis.*‖ M. D. XXXVIII.‖ Le texte gothique est très serré, car il occupe quatre feuillets de moins que celui de la première édition.

La même épître : « *Thomas du Cleuier à son amy Pierre Tryocan S.* (Salut) », qu'on voit en tête de l'édition originale (voir notre article précédent), se trouve en tête de celle-ci, également après le titre, et occupe 2 pages.

Les quatre Dialogues composant ce petit ouvrage sont aussi exactement les mêmes. Il n'y a aucun alinéa. Chaque dialogue se continue du commencement à la fin sans interruption. Les noms des interlocuteurs sont imprimés partout dans les lignes, et les caractères ne diffèrent en rien de ceux du texte; ils sont seulement précédés d'un signe indiquant le changement de paragraphe. (BIBL. NAT. Z. 1203. Réserve.)

Cette seconde édition est à peu près aussi rare que la première décrite ci-dessus. Voici quelques particularités qui se rapportent à l'exemplaire de la Bibliothèque nationale : en haut du titre de cet exemplaire se trouve la signature *Delestoille,* faite à l'encre rouge ancienne. C'est peut-être celle de Pierre de l'Estoile, historien des règnes de Henri III et de Henri IV. Au milieu du titre, après le mot *facetieux,* la même main a tracé cette note de la même encre : « *L'aucteur Bonaduanture des Periers homme meschant et athee comme il appert par ce detestable liure.* » Enfin, plus bas, de chaque côté de la gravure représentant un poète, on lit cette autre sentence manuscrite à l'encre noire : « *Tel vie, tel sort aueré par la mort de ce miserable indigne de porter le nom d'homme.* »

Cette dernière note confirme celle que Henri Estienne a écrite dans le chap. XVIII de l'*Apologie pour Hérodote,* au sujet du suicide de Des Périers:
« Je n'oublierai pas Bonaventure des Periers, l'auteur du détestable livre
« intitulé *Cymbalum mundi,* qui, nonobstant la peine qu'on prenoit à le
« garder (a cause qu'on le voyoit estre désespéré et en délibération de se
« defaire), fut trouvé s'estant tellement enferré de son espée sur laquelle il
« s'étoit jeté, l'ayant appuyée le pommeau contre terre, que la pointe, entree
« par l'estomac, sortoit par l'eschine. »

De plus, on voit dans le même exemplaire de 1538, dont la reliure en parchemin paraît remonter au commencement du XVIIe siècle, une curieuse supplique du libraire Jehan Morin, éditeur de la première édition (voir notre article précédent), adressée de sa prison au chancelier d'État, et dont voic. la teneur :

« A Monseigneur le Chancellier.

« Supplie humblement Jehan Morin, pauure ieune garson, Libraire de Paris, que
« comme ainsy soit qu'il aie par ignorance, et sans aucun vouloir de mal faire, ou
« mesprendre, imprime ung petit Liure appellé Cymbalum mundi : Lequel Liure seroit
« tumbé en scandale, et reprehension de erreur, a cause de quoi le dict suppliant
« pource qu'il la imprime auroit esté mis en prison à Paris, et a present y seroit detenu
« en grande pauureté, et dommage a luy insupportable : quil vous plaise de Vr̄e benigne
« grace luy faire ce bien de lui octroier letres, et mander a Mons^{gr} le Lieutenant cri-
« minel, que voulez bien qu'il soit relasche a caution de se represanter toutesfoys, et
« quantes que le commandem͞t luy en sera faict : attendu que par sa deposition il a
« declaré lauteur dudict liure, et que en ce cas il est du tout innocent, et quil ny eust
« mis sa marque ny son nom s'il y eust pencé aucun mal. Ce faisant ferez bien et jus-
« tice, et l'obbligerez a jamais prier Dieu pour Vr̄e prosperite et sante. »

Cette supplique est soigneusement écrite en ronde du XVIe siècle, avec un certain nombre de majuscules à longues boucles, sur papier de format petit in-4° plié dans le volume. Elle ne porte pas de signature ni de date. Mais il est possible que l'une et l'autre aient été enlevées maladroitement par le couteau du relieur, car en haut de la page les boucles des grandes lettres qui commencent les mots *Monseigneur le Chancellier* sont atteintes, et comme la feuille était pliée en deux, le bas a pu être coupé de même. On pourrait croire que c'est là l'original de la supplique et nous l'avons supposé un moment ; mais nous avons vu dans l'exemplaire de la première édition du *Cymbalum mundi*, conservé à Versailles, une copie de la même supplique, suivie de cette note manuscrite : « Cette requeste se trouve écritte de la main de Mr Du Puy sur l'exemplaire de la Bibliothèque du Roy » (c'est-à-dire l'ex. de la BIBL. NAT., d'après lequel nous avons fait toute la description qui précède). Ce ne serait donc qu'un *fac-similé* habilement exécuté au XVIIIe siècle, par un nommé Du Puy, qui était garde à la Bibliothèque du Roi. Mais on se demande où se trouvait alors l'original et où il a passé, depuis cette époque.

PRIX de l'édition de 1538 du *Cymbalum mundi* : Vente Gaignat (1769), 75 fr. — Vente Baudelocque (1850), 415 fr. — Vente Ch. Nodier (1884), ex. de Girardot de Préfond, relié en mar. citron, 401 fr.

RECVEIL
DES OEVVRES
DE FEV BONAVEN-
TVRE DES PE-
RIERS,

*

*Vallet de Chambre de Treschrestienne Prin-
cesse Marguerite de France, Royne
de Nauarre.*

A LYON,
Par Iean de Tournes.
• 1 5 4 4.
Auec Priuilege.

Petit in-8°, imprimé en lettres italiques, contenant : 4 feuillets préliminaires non chiffrés, pour le titre, la dédicace de l'éditeur, Antoine du Moulin, à Marguerite de France, « royne de Navarre », datée du « dernier jour d'aoust 1543 », et une note de onze lignes, imprimée en petites capitales, avec le titre *Vœu*; 196 pages chiffrées, la dernière se terminant à moitié du verso, par les mots : FIN. TOUT A UN; — enfin 2 pages non chiffrées, pour l'avis intitulé : *L'Imprimeur aux Imprimeurs,* la dernière page contenant seulement cinq lignes. (BIBL. NAT. Y. + 4485. Réserve.)

Après les deux pages que nous venons de signaler, il doit y avoir encore un feuillet qui contient un Avis au lecteur, selon Brunet. Ce feuillet, paraît-il, manque quelquefois. Il ne se trouve pas, notamment, dans l'exemplaire de la Bibliothèque nationale, que nous venons de décrire.

Édition originale de ces remarquables poésies, lesquelles sont précédées de : *Le Discours de la queste d'amytié, dict Lysis de Platon...* (traduction en prose). On y trouve encore trois autres pièces en prose; l'une intitulée : *Des Malcontens,* imitation d'Horace, d'un style remarquable, et les deux autres ayant pour titres : *Bonauenture, à Marot, à son retour de Ferrare,* — et *A elle encores* (A la royne de Nauarre). Ces deux dernières ne sont que de la prose apparente ; ce sont des vers bien rythmés et rimés, alignés sous forme de prose, genre d'exercice qui a été imité de temps en temps depuis. Charles Nodier donne une explication intéressante de ce fait dans sa notice sur Des Périers, parue en tête des *Contes et Nouvelles Récréations* (Paris, Gosselin, 1841).

Cette édition de 1544 fut publiée par Antoine du Moulin, ami intime de B. Des Périers, et dédiée à la reine de Navarre, sœur de François Ier, suivant le désir de l'auteur, ainsi que le déclare Antoine du Moulin dans son épître.

L'avis intitulé : *l'Imprimeur aux Lecteurs,* qui se trouve à la fin du volume, est une exhortation pleine de loyauté et de bon sens de Jean de Tournes à ses confrères. Il constate que l'âpre désir du gain les porte à contrefaire beaucoup de bons livres, sans souci même des fautes qui fourmillent dans leurs contrefaçons, que ce trafic cause un préjudice non seulement aux éditeurs, mais encore aux ouvrages mêmes qu'ils réimpriment ainsi. Enfin, il déclare formellement que, pour lui, il n'imprimera désormais aucun volume déjà publié par ses confrères, que lorsque le premier imprimeur ou éditeur aura retiré de l'ouvrage tout le bénéfice qu'il en peut avoir.

Éditeurs du XIXe siècle, méditez cela !

PRIX : Vente du baron J. Pichon (1869), superbe ex. en rel. anc. de Boyet, mar. doublé, aux armes du comte d'HOYM, 1,600 fr. — Vente Sainte-Beuve (1870), ex. rel. en mar. bl., par Trautz, 680 fr. — Catalogue Aug. Fontaine (1879), bel ex. rel. en mar. bl., par Bauzonnet, 700 fr. — Vente de Béhague (1880), ex. moins beau, mar. r. de Hardy, 210 fr. — Vente Guy-Pellion (1882), le même ex. rel. en mar., par Hardy, 200 fr.

Petit in-4°, imprimé en caractères dits de civilité, « *caractères ou lettres françoises d'art de main* », comme on les appelle dans l'extrait du Privilège. Ce volume est ainsi composé : 6 feuillets préliminaires non chiffrés, comprenant : le titre dont le verso est en blanc, l'*Extrait du Privilège*, un *Sonnet* signé *L'Imprimeur*, un avis *L'imprimeur au lecteur, Salut*, et la *Table*; — cvii (107) feuillets chiffrés pour le texte, le dernier feuillet se terminant au bas du recto par le mot : FIN ; — plus 1 feuillet non chiffré, dont le recto seulement est occupé par un sonnet intitulé : *Sur le discours des Nouvelles Recreations et joyeux devis contenus en ce present livre. Sonnet de l'autheur aux lecteurs.*

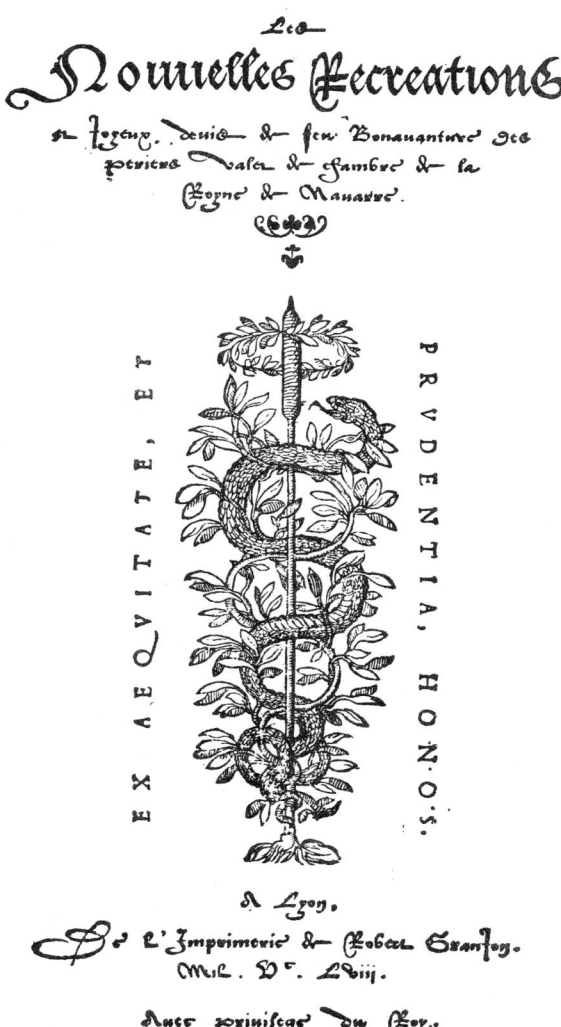

Le Privilège, accordé à Robert Granjon, est daté de « Saint-Germain en Laye, le xxvj^e jour de decembre l'an de grace mil cinq cens cinquante sept. » Ce privilège concerne plus encore l'invention des caractères employés que le volume lui-même, dont le titre n'est cité que par ces mots : *Les Nouvelles Recreations,* sans nom d'auteur ni autres détails. (BIBL. NAT. Y². 609. Réserve.)

Première édition de ces contes. Elle est très recherchée des bibliophiles, tant pour ce motif que pour l'originalité des caractères qui servirent à l'impression. Elle fut publiée, longtemps après la mort de Des Périers, dix-neuf ans suivant Nodier, qui le fait mourir vers 1539, ou quinze ans suivant d'autres qui reculent sa mort à 1543, ce qui est plus vraisemblable, car on a retrouvé un ordre de Marguerite de Navarre enjoignant de lui payer ses gages pour l'année 1541 écoulée. (Voir notice de M. Le Roux de Lincy, sur Marguerite, en tête de l'*Heptaméron*.) Ses amis Nicolas Denisot, connu sous le pseudonyme de Conte d'Alsinois (anagramme de son nom), et Jacques Peletier du Mans, avaient recueilli les fragments épars de ces nouvelles, comme Antoine du Moulin l'avait fait en 1544 pour ses poésies, et ce fut Denisot qui publia les *Nouvelles récréations* en 1558. On a même prétendu qu'il y avait ajouté quelques contes de son cru et aussi quelques autres, écrits par Peletier; mais cela est loin d'être prouvé. Charles Nodier le conteste assez catégoriquement (voir son étude sur Des Périers, en tête de l'édition de 1841), et les autres biographes ou critiques qui ont été de l'un ou de l'autre avis n'ont pu, comme lui, émettre que des conjectures.

Ce qui est plus facile à reconnaître, c'est la ressemblance de style et d'esprit qui existe entre ces contes et un grand nombre de ceux qui figurent dans l'*Heptaméron,* de Marguerite de Navarre; et il est à peu près évident que les uns et les autres sont du même auteur ou des mêmes auteurs. Nodier en attribue la majeure partie à Bonaventure Des Périers, qui avait été pendant plusieurs années le valet de chambre, et on peut ajouter l'ami de la reine de Navarre. (Voir aussi nos articles sur les premières éditions de l'*Heptaméron,* p. 59 à 63.)

Prix des *Nouvelles Récréations :* Vente Armand Bertin (1854), rel. anglaise en mar., 101 fr. — Vente Solar (1860), mar. v. par Duru, 250 fr. — Vente Veinant (1860), très bel ex. dans sa reliure du xvie siècle en v. f., 1,000 fr. — Vente Yemeniz (1867), mar. r. orné, par Trautz, 700 fr. — Vente du baron J. Pichon (1869), autre ex. mar. r. par Bauzonnet-Trautz, 605 fr. — Vente Lebeuf de Montgermont (1876), mar. v. par Duru, 900 fr. — Vente Guy-Pellion (1882), mar. r., par Bauzonnet, ex. de J. Pichon, cité ci-dessus, 1,200 fr. — Répertoire Morgand et Fatout (1882), mar. v., par Duru, 1,500 fr. — Vente Renard (1884), mar. rel. anglaise, ex. provenant de Bertin, 500 fr.

Petit in-8°, composé de : 4 feuillets préliminaires, paginés de 1 à 8, comprenant le titre (reproduit ci-dessus), dont le verso est blanc, une épître dédicatoire en prose : « A M. C. D. B. L. », datée « De Lion ce 24 juillet 1555 » et signée « *Votre humble amie Louïze Labé* »; avec un fleuron typographique en arabesques, au verso; pages chiffrées, 9 à 173, pour les œuvres tant en prose, qu'en vers ; — 1 page non chiffrée pour les *Fautes à corriger en l'impression*, et l'achevé d'imprimer ; — enfin 1 feuillet pour le *Privilége du Roy*.

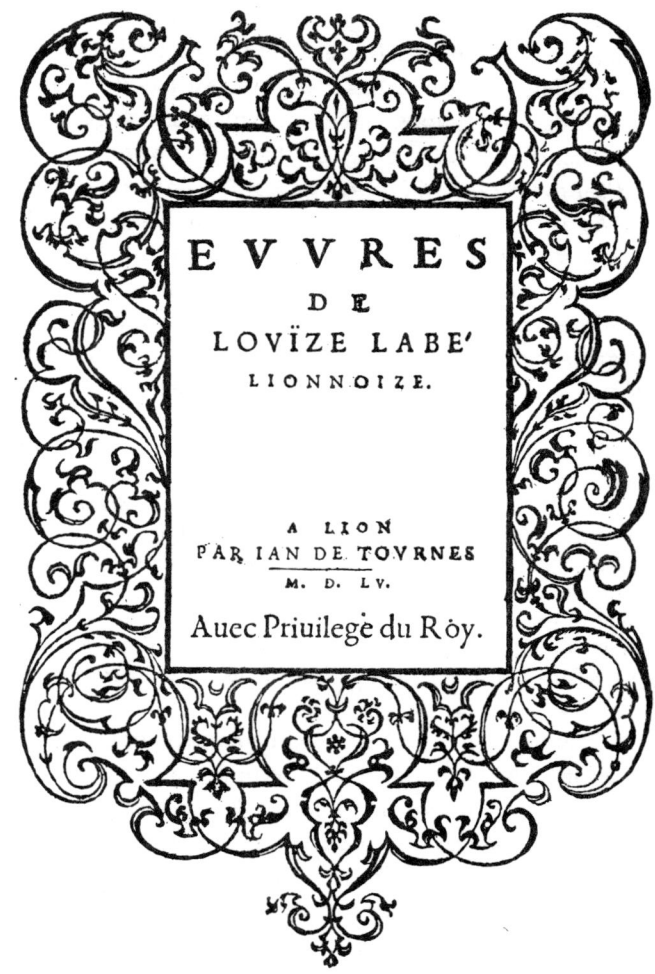

Ce privilège, accordé par Henri II, est daté du XIII. jour de mars 1554. Brunet déclare que, quoique annoncé sur le titre, il n'existe pas, et pourtant nous avons vu dans l'exemplaire de la Bibliothèque nationale une note manuscrite annonçant qu'il se trouvait dans les exemplaires de Coste et de Ganay. D'ailleurs, il se trouve dans le plus bel exemplaire connu, celui de la bibliothèque du regretté baron J. de Rothschild.

Les œuvres en prose (*Débat de Folie et d'Amour*), imprimées en lettres rondes, occupent les pages 9 à 99; les poésies (*Elegies, sonnets,...* pièces à la louange de Louize Labé, etc.) occupent les pages 100 à 173. Ces poésies sont imprimées en caractères italiques. Au bas de la page 125, on lit : Fin des Evvres de Louize Labé lionnoize. La page 124 contient un sonnet, *Aus Poëtes de Louize Labé*. En haut de la page 125 commencent les *Escriz de diuers Poëtes, à la louenge de Louïze Labé Lionnoize*.

Au verso de la page 173, on lit, au-dessous des Fautes à corriger, la mention : *Acheué d'imprimer ce 12. Aoust. M. D. LV.* Le privilège ne vient qu'au feuillet suivant. (Bibl. nat. Y. non porté. Réserve.)

Cette première édition était dédiée à une amie de Louise Labé, qui n'est désignée dans l'épître que par les initiales M. C. D. B. L. (Mademoiselle Clémence de Bourges Lionnoise). Elle est extrêmement rare et précieuse.

Prix : Un exemplaire superbe, qui appartenait à M. Ernest Quantin-Bauchart, et qui avait été orné pour lui d'une riche reliure à mosaïque par Trautz-Bauzonnet, figure au catalogue de cet amateur distingué, intitulé : *Mes livres* et paru en 1881, comme ayant été vendu à l'amiable au prix de 15,000 francs. Il fut acquis par le baron James de Rothschild. C'est celui que nous avons cité ci-dessus. La plus-value donnée à l'exemplaire par la mosaïque de Trautz, à cette époque où l'engouement pour ce relieur atteignait presque au délire, pouvait être estimée au tiers environ du prix de l'ensemble. — A la vente du marquis de Ganay (1881) un ex. dont le titre était entièrement refait en fac-similé, rel. en mar. doublé, par Bauzonnet, fut vendu 905 fr.

Comme la première édition que nous venons de décrire est d'une insigne rareté, on recherche également la seconde, laquelle a pour titre : Evvres || de || Louize Labé || lionnoise. || Reuues & corrigées par ladite Dame. || *A Lyon* || *Par Ian de Tournes.* || m. d. lvi. || *Auec Priuilége du Roy.* || Petit in-8°, composé de 173 pages chiffrées, y compris le titre; plus 1 feuillet non chiffré (2 pages) pour le *Priuilége du Roy*. Les œuvres en prose (*Débat de Folie et d'Amour*) occupent, comme dans la première édition, les pages 9 à 99. Les poésies de Louise Labé vont de la page 100 à la page 123 ; les pièces des poètes, à sa louange, occupent le reste du volume. Les œuvres en prose sont en lettres rondes, les poésies en lettres italiques. Cette édition reproduit, du reste, exactement la première et est à peu près aussi rare. On y a seulement corrigé les fautes signalées dans l'*erratum* de la première.

Prix : Vente Ch. Nodier (1844), ex. richement relié en mar. doublé, par Thouvenin, 310 fr. — Vente Solar (1860), très bel ex. mar. orné, par Bauzonnet-Trautz, 1,175 fr. — Vente Yemeniz (1867), le bel ex. de Nodier, 1,020 fr. — Vente du baron J. Pichon (1869), mar. doublé, par Bauzonnet-Trautz, 1,800 fr. — Vente Lebeuf de Montgermont (1876), bel ex. de Nodier déjà cité, 2,700 fr. — Vente de Béhague (1880), mar. doublé, par Thibaron-Échaubard, ex. un peu court de marges en tête, 900 fr. — Vente Renard (1881), mar. par Kœhler, ex. médiocre, 380 fr. — Répertoire Morgand et Fatout (1882), bel ex. de Nodier et de Montgermont, coté 4,000 fr.

Petit in-8°, composé de : 80 pages chiffrées, en totalité. Les pages 1 à 8 comprennent le titre, dont le verso est blanc, une épître dédicatoire en prose, intitulée « *Antoine du Moulin aux Dames lyonnoises S.* » datée à la fin « *De Lyon ce xiiii d'aoust 1545,* » et un huitain de l'*Imprimeur au lecteur.*

Les poésies vont de la page 9 à la page 77 ; les trois dernières pages contiennent des *Epitaphes* de Pernette du Guillet, par quatre poètes différents, dont on voit seulement les initiales. Le volume se termine à moitié de la page 80 par les initiales R. I. P. (signature de la derniere épitaphe). Il n'y a pas de Privilège. Le volume est entièrement imprimé en lettres italiques. (BIBL. NAT. Y. 4446. B. Réserve.) Un autre exemplaire magnifique, orné d'une très riche reliure à

RYMES DE GENTILE, ET VERTVEVSE DAME D. PERNETTE DV GVILLET LYONNOISE.

A LYON, Par Iean de Tournes. 1545.

mosaïque par Trautz, figure dans la bibliothèque de feu le baron James de Rothschild.

Première édition, très rare.

Prix : Vente Aimé Martin (1847-48), ex. dans un état remarquable, non rogné, 1,005 francs. — Vente Yemeniz (1867), le même ex. non rogné, cartonné par Bauzonnet, 2,900 fr.

---

*LES QVATRE PREMIERS
liures des Odes de Pierre de Ronsard,
Vandomois.*

Ensemble son Bocage.

ΣΩΣ Ὁ ΤΕΡΠΑΝΔΡΟΣ.

Ρἶφος ὁ Ῥώνσαρδῆς μοι ἐναίσιμον οὔνομα κἇται,
Σῶς δ' ὁ Τέρπανδρος, περφίβροτός τε χέλυς.
ΙΩ. Αυραβῦ.

A PARIS.
Chez Guillaume Cauellart libraire iuré de l'uniuersité de Paris, demeurant deuant le College de Cambrai, a la poulle grasse.
M. D. L.

AVEC PREVILEGE DV ROI.

Petit in-8°, composé de : 8 feuillets préliminaires non chiffrés, formant un cahier signé A; — et 170 feuillets chiffrés seulement au recto, comprenant toutes les poésies de ce recueil.

Les feuillets préliminaires comprennent : le titre dont le verso est blanc, un avis intitulé *Au Lecteur*, un *Avertissement au Lecteur* et un *Sonnet*. Tout le volume est imprimé en caractères italiques. (BIBL. NAT. Y. non por é. Réserve.)

Première édition des Odes. On y trouve une intéressante préface, ou plutôt un avertissement qui n'a pas été reproduit dans les éditions postérieures, et qu'on ne revoit que longtemps après dans les *Œuvres retranchées*. De plus, la partie de la fin, qui a pour titre *le Bocage,* ne se compose pas des mêmes pièces que celles qui formèrent le recueil publié plus tard sous ce titre par le poète, en 1554, à Paris, chez la veuve Maurice de la Porte. On voit encore dans cette première édition des *Odes* plusieurs pièces adressées à Ronsard, qui n'ont pas été réimprimées dans les suivantes.

PRIX : Vente Bertin (1854), rel. mar. par Niedrée, 70 fr. — Vente Sainte-Beuve (1870), mar. v. par Bauzonnet-Trautz, 500 fr. — Vente Lebeuf de Montgermont (1876), mar. par Trautz, 300 fr. — Vente Bancel (1882), mar. par Bauzonnet-Trautz, ex. de Sainte-Beuve, 270 fr. — Vente Guy-Pellion (1882), mar. r. par Hardy, 100 fr.

Ces quatre parties des *Odes* furent suivies d'une cinquième, qui parut trois ans après, sous ce titre : *Le Cinqieme* (sic) *des Odes de P. de Ronsard augmenté. Ensemble la Harangue que fit Monseigneur le duc de Guise aux soudars de Metz le jour qu'il pensoit avoir l'assaut, traduite en partie de Tyrtée, poète grec et dédiée à Monseigneur le Reverandime* (sic) *cardinal de Lorraire, son frère.* Paris, Ve Maurice de la Porte, 1553. Petit in-8°, comprenant 180 pages.

On trouve dans ce cinquième livre, à la suite des Odes, *Les Bacanales, ou le Folâtrime Voiage d'Hercueil près Paris, dédié à la ioieuse troupe de ses cōpagnons*.

Avant de paraître ainsi séparément, le cinquième livre des Odes avait été inséré en 1552, dans le volume intitulé *Les Amours de P. de Ronsard Vandomoyz, ensemble le cinquiesme de ses Odes,* publié chez le même éditeur, la veuve Maurice de la Porte. Mais on n'y trouvait pas la Harangue du duc de Guise aux Soudars, qui, avant d'être jointe à l'édition séparée du cinquième livre des Odes, avait elle-même été imprimée à part.

PRIX : Un exemplaire de ce *Cinquième livre* relié en mar. bleu, par Thibaron, fut adjugé à la vente Bancel (1882) à 125 fr.

LES
OEVVRES DE
P. de Ronsard Gentilhomme
VANDOMOIS,.
REDIGEES EN SIX TOMES.
LE PREMIER,
Contenant ses Amours, diuisées en deux parties:
La premiere commentée par M. A. de Muret:
La seconde par R. Belleau.

A PARIS,
Chez Gabriel Buon au cloz Bruneau à
l'enseigne S. Claude.
1567
AVEC PRIVILEGE DV ROY

6 volumes ou tomes petit in-4°, ainsi composés :

Premier tome. 124 feuillets en totalité, pour la première partie des *Amours*. Dans ces feuillets, chiffrés d'un seul côté, sont compris le titre (reproduit ci-dessus), au verso duquel est l'*Extrait du Priuilége du Roy*, plusieurs pièces de vers latins et français, un portrait d'Ant. Muret, gravé sur bois et suivi d'un quatrain en latin (au verso du 4e feuillet), une *Préface* du même Ant. Muret, commentateur de ce livre, un sonnet de lui, et enfin un portrait de Ronsard, gravé sur bois, suivi d'un quatrain en français.

Le premier livre des *Amours* commence au recto du feuillet coté 9 et se termine au verso du feuillet 124.

Vient ensuite : Le second ǁ Liure Des *Amours* de P. ǁ de Ronsard, com ǁ menté par Remy ǁ Belleau. ǁ *A Paris*, ǁ chez Gabriel Buon,... 1567, contenant 88 feuillets chiffrés, y compris le titre et les pièces préliminaires (sonnet de Robert Garnier, épître en prose à M. de Saint-François, signée de Belleau, sixain en latin de Properce, sonnet de Guill. des Autels), au commencement, et *Table de la première et de la seconde partie des Amours, à la fin;* — plus un dernier feuillet non chiffré au verso duquel finit la *Table*, qui est suivie des *Fautes survenues à l'impression pour l'absence de l'autheur*.

Le Privilège, placé en tête de la première partie, était daté de Saint-Germain en Laye, le xx septembre 1560, et donné à P. de Ronsard. Il est suivi ici de la déclaration de Ronsard, permettant à Gabriel Buon d'imprimer ses œuvres, « ... *iusques av terme de huit ans, finis et accomplis, à commencer du quatriesme iour d'avril 1567, que lesdites œuures ont esté acheuées d'imprimer* ».

Les poésies sont imprimées en lettres italiques, les commentaires sont en plus petits caractères ronds.

Tome deuxiesme, portant le titre : *Les Odes de P. de Ronsard... au roy Henri II de ce nom*. 244 feuillets, chiffrés à partir du 9e seulement. Les feuillets non chiffrés comprennent : le titre, au verso duquel se trouve l'*Extrait du Priuilége du Roy*; la *Table des Odes*, formant trois pages (la troisième terminée par les *Fautes survenues à l'impression pour l'absence de l'auteur;* le portrait de Ronsard, gravé sur bois, avec un quatrain au-dessous; une épître en vers « Au Roy ». Tout cela ne forme en réalité que

6 feuillets préliminaires au lieu de 8 que semble indiquer le commencement de la pagination. De sorte que la totalité du volume se compose de 242 feuillets. Il en est ainsi de tous les exemplaires.

TOME TROISIESME, intitulé : *Les* || *Poemes de P. de* || *Ronsard Gentilhomme Vandomois*. 188 feuillets chiffrés, en totalité, y compris le titre (au verso duquel est l'*Extrait du Privilége*), la *Table* et les *Fautes survenues à l'impression*. Les poèmes commencent au 3ᵉ feuillet. À la fin, depuis le verso du feuillet 175 jusqu'au recto du feuillet 188, où se termine le volume, on trouve un *Abbrege* (sic) *de l'Art poetique françois* (en prose). Au bas de la dernière page de ce morceau on lit : FIN DES POEMES. Suit un fleuron typographique.

TOME QUATRIESME, intitulé : *Les Hymnes de P. de Ronsard Gentilhomme Vandomois*. 150 feuillets chiffrés, en totalité, y compris : au commencement, le titre, au verso duquel on trouve le portrait de Ronsard avec quatrain, que nous avons déjà cité ci-dessus, la *Table;* et une épître d'Estienne Jodelle « A Madame Marguerite duchesse de Savoye » ; à la fin l'*Extrait du Privilége*, lequel occupe le recto du dernier feuillet. — Au bas du verso du feuillet chiffré 149 on voit les *Fautes survenues à l'impression...*

TOME CINQUIESME, intitulé : *les Elégies de P. de Ronsard Gentilhomme Vandomois, avec les Mascharades*. 194 feuillets chiffrés, en totalité (les deux derniers chiffrés par erreur 195, 196). Dans ce nombre sont compris le titre, dont le verso est blanc, l'*Extrait du Privilége*, la *Table*, les *Fautes survenues à l'impression*, un *Sonet* (de l'auteur) *à son livre*, et le portrait de Ronsard déjà décrit.

TOME SIXIESME, intitulé : *Discours des misères de ce temps, par P. de Ronsard... à la Royne mere du Roy*. 74 feuillets chiffrés en totalité, y compris le titre, au verso duquel est le portrait déjà décrit. Il y a une erreur de pagination ; après le titre, le feuillet qui suit est chiffré 4 au lieu de 2, et l'erreur se continue jusqu'à la fin. Le nombre total des feuillets du volume, sans tenir compte de la pagination, est donc de 72 au lieu de 74. Il en est ainsi pour tous les exemplaires.

On joint souvent à ces six tomes le volume suivant : LES || QUATRE PREMIERS || LIVRE (sic) DE LA FRANCIADE. || AU ROY || TRES CHRESTIEN, CHARLES || NEUFIEME DE CE NOM. || PAR PIERRE DE RONSARD. || GENTILHOMME

VANDOMOIS ‖ *A Paris,* ‖ *chez Gabriel Buon, demeurant au Cloz bruneau,=à l'enseigne sainct Claude.* ‖ *1572.* ‖ *Avec Privilége du Roy.* ‖ In-4° composé de : 14 feuillets préliminaires, comprenant le titre, avec un *Extrait du Privilége* au verso, une épître en prose, *Au Lecteur,* un *Sonnet* à Ronsard, les *Argumens* .. de la *Franciade, par Am. Jamyn,* 10 pièces de vers en français et en latin, le portrait de Ronsard (le même que ci-dessus) placé au verso du 11ᵉ feuillet, un sonnet à P. de Ronsard, par R. Belleau, et enfin le portrait de Charles IX, gravé sur bois et suivi d'un quatrain français ; —229 pages chiffrées (et non pas 229 feuillets, comme cela a été écrit), plus 1 page non chiffrée pour les *Fautes survenues à l'impression.*

Entre le 1ᵉʳ et le 2ᵉ livre, et aussi entre le 2ᵉ et le 3ᵉ, se trouvent des feuillets blancs, qui doivent compter dans la pagination; le premier forme les pages 47-48, le second, les pages 103-104.

La pagination est remplie d'erreurs, à partir de la page 202 jusque vers la fin du volume.

Le Privilège est celui du 20 septembre 1560, que nous avons déjà mentionné ci-dessus, aux *Œuvres,* première partie. L'extrait est ici suivi d'une déclaration de Ronsard, cédant ses droits au privilège de *la Franciade* à Gabriel Buon, pour six ans. On voit enfin l'*Achevé d'imprimer,* qui est daté du 13 septembre 1572.

Cette superbe édition des OEuvres de Ronsard est rare et fort recherchée. C'est la seconde originale collective publiée par le poète. Elle est bien plus importante que la première collective parue en 1560, et formant 4 volumes in-16. De plus, celle de 1567 contient un texte souvent modifié par Ronsard, et c'est là vraiment la première émission du texte que le poète devait admettre définitivement pour les autres. Aussi, est-elle, avec la grande édition complète de 1623, en 2 volumes in-folio, celle qui mérite le plus de fixer l'attention des bibliophiles et des lettrés. Et si l'on désire les comparer avec les textes primitifs, il faudra tâcher de réunir les éditions originales séparées des poèmes publiés en plaquettes in-4° et in-8°, de 1549 environ jusqu'à l'époque de l'apparition des éditions collectives.

PRIX de l'édition de 1567 : Dans un petit catalogue de beaux livres publié par L. Potier, en 1859 (1ʳᵉ collection de M. le baron de La Roche-Lacarelle), un ex. rel. en vélin ancien était coté 150 fr. Il vaudrait plus de dix fois ce prix actuellement. — Cat. Potier (1863), rel. en 5 vol. mar. v. par Duru, 475 fr.

OEVVRES POËTIQVES DE MELLIN DE S. GELAIS.

A LYON,
PAR ANTOINE DE HARSY,
M. D. LXXIIII.

Auec Priuilege du Roy.

Petit in-8°, imprimé en lettres italiques, sauf pour les feuillets prélim. qui sont en lettres rondes. Il se compose de 8 feuillets prélim. non chiffrés, comprenant le titre, dont le verso est en blanc, l'épître en prose « à M. *Hierosme Chatillon...* », la *Table*, un fragment de dix vers de Cl. Marot, et l'*Extrait du Privilége*, daté du 10 mai 1574; 253 pages chiffrées, la dernière, au recto, contenant seulement une pièce de six vers latins, suivie du mot FIN et d'un fleuron typographique. Le verso du dernier feuillet est blanc. (BIBL. NAT. Y. 4576.)

Cette édition est la seconde des œuvres de Mellin de Saint-Gelais. Il en avait déjà paru une en 1547 sous le titre : SAINGELAIS || *Œuures de luy tant en* || *composition, que trans-* || *lation, ou allusion* || *aux Auteurs Grecs, & Latins.* || A Lyon par Pierre de Tours deuant nostre Dame de Confort. || M. D. XLVII. || Petit-in-8°, de 79 pages chiffrées, y compris le titre dont le verso est blanc; impression en lettres rondes. Mais le poète la supprima, parce qu'il y avait inséré des allusions aux amours de Henri II. Elle est devenue rarissime. Les seuls exemplaires connus se trouvent dans la bibliothèque de feu le baron James de Rothschild et à la BIBL. NAT. (Y. n. p. Rés.).

PRIX de l'édition de 1574 : Vente Yemeniz (1867), ex. en mar. par Niedrée, 115 fr. — Vente L. de M. (1876), superbe ex. en mar. doublé, riche rel. de Trautz, 1,000 fr. — Vente Didot (1878), rel. en v. f., 120 fr. — Vente de Béhague (1880), mar. r. par Trautz, 650 fr. — Vente Guy-Pellion (1882), ex. de Béhague déjà cité, 321 fr.

In-8°, contenant 100 feuillets, portant les signatures A-N, par cahiers de 8 feuillets, sauf pour le dernier, qui n'en a que 4.

Première édition de cette pièce imitée de Plaute. On la trouve réimprimée dans le volume des *Jeux,* qui fait partie de la réunion des œuvres de Baïf que nous décrivons page 87 ci-après. Les exemplaires de cette édition séparée sont fort rares.

Les auteurs de la *Bibliothèque du théâtre françois,* Dresde (Paris), 1768, en 3 vol. petit in-8°, désignent ainsi cette pièce (tome Ier, page 184, et tome IIIe, page 222, aux traductions) : *Le Brave, ou le Taille-Bras,* comédie en cinq actes, en vers de quatre pieds, du *Miles Gloriosus* de Plaute, par Antoine de Baïf. Ils annoncent immédiatement après, une autre traduction en vers du même ouvrage de Plaute, sous le titre : *Le Capitan,* ou le *Miles Gloriosus,* comédie.... attribuée à un comédien. Paris, Aug. Courbé, 1639, in-4°.

LE BRAVE,
COMEDIE DE IAN
ANTOINE DE BAIF,

IOVEE DEVANT LE
ROY EN L'HOSTEL DE GVI-
SE A PARIS LE XXVIII.
DE IANVIER
M. D. LXVII.

A PARIS,
Par Robert Eftienne Imprimeur du Roy.
M. D. LXVII.
AVEC PRIVILEGE.

Prix du *Brave :* Vente Solar (1860), rel. en v. gran. aux armes du duc d'Aumont, 29 fr. — Catal. Potier (1863), le même ex., 35 fr. — Catal. Fontaine (1879), très bel ex. mar. bl. par Trautz, vendu 300 fr. — Vente Guy-Pellion (1882), rel. anc. en veau, avec titre trop rogné en haut, 80 fr. — Vente Renard (1881), l'ex. de Solar, en veau, aux armes du duc d'Aumont, 160 fr.

EVVRES EN
RIME DE IAN
ANTOINE DE BAIF
SECRETAIRE DE
LA CHAMBRE
DV ROY

A PARIS,

Pour Lucas Breyer Marchant Libraire tenant sa boutique au second pilier de la grand' salle du Palais.

M. D. LXXIII.

AVEC PRIVILEGE DV ROY.

Ce volume est le premier d'une réunion de 4 tomes in-8, comprenant toutes les œuvres de Baïf publiées jusqu'alors et dont voici la description :

1er EVVRES EN RIME (voir le titre reproduit ci-dessus), se composant de : 10 feuilles préliminaires, non chiffrés, pour le titre, au verso duquel est la table de la composition générale des 4 volumes (en quatre lignes), l'épître dédicatoire « au Roy », et l'*Extrait du privilège,* le même que ci-après ; — 272 feuillets, le dernier se terminant à moitié du recto par ces mots : *Fin des Poemes de Baïf* (suivis d'un fleuron).

2ᵉ Les Amours ‖ de Jan Antoine ‖ de Baïf. ‖ A ‖ monseigneur le ‖ duc d'Anjou fils et ‖ frère du Roy. ‖ *A Paris,* ‖ *Pour Lucas Breyer.* ‖ 1572. ‖ Volume se composant de : 8 feuillets préliminaires non chiffrés, pour le titre, la division des chapitres, l'épître dédicatoire et une pièce de vers intitulée : *à Meline,* — 232 feuillets chiffrés, le dernier se terminant au bas du verso par ces mots : *Fin des Amours de J. A. de Baïf;* — plus 2 feuillets non chiffrés, l'un contenant au recto l'Extrait du Privilège, daté du 26 juillet 1571, l'autre contenant au recto un fleuron typographique seulement. Ce privilège n'est pas indispensable ici ; il se trouve plutôt dans le volume des *Evvres en rime,* surtout quand les 4 tomes sont réunis.

3ᵉ Les Jeux de ‖ Jan Antoine ‖ de Baïf. ‖ A ‖ Monseigneur le ‖ duc d'Alençon. ‖ *A Paris* ‖ *pour Lucas Breyer....* ‖ M. D. LXXIII. ‖ *Avec Privilége du Roy.* ‖ Volume se composant de : 4 feuillets préliminaires, non chiffrés, pour le titre, la division des chapitres et l'épître dédicatoire; 232 feuillets chiffrés (le dernier coté 230, par suite d'une erreur de chiffres qu'on remarque aux derniers feuillets), se terminant au verso par ces mots : *Fin des Jeux de Baïf.*

4ᵉ Les ‖ Passe tems ‖ de Jan Antoine ‖ de Baïf. ‖ A ‖ Monseigneur ‖ le grand Prieur. ‖ *A Faris.* ‖ *Pour Lucas Breyer;. .* ‖ M. D. LXXIII ; ‖ *Auec Priuilége du Roy.* ‖ Volume se composant de 4 feuillets préliminaires non chiffrés, titre et épître dédicatoire, et 126 feuillets chiffrés, dont le dernier se termine au bas du verso par ces mots : *Fin des Passetemps de Jan Antoine de Baïf.*

Tous ces volumes sont fort bien imprimés, en caractères italiques d'une grande netteté. (Bibl. nat. Y. 4766. a. Réserve.)

Prix : Vente Ch. Nodier (1844), bel. ex.. uniforme, rel. en mar. r. par Thouvenin, avec l'*ex musæo* de Nodier gravé sur les plats, 150 fr. — Vente Armand Bertin (1854), mar. bl. par Bauzonnet-Trautz, 205 fr. — Vente Huillard (1870), ex. de Nodier, cité plus haut, 1,550 fr. — Vente Lebeuf de Montgermont (1876), mar. bl. par Duru, 1,640 fr. — Catal. Fontaine (1877), mar. bl. doublé de mar. r. par Chambolle Duru, 1,800 fr. — Vente Guy-Pellion (1882), ex. rel. en 2 vol. mar. bl. par Duru, 850 fr. (Cet exemplaire provenait de Sainte-Beuve, et il avait été adjugé 1,000 fr., à sa vente en 1870.) Répertoire Morgand et Fatout (1882), très bel ex. rel. en mar. bleu, avec ornements au milieu des plats, 3,500 fr.

LES
MIMES, ENSEI-
GNEMENS ET
PROVERBES
DE
IAN ANTOINE DE BAIF.

Reueus & augmentez en ceste dernière edition.

A PARIS,
Par Mamert Patisson Imprimeur
du Roy. Chez Rob. Estienne.
M. D. XCVII.
Auec priuilege.

Petit in-12, ainsi composé : 6 feuillets préliminaires non chiffrés, comprenant le titre ci-dessus reproduit, dont le verso est blanc, une épître en prose « *A Monseigneur de Ioieuse duc et pair de France* », signée I. A. DE BAÏF, et un portrait de Baïf gravé sur bois ; — 108 feuillets, chiffrés d'un seul côté, le dernier se terminant au verso par le mot FIN. Cette première partie contenant les livres I et II. — Une seconde partie, avec un faux titre seulement, ainsi libellé : CONTINVATION || DES MIMES ENSEI- || GNEMENS ET || PROVERBES || DE || I. ANTOINE DE BAÏF. || 4 feuillets liminaires, comprenant le faux titre, dont le verso est blanc, un avis *Au lecteur*, et le portrait de Baïf gravé sur bois, répété ici ; — 56 feuillets, chiffrés d'un seul côté, avec l'*Extraict du priuilege* au verso du dernier. Cette seconde partie contient les livres III et IV. (Bibliothèque de M. Herpin, à Paris, exemplaire en reliure du temps ; et Bibliothèque de l'auteur de cette *Bibliographie*.)

L'Extrait du Privilège relate les lettres patentes du Roy, datées de « Rouan le huictiesme Janvier 1597, d'après lesquelles il est permis à Mamert

Patisson d'imprimer les Mimes, Enseignemens, et Prouerbes de feu Iean Antoine de Baïf,... pendant neuf ans... »

Belle impression en lettres italiques, avec des initiales ornées et de jolis fleurons sur bois en tête des poésies.

Cette édition, la meilleure et la plus recherchée, est la première qui contienne toutes les poésies que l'auteur désignait sous le nom de *Mimes*. La *Continuation des Mimes*, contenant le 3ᵉ et le 4ᵉ livre, paraît ici pour la première fois.

Nous possédons un exemplaire des *Mimes*, édition de 1597, dans lequel on voit, outre les parties indiquées ci-dessus, d'abord une série de six pièces ou satires, sans titre séparé, mais avec le titre de départ suivant : *L'Aristarque moral, contre quelques abus & vices de nostre temps*, formant en tout 37 feuillets chiffrés d'un seul côté, plus un feuillet non chiffré pour un *Extraict du Priuilege*; — ensuite une pièce de vers intitulée : *Le Portraict de la Conscience, par C. E. N.*, sans titre séparé, ni lieu d'impression, ni date, et composant 8 feuillets chiffrés d'un seul côté. Ces pièces sont imprimées avec les mêmes caractères et la même justification que les précédents livres des *Mimes*. Nous pensons, malgré cela, qu'elles ont été ajoutées au volume après coup. Cependant aux catalogues Yemeniz et Bancel, où cet intéressant exemplaire a figuré, on les a mentionnées comme faisant partie de l'édition. C'est d'ailleurs le seul ex. composé ainsi que nous ayons rencontré. Une preuve que ces pièces en question sont imprimées postérieurement à l'édition de 1597 des *Mimes*, c'est qu'on y voit un privilège spécial à l'*Aristarque moral*, etc., accordé à Robert Estienne, et daté du « 25 de feurier 1610 ». Les exemplaires dans lesquels ces pièces se trouveraient ne pourraient donc être que ceux qui furent reliés après 1610. Les titres des satires contenues sous le titre : *L'Aristarque moral* sont ceux-ci : *Contre l'Alchemie*. — *Contre la Simonie*, — *Contre l'Astrologie judiciaire & la Magie devineresse*, — *Contre l'Ambition*, — *Contre l'Avarice*, — *Contre la Mesdisance*.

PRIX : Vente Solar (1860), mar. br., 51 fr. — Vente Yemeniz, ex. plus complet que les autres (1867), mar. par Thouvenin, 255 fr. — Vente Lebeuf de Montgermont (1876), mar. bl., par Niedrée, 200 fr. — Catal. Fontaine (1877), mar. br. par Lortic, 160 fr. — Vente Guy-Pellion (1882), ex. rel. en v. f. aux armes de Mᵐᵉ de Pompadour, 200 fr. — Vente Bancel (1882), superbe ex. de Yemeniz, contenant de plus que les autres les pièces signalés ci-dessus, et relié depuis par Trautz, 185 fr.

Il avait déjà paru deux autres éditions des *Mimes* : l'une en 1576, contenant seulement le premier livre; la seconde, en 1581, contenant les deux premiers livres. Toutes deux étaient imprimées en caractères italiques.

La première avait pour titre : Mimes, enseignemens et proverbes de I. Antoine de Baïf. *A Paris pour Lucas Breyer,* 1576. *Avec priuilege.* C'est une petite plaquette in-16 de 22 feuillets en totalité, titre compris, avec le beau portrait gravé sur bois, de Baïf, qui se retrouve dans les éditions suivantes. Les feuillets ne sont pas chiffrés; ils portent en bas les signatures A, B, C, et forment 3 cahiers de 8 feuillets chacun, sauf pour le dernier cahier qui n'en contient que 6. Les pièces composant ce premier fragment étaient au nombre de cinq seulement. (Bibl. Nat. Y. Rés.)

La seconde porte exactement le même titre que l'édition de 1597, décrite ci-dessus, avec le nom de Mamert Patisson et celui de Robert Estienne, sauf la date de 1581, au lieu de 1597. Elle se compose des deux premiers livres, également mentionnés ci-dessus, c'est-à-dire de 6 feuillets préliminaires, y compris le titre, et 108 feuillets chiffrés d'un seul côté. Le texte et l'impression sont aussi absolument les mêmes, sauf qu'on n'y trouve pas le 3ᵉ et le 4ᵉ livre.

Prix de l'édition de 1581 : Vente Ch. Nodier (1844), mar. r. par Thouvenin, avec l'*ex musæo* de Nodier gravé sur les plats, 50 fr. — Vente Huillard (1870), le même ex. 150 fr. — Vente du baron J. P. (Pichon), 1870, vél. anc., 61 fr. — Répertoire Morgand et Fatout (1882), mar. bl., 110 fr. — et un autre ex. moins beau, en mar. cit., 70 fr.

Le petit recueil publié sous le titre de *Mimes....* est le moins important de Baïf, et renferme cependant ce qu'il a composé de meilleur. Dans ses autres œuvres, que nous avons citées pages 86-87, on rencontre parfois des vers assez jolis et gracieusement tournés; mais on ne trouve dans aucune de ses autres poésies, autant de verve, de facilité et de concision que dans celles-ci. C'est d'abord une série de courtes maximes religieuses et morales, exprimées chacune en un seul vers, rarement en plus de deux; ce sont des pensées ingénieuses et souvent profondes, d'une tournure originale, sans pédanterie, des réflexions satiriques, dont le trait quelquefois vif frappe avec justesse et franchise, les mœurs et les vices de l'époque, sans épargner ni la cour, ni le clergé, ni le peuple. On est tout étonné de rencontrer en maints endroits de ce tout petit volume, versifié par sixains avec toute la clarté que comportait le langage encore naïf du temps, le germe de beaucoup de sentences et d'adages, que des écrivains des siècles suivants ont développés en des phrases plus belles et plus brillantes, mais avec moins d'originalité.

*ETRENES
DE POEZIE FRANSOEZE
AN VERS MEZURES.*

AU ROE.

*A LA REINE MERE.
AU ROE DE POLONE.
A MONSEINEUR DUK D'ALANSON.
A MONSEINEUR LE GRAND
PRIEUR.
A MONSEINEUR DE NEVERS.
E AUTRES.*

*LES BEZONES E JURS D'EZIODE.
LES VERS DORES DE PITAGORAS.
ANSENEMANS DE FUKILIDES.
ANSENEMANS DE NUMAÇE
US FILES A MARIER.*

*Par Jan Antoene de Baïf, Segretere de la
Çanbre du Roę.*

A PARIS,

De l'Imprimerie de Denys du Val, rue S. Ian de
Beauuais, au cheual volant.
M. D. LXXIIII.
AVEC PRIVILEGE DV ROY.

Petit in-4°, composé de 16 feuillets non chiffrés et de 20 feuillets chiffrés. Les 16 feuillets non chiffrés sont signés assez irrégulièrement en bas, comme il suit : le titre est sans signature, le 2ᵉ feuillet est signé *a;* le 3ᵉ, *a ij;* le 4ᵉ, *ā ij;* le 5ᵉ, *a;* le 6ᵉ, *a ij;* le 7ᵉ, *a iij;* le 8ᵉ, non signé ; il n'y a pas de signature *b;* — le cahier *c* a 4 feuillets, le cahier *d* en a 2, et le cahier *e* aussi 2 feuillets. — Les 20 feuillets chiffrés forment 5 cahiers A à D, de 4 feuillets chacun.

Dans cet opuscule, Baïf a renouvelé la tentative de réforme et de simplification de l'orthographe, que d'autres écrivains, entre autres Louis Meigret et J. Peletier du Mans, en 1550, et C. Taillemont, en 1556, avaient déjà faite avant lui. Mais il a poussé la prétention plus loin que ses devanciers : il a essayé encore de modifier l'alphabet, la forme de certaines lettres, de réduire des diphtongues en un seul caractère, et même de réformer la prosodie française, le rythme et la mesure dans les vers. Comme le dit Charles Nodier, « il est un des novateurs mal inspirés qui avaient formé le ridicule projet de soumettre la poésie française aux règles de la prosodie latine ». Quant à sa méthode de simplification des diphtongues, à l'indice de prononciation de certaines consonnes, dans les différents cas, devant les voyelles qui suivent, on peut déjà s'en rendre compte en examinant attentivement le titre reproduit ci-devant. En effet, on y trouve les signes distinctifs de l'*e* muet, de l'*é* fermé et de l'*è* ouvert, les caractères spéciaux réunissant en une seule lettre les syllabes *au* et *eu,* l'indice de l'élision du *g* dans *gn,* de l'*h* dans *ch,* au moyen de certain signe ajouté en bas de l'*n* ou au bas du *c,* la marque de prononciation du *g* dur et de l'*l* mouillé ; enfin des spécimens de la nouvelle orthographe employée dans le recueil.

La plaquette dont il s'agit est fort curieuse pour tous ces motifs et elle est d'ailleurs très rare. (BIBL. NAT. Y. 4458 (7). Réserve.)

PRIX : A la vente Ch. Nodier (1844), un ex. décrit par lui et annoncé comme étant tiré sur *très grand papier,* 74 fr. — Nous n'avons pas connaissance qu'il en soit passé d'autre exemplaire ordinaire aux enchères depuis ; mais, si cela arrivait, un exemplaire en belle condition atteindrait certainement un prix beaucoup plus élevé. — A la vente Brunet (1868), un très bel ex., augmenté d'une pièce avec titre latin et français, relative au voyage de Henri III, roi de Pologne, et à son arrivée en France, imprimée de même ; volume relié en vélin blanc aux armes d'AUG. DE THOU, 900 fr. (La reliure et la provenance peuvent être comptées pour les deux tiers au moins dans le prix du volume à cette époque.) — A la vente Didot (1878), le même ex. fut vendu 920 fr.

LES

OEVVRES

FRANCOISES DE
IOACHIM DV-BELLAY
Gentil homme Angeuin, &
Poëte excellent de
ce temps.

*Reueuës, & de nouueau augmentees de plusieurs
Poesies non encores auparauant imprimees.*

AV ROY TRESCHRESTIEN
CHARLES IX

A PARIS,
De l'Imprimerie de Federic Morel, rue S. Iean
de Beauuais au Franc Meurier.
M. D. LXIX.

Auec Priuilege du Roy

Volume in-8°. Recueil des pièces de Du Bellay, publiées separement jusqu'alors dans ce format. Il se compose de : 12 feuillets préliminaires, comprenant le titre général ci-dessus reproduit, l'*Extrait du Privilége*, une épître en prose « *au Roy* », une table générale sans pagination et une *table* détaillée des ouvrages réunis dans le volume, lesquels ont tous une pagination séparée et portent la date de 1568 ou celle de 1569. L'énumération de ces ouvrages serait trop longue ici; elle est d'ailleurs inutile, puisque les tables que nous venons de signaler peuvent servir à la collation du recueil.

Jolie édition, dont les poésies sont imprimées en caractères italiques. Elle fut publiée par Guill. Aubert.

L'Extrait du Privilège, daté du « dernier iour d'apuril 1667 », est répété trois fois dans ce recueil : d'abord au verso du titre général, ensuite à la fin des *Divers poëmes*, enfin au recto du dernier feuillet (paginé 72) de la série de pièces qui, sous le titre d'*Epithalame*, etc., termine le volume. (BIBL. NAT. Y. 4588. Réserve.)

Une autre édition des œuvres de Du Bellay, contenant toutes ces pièces avec pagination suivie, fut publiée par le même libraire, en 1573, in-8°, et reparut en 1574, avec un nouveau titre, mais sans modifications.

C'est un gros volume in-8°, dont voici la description :

LES OEVVRES FRANCOISES DE IOACHIM DU BELLAY… (même titre exactement que pour l'édition de 1569 et même marque d'imprimeur). || *A Paris,* || *de l'Imprimerie de Federic Morel* || *Imprimeur du Roy.* || M. D. LXXIII (1573 ou 1574). *Avec Priuilége dudict Seigneur.* || In-8°, composé de : 12 feuillets préliminaires non chiffrés, comprenant le titre, dont le verso est blanc, l'épitre « au Roy », en prose, signée G. AUBERT, un *Sonnet de Scevole de Saincte Marthe,* une table générale sans pagination et une *table* détaillée; 559 feuillets chiffrés d'un seul côté, pour les œuvres, et 1 feuillet non chiffré contenant au recto un *Extraict du Privilege.*

L'extrait relate les lettres patentes données à Federic Morel, pour imprimer et vendre les OEuvres de Joachim Du Bellay pendant dix ans, et datées du « dernier iour d'Apuril 1568 ».

Cette belle édition est imprimée, comme la précédente, en caractères italiques, sauf pour l'ouvrage en prose du commencement, *La Deffence et illustration de la langue françoise,* qui est en lettres rondes. Elle fut aussi publiée par Guillaume Aubert, qui signa l'épître au Roy.

PRIX de l'édition de 1569 : Vente Pixerécourt, mar. r., 39 fr. 50. — Vente Yemeniz (1867), rel. en 2 vol. mar. par Simier, 205 fr. — Vente Lebeuf de Montgermont (1876), mar. r. par Duru, 285 fr. — Catal. Fontaine (1877), mar. r. par Trautz, 500 fr. — Répertoire Morgand et Fatout (1882), mar. r. par Hardy, 350 fr.

Édition de 1574 : Vente Ch. Nodier (1844), mar. r. rel. ancienne, 21 fr. — Vente Gancia (1860), mar. r. par Trautz, 200 fr. — Catal. Potier (1860), rel. en veau, 50 fr.

LA BERGERIE

DE R. BELLEAV, DIVI-
SEE EN VNE PREMIERE
& seconde Iournee.

A PARIS,
Chez Gilles Gilles, Rue S. Iean de Latran,
aux trois Couronnes.
1 5 7 2.
AVEC PRIVILEGE DV ROY

In-8°, formé de deux parties paginées séparément, et toujours réunies dans le même volume. La première partie, dont nous reproduisons ici le titre, est composée de 4 feuillets préliminaires, 106 feuillets chiffrés (le verso de la dernière page se termine par ces mots : *Fin de la première iournée de la Bergerie*); enfin 4 pages non chiffrées, contenant trois sonnets à R. Belleau et « l'Extraict du Priuilége », à la fin duquel on lit une note datée du

19 juin 1572, par laquelle Belleau déclare permettre à Gilles Gilles d'imprimer et vendre *la Bergerie* pendant dix ans.

La deuxième partie a pour titre : LA SECONDE JOURNÉE DE LA BERGERIE DE R. BELLEAU. *A Paris, chez Gilles Gilles,*... 1572. Elle contient 110 feuillets chiffrés, y compris le titre.

Ces deux « journées » sont très bien imprimées, presque entièrement en lettres italiques. Dans la seconde, les caractères italiques sont plus petits que dans la première. (BIBL. NAT. Y. 4671 + A. Réserve.)

Édition dédiée à Charles de Lorraine, marquis d'Elbeuf.

Sous ce titre : *La Bergerie,* le poëte formait là pour la seconde fois un recueil de ses œuvres, dans lequel il faisait entrer les pièces suivantes, qu'il avait d'abord publiées séparément : *Chant pastoral de la paix,* paru en 1559, chez André Wechel. — *Epithalame sur le mariage de M. le duc de Lorraine et de M*^{me} *Claude, fille du roy,* paru chez le même libraire, aussi en 1559. — *Larmes sur le trespas de René de Lorraine et de Louise de Rieux, marquis et marquise d'Elbeuf, ensemble le tombeau de Françoys de Lorraine, duc de Guyse,* paru en 1566, chez Gabriel Buon. — *Ode pastorale sur la mort de Joachim du Bellay,* parue en 1560. Toutes ces pièces étaient d'abord de format in-4°.

PRIX de *La Bergerie,* de 1572 : Vente Solar (1860), bel ex. relié en mar. r. par Trautz, 80 fr. ; — et ex. rel. en veau, 33 fr. — Vente Guy-Pellion (1882), bel ex. relié en mar. doublé par Thibaron-Joly, 306 fr.

La première Journée de *la Bergerie* avait déjà paru en 1565, avec le titre ainsi disposé :

LA || BERGERIE || DE REMY || BELLEAU. || *A Paris,* || *pour Gilles Gilles, rue Saint Jan de La* || *tran, à l'enseigne des trois* || *Couronnes.* || *1565.* || In-8° de 127 feuillets chiffrés, y compris le titre, dont le verso est blanc. La dernière page est terminée par les *Fautes à corriger.*

Le titre est entouré d'un joli encadrement style Renaissance.

M. Herpin nous a communiqué obligeamment l'exemplaire qu'il possède de cette première édition. C'est le seul que nous ayons rencontré. Il avait figuré à la vente de la Bibliothèque de Sainte-Beuve (1870), où il avait été adjugé 100 francs. La reliure est en maroquin rouge du temps.

LES PREMIERES
OEVVRES DE
PHILIPPES
DES PORTES.

AV ROY DE POLOGNE.

A PARIS,
De l'Imprimerie de Robert Estienne.
M. D. LXXIII.
AVEC PRIVILEGE DV ROY.

LES PREMIÈRES ŒUVRES DE PHILIPPE DES PORTES. Édition de 1573.

In-4°, composé de : 4 feuillets préliminaires non chiffrés, comprenant le titre, dont le verso est blanc, deux épîtres en vers latins à Henri III, alors roi de Pologne, un huitain en latin d'Ant. de Baïf, un sonnet sur les amours de Desportes, signé C. M., et un index en huit lignes des diverses poésies composant le volume; — 198 feuillets chiffrés seulement au recto, pour le texte des Poésies et l'*Extraict du Priuilege;* enfin 2 feuillets pleins, non chiffrés, pour la *Table.*

L'Extrait du Privilège occupe le verso du dernier feuillet chiffré 198. Ce Privilège, daté du 28 juillet 1573, est accordé à « maistre Philippes des Portes » pour dix ans. Le poète y est qualifié de « Secrétaire de la Chambre du Roy de Pologne ».

Cette belle édition, la première des œuvres de Desportes, est imprimée entièrement en caractères italiques, avec initiales ornées en tête de chaque pièce. (BIBL. NAT. Y. 4814. Réserve.)

PRIX : Vente Bertin (1854), mar. r. par Niedrée, 50 fr. — Catal. Fontaine (1877), bel ex. rel. en vélin, du XVIe siècle, 350 fr. — Vente Didot (1878), mar. r. rel. par Niedrée, 145 fr. — Répertoire Morgand et Fatout (1882), le même ex., 200 fr.

Une des plus belles, des plus complètes, et la plus recherchée des éditions de ce poète est celle de *Paris, Mamert Patisson,* M. DC., in-8° de VIII feuillets prélim., 338 feuillets chiffrés, et 6 feuillets non chiffrés à la fin. Cette jolie édition est imprimée en lettres italiques.

PRIX : Vente Nodier (1844), mar. v. aux armes de DE THOU, 180 fr. — Vente Bertin (1854), mar. v. par Thouvenin, 79 fr. — Vente Solar (1860), mar. r. par Trautz, riche reliure, 467 fr. — Vente Yemeniz (1867), mar. rel. anc., 305 fr. — Vente Brunet (1868), mar. rel. ancienne, 320 fr. — Vente du baron Pichon (1869), ex. de Nodier, aux armes de DE THOU, 820 fr. — Vente Potier (1870), mar. r., riche dorure, de Thompson, 395 fr. — Vente Turner (1878), précieux exemplaire de l'auteur, dans une riche reliure à son chiffre, très bien conservée, 3,505 fr. — Bulletin Morgand et Fatout (1878), même ex., 5,000 fr. — Vente Didot (1878), mar. r. riche rel. anc., 375 fr. — Bulletin de la librairie Morgand (1880), veau fauve, par Hering, 250 fr. — Bulletin de la même librairie (1885), superbe ex. rel. en mar. r., dos et plats ornés, par Trautz, 500 fr.

ESSAIS
DE MESSIRE
MICHEL SEIGNEVR
DE MONTAIGNE,
CHEVALIER DE L'ORDRE
du Roy, & Gentil-homme ordinaire de sa Chambre.

LIVRE PREMIER
& second.

A BOVRDEAVS.
Par S. Millanges Imprimeur ordinaire du Roy.
M.D.LXXX.
AVEC PRIVILEGE DV ROY.

2 volumes ou mieux deux parties in-8°, contenant les deux premiers livres des *Essais de Montaigne*. On les trouve souvent réunis en un seul volume.

La première partie se compose de 496 pages, titre compris. La seconde paraîtrait être de 650 pages, titre compris, si l'on en croyait les chiffres des dernières. Mais il y a là plusieurs erreurs de pagination qui font que le chiffre de 650 est inexact.

Cette édition *princeps* des livres premier et second de Montaigne est extrêmement recherchée et rare d'ailleurs. On la réimprima avec des modifications et quelques additions, d'abord en 1582, chez le même éditeur, en un volume de format plus petit in-8°, de 806 pages, imprimé en jolis caractères plus fins et plus nets que ceux de la première; et ensuite en 1587, à Paris, chez Jean Richer, dans le format in-12, vraiment trop exigu, ce qui obligea de donner à l'unique volume le nombre énorme de 1075 pages, plus 4 feuillets préliminaires. Ces deux éditions sont également difficiles à trouver.

Enfin parut la fameuse édition de 1588, qui contenait pour la première fois le troisième livre, et que nous décrivons ci-après. Cette édition de 1588 fut donnée comme la *cinquième,* ainsi que le porte le titre. Or les trois éditions que nous venons de signaler, 1580, 1582, 1587, sont les seules connues jusqu'à présent comme antérieures à celle de 1588. Existe-t-il ou non une quatrième édition? Nous tenons à consigner ici une toute petite observation faite par nous il y a quelques années, et qui pourrait peut-être jeter un peu de lumière sur ce point. M. Guillaume Guizot, qui s'est toujours occupé de Montaigne avec beaucoup d'érudition, nous a montré un premier volume qu'il possédait de l'éditionde 1580, mais portant la date de M. D. LXXXIII. L'exemplaire, relié en parchemin du temps, était absolument identique à ceux qui sont datés de 1580; le titre même n'avait pas été réimprimé ni modifié en aucune façon. On avait seulement ajouté, à l'encre d'imprimerie et au moyen d'un composteur, les chiffres III à la droite de la date qu'on voit au bas du fac-similé ci-dessus. Il est probable que cet exemplaire ne fut pas le seul à offrir cette particularité, dont on ne peut s'expliquer le but qu'en supposant une supercherie de l'éditeur pour écouler un certain nombre d'exemplaires de 1580, qu'il aura retrouvés dans son magasin ou qui luseront rentrés après qu'il eut publié l'édition de 1582.

Plus tard, les éditeurs de 1588 auront peut-être compté cette prétendue édition de M. D. LXXXIII au nombre des autres, et auront ainsi donné à leur édition le titre de *cinquième.*

Prix de l'édition *princeps,* de 1580 : A la vente Nodier (1844), ex. rel. en vélin du temps, aux armes de Jacq.-Aug. de Thou, 527 fr. — A la vente Solar (1860), un ex. rel. en mar. par Trautz, 515 fr.; — et un autre superbe ex., annoncé comme le plus beau connu, rel. en mar. doublé par Trautz, 645 fr. — Vente L. Potier (1870), rel. en mar. r. par Chambolle-Duru, 1,650 fr. — Vente Bancel (1882), rel. en mar. r. par Duru, ex. restauré, 560 fr. — Catal. Fontaine (1875, 1877, 1879), rel. anc. en veau, 2,400 fr. — Répertoire Morgand et Fatout (1882), rel. mar. v., par Duru, 1,200 fr. — Bulletin Morgand (1887), superbe ex. dans sa reliure du temps en veau, l'un des plus grands connus, 3,000 fr.

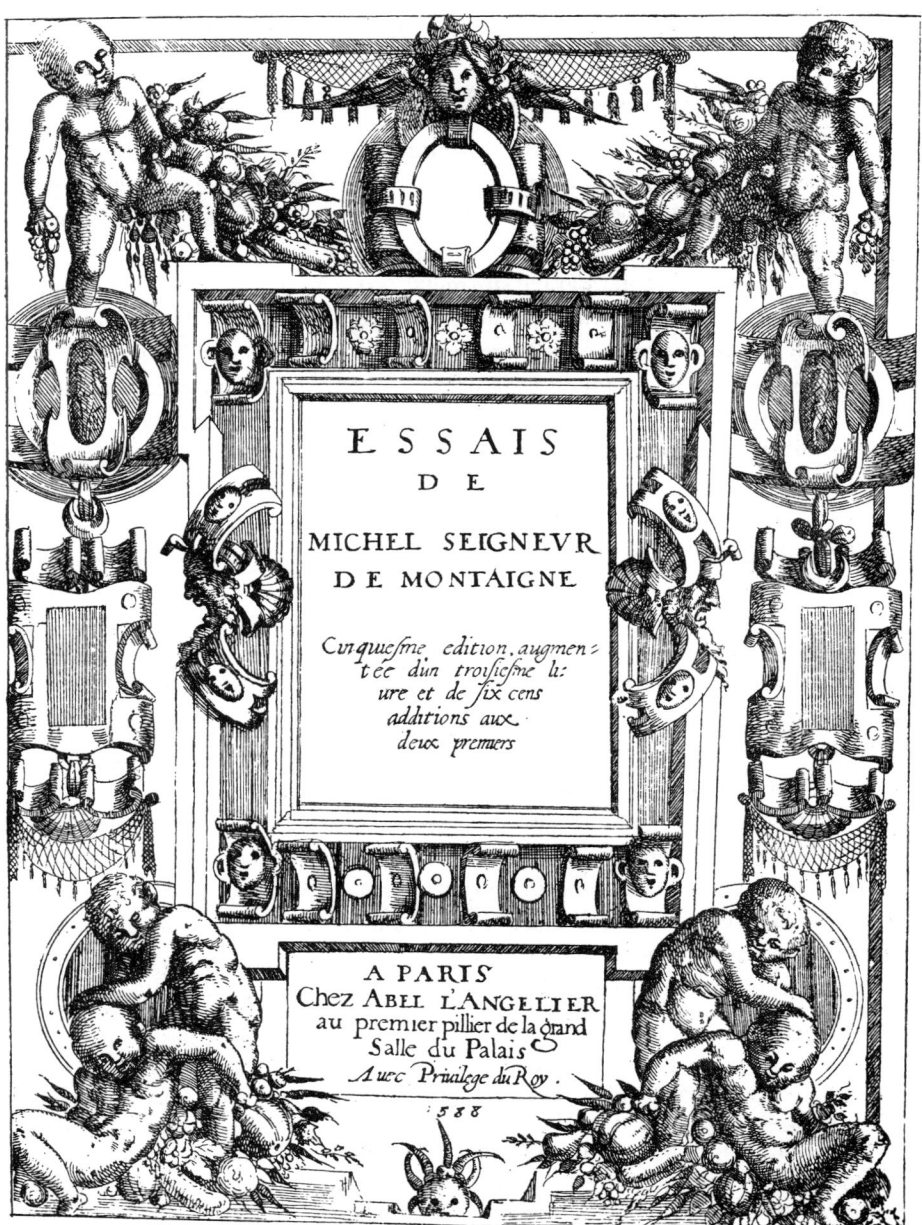

Fac-similé réduit. — Hauteur originale du cadre extérieur de la gravure : 248 millimètres.
Largeur du même cadre : 187 millimètres.

Les Essais de Montaigne. Édition de 1588.

In-4°, composé de 4 feuillets préliminaires non chiffrés, titre compris, 496 pages, chiffrées inexactement, plus 1 page non chiffrée au verso pour le Privilège. (C'est par erreur que Brunet indique 396 pages.) Voir comme type l'exemplaire de la *Bibliothèque nationale*, Z, 2125. Réserve.

Le titre, entièrement gravé sur métal, est entouré d'un bel encadrement Renaissance dont nous donnons d'ailleurs la reproduction ci-devant (reproduction un peu réduite pour les exigences du format de notre livre). A ce propos nous faisons remarquer que la date de 1588, placée tout à fait au bas du titre, au-dessous du dernier petit cadre, ne se trouve pas dans quelques exemplaires, d'un tirage évidemment antérieur. Celui de la collection PAYEN, qui est noté Z 9, à la *Bibliothèque nationale*, est de ce nombre. Cette particularité, qui n'indique pas autre chose qu'un oubli du graveur, n'a, du reste, aucune importance, le texte de tous les exemplaires étant identique.

Cette belle et précieuse édition contient, pour la première fois, le troisième livre des *Essais* et près de 600 additions, comme l'indique le titre. C'est la dernière qui ait été donnée par Montaigne, lequel mourut en 1592.

Quoique cette édition soit mentionnée comme la « cinquième », il est bon de remarquer qu'on n'en connaît aucune autre qui soit citée comme la quatrième. (Voir nos suppositions à cet égard, dans la note du numéro précédent de cette Bibliographie.)

Nous avons donné ici les dimensions exactes de l'encadrement gravé du titre, parce que ce cadre, étant beaucoup plus grand que la justification du texte du volume, est presque toujours atteint par le couteau des relieurs.

Il est bon de remarquer aussi que ce grand frontispice n'avait pas été gravé spécialement pour les *Essais*. Il avait servi pour d'autres ouvrages du même format, comme l'indiquent les *repentirs* d'eau-forte qui y sont restés.

PRIX : Vente Ch. Nodier (1844), mar. rel. ancienne de du Seuil, 132 fr. — Vente Bertin (1854), mar. r. par Duru, 216 fr. — Vente Solar (1860), mar. br. 455 fr. — Vente Brunet (1868), superbe ex. aux armes de DE THOU, venant de Nodier, 3,050 fr. — Vente Lebeuf de Montgermont (1876), mar. br. par Trautz, 1,690 fr. — Vente Didot (1879) mar. r., rel. anc., attribuée à tort à Padeloup, 1,120 fr. — Vente Guy-Pellion (1882), le même ex., 625 fr. — Répertoire Morgand et Fatout (1882), superbe ex. rel. en mar. anc. par Du Seuil, et parfaitement conservé, 4,000 fr. — Ce même ex. avait figuré, en 1870, à la vente L. Potier, où il avait atteint le prix de 2,850 fr. — Catal. Fontaine (1877), très bel ex. en mar. r. avec dentelle, par Trautz, 3,500 fr.

LES
ESSAIS
DE MICHEL SEI-
GNEVR DE MONTAIGNE.

EDITION NOVVELLE, TROVVEE APRES le deceds de l'Autheur, reueuë & augmentée par luy d'vn tiers plus qu'aux precedentes Impreßions.

A PARIS,
Chez MICHEL SONNIVS, ruë sainct Iaques,
à l'escu de Basle.
CIƆ. IƆ. XCV.

AVEC PRIVILEGE.

LES ESSAIS DE MONTAIGNE. Édition de 1595.

In-folio, composé de 12 feuillets préliminaires, titre compris; 523 pages chiffrées, jusqu'à la fin du second livre; enfin 231 pages (d'une nouvelle pagination) pour le « *Livre troisiesme* ». Au verso de la page 231 se trouve un *erratum* qui termine le volume.

Cette excellente édition, publiée après la mort de Montaigne, par Mlle de Gournay, sa fille adoptive, sur les manuscrits laissés et préparés par l'auteur et à elle confiés par sa veuve, est précieuse en ce qu'elle a fixé le texte définitif des nombreuses éditions postérieures. On n'y trouve plus les vingt-neuf sonnets d'Étienne de la Boëtie, qui figuraient au chapitre XXIX des éditions antérieures, et auraient dû former le chapitre XXVIII de celle-ci. Ils sont remplacés par cette simple note : « *Ces vingt-neuf sonnets d'Étienne de La Boëtie qui estoient mis en ce lieu ont esté depuis imprimés avec ses œuvres.* »

Sur le titre que nous donnons à la page précédente (BIBL. NAT., — *collection Payen, Z 16*), on lit le nom du libraire Michel Sonnius. D'autres exemplaires portent le nom d'Abel l'Angelier, lequel en fut le principal éditeur et s'était associé Sonnius pour la publication. Brunet a signalé une particularité qui existe quelquefois entre les exemplaires portant ces deux noms différents. « Dans quelques-uns des exemplaires dont le titre porte le nom de l'Angelier, l'avis de Montaigne (commençant par ces mots : « *C'est icy un livre de bonne foy*, « *lecteur...* ; ») se trouve imprimé au verso du dernier feuillet de la table qui précède le texte, tandis que dans la plupart des autres exemplaires il est resté en blanc. » En donnant l'édition de 1595, qui nous occupe, Mlle de Gournay avait remplacé cet avis très court par une longue préface d'elle-même. C'est après coup, sans doute, que l'éditeur jugea convenable de rétablir la note de Montaigne omise, et il le fit faire vraisemblablement dans tous les exemplaires qui restaient alors en sa possession.

Dans l'édition suivante, d'Abel l'Angelier, 1598, Mlle de Gournay a rétabli la courte préface de Montaigne, et elle explique que « cette préface, corrigée de la dernière main de l'auteur, ayant esté égarée en la première impression, depuis sa mort, a naguère esté retrouvée ». En effet, dans cette édition de 1598, la préface de Montaigne offre quelques différences avec celle des éditions précédentes.

Une autre particularité très importante, c'est l'existence de deux *cartons*, l'un pour les pages 63-64, contenant d'assez longues additions, l'autre,

insignifiant, pour les pages 69-70. Voici, à ce sujet, l'explication que donne le Dr Payen, lequel a possédé le premier connu des rares exemplaires contenant le carton, découvert en 1860, par M. Potier, libraire. (Deuxième supplément à la *Notice sur Montaigne*, avril 1860, par le Dr J.-F. Payen) :
« L'édition de 1595 a été donnée sur un exemplaire in-4° de 1588, portant de
« la main de Montaigne des additions... Quand la place manquait, Mon-
« taigne écrivait sur un fragment libre de papier...

« L'édition s'écoulait, lorsque (antérieurement à 1598) Marie de Gour-
« nay retrouva un de ces fichets annotés se rapportant à la page 63. Dans sa
« scrupuleuse exactitude, elle ne put se décider à attendre une prochaine
« édition et elle résolut de réintégrer dans celle qui se débitait le passage qui
« en faisait partie. Il s'agissait d'intercaler à la fin du chapitre XXII du
« livre Ier, vingt-deux lignes; le blanc de deux citations latines, celui de
« quelques centimètres, qui termine la page 64 et le chapitre, n'y suffisaient
« pas ; on dut, en outre, augmenter d'un centimètre la justification et ajouter
« à ces deux pages deux lignes de plus qu'aux autres... »

Le passage intercalé, placé à la page 63, après les mots : « *l'autre est en bien plus rude party* », commence ainsi : « *Car qui se mesle de choisir et de changer...* » et se termine, au bout de vingt-deux lignes, par cette fin d'une phrase latine : « *aut Cleantem aut Chrysippum sequor* ». Puis le texte reprend : « *Dieu le sache* », etc. Les pages ainsi modifiées présentent donc le vrai texte qui a été suivi depuis. Dans les exemplaires complétés ainsi, le pages 63-64 sont plus que pleines et contiennent chacune quarante-six lignes, tandis que, dans les exemplaires ordinaires, la page 63 contient, comme les autres, quarante-trois lignes, et la page 64, non remplie, n'en constient que trente-huit, plus le mot *Divers*, en réclame. (Voir à la BIBL. NAT. coll. *Payen*, 2 ex. différents.)

PRIX : Vente Armand Bertin (1854), mar. r. par Trautz-Bauzonnet, 266 fr. — Vente Solar (1860), magnif. ex. en mar. doublé, par Trautz, 1,005 fr. ; — et un autre ex. moins grand de marges, rel. en veau, aux armes du comte d'Hoym, 305 fr. — Vente L. Potier (1870), mar. v. par Duru et Chambolle, 665 fr. — Vente Lebeuf de Montgermont (1876), mar. r. par Trautz, 1,010 fr. — Catal. Fontaine (1875) et aussi 1877), mar. doublé par Trautz, ex. de Solar, 3,000 fr. ; — et un autre ex. en mar. r. par Chambolle, 1,000 fr. — Répertoire Morgand et Fatout (1882), mar. r. par Trautz, 2,500 fr. ; — et un autre ex. en mar. par Chambolle, 1,500 fr. — Vente du marquis de Ganay (1881), ex. revêtu d'une reliure du temps en veau fauve, avec ornements au milieu des plats, 1,100 fr.

LES
DIVERSES
POESIES DV
SIEVR DE LA FRES-
NAIE VAVQVELIN.

Dont le contenu se void en la page suiuante.

A CAEN,
Par CHARLES MACE' Imprimeur
du Roy.
1 6 1 2.

In-8°, imprimé en jolis caractères italiques, sauf pour la préface et l'extrait du Privilège, qui sont en lettres rondes, ainsi qu'un « *Discours sur la satyre* », pages 123 à 133, et un avis « *Au lecteur* », pages 443-444.

Ce volume se compose de: 4 feuillets préliminaires non chiffrés, y compris le titre, et 744 pages chiffrées. Outre le titre général reproduit ci-dessus, on trouve, pages 121-122, un autre titre partiel, qui compte dans la pagination et que voici : SATYRES || FRANÇOISES, || Au roy de France || et de Navarre, Henry IIII. || Par le sieur De la Fresnaie || Vauquelin. || Livre premier. || *A Caen, Par Charles Macé, Imprimeur du Roy*. || 1604. Malgré la mention LIVRE PREMIER, ce titre est général pour les cinq livres des satires.

Cette édition des DIVERSES POÉSIES avait paru en 1605. Brunet cite même un exemplaire daté de 1604, lequel lui semblait être en grand papier.

En 1612, on refit le nouveau titre (reproduit ci-dessus) pour écouler les exemplaires restés chez le libraire, et on réimprima en même temps textuellement les 4 feuillets préliminaires, dont le titre fait partie. Tout le reste du volume est exactement semblable sous ces deux dates. Le titre est libellé de la même façon dans l'une et l'autre édition, sauf qu'on a mis dans la seconde la date de 1612 en chiffres arabes.

Dans l'édition primitive, la date était en chiffres romains (M. DCV.), et on lisait au-dessous : *Auec priuilége de Sa Majesté*. Ces derniers mots ont été supprimés dans les exemplaires datés de 1612. Pourtant le privilège existe dans ceux-là comme dans les autres et à la même place, après l'avis *Au Lecteur*. Il est daté, dans tous, du 23 décembre 1604, et accordé « au sieur de la Fresnaie Vauquelin, pour dix ans ». Il est toujours suivi d'une mention d'acte notarié, par lequel le sieur de la Fresnaie transporte ses droits à Charles Macé, libraire à Caen. (Bibl. nat. Y. 4643, A. et 4643, AA. Rés.)

L'édition avec l'un ou l'autre titre est fort rare, surtout avec celui de 1605.

L'exemplaire de 1605 qui a figuré aux catalogues Fontaine (1875), Morgand et Fatout (1877), et Durel 1887), contient avant l'avis *Au lecteur* formant les pages 443-444 et précédant les *Idillies*, un autre titre ainsi libellé : Les || Diverses Poesies || de messire. || Iean Vavqvelin || chevalier seigneur || De la Fresnaye. || *Dont le contenu se void en* || *la page suiuante.* || (Même fleuron que sur le premier titre.) || *A Caen*, || *par Charles Macé, imprimeur du Roy.* || M. DC V. || *Avec priuilege de Sa Majesté.* || Ce titre, indépendamment de la pagination, est pourtant nécessaire, car on trouve au verso le sommaire des *Idillies* et autres pièces suivantes ; et le verso du premier titre ne contient que le sommaire des pièces du commencement, jusqu'aux *Idillies* exclusivement. Le recueil dut paraître d'abord en 2 volumes.

Prix : *Édition de 1605* : Vente Bertin (1854), 150 fr., mar. citr. par Kœhler. — Vente du baron J. Pichon (1869), mar. v. doublé de mar. r. par Bauzonnet, 2,850 fr. — Catal. Fontaine (1875), mar. v. riche dorure, par Capé, 3,000 fr. — Répertoire Morgand et Fatout (1878), le même, 2,800 fr. — Catal. Durel (1887), le même, 1,200 fr.

Édition de 1612 : Vente Pixerécourt (1838), rel. anc. en mar. r. par Derôme, 80 fr. — Vente Ch. Nodier (1844), le même ex., 153 fr. — Vente Renouard (1853), mar., 305 fr. — Vente Solar (1860), mar. bl., 161 fr. — Vente Sainte-Beuve (1870), rel. anc. en mar. r., 3,105 fr. — Vente L. Potier (1870), mar. doublé, par Trautz, 3,100 fr. — Vente Lebeuf de Montgermont (1876), mar. bl. par Bauzonnet, 2,300 fr. — Catal. de la biblioth. de M. Ern. Quentin-Bauchart *(Mes Livres)*, très bel ex., mar. bl. orné de feuillages, doublé de mar. r. guirlande de fleurs, par Trautz, vendu 3,600 fr. en 1875. — Vente Didot (1878), mar. r. par Capé, ex. de court, 1,200 fr. — Vente Bancel (1882), mar. r. doublé de mar. bl. par Trautz, 2,360 fr.

LES
PREMIERES
OEVVRES DE
M. REGNIER.

Au Roy.

A PARIS,

Chez TOVSSAINCTS DV BRAY, ruë sainct
Iacques, aux Espies murs, & en sa boutique au
Palais, en la gallerie des prisonniers.

MDC. VIII.
Auec Priuilege du Roy.

Petit in-4°, composé de : 4 feuillets préliminaires non chiffrés, le 4ᵉ blanc; 45 feuillets chiffrés seulement au recto (avec plusieurs fautes de chiffres), formant par conséquent 90 pages, la dernière se terminant à moitié par le mot : *Fin*, au-dessous duquel est un cul-de-lampe typographique.

Les feuillets préliminaires comprennent : le titre, dont le verso est occupé par un distique latin formant trois lignes, une *Epitre liminéaire au Roy* (1 page en prose), une *Ode à Regnier sur ses satyres*, signée *Motin* (3 pages), un *Extraict du Privilége du Roy*, suivi d'une déclaration de cession au libraire (1 page), enfin une citation latine en deux lignes, occupant seule le verso.

Cette édition *princeps* de Régnier est d'une très grande rareté. Elle contient seulement un Discours au Roy et dix satires (Satyres i à ix; plus la xiiᵉ). Elle est précieuse en ce qu'on y trouve des passages qui furent modifiés ou atténués dans les éditions suivantes.

Elle fut imprimée pour Toussainct du Bray, par Gabriel Buon, dont on voit le monogramme (entouré de son nom imprimé en toutes lettres) au milieu du bel en-tête de page qui précède l'*Epitre liminéaire*. Le petit monogramme qui se trouve dans un écusson, en bas du fleuron du titre, est composé des initiales T D B entrelacées ; c'est celui de Toussainct du Bray. (Bibl. nat. Y. 4853. Réserve. 3 exemplaires.)

Outre l'intérêt littéraire que présente cette édition originale d'un de nos plus vifs satiriques, on peut la considérer comme une curiosité « bibliophilique » de premier ordre. Nous ne connaissons dans les bibliothèques particulières d'autre exemplaire que celui qui figure, au milieu de bon nombre de trésors du même genre, dans la collection de M. le baron de Ruble. La Bibliothèque de l'Arsenal en possède un exemplaire.

L'épître au Roy (Henri IV), qui ouvre le volume, est, dans une forme concise, l'une des plus laudatives qui aient jamais été écrites. Le Roy y est pompeusement et ingénieusement comparé au Soleil, longtemps avant que la même comparaison ait été appliquée à Louis XIV. Mais l'originalité de la figure et la tournure de la pensée devaient faire pardonner à Régnier la courtisanerie de l'éloge, tandis que, chez la plupart des écrivains du « grand siècle », les épîtres dédicatoires étaient devenues, grâce à leur forme emphatique, autant de banalités qu'on a peine à lire de nos jours.

Le Privilège, daté du 23 avril 1608, était accordé « à M. Regnier » pour six ans et signé de Desportes, son cousin germain. Il est suivi ici d'une déclaration de cession par Régnier à « Toussaincts du Bray, marchant Libraire à Paris », laquelle est datée du 13 May 1608.

Nous ne trouvons pas trace de ce livre dans une vente publique récente. Ce qui est certain, c'est qu'il a une très grande valeur.

LES
SATYRES
DV SIEVR
REGNIER.

Reueuës & augmentees de nouueau.
Dediees

AV ROY.

A PARIS,
Chez Toussaincts dv Bray, ruë sainct
Iaques, aux Espics meurs, & en sa boutique au
Palais, en la gallerie des prisonniers.

M. DC. XIII.
Auec Priuilege du Roy

Petit in-8°, composé de : 4 feuillets préliminaires non chiffrés, comprenant le titre, au verso duquel se trouvent trois lignes en latin, une épître en prose « Au Roy », signée REGNIER, une *Ode à Regnier sur ses Satyres*, signée MOTIN, suivie d'un vers latin au-dessous d'un filet à longue ligne; — 100 feuillets, chiffrés d'un seul côté, pour le texte des satires, et un *Extraict du Privilege du Roy*, occupant le verso du 100e feuillet.

Dans l'exemplaire de la BIBLIOTHÈQUE NATIONALE, (Y. 4854. 2), les deux derniers feuillets sont cotés par erreur 92, 93. Il paraît qu'il en est ainsi pour d'autres exemplaires, car M. Henri Chevrier, auteur de l'intéressante *Bibliographie de Mathurin Régnier*, décrit l'édition comme composée de 93 feuillets, après les préliminaires, ce qui indique que la dernière page de l'exemplaire qu'il possède est aussi cotée 93, mais aussi qu'il n'a pas remarqué les fautes de pagination. D'ailleurs, ce chiffre de 93 feuillets après les préliminaires ne concorde pas avec celui de 103 feuillets en totalité, qu'il donne au commencement de sa description. Autrement, cela supposerait un nombre de 10 feuillets préliminaires et il n'y en a que 4.

Le Privilège, en vertu duquel est imprimé ce volume, est le même que pour la première édition décrite ci-devant par nous. Il est daté du 23 avril 1608, et est accordé à Régnier pour ses *Premieres œuvres*. Il est suivi de la même déclaration de cession par Régnier « à Toussaincts du Bray », datée du 13 May 1608. Le texte des satires, dans cette édition, est imprimé en caractères italiques.

C'est la dernière publiée du vivant de l'auteur, qui mourut à Rouen, au mois de décembre 1613. Les deux éditions intermédiaires, données par lui, sont de Toussaincts du Bray, 1609 et 1612. Elles sont rares, et chacune contient des augmentations. L'édition de 1613 est, par conséquent, très importante, car elle a fixé le texte des éditions postérieures. C'est la quatrième publiée par Régnier.

On y trouve, en plus des pièces préliminaires que nous venons de citer, dix-sept satires, deux élégies (sous un seul titre *Elégie zélotypique*), une poésie intitulée *l'Impuissance*, une autre *Sur le trespas de M. Passerat*, des *Stances*, des *Stances sur une affection cruelle*, trois épigrammes, des *Stances sur un amoureux transy*, cinq quatrains, et le *Discours au Roy*.

Cette édition est fort rare.

PRIX : Vente Solar (1860), mar. r., 34 fr. — Vente Turquety (1868), mar. r., 80 fr. Un bel ex. se vendrait bien plus cher maintenant. — Catalogue Durel (avril-mai-juin 1887), mar. bl. par Cuzin, 100 fr., ex. pas grand de marges.

LES TRAGIQVES

DONNEZ AV PVBLIC PAR
le larcin de Promethee.

AV DEZERT,
PAR L. B. D. D.

M. DC. XVI.

Poésies satiriques de Théodore Agrippa d'AUBIGNÉ.

Petit in-4° de : 15 feuillets préliminaires non chiffrés, savoir : le titre, dont le verso est blanc, un avis *Aux Lecteurs* (6 feuillets complets), 1 feuillet entièrement blanc (le 4ᵉ du cahier e), la *Préface* (7 feuillets); — 391 pages chiffrées, pour les poésies, la dernière page presque entièrement remplie par un avis *Au Lecteur;* 3 pages non chiffrées pour une pièce en prose, *A la France délivrée...,* enfin 2 pages non chiffrées, l'une pour un avis de *L'imprimeur au lecteur,* l'autre pour les *Errata.* (Bibl. nat. Y. 4945.)

Édition originale de ces poésies satiriques, pleines de verve et de traits virulents, e dans lesquelles les travers et les mœurs dissolues de la fin du xvıᵉ siècle sont vertement fustigés. Ce livre eut le sort de l'*Histoire universelle* du meme auteur; il fut condamné à cause des passages relatifs aux querelles religieuses. D'Aubigné était protestant. L'impression en est attribuée à Aubert, imprimeur à Genève; on a supposé aussi qu'elle avait été imprimée à Maillé, par Jacques Moussat; les caractères étaient probablement ceux de d'Aubigné, qui avait en sa possession le matériel d'une imprimerie.

Les satires qui composent ce recueil ont pour titres: *Misères,* — *Princes,* — *Chambre dorée,* — *les Feux,* — *les Fers,* — *Vengeance,* — et *Jugement.* L'auteur y montre une grande hardiesse et y peint d'une main vigoureuse les mœurs et les vices de la cour, les fautes du Parlement et du clergé.

La *Chambre dorée,* cette réunion de juges, présidée par l'*Injustice,* en robe couleur de sang et à la balance chargée d'or, dut attirer au poète bien des haines. Il y montre, en effet, les sièges occupés par l'*Avarice,* l'*Ambition,* l'*Ivrognerie,*

Etourdie au matin et sur le soir violente,

la *Vanité,* la *Luxure,* la *Trahison,* l'*Hypocrisie,* l'*Insolence,* la *Bouffonnerie,* la *Crainte,* enfin

La Paresse accroupie au pied d'un banc,
Qui, le menton au sein, la main à la pochette,
Feint de voir; et sans voir, juge sur l'étiquette.

On recherche beaucoup cette édition anonyme, regardée généralement comme la première, quoique quelques bibliographes aient attribué à tort la date de 1615 à une édition in-8°, sans lieu ni date, dont le titre contient le nom de d'Aubigné et qui est évidemment postérieure à 1616.

Prix de l'édition de 1616 : Vente Sainte-Beuve (1870), ex. annoté par lui au crayon, rel. en mar. r. par Duru, 320 fr. — Vente Potier (1870), ex. en mar. r. par Chambolle, 270 fr. — Vente de Béhague (1880), bel ex. rel. en mar. r. par Trautz, 695 fr. — Répertoire Morgand et Fatout (1882), autre bel ex. rel. en mar. r. par Trautz, 800 fr. — Vente Guy-Pellion (1882), ex. en mar. r. par Trautz, 300 fr.

LES
AVANTVRES
DV BARON DE
FAENESTE.
Comprinse en quatre PARTIES,

*Les trois premieres reveues, augmentees, &
distinguées par Chapitres:*

ENSEMBLE.
LA QVATRIESME PARTIE
nouuellement mise en lumiere.

Le tout par le mesme AVTHEVR

AV DEZERT.
Imprimé aux despens de l'Autheur.

M. DC. XXX

Par Théodore Agrippa d'AUBIGNÉ.

In-8°, contenant : 6 feuillets préliminaires, non chiffrés, comprenant le titre, dont le verso est blanc, un avis de *L'Imprimeur au Lecteur*, et une *Table des chapitres*...; — 308 pages chiffrées, pour le texte, la dernière entièrement remplie, se terminant par le mot : FIN. (Les dernières pages sont cotées par erreur 206, 207, 208.)

Première édition complète de cet ouvrage, comprenant quatre parties ou *Livres*, dont trois avaient déjà paru environ treize ou quatorze ans auparavant et avaient même été réimprimées plusieurs fois. La quatrième partie n'avait pas vu le jour avant cette édition, qui est par conséquent encore originale. Ce fut aussi la dernière publiée du vivant de l'auteur, qui mourut à Genève, le 29 avril 1630, âgé de quatre-vingts ans.

Ces satires en prose, sous forme de dialogues entre un gascon gasconnant, qui raconte ses aventures, et un gentilhomme plus sérieux, ont trait aux événements qui se passèrent en France, sous Henri III, Henri IV et les premières années du règne de Louis XIII. On y trouve des allusions plaisantes et parfois assez vives à ce qui se passait alors à la cour et ailleurs, aux mœurs et aux habitudes des courtisans, aux querelles religieuses, etc.

On a prétendu que, sous le nom *baron de Fœneste*, l'auteur avait voulu ridiculiser le duc d'Épernon, son ennemi juré, qui était d'origine gasconne ; c'est possible, mais dans ce cas il se serait bien souvent écarté de son modèle, car Fœneste dit beaucoup de choses qui ne peuvent se rapporter à d'Épernon. « Je croirais plutôt, dit Bayle dans sa lettre 123e, que D'Aubigné a fait « dire souvent à son Gascon des choses qui représentent la sotte admiration « que plusieurs Gascons avaient pour ce Duc, et qui fournissent une occa- « sion à l'auteur de se mocquer de lui. » Mais ce qui est probable, c'est que, sous le nom d'*Enay*, le gentilhomme sage et sensé qui n'a que de raisonnables paroles, d'Aubigné a voulu peindre Philippe du Plessis-Mornay, son coreligionnaire et son ami, le même qui a laissé d'intéressants mémoires sur la fin du XVIe siècle.

Ce volume dut être imprimé, comme les *Tragiques*, chez l'auteur, qui possédait tout le matériel d'une imprimerie. Toutefois on en attribue l'exécution à Aubert, imprimeur à Genève ; et d'autres pensent que l'édition fut imprimée à Maillé, par Jacques Moussat. (BIBL. NAT. Lb 36. 1113. B.)

PRIX : Vente Solar (1860), mar. r. par Duru, 83 fr. — Catal. Potier (1860), mar. r. par Duru, 40 fr. — Vente Lebeuf de Montgermont (1876) (édition sans lieu d'impression, quoique semblable à l'autre et aussi datée de 1630), mar. bl. par Trautz, 365 fr. — Vente de Béhague (1880), mar. r. par Capé, 145 fr. — Bibliothèque de M. Quentin-Bauchart (*Mes livres*, 1881), superbe ex. en mar. doublé, par Trautz, coté 1,000 fr. — Répertoire Morgand et Fatout (1882), le même ex., 1,600 fr. — Vente Guy-Pellion (1882), mar. bleu, par Niedrée, 80 fr.

LES OEVVRES
DE Mʳᵉ FRANÇOIS DE MALHERBE,
Gentil-homme ordinaire de la chambre du Roy.

A PARIS,
Chez Charles Chappellain, ruë de la Bucherie, à l'image saincte Barbe.
M. DC. XXX.
AVEC PRIVILEGE DV ROY.

In-4°, composé de : 26 feuillets préliminaires non chiffrés, comprenant le titre, dont le verso est blanc, le portrait de Malherbe, d'après D. du Monstier, gravé par Vosterman et signé de ces deux artistes, le *Discours sur les Œuvres de Mr. de Malherbe* (par Ant. Godeau), le Privilège du Roy, et l'*achevé d'imprimer*; — 820 pages chiffrées pour les œuvres en prose; et 228 pages chiffrées (nouvelle pagination) pour les *Poésies*.

Le Privilège accordé à « François d'Arbaud, escuyer, sieur de Porcheres », est daté du 9 novembre 1628. Il est suivi d'une déclaration du sieur de Porchères cédant son droit à Charles Chapellain, Imprimeur à Paris. On lit à la suite la mention : *Acheué d'imprimer le vingt-deuxième de decembre mil six cens vingt-neuf.* Le *Discours*, au commencement, et les *Poésies* à la fin, sont imprimés en caractères italiques. Le reste du volume est en lettres rondes. (BIBL. NAT. Y. 4928. 2 ex. l'un, en grand papier, dans la Réserve.)

Le sieur de Porchères, François d'Arbaud, qui publia cette édition orinale après la mort de l'auteur, était un cousin de Malherbe.

On connaît de rares exemplaires en grand papier.

Il existe, sous la date de 1630, une autre édition ou un autre tirage de celle que nous venons de décrire, avec le même titre, le même nombre de pages, le même achevé d'imprimer. On les distingue en ce que d'abord la seconde est ordinairement sur papier moins beau, mais surtout en ce que cette seconde contient à la 23ᵉ page (non chiffrée), 4ᵉ feuillet du cahier *i* du *Discours*, un passage formant dix-huit lignes qui n'est pas dans la première et dont voici le commencement : « *J'avoue que ses autres lettres n'ont pas les grâces et les richesses de celle-là...* » et qui se termine en haut de la page suivante (verso du feuillet) par ces mots : « *à cause qu'il en a d'extraordinaires.* »

Dans la première édition, après la phrase qui se termine par les mots : « *Il me semble qu'être consolée de cette façon, c'est presque gaigner autant que l'on a perdu* », vient immédiatement un alinéa commençant ainsi : « *Ce seroit assez de tant d'excellents ouvrages...* » Dans la seconde, cet alinéa reprend après le long passage que nous venons de citer.

Cette seconde édition qui, d'après le catalogue Potier (1870), aurait déjà paru en 1630, avec le même *achever d'imprimer*, sans la mention de *seconde*, et que l'on pourrait confondre avec la première, existe encore avec la date de 1631 et porte sur le titre les mots : *Seconde édition*. A part cela, le titre est libellé de même que pour les deux premières, et le portrait qui précède le titre est le même également. (BIBL. NAT. Y. 4928. A. Réserve. Ex. rel. en vélin, portant l'*ex libris* de Daniel HUET, évêque d'Avranches.)

Le *Discours sur Malherbe*, d'Antoine Godeau, qui se trouve dans les éditions de 1630, a été omis dans la plupart des éditions postérieures.

Les poésies de Malherbe avaient déjà paru séparément en grande partie dans différents recueils du temps, dont voici quelques titres : *Diverses Poésies nouvelles*, chez Raphaël du Petit Val, en 1597 ; *L'Académie des poëtes françois...* chez Antoine du Breuil, 1599 ; *Le Parnasse des plus excellents Poëtes françois*, chez Mathieu Guillemot, 1599, 1600, 1603, 1607, 1612, 1618 ; *Nouveau Parnasse....* chez Math. Guillemot, 1609 ; *Les Muses gaillardes....* chez Ant. du Breuil, 1609 ; *Nouveau Recueil des plus beaux vers de ce temps*, chez Toussainct du Bray, 1609 ; *Le Temple d'Apollon, ou nouveau recueil des plus excellents vers de ce temps*, chez Raph. du Petit Val, à Rouen, 1611 ; — *Les Delices de la Poésie françoise....* chez Toussainct du Bray, 1615, 1620 ; *Recueil des plus beaux vers de Messieurs de Malherbe, Racan, Maynard....*, etc., chez Toussainct du Bray, 1627 ; *Le Sejour des Muses, ou la Cresme des bons vers...* chez Martin de la Motte, à Rouen, 1630. Mais Malherbe, comme plus tard Boileau, « polissait et repolissait sans cesse » ses poésies ; et on remarque beaucoup de variantes entre les pièces parues isolément, et l'édition collective de 1630, publiée sur des notes de l'auteur. Ces variantes ont été reproduites en grand nombre dans l'édition de Barbou, 1757, *Poésies de Malherbe, rangées par ordre chronologique....* (avec notes par Lefebvre de Saint-Marc), et on en a fait usage également dans des éditions postérieures.

Quelques pièces avaient paru à part. Brunet cite les suivantes : *Le Bouquet des fleurs de Senèque*, à Caen, chez Jacques Le Bas, imprimeur du Roy, en 1590, plaquette in-8°, dont l'attribution à Malherbe n'est pas prouvée. — *Les Vers du s. Malherbe à la Reine*, petit in-8° de 36 pages, très rare, publié chez Ad. Beys, en 1611, et dont un exemplaire figurait à la vente Solar, en 1860, et un autre au catalogue Fontaine, en 1877. — Et une ode intitulée : *Pour le Roy allant chastier la rebellion des Rochellois et chasser les Anglois de l'Isle de Ré*, petit in-8° imprimé en 1628 (sans lieu ni date).

PRIX de la 1re édition des *OEuvres* : Vente Armand Bertin (1854), ex. rel. en mar. r. par Kœhler, 41 fr. — Vente Sainte-Beuve (1870), ex. rel. en mar. bl. ancien, aux armes de la comtesse de Verrue, et ensuite du duc de Choiseul, 250 fr. — Vente Potier (1870) (ex. de la vente Bertin), 265 fr. — Vente J. Renard (1880), magnifique exemplaire en grand papier, relié en mar. doublé par Trautz, 2,500 fr. — Catal. Fontaine (1877), ex. rel. en veau ancien, 350 fr. — Bulletin de la librairie Morgand, n° 20 (1887), superbe exemplaire, en reliure du temps, mar. v. foncé, 500 fr.

DISCOURS
DE LA METHODE
Pour bien conduire sa raison, & chercher
la verité dans les sciences.
PLUS
LA DIOPTRIQVE.
LES METEORES.
ET
LA GEOMETRIE.
Qui sont des essais de cete METHODE.

A LEYDE
De l'Imprimerie de IAN MAIRE.
CIƆ IƆ C XXXVII.
Auec Priuilege.

Première édition du plus célèbre ouvrage de René DESCARTES.

DISCOURS DE LA MÉTHODE... (par René DESCARTES).

In-4°, composé de : 413 pages chiffrées, y compris le titre, dont le verso est blanc (le texte occupant les pages 3 à 413), 1 page non chiffrée contenant un *Aduertissement;* — 17 feuillets non chiffrés, contenant les différentes tables, les *fautes de l'impression,* le Privilège français et le Privilège hollandais. Le verso de ce dernier est blanc.

Le Privilège français commence ainsi : « Par grace et priuilege du Roy tres chrestien il est permis à l'Autheur du liure intitulé *Discours de la Methode, &c., plus la Dioptrique, les Meteores & la Geometrie, &c.*, de le faire imprimer en telle part que bon luy semblera dedans et dehors le royaume de France, et ce pendant le terme de dix années consequutives.... » Il est daté du 4. iour de May 1637, et suivi d'une permission de l'autheur donnée à Jean Maire, marchand libraire à Leyde, pour imprimer le livre. On lit à la fin : « *Acheué d'imprimer le 8. iour de Iuin 1637* ». Le Privilège hollandais est daté du 20 décembre 1636. Le *Discours de la méthode* occupe les pages 3 à 78. Les autres ouvrages occupent la fin du volume et sont ornés de planches dans le texte. (BIBL. NAT. R. 1100.)

Plusieurs éditions originales des ouvrages de Descartes furent publiées en Hollande, où le philosophe français vécut le plus longtemps, après avoir voyagé en Italie, en Suisse, en Danemark et en Angleterre. Ce fut en France qu'il séjourna le moins, ne s'y trouvant pas sans doute suffisamment à l'abri des persécutions, qu'on n'épargnait pas alors aux philosophes. Cependant Louis XIII avait essayé de l'attirer à lui, et lui avait offert une pension, qui paraît n'avoir jamais été acceptée, ou du moins n'avoir jamais été payée.

Descartes fut plus sensible aux prières de Christine de Suède. Il s'embarqua pour Stockholm sur un vaisseau qu'elle lui avait envoyé, en octobre 1649. Il consentit à donner à la reine des leçons de philosophie, et rédigea aussi pour elle le projet et les statuts d'une académie semblable à l'Académie française, que Richelieu avait fondée en France quelques années auparavant. Il mourut peu de temps après, à Stockholm, en 1650.

Son autre ouvrage, le plus intéressant, *Les Passions de l'âme,* parut en 1649, à Paris, chez Henri Le Gras, de format in-12, et fut imprimée à Amsterdam, par Louis Elzevier, dont quelques ex. portent le nom.

PRIX du *Discours de la Méthode :* Vente Taschereau (1875), ex. rel. en vélin, 40 fr. — Vente Rochebilière (1882), ex. rel. en veau, 119 fr., et un autre, 62 fr. — Vente Guy-Pellion (1882), bel ex. rel. en mar. br. par Chambolle-Duru, 225 fr.

LES MENECHMES
COMEDIE DE ROTROV.

A PARIS,
Chez ANTHOINE DE SOMMAVILLE, au Palais, dans la petite Salle, à l'Escu de France.

M. DC. XXXVI.
AVEC PRIVILEGE DV ROY.

Les Menechmes, comédie, de Rotrou.

In-4°, composé de : 4 feuillets préliminaires non chiffrés, comprenant le titre, dont le verso est blanc, une épître dédicatoire en prose « A Monsieur le comte de Belin, baron de Milly, seigneur du Bourg Dauerton, de Lorgerie, Dautré, &c. », signée Rotrou, le *Priuilége* et la liste des *Acteurs*; — 108 pages chiffrées, imprimées en italiques, pour le texte de la pièce.

Le Privilège, accordé à « Anthoine de Sommaville », est daté du 30 avril 1636. Il est suivi de la mention : *Acheué d'imprimer le 15. May 1636.* Vient ensuite une déclaration de Sommaville, associant à son privilège Toussainct Quinet. (Bibl. nat. Y. 5658.)

Cette comédie, en cinq actes, en vers, simple imitation de Plaute, n'est certes pas un chef-d'œuvre. C'est pourtant une des meilleures pièces de Rotrou, et on la recherche encore un peu parce qu'il est intéressant de la comparer avec l'amusante comédie de Regnard qui porte le même titre. La comparaison est bien tout à l'avantage de ce dernier; cependant la pièce de Rotrou renferme par-ci par-là quelques vers bien tournés. Les auteurs de la *Bibliothèque françoise,* parue en 1768, goûtaient peu cette comédie de Rotrou, car ils donnent l'analyse de ses autres œuvres et se contentent pour *Les Menechmes,* de renvoyer « à la pièce charmante du sieur Regnard, qui est sous le même titre et qui renferme la même intrigue que celle de l'Auteur latin (Plaute), mais corrigée et embellie par la quantité de détails heureux qu'on y trouve ».

Les mêmes auteurs (le duc de la Vallière et autres) montrent en revanche une grande tendresse pour une autre comédie de Rotrou, *La Sœur,* jouée et parue en 1647, pièce qui ne manque pas d'intérêt, mais dont l'intrigue est tellement compliquée qu'on a peine à suivre le sujet principal. Ils supposent que Rotrou a dû s'inspirer pour écrire *La Sœur,* des œuvres d'un poète italien, Sforza d'Oddi, qui était un grand admirateur et imitateur de Plaute, et auquel notre auteur avait déjà emprunté sa comédie intitulée *Clarice, ou l'Amour inconstant,* en 1644.

Prix. Les pièces de Rotrou n'ont pas, en général, une grande valeur. L'édition originale des *Menechmes* vaut 30 à 40 fr.

VENCESLAS
TRAGI COMEDIE.
DE M^R DE ROTROV.

A PARIS,
Chez ANTOINE DE SOMMA-
VILLE, au Palais dans la petite Salle
des Merciers, à l'Escu de France.

M.DC XL VIII.
AVEC PRIVILEGE DV ROY.

VENCESLAS, tragi-comédie, de ROTROU.

In-4°, composé de : 2 feuillets préliminaires non chiffrés, comprenant le titre, dont le verso est blanc, l'*Extrait du Priuilége* et les rôles des *Acteurs;* — 110 pages chiffrées pour le texte de la pièce, lequel est en caractères italiques.

Le Privilège, accordé à « Anthoine de Sommaville », est daté du 28 mars 1648 et donné pour cinq ans. On lit à la suite la mention : *Acheué d'imprimer le douziesme May 1648.* Cette édition n'a pas de dédicace. (BIBL. NAT. Y. 5546. N. 30.)

Édition originale, qu'il est difficile de rencontrer en belle condition. Elle est presque toujours dans des recueils dont les marges sont très rognées.

Venceslas est une des dernières pièces de Rotrou et incontestablement la meilleure qu'il ait composée. On y trouve un certain nombre de beaux vers, qui auraient pu être signés par l'un de nos grands classiques. Les caractères sont vigoureusement tracés, l'action est intéressante et bien conduite. A une époque où le théâtre sérieux était en honneur, cette tragi-comédie devait produire un certain effet sur le public. Elle eut beaucoup de succès d'ailleurs, et fut remise à la scène plus tard, à différentes reprises, même au XVIIIe siècle, où l'aimable Marmontel entreprit de la rajeunir, à la demande de la marquise de Pompadour, pour mettre quelques vers énergiquement frappés, à la portée des oreilles un peu délicates de son temps. Sa tentative réussit et la pièce enguirlandée à la Watteau fut applaudie, malgré la mauvaise plaisanterie de Lekain, qui, à la première représentation, remplaça volontairement une tirade de son rôle, par des vers de Colardeau, ce qui troubla l'actrice qui fut chargée de lui donner la réplique.

Cette tragi-comédie de Rotrou est restée au répertoire de la Comédie française. Il est vrai qu'elle n'y a pas été jouée souvent. Mais, hélas ! les Dieux s'en vont, et avec eux la tragédie et les tragédiens ; et le public de notre siècle a d'ailleurs jeté ses vues d'autres côtés. *Venceslas* fut suivie l'année suivante d'une autre tragédie, *Cosroès,* renfermant aussi de belles situations et des vers bien faits, mais cependant inférieure.

PRIX de la première édition de *Venceslas* : Catal. Potier (1860), mar. r. par Capé, 40 fr.; — et en 1864, même catal. et même ex., 45 fr. — Vente Potier (1870), bel ex. relié en mar. r. par Trautz-Bauzonnet, 145 fr.

LE VIRGILE TRAVESTY
EN VERS BVRLESQVES,

De Monsieur SCARRON.

Dedié à la REYNE.

A PARIS,

Chez TOVSSAINCT QVINET, au Palais, sous la montée de la Cour des Aydes.

M. DC. XLVIII.
AVEC PRIVILEGE DV ROY.

Le Virgile travesty en vers burlesques, par Scarron.

7 parties ou livres in-4°, avec une pagination séparée pour chacune, mais ordinairement réunies en un volume. (Bibl. nat. Y. 949 + a. et 949. a. pour le 7ᵉ livre.) En voici la description :

Le premier livre ne porte pas de mention sur le titre, comme on le voit par le *fac-similé* ci-dessus. Il se compose de : 13 feuillets préliminaires non chiffrés, savoir : un frontispice gravé, qu'on retrouve en tête des autres livres, le titre imprimé dont le verso est blanc, une épître dédicatoire en prose « A la Reyne », un avis « Au lecteur », neuf pièces de vers, dont six en français, adressées « A monsieur l'abbé Scarron sur son *Virgile* en vers burlesques », et trois pièces en vers latins, un second frontispice particulier à ce *livre;* — 122 pages chiffrées, la dernière, au verso, terminée par les mots : *Fin du premier livre;* — enfin deux pages non chiffrées, pour le *Privilege du Roy*.

Ce privilège est accordé au « sieur Scarron », en date du 8 janvier 1648. Il est suivi de la déclaration de cession faite par lui au libraire Toussainct Quinet. On lit à la fin la mention : « *Acheué d'imprimer pour la premiere fois le dernier fevrier 1648.* »

Le frontispice général gravé qui précède le titre contient, écrit sur le plat d'un volume, le titre général : *Le Virgile travesty de M. Scarron*. Et au bas : *A Paris, chez Toussainct Quinet, 1648. Auec Privilege du Roy*. On doit retrouver ce frontispice avant le titre de chaque livre.

Livre second. Frontispice général ci-dessus décrit, titre imprimé dont le verso est blanc, 2 feuillets non chiffrés contenant une épître en prose « A Monseigneur Seguier, chancelier de France », l'*Extrait du Privilege*, et l'*achevé d'imprimer;* frontispice gravé, spécial au *livre second;* — 128 pages chiffrées.

Le Privilège est un extrait du premier. On lit à la suite : *Acheué d'imprimer pour la premiere fois, le 25. iour de Iuin, mil six cens quarante-huit.*

Livre troisiesme. Frontispice général décrit ci-dessus, titre imprimé dont le verso est blanc, 3 feuillets non chiffrés, comprenant une épître dédicatoire en prose « A Monsieur le Président de Mesme », un avis *Au lecteur;* — frontispice gravé spécial au troisième livre, avec recto blanc; — 101 pages chiffrées, plus 1 page non chiffrée, pour l'*Extrait du Privilege*.

A la suite de ce privilège, on lit : *Acheue d'imprimer pour la premiere fois, le 23. iour de Decembre, mil six cens quarante-huit.*

Livre quatriesme, daté de M. DC. XLIX. Frontispice général ci-dessus, titre imprimé, dont le verso est blanc ; 3 feuillets non chiffrés, contenant une épître en prose « A monsieur et madame de Schomberg », et l'*Extrait du Privilége;* un quatrième feuillet contenant au recto les *fautes* survenues à l'impression, et au verso le frontispice gravé spécial au 4ᵉ livre ; — 127 pages chiffrées. (Les pages 100 à 104 sont cotées par erreur 200 à 204.)

On lit, à la suite du Privilège : *Acheué d'imprimer pour la premiere fois le 20. iour de May mil six cens quarante-neuf.*

Livre cinquiesme, daté de M. DC. L. sur le titre. Frontispice général ci-dessus décrit, titre imprimé, dont le verso est blanc, 3 feuillets non chiffrés, contenant une épître en prose « A Monsieur Deslandes Payen, conseiller en Parlement... », l'*Extrait du Privilége;* — 1 feuillet contenant le frontispice spécial au 5ᵉ livre, avec recto blanc ; — 132 pages chiffrées.

A la fin du Privilège se trouve la mention : *Acheué d'imprimer, pour la premiere fois le dixième jour de Decembre mil six cent quarante-neuf.*

Livre sixiesme, daté, sur le titre, de M. DC. LI. Frontispice gravé général décrit ci-dessus, titre imprimé dont le verso est blanc ; — 2 feuillets contenant une épître « A Monsieur et Madame le comte et la comtesse de Fiesque », l'*Extrait du Privilége,* au verso duquel est le frontispice gravé spécial au 6ᵉ livre ; — 129 pages chiffrées.

On lit à la fin du *Privilége* la mention : *Acheué d'imprimer pour la premiere fois, le dixiesme iour de Ianuier mil six cens cinquante-un.*

Livre septiesme. *A Paris, || chez Guillaume de Luyne, || au Palais, sous la montée de la cour des Aydes. || M. DC. LIII. || Auec Priuilege du Roy.* || 6 feuillets préliminaires non chiffrés, comprenant 1 feuillet blanc, ou peut-être le frontispice général des autres livres, le titre imprimé, dont le verso est blanc, une épître dédicatoire en prose « A Monseigneur de Roquelaure, Duc et Pair de France », et le frontispice gravé spécial au 7ᵉ livre, avec recto blanc ; — 106 pages chiffrées ; — et 2 pages non chiffrées pour le *Privilége.*

Ce Privilège est suivi cette fois d'une déclaration de cession par Scarron à Guillaume de Luyne. On lit ensuite la mention : *Acheue d'imprimer pour la premiere fois le quinziesme Iuillet mil six cens cinquante-trois.*

C'est là tout ce qui a paru du *Virgile travesti*, de Scarron, dans le format in-4°. (BIBL. NAT. Y. 949 + A.) Il est très difficile de réunir tous ces livres, avec les bonnes dates que nous avons signalées pour chacun.

Les mêmes livres reparurent séparément, de 1653 à 1655, encore de format in-4°, avec le frontispice général et les frontispices particuliers de la première édition. Une huitième partie était composée et non imprimée lorsque Scarron mourut, en 1660. Elle ne fut publiée que dans l'édition collective avec pagination suivie, que fit paraître Guillaume de Luyne en 1662 ; 2 volumes in-8°.

Les livres IX, X, XI et XII, qui terminent ce poème burlesque, tel qu'on le connaît de nos jours, sont d'un autre écrivain, Moreau de Brasei. Ils parurent un peu plus tard et formèrent un troisième volume.

PRIX : Vente Armand Bertin (1854), ex. r. en mar. orange par Bauzonnet-Trautz, 50 fr. — Le même ex., revendu à la vente de Béhague (1889), 505 fr., quoique tous les livres ne fussent pas de première édition. — Vente Guy-Pellion (1882), mar. r., par Thibaron-Joly, 500 fr.

L'ÆNEIDE || DE || VIRGILE || EN || VERS BURLESQUES. || LIVRE SEPTIESME. || *A Paris,* || *chez Augustin Courbé, dans la petite Salle* || *du Palais, à la Palme* || M. DC. L. || *Auec Priuilege du Roy.* || Sans frontispice général, 4 feuillets préliminaires non chiffrés, comprenant le titre, avec verso blanc, une épître dédicatoire, en vers, « A Mademoiselle de Bellefont, » signée « DE BREBEUF », le *Privilége*, l'*Achevé d'imprimer*, et les *Fautes survenües en l'impression;* — 151 pages chiffrées.

Ce septième livre, qui est de Brébeuf, se joint quelquefois à l'œuvre de Scarron. On l'y joignait surtout à l'époque où il parut, parce que le septième Livre de Scarron ne fut publié qu'en 1653.

Scarron avait préludé à la composition de sa paraphrase bizarre de Virgile, en mettant au jour, dès 1643, différents poèmes ou poésies burlesques, sous le titre : *Recueil de quelques vers burlesques...* A Paris, chez Toussaint Quinet... M. DC. XLIII. Il augmenta ce recueil de quelques pièces, pendant qu'il publiait son *Virgile travesti*, en 1648 et en 1651. Il est intéressant de réunir ces différentes parties, en éditions originales, et de les placer à côté du volume composé des 7 parties du *Virgile* que nous venons de décrire.

LE
ROMANT
COMIQVE

A PARIS,

Chez Toussainct Qvinet,
au Palais fous la montée de la
Cour des Aydes.

M. DC. LI.
AVEC PRIVILEGE DV ROY.

Par Paul Scarron.

2 volumes petit in-8°, ainsi composés : 1re partie (sans tomaison), contenant : un frontispice gravé sur cuivre, au bas duquel on lit : Le || Romant || comique || de M. Scarron. || A Paris, || chez Toussaint Quinet au Palais

avec Privilège. || 1652 ; || le titre (reproduit ci-dessus), non compris dans la pagination, 2 feuillets pour une épître intitulée « *Au Coadjuteur, c'est tout dire* »; et 4 feuillets comprenant l'avis « *Au lecteur scandalisé des fautes d'impression, qui sont dans le présent Liure* », plus la *Table des chapitres*; — 527 pages chiffrées ; — Privilège commençant au verso de la page 527 et contenant en outre 2 feuillets non chiffrés, enfin, un feuillet blanc. A la fin du privilège, daté du 20 août 1650 et accordé à Toussainct Quinet, on lit la mention : *Acheué d'imprimer pour la première fois le 15. iour septembre 1651.* (BIBL. DE L'ARSENAL. B. L. 14758 Rés.)

On trouve aussi ce premier volume avec la date de M. DC. LII sur le titre. Aucune autre modification n'y a été faite. La date seule a été changée. Il reparut encore avec un titre réimprimé, daté de M. DC. LIV et ensuite de M. DC. LV, sans la vignette de Quinet. La date du frontispice gravé fut modifiée pour chaque nouvelle émission, et le nom de Guillaume de Luyne y remplaça celui de Toussainct Quinet.

2e tome, avec la mention SECONDE PARTIE sur le titre, daté de M. DC. LVII, et portant le nom de Guillaume de Luyne : 7 feuillets préliminaires, comprenant le titre, l'épître « A Madame la sur-intendante » (Fouquet), la Table des chapitres ; — 541 pages chiffrées pour le texte, plus 1 feuillet pour la fin du privilège, daté du 18 décembre 1654, lequel commence au verso de la page 541. A la fin, on lit : *Acheué d'imprimer pour la première fois le 20. septembre 1657*. Guillaume de Luyne ayant déclaré que Toussainct Quinet, son beau-père, étant décédé, il désirait se substituer à lui pour imprimer le *Roman comique,* le Roy lui accorde les « Lettres de prolongation de Privilége » nécessaires. G. de Luyne annonce également qu'il a traité avec Scarron, le 28 novembre 1654, pour l'impression du second volume. (BIBL. NAT. Y[2]. 804 + B + A.)

PRIX : Vente Bertin (1854), ex. rel. en veau fauve, par Trautz, 45 fr. — Vente de Béhague (1880), ex. daté de 1654-1657, relié en mar. r., aux armes du comte d'Hoym, 1,220 fr. — Bulletin Morgand (1885), édition de 1655-1657, mar. or. par Hardy, 500 fr. — Catal. Durel (1887), même édition, rel. en veau brun, 120 fr.

Les deux tomes que nous venons de décrire renferment tout ce que Scarron a composé du *Roman comique*. La troisième partie, qui donne une fin à l'histoire, fut écrite par A. Offray et parut vers 1679. L'édition des *Œuvres de Scarron* d'Amsterdam, 1752, contient, outre la troisième partie du *Roman comique,* par Offray, une autre suite, composée par de Preschac, publiée d'abord à peu près en même temps que l'autre, en 1679.

MELITE,
OV
LES FAVSSES
LETTRES.
Piece Comique.

A PARIS,
Chez FRANCOIS TARGA, au premier
pillier de la grande Salle du Palais, deuant
les Consultations, au Soleil d'or.

M. DC. XXXIII.
AVEC PRIVILEGE DV ROY.

Melite, ou les Fausses Lettres, par Pierre Corneille.

In-4°, composé de : 6 feuillets préliminaires, comprenant le titre, une épître dédicatoire en prose à M. de Liancour, un avis *Au lecteur*, l'*Argument*, le *Privilege* et les *Acteurs*; — 150 pages chiffrées, la dernière se terminant par un large cul-de-lampe, au milieu duquel on lit dans un cartouche ces mots : *Fin du cinquiesme et dernier acte;* enfin, pour terminer le cahier T, 1 feuillet blanc. Le privilège, accordé à François Targa pour dix ans, est daté du « dernier jour de janvier 1633 », et on voit à la suite la mention : *Achevé d'imprimer pour la premiere fois, le douzieme iour de Feburier mil six cens trente-trois.* (BIBL. NAT. Y. 5801. Réserve.)

Dans certains exemplaires on a fait pendant le tirage quelques corrections très légères ou modifications, par exemple, à la page 101, après le vers :

Si proches du logis, il vaut mieux l'y porter,

on a ajouté en marge ce jeu de scène : *Cliton et la nourrice emportent Melite pasmée en son logis, où Chloris les suit appuyée sur Lysis.* Cela n'existait pas primitivement. (BIBL. NAT. Y. 5801. A. Rés.)

Édition originale de la première pièce écrite par Pierre Corneille, et aussi de la première qui fut représentée (vers le commencement de 1630), mais non de la première imprimée, car la tragi-comédie de *Clitandre* parut près d'un an avant *Mélite*.

Il existe, sous la même date de 1633, une édition de *Mélite*, que M. Émile Picot, l'érudit bibliographe de Corneille, décrit ainsi : *Mélite, || ou || les fausses || lettres.* || Piece comique. || *A Paris* || *Par Jacques de Loges, à l'Enseigne du Mauuais Tems.* || M. DC. XXXIII. *Avec permission.* In-8° de 4 feuillets préliminaires et 135 pages, imprimées en caractères italiques. (M. Brunet et M. Ed. Frère lui attribuent à tort le format in-12.)

Cette édition, que nous avons vue et cataloguée en 1870, chez M. Potier, à la vente duquel elle atteignit le prix de 50 francs (ex. relié en maroquin par Chambolle-Duru), est évidemment une contrefaçon, dans laquelle on a reproduit le texte de l'originale. M. Picot, qui a revu l'exemplaire en question dans la bibliothèque de M. Lormier, de Rouen, est de cette opinion et donne à l'appui des raisons concluantes. (Voy. *Bibliogr. cornélienne*, 2 et 236.)

Prix : Vente Armand Bertin (1854), avec quatre autres pièces in-4°, les premières de P. Corneille, 25 fr. (Il y a loin de ces prix à ceux d'aujourd'hui. *Mélite* vaudrait seule dix fois ce prix, de même que chacune des autres pièces du même recueil. Cependant il faut dire que le recueil était très court de marges et taché.)

CLITANDRE,
OV
L'INNOCENCE
DELIVRE'E
TRAGI-COMEDIE.
DEDIE'E A MONSEIGNEVR
LE DVC DE LONGVEVILLE.

A PARIS,
Chez FRANÇOIS TARGA, au premier pilier de la grand' Salle du Palais, au Soleil d'or.

M. DC. XXXII.
Auec Priuilege du Roy.

Par P. CORNEILLE.

In-8°, ainsi composé : 12 feuillets préliminaires, contenant le titre, l'épître dédicatoire en prose « A Monseigneur le duc de Longveville », la

Préface, l'*Argument,* l'*Extrait du Privilége* et la liste des *Acteurs;* — et 159 pages chiffrées. Le texte de *Clitandre* occupe les pages 1 à 118; vient ensuite un feuillet entièrement blanc, puis le titre suivant : MESLANGES||POETIQUES || Du mesme. || *A Paris,* || *chez François Targa au premier* || *pilier de la grand' Salle du Palais,* || *au Soleil d'or.* || M. DC. XXXII. || *Avec priuilege du Roy.* || Cette seconde partie du volume en fait nécessairement partie, quoique la pièce soit terminée ; en effet, les poésies qui la composent forment une suite à la pagination (de 121 à 159); de plus, elles terminent la série des cahiers, de H à K, le cahier H comprenant les quatre derniers feuillets de *Clitandre,* le feuillet blanc et les trois premiers feuillets des *Meslanges.* Le cahier K est complet, il contient 8 feuillets. Le texte de la pièce, ainsi que celui des poésies, est en lettres italiques. (BIBL. NAT. Y. 5676. B. Réserve.)

Ainsi qu'on le voit en comparant les dates, *Clitandre* est la première pièce que Corneille ait fait imprimer, quoique *Mélite* eût été représentée environ deux ans auparavant. (Les biographes de Corneille sont à peu près d'accord sur ce point, quoique aucun n'ait pu préciser la date de représentation de chacune de ces pièces.) « *Clitandre* dut être joué en 1631, dit M. Picot. En en plaçant la représentation en 1632, les frères Parfaict nous semblent n'avoir pas pris garde à la date du privilège et de l'achevé d'imprimer. Il est difficile d'admettre que si, par exemple, la pièce avait été donnée au mois de janvier, le privilège, dont l'obtention demandait certainement d'assez longues démarches, eût pu être daté des premiers jours de mars. »

Le Privilège, accordé à François Targa, est daté du 8 mars 1632. On lit à la suite : *Acheué d'imprimer le 20. Mars 1632.*

Au verso du titre des MESLANGES POETIQUES, se trouve l'avis suivant, de Corneille, qui prouve que le poète avait dès cette époque une certaine présomption de son talent : « AU LECTEUR. *Quelques unes de ces pieces te deplairont, sçache aussi que ie ne les iustifie pas toutes, & que ie ne les donne qu'à l'importunité du Libraire pour grossir son Liure. Ie ne croy pas cette Tragi-Comedie si mauuaise, que ie me tienne obligé de te recompenser par trois ou quatre bons sonnets.* »

Cette édition originale est d'une grande rareté.

PRIX : Vente Solar (1860), ex. rel. en veau fauve, 10 fr. (Il se vendrait plus de vingt fois ce prix maintenant.)

LA VEFVE OV LE TRAISTRE TRAHY.

Comedie.

Par P. Cor-
neille.

In-8°, composé de : 20 feuillets préliminaires non chiffrés, contenant le titre, dont le verso est blanc, l'épître dédicatoire, en prose, « à Madame de la Maison-Fort », signée Corneille ; l'avis *au lecteur* ; vingt-six pièces de vers français, adressées à Corneille par divers auteurs ; l'*Extrait du Privilége*, au bas duquel est l'*achevé d'imprimer*, un erratum, l'*Argument* et la liste des *Acteurs* ; — et 144 pages chiffrées. Le Privilège, accordé à Targa, est daté du 9 mars 1634 ; on lit à la suite : *Acheué d'imprimer le treisiesme iour de mars mil six cens trente quatre*. L'impression du texte est en caractères italiques. (Bibl. nat. Y. 5857. Réserve.)

A PARIS,
Chez FRANÇOIS TARGA, au premier pilier de la grand' Salle du Palais deuant la Chappelle, au Soleil d'or.

M. DC. XXXIV.
Auec Priuilege du Roy.

La représentation de *la Vefve* dut avoir lieu en 1633, selon les frères Parfait *(Histoire du Théâtre françois)*. L'auteur ne tarda donc guère à la faire imprimer.

Cette édition originale est fort rare.

Prix : Vente Walckenaer (1853), ex. rel. en veau marb., 2 fr. — Vente Didot (1878), ex. court de marges et raccommodé, rel. en mar. vert par Lortic, 100 fr.

LA GALERIE DV PALAIS,
OV
L'AMIE RIVALLE
Comedie.

A PARIS,
Chez AVGVSTIN COVRBE', Imprimeur & Libraire de
Monseigneur frere du Roy, dans la petite Salle
du Palais, à la Palme.

M. DC. XXXVII.
AVEC PRIVILEGE DV ROY.

Par P. Corneille.

In-4°, ainsi composé : 4 feuillets préliminaires, comprenant le titre, dont le verso est blanc, l'épître dédicatoire, en prose, « à Madame de Liancour », le Privilège et la liste des *Acteurs;* — et 143 pages chiffrées pour le texte, imprimé en italiques.

Le Privilège, qui est ici donné à Augustin Courbé pour quatre pièces, savoir : *la Galerie du Palais, — la Place Royalle, — la Suivante —* et *le Cid,* est reproduit en entier et daté du 21 janvier 1637. On lit à la fin de ce Privilège : *Acheué d'imprimer ce 20 Féurier 1637.* Augustin Courbé déclare ensuite associer François Targa à ses droits. (Bibl. nat. Recueil Y. 5825. Réserve.) L'achevé d'imprimer est daté du même jour que celui de *La Place Royalle.* (Voir ci-après, p. 141.)

Édition originale, publiée environ trois ans après la première représentation de la pièce, suivant quelques auteurs, et quatre ans, selon M. Marty-Laveaux. Il faudrait, d'après des documents cités par ce dernier dans son excellente édition des Œuvres de Corneille, faire remonter la date de la représentation à l'année 1633. C'est cette date qui est la plus probable.

Corneille ne se décida sans doute à faire imprimer *la Galerie du Palais* et les deux autres pièces mentionnées au Privilège, qu'après qu'il eut obtenu avec *le Cid* un succès considérable, ce qui pouvait lui faire espérer de vendre les pièces précédentes, en même temps que son chef-d'œuvre. En effet, le privilège lui fut accordé pour *le Cid* et les trois autres pièces désignées ci-dessus, un mois environ après la première représentation du *Cid,* qui eut lieu dans les derniers jours de l'année 1636. Il faut remarquer que telle fut, de suite, la notoriété de Corneille après cette représentation, qu'il obtint son privilège d'impression pour une durée de vingt années, durée dont les actes royaux n'offraient pas d'exemple jusqu'alors.

C'est dans *la Galerie du Palais* que Corneille commença à substituer au rôle de nourrice, toujours grotesque, joué jusqu'alors en travesti par des hommes, celui de suivante, souvent plus sympathique et désormais interprété par des femmes.

Les exemplaires portent sur le titre tantôt le nom d'Augustin Courbé comme ci-dessus, tantôt celui de François Targa, associé à ses droits.

Prix : Vente Armand Bertin (1854), rel. avec les quatre autres premières pièces originales de Corneille, 25 fr., ex. trop rogné. (La *Galerie du Palais* seule vaudrait, en bon état, au moins dix fois ce prix aujourd'hui.)

LA SVIVANTE,
COMEDIE.

A PARIS,
Chez AVGVSTIN COVRBE', Imprimeur
& Libraire de Monseigneur Frere du Roy, dans la
petite Salle du Palais, à la Palme.

M. DC. XXXVII.
AVEC PRIVILEGE DV ROY.

Par P. Corneille.

In-4°, composé de : 5 feuillets préliminaires, contenant le titre, une sorte d'épître dédicatoire au public, intitulée également *Epistre*, et l'*Extraict du Privilége*. (Cet extrait occupe le 5ᵉ feuillet, lequel ne fait partie ni du premier cahier du volume, ni d'aucun autre, mais fut rapporté après coup pour le Privilège, que l'on ne pouvait pas davantage imprimer sur un feuillet du dernier cahier Q, ce cahier étant lui-même rempli par la fin du texte de la pièce.) Enfin 128 pages chiffrées. L'*Extrait du Privilége* est le même que celui de la *Galerie du Palais*; il est suivi de la même déclaration de Courbé, associant Targa à ses droits, et de l'*achevé d'imprimer*, daté ici du 9 septembre 1637. (Bibl. nat. Y. 5644. b. Réserve.) On peut trouver des exemplaires au nom de François Targa, associé aux droits de Courbé.

La Suivante avait été représentée probablement en 1634, ainsi que le pensent M. Taschereau (*Histoire de la vie et des ouvrages de Corneille*) et M. Emile Picot (*Bibliographie cornélienne*). L'impression n'en fut donc faite que trois ans plus tard environ, c'est-à-dire après la représentation et l'impression du *Cid*. (Voir nos réflexions à cet égard, à la description de la *Galerie du Palais*, ci-devant, p. 137.)

Remarquons, à propos de cette pièce, que le grand poète se préoccupait toujours beaucoup, dans la composition de ses ouvrages, des règles ordinaires d'unité de lieu, de durée d'action (qui ne devait pas dépasser vingt-quatre heures), d'égalité des actes, etc. Il a poussé même ici le scrupule jusqu'à donner à chaque acte de la *Suivante* le même nombre de vers (340). Plusieurs fois, dans ses préfaces, ou dans ses épîtres dédicatoires, il mit le public au courant de ses préoccupations, et il insiste particulièrement sur ce point dans l'*Epître* qui précède la *Suivante*, et dont on ne connaît pas le destinataire. Malgré cela on rencontre dans cette épître, composée vraisemblablement après le succès du *Cid*, une assurance un peu hautaine, à laquelle on n'était pas habitué. « ... Chacun a sa méthode, dit-il, je ne blâme point celle des autres et me tiens à la mienne : jusqu'à présent je m'en suis trouvé fort bien ; j'en chercherai une meilleure quand je commencerai à m'en trouver mal. »

Édition originale, rare.

Prix : Un exemplaire en bon état de cette pièce vaudrait au moins actuellement 200 ou 250 fr.

LA PLACE ROYALLE,

OV L'AMOVREVX Extrauagant.

COMEDIE.

A PARIS,
Chez AVGVSTIN COVRBE', Imprimeur & Libraire de
Monseigneur frere du Roy, dans la petite Sale
du Palais, a la Palme.

M. DC. XXXVII.
AVEC PRIVILEGE DV ROY.

Par P. Corneille.

In-4° composé de : 4 feuillets préliminaires, pour le titre, l'épître dédicatoire « à Monsieur *** », l'*E'xtrait du Privilége* (du même jour que pour la *Galerie du Palais* et *la Suivante*, suivi de la même déclaration de Courbé en faveur de Targa), et l'*achevé d'imprimer* daté du *20 février 1637*; enfin 112 pages chiffrées pour le texte, lequel est imprimé en caractères italiques. (Bibl. Nat. Recueil Y. 5825. Réserve.) L'achevé d'imprimer porte la même date que celui de *La Galerie du Palais*, (Voir ci-devant, p. 137.)

Selon M. Marty-Laveaux (dans son édition des *Œuvres de Corneille*), *la Place Royale* dut être représentée en 1634. Cette pièce ne fut donc imprimée que dans la troisième année qui suivit la représentation. L'impression est antérieure d'un mois à celle du *Cid*, mais postérieure de deux mois environ à la première représentation de ce chef-d'œuvre. (Voir nos réflexions à ce sujet, à propos de *La Galerie du Palais*, ci-devant, p. 137.)

Dans son épître dédicatoire « *à Monsieur ***» *», Corneille émet de curieuses théories sur l'amour. « Le héros de cette pièce ne traite pas bien
« les dames, et tâche d'établir des maximes qui leur sont trop désavanta-
« geuses pour nommer son protecteur; elles s'imagineraient que vous ne
« pourriez l'approuver sans avoir grande part à ses sentiments, et que toute
« sa morale serait plutôt un portrait de votre conduite qu'un effort de mon
« imagination; et véritablement, Monsieur, cette possession de vous-même,
« que vous conservez si parfaite parmi tant d'intrigues où vous semblez em-
« barrassé, en approche beaucoup. C'est de vous que j'ai appris que l'amour
« d'un honnête homme doit être toujours volontaire; qu'on ne doit jamais
« aimer en un point qu'on ne puisse n'aimer pas; que si on en vient jusque-
« là, c'est une tyrannie dont il faut secouer le joug. » Il serait intéressant de connaître le nom de ce personnage, qui fut vraisemblablement le prototype d'Alidor, l'amant qui dans la pièce parle si cavalièrement des femmes. Corneille pourtant, dans la même épître, s'excuse ainsi : « ... et si les dames trouvent ici quelques discours qui les blessent, je les supplie de se souvenir que j'appelle extravagant celui dont ils partent, et que, par d'autres poëmes, j'ai assez relevé leur gloire... »

Édition originale. Les exemplaires portent sur le titre tantôt le nom d'Augustin Courbé, comme ci-dessus, tantôt le nom de François Targa.

Prix : Cette pièce, en bon état, vaudrait actuellement, comme les précédentes, au moins 200 à 250 fr. Elle est très rare.

MEDEE

TRAGEDIE

A PARIS,

Chez FRANCOIS TARGA, au
premier pillier de la grand'Salle du Palais,
deuant la Chapelle, an Solier d'or.

M. DC. XXXIX.
AVEC PRIVILEGE DV ROY.

Par P. Corneille.

In-4°, composé de : 4 feuillets préliminaires, pour le titre, l'épître dédicatoire « *à Monsieur P. T. N. G.* », l'extrait du Privilège et la liste des *Acteurs* ; — et 95 pages chiffrées pour le texte de la tragédie. Le privilège, accordé cette fois à François Targa, est daté du 11 février 1639, et l'achevé d'imprimer qui le suit est du 16 mars suivant.

Médée fut imprimée seulement quatre ans environ après la première représentation, qui eut lieu vers le commencement de l'année 1635. C'est la première tragédie de Corneille qui ait été représentée ; car *le Cid*, qui avait été imprimé deux ans plus tôt, n'avait été représenté qu'un an environ après *Médée*. (Voir ci-après, p. 147-149).

Cette tragédie n'eut pas de succès. D'abord c'était la première œuvre de ce genre que le poète donnait au théâtre ; le public, habitué à son talent d'auteur comique, dut éprouver un certain désappointement en écoutant ces vers pompeux, et être étonné à la vue de ces scènes terribles, de ces fureurs, de ces crimes ; la transition était trop brusque. Ensuite les qualités de mise en scène et la conduite de l'action n'étaient pas faites pour entraîner le public. Malgré des vers superbes, les tirades sont souvent longues et déclamatoires ; et comme l'auteur l'a parfaitement jugé et avoué lui-même plus tard, dans un examen de sa pièce, le style est fort inégal. Cependant les observateurs pouvaient déjà pressentir dans cet ouvrage, sinon le merveilleux poète du *Cid*, au moins un réformateur de la tragédie, excellent à traduire les sentiments élevés, comprenant et exprimant les grandes passions, comme aucun de ses prédécesseurs n'avait su le faire en France.

Ici Corneille commence à montrer une certaine indépendance et à être moins soucieux des règles étroites dont ses devanciers étaient esclaves serviles. Il s'exprime ainsi dans son épître, à propos du but que l'art se propose : « Celui de la poésie dramatique est de plaire, et les règles qu'elle nous prescrit ne sont que des adresses pour en faciliter les moyens au poëte, et non pas des raisons qui puissent persuader aux spectateurs qu'une chose, soit agréable quand elle leur déplaît... »

Prix de cette édition originale : Vente Huillard (1870), rel. en vélin, 170 fr. — Répertoire Morgand et Fatout (1882), bel ex. rel. en mar. r. par Thibaron-Joly, 450 fr. (Cet ex. avait été adjugé la même année à la vente Guy-Pellion, à 305 fr.)

L'ILLVSION COMIQVE COMEDIE

A PARIS,
Chez FRANÇOIS TARGA, au
premier pillier de la grand'Salle du Palais,
deuant la Chapelle, au Soleil d'or.

M. DC. XXXIX.
AVEC PRIVILEGE DV ROY.

Par P. Corneille.

In-4°, composé de : 4 feuillets préliminaires, contenant le titre, dont le verso est blanc, l'épître dédicatoire « à Mademoiselle M. F. D. R. », une page d'*errata,* sous le titre *Fautes notables survenues à l'impression,* l'*Extrait du privilége* accordé à François Targa et daté du 11 février 1639, l'*achevé d'imprimer,* portant la date du 16 mars 1639, (exactement comme pour *Médée*), la liste des *Acteurs;* — enfin 124 pages pour le texte imprimé en caractères italiques. (Bibl. nat. Recueil Y. 5825. Réserve.)

Cette pièce fut représentée en 1636 ; elle eut un grand succès, tandis que la tragédie de *Médée* avait été froidement accueillie. C'était un avis du public à Corneille, pour l'engager à se vouer à la comédie. Heureusement le poète eut le courage de résister à cet avertissement. Il suivit malgré tout son irrésistible vocation tragique, qui nous valut tant de chefs-d'œuvre. La représentation de *l'Illusion comique* précéda de quelques mois seulement celle du *Cid,* où le génie de Corneille devait se révéler d'une façon si éclatante.

Dans son *Histoire de la vie et des ouvrages de P. Corneille,* M. Taschereau a montré pour *l'Illusion comique* une sévérité exagérée, en disant que « les admirateurs de son génie voudraient pouvoir la rayer du catalogue de ses pièces... » Toutefois, il reconnaît « qu'on peut s'expliquer par le mouvement qu'elle présente, par une grande supériorité de style sur tous les précédents ouvrages du même auteur, et par la nouveauté du personnage de *Matamore,* imité du *Miles gloriosus* de Plaute... l'avantage qu'elle eut de se maintenir pendant plus de trente ans à la scène. » Ce caractère du capitan est, en effet, du meilleur comique, et le poète de *l'Illusion* fait dire à Matamore les choses les plus bouffonnes, sans un mot trivial ou même burlesque. De plus, on trouve en divers endroits de la pièce des vers remarquables.

Corneille, dont le jugement sur ses œuvres est toujours assez sincère, dit dans son épître dédicatoire : « Voici un étrange monstre que je vous dédie. » Mais, après avoir énuméré les défauts qu'il y reconnaît, il ajoute : « Qu'on en nomme l'invention bizarre et extravagante, tant qu'on voudra, elle est nouvelle ; et souvent la grâce de la nouveauté, parmi nos François, n'est pas un petit degré de bonté. » Et plus tard, dans l'examen de la pièce, il juge ainsi son Matamore : « C'est un capitan qui soutient assez son caractère de fanfaron, pour me permettre de croire qu'on en trouvera peu, dans quelque langue que ce soit, qui s'en acquittent mieux. »

Prix : Comme les précédentes, cette édition originale vaut 200 ou 250 fr.

LE CID

TRAGI-COMEDIE.

A PARIS,
Chez AVGVSTIN COVRBE', Imprimeur & Libraire de Monseigneur frere du Roy, dans la petite Salle du Palais, à la Palme.

M. DC. XXXVII.
AVEC PRIVILEGE DV ROY.

Par P. Corneille.

In-4°, composé de : 4 feuillets préliminaires, non chiffrés, contenant le titre dont le verso est blanc, l'épître dédicatoire « à Madame de Combalet », l'Extrait du Privilège et la liste des *Acteurs;* — et 128 pages chiffrées pour le texte, lequel est imprimé en caractères italiques. Les pages 65 à 105 (cahiers signés I à O) sont d'une impression différente du reste du volume.

Le privilège est daté du 21 janvier 1637. C'est le même qui fut accordé à Courbé pour la *Galerie du Palais, la Place Royale* et *la Suivante,* et on trouve à la fin la même déclaration de Courbé pour associer Targa à ses droits. Voici le texte de cette déclaration : « *Et ledit Courbé a associé auec luy audit Priuilege, François Targa, suiuant le contract passé entr'eux par deuant les Notaires du Chastelet de Paris.* » L'achevé d'imprimer est daté du *23 mars 1637.* (Bibl. nat. Y. 5664 + a. Réserve.)

On trouve par conséquent des exemplaires portant le nom de Targa sur le titre, lequel est libellé ainsi :

Le Cid || tragi-comedie. || (Grand fleuron gravé sur bois, avec un petit vase de fleurs au centre). || *A Paris,* || *chez François Targa, au premier pillier de la grand'salle du Palais,* || *deuant la Chappelle, au Soleil d'or.* || M. DC. XXXVII. Ces exemplaires sont exactement semblables à ceux qui portent le nom de Courbé.

Édition *princeps* de cet immortel chef-d'œuvre, qui assura de suite à Corneille le premier rang parmi nos poètes tragiques, et dont le succès considérable lui suscita tant d'inimitiés jalouses jusque parmi ses plus intimes amis. *Le Cid* fut joué à la fin de l'année 1636. On voit que l'impression de cette pièce suivit de bien plus près la représentation que cela ne s'était fait pour les précédentes. Cette fois Corneille n'avait pas tardé longtemps à déroger aux principes qu'il avait exprimés dans la Préface de *Mélite :* « Je sais bien, disait-il dans cette préface, que l'impression d'une pièce en affaiblit la réputation; la publier, c'est l'avilir... Il s'y rencontre un particulier désavantage pour moi, vu que ma façon d'écrire étant simple et familière, la lecture fera prendre mes naïvetés pour des bassesses. Aussi beaucoup de mes amis m'ont toujours conseillé de ne rien mettre sous la presse, et ont raison, comme je crois; mais, par je ne sais quel malheur, c'est un conseil que reçoivent de tout le monde ceux qui écrivent et pas un d'eux ne s'en sert. Ronsard, Malherbe et Théophile l'ont méprisé, et si je ne puis les imiter en leurs grâces, je les veux du moins imiter en leurs fautes, si c'en est une que de faire imprimer. »

Il y avait quatre ans de cela, et les craintes de Corneille, qui pouvaient être légitimes en 1633, quand il s'agissait de *Mélite,* n'avaient plus raison d'être lorsqu'il était question du *Cid*. Aussi le grand poète retrouva-t-il à la publication de sa pièce un succès égal à celui des représentations. Mais ce fut alors que commença la fameuse polémique entre ses défenseurs et ses ennemis, les premiers interprètes du sentiment public, et les autres, il faut l'avouer avec peine, soutenus et encouragés par le cardinal de Richelieu et l'Académie. Une remarque curieuse à signaler : *le Cid* fut joué par les acteurs en costumes Louis XIV.

Cette première édition fut promptement suivie de plusieurs autres, dans lesquelles l'auteur avait fait de légers changements. Signalons d'abord une seconde édition sous la même date, portant un achevé d'imprimer daté du 24 mars au lieu du 23 mars. (Voir dans la collection Cousin, à la Sorbonne.) Cette édition contient de notables modifications dans la troisième stance récitée par Rodrigue à la fin du premier acte et présente encore d'autres différences, moins importantes, avec la première.

Voici la stance en question, acte Ier, scène VII, p. 22 :

1re édition :

> Pere, maistresse, honneur, amour
> Illustre tyrannie, adorable contrainte,
> Par qui de ma raison la lumière est esteinte
> A mon aveuglement rendez un peu de jour.

2e édition :

> Pere, maistresse, honneur, amour,
> Noble et dure contrainte, aymable tyrannie,
> Tous mes plaisirs sont morts ou ma gloire est ternie ;
> L'un me rend mal-heureux, l'autre indigne du jour.

On remarque cette autre variante à la page 109, vers 7e.

1re édition :

> Préférant (quelque espoir qu'eust son âme asservie)
> Son honneur à Chimène et Chimène à la vie.

2ᵉ édition :

> Préférant (en despit de son âme ravie)
> Son honneur à Chimène et Chimène à la vie.

Dans la seconde édition, l'impression est, comme dans la première, changée à partir de la page 65; mais dans la première cette différence s'arrête à la page 105, tandis que dans la seconde elle se continue jusqu'à la fin du volume.

Nous avons vu à la Bibliothèque nationale (Y. 5664 + A. Réserve), un exemplaire de 1637, portant le nom de Targa sur le titre, avec un *achevé d'imprimer* daté du *24 mars 1637*, et absolument pareil à celui que nous avons décrit ci-dessus avec le nom de Courbé.

La seconde édition existe, comme la première, avec le titre au nom de Courbé ou au nom de Targa. Celui de Targa est exactement disposé de même que dans la première et ne paraît pas avoir été réimprimé. Celui de Courbé, au contraire, est disposé autrement. Nous donnons ci-devant le *fac-similé* du titre au nom de Courbé de la première édition. Voici la disposition du titre de la seconde :

Le Cid || tragi-comedie. || (Fleuron de Courbé, voir dans notre fac-similé.) || *A Paris,* || *chez Augustin Courbé,* || *Imprimeur et Libraire de Monseigneur* || *frere du Roy, dans la petite Salle* || *du Palais, à la Palme.* || M. DC. XXXVII.

Prix de cette précieuse édition originale, qui est de la plus insigne rareté. Dans ces dernières années, deux beaux exemplaires ont été trouvés par des libraires de Paris et vendus, paraît-il, de 2,000 à 4,000 fr.

La même année parut une édition (non datée) de format petit in-12, de 4 feuillets préliminaires et 88 pages, dont le titre n'est autre chose qu'un frontispice gravé représentant deux Amours assis sur un cippe et tenant un rideau, sur lequel on lit : Le || Cid || Tragicomedie. || *A Paris,* ||

chez { *François Targa* / *Augustin Courbé* } au Palais

Cette petite édition est aussi très rare. Le texte est en tout petits caractères.

Prix : Vente Solar (1837), mar. citr. 37 fr. — Vente Didot (1878), mar. r. ex. raccommodé, 110 fr.

HORACE,

TRAGEDIE.

A PARIS,
Chez AVGVSTIN COVRBE', Libraire & Imprimeur
de Monsieur frere du Roy, dans la petite Salle
du Palais, à la Palme.

M. DC. XXXXI.
AVEC PRIVILEGE DV ROY.

Par P. Corneille.

In-4°, composé de : 6 feuillets préliminaires, pour le frontispice gravé, le titre imprimé, l'épître dédicatoire « à Monseigneur Monseigneur le cardinal de Richelieu », la liste des *Acteurs ;* — et 103 pages chiffrées. Au verso de la dernière se trouve l'*Extrait du Privilège* accordé à Courbé, à la date du 11 décembre 1640, et suivi de *l'achevé d'imprimer* daté du 15 janvier 1641.

Le frontispice gravé compte comme premier feuillet du cahier.... Il représente le combat des Horaces et des Curiaces. C'est une belle gravure, signée : *C. Le Brun, inv.* — *P. Daret, fecit.* En haut se trouve le titre : Horace, tragedie, puis la devise : *Nec ferme res antiqua alia est nobilior.* Au bas est le nom d'Augustin Courbé.

Il existe, sous la même date, deux éditions in-4° dont l'aspect est semblable ; elles contiennent le même frontispice, les mêmes fleurons, mais différent un peu, par le titre d'abord, par des formes de lettres, et aussi par quelques incorrections, dont nous allons signaler les principales. Appelons la première édition A et la seconde B.

Page 5, vers huitième :

    A. Ny d'obstacle aux vainqueurs, ni d'espoir aux vaincus.
    B. Ny d'obstacle*s* aux vainqueurs, ni d'espoir aux vaincus.

(Dans B, la fin du vers est reportée au bout du vers suivant.)

Page 11, vers treizième :

    A. Ie pris sur cet Oracle une entiere asseurance.
    B. Ie pris cet Oracle, une entière asseurance.

Page 17, vers huitième :

    A. D'horreur pour la bataille et d'ardeur pour ce choix.
    B. D'horreur pour la bataille, d'ardeur pour ce choix.

M. Picot cite un autre passage dans lequel B, dit-il, est plus correcte.

Page 10, vers seizième :

    A. Et nous faisant amant, il nous fit ennemis.
    B. Et nous faisant amant*s*, il nous fit ennemis.

Mais cette dernière particularité n'existe pas toujours, car dans l'exemplaire de première édition que nous avons consulté à la Bibliothèque nationale, et sur lequel nous avons vérifié l'exactitude d'autres remarques de M. Picot, en le comparant avec un exemplaire de la seconde édition in-4°, nous avons vu que la faute n'existe pas, non plus que dans l'exemplaire de M. Daguin, cité par nous ci-après.

Autres remarques non signalées, que nous avons faites dans l'édition A : Page 13, scène III, après les noms CURIACE, CAMILLE, IVLIE, on avait imprimé par erreur au-dessous le mot IVLIE, devant la tirade de Curiace, et dans l'exemplaire A de la Bibliothèque on a collé sur ce nom le mot CURIACE, — imprimé sur un petit morceau de papier à l'époque de la publication. Dans l'exemplaire de l'édition B cette faute est corrigée, on lit CURIACE. — Le mot EPISTRE, titre courant de la dédicace (2ᵉ page), s'étend sur une longueur de 50 millim. dans l'édition A, et de 41 millim. seulement dans l'édition B.

M. Picot signale la différence qui existe dans la forme des Q majuscules, et celle des ʒ minuscules. Pour cette dernière lettre, les deux formes existent dans chaque édition ; mais l'emploi en est souvent différent dans les mots. Dans les deux exemplaires de la Bibliothèque, nous avons remarqué à la fin du Privilège, à l'*achevé d'imprimer*, que le mois est écrit *Ianuier* dans l'édition A, et *Iauier* dans l'édition B. En général, l'édition A est mieux imprimée. (Voir BIBL. NAT. Y. 5594. Réserve, 3 ex. différents.)

Le titre d'*Horace,* in-4° daté de 1641, se présente sous deux formes un peu différentes, tantôt avec un gros texte pour la rubrique qui se trouve au-dessous de la vignette-marque de Courbé, comme dans notre *fac-similé* ci-devant, tantôt (très rarement) avec un texte beaucoup plus fin, comme dans le *fac-similé* ci-après :

A PARIS,

Chez AVGVSTIN COVRBE', Libraire & Imprimeur de Monfieur frere du Roy, dans la petite Salle du Palais, à la Palme.

M. DC. XXXXI.
AVEC PRIVILEGE DV ROY.

Le haut est disposé de la même façon dans les deux titres, sauf les légères différences que voici : dans celui dont le bas est en petits caractères, la virgule qui suit le mot Horace est bien moins grosse et moins longue et est placée plus haut qu'on ne le voit dans le *fac-similé* ci-devant. La lettre D du mot tragédie y est plus maigre.

Il est difficile de déterminer à laquelle des deux éditions originales appartient l'un ou l'autre titre, car nous les avons vus indifféremment sur des exemplaires présentant les caractères (rapportés ci-devant) de la première ou de la seconde édition. Cependant l'exemplaire de la première (édition A), dans lequel nous avons pris, à la Bibliothèque nationale, le fac-similé ci-dessus du titre complet (avec gros texte), était en reliure du temps en parchemin, ce qui peut fournir déjà un argument en faveur de sa priorité. Mais M. Daguin possède un exemplaire relié également en parchemin ancien, présentant toutes les remarques de première édition et dont le titre se termine par le petit texte ; et un autre, relié à nouveau, qui a partout les fautes de la seconde édition et dont le titre offre la rubrique en gros texte.

Ces deux éditions parurent à si peu d'intervalle qu'il est probable que l'éditeur ou son relieur confondirent souvent les titres ou le texte de chacune.

Cette belle tragédie fut représentée devant Richelieu, dans les premiers jours de mars 1640, ainsi que Chapelain l'annonçait à son ami Balzac, dans une lettre datée du 9 mars, conservée à la Bibliothèque nationale.

Prix de l'édition originale : Vente Huillard (1870), ex. non relié, 95 fr. La valeur en serait bien cinq ou six fois plus grande actuellement. — Vente Lebeuf de Montgermont (1876), rel. mar. r., par Trautz, 570 fr. — Bulletin Morgand (1887), 800 fr.

Il n'est pas sans intérêt de rappeler qu'à la vente Armand Bertin (en 1854), un recueil contenant cette pièce et huit autres de Corneille, en éditions originales, *Cinna, le Menteur, La Suite du Menteur, Polyeucte, La Mort de Pompée, Théodore, Rodogune* et *Nicomède* atteignit le prix de 141 fr. seulement.

La même année (1641), Augustin Courbé publia une édition d'*Horace*, in-12, composée de 6 feuillets préliminaires non chiffrés, 106 pages (avec une erreur de chiffres : après la page 96, celles qui devraient être cotées 97 à 106 sont chiffrées 79 à 88, ce qui n'empêche pas les bonnes pages 79 à 88 d'être à leur place); enfin 1 feuillet pour le *Privilége* et l'Achevé d'imprimer, qui sont les mêmes que dans l'édition in-4°.

Prix de l'in-12 : Vente Didot (1878), mar. or., par Smeers, 122 fr. — Vente Guy-Pellion (1882), mar. bl., par Cuzin, 401 fr.

CINNA
OV
LA CLEMENCE
D'AVGVSTE
TRAGEDIE.

Horat. ———— *cui lecta potenter erit res*
Nec facundia deseret hunc, nec lucidus ordo.

Imprimé à Roüen aux despens de l'Autheur, & se vendent.
A PARIS,
Chez TOVSSAINCT QVINET, au Palais, soubs
la montée de la Cour des Aydes.

M. DC. XLIII.
AVEC PRIVILEGE DV ROY.

Par P. Corneille.

In-4°, ainsi composé : 8 feuillets préliminaires, contenant le frontispice gravé, le titre imprimé (dont le verso est blanc), l'épître dédicatoire « à M. de Montoron », 5 pages (le verso de la dernière est en blanc), un extrait de Senèque, de *Clementia,* 2 pages, un extrait de Montaigne, 2 pages, l'*Extrait du Privilége,* 1 page, et la liste des *Acteurs,* 1 page ; — enfin 110 pages chiffrées, plus 1 feuillet blanc à la fin. Le texte, qui comprend les pages 1 à 110, est imprimé en lettres italiques.

Le frontispice gravé compte comme premier feuillet du cahier *a*. Il représente les conjurés implorant la clémence d'Auguste. Il porte en haut le titre : Cinna ou la clemence d'Auguste. En bas, dans l'angle de droite, on lit ces mots : *A Paris, chez Tous. Quinet, au Palais, auec Pri. 1643.*

Le Privilège est accordé à « Pierre Corneille, Conseiller et Aduocat general à la Table de Marbre des Eaues et Forests de Rouen », pour vingt années. Il est daté de Fontainebleau, le premier Aoust 1642. A la suite se trouve une déclaration de cession par Corneille à Toussaint Quinet. Malgré cela, on voit, par la mention du titre, que l'impression avait été faite aux dépens de Corneille; mais une convention eut lieu entre lui et son libraire au moment de la mise en vente. Les *Mémoires de Mathieu Molé,* relatant la présentation à la Cour de Parlement de l'acte en question, pour obtenir l'enregistrement au greffe, attribuent à la convention entre Corneille et Quinet la date du 27 janvier (1643), c'est-à-dire qu'elle aurait été faite quelques jours plus tard que l'*achevé d'imprimer,* lequel est daté du 18 janvier.

Cette superbe tragédie fut représentée vers la fin de l'année 1640. Les acteurs portaient, comme pour *le Cid,* des costumes Louis XIV ; c'étaient là de singuliers Romains, Auguste en perruque longue surmontée d'une couronne de laurier, les conjurés en pourpoint à jabot plat, en hauts-de-chausses à dentelles, et en souliers à larges nœuds, et les femmes en toilettes de Précieuses! L'impératrice Livie et la sévère Amélie en corsages ronds et courts, seins découverts, cheveux crépés ou bouclés, jupes amples et bouffantes, chaussures à hauts talons, avec la démarche maniérée des femmes du XVIIe siècle !

La lettre de dédicace adressée à M. de Montoron est remplie d'éloges pour sa générosité, que l'auteur compare à celle d'Auguste,... « cette générosité, qui, à l'exemple de ce grand empereur, prend plaisir à s'étendre sur les gens de lettres... » Corneille la termine ainsi : « Trouvez donc bon, monsieur, que je m'acquitte de celui (du remercîment) que je reconnais vous en devoir, par le présent que je vous fais de ce poëme, que j'ai choisi comme le plus durable des miens, pour apprendre plus longtemps à ceux qui le liront que le généreux M. de Montoron, par une libéralité inouïe en ce siècle, s'est rendu toutes les muses redevables... »

On lit dans les *Tablettes dramatiques* du chevalier de Mouhy, que « Monsieur de Montoron, président au Parlement de Toulouse, donna mille pistoles à l'auteur qui lui avoit dédié cette Pièce ».

M. Émile Picot donne, dans la *Bibliographie cornélienne*, de bien intéressants détails sur les représentations de ces tragédies à différentes époques, depuis 1680 jusqu'à 1875.

Prix de l'édition originale : Vente du baron J. Pichon (1869), ex. dans une rel. anc. en mar. r., mais dont les feuillets étaient mouillés, 145 fr. — Vente Potier (1870), mar. r., rel. anc., ex. mouillé, 135 fr. — Vente Huillard (1870), bon ex. non rel., 300 fr. — Catal. Fontaine (1875), mar. r. par Duru, 800 fr. — Vente Guy-Pellion (1882), le même ex., 1,010 fr. — Vente H. Roger (du Nord) (1884), ex. un peu défectueux, mar. r. par Duru, 500 fr. — A la vente Bertin (1854), un recueil où se trouvaient *Cinna* et huit autres pièces originales de Corneille, ne fut vendu que 141 fr. (Voir notre désignation de ces pièces aux prix d'*Horace*, p. 153.) — Bulletin Morgand (1887), mar. r. par Thibaron, 650 fr.

Sous la même date (1643), parut aussitôt chez Quinet une édition in-12, composée de 10 feuillets préliminaires, y compris un frontispice gravé, et 76 pages ; avec le même *Extrait du Privilége* et le même *Achevé d'imprimer*.

Prix : Vente Didot (1878), mar. v. par Niedrée, ex. un peu taché, 95 fr. — Vente Guy-Pellion (1882), bel ex. mar. bl. par Cuzin, 456 fr.

Dans une édition in-4° publiée en 1646, par le même Toussaint Quinet (10 feuillets préliminaires et 96 pages), on voit, après les extraits de Sénèque et de Montaigne, une lettre fort remarquable de Balzac, adressée à P. Corneille. Cette lettre est remplie d'éloges pour *Cinna* et pour l'auteur : « *Ie crie miracle dès le commencement de ma lettre. Votre Cinna guerit les malades : Il fait que les paralytiques battent des mains...* » Plus loin : « *Et qu'est-ce que la saine Antiquité a produit de vigoureux et de ferme dans le sexe foible, qui soit comparable à ces nouuelles Heroines, que vous auez mises au monde, à ces Romaines de vostre façon? Ie ne me lasse point depuis quinze jours de considerer celle que i'ai receuë la derniere.* » Cette phrase indique que la lettre fut envoyée à Corneille peu de temps après la publication de l'édition originale de *Cinna*, c'est-à-dire en 1643.

POLYEVCTE
MARTYR.
TRAGEDIE.

A PARIS,

Chez { ANTOINE DE SOMMAVILLE, en la Gallerie des Merciers, à l'Escu de France.
&
AVGVSTIN COVRBE', en la mesme Gallerie, à la Palme. } Au Palais.

M. DC. XLIII.
AVEC PRIVILEGE DV ROY.

Polyeucte martyr, tragedie, par P. Corneille.

In-4°, composé de : 8 feuillets préliminaires, contenant le frontispice gravé, le titre imprimé, dont le verso est blanc, l'épître dédicatoire « *à la Reine Régente* », 3 feuillets, l'*Abrégé du martyre de S. Polyeucte*, 3 feuillets ; au verso du dernier se trouve la liste des *Acteurs ;* — enfin 121 pages chiffrées pour la pièce; au verso de la dernière commence le texte entier du *Privilége*, qui se termine sur le recto du feuillet suivant dont le verso est en blanc. (Bibl. nat. Y + 5628. Réserve.)

Le Privilège accordé à Corneille est daté du 30 janvier 1643. On lit ensuite la mention : « *Acheué d'imprimer à Roüen pour la premiere fois, aux dépens de l'Autheur, par Laurens Maurry, ce 20. iour d'Octobre 1643* ». On ne trouve point ici la déclaration de cession de droits aux libraires Antoine de Sommaville et Courbé, que Corneille fit imprimer dans l'édition in-12, publiée par les mêmes libraires quelques semaines plus tard.

M. Picot signale un exemplaire dans lequel ne se trouvait pas l'*achevé d'imprimer* cité ci-dessus. C'était celui de la bibliothèque Benzon.

Le frontispice gravé compte dans le cahier $\bar{a}$ comme premier feuillet. Cette gravure représente Polyeucte détruisant les idoles dans un temple. Elle n'est pas signée. Vers l'angle supérieur de droite, entre les chapiteaux de deux colonnes, on lit le titre : Polievcte martir.

Cette belle tragédie fut représentée avec grand succès, vers le commencement de l'année 1643.

Prix : Vente Bertin (1854), *Polyeucte* et huit autres pièces de Corneille, 141 fr. (Voir aux Prix de *Horace*, p. 153.) — Vente Huillard (1870), ex. non relié, 105 fr. — Vente Lebeuf de Montgermont (1876), rel. mar. r. par Trautz, 380 fr. — Bulletin Morgand (1887), mar. r. par Thibaron-Joly, un peu restauré, 350 fr.

Peu de temps après, les mêmes libraires publièrent une édition in-12, portant leurs noms, précédés de la mention : *Imprimé à Roüen*, et datée de 1644. Cette édition se compose de : 10 feuillets préliminaires, dont le premier est blanc; 85 pages chiffrées (sauf la dernière), plus deux pages non chiffrées, pour l'*Extraict du Priuilege*, daté du 30 janvier, et l'*Acheué d'imprimer*, daté du 27 novembre 1643. Il n'y a pas de frontispice gravé.

Prix : Vente Potier (1870), mar. r. par Duru, 100 fr. — Vente Guy-Pellion (1882), mar. bl. par Cuzin, 140 fr.

LA MORT DE POMPEE.

TRAGEDIE.

A PARIS,

Chez { ANTOINE DE SOMMAVILLE, en la Gallerie des Merciers, à l'Escu de France. & AVGVSTIN COVRBE', en la mesme Gallerie, à la Palme. } Au Palais.

──────────────────────────────────────

M. DC. XLIV.
AVEC PRIVILEGE DV ROY.

La mort de Pompée, tragedie, par P. Corneille.

In-4°, composé de : 8 feuillets préliminaires, contenant un frontispice gravé, le titre imprimé, l'épître dédicatoire « *à Monseigneur l'éminentissime cardinal Mazarin* », le *Remercîment à Son Eminence* (pièce en vers), l'avis au lecteur, des extraits de Lucain et de Velleius Paterculus, en latin, et la liste des *Acteurs*; — 100 pages chiffrées, pour le texte de la pièce (pages 1 à 98), le Privilège donné pour cette pièce et *le Menteur*, en date du 22 janvier 1644, la cession aux libraires, l'achevé d'imprimer, daté du 16 février 1644 (pages 99-100).

Le frontispice, compris dans le cahier $\bar{a}$ comme premier feuillet, représente le meurtre de Pompée, assassiné dans une barque, en vue de l'armée romaine. Il est signé à gauche F. C. (François Chauveau), *In. et fecit*.

Dans l'exemplaire de la Biblioth. Nat. (Y. 5628. c. Réserve), on voit à la suite des 8 feuillets prélim., 2 autres feuillets contenant une traduction en vers latins du *Remercîment à Mazarin*. Cette traduction, signée A. R. (Abraham Remius), existe encore dans l'exempl. de la Biblioth. Cousin, à la Sorbonne.

La représentation de cette tragédie eut lieu vers le commencement de l'année 1643; elle fut jouée d'abord, du consentement de Corneille, par les comédiens du Marais. Mais bientôt d'autres troupes en donnèrent des représentations sans l'assentiment de l'auteur, ainsi que pour *Cinna* et *Polyeucte*. Corneille résolut de s'adresser au roi pour faire cesser ces dilapidations; mais, malgré le grand crédit dont il jouissait, ses suppliques n'aboutirent à rien, car l'usage était admis que les pièces imprimées pouvaient être jouées librement; et les privilèges accordés aux auteurs pour l'impression et la vente des exemplaires ne s'étendaient pas jusqu'au choix de la scène et des artistes.

Prix de l'éd. orig. : Cette pièce se trouvait dans le recueil de Corneille vendu 141 fr. à la vente Bertin, en 1854. (Voir aux Prix d'*Horace*, p. 153.) — Vente Huillard (1870), ex. non relié, 100 fr. — Bulletin Morgand (1887), mar. r. par Duru, 500 fr.

Bientôt parut chez les mêmes libraires une édition in-12 de *la Mort de Pompée*, datée de 1644 comme la grande. Elle se compose de 12 feuillets préliminaires, le premier blanc, sans frontispice gravé; et 71 pages chiffrées. Le *Privilège* et l'*Achevé d'imprimer*, compris dans les feuillets préliminaires, sont les mêmes que ceux l'édition in-4° décrite ci-dessus.

Prix : Vente Guy-Pellion (1882), mar. bl. par Cuzin, 170 fr. — Vente Potier (1870) mar. r. par Duru, 80 fr. — Répert. Morgand et Fatout (1882), rel. anc. en bas., 150 fr

LE
MENTEVR,
COMEDIE.

Imprimé à Roüen, & se vend

A PARIS,

Chez { Antoine de Sommaville, en la Gallerie des Merciers, a l'Escu de France. Et Avgvstin Covrbe, en la mesme Gallerie, à la Palme. } Au Palais

M. DC. XLIV.
AVEC PRIVILEGE DV ROY.

Le Menteur, comédie, par P. Corneille.

In-4°, composé de : 4 feuillets préliminaires, savoir, le titre, l'épître dédicatoire et la liste des *Acteurs;* — 130 pages chiffrées[1], plus un feuillet contenant le *Privilége,* suivi de l'achevé d'imprimer, sans déclaration de cession aux libraires. (Cette déclaration était imprimée à la fin du Privilège de *la Mort de Pompée,* qui est le même. *Voy.* ci-devant p. 159-160.) L' « *Achevé d'imprimer à Rouen, par Laurens Maurry* » est ici daté « *du dernier d'Octobre 1644* ». Le grand fleuron égyptien de Laurens Maurry avec les initiales L. M. se trouve sur le titre. Il n'y a pas de frontispice gravé, quoique Brunet en ait indiqué un par erreur. Impression en lettres italiques. (Bibl. Nat. Y + 5802. a. Réserve.)

Le *Privilége* est le même que celui de *la Mort de Pompée.* Il est accordé à Corneille pour *la Mort de Pompée* et *le Menteur,* pour dix ans, et porte la date du 22 janvier 1644.

Le *Menteur* fut représenté dans le cours de l'année 1643, par la troupe du Marais. Cette pièce ne tarda donc guère à être imprimée.

Les principaux traits de cette comédie furent empruntés par Corneille à l'intéressante pièce espagnole *la Verdad Sospechosa,* ainsi que le poète l'annonce dans son épître, comme il avait avoué aussi avoir pris son sujet du *Cid,* à Guillem de Castro. Toutefois Corneille attribue à tort *la Verdad Sospechosa* à Lope de Vega, sous le nom duquel elle avait paru, il est vrai, avec d'autres, en 1630, mais par erreur. Cette pièce fut bientôt revendiquée par son véritable auteur, Don Juan Ruiz de Alarcon y Mendoza, et toujours réimprimée depuis dans les œuvres de ce dernier.

Prix de l'édition originale du *Menteur* : Vente Giraud (1855), rel. mar. vert par Duru, 30 fr. (Se vendrait maintenant plus de 20 fois ce prix.) — Bulletin Morgand 1887), ex. rel. avec la *Suite du Menteur* (décrite ci-après), mar. r. par Duru, 1,200 fr.

Bientôt parut, sous la même date de 1644, une édition in-12, composée de 4 feuillets préliminaires et 91 pages chiffrées, portant sur le titre la même mention d'impression à Rouen, et les mêmes noms de libraires que dans l'in-4°. *L'extrait du Privilége* et *l'Achevé d'imprimer* sont aussi les mêmes.

Prix : Vente Didot (1878), mar. v. par Duru, 140 fr. — Vente Guy-Pellion (1882), mar. bl. par Cuzin, 165 fr.

1. Par suite d'une coquille d'imprimerie, la *Bibl. cornélienne* indique 136 pages au lieu de 130.

LA SUITE DU MENTEUR, COMEDIE.

Imprimé à Roüen, & se vend
A PARIS,
Chez { ANTOINE DE SOMMAVILLE, en la Gallerie des Merciers, à l'Escu de France. ET AVGVSTIN COVRBE', en la mesme Gallerie, à la Palme. } Au Palais.

M. DC. XLV.
AVEC PRIVILEGE DV ROY.

La Suite du Menteur, comédie, par P. Corneille.

In-4°, composé de : 6 feuillets préliminaires, contenant le titre, l'*Epistre*, le *Privilége*, la liste des *Acteurs*; — et 136 pages chiffrées. Le Privilège accordé à Corneille, en date du 5 août 1645, est suivi de la mention : « *Achevé d'imprimer pour la première fois à Rouen, par Laurens Maurry, ce dernier septembre 1645* »; sans aucune déclaration de cession de droits aux libraires. Le fleuron égyptien de Laurens Maurry qu'on voit sur le titre contient ses initiales, L. M., entre les guirlandes. On retrouve le même fleuron à la fin du volume, p. 136. Impression en caractères italiques, avec notes marginales aux pages 14, 24, 68, 99, 101, 102, 128 et 132. (Bibl. nat. Y. + 5802. Réserve.)

La *Suite du Menteur* fut représentée vers la fin de l'année 1643, par les comédiens de la troupe du Marais.

Dans l'épître dédicatoire qui précède cette pièce, Corneille déclare en avoir tiré le sujet d'*Amar sin saber á quien*, de Lope de Vega. Il avoue que sa nouvelle comédie « n'a pas eu autant de succès que *le Menteur*, dont elle est loin, du reste, de présenter les mêmes caractères. Dorante y paraît, dit-il, plus honnête homme et y donne des exemples de vertu à suivre ; au lieu qu'en l'autre il ne donne que des imperfections à éviter. » Le poète part de ce point pour faire une longue digression sur l'utilité ou l'inutilité d'une morale au théâtre et sur les moyens de la présenter et de la faire ressortir, dans les tragédies ou les comédies, aussi bien de la simple et vraie peinture des vertus ou même des vices, que « des sentences et réflexions que l'on peut adroitement semer presque partout... »

Prix de l'édition originale : Vente Huillard (1870), ex. non relié, 40 fr. — Vente Potier (1878), le même ex. cartonné, 170 fr. — Bulletin Morgand (1887), rel. avec *Le Menteur*, mar. r. par Duru, 1,200 fr.

Aussitôt les mêmes éditeurs publièrent une édition in-12 de cette *Suite du Menteur*, avec les mêmes noms et la même mention d'impression sur le titre. Cette édition se compose de : 6 feuillets préliminaires, 93 pages chiffrées et 1 feuillet blanc complétant le dernier cahier ; avec le même *Privilège* et le même *Achevé d'imprimer* que dans l'édition in-4°.

Prix : Vente Guy-Pellion (1882), bel ex. rel. en mar. bleu, par Cuzin, 350 fr.

RODOGVNE
PRINCESSE
DES PARTHES.
TRAGEDIE.

Imprimé à Roüen, & se vend
A PARIS,
Chez TOVSSAINT QVINET, au Palais,
sous la montée de la Cour des Aydes.

M. DC. XLVII.
AVEC PRIVILEGE DV ROY.

Rodogune, tragédie, par P. Corneille.

In-4°, de 9 feuillets préliminaires, contenant le frontispice gravé, le titre imprimé, l'épître dédicatoire « A Monseigneur Monseigneur le duc d'Anguien », un extrait d'Appien, l'*Extrait du Privilége* et la liste des *Acteurs;* — 115 pages chiffrées pour le texte.

A la suite de l'extrait du Privilège, lequel est accordé à Toussainct Quinet, en date du 17 avril 1646, se trouve une déclaration par laquelle Quinet associe à ses droits Ant. de Sommaville et Augustin Courbé. Puis vient l'*achevé d'imprimer*, daté du dernier jour de janvier 1647.

La gravure frontispice fut tirée sur un feuillet à part et n'est pas comptée dans le nombre des feuillets du premier cahier. Cette gravure représente la dernière scène, où Antiochus reprend la coupe des mains de Cléopâtre, après que celle-ci a bu et chancelle, soutenue par ses femmes. On lit en haut : *La Rodogune, tragédie de M. de Corneille.* En bas : *A Paris. Au Palais, auec priuilege du Roy. 1647.* Et à l'angle inférieur de droite la signature : *C. le Brun in.*

Les exemplaires portent sur le titre tantôt l'un, tantôt l'autre, des noms de libraires désignés dans la déclaration, c'est-à-dire *Toussaint Quinet,* ou *Augustin Courbé* ou *Antoine de Sommaville.*

La dédicace est adressée, dans certains exemplaires, portant indifféremment sur le titre le nom de Quinet ou celui de Courbé, « *à Monseigneur Monseigneur le Prince de Condé* »; — dans d'autres exemplaires, « *à Monseigneur Monseigneur le Prince* »; — et dans d'autres encore, moins nombreux, « *à Monseigneur Monseigneur le duc d'Anguien* ». Ces derniers étaient évidemment tirés avant les autres et peut-être antérieurement au 26 décembre 1646, car c'est seulement à cette date que le grand Condé, Louis II de Bourbon, alors « duc d'Enguyen » (voir le P. Anselme), prit le titre de « Prince de Condé », laissé vacant par la mort de son père. D'après la date de l'*Achevé d'imprimer* ci-dessus, l'impression n'aurait été complètement terminée qu'un mois après. La publication de la pièce fut peut-être même un peu retardée par le grand deuil où se trouva celui à qui elle était dédiée. D'ailleurs les tâtonnements qu'indiquent les trois formes de dédicaces signalées ci-dessus permettent de supposer que les choses se passèrent ainsi : L'impression était commencée quand la mort du prince de Condé arriva; la dédicace était faite au « *duc d'Anguien* », c'est-à-dire à son fils, et imprimée d'après le manuscrit. Après cette mort, le titre du prince auquel le livre était dédié ayant changé, et l'auteur ou l'éditeur n'étant pas bien au courant de son nouveau titre, on substitua à la première formule celle-ci : « *A Monseigneur le Prince* ». Enfin lorsque Corneille connut bien la nouvelle appellation de son protecteur à qui venait d'échoir le titre de son père, on imprima définitivement la dédicace « *A Monseigneur le Prince de Condé.* »

Les différents exemplaires portent tous sur le titre le même fleuron (voy. ci-dessus), avec le monogramme de L. Maurry à gauche de la corbeille. (BIBL. NAT. Y. + 5636. A. Réserve.)

Dans quelques-uns (BIBL. NAT. Y. + 5637. Réserve), les deux dernières pages sont chiffrées par erreur 116-117, au lieu de 114-115.

Rodogune fut représentée dans le courant de l'année 1644, au dire de presque tous les biographes et bibliographes de Corneille. Interprétée par la troupe de l'Hôtel de Bourgogne, elle obtint un grand succès ; c'est d'ailleurs celle de ses pièces pour laquelle l'illustre poète déclare dans sa préface avoir la plus grande tendresse, la préférant même au *Cid* et à *Cinna*. Quoique la postérité n'ait pas ratifié ce jugement de l'auteur, il est certain que cette tragédie renferme de grandes beautés.

PRIX de l'édition originale : Catal. Fontaine (1877), ex. incomplet du frontispice, rel. en mar. r. par Duru, 400 fr.

Aussitôt après la publication de l'édition in-4° parut une édition in-12, imprimée simultanément avec l'autre, et portant aussi la date de 1647. Le titre porte indifféremment le nom de l'un ou l'autre des libraires *Toussaint Quinet*, ou *Augustin Courbé*, ou *Antoine de Sommaville*. Cette édition in-12 se compose de 10 feuillets préliminaires et 87 pages chiffrées. L'*Extrait du Privilége* et l'*Achevé d'imprimer* sont les mêmes que dans l'édition in-4°.

On voit dans la Bibliothèque Cousin, à la Sorbonne, un exemplaire daté de 1646, avec le nom de Courbé sur le titre. Loin de voir là, comme M. Émile Picot, une faute d'impression, nous croyons trouver dans ce fait la confirmation de ce que nous venons d'avancer, c'est-à-dire la preuve que les deux éditions furent imprimées simultanément, que l'impression était fort avancée lors de la mort de l'ancien prince de Condé (26 décembre 1646), et que la publication en fut peut-être retardée par suite de ce deuil du prince protecteur de Corneille. D'ailleurs la dédicace de cette petite édition est de la seconde formule : « *A Monseigneur le Prince* ».

PRIX : Répertoire Morgand et Fatout (1882), ex. non relié, incomplet des 4 feuillets de dédicace, 250 fr. — Vente Guy-Pellion (1882), mar. bl. par Cuzin, 150 fr.

THEODORE
VIERGE ET MARTYRE,
TRAGEDIE
CHRESTIENNE.

Imprimé à Roüen, & se vend
A PARIS,
Chez AVGVSTIN COVRBE, au Palais, en
la Gallerie des Merciers, à la Palme.

M. DC. XLVI.
AVEC PRIVILEGE DU ROY.

Par P. Corneille.

In-4°, de 5 feuillets préliminaires, contenant le frontispice gravé, le titre imprimé, l'épître « a Monsieur L. P. C. B. », l'*Extrait du Privilége* et la liste des *Acteurs;* — 128 pages chiffrées pour le texte de la pièce.

L'extrait du Privilège, au nom de Toussainct Quinet, est daté du 17 avril 1646. Il est suivi de la déclaration de Quinet, associant à ses droits Ant. de Sommaville et Aug. Courbé. Vient ensuite l'*achevé d'imprimer,* daté du *dernier jour d'Octobre 1646*.

La gravure-frontispice, tirée sur un feuillet à part, ne compte pas dans le nombre des feuillets du premier cahier $\bar{a}$. Elle représente le martyre de sainte Théodore. (Bibl. nat. Y. + 5648. a. Réserve.)

Les exemplaires portent tantôt la date de 1646, comme on le voit dans le titre ci-dessus, et tantôt celle de 1647. Dans ceux que nous avons vus sous la première date (Bibl. nat. Y. 5648. a. Réserve, 2 ex., l'un au nom de Courbé et l'autre au nom de Quinet, et Bibl. Cousin, ex. avec le nom de Courbé), le frontispice n'existe pas. La gravure n'était probablement pas achevée lorsque parurent les premiers exemplaires, et ne fut jointe qu'à ceux qui furent mis en vente plus tard, sous la date de 1647.

Sur tous les exemplaires on voit le fleuron du titre ci-dessus, portant les initiales de L. Maurry séparées, L. M.

Théodore fut représentée en 1645 avec peu de succès, ainsi que Corneille le constate lui-même dans l'*Examen* qu'il fit de cette tragédie.

Prix : Un ex. figurait à la vente Bertin (1854) dans le recueil in-4°, contenant 9 pièces de Corneille et qui fut vendu 141 fr. (Voir à la liste des prix de *Horace,* p. 153.) — Répertoire Morgand et Fatout (1882), ex. non relié, piqué de vers, 150 fr.

En même temps que paraissait l'édition originale in-4°, les mêmes libraires publiaient une édition in-12 de 4 feuillets préliminaires, 82 pages chiffrées, et 1 feuillet blanc. On y trouve le *Privilége* et l'*Achevé d'imprimer* aux mêmes dates que dans l'édition in-4°. Tous les exemplaires que nous avons eus sous les yeux portent sur le titre la même date, 1656.

Prix : Vente Potier (1870), mar. r. par Duru et Chambolle, 75 fr. — Vente Didot (1878), mar. r. par Lortic, 135 fr. — Vente Guy-Pellion (1882), mar. bl. par Cuzin, 85 fr. — Répertoire Morgand et Fatout (1882), non rel., 100 fr. — Vente Bancel (1882), mar. r. par Thibaron, 55 fr.

HERACLIVS EMPEREVR D'ORIENT,
TRAGEDIE.

Imprimé à Roüen, & se vend
A PARIS,
Chez Avgvstin Covrbe', au Palais,
en la Gallerie des Merciers, à la Palme.

M. DC. XLVII.
AVEC PRIVILEGE DV ROY.

Par P. CORNEILLE.

In-4°, composé de : 6 feuillets préliminaires, contenant le titre, l'épître dédicatoire « A MONSEIGNEUR SÉGUIER, Chancelier de France », l'avis *au lecteur* et la liste des *Acteurs;* — 126 pages chiffrées pour le texte de la pièce, plus 1 feuillet (une page et demie) où se trouve le *Privilége,* suivi de la déclaration de Quinet associant à ses droits Ant. de Sommaville et Aug. Courbé, et de l'*achevé d'imprimer.*

Le Privilège accordé à Toussainct Quinet est daté du 17 avril 1647, et l'*achevé d'imprimer pour la première fois* est du 28 juin suivant.

On trouve des exemplaires au nom de chaque libraire mentionné dans la déclaration. A part le changement de nom sur le titre, le reste doit correspondre en tout à notre description. (BIBL. NAT. Y. + 5591. F. Rés.)

Héraclius fut représenté à la fin de l'année 1646, comme le démontre M. Marty-Laveaux, en citant un passage du *Desniaisé,* de Gillet de la Tessonnerie, où il est question de la tragédie de Corneille :

> J'ay fait voir à Daphnis dix fois *Héraclius,*
> — Moy, vingt fois *Themistocle* et peut-être encore plus.

Or le *Desniaisé* parut dans les premiers mois de 1647. (Le Privilège est du 9 mars.) Il avait fallu à l'auteur le temps de composer sa pièce et de la préparer pour l'impression, depuis la représentation d'*Héraclius*. Cette représentation devait remonter à plusieurs mois, c'est-à-dire à la fin de 1646.

PRIX de l'édition originale : Répertoire Morgand et Fatout (1878), mar. r. par Duru, 400 fr. — Vente Guy-Pellion (1882), rel. en mar. r. par Duru, 185 fr.

Aussitôt après l'originale in-4°, parut une édition in-12, qui se compose de 6 feuillets préliminaires, 93 pages chiffrées, plus 1 feuillet blanc. Elle porte l'un ou l'autre les mêmes noms de libraires qui se trouvent sur le titre de la grande édition. Le *Privilége* et l'*Achevé d'imprimer* sont aussi les mêmes. Le titre porte la date de 1647, comme dans l'originale in-4°.

PRIX : Vente Guy-Pellion (1882), mar. bl. par Cuzin, 100 fr. — Vente Bancel (1882), mar. r. par Thibaron, 76 fr. — Catal. Fontaine (1875), bel ex. rel. en mar. r. par Trautz, 300 fr.

ANDROMEDE
TRAGEDIE.

Reprefentée auec les Machines fur le Theatre Royal de Bourbon.

A ROVEN,
Chez LAVRENS MAVRRY, prés le Palais.
M. DC. LI.
AVEC PRIVILEGE DV ROY.

Et fe vendent A PARIS,
Chez CHARLES DE SERCY, au Palais, dans la Salle Dauphine, à la bonne Foy Couronnée.

Par P. CORNEILLE.

In-12, de 8 feuillets préliminaires, savoir : 1 feuillet blanc, correspondant au titre, 1 feuillet pour le titre, 6 feuillets formant un second cahier et contenant l'épître dédicatoire « A M. M. M. M. », signée CORNEILLE, l'*argument*, la liste des *Acteurs*, et la *Décoration du Prologue*; — 92 pages, pour le texte de la pièce, lequel se termine au bas de la page 90, et est suivi du privilège et de l'achevé d'imprimer, formant les pages 91 et 92.

Ce privilège, accordé à Corneille pour *Andromède* et *D. Sanche*, est daté du 11 avril 1650 ; on ne voit pas, à la suite, de cession de droits aux libraires. L'*achevé d'imprimer*, qui termine la dernière page, est daté du 13 août 1650. (BIBL. NAT. Y. 5562. B2. Réserve.)

Comme on le voit, cette édition n'est datée (sur le titre) que de 1651, quoiqu'elle fût imprimée dès le mois d'août 1650. Cette particularité nous oblige à mentionner une édition de luxe in-4°, portant la même date de 1651 sur le titre et qui pourrait, en raison de son format, être prise pour l'originale, si l'on ne remarquait que la date du Privilège est du 12 mars 1651 et celle de l'Achevé d'imprimer, du 13 août 1651, c'est-à-dire que la date d'impression est postérieure d'un an, jour pour jour, à celle de l'édition in-12.

Le titre est exactement libellé de la même façon dans l'une ou l'autre édition. Le volume in-4° se compose de : 6 feuillets préliminaires, comprenant le frontispice gravé, le titre imprimé, l'épître dédicatoire « *à* M. M. M. M. », signée CORNEILLE, l'*Argument*, la liste des *Acteurs* et la *Déco-*

ration du *Prologue*; — 123 pages chiffrées pour le texte de la tragédie, et une page non chiffrée à la fin pour le *Privilége;* — plus 6 grandes figures de Fr. Chauveau, qui doivent être pliées pour entrer dans le volume.

Une remarque intéressante à signaler, c'est que le privilège, en date du 12 mars 1651, est accordé « au sieur Corneille », non seulement pour *Andromède* et pour *Nicomède* de Pierre Corneille, mais encore pour *le Feint Astrologue* et les *Engagemens du hazard*, pièces de Thomas Corneille. (BIBL. NAT. Y. 5563. B. Réserve.)

La tragédie d'*Andromède* avait été précédée, lors de la représentation en 1650, de l'impression d'une sorte de programme rédigé par Corneille et intitulé : DESSEIN DE LA TRAGEDIE || D'ANDROMEDE, || *représentée sur le Theatre* || *Royal de Bourbon.* || *Contenant l'ordre des Scenes, la descri*||*ption des Theatres et des Machines,* || *et les paroles qui se chantent* || *en musique.* || *Imprimé à Rouën, aux despens de l'Autheur.* || M. DC. L. || *Avec priuilege du Roy.* || *Et se vend à Paris chez Augustin Courbé,* || *Imprimeur et Libraire ordinaire de M. le duc* || *d'Orleans, au Palais, à la Palme*. Cette plaquette, de format in-8º, contient en tout 68 pages avec le titre, au verso duquel est le *privilége* donné à Corneille, en date du 12 octobre 1649, et suivi de l'*Achevé d'imprimer*, daté du 3 mars 1650.

On lit dans les *Curiosités théâtrales* de Victor Fournel, à propos de la mise en scène de cette pièce : « C'était le célèbre Torelli qui avait travaillé aux machines d'Andromède, et cet opéra eut tant de succès par la magnificence inouïe du spectacle, que, joué d'abord dans la salle du Petit-Bourbon, il fut repris ensuite par la troupe du Marais, puis par la grande troupe des comédiens (1682). Ce fut alors qu'on s'avisa de représenter Pégase par un véritable cheval, et, pour l'exciter à bien jouer son rôle et à mettre de l'ardeur dans ses mouvements, on avait soin de le faire jeûner sévèrement avant le spectacle, pendant lequel un gagiste vannait de l'avoine dans la coulisse, ce qui faisait hennir et trépigner l'animal. C'est la première fois qu'un cheval vivant parut sur la scène en France. »

PRIX de l'édition originale in-12 d'*Andromède :* Vente Guy-Pellion (1882), mar. bleu, par Cuzin, 130 fr. — Vente Bancel (1882), mar. bleu, par Thibaron-Echaubard, 82 fr. — Répertoire Morgand et Fatout, ex. non relié, 100 fr.

Édition in-4º de 1651, avec figures : Catal. Fontaine (1875), mar. r. par Trautz, 600 fr. — Vente du comte Roger (du Nord) (1884), ex. court de marges et raccommodé, rel. en veau brun, 230 fr.

D SANCHE D'ARRAGON

COMEDIE HEROIQUE.

Imprimé à Roüen, & se vend
A PARIS,
Chez Avgvstin Covrbe', au Palais, en la petite
Salle des Merciers, à la Palme.

M. DC. L.
AVEC PRIVILEGE DV ROY.

Par P. Corneille.

In-4° de : 8 feuillets préliminaires, comprenant le titre, l'épître « A Monsieur de Zuylichem, conseiller et secrétaire de Monsieur le Prince d'Orange », l'*Argument* et la liste des *Acteurs*; — 116 pages pour le texte de la pièce e le *privilége*, qui occupe entièrement la dernière.

Le privilège accordé à Corneille pour *Andromède* (édition in-12, p. 172, ci-devant) et *D. Sanche*, porte la date du 11 avril 1650. On ne trouve pas à la suite la déclaration de cession de droits aux libraires. A la fin on lit : *Acheué d'imprimer à Roüen par Laurens Maurry, le quatorziéme de May mil six cens cinquante*. Le grand fleuron du titre (la corbeille de fleurs) est celui de L. Maurry. (Bibl. nat. Y. + 5698. Réserve.)

Don Sanche d'Aragon fut représenté en 1650, presque aussitôt après *Andromède*. Cette pièce fut, comme on le voit, imprimée de suite, quoiqu'elle eût eu peu de succès, sauf toutefois à la première représentation, où elle fut bien accueillie.

Prix de l'édition originale : Un bon ex. se vendrait actuellement 200 à 250 fr.

Sous la même date de 1650 parut une édition in-12, portant sur le titre les mêmes noms de libraires que la précédente. Elle se compose de 8 feuillets prélim. non chiffrées et 83 pages chiffrées. On y trouve le même *privilège* et le même *achevé d'imprimer* que dans l'édition in-4°.

Prix : Catalogue Fontaine (1875), ex. non relié, 100 fr. -- Vente Bancel (1882) mar. r. par Thibaron, 108 fr., et un second ex. relié de même, 110 fr. — Répertoire Morgand et Fatout (1882), ex. incomplet du dernier feuillet, 50 fr. non relié.

Cette pièce est la première de P. Corneille qui porte le nom de comédie héroïque, que l'on retrouve ensuite sur deux autres de la fin de sa carrière. « Voici, dit-il dans son épître, un poëme d'une espèce nouvelle et qui n'a point d'exemple chez les anciens. Vous connaissez l'humeur de nos Français ; ils aiment la nouveauté ; et je hasarde *non tam meliora quam nova*, sur l'espérance de les mieux divertir. » Il explique ensuite longuement les différences qu'il établit entre la comédie, la tragédie et la tragi-comédie, dont le nom aurait été inventé, selon lui, par « le bonhomme Plaute », qui donne à sa pièce d'*Amphitryon* « l'un et l'autre nom, par un composé qu'il forme exprès, de peur de ne lui donner pas tout ce qu'il croit lui appartenir. »

LES ÉDITIONS ORIGINALES.

NICOMEDE
TRAGEDIE.

A ROVEN,
Chez LAVRENS MAVRRY, prés le Palais.
AVEC PRIVILEGE DV ROY.
M. DC. LI.

Et se vend A PARIS,
Chez CHARLES DE SERCY, au Palais, dans la Salle
Dauphine, à la bonne Foy Couronnée.

Par P. CORNEILLE.

In-4°, composé de : 4 feuillets préliminaires, contenant le titre, l'avis

Au lecteur, le *privilége* et la liste des *Acteurs;* — 124 pages pour le texte de la pièce.

L'extrait du privilége est le même que celui de l'édition in-4° d'*Andromède* (voir ci-devant, p. 172-173), à la date du 12 mars 1651, et l'*Achevé d'imprimer,* placé immédiatement à la suite, est *du 29 novembre 1651.* Corneille ne fait ici aucune déclaration de cession aux libraires; mais, dans la première édition in-12, qui parut en 1653, il déclare céder ses droits à Guillaume de Luyne.

L'édition originale in-4°, décrite ci-dessus, figure à la Bibliothèque nationale avec la cote Y + + 5616. Réserve.

Cette tragédie dut être représentée à la fin de 1650 ou au commencement de 1651; elle fut jouée avec grand succès, un succès qui se prolongea assez longtemps. Plusieurs vers contiennent des allusions intéressantes à l'arrestation et à la récente mise en liberté du prince de Condé et de son frère.

L'auteur n'a mis en tête de cette pièce aucune épître dédicatoire, mais une sorte d'avis *Au Lecteur,* pour expliquer sa tragédie et en donner ensuite l'argument, tiré en partie de Justin. « Voici une pièce d'une constitution assez extraordinaire, dit-il dès le début.... La tendresse et les passions, qui doivent être l'âme des tragédies, n'ont aucune part en celle-ci ; la grandeur de courage y règne seule, et regarde son malheur d'un œil si dédaigneux qu'il n'en saurait arracher une plainte. » Et plus loin : ... « Ce héros de ma façon sort un peu des règles.... mais le succès a montré que la fermeté des grands cœurs qui n'excite que de l'admiration dans l'âme du spectateur est quelquefois aussi agréable que la compassion que notre art nous commande de mendier pour leurs misères. Il est bon de hasarder un peu, et ne s'attacher pas toujours servilement à ses préceptes, ne fût-ce que pour pratiquer celui de notre Horace :

Et mihi res, non me rebus, submittere conor.

« Mais il faut que l'événement justifie cette hardiesse ; et dans une liberté de cette nature on demeure coupable, à moins d'être fort heureux. »

Prix de l'édition originale : Répertoire Morgand et Fatout (1878), rel. en mar. r. par Hardy-Mennil, 400 fr. — Vente Guy-Pellion (1882), mar. r. par Chambolle-Duru, 285 fr.

PERTHARITE ROY DES LOMBARDS, TRAGEDIE.

A ROVEN,
Chez LAVRENS MAVRRY, prés le Palais.

AVEC PRIVILEGE DV ROY.
M. DC. LIII.

Et se vend A PARIS,
Chez GVILLAVME DE LVYNES, au Palais, sous la montée de la Cour des Aydes.

Par P. Corneille.

In-12, composé de : 6 feuillets préliminaires, contenant le titre, l'Avis *Au lecteur*, des extraits d'Ant. Du Verdier et d'Erycus Puteanus, et la liste des *Acteurs*; — 71 pages chiffrées, pour le texte de la pièce et l'*Extrait du privilége* qui occupe la dernière.

Le privilège, daté du 24 décembre 1651, est accordé à Corneille, non seulement pour *Pertharite*, de Pierre Corneille, mais encore pour *D. Bertran de Cigarral*, et pour l'*Amour à la mode*, pièces de Thomas Corneille. C'est la seconde fois que le privilège est ainsi donné collectivement pour des pièces des deux frères, comme si ces pièces étaient toutes du même auteur, (ainsi que nous l'avons signalé à propos d'*Andromède*, p. 173); M. Picot suppose avec raison que « Thomas Corneille aura voulu, grâce à cette innocente supercherie, obtenir pour ses pièces les conditions exceptionnellement favorables auxquelles la grande réputation de son frère pouvait seule prétendre ».

A la suite du privilège, on lit la mention : *Achevé d'imprimer le 30 avril 1653*. Vient enfin la déclaration de Corneille, cédant son privilège à Guillaume de Luynes. (Bibl. nat. Y. 5624 + A. Réserve.)

Cette édition originale est bien imprimée, en plus petits caractères et d'une plus petite justification que les autres pièces in-12.

La tragédie de *Pertharite* fut représentée dans les premiers mois de 1652, sans succès, ainsi que Corneille le dit franchement dans son avis *Au lecteur*, placé au commencement du volume.

Prix : Vente Didot (1878), rel. mar. rouge, 90 fr. — Répertoire Morgand et Fatout (1878 et aussi 1882), mar. r. par Cuzin, 200 fr. — Vente Guy-Pellion (1882), mar. bleu par Cuzin, 145 fr. — Vente Bancel (1882), mar. r. par Thibaron, 125 fr.

A partir de cette pièce, toutes les éditions originales des pièces séparées de Pierre Corneille sont de format in-12.

Ce ne fut qu'en 1659 qu'il se décida à revenir au théâtre, duquel il s'était tenu éloigné à la suite de l'échec de *Pertharite*.

Si cette tragédie est loin d'approcher de la perfection des bonnes pièces de Corneille, elle présente un certain intérêt parce qu'elle a fourni à Racine plusieurs des situations de son *Andromaque*.

OEDIPE,
TRAGEDIE.

Par P. CORNEILLE.

Imprimée à ROVEN, *& se rend*
A PARIS,

Chez { AVGVSTIN COVRBE', au Palais, en la Gallerie des Merciers, à la Palme.
Et
GVILLAVME DE LVYNE, Libraire Iuré, dans la mesme Gallerie, à la Iustice.

M. DC. LIX.
AVEC PRIVILEGE DV ROY.

In-12, composé de : 6 feuillets préliminaires, comprenant le titre, **une** pièce intitulée *Vers presentez à Monseigneur le Procureur general Foucquet*,

Sur-Intendant des Finances, un avis *Au lecteur* et la liste des noms des *personnages;* — 89 pages chiffrées pour la tragédie; la page 89 est terminée par l'*Extrait du privilége,* suivi de l'*Achevé d'imprimer;* un feuillet blanc doit terminer le dernier cahier, qui autrement serait incomplet.

Le *privilége,* accordé à Corneille, porte la date du 10 février 1659. Corneille déclare céder ses droits à Augustin Courbé et Guillaume de Luyne. L'*Achevé d'imprimer pour la premiere fois* est daté *du 26 mars 1659.*

Édition originale de cette tragédie, que Corneille se décida enfin à donner au théâtre, dont il s'était éloigné pendant un intervalle de sept années. Il avait employé une grande partie de ce temps à traduire en vers l'*Imitation de J.-C.* et à publier sa traduction, d'abord livre par livre, de 1651 à 1654, et ensuite en entier, en 1656. Il écrivit *Œdipe* sur la demande du surintendant Fouquet, qui en avait choisi le sujet.

Dans son avis *Au lecteur,* Corneille prodigue des éloges à Fouquet, dont il a reçu, dit-il, une faveur signalée. « Chacun sait, ajoute-t-il, que ce grand ministre n'est pas moins le sur-intendant des belles-lettres que des finances ; que sa maison est aussi ouverte aux gens d'esprit qu'aux gens d'affaires ; et que, soit à Paris, soit à la campagne, c'est dans les bibliothèques qu'on attend ces précieux moments qu'il dérobe aux occupations qui l'accablent, pour en gratifier ceux qui ont quelque talent d'écrire avec succès. »

La représentation d'*Œdipe* eut lieu le vendredi 24 janvier 1659. La pièce eut beaucoup de succès, et le Roi assista à l'une des représentations suivantes, donnée le 8 février. Louis XIV fut enchanté de cette tragédie et en témoigna sa satisfaction à l'auteur en lui faisant remettre immédiatement une gratification, laquelle paraît avoir été accueillie avec une grande reconnaissance, car Corneille écrivait à ce propos dans son avertissement *Au lecteur* de la présente édition : « …Cette tragedie a plu assez au Roy, pour me faire
« recevoir de veritables et solides marques de son approbation : Je veux
« dire ses liberalitez que j'ose nommer ses ordres tacites, mais pressans de
« consacrer aux divertissemens de Sa Majesté ce que l'age et les vieux tra-
« vaux m'ont laissé d'esprit et de vigueur. »

Prix de l'édition originale : Vente Didot (1878), rel. en mar. viol. par Lortic, 182 fr. — Vente Guy-Pellion (1882), mar. bleu, par Cuzin, 190 fr. — Vente Bance (1882), mar. r. par Thibaron, 130 fr.

LA
TOISON D'OR,
TRAGEDIE.

Reprefentée par la Troupe Royale du Marefts, chez M^R le Marquis de Sourdeac, en fon Chafteau du Neuf bourg, pour réjoüiffance publique du Mariage du Roy, & de la Paix auec l'Efpagne, & en fuite fur le Theatre Royal du Marefts.

Imprimée à ROVEN, Et fe vend
A PARIS,

Chez { A VGVSTIN COVRBE', au Palais, en la Gallerie des Merciers, à la Palme.
Et
GVILLAVME DE LVYNE, Libraire Iuré, dans la mefme Gallerie, à la Iuftice.

M. DC. LXI.
AVEC PRIVILEGE DV ROY.

Par P. Corneille.

In-12 composé de : 6 feuillets préliminaires, savoir, un premier feuillet blanc, le titre, l'*Argument* et la liste des *Acteurs,* au verso de laquelle se trouve la *Décoration du Prologue;* — 105 pages chiffrées, pour le texte, suivi de l'*Extrait du privilége,* qui commence en haut du verso de la page 105, et se termine sur le recto d'un dernier feuillet dont le verso est blanc.

Le privilège est daté du 27 janvier 1661 ; il est accordé à Augustin Courbé, qui déclare ensuite associer à ses droits Guillaume de Luyne. A la suite se trouve la mention : *Achevé d'imprimer pour la premiere fois le 10 de*

May 1661, à Rouen, par L. Maurry. (BIBL. NAT. Y. 5649 + 2. B. Réserve.)

De même que pour *Andromède*, la présente tragédie avait été précédée de l'impression d'une sorte de programme écrit par Corneille, intitulé : DESSEINS || DE LA || TOISON D'OR. || *Tragedie*. || *Representée par la Troupe Royale du Marests, chez M. le* || *marquis de Sourdeac, en son chasteau du Neufbourg,* || *pour réjoüissance publique du Mariage du Roy, & de la* || *Paix auec l'Espagne, & en suite sur le Theatre Royal du* || *Marests*. || *Imprimee à Rouen, et se vend* || *a Paris,* || *chez Augustin Courbé, au Palais, en la Gallerie* || *des Merciers, à la Palme.* || *Et* || *Guillaume de Luyne, Libraire Iuré, dans la* || *mesme Gallerie, à la Iustice*. || M. DC. LXI. || *Avec Priuilege du Roy*. Plaquette in-4°, contenant 26 pages chiffrées, y compris le titre, et 1 feuillet non chiffré pour l'*Extrait du Privilege*, lequel est accordé à Augustin Courbé pour dix ans, et daté du 27 janvier 1661.

Le privilège est suivi d'une déclaration de Courbé, associant Guillaume de Luyne à ses droits. Vient ensuite la mention : *Acheué d'imprimer pour la première fois le 31. Ianvier 1661, à Roüen, par Laurens Maurry.*

PRIX de l'édition originale, in-12 : Catal. Fontaine (1875), ex. rel. en vél., 200 fr. — Vente Didot (1878), ex. un peu raccommodé, mar. r. par Lortic, 115 fr. — Répertoire Morgand et Fatout (1878), mar. r. par Cuzin, 200 fr. — Vente Guy-Pellion (1882), mar. bleu, par Cuzin, 175 fr. — Vente Bancel (1882), mar. r. par Thibaron-Echaubard, 130 fr.

La Toison d'or fut représentée avec un grand luxe de décors et de machines, d'abord au château de Neufbourg (en Normandie), chez Alexandre de Rieux, marquis de Sourdeac, au commencement de l'hiver de 1660, en l'honneur du mariage de Louis XIV avec Marie-Thérèse d'Autriche, lequel venait d'être décidé. On la joua ensuite au théâtre du Marais, avec la même mise en scène, vers le milieu de février 1661 et elle obtint un succès considérable. Le marquis de Sourdeac, homme de haute imagination et très expert en l'art mécanique, avait inventé lui-même les décors, les avait fait exécuter et avait dirigé la mise en scène. Après avoir donné chez lui plusieurs représentations, il avait fait don à la troupe du Marais des machines commandées par lui pour la pièce. C'est à ce grand seigneur, amateur passionné de spectacles, qu'on doit l'établissement définitif de l'opéra en France, avec le luxe de mise en scène qu'on a encore tant varié et perfectionné depuis.

Par P. Corneille.

In-12, composé de : 6 feuillets préliminaires, comprenant le titre, dont le verso est blanc, l'avis *Au lecteur*, l'*Extrait du Privilége* et la liste des *Acteurs* ; — 95 pages chiffrées pour le texte de la pièce.

Le Privilège, accordé à G. de Luyne, pour *Sertorius*, et pour *Maximian* (de Thomas Corneille), est daté du 16 mai 1662. Il est suivi de la mention : *Acheué d'imprimer le huit'ème iour de Iuillet 1662. A Rouen, par L. Maurry.* (Bibl. nat. Y. 5640. B. Réserve.)

Cette tragédie fut représentée, selon Loret, par la troupe du Marais, vers la fin de février 1662. Elle ne tarda pas à être jouée aussi par la troupe de l'Hôtel de Bourgogne (celle de Molière), car le *Registre de La Grange* signale, dès le 23 juin suivant, une représentation de *Sertorius*, et trois autres

en 1662. L'édition originale parut donc peu de jours après la représentation donnée par la troupe de Molière, puisque l'*Achevé d'imprimer* est du 8 juillet.

Il existe sous la même date une autre édition, avec un titre libellé de même. Le texte en est un peu plus serré ; elle ne contient que : 6 feuillets préliminaires, 82 pages et 1 feuillet blanc, lequel doit correspondre au dernier feuillet du dernier cahier. Cette édition contient le même privilège que la précédente. L'achevé d'imprimer porte la même date, mais on n'a pas réimprimé les mots *jour de*, et on lit : *Acheué d'imprimer le huitième Iuillet 1662. A Rouen, par L. Maurry.*

Prix de l'édition originale : Vente Potier (1870), ex. rel. en vélin, 102 fr., et ex. en mar. r. par Chambolle, 155 fr. — Vente Guy-Pellion (1882), mar. bleu, par Cuzin, 155 fr. — Vente Bancel (1882), mar. r. par Thibaron, 185 fr.

SOPHONISBE,
TRAGEDIE.

Par P. CORNEILLE.

Imprimée à ROVEN, Et se vend
A PARIS,
Chez GVILLAVME DE LVYNE, Libraire Iuré, au
Palais, en la Gallerie des Merciers,
à la Iustice.

M. DC. LXIII.
AVEC PRIVILEGE DV ROY.

In-12, de 6 feuillets préliminaires, comprenant le titre, dont le verso est blanc, un long avis *Au lecteur*, l'*Extrait du Privilége* et la liste des *Acteurs*, — 76 pages chiffrées pour le texte de la pièce.

Le Privilège est accordé à Guillaume de Luyne, non seulement pour « La Sophonisbe », de Pierre Corneille, mais encore pour « Persée et Demetrius », de son frère. Il est daté du 4 mars 1663.

Vient ensuite la déclaration de G. de Luyne, associant à ses droits Th. Jolly et L. Billaine; et on lit enfin la mention : *Acheué d'imprimer pour la premiere fois le 10. Avril 1663. A Rouen, par L. Maurry.* (BIBL. NAT. Y + 5643. Réserve.)

On peut donc trouver des exemplaires portant sur le titre l'un ou l'autre des noms de libraires désignés dans la déclaration.

Cette tragédie fut représentée en janvier 1663, par la troupe de l'Hôtel de Bourgogne. Elle eut un certain succès, quoique la pièce de Mairet, portant le même titre, eût accaparé depuis assez longtemps l'engouement du public, et que les ennemis de Corneille se fussent attachés à exalter encore le mérite et le succès de la tragédie de son devancier. Corneille soutint d'ailleurs crânement cette rivalité; et dans l'avis *Au lecteur* qui précède l'édition, après s'être excusé de traiter le même sujet, il adresse de grands éloges à Mairet, qu'il appelle « l'illustre auteur » auquel la *Sophonisbe* assure, dit-il, l'immortalité.

PRIX de l'édition originale : Vente Didot (1878), mar. r., bel ex. presque non rogné, 250 fr. — Vente Bancel (1882), mar. r. par Thibaron, 185 fr.

In-12, composé de : 2 feuillets préliminaires contenant le titre, dont le verso est blanc, un avis *Au lecteur* et la liste des *Acteurs* ; — 78 pages chiffrées, pour le texte de la pièce, et 1 feuillet non chiffré, pour l'*Extrait du Privilege* (le verso est en blanc).

Le Privilège, accordé à G. de Luyne, en date du « dernier d'octobre 1664 », est suivi de la mention : *Achevé d'imprimer le 3. Février 1665*. Vient ensuite la déclaration de G. de Luyne, qui « fait part du privilége à Thomas Jolly et Loüis Billaine ». Au bas on voit à droite la réclame OTHON, ce qui pourrait faire supposer que ce feuillet devait être placé avant le texte de la pièce ; il fait partie du dernier cahier G et compte comme G iiij (non signé). Dans l'exemplaire de la Bibl. Nat. il correspond au feuillet signé G et ne peut en être séparé. (BIBL. NAT. Y. 5622 + B. Rés.) Les divers exemplaires portent tantôt le nom de G. de Luyne, tantôt celui de l'un de ses associés.

OTHON
TRAGEDIE.
Par P. CORNEILLE.

A PARIS,
Chez THOMAS IOLLY, au Palais dans la petite Sale des Merciers, à la Palme & aux Armes d'Hollande.

M. DC. LXV.
Auec Privilege du Roy.

Le titre commence quelquefois par le mot *Oton* au lieu de *Othon*, sans que les exemplaires soient différents. Cette faute fut corrigée pendant le tirage, de même qu'une autre, « dans la *petite Sale* des Merciers », au lieu de « la *Gallerie* des Merciers, » pour les exemplaires de G. de Luyne.

Cette tragédie fut représentée à Fontainebleau, le 3 août 1664, devant le Roi et le légat du Pape. La troupe de l'Hôtel de Bourgogne la joua dans les premiers jours de novembre 1664, suivant la gazette de Loret.

PRIX : Vente Didot (1878), très bel ex. rel. en mar. r. par Lortic, 420 fr. — Vente Bancel (1882), le même ex. de Didot, 280 fr.

AGESILAS,
TRAGEDIE.
En Vers libres rimez.

Par P. CORNEILLE.

A ROVEN, *Et se vend*
A PARIS,
Chez GVILLAVME DE LVYNE, Libraire
Iuré, au Palais, en la Gallerie des
Merciers, à la Iustice.

M. DC. LXVI.
AVEC PRIVILEGE DV ROY.

In-12, composé de : 2 feuillets préliminaires, contenant le titre, dont le verso est blanc, un avis *Au lecteur*, et la liste des *Acteurs* ; — 88 pages chiffrées pour le texte de la pièce, plus 1 feuillet à la fin, pour l'*Extrait du privilége*, et enfin 1 feuillet blanc qui doit correspondre avec le dernier feuillet imprimé pour compléter le cahier H.

Le privilège, accordé à P. Corneille, est daté du 24 mars 1666. Suit la mention : *Imprimée à Rouen aux dépens dudit sieur Corneille*. L'auteur déclare ensuite qu'il a cédé son privilège à Thomas Jolly, Guillaume de Luyne et Louis Billaine. Enfin on lit après le Privilège, au verso : *Acheuée d'imprimer, le 3. iour d'Avril 1666, par L. Maurry*. On voit des exemplaires avec le nom de Jolly, ou avec celui de Billaine, sur le titre. Il existe, sous la date de 1666, une contrefaçon mal imprimée, disposée comme l'originale et contenant le même nombre de pages. Dans le fleuron du titre (fleuron beaucoup plus petit que celui ci-dessus), on a dissimulé tant bien que mal les mots : *Sur l'imprimé*.

Cette tragédie fut représentée, au dire des frères Parfait (*Histoire du Théâtre Français*), à la fin d'avril 1666, et selon M. Émile Picot, dès le mois de février, par la troupe de l'Hôtel de Bourgogne. Elle n'eut pas de succès, ni auprès du public, ni auprès des lettrés, ainsi que le constate Boileau, avec une laconique cruauté, malgré ses sympathies pour Corneille.

Prix de l'édition originale : Vente Huillard (1870), rel. en v. f., 50 fr. — Vente Potier (1870), mar. r. par Chambolle-Duru, 155 fr. — Vente Didot (1878), mar. r., 95 fr. — Répertoire Morgand et Fatout (1878), rel. en basane ancienne, 100 fr. — Vente Bancel (1882), mar. r. par Thibaron, 160 fr. — Vente Guy-Pellion (1882), mar. bleu, par Cuzin, 155 fr.

Par Pierre Corneille.

In-12, composé de : 4 feuillets préliminaires non chiffrés, comprenant le titre dont le verso est blanc, une courte étude intitulée *Au lecteur*, sur le caractère d'Attila et sur la pièce, et la liste des *Acteurs* ; — 78 pages chiffrées pour le texte de la pièce, et l'*Extrait du privilége* qui occupe les deux tiers de la page 78.

Le privilège, accordé à Guillaume de Luyne, en date du 25 novembre 1666, est suivi de la déclaration de G. de Luyne, faisant part de son privilège à Jolly et Billaine. Enfin la page se termine par la mention : *Achevé d'imprimer pour la première fois le vingtième novembre 1667.* (Bibl. nat. Y. 5569 + 1. A. Réserve.)

ATTILA
ROY
DES HVNS,
TRAGEDIE.
Par T. CORNEILLE.

A PARIS,
Chez Guillaume de Luyne, Libraire Iuré, au Palais, dans la Salle des Merciers, sous la montée de la Cour des Aydes, à la Iustice.
M. DC. LXVIII.
Avec Privilége du Roy.

On remarque sur le titre reproduit ci-dessus et sur celui de quelques autres exemplaires, la lettre T, devant le nom de Corneille, au lieu de P. Cette faute n'existe que dans les premiers exemplaires tirés. Dans le titre qui a servi à faire le fac-similé ci-dessus, la boucle formant le P a été faite à la main, comme cela se voit dans plusieurs autres.

Les exemplaires de cette première édition portent sur le titre, tantôt le nom de Jolly, tantôt celui de Guil. de Luyne, ou celui de Louis Billaine. Cette tragédie fut représentée le 4 mars 1667, par la troupe de Molière. On trouve dans le *Registre de La Grange* imprimé, in-4°, p. 86, année 1667, la note suivante à ce sujet : « *Piece nou^{lle} de M. de Corneille l'aisné pour laquelle on luy donna 2000$^{#}$* (livres), prix faict. — *Vendredy 4me* (mars). — *Attila...* 1027$^{#}$ » (Recette.)

Malgré le jugement aussi sévère que laconique de Boileau, « *Après Attila, Holà!* » la première représentation, comme on le voit, produisit un bon chiffre, et les recettes furent assez fructueuses pendant plusieurs jours. La pièce eut, du reste, un certain nombre de représentations, environ vingt-cinq dans le courant de l'année, et deux devant le Roi, à Versailles.

Prix de l'édition originale : Vente Chedeau (1865), ex. relié en vélin, 120 fr. — Vente Bancel (1882), mar. r. par Thibaron-Echaubard, 155 fr. — Vente Guy-Pellion (1882), mar. bleu, par Cuzin, 155 fr.

Dans l'avis *Au Lecteur* qui précède cette pièce, Corneille inséra quelques lignes de réfutation de ce qui avait écrit à l'époque dans plusieurs ouvrages, contre le théâtre. « Au reste, dit-il, on m'a pressé de répondre ici par occasion aux invectives qu'on a publiées depuis quelque temps contre la comédie. Mais je me contenterai d'en dire deux choses, pour fermer la bouche à ces ennemis d'un divertissement si honnête et si utile : l'une, que je soumets tout ce que j'ai fait et ferai à l'avenir à la censure des puissances, tant ecclésiastiques que séculières, sous lesquelles Dieu me fait vivre ; je ne sais s'ils en voudraient faire autant ; l'autre, que la comédie est assez justifiée par cette célèbre traduction de la moitié de celles de Térence, que des personnes d'une piété exemplaire et rigide ont donnée au public, et ne l'auroient jamais fait, si elles n'eussent jugé qu'on peut innocemment mettre sur la scène des filles engrossées par leurs amants, et des marchands d'esclaves à prostituer. La nôtre ne souffre point de tels ornements. L'amour en est l'âme pour l'ordinaire ; mais l'amour dans le malheur n'excite que la pitié, et est plus capable de purger en nous cette passion que de nous en faire envie. »

Et plus loin : « J'espère un jour traiter cette matière plus au long et faire voir quelle erreur c'est de dire qu'on peut faire parler sur le théâtre toutes sortes de gens, selon toute l'étendue de leurs caractères. »

TITE ET BERENICE.

COMEDIE HEROIQUE.

Par P. CORNEILLE.

A PARIS,
Chez Loüis Billaine, au Palais, au second pillier de la grand' Salle, à la Palme, & au grand Cesar.

M. DC. LXXI.
AVEC PRIVILEGE DU ROY.

In-12, composé de : 4 feuillets préliminaires non chiffrés, comprenant le titre dont le verso est blanc, des extraits d'auteurs en latin, le *Privilége* et la liste des *Acteurs;* — 76 pages chiffrées, la dernière cotée par erreur 44. (Cependant cette faute n'existait pas dans l'exempl. de la vente Didot, 1878.)

Le Privilège accordé à Corneille, pour *Tite et Berenice* et une traduction de la *Thebayde de Stace,* est daté du « dernier jour de Decembre, l'an de grace mil six cens soixante-dix ». Il est suivi de la cession de droits pour *Tite et Bérénice,* aux libraires Thomas Jolly, Guillaume deLuyne et Louis Billaine. On lit ensuite la mention : *Achevé d'imprimer pour la première fois le 3. de Février 1671.* (Bibl. nat. Y. 5640. + A. Réserve.)

Cette tragédie fut représentée le 28 novembre 1670, par la troupe de Molière. La Grange relate ainsi cette représentation dans son *Registre,* édition imprimée in-4°, page 116, année 1670 : « Piece nouuelle de M. de Corneille l'aisné dont on luy a payé 2000#. — Vendredy 28. — Berenice... (Recette)... 1913# 10ˢ. Part... 143# 4ˢ. »

On sait que Corneille composa cette pièce d'après les conseils de Henriette d'Angleterre, qui avait aussi donné secrètement à Racine la même idée de composer une tragédie sur ce sujet. Les adieux de Titus et de Bérénice offraient, en effet, à cette princesse l'occasion de se rappeler de tendres souvenirs et les émotions discrètes d'une royale affection. (Voir les notes de M. Marty-Laveaux dans l'édition des *Œuvres de Corneille,* t. VII, p. 185-187.)

La pièce de Racine, terminée la première, avait été jouée huit jours avant celle de Corneille. L'une et l'autre eurent un grand succès de curiosité, qui se continua pendant un certain nombre de représentations. Celle de Corneille fut jouée vingt fois de la fin de novembre 1670 à Pâques 1671, ainsi que le constate La Grange.

Prix de l'édition originale : Vente Chedeau (1865), ex. non relié, 20 fr. — Vente Didot (1878), mar. rouge, 120 fr. — Vente Guy-Pellion (1882), mar. bleu, par Cuzin, 140 fr. — Vente Bancel (1882), mar. r. par Thibaron, 180 fr.

PULCHERIE COMEDIE HEROIQUE

A PARIS,
Chez Guillaume de Luyne, Libraire Juré, au Palais, dans la Salle des Merciers, sous la montée de la Cour des Aydes, à la Justice.

M. DC. LXXIII.
AVEC PRIVILEGE DV ROY.

Par P. Corneille.

In-12, composé de : 4 feuillets préliminaires non chiffrés, contenant le titre, une sorte d'historique ou argument de la pièce, intitulé : *Au lecteur*, le Privilège, au bas duquel on voit l'*achevé d'imprimer pour la première fois*, daté du *20 Janvier 1673*, et la liste des *Acteurs* ; — 72 pages chiffrées, la dernière complètement pleine, se terminant par les mots : *Fin du cinquiesme acte*. Le privilége est daté du 30 décembre 1672 et accordé à Guillaume de Luyne pour cinq années. (Bibl. nat. Y. 5832. Réserve.)

Pulchérie fut représentée le vendredi 15 novembre 1672, par les comédiens du Marais, avec peu de succès.

Prix de l'édition originale : Vente Potier (1870), ex. cartonné, 50 fr. — Vente Didot (1878), mar. rouge, ex. taché, 100 fr. — Vente Guy-Pellion (1882), mar. bleu, par Cuzin, 140 fr. — Vente Bancel (1882), mar. r. par Thibaron, 190 fr.

SURENA
GENERAL
DES PARTHES,

TRAGEDIE.

A PARIS,
Chez Guillaume de Luyne, Libraire
Juré, au Palais en la Salle des Merciers,
fous la montée de la Cour des
Aydes, à la Juftice.

M. DC. LXXV.
Avec Privilege du Roy.

Par P. Corneille.

In-12, composé de : 2 feuillets préliminaires pour le titre, dont le verso est occupé par l'*Extrait du Privilége,* un avis *au lecteur* et la liste des *Acteurs;* — 72 pages chiffrées pour le texte de la pièce.

Le Privilège accordé à Guillaume de Luyne, en date du 6 décembre 1674, est suivi de la mention : *Achevé d'imprimer pour la première fois le 2 Janvier 1675.* (Bibl. nat. Y. 5644. a. Réserve.)

Édition originale de la dernière pièce de Corneille, qui dut être representée vers le mois de novembre 1674, sans succès. Corneille renonça dès lors au théâtre.

Prix : Vente Didot (1878), mar. rouge, 115 fr. — Vente Guy-Pellion (1882), **mar.** bleu, par Cuzin, 140 fr. — Vente Bancel (1882), mar. r. par Thibaron-Echaubard, **175 fr.**

OEVVRES DE CORNEILLE

Premiere partie.

Imprimé à Roüen, & se vend
A PARIS,

Chez Antoine de Somma-
ville, en la Gallerie
des Merciers, à l'Escu
de France.
Et
Avgvstin Covrbé,
en la mesme Gallerie,
à la Palme.

Au Palais

M. DC. XLIV.

Un volume petit in-12, composé de : 4 feuillets préliminaires non chiffrés, comprenant le portrait de Corneille, le frontispice gravé, le titre imprimé, dont le verso est occupé par une table des *Pièces contenues en cette première partie,* l'avis *au lecteur;* — 654 pages chiffrées, plus 1 feuillet blanc nécessaire pour compléter le dernier cahier Iii, qui, sans cela, n'aurait que 3 feuillets.

La dernière page, 654, est terminée en bas, au-dessous d'un long filet, par cette mention : *Imprimé à Roüen par Laurens Maurry.*

Le portrait de Corneille est très beau et finement gravé par Michel Lasne; au-dessous on voit les armes du grand poète, entourées de cette légende : *Petrus Cornelius Rothomagensis,* et au-dessous : *Anno Dñi 1644 ML. fec.* Les lettres M L sont accolées en monogramme.

Le frontispice, gravé plus vigoureusement, représente deux Amours soutenant un écusson sur lequel on lit : OEvvres de Corneille. 1645.

La Bibliothèque nationale possède deux exemplaires de ce volume. L'un, porté sous le n° Y. 5512 + B., répond parfaitement à notre description ; l'autre, Y. 5512 + + B, est incomplet des deux gravures.

Première édition collective des OEuvres de Pierre Corneille, jouées et publiées jusqu'alors. Cet unique volume contient les huit premières pièces de Corneille, savoir : *Melite,* — *Clitandre,* — *la Vefve,* — *la Galerie du Palais,* — *la Suivante,* — *la Place Royale,* — *Médée* — et *l'Illusion comique.* On y voit de nombreuses corrections et des changements faits par le poète, ce qui donne un grand intérêt au recueil, qui est d'ailleurs le premier paru avec pagination suivie. Un libraire de Paris nous a signalé l'année dernière un recueil de format in-4°, contenant les mêmes pièces en éditions séparées, sans leurs titres ni les pièces préliminaires, avec un titre collectif seulement, daté de 1644. Mais comme le libraire, qui avait découvert le livre, ne l'avait plus en sa possession, et que l'acheteur mystérieux a tenu, paraît-il, à garder l'incognito, nous ne connaissons ni le recueil ni le possesseur actuel de cette curiosité. Jusqu'à nouvel ordre, nous rangeons la trouvaille curieuse de l'aimable libraire dans la catégorie du *merle blanc,* genre d'oiseau dont la description a été omise dans les ouvrages des plus minutieux naturalistes, quoiqu'il ait été immortalisé par un illustre poète, qui nous a d'ailleurs édifié sur la... blancheur de la *merlette!*

Le volume in-12, *Œuvres...* daté de 1644, que nous venons de décrire, ne contient ni *Privilége* ni *Achevé d'imprimer.* Il est probable que les libraires devaient les insérer dans un second volume, qu'ils avaient sans doute l'intention de publier, pour faire suite à celui qui précède, auquel ils avaient donné, comme on l'a vu, le titre de *première partie.* Mais pour un motif quelconque ce volume ne parut pas. On réunit bien, en 1647, sous un titre collectif (*Œuvres,* t. II), les pièces parues in-12 séparément et non comprises dans le volume de 1644. Mais ce ne fut qu'en 1648 que ces pièces furent jointes aux autres, au moyen d'un second volume, avec pagination suivie. (*Voir cette édition ci-après, p. 194-196.*)

Prix : Vente Chedeau (1865), mar. r., 505 fr. — Catal. Fontaine (1875), mar. r. doublé de mar. r. par Trautz, 3,000 fr. — Vente Guy-Pellion (1882), mar. doublé, par Thibaron, 1,450 fr. — Vente Rochebilière (1882), rel. en vél., 1,600 fr. — Répertoire Morgand et Fatout (1882), mar. doublé, par Trautz, 3,000 fr. — Vente Bancel 1882), avec le recueil de pièces de 1647, bel. ex. mar. doublé, par Trautz, 4,510 fr.

LES ÉDITIONS ORIGINALES
OEVVRES
DE
CORNEILLE
Premiere Partie.

Imprimé à Roüen, & se vend
À PARIS,
Chez Toussainct Qvinet,
au Palais, sous la montée de
la Cour des Aydes.

M. DC. XLVIII.
AVEC PRIVILEGE DV ROY.

2 volumes in-12, ainsi composés :

Première partie. 4 feuillets préliminaires non chiffrés, comprenant le portrait de Corneille, gravé par Michel Lasne, qui avait déjà paru dans le volume de 1644, et le frontispice gravé du même volume, toujours avec la date de 1645; le titre imprimé, au verso duquel est un sommaire des *Pièces contenues en cette première Partie*, l'avis *Au lecteur*; — 654 pages chiffrées, plus 1 feuillet non chiffré contenant la fin du *Privilège du Roy*.

Ce Privilège commence aux deux tiers environ de la page 654, et occupe encore les deux pages suivantes. Il est accordé à Augustin Courbé pour sept ans, en date du 25 février 1647. A la suite on voit une déclaration de Courbé, associant à ses droits Anthoine de Sommaville et Toussainct Quinet. On lit au-dessous la mention : *Acheué d'imprimer à Rouën par Laurens Maurry, ce 30. iour de Mars 1648.*

SECONDE PARTIE. (Titre semblable), 2 feuillets préliminaires non chiffrés, comprenant le titre, au verso duquel est un sommaire des *Poemes contenus en cette seconde Partie,* l'avis *Au lecteur;* — 639 pages chiffrées pour le texte des pièces, plus 3 pages non chiffrées pour le *Privilége du Roy*; et un feuillet blanc, nécessaire pour compléter le dernier cahier signé *Hhh.*

Le Privilège est le même que celui du premier volume. Il est suivi de la même déclaration de Courbé. On lit à la fin la mention : *Acheué d'imprimer à Roüen par Laurens Maurry, ce 31. iour de Septembre 1648* (quoique septembre n'ait que 30 jours).

Précieuse édition qui contient, pour la première fois sous une pagination suivie, les meilleures pièces de Corneille, depuis *le Cid* jusqu'à *la Suite du Menteur.* La *Première partie* est la reproduction textuelle, avec le même nombre de pages, du volume de 1644, décrit par nous, pages 192-193. Pourtant c'est une impression entièrement nouvelle, ainsi qu'on peut s'en rendre compte en comparant les deux textes en beaucoup d'endroits. Nous empruntons au très remarquable volume de M. Émile Picot (*Bibliographie cornélienne*) les observations minutieuses qu'il a faites à ce sujet, et que d'ailleurs nous avons pu vérifier dans les exemplaires que M. Daguin a bien voulu nous communiquer. L'exemplaire de la Bibliothèque nationale ayant été effrontément composé, par ou pour un ancien possesseur, de fragments de trois éditions différentes, celles de 1644, de 1648 et de 1652, n'a pu nous servir pour cette confrontation.

Page 11, 1re ligne :

Édition de 1644 : C'est en vain que l'ō fuit, tost ou tard on s'y brûle.
— 1648 : C'est en vain que l'*on* fuit, tost ou tard on s'y brûle (le mot *brûle* reporté à la ligne suivante).

Page 21, dernière ligne :

— 1644 : Pour vous *recompēser* du *temps* que vous perdez.
— 1648 : Pour vous *recompenser du tēps* que vous perdez.

Page 45 (1re ligne en *italiques*) :

— 1644 : Ie commence à m'estimer quelque chose puis ||
— 1648 : Ie commence à m'estimer quelque chose ||

Page 131, 2e ligne :

— 1644 : Mais vous monstrerez bien embrassant ma *defēce.*
— 1648 : Mais vous monstrerez bien embrassant ma *deffēce.*

Page 159, 1re ligne :

Édition de 1644 : Tu chercherois bien-tost moyen de t'en *desdire*.
— 1648 : Tu chercherois bien-tost moyen de t'en *dédire*.

Page 281, dernière ligne :

— 1644 : Du moins ces deux sujets balancent ton courage.
— 1648 : DORINANT.
Sçais-tu bien que c'est là justement mon visage ?

Il y a dans l'édition de 1648 deux lignes de plus, et l'accord ne se rétablit qu'au bas de la page 283.

Page 343, 1re ligne :

Édition de 1644 : Prenne ou laisse à son choix vn homme de merite.

Ce vers est le dernier de la page 342 dans l'édition de 1648, et la page 343 s'y termine par ce vers :

Allons chez moy, Madame, acheuer la iournée.

Page 527, 1re ligne :

Édition de 1644 : Contant nostre Hymenée entre vos *aduantures*.
— 1648 : Contant nostre Hymenée entre vos *auantures*.

Il existe d'autres différences, dont plusieurs se voient au bas des pages ; il serait trop long de les citer. Dans l'édition de 1644, la page 7, où commence *Melite*, est signée en bas Aiiij. Dans celle de 1648, elle n'est pas signée.

Cette *Première partie*, de 1648, pourrait encore être confondue avec celle d'une édition publiée en 1652, avec le même nombre de pages. Mais on les distinguera en observant que dans l'édition de 1648, les cahiers sont composés de 6 feuillets chacun (comme, du reste, dans l'édition de 1644), tandis que dans celle de 1652, chaque cahier se compose de 12 feuillets.

La *seconde partie* contient les sept pièces suivantes : *Le Cid*, — *Horace*, — *Cinna*, — *Polyeucte*, — *la Mort de Pompée*, — *le Menteur*, — et la *Suite du Menteur*. Corneille la fit précéder d'un avis *Au lecteur*, qui commence ainsi : « Voicy une seconde partie de pièces de theatre un peu plus supportables que celles de la première.... »

Prix de l'édition de 1648 : Vente Giraud (1855), mar. r. doublé, 256 fr. — Vente Solar (1860), le même ex., 1,015 fr. — Vente B*** (Bordes) en 1873, mar. r. par Capé, 1,105 fr. — Catal. Fontaine (1875), mar. r. doublé, riche rel. de Trautz, 4,000 fr. — Vente Bancel (1882), mar. r. doublé de mar. bl. par Trautz, 4,000 fr.

3 volumes et 1 plaquette, in-8°, ainsi composés (BIBL. NAT. Y. + 5510. Réserve :
I. PARTIE. xcviij pages préliminaires chiffrées, comprenant le frontispice gravé, le titre imprimé, dont le verso est occupé par une table des *Poëmes contenus en cette première Partie*, un avis *Au lecteur*, un *Discours de l'utilité et des parties du poëme dramatique*, un *Examen des Poëmes contenus en cette première Partie*; — 3 feuillets non chiffrés, comprenant le Privilège, le faux-titre de *Melite*, au verso duquel est la liste des *Acteurs* et la gravure; — 703 pages chiffrées pour le texte des pièces. Les gravures (une en tête de chaque pièce) comptent dans la pagination. La dernière page préliminaire chiffrée est cotée par erreur CXVIII, et une erreur semblable existe aux deux pages du verso des feuillets précédents.

LE THEATRE
DE
P. CORNEILLE.

Reveu & corrigé par l'Autheur.

I. PARTIE.

A ROVEN, Et se vend
A PARIS,
Chez THOMAS IOLLY, au Palais, dans la petite Salle, à la Palme, & aux Armes de Hollande.

M. DC. LXIV.
AVEC PRIVILEGE DV ROY.

Le Privilège en vertu duquel fut imprimée cette édition était celui de l'édition en trois volumes in-8°, qui avait paru en 1660, contenant pour la première fois les *Discours*.... et les *Examens* des pièces. Il était accordé « au sieur Corneille » pour neuf années, et daté ainsi : « Donné à Paris le .... iour de Ianvier, l'an de grace 1653. » (Le quantième du jour a été omis.)

On voit à la suite une déclaration de cession par Corneille à Augustin Courbé et Guillaume de Luyne; puis la mention : *Achevé d'imprimer pour la première fois en vertu des présentes, le 31 Octobre 1660, à Rouen, par Laurens Maurry*. Vient ensuite une autre déclaration de cession par Courbé « aux sieurs Thomas Jolly et Louys Billaine ». On lit au-dessous cette mention : *Et cette dernière édition achevée le 15 Aoust 1664, audit Rouen, par ledit Maurry.*

Ce volume contient : *Mélite, — Clitandre, — la Vefve, — la Galerie du Palais, — la Suivante, — la Place Royale, — Médée, — l'Illusion comique.*

Le frontispice gravé contient le titre dans un cartouche surmonté d'une couronne de lauriers tenue de chaque côté par un enfant. Ce frontispice, comme ceux des deux autres volumes ci-après, est daté de 1660; ils furent tous les trois, en effet, gravés pour l'édition portant cette date.

II. PARTIE. CXIV pages préliminaires chiffrées, comprenant le frontispice gravé, le titre imprimé, au verso duquel est la table des *Poëmes*, un *Discours de la tragedie...*; et un *Examen des Poëmes...*; — 3 feuillets non chiffrés pour le *Privilége* (le même que ci-dessus), le faux-titre du *Cid*, la liste des *Acteurs* et la gravure; — 720 pages chiffrées pour le texte des pièces. Les gravures placées en tête de chaque pièce comptent dans la pagination.

Le frontispice gravé, contenant le titre, est formé d'un cartouche surmonté d'une couronne de laurier, avec un enfant sonnant de la trompette, placé en support de chaque côté.

Ce volume contient : *le Cid, — Horace, — Cinna, — Polyeucte, — Pompée, — le Menteur, — la Suite du Menteur, — Théodore.*

III. PARTIE. XCI pages préliminaires chiffrées, comprenant le frontispice gravé, le titre imprimé, dont le verso est occupé par la table des *Poëmes...*, un *Discours des trois unitez, d'action, de jour et de lieu*, un *Examen des Poëmes...*, et le *Privilége*, plus une page blanche au verso; — 2 feuillets non chiffrés pour le faux-titre de *Rodogune*, avec la liste des *Acteurs* au verso et la gravure; — 743 pages chiffrées pour le texte des pièces, y compris les gravures (une en tête de chaque pièce) comptant dans la pagination.

Le Privilège est le même que celui des volumes précédents; mais l'achevé d'imprimer est daté, pour ce troisième volume, du « *quatorzieme*

Aoust mil six cens soixante-quatre... » Le frontispice gravé, contenant le titre, est simplement un cartouche surmonté d'une corbeille de fleurs.

Ce volume contient : *Rodogune*, — *Héraclius*, — *Andromède*, — *D. Sanche d'Aragon*, — *Nicomède*, — *Pertharite*, — *Œdipe*, — *la Toison d'Or*.

IV. Partie, datée de M. DC. LXVI (1666). 2 feuillets préliminaires non chiffrés, comprenant le titre imprimé, au verso duquel est la table des *Poëmes...*, l'*Extrait du Privilége* et la liste des *Acteurs*, de *Sertorius* ; — 252 pages chiffrées pour le texte des pièces ; — enfin trois gravures placées une en tête de chaque pièce et ne comptant pas dans la pagination.

L'*Extrait du Privilége* est ici daté du 3 décembre 1657. Il est suivi d'une déclaration de cession par Courbé aux autres libraires, comme nous l'avons dit à propos de la première partie ci-dessus. Il est suivi de l'*Achevé d'imprimer*, daté du *30 octobre 1665*.

Ce volume contient seulement trois pièces : *Sertorius*, — *Sophonisbe*, — *Othon*. Les deux gravures de *Sertorius* et de *Sophonisbe* sont signées L. Spirinx. Celle d'*Othon* est sans signature.

Les gravures de cette IVe partie n'existent que dans un très petit nombre d'exemplaires, auxquels elles ajoutent une valeur assez importante, à cause de leur rareté. M. Émile Picot pense que le volume a dû paraître originairement sans figures. Il est possible, en effet, que les gravures ne fussent pas prêtes au moment de la publication, et qu'ayant paru après, elles n'aient été ajoutées qu'à un nombre restreint d'exemplaires, appartenant à des bibliophiles soigneux. On attribue à ceux dans lesquels sont les gravures une valeur bien plus grande qu'aux autres.

Cette édition de 1664, en 4 volumes ou parties in-8°, est très importante, parce qu'elle donne pour la première fois, d'une façon plus complète, les modifications orthographiques que Corneille apporta dans ses œuvres, entre autres la distinction par un accent de l'*é* fermé avec l'*e* muet, de l'*i* voyelle et du *j* consonne, de l'*u* voyelle et du *v* consonne, de l'*s* ordinaire avec le *ſ* long, selon la place que cette dernière lettre occupe dans les mots. Déjà ce nouveau système d'orthographe avait été employé dans l'édition en 2 volumes in-folio datée aussi de 1664 (et 1663 pour quelques exemplaires) et imprimée dans le courant de l'année précédente. Mais les typographes, non habitués encore à ce système, avaient laissé subsister en beaucoup d'endroits, dans cette grande édition, l'orthographe ancienne. L'édition in-8° est déjà supérieure au point de vue de la correction, quoiqu'on y rencontre encore un certain nombre de mots non corrigés. Elle contient, comme l'in-folio, *la Toison d'or,* qui termine ici le IIIe volume. Enfin le IVe volume, paru deux ans plus tard, complète la série des pièces de Corneille, publiées jusqu'à ce moment-là.

PRIX : Vente Armand Bertin (1854), ex. avec les *Poëmes* de Th. Corneille, en tout 6 vol. mar. r. rel. ancienne, 140 fr. — Vente Solar (1860), le même ex., 485 fr. — Vente Didot (1878), le même ex. encore, mais cette fois avec une description faisant ressortir la valeur que lui donnait la présence des trois gravures du IVe volume qu'il contenait, et aussi la qualité de la reliure ancienne dont il était orné, 14,400 fr. — Catal. Fontaine (1878-79), le même ex., 18,000 fr., — et un autre ex. contenant aussi les trois gravures de la IVe partie (mais sans les *Poëmes* de Th. Corneille), mar. r. par Trautz, 5,500 fr. — Bulletin Morgand (1885), 4 vol. mar. r. doublé de mar. bleu, par Thibaron-Joly, 1,500 fr.

Exemplaires sans les gravures de la IVe partie : Vente Solar (1860), mar. r., 260 fr. — Catal. Fontaine (1875), 4 vol. mar. r. par Trautz, 1,200 fr. — Catal. du même libraire (1874), mar. r. doublé de mar. r. par Trautz, 2,000 fr. — Vente Benzon (1875), mar. v. par la veuve Niedrée, 760 fr. — Vente H. P. (Piquet, 1884), mar. r. par Trautz, 510 fr. — Bulletin Morgand (1884), mar. r. par Trautz, 1,000 fr.

A la suite de cette édition de Pierre Corneille, on publia les œuvres de son frère, en trois parties, portant les dates de 1665-1666, pour y être jointes. Ces œuvres portent le titre suivant :

POEMES || DRAMATIQUES || DE || T. CORNEILLE. || I. Partie (IIe Partie et IIIe Partie). || *A Roüen, Et se vendent* || *A Paris,* || *chez Guillaume de Luyne, Libraire Iuré,* || *au Palais, en la Gallerie des Merciers,* || *à la Iustice.* || M. DC. LXV (pour les tomes I et II) et M. DC. LXVI (pour le tome III). || *Avec Privilége du Roy.* La disposition du titre de ce dernier tome est aussi un peu différente de celle des autres.

On trouve aussi des exemplaires dont les titres portent ou le nom de Thomas Jolly ou celui de Louis Billaine, libraires que Guillaume de Luyne avait associés à ses droits.

Tous ces volumes contiennent des figures, comme celles des œuvres de P. Corneille, une pour chaque pièce. Et les tomes I et II sont ornés chacun d'un frontispice gravé, le premier daté de 1660 et le second daté de 1661.

LE THEATRE DE P. CORNEILLE.

Reveu & corrigé par l'Autheur.

I. PARTIE.

A PARIS,

Chez GUILLAUME DE LUYNE,
Libraire Juré, au Palais, en la Galerie des
Merciers, sous la montée de la Cour des
Aydes, à la Justice.

M. DC. LXXXII.
AVEC PRIVILEGE DV ROY.

4 volumes in-12, ainsi composés :

I. PARTIE. Frontispice gravé, et portrait de Corneille ; — 50 feuillets préliminaires ou 100 pages chiffrées jusqu'à *xcviij* (le dernier feuillet, contenant le faux-titre de *Mélite*, n'est pas paginé) ; — 586 pages chiffrées pour le texte des pièces et 1 feuillet non chiffré, contenant l'*Extrait du Privilége* au recto avec verso blanc.

Les feuillets préliminaires comprennent : le titre dont le verso contient le sommaire des POEMES *contenus en cette première partie,* un avis *Au lecteur,* un DISCOURS *de l'utilité, et des parties du poeme dramatique,* un EXAMEN *des Poëmes contenus en cette Première partie*, le faux-titre et la liste des *Acteurs* de *Mélite*.

Le Privilège, daté du 17 avril 1679, est accordé à Guillaume de Luyne, pour « *les Œuvres de theatre des sieurs Corneille frères* », pour dix années. On lit à la suite la mention : *Achevé d'imprimer pour la premiere fois, le 26 Février 1682*. Enfin, au bas de la page, se trouve une déclaration de cession par de Luyne à Estienne Loyson et Pierre Trabouillet. On trouve donc des exemplaires indistinctement au nom de l'un ou l'autre de ces libraires.

Le frontispice gravé représente une sorte d'apothéose du buste de Corneille, lequel est placé en haut, sur un piédestal et couronné par deux muses. Derrière et au-dessus est une Renommée soufflant dans sa trompette, autour de laquelle est enroulée une flamme avec le mot *Comédie* écrit au milieu ; le mot *Tragédie* est écrit sur une autre flamme attachée à une autre trompette qu'elle tient de la main droite. Au-dessous, sur le socle, se voit le titre : LE THEATRE DE P. CORNEILLE.

Le portrait représente Corneille dans le costume des premières années du règne de Louis XIV, avec perruque, calotte et rabat ; au-dessous est cette légende : *Pierre Corneille né à Rouen en l'Année* M. VI. C. VI.

II. PARTIE. Frontispice gravé ; cx pages préliminaires chiffrées, comprenant le titre, dont le verso est occupé par un sommaire des *Poemes...*, un *Discours de la tragédie...*, un *Examen des poemes...*; — 1 feuillet non chiffré contenant au recto le faux-titre du *Cid*, et au verso la liste des *Acteurs;* — 597 pages chiffrées pour le texte des pièces, plus, au verso, 1 page non chiffrée pour l'*Extrait du Privilége*.

Certains exemplaires n'ont que 596 pages chiffrées pour le texte des pièces, plus 1 feuillet au recto duquel est l'*Extrait du Privilége,* et dont le verso est blanc. Cela s'explique en ce que, dans le cours du tirage, Corneille supprima vingt vers à la fin de la scène V, de l'acte V de *Théodore,* ce qui nécessita un remaniement de la mise en pages du dernier cahier signé Bb. Dans ces sortes d'exemplaires, la dernière feuille est donc de second tirage.

Ici, l'*achevé d'imprimer* qui suit le *Privilége* est daté du *16 Février 1682*.

Le frontispice de ce volume représente un tableau allégorique, deux Amours sous des lauriers : l'un tient une draperie sur laquelle on lit : *Le Theatre de P. Corneille;* l'autre grave sur une pierre les armes de Corneille. Au-dessous, sur un piédestal, on lit cette inscription : *Reueu et corrige et augmenté de diuerses pieces nouuelles. 2. Partie.*

III. Partie. Frontispice gravé; LXXXIV pages chiffrées, comprenant le titre, au verso duquel est le sommaire des *Poëmes...*, un *Discours des trois unitez, d'action, de jour et de lieu*, un *Examen des Poëmes...*; — 618 pages chiffrées pour le texte des pièces, et 1 feuillet non chiffré contenant au recto l'*Extrait du Privilege* avec verso blanc. Ici l'*achevé d'imprimer* est daté, comme celui du volume précédent, du *16 Février 1682*.

Le frontispice représente la Vérité, debout sur une sphère et entourée de personnages en costumes orientaux; elle tient une banderolle sur laquelle on lit : *Le Theatre de P. Corneille*.

IV. Partie. Frontispice gravé, XXII pages préliminaires, contenant le titre, au verso duquel est le sommaire des *Poëmes...*, des préfaces pour toutes les pièces du volume; 1 feuillet pour le faux-titre de *Sertorius*, avec la liste des *Acteurs* au verso; — 591 pages chiffrées pour le texte des pièces, et 1 page non chiffrée pour l'*Extrait du Privilége*. A la suite l'*achevé d'imprimer* est daté du *26 Février 1682*.

Le frontispice représente Apollon, debout, entouré de personnages en costume de divers pays; au-dessous, un cartouche, entre deux masques, contient le titre : *Le Theatre de P. Corneille. 4. Partie*.

Les trois premiers volumes contiennent chacun huit pièces, les mêmes que nous avons désignées pour chaque volume correspondant de l'édition de 1664. (Voir ci-devant, p. 197-199.) Le quatrième volume de 1682, renferme aussi huit pièces : *Sertorius, — Sophonisbe, — Othon, — Agésilas, — Attila, — Tite et Bérénice, — Pulchérie, — et Suréna*.

Cette bonne édition mérite d'être recherchée, car c'est la dernière revue par Corneille, et on y trouve le texte définitivement adopté depuis. On rencontre rarement des exemplaires bien complets des frontispices.

On y joint ordinairement les POEMES DRAMATIQUES DE T. CORNEILLE, publiés en 1682, en 5 volumes in-12, pour faire suite aux œuvres de Pierre, comme cela avait été fait pour l'édition de 1664-1666, décrite ici. (Voir ci-devant, p. 197-200.)

PRIX : Catal. Fontaine (1875-77-79), mar. r. par Chambolle-Duru, 650 fr. — Vente Guy-Pellion (1882), rel. en v. m., 375 fr. — Bulletin Morgand (1883), mar. r. par Cuzin 650 fr. — Bulletin Morgand (1887), superbe ex. mar. r. doublé de mar. r., rel. anc. de Boyet, 10,000 fr.

LES PROVINCIALES

OV

LES LETTRES ESCRITES

Par

LOUIS DE MONTALTE,

A

VN PROVINCIAL DE SES AMIS,

&

AVX RR. PP. IESVITES:

Sur le sujet de la Morale, & de la Politique de ces Peres.

A COLOGNE,
Chés PIERRE de la VALLEE,
M. DC. LVII.

Première édition des Lettres Provinciales, par Blaise Pascal.

Recueil in-4°, ainsi composé : 4 feuillets préliminaires contenant le titre, l'*Advertissement*, suivi d'un *Rondeau aux RR. PP. Jésuites ;* — *première lettre,* 8 pages ; — *deuxième lettre,* 8 pages ; — *Response du Provincial aux deux premieres lettres,* formant 1 page, et *troisième lettre,* ensemble 8 pages ; — *quatrième lettre,* 8 pages ; — *cinquième lettre,* 8 pages ; — *sixième lettre,* 8 pages ; — *septième lettre,* 8 pages ; — *huitième lettre,* 8 pages ; — *neuvième lettre,* 8 pages ; — *dixième lettre,* 8 pages ; — *onzième lettre,* 8 pages ; — *douzième lettre,* 8 pages ; — *Réfutation de la réponse à la douzième lettre,* 8 pages ; — *treizième lettre,* 8 pages ; — *quatorzième lettre,* 8 pages ; — *quinzième lettre,* 8 pages ; — *seizième lettre,* 12 pages ; — *dix-septième lettre,* 8 pages (ou quelquefois 12 pages, comme nous allons l'expliquer ci-après) ; — *dix-huitième lettre,* 12 pages. (Bibl. nat., Inv. 4045 à 4048.)

Toutes ces lettres, parues séparément d'abord, furent réimprimées plusieurs fois en peu de temps dans diverses imprimeries clandestines pour dérouter les recherches ; et comme elles se vendaient « sous le manteau » pour éviter les foudres de l'Église, les divers exemplaires composés ensuite sous le titre ci-dessus sont assez peu homogènes. Il est difficile d'accorder une priorité d'impression à chacune de ces lettres, et les différents exemplaires nou semblent avoir le même intérêt et la même valeur. Cependant la *dix-septième lettre,* entre autres, présente à la fin une particularité à noter. Dan tous les exemplaires, on lit, au bas de la dernière page, la mention :

« Mon R. P., si vous auez peine à lire cette lettre, pour n'estre pas en assez beau caractère, ne vous en prenez qu'à vous-même. On ne me donne pas des priuileges comme à vous. Vous en auez pour combattre jusqu'aux miracles, ie n'en ai pas pour me defendre. On court sans cesse les imprimeries. Vous ne me conseilleriez pas vous-même de vous écrire davantage dans cette difficulté. Car c'est un trop grand embarras d'estre reduit à l'impression d'Osnabruk. »

Or cette dernière page est quelquefois la huitième et quelquefois la douzième. Dans les exemplaires en 12 pages, en plus gros caractères, on lit, avant la mention ci-dessus, ces quelques mots formant une ligne :

« *Et dans la copie imprimée à Osnabruck est en ce lieu ce qui suit.* »

Cette « copie imprimée à Osnabruck » est vraisemblablement l'édition en 8 pages, qui, dans ce cas, aurait paru la première.

Tous les recueils composés sous le titre ci-dessus sont factices, et il n'existe pas une édition in-4° publiée avec pagination suivie à cette date. Malgré la composition un peu différente des exemplaires assez nombreux qui nous ont passé sous les yeux, nous avons remarqué que le titre est toujours exactement le même. Il n'en fut imprimé qu'un seul.

La publication des *Provinciales* souleva une violente polémique dans le clergé, et on noircit à cette occasion beaucoup de papier blanc. On trouve souvent des pièces parues à ce propos, jointes aux recueils formés soit au XVIIe siècle, soit de nos jours, et si ces pièces n'en augmentent guère la valeur pour les bibliophiles, elles contribuent à en accroître l'intérêt pour les gens studieux.

Parmi les pièces de cette polémique, deux des plus intéressantes, une réfutation faite par le P. Annat, jésuite, intitulée : *La bonne foy des Jansenistes, en la citation des auteurs, reconnue dans les Lettres au Provincial, par le P. F. Annat,* Paris, Florentin Lambert, 1656, in-4°, et la lettre de défense, *Lettre au R. P. Annat, sur son escrit...,* attribuée à P. Nicole, méritent particulièrement d'attirer l'attention.

Un exemplaire curieux qui figurait au catalogue Auguste Fontaine (1878-1879), contenait 48 pièces ajoutées. Outre les deux que nous venons de signaler, on y voyait encore, entre autres, les suivantes : *Censures pour l'apologie des casuistes, par les archevêques de Rouen, de Bourges, de Bordeaux, etc.* — *Advis de MM. les curez de Paris....* (par Ant. Arnauld et P. Nicole). — *Factum pour les curez de Paris....* — *Factum pour les curez de Rouen...* — *Bref du Pape Innocent X contre les Jansénistes.* — *Bref du Pape Alexandre VII...* — *Sentence du prévôt de Paris condamnant la lettre du cardinal de Retz.* — *Apologie pour les Jésuites...* — *Lettre d'un docteur à un abbé au sujet des Provinciales.... etc. etc.*

Prix : Vente Solar (1860), ex. en mar. rel. anglaise, 81 fr. — Vente Sainte-Beuve (1870), ex. rel. anc. en veau, 91 fr. — Catal. Fontaine (1879), ex. rel. en veau fauve, ayant appartenu au fameux Nicole et annoté par lui, 1,200 fr. — et un autre bel ex. sans le titre collectif, mais augmenté de bon nombre de pièces et formant 2 vol. rel. en mar. br. par Trautz, 1,500 fr. — Vente S. de Sacy (1879), bel ex. de la réunion des lettres originales, sans titre général, rel. en mar. v. par Trautz, 300 fr. — Vente Guy-Pellion (1882), autre ex. des lettres réunies, sans titre, rel. en mar. par Thibaron, 165 fr. — Répertoire Morgand et Fatout (1882), ex. en mar. r., rel. par Trautz, 600 fr

In-12 composé de 41 feuillets préliminaires non chiffrés, titre compris, 365 pages chiffrées pour le texte, et 10 feuillets non chiffrés, contenant la *Table des matières*, à la fin du volume.

Les feuillets préliminaires comprennent le titre, dont le verso est blanc, la *Préface* (31 feuillets), les *Approbations de Nosseigneurs les Prélats* (11 pages), la *Table des titres* (3 pages), l'*Extrait du Privilége* (1 page), les *Fautes à corriger* (1 page), l'*Avertissement* (2 pages).

Le Privilège avait été donné le 27 décembre 1666, « au sieur Perier, conseiller du Roy en sa cour des Aydes de Clermont-Ferrand, pour faire imprimer un livre intitulé : *Les Pensées de Monsieur Pascal sur la Religion et sur quelques autres sujets*, durant le temps de cinq ans... ». L'extrait est ici suivi d'une déclaration de cession, par le sieur Perier, à Guillaume Desprez, libraire. Après l'enregistrement

PENSEES
DE
M. PASCAL
SUR LA RELIGION,
ET SUR QUELQUES
AUTRES SUJETS,

Qui ont esté trouvées aprés sa mort parmy ses papiers.

A PARIS,
Chez Guillaume Desprez,
ruë Saint Jacques à Saint Prosper.

M. DC. LXIX.
Avec Privilege & Approbation.

sur le Livre de la Communauté des Libraires, en date du 7 janvier 1667, on lit la mention : *Achevé d'imprimer pour la premiere fois le 2. Ianvier 1670.* (Bibl. nat., Inv. D. 21375.)

Édition *princeps*, publiée par les soins d'Artus Gouffier, duc de Roanez.

Tous les exemplaires connus jusqu'à ce jour de cette édition portent la date de 1670, sauf l'exemplaire de la Bibl. nat., Inv. D. 21374. Réserve, lequel, comme on le voit par notre fac-similé ci-dessus, est daté de 1669. Cet exemplaire est dans sa vieille reliure en veau brun. On n'y trouve pas les *Approbations des Prélats*, ni le *Privilége*, ni les *errata*, ni la *Table des titres* au commencement, ni les derniers feuillets de la *Table des matières*, à la fin. Cette différence de date et ces omissions permettent de supposer que l'exemplaire en question, dans lequel évidemment rien n'a pu être arraché, fut relié à la hâte, avant la mise en vente, pour être soumis soit à la censure du lieutenant de police, soit à l'approbation des évêques. Une remarque toute matérielle, que nous avons faite, peut encore ajouter du crédit à cette supposition. Dans cet exemplaire, beaucoup de feuillets sont maculés, ce qui indique qu'il a été relié alors que l'impression était encore fraîche.

Les autres exemplaires composant l'édition ne furent livrés au public que lorsque les approbations eurent été accordées. Or la première en date, des Approbations, est du 9 août 1669; le texte était donc imprimé à cette époque, comme aussi quelques exemplaires du titre probablement et avec la date de 1669 sans aucun doute. La dernière en date est du 24 novembre 1669. Il restait à faire imprimer ces approbations avant de mettre l'édition en vente. S'il existait d'autres exemplaires datés de 1669, ils devaient donc vraisemblablement être composés comme celui de la Bibliothèque nationale.

L'*Achevé d'imprimer* n'étant daté que du 2 janvier 1670, il était naturel que l'édition portât la date de 1670. On ne connaît jusqu'à présent qu'un exemplaire daté de 1669, celui de la Bibliothèque nationale, que nous avons décrit ci-dessus.

Un autre motif qui avait contribué à retarder la mise en vente, c'est que la censure ecclésiastique exigea certaines modifications dans le texte; et le livre étant imprimé, on ne put opérer ces modifications qu'en réimprimant les feuillets censurés et en collant les nouveaux feuillets corrigés ou *cartons* sur des onglets laissés à cet effet en enlevant les anciens. L'éditeur en profita pour faire aussi quelques corrections.

L'exemplaire de la Bibliothèque nationale daté de 1669 ayant échappé à cette censure, nous avons pu relever les passages incriminés ou non corrigés, et nous les donnons ci-après, en les comparant au nouveau texte.

TEXTE PRIMITIF (de 1669).	TEXTE CORRIGÉ (de 1670).
PAGE 75. — Si c'est un aveuglement surnaturel de vivre sans chercher ce qu'on est...	PAGE 75. — Si c'est un aveuglement qui n'est pas naturel de vivre sans chercher ce qu'on est...
(*Au bas de cette page, on voit deux petits fragments de fleuron.*)	(*Au bas de cette page il n'y a pas de fleuron.*)

PAGE 85. — ... les Babiloniens...

ID. — Et cependant ce Testament fait pour aveugler les uns et éclairer les autres marquoit en ceux mesmes qu'il aveugloit la verité qui devoit estre connüe des autres.

ID. — ... donner...

PAGE 141. — JESUS-CHRIST est venu aveugler ceux qui voyent clair, & donner la veüe aux aveugles ; guerir les malades, & laisser mourir les sains ;...

PAGE 145. — On n'entend rien aux ouvrages de Dieu si on ne prend pour principe, qu'il a voulu aveugler les uns, & éclairer les autres.

PAGE 146. — Que Dieu n'avoit point d'égard à la posterité charnelle d'Abraham.

PAGE 147. — Je dis que le sabbat n'estoit qu'un signe ; institué en mémoire de la sortie d'Egypte. Donc il n'est plus necessaire, puisqu'il faut oublier l'Egypte. Je dis, que la circoncision n'estoit qu'une figure ;..

PAGE 148. (*Au bas de la page.*) — Que les sacrifices des Juifs deplaisent à Dieu. (*Ce paragraphe est ainsi complet, en deux lignes, et termine la page.*)

PAGE 150. — *Le chapitre* XX *commence ainsi, après le titre :* J'admire avec quelle hardiesse quelques personnes entreprennent de parler de Dieu, en adressant leurs discours aux impies. Leur premier chapitre est de prouver la Divinité par les ouvrages de la nature. Je n'attaque pas la solidité de ces preuves ; mais je doute beaucoup de l'utilité et du fruit qu'on en veut tirer ; & si elles me paroissent assez conformes à la raison, elles ne me paroissent pas assez conformes, et assez proportionnées à la

PAGE 85. — ... les Babyloniens...

ID. — Et cependant ce Testament fait de telle sorte qu'en eclairant les uns il aveugle les autres marquoit en ceux mesmes qu'il aveugloit, la verité qui devoit estre connüe des autres.

ID. — ... donner...

PAGE 141. — JESUS-CHRIT (*sic*) est venu afin que ceux qui ne voyoient point vissent, et que ceux qui voyoient devinssent aveugles : il est venu guerir les malades, & laisser mourir les sains ;...

PAGE 145. — On n'entend rien aux ouvrages de Dieu, si on ne prend pour principe, qu'il aveugle les uns, et éclaire les autres.

PAGE 146. — Que Dieu n'avoit point d'égard au peuple charnel qui devoit sortir d'Abraham.

PAGE 147. — (*Tout le paragraphe ci-contre a été supprimé.*)

Je dis, que la circoncision estoit une figure ;...

PAGE 148. — Que les sacrifices des Juifs déplaisent à Dieu et non seulement des méchans Juifs, mais qu'il ne se plaist pas mesme en ceux des bons... (*Ce paragraphe contient en tout dix lignes, dont trois sont en haut de la page 149.*)

PAGE 150. — *Le chapitre commence ainsi, après le titre :* La plupart de ceux qui entreprennent de prouver la Divinité aux Impies, commencent d'ordinaire par les ouvrages de la nature, & ils y reüssissent rarement, je n'attaque pas la solidité de ces preuves consacrées par l'Escriture sainte : elles sont conformes à la raison, mais souvent elles ne sont pas assez conformes, et assez proportionnées à la disposition de l'esprit de ceux pourqui elles sont destinées.

disposition de l'esprit de ceux pour qui elles sont destinées.

Car il faut remarquer...

PAGE 221. — ... & deffense de croire à tous faiseurs de miracle, et de plus ordre...

PAGE 222, et ensuite PAGE 223. — *Si opera non fecissem in eis quæ nemo alius fecit, peccatum non haberent.* Il s'ensuit donc, qu'il jugeoit que ses miracles estoient des preuves certaines de ce qu'il enseignoit, et que les Juifs avoient obligation de le croire. Et en effet c'est particulièrement les miracles qui rendent les Juifs coupables dans leur incrédulité. Car les preuves que JESUS-CHRIST et les apôtres tirent de l'Escriture ne sont pas demonstratives. Ils disent seulement, que Moïse a dit, qu'un Prophete viendroit; mais ils ne prouvent pas par là que ce soit celuy-là; & c'estoit toute la question. Ces passages ne servent donc qu'à monstrer qu'on n'est pas contraire à l'Escriture, et qu'il n'y paroist point de repugnance, mais non pas qu'il y ait accord. Or cela suffit, exclusion de repugnance avec miracles.

Les propheties ne pouvoient pas prouver JESUS CHRIST pendant sa vie. Et ainsi on n'eust pas esté coupable de ne pas croire en luy avant sa mort, si les miracles n'eussent pas suffi sans la doctrine. Or ceux qui ne croyoient pas en luy encore vivant estoient pecheurs, comme il le dit luy-mesme, et sans excuse. Donc il falloit qu'ils eussent une demonstration à laquelle ils resistassent. Or ils n'avoient pas des preuves suffisantes dans l'Escriture, les propheties n'estant pas encore accomplies. Donc ils suffisent quand la doctrine n'est pas manifestement contraire, & on doit y croire.

Car il faut remarquer...

PAGE 221. — ... et deffense de croire à tous faiseurs de miracles qui leur enseigneroient une doctrine contraire, & de plus ordre...

PAGE 222, et ensuite PAGE 223. — *Si opera non fecissem in eis quæ nemo alius fecit, peccatum non haberent. Si je n'avois fait parmy eux des œuvres que jamais aucun autre n'a faites, ils n'auroient point de peché.*

Il s'ensuit donc, qu'il jugeoit que ses miracles estoient des preuves certaines de ce qu'il enseignoit, & que les Juifs avoient obligation de le croire. Et en effet c'est particulièrement les miracles qui rendoient les Juifs coupables dans leur incredulité. Car les preuves qu'on eust pu tirer de l'Escriture pendant la vie de JESUS CHRIST n'auroient pas été demonstratives. On y voit, par exemple, que Moyse a dit, qu'un Prophete viendroit; mais cela n'auroit pas prouvé que JESUS CHRIST fust ce Prophete, & c'estoit toute la question. Ces passages faisoient voir qu'il pouvoit estre le Messie, & cela avec ses miracles devoit determiner à croire qu'il l'estoit effectivement.

Les propheties seules ne pouvoient pas prouver JESUS-CHRIST pendant sa vie. Et ainsi on n'eust pas esté coupable de ne pas croire en luy avant sa mort, si les miracles n'eussent pas été decisifs. Donc les miracles suffisent quand on ne voit pas que la doctrine soit contraire, et on doit y croire.

Jesus-Christ a vérifié qu'il estoit le Messie, jamais en verifiant sa doctrine sur l'Escriture ou les propheties, & toûjours par ses miracles.

C'est par les miracles que Nicodême...

Après ce paragraphe, en haut de la page suivante, on lit :

Page 224. — Quand donc on voit les miracles & la doctrine non suspecte tout ensemble d'un costé, il n'y a pas de difficulté. Mais quand on voit les miracles et la doctrine suspecte du mesme costé, alors il faut voir lequel est le plus clair des miracles ou de la doctrine. Et c'est encore icy une des regles pour discerner les miracles, qui est fondée sur ce principe immobile, que Dieu ne peut induire en erreur.

Il y a un devoir réciproque...

Page 245. — *Fin du premier paragraphe :* ... « en attendant que Dieu la leur donne par sentiment du cœur, sans quoy la foy est inutile pour le salut. »

Page 246 (ligne 13ᵉ). — ... « reflexion légère... »

Jesus-Christ a prouvé qu'il estoit le Messie, en verifiant plûtost sa doctrine & sa mission par ses miracles que par l'Escriture & par les propheties.

C'est par les miracles... *Ce paragraphe est pareil; à la suite on lit, au bas de la page 223 et page 224 :*

Page 223 (*au bas*).—Ainsi quand mesme la doctrine seroit suspecte comme celle de Jesus-Christ pouvoit l'estre à Nicodême, à cause qu'elle sembloit détruire les traditions des Pharisiens, s'il y a des miracles clairs & évidens du mesme costé, il faut que l'evidence du miracle l'emporte sur ce qu'il y pourroit avoir de difficulté de la part de la doctrine, ce qui est fondé sur ce principe immobile que Dieu ne peut induire en erreur.

Il y a un devoir reciproque...

Page 245. — *Fin du premier paragraphe :* ... en attendant que Dieu la leur imprime luy mesme dans le cœur, sans quoy la foy est inutile pour le salut.

Page 246 (ligne 13ᵉ)... « reflectiom (*sic*) legere... »

Page 293. *Le passage suivant ne se trouve que dans l'exemplaire de première émission; après la fin du premier paragraphe :* « Ils ont voulu estre l'objet du bonheur volontaire des hommes », *on lit :*

« J'ay passe long-temps de ma vie, en croyant qu'il y avoit une justice ;
« & en cela je ne me trompois pas ; car il y en a selon que Dieu nous l'a
« voulu réveler. Mais je ne le prenois pas ainsi, et c'est en quoy je me trom-
« pois ; car je croyois que nostre justice estoit essentiellement juste, et que
« j'avois de quoy la connoistre, & en juger. Mais je me suis trouvé tant de
« fois en faute de jugement droit, qu'enfin je suis entré en defiance de moy,
« & puis des autres. J'ay veu tous les païs, & tous les hommes changeans.
« Et ainsi après bien des changemens de jugement touchant la veritable
« justice, j'ay connu que nostre nature n'estoit qu'un continuel change-
« ment ; & je n'ay plus changé depuis ; & si je changeois, je confirmerois
« mon opinion. »

Il n'existe plus aucune trace du passage que nous venons de citer dans les exemplaires ordinaires. Aussitôt après les mots : « Ils ont voulu estre l'objet du bonheur volontaire des hommes », *vient le paragraphe commençant ainsi :* « Que l'on a bien fait de distinguer... » *Ce paragraphe suit immédiatement, dans le premier tirage, le passage que nous venons de citer.*

Cette suppression a causé un remaniement des deux pages suivantes et le chapitre XXIX, qui se terminait, dans le premier tirage, au tiers de la page 295, se termine, dans les exemplaires corrigés, à moitié de la page 294, où il est suivi d'un cul-de-lampe typographique. Le chapitre XXX commence donc dans le premier tirage au tiers de la page 295 et dans le deuxième tirage en haut de cette même page.

TEXTE PRIMITIF.	TEXTE CORRIGÉ.
PAGE 295. — Le chapitre XXX est intitulé : « Pensées sur la mort. »	PAGE 295. — Le chapitre XXX est intitulé : « Pensées sur la mort, qui ont esté extraittes d'une lettre écritte par Monsieur Pascal sur le sujet de la mort de Monsieur son Père. »
PAGE 299. — Pour cela il faut recourir à la personne de JESUS-CHRIST ; car tout ce qui est dans les hommes est abominable : & comme Dieu ne considere les hommes que par le mediateur JESUS-CHRIST, les hommes aussi ne devroient regarder...	PAGE 299. — Pour cela il faut recourir à la personne de JESUS-CHRIST ; car comme Dieu ne considere les hommes que par le mediateur JESUS-CHRIST, les hommes aussi ne devroient regarder...
PAGE 336. — Lors qu'on ne sçait pas la verité d'une chose, il n'est pas mauvais qu'il y ait une erreur commune qui fixe l'esprit des hommes ;...	PAGE 335 (au bas) ET PAGE 336. — Lorsque dans les choses de la nature, dont la connoissance ne nous est pas necessaire, il y en a dont on ne sçait pas la vérité, il n'est peut estre pas mauvais qu'il y ait une erreur commune qui fixe l'esprit des hommes...
PAGE 337. — JESUS-CHRIST, & saint Paul ont l'ordre de la charité, non de l'esprit ; car ils vouloient echaufer, non instruire. Saint Augustin de mesme. Cet ordre consiste principalement...	PAGE 337. — JESUS-CHRIST, & saint Paul ont bien plus suivy cet ordre du cœur qui est celuy de la charité que celuy de l'esprit ; car leur but principal n'estoit pas d'instruire, mais d'echaufer. Cet ordre consiste principalement...
PAGE 354. — ... de sorte que leur vie doit estre une penitence continuelle, sans laquelle ils deviennent injustes et pécheurs. Ainsi...	PAGE 354. — ... de sorte que leur vie doit estre une penitence continuelle, sans laquelle ils sont en danger de dechoir de leur justice. Ainsi...

Pendant longtemps on avait considéré, comme l'édition originale des *Pensées de Pascal*, celle de 1670 dont le texte contient 334 pages. M. Potier, en signalant l'édition de 1669 que nous venons de décrire, fut le premier, en 1870, dans son catalogue, que nous eûmes la satisfaction de rédiger, à détruire cette opinion erronée. Il est évident, en effet, que la vraie édition originale de 1670 ne peut être que celle dont le texte correspond le plus exactement avec celle de 1669, c'est-à-dire l'édition en 365 pages, sur laquelle nous venons de relever les passages qui précèdent, sous la dénomination : Texte corrigé.

Prix : La valeur de l'édition de 1669 est évidemment considérable ; mais on ne peut la fixer, même approximativement, puisque l'unique exemplaire connu n'a pas subi le feu des enchères. Voici les divers prix atteints par l'édition originale datée de 1670 : Vente Potier (1870), ex. rel. en mar. par Trautz-Bauzonnet, 320 fr. — Catal. Fontaine (1875), mar. par Trautz, 500 fr., et mar. par David, 200 fr. — Vente Renard (1881), mar. par Chambolle-Duru, 226 fr. — Vente Guy-Pellion (1882), rel. en veau brun, 120 fr. — Bulletin Morgand (1884), rel. en veau, 250 fr. — Bulletin Morgand (1887), très bel ex. rel. en mar. brun par Trautz, 500 fr.

Ce premier recueil de *Pensées*, de Pascal, ne vit le jour que sept ans après sa mort, arrivée le 19 août 1662. L'auteur les avait écrites sans ordre aucun, sur des feuilles détachées ; elles furent réunies par les solitaires de Port-Royal, et l'éditeur de 1669-1670 en publia seulement une partie. Plusieurs éditions parues au XVIIe siècle renferment de notables additions. Celle de 1687, entre autres, en 2 volumes in-12, beaucoup plus complète que les précédentes, fut donnée par Mme Périer, sœur de Pascal, qui y ajouta une biographie de son frère. Dans cette *Vie de Pascal*, Mme Périer raconte que l'auteur des *Lettres provinciales* fut converti par la miraculeuse guérison de sa nièce. Cette dame ajoute quelques détails relatifs à de prétendus supplices que Pascal s'imposait pour éviter le péril des conversations mondaines, et parle « d'une ceinture de fer pleine de pointes qu'il se mettait à nu sur la chair ». Ce sont là des puérilités difficiles à admettre de la part d'un esprit aussi peu fanatique que Pascal ; ou si elles étaient vraies, elles justifieraient cette curieuse appréciation de J. Barbey d'Aurevilly sur l'auteur des *Pensées :* « ... ce qui lui donne une originalité incomparable.... c'est un sentiment..... et ce sentiment, c'est la peur !.... La peur de Pascal était digne de son âme et de son esprit. Elle pouvait exister sans honte, car c'était la peur du seul être avec lequel on puisse bien n'être pas brave ; c'était la peur de Dieu !.. »

LE ROMAN BOVRGEOIS.

OVVRAGE COMIQVE.

A PARIS,
Chez THOMAS IOLLY, Libraire Iuré,
au Palais, en la Salle des Merciers, à la
Palme, & aux Armes d'Hollande.

M. DC. LXVI.
AVEC PRIVILEGE DV ROY.

Par FURETIÈRE.

In-8°, composé de :
1 frontispice gravé, 6 feuillets préliminaires non chiffrés, comprenant le titre, dont le verso est blanc, un *Advertissement du Libraire, au Lecteur*, un *Extraict du Priuilege du Roy*, suivi de l'*Acheué d'imprimer* ; — 700 pages chiffrées pour le texte.

Le Privilège, daté du « 13. iour du mois de mars 1666 », est accordé « à l'Autheur du Liure intitulé : *Le Roman Bourgeois* », pour cinq ans. Il est suivi d'une déclaration de cession par l'auteur à Claude Barbin, et d'une association de Claude Barbin avec Thomas Jolly, Louis Billaine, Denis Thierry et Théodore Girard. (On trouve des exemplaires indistinctement avec l'un ou l'autre de ces noms sur le titre.)

A la fin du Privilège on lit : *Acheué d'imprimer pour la première fois, le cinquième Nouembre 1666*. (BIBL. NAT. Y². 802, sans frontispice.)

Première édition. Le frontispice gravé représente une des scènes mouvementées du roman. Il n'est pas signé. En haut, dans un cartouche allongé, de chaque côté duquel est un masque, on lit ces mots : LE ROMAN BOURGEOIS. On voit, à la page 672, cette dédicace curieuse d'un des personnages du roman au bourreau : *A tres-haut et tres-redouté Seigneur Iean Guil-*

laume, dit S. Aubin, Maistre des Hautes-Œuvres de la Ville, Preuosté et Vicomté de Paris. Cette épître, qui occupe dix pages, est fort intéressante.

Un des exemplaires de la Bibliothèque de l'Arsenal (14755. B. L.) nous a semblé être tiré sur papier plus grand et plus fort que l'autre. Peut-être y eut-il des exemplaires sur grand papier?

Prix : Vente Solar (1860), ex. rel. en veau fauve, 35 fr. — Vente de Béhague (1880), mar. r. par Hardy, 196 fr. — Vente Renard (1881), ex. mar. r. par Chambolle, 240 fr. — Vente Bancel (1882), rel. anc. en veau fauve, par Padeloup, 310 fr.

Ouvrages de Mademoiselle de Montpensier

In-8°, composé de : 8 feuillets préliminaires non chiffrés, savoir : feuillet blanc, nécessaire pour compléter le premier cahier, 1 feuillet pour le titre (reproduit ci-contre), dont le verso est blanc, 4 feuillets pour une épître dédicatoire en prose « A Madame de Pontac, premiere Presidente de Bourdeaux », non signée, 2 feuillets pour une autre épître dédicatoire en prose « A Monseigneur de Bussillet, seigneur de Messimieu », non signée ; — 166 pages chiffrées pour le texte.

LA RELATION
DE
L'ISLE IMAGINAIRE,
ET
L'HISTOIRE
DE LA PRINCESSE
DE
PAPHLAGONIE.

M. DC. LIX.

La *Relation de l'Isle imaginaire* se termine à la page 59 ; la page 60 est blanche, le feuillet suivant est entièrement blanc et forme les pages 61-62, le recto du feuillet qui vient ensuite contient le faux titre de l'*Histoire de la*

Princesse de Paphlagonie, et le verso est blanc (ce feuillet forme les pages 63-64); le texte de *la Princesse de Paphlagonie* occupe les pages 65-166, c'est-à-dire la fin du volume. (BIBL. NAT. Lb. ^{37}. 3290.)

Édition originale qui fut imprimée à Bordeaux et publiée par les soins de Segrais. Dans le *Segraisiana,* édition de la Haye (1722), p. 154 et 196, on lit qu'il n'en fut tiré qu'une centaine d'exemplaires, distribués par Mademoiselle à des amis. Ce volume est rare d'ailleurs et se vend cher.

A la Bibliothèque Nationale, on conserve un exemplaire curieux. Sur le titre on voit la signature « LA FORCE », qui doit être celle de Mademoiselle Charlotte-Rose de Caumont de La Force, auteur de plusieurs ouvrages, entre autres de l'*Histoire secrète de Navarre.* Sa signature est précédée de ces mots écrits de sa main : « *Par Mademoiselle fille de Gaston Monsieur.* » La même signature se retrouve sur le premier feuillet de garde.

A la fin du volume se trouve une *clef,* écrite également de la main de Mlle de La Force, et donnant les véritables noms des personnages de l'*Histoire de la Princesse de Paphlagonie.* Cette clef mérite un certain crédit, car Mlle de La Force a connu les personnages en question. Si elle était encore enfant (elle avait cinq ans) lorsque parut le volume, en 1659, elle fut de bonne heure dame de compagnie de Mme de Guise, presque familière de Mme de Maintenon et par conséquent dut être au courant des faits et gestes de la cour et des salons à la mode de l'époque, puisqu'elle vécut au milieu de cette société dans laquelle Mlle de Montpensier avait pris les héros de son livre. D'ailleurs, nous voyons encore à la Bibliothèque nationale un autre exemplaire dans lequel se trouvent deux clefs anciennes, également manuscrites, de deux écritures différentes et qui concordent toutes deux avec celle de Mlle de La Force.

Dans le *Segraisiana,* édition que nous venons de citer, on trouve aussi la clef de quelques-uns des noms employés : « Sous des noms empruntés, elle (Mademoiselle) y a mêlé beaucoup de choses satiriques contre les dames de la cour... Les personnages ne sont pas inventés à plaisir : la princesse de Paphlagonie, c'est Mlle de Vandy, Cyrus, M. le Prince ; la princesse Parthénie, Mme de Sablé; la reine des Amazones, Mademoiselle elle-même... »

PRIX : Vente Solar (1860), bel ex. de Mlle de Montpensier, mar. r., 381 fr. (Voir ci-après à la vente Roger.) — Vente du baron J. Pichon (1869), mar. r. rel. ancienne aux armes du comte d'Hoym, 600 fr. — Vente Guy-Pellion (1882), mar. citron, rel. de Trautz, 670 fr. — Vente du comte Roger (du Nord), en 1884, précieux exemplaire de l'auteur, Mademoiselle de Montpensier, rel. en mar. r., à ses armes, 2,850 fr.

DIVERS PORTRAITS

IMPRIME'S EN L'ANNE'E
M. DC. LIX.

Divers Portraits, par Mademoiselle DE MONTPENSIER et plusieurs personnages de sa cour.

In-4°, composé de : 8 feuillets préliminaires non chiffrés, comprenant un frontispice gravé, le titre imprimé reproduit ci-dessus, une épître en prose, non signée : « A Mademoiselle », un avis de *l'Imprimeur au Lecteur* et la *Préface;* — 342 pages chiffrées pour le texte des portraits, dont quelques-uns sont en vers ; — 1 feuillet complètement blanc des deux côtés ; — 5 pages non chiffrées pour la *Table des Portraits* et une page non chiffrée pour les *Fautes survenues à l'impression.*

Première édition très belle et parfaitement imprimée. Le frontispice, très bien gravé, mais non signé, représente une Renommée tenant dans chaque main une trompette, à laquelle est attachée une *flamme*. D'un côté on lit le titre : *Divers portraits,* et de l'autre côté on aperçoit sur la flamme les armes de Mademoiselle.

S'il faut en croire une note ancienne que nous trouvons sur le titre d'un exemplaire de la BIBLIOTHÈQUE NATIONALE, coté Lb [37]. 187, ce volume aurait été imprimé à Caen, et sa grande rareté actuelle s'expliquerait à cause du petit nombre d'exemplaires auquel le livre fut tiré. Voici la note en question, qui doit être du commencement du XVIIIe siècle : « A Caen par ordre et aux depens de Mademoiselle sous les yeux et par les soins de M. Daniel Huet depuis Euesque d'Auranches. Il n'en a esté tiré que 60 exemplaires. On scait cette particularité de M. Huet luy mesme qui la dit en 1718 à un de ses amis. »

En effet, la Bibliothèque nationale possède un autre exemplaire, qui porte sur les plats les armes de Daniel Huet, avec son *ex libris* à l'intérieur de la garde.

A côté se trouve un troisième exemplaire, très précieux également, relié en veau, avec les armes de Mademoiselle de MONTPENSIER sur les plats.

Cette première édition contient 59 notices ou portraits mentionnés à la table, dans l'ordre de pagination. 14 de ces portraits furent écrits par Mademoiselle de Montpensier. Ce ne sont pas les moins intéressants.

La table ne se retrouve plus dans l'édition in-8° en 2 volumes, que nous décrivons sous le numéro suivant.

PRIX. Les exemplaires de l'édition originale in-4° sont si rares qu'il n'en est passé qu'un en vente publique, à notre connaissance, depuis bon nombre d'années. A la vente D** C** (Delbergue-Cormont), en 1883, un bel ex. relié en veau ancien, 1,300 fr.

RECÜEIL
DES
PORTRAITS
ET
ELOGES
EN VERS ET EN PROSE.
DEDIE'
A SON ALTESSE ROYALLE
MADEMOISELLE.

A PARIS,
Chez CHARLES DE SERCY,
ET
CLAVDE BARBIN, au Palais.
M. DC. LIX.
AVEC PRIVILEGE DV ROY.

2 volumes ou parties in-8°, se composant ainsi :

1er VOLUME (sans tomaison). 16 feuillets préliminaires non chiffrés, comprenant un frontispice gravé, le titre imprimé reproduit ci-dessus et dont le verso est blanc, une épître en prose « A Son Altesse royale Mademoiselle », signée des libraires C. DE SERCY et C. BARBIN, la *Préface,* un avis intitulé : *Les Libraires au Lecteur,* et l'*Extraict du Privilége;* — 456 pages chiffrées pour le texte des Portraits, tant en prose qu'en vers.

2e VOLUME (avec la mention SECONDE PARTIE), formant la suite de la pagination, de 457 à 912, non compris le titre imprimé, dont le verso est blanc.

Le Privilège, qui n'existait pas dans la grande édition in-4° décrite par nous sous le numéro précédent, est ici daté du 12 octobre 1658. Il est accordé à Charles de Sercy, cédant moitié de son droit à Claude Barbin. Puis vient la mention : *Acheué d'imprimer le 25. Ianuier 1659*.

Le frontispice, composé et finement gravé par Fr. Chauveau, dont il porte la signature dans l'angle du bas à gauche, représente en perspective un des grands salons ou la grande galerie du Palais, avec trois rangées superposées de portraits accrochés de chaque côté. En haut, les armes de Mademoiselle de Montpensier. Au fond, le buste de Louis XIV, avec ces mots sur le socle : *Ludovicus XIII. Franc. Rex.* Au bas, dans un cartouche, on lit le titre : *La Galerie des Peintures, ou Recueil des Portraits en vers et en prose*. Ce frontispice a été employé dans une ou deux autres éditions postérieures. (Voir l'édition in-8° décrite ci-dessus, à la BIBL. NAT. Lb. 37. 188.)

Cette édition contient beaucoup plus de portraits que la première (environ cent notices ou portraits en totalité), et le texte est changé en un certain nombre d'endroits. Quelques portraits ne se retrouvent plus. Au catalogue Rochebilière (1882) figurait un exemplaire dans sa vieille reliure en veau, auquel se trouvait jointe une *clef* imprimée contenant 4 pages, qui est fort rare, intitulée : *La Clef des noms des Portraits qui sont abregez dans la Galerie des Peintures, ou le recueil des Portraits et Eloges en Vers et en Prose*.

PRIX de cette édition : Vente L. de M. (Lebeuf de Montgermont), en 1876, ex. en 2 volumes, rel. en mar. vert avec dorures, par Capé, 600 fr. — Catalogue Fontaine (1879), précieux exemplaire, en 1 volume, rel. anc. en mar. r., aux armes de MADEMOISELLE DE MONTPENSIER, et portant la signature de Charles de Lorraine, ami intime de Mademoiselle, 18,000 fr. Il provenait de la vente Turner (1878), où il avait été adjugé 14,000 fr. — Vente Rochebilière (1882), ex. médiocre, anc. rel. en veau, avec la clef imprimée, 90 fr.

Le merveilleux exemplaire de la grande MADEMOISELLE et de CHARLES DE LORRAINE, que nous venons de signaler, fait partie de la magnifique bibliothèque de M. le baron de LA ROCHE-LACARELLE. Il serait difficile d'en rencontrer un autre offrant le même attrait, à moins de trouver, s'il existe, celui qui porterait la signature du duc de LAUZUN !

L'EVNVQVE.
COMEDIE.

A PARIS,
Chez AVGVSTIN COVRBE', au Palais, en
la Gallerie des Merciers, à la Palme.

M. DC. LIV.
AVEC PRIVILEGE DV ROY.

L'Eunuque, comédie en vers, par La Fontaine.

In-4º, composé de : 4 feuillets préliminaires non chiffrés, comprenant le titre ci-dessus, dont le verso est blanc, l'*Advertissement au lecteur* et la liste des *Personnages;* — 149 pages chiffrées pour le texte de la pièce, et 3 pages non chiffrées pour le *Privilege.*

Le privilège, accordé à Courbé pour une *Comedie françoise intitulée l'Eunuque, faite par le sieur de La Fontaine,* en date du 23 juin 1654, est donné pour dix ans et signé Conrart.

Il est suivi de la mention : *Acheué d'imprimer pour la premiere fois le dix-septième Aoust mil six cens cinquante-quatre.* (Bibl. nat. Y. 5762. E. Réserve ; et Bibliothèque de M. Daguin.)

Édition originale de cette œuvre de jeunesse de La Fontaine, qui est une traduction, ou plutôt une imitation de Térence. Elle est imprimée en caractères italiques, et on voit en tête de chacun des cinq actes un large fleuron style Renaissance. Ce fleuron est le même pour les actes II à V. Celui du premier acte est différent des autres. Cette pièce est fort rare.

M. Walckenaër, dans son *Histoire de la vie et des ouvrages de La Fontaine,* a apprécié très judicieusement cette comédie, qui fut mise à la scène sans succès : « La Fontaine ne s'était point proposé, ainsi qu'il le déclare dans sa préface, de reproduire l'*Eunuque* de Térence, il voulut seulement l'imiter. Son ouvrage est en même temps une traduction trop libre et une imitation trop servile ; c'est une comédie ancienne avec des formes modernes : elle manque, par conséquent, de vraisemblance ; elle est froide et sans intérêt ; le style, quoique assez passable, est loin de donner une idée du naturel exquis et de l'élégante simplicité de l'auteur latin. » Du reste, La Fontaine dit lui-même avec franchise dans son *avertissement :* « Ce n'est ici qu'une médiocre copie d'un excellent original.... c'est une faute que j'ai commencée; mais quelques-uns de mes amis me l'ont fait achever : sans eux elle auroit été secrète et le public n'en auroit rien su. »

Prix : Vente Walckenaër (1853), rel. en veau, par Simier, 110 fr. — Vente Bertin (1854), le même ex. rel. depuis en mar. r. par Duru, et malgré cela moins cher, 71 fr. — Vente Solar (1860), mar. r. par Hardy, 135 fr. — Vente Didot (1878), très bel ex. grand de marges (ce qui est rare), veau fauve, par Thouvenin, 440 fr. — Vente Guy-Pellion (1882), mar. r. par Hardy, ex. de Solar, 100 fr. — Catal. Durel (avril-mai-juin 1887), ex. rel. en veau marb., 140 fr.

Par La Fontaine.

Petit in-12 composé de : 12 pages préliminaires, dont 11 chiffrées, comprenant le titre, dont le verso est blanc, un *Advertissement*, le conte *le Cocu battu et content*, occupant les pages 5 à 11, le *Privilége* (12ᵉ page non chiffrée); 60 pages pour le texte de *Joconde ou l'infidélité des femmes* occupant les pages 1 à 32), et *la Matrone d'Ephese* (conte en prose, imité de Pétrone, par Saint-Évremond), occupant les pages 33 à 60. En résumé, au total 36 feuillets, comme l'indique Brunet.

L'*Extrait du Privilége* accordé à Claude Barbin, pour « La Joconde et la Matrone d'Ephese », est daté du 14 janvier 1664. Il est suivi de la mention : *Acheué d'imprimer* ʻe 10. *Décembre 1664*. Les *Exemplaires ont esté fournis*.

NOVVELLES EN VERS
TIREE DE BOCACE ET DE L'ARIOSTE.

Par M. de L. F

A PARIS,
Chez Clavde Barbin, vis à vis le Portail de la Sainte Chapelle, au signe de la Croix.

M. DC. LXV.
AVEC PRIVILEGE DV ROY.

Éditio princeps des premiers contes de La Fontaine. Elle est si rare qu'il n'en a été signalé jusqu'à ce jour que deux exemplaires, celui qui se trouvait à la vente du fameux libraire L. Potier (Paris, 1870, nº 1019) et celui qui nous a servi pour notre description et pour la reproduction du titre ci-dessus. (Bibl. nat. Y. 5290. Réserve.)

Le premier de ces exemplaires fait partie actuellement de la merveilleuse bibliothèque de M. le comte de Lignerolles. Nous nous en rendîmes acquéreur pour son compte à la vente L. Potier, au prix de 2,850 francs, non compris les frais. Cette précieuse plaquette atteindrait sans doute un prix encore beaucoup supérieur maintenant.

CONTES
ET
NOVVELLES
EN VERS.
DE M. DE LA FONTAINE.

A PARIS,
Chez CLAVDE BARBIN, vis à vis
le Portail de la Sainte Chapelle,
au signe de la Croix.

M. DC. LXV.
AVEC PRIVILEGE DV ROY.

Petit in-12, contenant 11 pages préliminaires chiffrées, y compris le titre et la *Préface* (laquelle occupe les pages 3 à 11), et une page blanche ; — 92 pages chiffrées pour le texte, plus 2 pages non chiffrées pour l'*Extrait du privilége* et l'*Achevé d'imprimer*. Le privilège, accordé à Claude Barbin pour « *La Joconde* », est daté du 14 janvier 1664, comme dans le petit recueil précédent.

La page cotée 92 contient un quatrain intitulé *Envoy*, formant 8 lignes (2 lignes pour chaque vers), suivi d'un cul-de-lampe composé d'une tête style Renaissance entourée d'un ornement en forme d'urne. La dernière page non chiffrée qui suit le privilège ne contient que 3 lignes : *Achevé d'imprimer le 10 Ianuier 1665.* — *Les exemplaires ont esté fournis.* Ici il n'y a pas de cul-de-lampe.

L'*Extrait du privilége* mentionné ci-dessus est le même et porte la même date que celui du petit volume *Nouvelles en vers tirées de Bocace et de l'Arioste*, décrit par nous ici sous le numéro précédent. La seule différence consiste en ce que dans les *Nouvelles* il est donné pour *La Joconde* et aussi pour *la Matrone d'Ephese* (ce dernier conte de Saint-Evremond), tandis que dans les *Contes et nouvelles en vers*, il est accordé pour *La Joconde* seulement. On peut voir, d'après les fac-similés ci-dessus, que le fleuron du titre est le même aussi pour l'un et l'autre volume.

Cette édition contient 12 contes, une *Ballade* et un *Envoy*.

La **Préface** débute ainsi : « *J'avois resolu de ne consentir à l'impression de ces contes, qu'apres que j'y pourrois joindre ceux de Bocace qui sont plus a mon goust ; mais quelques personnes m'ont conseillé de donner des a present ce qui me reste de ces bagatelles ; afin de ne pas laisser refroidir la curio-*

sité de les voir qui est encore en son premier feu. Je me suis rendu à cét avis sans beaucoup de peine; et j'ay crû pouuoir profiter de l'occasion... »
(Bibl. nat. Y. 5290. b. Réserve.)

Prix : Vente Solar (1860), bel ex. relié avec la 2ᵉ partie décrite ci-après, mar. doublé, par Trautz, 490 fr., — et ex. des deux mêmes parties, mar., par Duru, 250 fr. — Chacun de ces ex. vaudrait dix fois plus aujourd'hui. — A la vente Rochebilière (1882), un bel ex. des deux parties réunies, rel. anc. en veau, a atteint le prix de 4,500 fr. — Bulletin Morgand (1883), les deux parties, rel. en bas., bel ex., 3,500 fr.

Petit in-12, composé de : 11 pages préliminaires chiffrées, comprenant le titre, dont le verso est blanc, la Préface (pages 3 à 11) et une page blanche ; — 160 pages chiffrées pour le texte des contes ; — enfin 3 pages non chiffrées pour le Privilège et l'achevé d'imprimer.

Le privilège, accordé à Claude Barbin, spécialement pour cette *Deuxième partie,* est daté du 30 octobre 1665. A la suite se trouvent la déclaration de cession par Barbin à Louis Billaine, et la mention: *Acheué d'imprimer pour la premiere fois, le 21 Ianvier 1666.*

La date M. DC. XLVI, du titre (voir ci-contre) est erronée ; les chiffres X et L ont été transposés. Il faut lire M. DC. LXVI (1666). Dans les exemplaires qui portent sur le titre le nom de *Louis Billaine, au Palais, dans la grand'Salle, à la Palme, et au grand César,* on remarque la même faute de date. D'ailleurs, le nom et l'adresse du libraire constituent l'unique différence qui existe entre les deux sortes d'exemplaires. (Bibl. nat. Y. 5290. b et d. Réserve.)

DEVXIESME PARTIE
DES
CONTES
ET NOVVELLES
EN VERS
De M. DE LA FONTAINE.

A PARIS,
Chez Clavde Barbin, au Palais, sur le second Perron de la Ste Chapelle.

M. DC. XLVI.
AVEC PRIVILEGE DV ROY.

Cette deuxième partie contient *treize* contes, et la Préface débute par une déclaration qui pouvait faire supposer que ce seraient les derniers. En effet, nous transcrivons les premières lignes de cette préface : « *Voici les derniers ouvrages de cette nature qui partiront des mains de l'Auteur ; et par consequent la derniere occasion de iustifier ses hardiesses, et les licences qu'il s'est données .....* » Serment de poète ! qui ne devait pas être tenu, car l'auteur devait faire paraître d'autres contes, supérieurs sinon en talent, au moins en nombre à ceux déjà publiés.

PRIX : (Voir à la fin de l'article précédent.)

CONTES
ET
NOVVELLES
EN VERS.
De M. DE LA FONTAINE.

A PARIS,
Chez CLAVDE BARBIN, au Palais, fur le fecond Perron de la Sainte Chappelle.

M. DC. LXVII.
AVEC PRIVILEGE DV ROY.

In-12, composé de : 6 feuillets préliminaires (formant 12 pages chiffrées), comprenant le titre, dont le verso est blanc, et la *Préface* ; — 92 pages chiffrées pour le texte des contes, plus 2 pages non chiffrées, pour l'*Extrait du Privilége du Roy*, et l'*Achevé d'imprimer*.

Le Privilège en date du 14 janvier 1664, et signé PUCELLE, est accordé à Claude Barbin, pour « *la Joconde* ». Il est suivi de la mention : *Achevé d'imprimer le 10. Janvier 1665*. Cette mention est reportée en haut de la page suivante et est suivie seulement de ces mots : *Les exemplaires ont esté fournis*. (BIBL. NAT. Y. 5290. E 1-2. Réserve.)

Cette édition n'est autre que celle de 1665, décrite dans l'avant-dernier article ci-devant, mais avec un nouveau titre. On trouve également la *Deuxième partie* décrite ci-dessus, avec un nouveau titre daté de 1667.

PRIX des deux parties de 1667 réunies : Vente Solar (1860), mar., par Duru,

93 fr. — Vente Potier (1870), mar., par Simier, 330 fr. — Vente Lebeuf de Montgermont (1876), mar., par Trautz, 1,200 fr. — Vente Guy-Pellion (1882), mar. doublé, par Thibaron, 700 fr. — Répertoire Morgand et Fatout (1882), mar., par Duru, 2,500 fr.

In-12, composé ainsi : 6 feuillets préliminaires, non chiffrés, comprenant le titre, reproduit ci-dessus, dont le verso est blanc, la *Préface*, la *Table*; — 249 pages chiffrées, plus 1 page non chiffrée pour l'*Extrait du Privilége*.

A la fin du privilège, accordé à Claude Barbin, en date des 20 octobre 1665 et 6 juin 1667, on voit une déclaration de Barbin, associant à ses droits Louis Billaine et Denys Thierry, libraires à Paris. On trouve donc des exemplaires portant sur le titre l'un ou l'autre de ces noms, et malgré cela en tout semblables. (BIBL. NAT. Y. 5291. A. Réserve.)

Voici la composition du texte de cette édition. Elle reproduit d'abord textuellement (pages 1 à 62) les contes qui font partie du recueil paru en 1665, sous le titre *Contes et nouvelles en vers...* (voir ci-devant, page 224), avec la *Préface*, qui compte dans les feuillets préliminaires décrits ci-dessus. — Ensuite (pages 63 à 71 non chiffrées et 72 à 188 chiffrées), on trouve la réimpression pure et simple de la *Deuxiesme partie...* parue en 1666, avec la *Préface*. (Voir

CONTES
ET
NOUVELLES
EN VERS.
De M. DE LA FONTAINE.

A PARIS,
Chez LOUYS BILLAINE, dans la grand'
Salle du Palais, au second Pillier,
à la Palme, & au Grand Cesar.

M. DC. LXIX.
AVEC PRIVILEGE DV ROY.

ci-devant, pages 225-226.) Enfin, et c'est ce qui la rend intéressante, on y voit quatre contes nouveaux, savoir : *l'Hermite...,* — *Mazet de Lamporechio,* — *les Frères de Catalogne,* — *la Coupe enchantée* (fragment) ; et de plus la *Dissertation sur la Joconde,* par Boileau. Les trois premiers avaient déjà paru, avec un texte parfois un peu différent, dans un recueil imprimé en Hollande, portant la rubrique : *Amsterdam, Verhoven,* 1668 et aussi 1669; mais la présente version est la première authentique.

Quant à *la Coupe enchantée,* ce conte se retrouve, augmenté, dans l'édition de 1671 (troisième partie) que nous décrivons ci-après. Mais l'auteur y ayant fait d'importantes modifications, il est intéressant de voir la version originale, dans la présente édition de Paris, 1669. Transcrivons la note dont La Fontaine fait suivre ici le fragment :

« *Sans l'impression de Holande j'aurois attendu que cet ouvrage fust achevé, avant que de le donner au public; les fragmens de ce que je fais n'estant pas d'une telle consequence que je doive croire qu'on s'en soucie. En cela et en autre chose cette impression de Holande, me fait plus d'honneur que je n'en merite. J'aurois souhaité seulement que celui qui s'en est donné le soin, n'eust pas ajousté qu'il sçait de tres bonne part que je laisseray cette Nouvelle sans l'achever. C'est ce que je ne me souviens pas d'avoir jamais dit, et qui est tellement contre mon intention que la premiere chose à quoy j'ai dessein de travailler, c'est cette Coupe enchantée.* »

Or l'édition de Hollande (ou plutôt de Belgique) que visent ces réflexions est celle qui a pour titre : *Contes et nouvelles* en vers de M. de La Fontaine. Nouvelle édition, reveuë et augmentée de plusieurs contes du mesme auteur et d'une dissertation sur la *Joconde. A Leyde, chez Jean Sambix le jeune* (A la Sphère), 1668 et aussi 1669. (BIBL. NAT. Y. 5291. B. Réserve.) Cette jolie édition, imprimée à Bruxelles par Foppens, et digne d'être jointe à la collection des Elzevier, contient en effet le fragment en question de *la Coupe enchantée,* suivi de cette note de l'éditeur : « *Je ne vous aurois pas donné cette nouvelle imparfaite comme elle est, si je n'avois sçeu de bonne part que son illustre auteur n'est pas dans le dessein de l'achever. Mais en quelque estat qu'elle soit, vous devez toujours m'en estre obligé, puisque son Prologue est tenu, par les plus éclairés, comme un chef-d'œuvre.* » Dans cette édition de Sambix (1668 et 1669), avaient aussi paru les quatre contes signalés ci-dessus par nous comme nouveaux et la *Dissertation sur la Joconde.*

Quelques exemplaires de l'édition de Paris, Billaine, 1669, contiennent une particularité bizarre. A la fin du conte *la Servante justifiée*, page 119, lequel se termine ainsi : *Vous en tenez, ma commère m'amie,* on a ajouté (en guise de moralité?) deux autres vers aussi détestables comme structure qu'ils sont obscènes, et qu'on a eu soin d'imprimer en caractères italiques. Inutile de dire que ces vers sont trop mauvais pour être de La Fontaine.

PRIX : Vente Solar (1860), rel. en veau f., 73 fr. — Catal. Fontaine (1875), mar., par Trautz, 600 fr. — Vente Didot (1878), mar., par Lortic, 190 fr. — Le même ex. coté au répertoire Morgand et Fatout (1882), à 350 fr. — Vente Guy-Pellion (1882), mar., par Chambolle, 150 fr. — Bulletin Morgand (1883), mar. r. par Trautz, 300 fr.

CONTES
ET
NOVVELLES
EN VERS.
De M. DE LA FONTAINE.
TROISIESME PARTIE.

A PARIS,
Chez CLAUDE BARBIN, au Palais, sur le Perron de la sainte Chapelle.

M. DC. LXXI.
AVEC PRIVILEGE DV ROY.

In-12, composé de : 2 feuillets préliminaires, savoir, un feuillet blanc et le titre, dont le verso est blanc ; — 211 pages chiffrées, pour les contes, et 1 page non chiffrée pour l'extrait du Privilège.

Cet *Extrait du Privilége* rappelle ceux donnés à Claude Barbin, aux dates du 20 octobre 1665, du 6 juin 1667, du 2 mars 1668, pour les « Œuvres en vers du sieur de La Fontaine mises en *Fables, Contes et autres* », et il y est fait mention de la cession « de moitié desdits Priviléges à Denys Thierry ». A la fin on lit : *Achevé d'imprimer pour la première fois le 27. jour de Janvier 1671.*

Cette édition originale de la troisième partie des Contes de La Fontaine contient quatorze pièces, savoir : 13 contes nouveaux et une sorte de poème mythologique intitulé *Climène,* comédie. (BIBL. NAT. Y. 5292. Réserve.)

« La Fontaine y inséra, dit M. Walckenaër, des pièces auxquelles on ne peut donner le titre de contes, entre autres *Le Different* (sic) *de Beaux Yeux et de Belle Bouche,* et *Clymène,* qu'il intitule comédie, tout en disant qu'elle se rapproche du genre du conte. La première pièce est évidemment de la même espèce que celle des *Arrêts d'Amour ;* la seconde n'est ni un conte, ni une comédie, ni une pastorale : c'est une petite pièce mythologique, dont les neuf Muses sont les personnages ; c'est une composition pleine d'esprit et de délicatesse, mais qui malheureusement a ce point de ressemblance avec quelques-uns des contes de ce volume, de contenir des détails trop libres et des images trop voluptueuses.... Il n'y a pas de doute que cette Clymène ne doive son origine à quelque aventure galante de La Fontaine, qui, sous le nom d'Acante, s'est fait un des interlocuteurs de la pièce. »

Parmi les pièces de ce nouveau recueil, on retrouve *la Coupe enchantée,* qui avait déjà paru dans l'édition de Paris, 1669, et dans l'édition de Hollande, Sambix, 1668 et 1669. Mais dans le volume de 1671, qui nous occupe actuellement, ce conte est augmenté de près du double, et il est encore modifié en plusieurs endroits. On n'y revoit plus, par exemple, le dialogue entre *Eraste* et *Caliste,* qui termine le fragment paru en 1669, ni une dizaine de vers qui, dans ce fragment, commençaient ainsi : « *Pour venir à ce que j'ay dit...* » La nouvelle version est certainement beaucoup supérieure à l'ancienne, et il ne faut rien regretter des vers omis, mais il est curieux de les comparer ; de même qu'il est intéressant de lire la note que l'auteur avait placée à la fin du fragment, dans l'édition de 1669. (Voir notre article précédent.)

PRIX : Vente du baron J. Pichon (1869), rel. en vél. (avec deux autres parties de peu de valeur), 290 fr. — Vente Rochebilière (1882), rel. anc. en v. br., 630 fr.

NOVVEAVX CONTES

DE MONSIEVR DE LA FONTAINE.

A MONS,

Chez Gafpar Migeon Imprimeur.

M. DC. LXXIV.

Petit in-8°, contenant en tout 168 pages chiffrées, y compris le titre, dont le verso est blanc. (BIBL. NAT. Y. 5292. A. Réserve.)

Cette édition comprend la quatrième partie originale des Contes de La Fontaine, selon le classement adopté par l'auteur, ou en réalité la cinquième partie, en comptant, ainsi que nous le faisons, l'édition de 1669 comme indispensable pour former la série complète de ces contes.

On n'y trouve ni table ni Privilège. Malgré la rubrique de *Mons, Gaspar Migeon,* mise sur le titre pour dérouter les recherches de la censure, c'est évidemment le produit d'une presse française; l'impression doit en avoir été faite dans une ville de province. M. Claudin croit qu'elle sort des presses de Multeau, à Reims, ou de Bouchard, à Châlons. (*Catal. Rochebilière, n° 154.*) Jusqu'alors La Fontaine n'avait pas eu à s'occuper de pareilles précautions, puisque tous ses recueils précédents avaient obtenu le privilège royal. Mais il n'en avait pas été de même pour cette série nouvelle de ses ouvrages *badins,* et en 1675, le 5 avril, une sentence fut rendue par le lieutenant de police de La Reynie, pour interdire la vente de ce volume, « attendu

« que ce petit livre est imprimé sans aucun privilége ni permission, qu'il se
« trouve rempli de termes indiscrets et malhonnêtes, et dont la lecture ne
« peut avoir d'autre effet que celui de corrompre les bonnes mœurs et
« d'inspirer le libertinage. »

Cette nouvelle série de contes, la dernière publiée par La Fontaine, en tant qu'ensemble, contient dix-sept contes nouveaux, y compris *Janot et Catin*, pièce en 8 stances « composée (dit l'éditeur du recueil) en vieil stile, à
« la manière du Blazon des Fausses amours, et de celui des Folles Amours,
« dont l'auteur est inconnu ; il y en a qui les attribuent à l'un des Saint-
« Gelais. Ie ne suis point de leur sentiment et je crois qu'ils sont de Crétin. »

Ces attributions sont erronées, car on sait que « *le Grant Blason de faulses amours* » est de « frère Guillaume Alexis, religieux de lyre et prieur de Busy ». (Voir l'édition de ce poëme publié à Paris par Jehan Lambert, en 1493, dans laquelle se trouve le nom de l'auteur.)

PRIX de l'édition de Mons (1674) des *Nouveaux Contes :* Vente Potier (1870), v. br., 159 fr. — Vente Didot (1878), mar. doublé par Smeers, 170 fr. (ex. médiocre). — Vente Rochebilière (1882), bel ex. rel. anc. en veau, 2,520 fr.

Nous avons vu chez M. Daguin un exemplaire de cette édition, présentant les particularités suivantes : le titre de *Mons. Gaspar Migeon*, reproduit ci-dessus, ne s'y trouve plus ; il a été remplacé par un autre titre, dont voici la description : Les mots *Nouveaux contes de Monsieur de La Fontaine*, imprimés en haut de la page, sont suivis d'un sommaire sur deux colonnes, au-dessous duquel est la rubrique : *A Amsterdam,* || *chez Corneille Jans Zwol, marchand* || *libraire sur le Dam, à l'Enseigne* || *du Mercure.* || M. DC. LXXVI. || Le sommaire contient non seulement les titres des contes qui se trouvent dans le volume, mais encore le titre d'un conte qui n'existe pas, *les Fous*. Ce titre est précédé d'un frontispice gravé à l'eau-forte. Le reste du volume est exactement l'impression de 1674. L'explication vraisemblable de ce fait est que l'édition de 1674 ne s'étant pas entièrement vendue, à cause de sa prohibition, l'éditeur céda le reste des exemplaires à un libraire étranger qui, pour les écouler, fit réimprimer un titre nouveau et graver un frontispice ; ou peut-être l'éditeur (français) fit-il faire lui-même ce frontispice et ce titre, avec la rubrique d'un libraire étranger, toujours pour dérouter la police. L'exemplaire de M. Daguin est dans sa vieille reliure en veau et est resté évidemment tel qu'il a paru. Il est probable qu'il en existe encore d'autres dans le même état.

FABLES
CHOISIES,
MISES EN VERS
Par M. de la Fontaine.

A PARIS,
Chez Claude Barbin, au Palais sur le Perron
de la sainte Chapelle.

M. DC. LXVIII.
AVEC PRIVILEGE DV ROY.

FABLES CHOISIES, mises en vers, par La Fontaine.

In-4°, composé de 28 feuillets préliminaires non chiffrés, 284 pages chiffrées, plus 2 pages non chiffrées, terminant le volume et contenant un *Epilogue* et l'*Extrait du Privilége.*

Les feuillets préliminaires comprennent : le titre dont le verso est blanc; l'épître dédicatoire « A MONSEIGNEUR LE DAUPHIN » formant 6 pages; la *Préface,* 13 pages; la *Vie d'Esope le Phrygien,* 28 pages; la *Table,* 7 pages.

Le Privilège, accordé à Claude Barbin, comme celui des Contes (voir ci-devant p. 227), en date du 6 juin 1667, ne cite ici que les *Fables;* il y est fait mention de la cession faite par Claude Barbin à Denys Thierry, de la moitié de ses droits. A la suite, après le relevé du Registre de la communauté des libraires, on lit : *Achevé d'imprimer pour la première fois, le 31 Mars 1668.* Une partie des exemplaires porte sur le titre le nom de Denys Thierry.

Cette belle édition originale, imprimée avec soin, est illustrée de petites gravures à mi-page, signées F. C. (François Chauveau), lesquelles n'ont d'autre mérite qu'une certaine naïveté. Les fins de pages sont ornées de culs-de-lampe typographiques, dont quelques-uns sont d'un beau style. Les armoiries qu'on voit sur le titre sont celles du Grand Dauphin, auquel le recueil est dédié.

On y trouve les six premiers livres, comprenant 124 fables, plus l'*Epilogue.* (BIBL. NAT. Y. 6602. Réserve. Ex. rel. en veau fauve, portant sur les plats les armes de la comtesse de VERRUE.)

PRIX : Vente Solar (1860), bel ex. mar. r. par Trautz-Bauzonnet, 575 fr. — Vente du baron J. Pichon (1869), mar. r. par Trautz, 1,360 fr. — Répertoire Morgand et Fatout (1878), ex. grand de marges (0,244 millim.), mar. r. par Trautz, 3,400 fr. — Vente de Béhague (1880), mar. r. par Trautz, ex. de la vente Pichon, 2,700 fr. — Vente Guy-Pellion (1882), mar. r. doublé de mar. bl. par Trautz, 3,600 fr. — Vente J. Renard (1881), mar. r. par Capé, 1,400 fr. — Vente du comte Roger, du Nord (1884), très bel ex. (hauteur 0,247 millim.), mar. citron, par Trautz, 1,700 fr.

Dans la même année, 1668, parut chez Claude Barbin et Denys Thierry l'édition en deux volumes, in-12, contenant les mêmes fables avec les mêmes figures et dont le tome Ier est orné d'une nouvelle gravure plus petite des armes du Dauphin. Et ce fut une réimpression à peu près semblable, de ces deux volumes, que l'on refit pour former les tomes premier et second de l'édition de 1678, décrite par nous ci-après (p. 236-240).

FABLES NOVVELLES, ET AUTRES POËSIES.

De M. DE LA FONTAINE.

A PARIS,
Chez DENYS THIERRY ruë S. Jacques, à
l'enseigne de la ville de Paris.

M. DC. LXXI.
AVEC PRIVILEGE DU ROY.

In-12, composé de : 12 feuillets préliminaires non chiffrés, comprenant le titre, dont le verso est blanc, l'épître dédicatoire « à Son Altesse Monseigneur le duc de Guise », l'Avertissement et l'Extrait du Privilége ; — 184 pages chiffrées, pour les Fables, diverses poésies et le poème d'Adonis.

Le Privilège, accordé à Claude Barbin, en date du 16 février 1671, est particulier à ce volume. A la suite se trouve la déclaration de Barbin, cédant la moitié de son privilège à Denys Thierry. Et, après le relevé du Registre de la communauté des libraires, on lit la mention : Achevé d'imprimer pour la première fois le 12. jour de Mars 1671. (BIBL. NAT. Y. 5289. Réserve.)

Ce volume, qui doit être compris parmi les éditions originales de La Fontaine, contient seulement *huit* fables nouvelles, illustrées de gravures à mi-page, signées F. C. (François Chauveau), des poésies inédites et le poème d'*Adonis*, qui avait déjà paru en 1669, à la suite des *Amours de Psyché et de Cupidon*. (Voir notre description, pages 241-242.)

PRIX : Catal. Fontaine (1875), rel. en veau ancien, 250 fr., — et un autre exemplaire en mar. par Chambolle, 250 fr. — Vente Didot (1878), mar. v. par Hardy, 140 fr. — Répertoire Morgand et Fatout (1882), mar. bl. par Hardy, 250 fr. — Vente Guy-Pellion (1882), mar., 42 fr.

FABLES
CHOISIES,
MISES EN VERS

Par M. DE LA FONTAINE,
*& par luy reveuës, corrigées
& augmentées.*

TOME PREMIER.

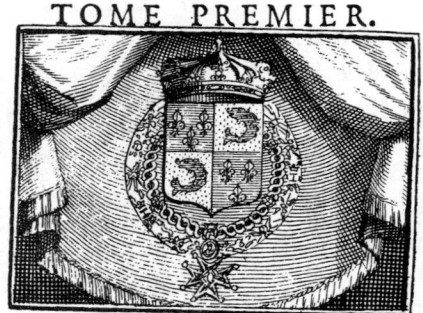

A PARIS,
Chez DENYS THIERRY, ruë S. Iacques,
ET
CLAUDE BARBIN, au Palais.

M. DC. LXXVIII.
AVEC PRIVILEGE DV ROY.

Édition qui, pour être complète, doit se composer ainsi : 5 volumes in-12, datés de 1678, 1679, 1694, que nous allons décrire séparément, (d'après 2 ex. se complétant, cotés à la BIBL. NAT. Y 6604 et 6603, Réserve) :

TOME PREMIER. 32 feuillets préliminaires non chiffrés, contenant le titre (reproduit ci-dessus), dont le verso est blanc, la dédicace « à Monseigneur le Dauphin », la *Préface,* la *Vie d'Esope,* le *Privilége* et la *Table;* — 216 pages chiffrées ; plus 1 feuillet d'*errata,* pour les tomes I et II, imprimé seulement au recto, et signé en bas par les mots : TOME I, *ä á.* Le Privilège, qui se trouve ici en entier, est accordé cette fois à La Fontaine lui-même, en date du 29 juillet 1677. On trouve à la suite la cession de droits par l'auteur à Denys Thierry et Claude Barbin; et enfin la mention : *Achevé d'imprimer pour la première fois, le 3. jour de May 1678.*

SECONDE PARTIE. 232 pages chiffrées, y compris le titre dont le verso est blanc; plus à la fin, 4 pages non chiffrées de *Table* et 1 page non chiffrée d'*errata*, pour les tomes Ier et IIe. Le titre porte, comme celui du tome Ier, la date de 1678.

Ces deux volumes sont illustrés des gravures à mi-page, de F. Chauveau, qui avaient déjà paru en tête de chaque fable, dans l'édition *princeps* in-4° de 1668, et aussi dans les deux volumes in-12 parus la même année.

Les deux dernières fables (XXe et XXIe du liv. VI) n'ont pas de gravures dans aucune de ces éditions.

Chaque volume contient trois livres, renfermant ensemble, le tome Ier, 59 fables; le tome IIe, 64 fables, plus l'*Epilogue*.

TROISIÈME PARTIE. 2 feuillets préliminaires, le premier blanc et le second contenant le faux-titre, 220 pages chiffrées, comprenant au commencement le titre dont le verso est blanc, l'*Avertissement*, à la fin duquel (page 4) on voit les *errata* formant neuf lignes, non compris les mots *Errata, Tome III,* qui forment deux lignes, et à la fin la *Table* occupant les pages 219-220. Gravures à mi-page en tête des fables. Le titre de ce volume porte la date de 1678, comme ceux des deux premiers. On y trouve les livres I et II d'une nouvelle série, soit 46 fables, plus une épître dédicatoire en vers « à Madame de Montespan ».

QUATRIÈME PARTIE (Titre daté de 1679). 221 pages chiffrées, comprenant au commencement le titre dont le verso est blanc (les fables commencent à la page 3 et se terminent à la page 221); et à la fin 3 pages non chiffrées, dont 2 pour la *Table* et 1 pour l'*Extrait du Privilége*. A la suite de la table sont les *errata*, en sept lignes, non compris les mots *Errata, Tome IV,* formant deux lignes. Gravures à mi-page. Ce volume contient les livres III, IV et V de la nouvelle série, soit 45 fables.

CINQUIÈME PARTIE (Titre non tomé, daté de 1694. Voir le *fac-simile* ci-après). 4 feuillets préliminaires non chiffrés, comprenant le titre dont le verso est blanc, la dédicace « à Monseigneur le duc de Bourgogne », l'*Extrait du Privilége;* — 228 pages chiffrées pour le texte des fables, et 2 pages non chiffrées pour la *Table*. (Les pages 186 et 187 ayant été répétées, c'est en réalité 230 pages chiffrées, plus 2 pages de table.)

FABLES
CHOISIES.
Par M' DE LA FONTAINE

A PARIS,
Chez CLAUDE BARBIN, au
Palais, fur le fecond Perron de la
Sainte Chapelle.

M. DC. XCIV.
AVEC PRIVILEGE DU ROY.

Ce volume, ou cinquième partie, ne contient pas de tomaison, comme on le voit par le titre reproduit ci-dessus. Le Privilège, accordé à Claude Barbin, en date du 28 décembre 1692, est suivi de la mention : *Achevé d'imprimer pour la première fois le premier jour de Septembre 1693*. On y trouve *30* pièces, dont *vingt-sept fables* nouvelles. Les autres pièces sont ou des contes, comme *la Matrone d'Ephèse* et *Belphégor*, ou des poèmes, comme *les Compagnons d'Ulysse, Daphnis et Alcimadure, les Filles de*

Minée, et enfin l'*Envoi* adressé au duc de Bourgogne, pour la fable V^e, *le Vieux chat et la jeune souris.* Toutes les pièces du volume forment un seul livre, que l'on a numéroté *Livre septième,* par erreur, au lieu de *livre sixième,* pour le faire prendre rang à la suite des *cinq livres* parus dans les troisième et quatrième parties ci-dessus. On y voit des gravures à mi-page dans le genre de celles des volumes précédents.

Le chiffre de Barbin, qu'on voit ici sur le titre, est nécessaire pour distinguer la bonne édition de ce volume ; car il en parut deux autres sous la même date, avec un autre fleuron typographique. Nous allons aussi signaler des différences entre les divers exemplaires de chacun des tomes précédents.

Voici quelques-unes des remarques principales qui servent à distinguer le premier tirage des différents tomes. Nous laissons de côté les simples corrections qui ne portent que sur des mots ou des lettres.

Il existe deux sortes d'exemplaires du tome Ier avec la date de 1678 ; les uns, de premier tirage, portent sur le titre les armes du Grand Dauphin (voir ci-devant le *fac-simile*); les autres, de la réimpression, n'ont sur le titre qu'un fleuron typographique à la place des armes. Les *errata* de ce volume, formant trois quarts de page sur un feuillet indépendant, sont placés tantôt après la table, tantôt à la fin du volume. Ce feuillet d'*errata* n'existe que dans la première édition, les fautes ayant été corrigées dans la réimpression.

Au bas de la dernière page du tome Ier on voit la réclame *XIX,* qui indique que la réimpression de 1678 a été faite identiquement pareille à l'édition de 1668, in-12, où l'on voit la même réclame à la page 216. Mais dans celle de 1668, la fable XIXe et même la XXe sont imprimées à la suite, tandis que pour l'édition de 1678, l'auteur s'est ravisé au cours de l'impression ; il a changé la disposition de ces fables et les a reportées dans le deuxième volume, à la fin du livre IV, où elles sont cotées XXIe et XXIIe. Ces deux fables sont : *l'Œil du Maistre* et *l'Alouette et ses petits...* La réclame *XIX* est restée, quoique inutile.

Le tome II fut aussi réimprimé probablement en même temps que le tome I, et ce fut en 1692, ou un peu plus tard, comme l'indique le *Privilége* placé, dit Brunet, à la fin du tome II de cette réimpression. Ce privilège, daté de 1692, est accordé à Pierre Trabouillet, pour réimprimer les Fables de La Fontaine. Ce libraire et ses associés, Barbin et Thierry, n'usèrent du privilège que pour la réimpression des deux premiers volumes, les autres n'étant sans doute pas épuisés.

Dans les exemplaires de premier tirage du tome IIIe de 1678, à la page 101, le septième vers (*Et sans cela nos gains seroient assez honnestes*) avait été complètement omis ; il a été rétabli dans le deuxième tirage, au moyen d'un carton sur onglet.

Dans le premier tirage du tome IV, à la fin de la fable *le Singe et le Léopard* (page 20), on lisait ainsi les deux derniers vers :

> O que de grands seigneurs, au Léopard semblables,
> *Bigarrez en dehors ne sont rien en dedans.*

Tandis que dans le deuxième tirage, le dernier vers a été remplacé par :

> *N'ont que l'habit pour tous talens !*

Ce changement a été fait au moyen d'un carton sur onglet. — Le volume IV contient un autre carton aux pages 115-116, mais il porte sur des fautes d'impression seulement.

Pour d'autres cartons assez nombreux qui furent faits dans les différents volumes, nous engageons les bibliophiles à en voir le détail dans le Catalogue Rochebilière (vente de mai-juin 1882), où un exemplaire du premier tirage a été minutieusement décrit par M. Claudin. Comme cet exemplaire n'était pas dans une reliure ancienne, mais défait et préparé récemment pour la reliure, qu'il contenait les feuillets ayant été l'objet de modifications quelconques, en double texte, l'un non corrigé, l'autre corrigé ; que l'un ou l'autre de ces textes a été peut-être rapporté là après avoir été pris dans un autre ou dans plusieurs autres exemplaires, nous ne pouvons le donner ici comme type absolu. Ne l'ayant pas eu assez longtemps entre les mains, d'ailleurs, pour pouvoir le comparer soigneusement avec différents autres, de premier ou de second tirage, de bonne édition ou de réimpression antidatée, afin de fixer avec certitude le premier texte, nous sommes obligés de nous en rapporter tant à la sagacité et à la grande compétence de M. Claudin, qu'aux remarques patiemment faites par M. Rochebilière et consignées par lui sur les volumes de sa bibliothèque.

Pour le tome V[e], outre le remplacement du chiffre de Barbin par un fleuron, on remarque, dans la deuxième réimpression, que la dernière page est cotée 230, parce que l'erreur de pagination qui se trouvait dans la première édition (pages 186-187, répétées) n'existe plus. Du reste, l'impression y est entièrement différente.

Prix : Vente Solar (1860), ex. de premier tirage, mar. r., 500 fr. — Vente Potier (1870), mar. par Chambolle, 610 fr. — Catal. Fontaine (1875), mar. par Chambolle,

800 fr. — Vente Guy-Pellion (1882), rel. anc., veau granit, 1,450 fr. — Vente Rochebilière (1882), bel ex. contenant tous les feuillets non cartonnés, rel. anc. en veau, 2,120 fr. — Répertoire Morgand et Fatout (1882), ex. de réimpression, mar. par Trautz, 600 fr.

LES AMOURS
DE
PSICHE'
ET DE
CUPIDON.

Par M. DE LA FONTAINE.

A PARIS,
Chez CLAUDE BARBIN, au Palais
ſur le Perron de la Sainte Chapelle.

M. DC. LXIX.
AVEC PRIVILEGE DV ROY.

In-8°, composé de 12 feuillets préliminaires non chiffrés, contenant le titre dont le verso est blanc, l'épître dédicatoire « à Madame la duchesse de

Bouillon », la *Préface,* l'*Extrait du Privilége;* — 500 pages chiffrées, en y comprenant ADONIS, *poème,* qui occupe les pages 441 à 500, et qui paraît aussi dans ce volume pour la première fois. Les pages 441-444 sont occupées par le faux-titre d'ADONIS, dont le verso est blanc, et un *Avertissement.* (BIBL. NAT. Y², 242. Réserve.)

Le Privilège, daté « du 2 May 1668, permet à Claude Barbin d'imprimer, vendre et débiter pendant sept années, les *Amours d'Adonis et de Psiché(!),* composées par Monsieur de La Fontaine ». On lit au bas de la page la déclaration de cession : *Ledit Barbin a cedé moitié dudit Privilége à Denis Thierry.* Il existe donc des exemplaires dont le titre porte le nom de Denis Thierry. Après l'enregistrement des libraires, se trouve la mention : *Achevé d'imprimer pour la première fois le dernier jour de Ianvier 1669.*

Édition originale de ces deux ouvrages ; elle est bien imprimée, en gros caractères. La prose est en lettres rondes et les vers en lettres italiques.

PRIX : Vente Solar (1860), rel. en mar., 67 fr. — Vente Potier (1870), mar. par Chambolle, 202 fr. — Catal. Fontaine (1875), mar. par Trautz, 600 fr. — Vente Didot (1878), ex. annoté par La Fontaine, rel. anc. en veau, 1,000 fr. — Répertoire Morgand et Fatout (1882), belle rel. en mar. orn. par Trautz, 1,500 fr. — et ex. non relié, 500 fr. — Vente Guy-Pellion (1882), rel. en v. f. anc., 250 fr.

« En général, écrit M. Walckenaër, dans le roman de *Psyché,* la prose de l'auteur est préférable à ses vers ; et il dit lui-même, dans sa préface, qu'elle lui a coûté davantage : il faut cependant excepter quelques morceaux, qui sont vraiment dignes de lui, et même au nombre de ses meilleurs : telle est la chanson que Psyché entend dans le palais de l'Amour ; tel est aussi le tableau de Vénus portée sur les eaux dans une conque marine ; et enfin l'hymne à la volupté, qui se termine par ces vers charmants, où notre poète s'est peint tout entier :

> Volupté, volupté, qui fus jadis maîtresse
> Du plus bel esprit de la Grèce,
> Ne me dédaigne pas ; viens-t'en loger chez moi :
> Tu n'y seras pas sans emploi.
> J'aime le jeu, l'amour, les livres, la musique,
> La ville et la campagne, enfin tout : il n'est rien
> Qui ne me soit souverain bien,
> Jusqu'aux sombres plaisirs d'un cœur mélancolique.

« On voit qu'il justifie parfaitement le nom de Polyphile, *aimant beaucoup de choses,* qu'il s'est donné dans ce roman. »

In-12, composé de : 4 feuillets préliminaires non chiffrés, contenant le titre dont le verso est blanc, et l'épître dédicatoire « à Monseigneur le cardinal de Bouillon, Grand Aumosnier de France », — 50 pages chiffrées pour le poème, plus 1 feuillet blanc, qui doit correspondre au dernier feuillet imprimé coté E. Dans l'exemplaire que nous avons sous les yeux, on ne voit ni *Privilége* ni *achevé d'imprimer*. (BIBL. NAT. Y. 5295. A. Réserve.)

Ce poème est d'une extrême rareté. Il est plaisant de remarquer que dans presque toutes les biographies, se copiant évidemment les unes les autres, il est annoncé au nom de La Fontaine, sous le titre de *Poëme de la captivité de saint* MALO au lieu de *saint* MALC.

On s'explique la rareté de ce petit livre, si l'on ajoute foi à la légende, rapportée par

POËME
DE LA CAPTIVITE'
DE SAINT MALC.

Par M. DE LA FONTAINE

A PARIS,
Chez CLAUDE BARBIN, au Palais, sur le second Perron de la Sainte Chappelle.

M. DC. LXXIII.
Avec Permission.

M. Chardon de la Rochette, entre autres, qui prétend que l'édition fut supprimée parce que La Fontaine, en dédiant son poème au cardinal de Bouillon, lui avait donné le titre d'altesse *serenissime*. En effet, dans les deux exemplaires que nous avons eus sous les yeux, celui de la vente Didot, provenant de Solar, et celui de la Bibliothèque nationale (coté ci-dessus), nous avons remarqué que ce mot *serenissime* était imprimé à la fin de la dédicace ; et dans tous deux il est biffé à la plume et remplacé par le mot *éminentissime* écrit à la main, peut-être par La Fontaine lui-même. D'ailleurs dans l'un et l'autre, au commencement de la même épître dédicatoire, on lit les mots imprimés : « Votre Altesse *eminentissime*. »

Prix : Vente Walckenaër (1853), mar. r. par Simier, 56 fr. — Vente Solar (1860), mar. v. par Trautz-Bauzonnet, 89 fr. (ex. provenant de la biblioth. Armand Bertin, à la vente duquel il avait atteint le prix de 50 fr. en 1854). — Le même ex. vente Didot (1878), 400 fr.

POËME
DU
QUINQUINA,
ET AUTRES OUVRAGES
EN VERS
DE M. DE LA FONTAINE.

A PARIS,
Chez Denis Thierry, ruë
S. Jacques, devant la ruë du Plâtre
à l'enseigne de la ville de Paris.
ET
Claude Barbin, sur le second Perron
de la sainte Chapelle au Palais.

M. DC. LXXXII.
Avec Privilege du Roy.

In-12, composé de : 2 feuillets préliminaires, comprenant le titre dont le verso est blanc, et l'*Extrait du Privilége*; — 242 pages chiffrées, pour le texte du poème, plus 1 feuillet blanc, qui correspond au dernier feuillet imprimé signé L.

Le Privilège, accordé à La Fontaine « pour le *Poème du quinquina*, la

Matrone d'Éphèse, Belfegor (sic), *Daphné, opéra, les Amours d'Acis et Galatée* », est daté du 2 novembre 1681. Il est suivi de la déclaration de La Fontaine, cédant ses droits à Denys Thierry et Claude Barbin, et enfin de la mention : *Achevé d'imprimer pour la première fois, le 24 Janvier 1682.* (Bibl. nat. Y. 5295. Réserve, ex. rel. en mar. ancien doublé ; et Y. 5295, ex. en veau aux armes du Comte de Toulouse.)

Outre le *Poëme du Quinquina*, qui n'occupe que les pages 1 à 56, le volume contient encore les pièces citées dans le Privilège ci-dessus, mais dans un ordre un peu différent ; la dernière pièce est *Daphné, opéra*. Les deux contes ou nouvelles, *la Matrone d'Éphèse* et *Belphégor*, y sont en édition originale. Ici *Belphégor* commence par un envoi en vers, de deux pages environ « à Mademoiselle de Chammelay », laquelle pièce ne se retrouve pas dans le cinquième volume (de 1694) des *Fables*, où *Belphégor* et aussi *la Matrone d'Éphèse* reparaissent.

Signalons quelques corrections qui furent faites au moment de la mise en vente, au moyen de *cartons*. On distinguera ainsi les exemplaires de première émission. A la page 22, dans le 5e vers, on lit : « *la valvule en l'artère* » et dans le texte corrigé : « *la valvule en la veine* ». Page 26, le dernier vers est incomplet d'un pied, dans le premier tirage ; le voici : « *Retranchez-en le temps dont Morphée est maître.* » Les exemplaires corrigés portent : « *Retranchez-en le temps dont Morphée est* le *maître.* » A la page 164 on a fait une simple correction typographique ; le mot *chœur* a été corrigé et remplacé par *cœur* dans la deuxième émission.

La Fontaine composa ce poème sur la demande de la duchesse de Bouillon, qui, enthousiasmée des vertus fébrifuges de la fameuse écorce, récemment découverte, le pria de les célébrer. Toutefois le poète semble avoir été peu inspiré par ce sujet, car le poème est plus que médiocre. A peine y rencontre-t-on par-ci par-là quelques bons vers très isolés ; pourtant on remarque à la fin une sorte d'apologue, qui mériterait d'avoir été placé parmi les fables de La Fontaine, où il pourrait être intitulé : *Jupiter et les deux tonneaux,* comme le dit M. Walckenaër.

Prix : Vente Potier (1870), mar. r. par Chambolle, 62 fr. — Vente Lebeuf de Montgermont (1876), mar. v. par Chambolle, 76 fr. — Catal. Fontaine (1878-1879), bel ex. en mar. par Chambolle, 160 fr. — Vente Renard (1881), rel. en mar. par Simier, 40 fr. — Vente Rochebilière (1882), rel. anc. en mar., 57 fr., — et relié en veau, 37 fr. — Vente Roger, du Nord (1884), mar. rel. de Trautz, 96 fr.

CONTES
ET
NOUVELLES
EN VERS.
De Monsieur DE LA FONTAINE.
Nouvelle Edition enrichie de Tailles-Doüces.
TOME PREMIER.

A AMSTERDAM,
Chez HENRY DESBORDES dans le
Kalver-Straat, prés le Dam.

M. DC. LXXXV.

2 tomes petit in-8°, souvent réunis en un volume, et ainsi composes :

TOME PREMIER. Frontispice gravé à l'eau-forte (reproduit ci-après), tiré sur un feuillet indépendant; — 8 feuillets préliminaires non chiffrés, comprenant le titre imprimé (reproduit ci-dessus) dont le verso est blanc, un *Avertissement sur cette nouvelle édition*, la *Préface de l'auteur sur le premier tome de ces Contes* et la *Table des Contes*; — 236 pages chiffrées pour le texte des contes, et une *Dissertation sur la Joconde*, qui occupe les pages 211 à 236.

Tome second. (Même disposition de titre que pour le premier.) 4 feuillets préliminaires non chiffrés, comprenant le titre dont le verso est blanc, la *Préface de l'auteur sur le second tome;* — 216 pages chiffrées pour le texte des contes.

Dans l'un et l'autre volume, chaque conte est précédé d'une gravure à mi-page, à l'eau-forte, par Romain de Hooge, dont on voit la signature au bas du frontispice, à gauche. Toutes ces gravures, au nombre de 58 en totalité, plus le frontispice, sont d'un dessin original plutôt que gracieux, mais pleines de verve et d'expression. Elles sont aussi fort intéressantes au point de vue artistique et fournissent de curieux spécimens de la gravure à l'eauforte au XVIIe siècle. (BIBL. NAT. Y. 5293. Aa. Réserve.)

Il existe trois éditions ou trois tirages de cette édition avec la même date; le premier tirage étant préférable et beaucoup plus recherché, il est important de les distinguer. Voici quelques remarques qui pourront suffire :

Dans le TOME PREMIER de la première édition, à la page 211, le commencement de la *Dissertation sur la Joconde* contient onze lignes seulement jusqu'en bas de la page; il se compose de seize lignes dans les deux autres éditions. — Dans la troisième édition, on voit à la dernière ligne de la première page de la *Table des Contes* la faute 221 au lieu de 211 ; cette faute n'existe pas dans les deux autres éditions. — Enfin dans la troisième encore, à la même page de la *Table,* vingt-huitième ligne, on lit *le Juge de Nêle,* au lieu de *Mêle,* comme dans les autres éditions. Cette faute se retrouve aussi dans quelques-uns des exemplaires du premier tirage; ce qui indique que la troisième édition a été réimprimée sur un de ceux-là.

Dans le TOME SECOND, la première page de la *Préface* de la première édition et de la troisième contient dix-sept lignes, tandis que dans la deuxième édition elle se compose de dix-neuf lignes. — Mais on établit aussi cette autre distinction, que dans la première et dans la deuxième édition, cette même page est signée en bas * 2, tandis que dans la troisième elle est signée A 2.

Cette édition illustrée est la première où se trouvent réunis tous les contes de La Fontaine, sauf toutefois les six contes qui parurent la même année dans les *Ouvrages de prose et de poésie de Maucroy et de La Fontaine,* et le conte du *Quiproquo,* publié seulement en 1696, dans les *Œuvres posthumes.* (Voir nos articles p. 249-250 et 251-252.) Elle n'est pas précisément correcte. Mais on la recherche à cause des curieuses gravures dont elle est ornée. Brunet prétend qu'il fut tiré de la bonne édition quelques exemplaires sur papier plus grand et plus fort, et dit que celui du comte D'HOYM était du nombre de ceux-là.

PRIX : Vente Solar (1860), rel. mar. par Duru, 105 fr., — et un autre ex. rel. en mar. par Trautz, 116 fr. — Vente Potier (1870), mar. v. rel. angl., 160 fr. — Vente Lebeuf de Montgermont (1876), très bel ex. mar. de Bauzonnet-Trautz, 510 fr. — Vente Didot (1878), mar. rel. angl., 345 fr. — Vente de Béhague (1880), mar. par Duru et Chambolle, 240 fr. — Vente Guy-Pellion (1882), mar. bl. rel. anc. de Padeloup, 500 fr. — Vente Roger, du Nord (1884), mar. par Trautz, 380 fr. — Catal. Fontaine (1877), ex. de second tirage, rel. en veau, 100 fr.

OUVRAGES
DE
PROSE
ET
DE POËSIE.

DES S^{rs} DE MAUCROY,
ET
DE LA FONTAINE.

TOME I.

A PARIS,
Chez CLAUDE BARBIN, au Palais,
sur le second Perron de la sainte
Chappelle.

M. DC. LXXXV.
AVEC PRIVILEGE DU ROY

2 volumes in-12, dont le premier est entièrement composé de pièces de La Fontaine. Voici la description de ce volume, dont le titre est reproduit ci-dessus :

TOME I. 12 feuillets préliminaires non chiffrés, comprenant le titre dont le verso est blanc, une épître en vers et en prose « à Monseigneur le Procureur général du Parlement (Achille de Harlay) », un *Avertissement*, dans lequel La Fontaine, après avoir consacré quelques lignes seulement à expliquer comment les œuvres de son ami Maucroix sont ici réunies aux siennes s'occupe longuement du second volume ; — 275 pages chiffrées, plus, au verso de la dernière, 1 page non chiffrée pour l'*Extrait du Privilége*.

Ce Privilège, accordé à Claude Barbin, en date du 1er février 1685, est suivi de la mention : *Achevé d'imprimer le 28. juillet 1685*.

Le TOME II a pour titre : *Traduction des Philippiques de Démosthène, d'une des Verrines de Ciceron, avec l'Eutiphron, l'Hyppias du Beau, et l'Euthidemus, de Platon. Par Mr de Maucroy*. Paris, chez Claude Barbin,... M. DC. LXXXV.

Il est composé de : 8 feuillets préliminaires non chiffrés, pour le titre et la Préface ; — 438 pages chiffrées, commençant par l'*Argument* et contenant toutes les traductions. La dernière page, chiffrée 438, se termine par les mots : *Fin du second tome*. (BIBL. NAT. Z. 2244. Réserve.)

Ce recueil est encore précieux et on doit y attacher un certain prix, car le premier volume contient, en édition originale, *six* contes nouveaux, de La Fontaine : *la Clochette, le Fleuve Scamandre, la Confidente sans le sçavoir, le Remède, les Aveus indiscrets* et *les Filles de Minée* ; on y voit aussi 10 fables nouvelles et quelques poèmes et poésies. Les fables sont : *la Folie et l'Amour,* — *le Renard, le Loup et le Cheval,* — *le Rat, le Corbeau, la Gazelle et la Tortuë,* — *la Forest et le Bûcheron,* — *le Renard et les Poulets d'Inde.* — *le Singe,* — *le Philosophe Scythè,* — *l'Eléphant et le Singe de Jupiter,* — *Un fou et un sage,* — *le Renard anglois.*

Les poèmes et poésies sont : *Daphnis et Alcimadure,* gracieuse idylle imitée de Théocrite, —. *Philemon et Baucis,* — *Discours à Madame de la Sablière,* etc. Les poésies commencent par une pièce intitulée : *Au Roy, balade.* A la fin on voit *le Remerciement du sieur de La Fontaine à l'Académie Françoise* (en prose).

L'idylle *Daphnis et Alcimadure* est dédiée par le poète à la fille de sa grande amie Mme de la Sablière, Mme de la Mésangère, cette beauté superbe à laquelle le galant Fontenelle dédia aussi plus tard sa *Pluralité des mondes*. La Fontaine prie cette jeune dame de lui permettre de partager entre sa mère et elle un peu « de cet encens qu'on recueille au Parnasse, et qu'il a, dit-il, le secret de rendre exquis et doux ».

PRIX : Vente Bertin (1854), rel. anc. en v. f., 30 fr. — Vente Solar (1860), rel. mar. r., 27 fr. — Vente Potier (1870), mar. r. par Simier, 50 fr. — Vente Turner (1878), superbe ex. en rel. anc., mar. r. doublé de mar. r., orné de fleurs de lys, 499 fr. — Bulletin Morgand (1887), le même ex., 400 fr.

In-12, composé de : 12 feuillets préliminaires non chiffrés et 276 pages chiffrées.

Les feuillets préliminaires comprennent : le titre dont le verso est blanc, une épître dédicatoire, en prose, « à Monsieur le marquis de Sablé », la *Préface,* une sorte de biographie intitulée *Portrait de Monsieur de La Fontaine,* par M*** (Maucroix, croyons-nous), l'*Extrait du Privilége,* suivi de l'achevé d'imprimer et la Table.

L'épître dédicatoire est signée : ULRICH. En effet, ce fut Mme Ulrich, une amie de La Fontaine, qui recueillit et publia ses œuvres posthumes. Le *Portrait de Monsieur de La Fontaine,* qui se trouve après la Préface, est probablement de Maucroix, lequel le traite d'« Ami » et rend ainsi à La Fontaine, après sa mort, ce que celui-ci avait fait pour lui dans l'*Avertissement* des Ouvrages de Maucroix et La Fontaine, 2 volumes, parus en 1685. (Voy. notre article précédent.)

LES OEUVRES
POSTUMES
DE MONSIEUR
DE LA FONTAINE.

A PARIS,
Chez GUILLAUME DELUYNE,
Libraire Juré au Palais dans la Salle des Merciers, à la Juſtice.

M. D. C. XCVI.
AVEC PRIVILEGE DU ROY.

Le Privilège, accordé à Guillaume de Luyne pour ce volume, en date du 16 décembre 1695, est suivi de la mention : *Achevé d'imprimer le quinzième Mars mil six cent quatre-vingt-seize.* On trouve ensuite la déclaration de cession de « G. Deluyne... au sieur Poyer ». C'est ce qui explique comment un certain nombre d'exemplaires portent sur le titre le nom de Jean Pohier (mais non Poyer) à la place de celui de G. de Luyne.

Il existe au moins quatre éditions sous la même date de 1696 : — une édition de *Lyon, Tomas Amaulry,* — une de *Lyon, Cl. Bachelu,* — une de *Bordeaux, Simon Boé,* lesquelles valent à peu près la première de Paris, car le Privilège fut cédé en partie par Guill. de Luyne à Th. Amaulry, à Cl. Bachelu et à Simon Boé, à Nicolas de la Court et Simon de la Court, ainsi qu'il est indiqué dans ces divers exemplaires ; et ces éditions reproduisent fidèlement le texte de Paris. Enfin, une contrefaçon publiée en Hollande, avec la rubrique *Paris, Guillaume de Luyne,* comme ci-dessus, mais avec un fleuron différent.

Le volume des *Œuvres posthumes* contient, outre plusieurs pièces inédites, en prose et en vers, épîtres ou lettres, le conte *les Quiproquo,* aussi inédit, sept fables nouvelles et l'*Epitaphe* de La Fontaine. (BIBL. NAT. Y. 5296.)

On a attribué à Mme Ulrich le *Portrait de La Fontaine,* biographie que nous avons mentionnée ci-dessus. Pourtant le passage suivant, qu'on y trouve, indiquerait plutôt qu'il a été écrit pour cette dame et non par elle, peut-être par Maucroix, ami intime de La Fontaine : « Voilà, madame, tout ce que je puis vous aprendre de la personne de mon Ami. Vous voulez encore que je vous dise mon sentiment sur ses ouvrages. Je devrois m'en exempter puisque personne n'en connoît mieux toutes les beautez que vous ; mais encore une fois, je ne sçay point l'art de vous désobéir... » Suit une apologie chaleureuse des Fables, des Contes et des Poésies de La Fontaine ; et ce *Portrait* se termine ainsi : « ... Et n'est-il pas un de ces merveilleux genies donnez pour contribuer à la gloire du siècle de Louis le Grand ? »

Cette dame qui a signé, de son nom vrai ou supposé, ULRICH, l'épître dédicatoire du volume, et qui a édité les *Œuvres posthumes,* paraît avoir été dans la plus grande intimité avec La Fontaine, si, comme le suppose logiquement M. Walckenaër, elle était la destinataire des lettres très galantes du poète, qu'elle a insérées dans le volume dont il s'agit. « Comme personne, dit M. Walckenaër, n'a pu être possesseur de ces deux lettres, ni avoir envie de les publier, que celle-là même qui les avait reçues, nous devons conclure que la dame inconnue à laquelle ces deux lettres sont adressées a été l'éditeur des *Œuvres posthumes* de La Fontaine. »

PRIX : Vente Solar (1870), rel. mar. r., 12 fr. — Répertoire Morgand et Fatout (1882), veau f., rel. par Trautz, 80 fr.; et ex. rel. en vélin, 20 fr. — Vente Rochebilière (1882), ex. de Guill. de Luyne, rel. en v. br., 40 fr. ; un autre ex. au nom de Jean Pohier, rel. en v. br., 12 fr. ; un troisième de Bordeaux, chez **Simon Boé,** Nicolas de la Court et Simon de la Court, cart., 11 fr.

Par La Fontaine.

In-12, de 24 pages chiffrées en totalité, y compris le titre, dont le verso est occupé par la liste des *Acteurs*. On n'y trouve ni privilége, ni « achevé d'imprimer ».

Édition originale, rare.

Cette comédie en un acte, en vers, avait été représentée le 1er mai 1693. On ne l'imprima que plus tard et sans le nom de La Fontaine. D'ailleurs, il n'est pas certain qu'il l'ait composée seul et plusieurs biographes lui en ont même contesté entièrement la paternité, de même qu'ils l'ont fait pour la *Coupe enchantée* que nous décrivons ci-après. Ce serait, d'après eux, Champmeslé qui serait l'auteur de ces pièces. Toutefois il est probable que La Fontaine a au moins collaboré avec son ami

JE VOUS PRENS
SANS VERD,
COMEDIE.

A PARIS,
Chez PIERRE RIBOU, fur le Quay des Auguftins, à la defcente du Pont-neuf, à l'Image S. Loüis.

M. DC. XCIX.

à la composition de ces comédies, et nous avons cru devoir en donner ici les premières éditions séparées, qui sont presque contemporaines.

Je vous prens sans verd était au nombre des pièces qui parurent sous ce titre : *Pièces de théâtre de monsieur de La Fontaine*, à la Haye chez Adrien Moetjens, 1702, en 1 volume in-12.

Prix : Catal. Fontaine (1875-1879), ex. non rogné et non relié, 120 fr. — Vente Guy-Pellion (1882), mar. r. par Thibaron, 65 fr. — Bulletin Morgand (1886), ex. dérelié, 40 fr

LA COUPE ENCHANTÉE,

COMEDIE.

Le prix est de vingt sols.

A PARIS,

Chez PIERRE RIBOU, seul Libraire de l'Académie Royale de Musique; quai des Augustins, à la descente du Pont-Neuf, à l'Image Saint Loüis.

M DCC. X.

Avec Approbation & Privilege du Roi.

Par LA FONTAINE.

In-12, de 45 pages chiffrées, y compris le titre, au verso duquel est la liste des *Acteurs*, plus 2 pages non chiffrées, à la fin, pour le Privilège.

Ce Privilège est donné à Pierre Ribou, en date du 12 avril 1710, pour plusieurs ouvrages, notamment pour le *Théâtre françois ou Recueil des meilleures pieces de Théâtre et Poësies des anciens Autheurs et notamment des sieurs...* (il n'est pas question de La Fontaine).

A la suite de la pièce, après le mot : *Fin*, page 45, on voit une *Approbation des Pièces qui composent le premier, second et troisième tomes du Théâtre françois*, datée du 31 avril 1715. Et chose bizarre, au bas de la même page, on lit la mention : *A Paris, de l'imprimerie de Lamesle, ruë du Foin*, 1710. (BIBL. NAT. Y. 5737. C.)

Cette pièce en un acte, en prose, écrite en 1686, suivant les biographes de La Fontaine, avait été jouée le 16 juillet 1688. Elle ne fut imprimée que plusieurs années après la mort de l'auteur.

PRIX : Vente Walckenaër (1853), avec *Je vous prends sans verd*, en 1 vol. v. m., 1 fr. 50, — et un autre ex. aussi avec d'autres pièces, 1 fr. — Le prix actuel d'un bon ex. ordinaire serait de 40 à 50 fr. environ, reliure non comprise.

In-12, composé de : 6 feuillets préliminaires non chiffrés, savoir : 1 feuillet blanc nécessaire pour que le cahier ā soit complet, le titre, dont le verso est blanc, l'épître dédicatoire « A Messire Armand-Jean de Riants », signée du libraire Barbin, et la liste des *Acteurs*; — 117 pages chiffrées pour le texte de la pièce, plus 1 page non chiffrée, à la fin, pour l'*Extrait du Privilége*.

Le privilège, en date du dernier jour de May 1660, est accordé « au sieur Molier » (*sic*), pour cinq années. L'extrait est suivi de la déclaration « dudit sieur Molier » cédant ses droits à Claude Barbin et Gabriel Quinet. On lit ensuite la mention : *Acheué d'imprimer pour la première fois, le vingt & un novembre 1662.*

L'ESTOVRDY
OV LES
CONTRE-TEMPS,
COMEDIE.
REPRESENTE'E SVR LE Theatre du Palais Royal.

Par I. B. P. MOLIERE.

A PARIS,
Chez GABRIEL QVINET, au Palais, dans la Galerie des Prisonniers, à l'Ange Gabriel.

M. DC. LXIII.
AVEC PRIVILEGE DV ROY.

On trouve des exemplaires, soit au nom de Claude Barbin, soit au nom de Gabriel Quinet sur le titre; tous sont identiquement semblables et doivent contenir la dédicace signée de Barbin.

Édition originale de la première comédie de Molière. Selon M. Taschereau (*Histoire de Molière*) et M. Paul Lacroix (*Bibliographie moliéresque*), cette pièce avait été représentée à Lyon en 1653. Pourtant on lit dans le *Registre de La Grange*, édition in-4°, imprimée en 1876, page 4, à l'année 1658 (année de la représentation à Paris) :

« *La troupe commença à représenter en public, le jour des Trepassez,* « *3e nouembre 1658, et continua jusques à Pasques...*

« L'Estourdy, *comedie du Sr Moliere, passa pour nouuelle à Paris, eust*

« *vn grand succez et produisit de part pour chaque acteur soixante et dix pis-
« tolles. Cette piece de Theastre a esté représentée pour la premiere fois à
« Lion, l'an 1655.* » Mais La Grange écrivait lui-même plus tard dans la
préface de l'édition de Molière, 1682, qu'il publia avec son collègue Vinot :
« *Il* (Molière) *vint à Lyon en 1653, et ce fut là qu'il exposa en public sa
premiere comedie; c'est celle de l'*Etourdy. »

Entre ces diverses opinions ne reposant sur aucun fait certain, la date
de la première représentation reste douteuse. Faute de documents précis, il
est permis toutefois d'accorder plus de crédit aux renseignements donnés par
La Grange dans son Registre, en 1658, c'est-à-dire peu d'années après la
représentation dont il pouvait avoir été témoin, sinon acteur, qu'à la note
un peu vague de la Préface d'une édition parue vingt-quatre ans plus tard.

D'ailleurs, en rapprochant la note ci-dessus du *Registre de la Grange*
de celle du même registre que nous donnons ci-après (pages 258-259) à
propos de la représentation du *Dépit amoureux* en 1656, et cette dernière
date étant admise comme bonne, on pourrait conclure que la date de 1655
pour la représentation de l'*Étourdi* est également authentique. Dans ce cas, les
éditeurs des Œuvres, de 1682, La Grange et Vinot auraient commis un lapsus.

Le registre intéressant que nous venons de citer et dont l'original manuscrit est aux Archives de la Comédie française, était tenu au jour le jour par
Charles Varlet de La Grange, camarade et ami intime de Molière, et l'un des
meilleurs comédiens de sa troupe. Il a pour titre : *Extraict des receptes et
des affaires de la Comédie depuis Pasques de l'année 1659. Appartenant au
S*^{r}* de La Grange, l'un des Comediens du Roy.* Nous le citons souvent ici,
parce que c'est là qu'il faut chercher les renseignements authentiques sur les
représentations de pièces de nos grands classiques, jusqu'en 1685, particulièrement sur les représentations données par Molière, depuis 1658, époque de
son arrivée à Paris avec sa troupe, jusqu'en 1673, époque de sa mort. Une
édition superbe de ce registre a été publiée, en 1876, en un volume in-4°
par les soins de la Comédie française sous le titre : REGISTRE DE LA GRANGE;
c'est la pagination de ce volume que nous donnons dans ces notices.

PRIX de l'édition originale de l'*Estourdy* : Vente Armand Bertin (1854), ex. non
relié, 90 fr. — Vente L. de Montgermont (1876), ex. rel. en mar. r. par Trautz, 1,000 fr.
— Catalogue Rouquette (1873), ex. non relié, 1,200 fr. — Catalogue Fontaine (1877),
ex. défectueux, 300 fr. — Vente Guy-Pellion (1882), rel. mar. r. par Trautz, 1,260 fr.
— Répertoire Morgand et Fatout (1882), rel. en mar. r., 800 fr. — Vente H. Piquet
(1884), rel. en mar. r. par Trautz, 890 fr.

DE'PIT AMOVREVX

COMEDIE,

REPRESENTE'E SVR LE Theatre du Palais Royal.

DE I. B. P. MOLIERE.

A PARIS,
Chez GABRIEL QVINET, au Palais, dans la
Galerie des Prifonniers, à l'Ange Gabiel.

M. DC. LXIII.
AVEC PRIVILEGE DU ROY.

In-12, composé de : 4 feuillets préliminaires non chiffrés, comprenant le titre, dont le verso est blanc, l'épître dédicatoire en prose : « A Monsieur Hourlier, escuyer sieur de Mericourt », signée de G. Quinet, l'*Extrait du Privilège* et les *Personnages;* 135 pages chiffrées pour le texte de la pièce.

M. Paul Lacroix ne signale que 2 feuillets préliminaires. Il avait sans doute sous les yeux un exemplaire portant sur le titre le nom de Claude Barbin, et dans lequel ne se trouvait pas l'épître dédicatoire de G. Quinet.

Cette épître, extrêmement élogieuse pour le destinataire, pour Louis XIV et pour Molière, contient la phrase suivante : « ... J'eusse peut-estre encore tardé long-temps à le faire, si le Depit Amoureux de l'Autheur le plus approuvé de ce siècle ne me fut tombé entre les mains. » On voit combien la notoriété de Molière était déjà grande.

Le privilège accordé « au sieur Molière », est daté du dernier jour de May 1660. Il est suivi de la déclaration de Molière cédant son droit à Claude Barbin et à Gabriel Quinet. On lit ensuite la mention : *Achevé d'imprimer le 24 novembre 1662.* (BIBL. NAT. Y. 5743 2 A. Réserve.)

On trouve des exemplaires au nom de Claude Barbin, ou au nom de Gabriel Quinet. Tous doivent répondre à notre description.

L'assertion de M. Paul Lacroix, relativement à la première représentation de cette pièce à Béziers, en 1654, n'est pas en rapport avec le *Registre de La Grange*. On lit en effet dans ce registre, page 4, à l'année 1658 (date de la représentation de cette comédie à Paris) : « *Le Despit amoureux, comedie du Sr de Moliere, passa pareillement pour nouuelle à Paris, eust un grand succez et produisit de part pour chaque acteur autant que l'*ESTOURDY. *Cette piece de Theastre a esté représentée pour la premiere fois aux Estats de Languedoc, à Beziers, l'an 1656. — Monsr le comte de Bioule, Lieutenant de Roy, president aux Estats.* » Or M. Lacroix et, avant lui, M. Taschereau basent leur opinion relative à la représentation en 1654 sur un passage de la Préface de l'édition de Molière, 1682, publiée par Vinot et le même La Grange, passage dans lequel les éditeurs déclarent que Molière, s'étant trouvé en Languedoc quelque temps après la représentation de l'*Etourdi*, offrit ses services au prince de Conti, qui l'engagea à son service et donna des appointements à sa troupe. Et comme ils ajoutent : « *La seconde comedie de M. de Molière fut représentée aux États de Béziers, sous le titre du* DÉPIT AMOUREUX », M. Taschereau et M. Lacroix pensent que la pièce dut d'abord être jouée peu de temps après, en 1654; mais M. Taschereau croit que ce fut à Montpellier et non pas à Béziers.

La question pourrait paraître tranchée en faveur de la date de 1656, par la découverte que fit M. (L. Lacour) de la Pijardière, en 1873, d'un reçu de six mille livres signé MOLIÈRE et daté du 24 février 1656, lequel reçu établit bien la situation de Molière vis-à-vis du prince de Conti, qui, après l'avoir reçu dans son domaine de la Grange-des-Prez, lui avait fait obtenir des États de Languedoc, par la pression qu'il avait exercée sur ces États, comme gouverneur de la province, la somme mentionnée dans le reçu dont il s'agit. La note du *Registre de La Grange* serait, dans ce cas, à peu près exacte (à part, peut-être, une petite erreur au sujet du nom du président des États) ; elle concorderait aussi avec le passage de sa préface des œuvres de 1682, et ce serait bien à Béziers que le *Dépit amoureux* aurait été représenté pour la première fois, en 1656. La somme de six mille francs aurait été accordée à Molière, mais aussi à sa troupe, évidemment pour les représentations données par eux, comme l'indiquent presque les mots « *a nous accordez* » qu'on lit dans la quittance dont voici d'ailleurs le texte :

« *Jay receu de monsieur le secq trésorier de la bource des Estats du Languedoc la somme de six mille liures a nous accordez par messieurs du Bureau des comptes de laquelle somme ie le quitte faict a Pezenas ce vingt quatriesme iour de feburier 1656.*

« MOLIÈRE. »

« *Quittance de six mille liures.* »

Le rapport de M. L. Lacour au sujet de ce reçu autographe est curieux à consulter. (Voy. *Rapport sur la découverte d'un autographe de Molière. Par M. de la Pijardière. Montpellier,* 1873, br. in-8°.)

PRIX de l'édition originale du *Dépit amoureux :* Vente Armand Bertin (1854), ex. non rel., 90 fr. — Vente Germeau (1869), rel. en mar. r. par Trautz, 425 fr. — Vente L. D. M. (Lebeuf de Montgermont) (1876), rel. en mar. r. par Trautz, 1,550 fr. — Catal. Rouquette (1873), ex. non rel., 1,200 fr. — Catal. Fontaine (1879), bel ex. rel. en mar. doublé, par Trautz, 2,000 fr. — Vente Guy-Pellion (1882), rel. en mar. r. par Trautz, 950 fr. — Vente H. Piquet (1884), rel. en mar. br. par Capé, 605 fr.

Il résulte de tout ce qui précède qu'on ne peut encore rien affirmer au sujet de la première représentation du *Dépit amoureux* dans une ville de Languedoc, mais seulement émettre des conjectures. Peut-être quelques nouvelles découvertes, dans le genre de celle de M. de la Pijardière, de documents plus spécialement relatifs à ces représentations et plus explicites, permettront-elles un jour de déterminer ce point avec plus de précision.

Ce même prince de Conti, qui, après avoir été le condisciple et l'ami de Molière au collège des Jésuites, lui accorda ensuite sa protection et applaudit ses premières pièces, ne tarda guère à « brûler ce qu'il avait adoré. » Etant devenu bientôt catholique fervent, presque mystique, il écrivit et publia en 1667 un *Traité de la comédie et des spectacles, selon la tradition de l'Église,* traité dans lequel il s'élève énergiquement contre le théâtre et essaye de prouver que les comédies et les tragédies, même les plus saintes et les plus morales (il cite *Polyeucte, le Cid, Rodogune...*), sont loin d'être aussi utiles aux mœurs que l'étaient celles des anciens, de Sophocle et d'Euripide, par exemple.

LES PRECIEVSES RIDICVLES.
COMEDIE
REPRESENTE'E au Petit Bourbon.

A PARIS,
Chez GVILLAVME DE LVYNE,
Libraire-Iuré, au Palais, dans la
Salle des Merciers, à la Iuftice.

M. DC. LX.
AVEC PRIVILEGE DV ROY.

In-12, composé de : 4 feuillets préliminaires non chiffrés, comprenant le titre dont le verso est blanc, la *Préface* et *les Personnages*; — 135 pages chiffrées pour le texte de la pièce, plus 1 page non chiffrée pour l'*Extraict du Privilège*.

Le Privilège, en date du 19 janvier 1660, est accordé à « Guillaume de Luynes », pour « faire imprimer, vendre et debiter *les Precieuses Ridicules, representées au Petit-Bourbon,* pendant cinq années... » Il n'y est pas question du nom de Molière, comme dans l'édition que nous allons citer. A la suite on lit : *Acheué d'imprimer pour la premiere fois le 29. Ianuier 1660.* Et au bas de la page on voit la déclaration de cession par « de Luynes » à Charles de Sercy et Claude Barbin.

Dans la préface de cette édition qui est évidemment la première, on lit vers la fin de la troisième page : « Outre quelque grand Seigneur, que i'aurois esté prendre malgré luy, pour Protecteur de mon Ouurage, *& dont i'aurois tenté la liberalité, par une Epistre dedicatoire bien fleurie;* i'aurois tâthé (*sic*) de faire une belle & docte Préface... » Une partie de cette phrase (celle que nous avons mise ici en italiques) est supprimée dans les éditions suivantes.

On remarque en outre, exclusivement dans la première édition, plusieurs fautes d'impression dont voici les principales : Page 2, au milieu de la page, DU CRIOSI au lieu de DU CROISI. Pages 34 et 36, en tête, au titre courant : LES PRECIEUSE. Page 43 : CENE VIII. Page 109 : MACARILLE.

LES ÉDITIONS ORIGINALES.

La première page de la Préface de cette édition contient 19 lignes, plus en haut le mot PRÉFACE et en bas la signature *a ij*.

Il paraît exister des exemplaires de cette première édition avec le titre portant indifféremment l'un ou l'autre des noms des libraires compris dans la cession du privilège. Mais pour les libraires autres que Guillaume de Luyne, le titre, la préface et le dernier cahier signé I (pages 121 à 135), ainsi que le Privilège (libellé de même) ont été réimprimés. Tout le reste du texte est identique ; on y voit encore les fautes indiquées ci-dessus ; la préface n'est modifiée que typographiquement.

Une seconde édition, que l'on trouve également avec divers noms de libraires, même celui de *Guill. de Luynes (sic)*, a été entièrement réimprimée sous la même date, avec le même nombre de pages. Or n'y retrouve plus la portion de phrase de la préface que nous avons signalée ci-dessus : ...*& dont j'aurois tenté la liberalité par une Epistre dedicatoire bien fleurie...* On n'y voit pas davantage les fautes que nous avons notées dans la première.

De plus, chose importante, le Privilège, toujours accordé « à Guillaume de Luynes », permet de « faire imprimer, vendre et debiter *les Precieuses ridicules fait par le sieur Molier* »... C'est, comme on vient de le voir, libellé tout différemment dans le privilège de la première édition.

LES
PRECIEVSES
RIDICVLES.
COMEDIE.
*REPRESENTE'E
au Petit Bourbon.*

A PARIS,
Chez CLAVDE BARBIN, dans
la grand' Salle du Palais au
Signe de la Croix.

M. DC. LX.
AVEC PRIVILEGE DV ROY.

Il y aurait bien aussi des différences de pagination à signaler, mais cela n'a pas une grande importance et peut avoir été rectifié pendant le tirage de l'une ou de l'autre édition. En général, les remarques les plus caractéristiques de la vraie édition originale sont celles qui portent sur les fautes d'orthographe ou d'impression que nous avons signalées, et sur la différence de libellé du Privilège. Car entre les autres éditions, ou plutôt les autres tirages, il est difficile d'établir une priorité. (*Voir à la* BIBL. NAT. Y non porté. Réserve. 4 exemplaires différents.)

On trouve des éditions de 1660, imprimées d'après les premières, notamment une qui doit avoir été publiée en France et porte : *Iouxte la copie imprimée à Paris, chez Claude Barbin,* in-12 de 6 feuillets et 96 pages ; une autre de plus petit format (avec la Sphère), *suivant la copie imprimée à Paris, chez Charles de Sercy,* petit in-12 de 63 pages, plus le Privilège ; cette dernière imprimée en Hollande.

L'éclosion rapide de ces diverses éditions, faites évidemment à la hâte, était motivée par le grand succès que venait d'avoir la pièce, jouée depuis deux mois à peine. On lit, en effet, dans le *Registre de la Grange,* page 13, que la première représentation de cette « 3e Piece nouvelle de M. de Moliere » avait eu lieu le « mardy 18 nouembre 1659 ». Quoiqu'on donnât ce jour-là *Cinna* et *les Precieuses,* la recette ne fut que de 533 livres. Mais La Grange annonce que la représentation se donnait « à *l'ord^{re}* (à l'ordinaire), *15^s* (sols) *au parterre* ». Le succès fut tel que, dès la seconde représentation, mardi 2 décembre, le prix des places fut doublé. La Grange consigne le résultat en ces termes : « *Mardy 2me Décembre. — Alcionée et les Pretieuses, à l'Extr^{re} 30^s* (à l'extraordinaire 30 sols au parterre)… *1,400 livres.* » L'apparition de cette pièce révolutionna le théâtre et passionna au dernier point la société qui y était critiquée avec tant d'esprit et de puissance d'observation.

PRIX de l'édition originale : Vente Bertin (1854), ex. non relié, 90 fr. — Vente Germeau (1869), mar. r. par Trautz, 425 fr. — Catal. Rouquette (1873), ex. non rel., 1,200 fr. — Catal. Fontaine (1875), rel. en vélin. 1,500 fr. — Même Catal., ex. rel. en mar. r. par Trautz, 1,650 fr.

On trouve des détails intéressants sur la représentation des *Précieuses ridicules,* dans un petit livret très rare intitulé : *Récit en prose et en vers de la farce des Précieuses. A Paris, chez Claude Barbin…. M. DC. LX.* In-12 de 34 pages. Ce récit, envoyé à une dame (Mme de Morangis, suivant le manuscrit Conrart, qui se trouve à la Bibliothèque de l'Arsenal), est de Mlle Des Jardins, plus tard Mme de Villedieu, une amie dévouée de Molière.

SGANARELLE
O V
LE COCV IMAGINAIRE.
COMEDIE.

Auec les Arguments de chaque Scene.

A PARIS.
Chez IEAN RIBOV, fur le Quay des Auguftins, à l'image Saint Louïs.

M. DC. LX.
AVEC PRIVILEGE DV ROY.

In-12; composé de : 4 feuillets préliminaires non chiffrés, formant un cahier a, e comprenant le titre, dont le verso est blanc, une épître en prose « A UN AMY », non signée (5 pages, imprimées en italiques), et la liste des *Acteurs* (page); — 59 pages chiffrées pour le texte de la pièce, et 1 page non chiffrée pour l'*Extraict du Privilège*.

Ce Privilège, daté du 26 juillet 1660, est accordé au sieur de Neuf-Villenaine pour cinq ans. Il est suivi ici de la déclaration du sieur de Neuf-Villenaine, cédant son droit au libraire Jean Ribou. A la fin, on lit la mention : *Acheué d'imprimer le 12 . Aoust 1660*.

Dans quelques exemplaires on trouve, avant l'épître *à un amy*, une autre épître « *A Monsieur de Molier, chef de la trouppe des Comediens de Monsieur, Frere unique du Roy*, laquelle est imprimée en lettres rondes.

signée seulement *** et forme 4 pages, la première cotée *a* en bas. Cette épître dut être imprimée après l'édition et n'en fait peut-être pas rigoureusement partie, car la première page de l'épître *A un amy* est signée *aij*, ce qui indique qu'elle doit suivre immédiatement le titre; et aussitôt après, au verso de la dernière page de cette épître, vient la liste des *Acteurs,* qui se mettait toujours en regard du commencement de la pièce. Il n'y a donc logiquement place, pour l'autre épître, ni avant ni après celle *A un amy,* et elle n'a pu qu'y être ajoutée; mais il est intéressant de la posséder. C'est une continuelle flatterie à l'adresse de Molière ; l'auteur déclare qu'il ne s'est décidé à faire imprimer la pièce que « parce qu'il a appris que d'autres éditeurs étaient au moment de la défigurer ». Tandis que l'épître *à un amy* contient, à côté de grands éloges pour l'auteur de *Sganarelle,* quelques restrictions et quelques critiques, qui préparent le lecteur aux observations présentées par ci par là dans les arguments de chaque scène. (L'ex. de la BIBLIOTH. NAT^{le}, Y. 5841. A. *Réserve,* en demi-reliure, qui est le type de la vraie 1re édition, contient les deux épîtres.)

Il existe sous la même date deux éditions distinctes, quoique très peu différentes et répondant également à la description ci-dessus. Les exemplaires de ces deux éditions ne sont même pas absolument semblables entre eux.

On peut consulter à ce sujet le Répertoire de la librairie Morgand et Fatout, 1878 (pages 180-181), où se trouve une note minutieuse sur la comparaison de huit exemplaires différents connus de ces deux éditions originales.

Dans l'exemplaire de la librairie Morgand, qui avait été l'objet de ces recherches comparatives avec plusieurs autres, on voyait une sorte de prospectus, daté du 14 août 1660, et intitulé LE LIBRAIRE AU LECTEUR, avec ce sous-titre : *Les lecteurs sont priez de jetter icy les yeux s'ils ont de la curiosité.* Ce prospectus, dans lequel Jean Ribou annonce qu'il publie deux pièces se faisant pendant, « *La Cocuë Imaginaire,* qui peut servir de regard au *Cocu Imaginaire,* de l'Illustre Monsieur de Molier », et le *Procez des Pretieuses,* et termine en disant qu'on trouvera « toutes ces galantes nouueautez, et beaucoup d'autres dans sa boutique », dont il donne l'adresse, n'appartient pas évidemment à l'édition de *Sganarelle.* Ce devait être un de ces feuillets que les éditeurs glissaient, comme on le fait encore aujourd'hui, dans leurs livres pour en annoncer d'autres; et il n'a pas d'importance au point de vue de la valeur de l'édition. Mais il est curieux de l'avoir dans le volume en vieux vélin où il a été relié à l'époque. La rédaction en est assez drôle. On ne le retrouve, du reste, dans aucun autre des exemplaires connus.

LES ÉDITIONS ORIGINALES.

Voici quelques observations qui permettront de distinguer les deux types d'éditions parues sous la date de 1660. On trouvera peut-être ces détails puérils, mais nous sommes bien obligé de sacrifier au goût méticuleux de la plupart des bibliophiles du jour. Les deux types que nous avons comparés à la Bibliothèque Nationale, dans la Réserve, sont cotés, l'un Y. 5841. A. demi-reliure (première édition, croyons-nous), l'autre Y. non porté (seconde édition). Pour plus de clarté, appelons A la première et B la seconde :

A. Titre reproduit ci-devant en fac-similé.
B. Titre avec fleuron différent (un groupe de fruits surmonté d'une sorte de galerie, dans laquelle passe un cordon, avec un gland tombant de chaque côté).

A. Au bas du titre, après les mots A PARIS, il y a une virgule.
B. Au bas du titre, après les mots A PARIS, il n'y a pas de virgule.

A. Page 6, terminée par le mot *l'ayant;* le mot entier *promise* commence la page 7.
B. Page 6, terminée par *l'ayant pro-*, la fin *-mise* commence la page 7.

A. Page 8. La note marginale ou manchette commence en face le nom CLELIE. Dans cette note, le mot *portraict* est orthographié avec un *c*.
B. Page 8. La manchette commence plus bas, en face du vers : *Ah! ne m'accable point...* Le mot *portrait* est sans *c*.

A. Page 9. Dans la note marginale, on voit les mots *tomber* et *portraict*.
B. Page 9. Dans la note marginale, ces mots sont orthographiés *tober* et *Portrait*.

A. Page 10, au bas : *Ah! qu'est-ce que je oy.*
B. Page 10, au bas : *Ah! qu'est-ce que je voy.*

A. Page 12, avant-dernier vers : ...*la graueüre*...
B. Page 12, avant-dernier vers : ...*la graueure*...

A. Page 17 (17ᵉ ligne) : la fin *gne* du mot *yvrogne* est reportée à la ligne.
B. Page 17 (17ᵉ ligne) : ce renvoi à la ligne n'existe pas.

A. Même page (30ᵉ ligne) : le mot *feindre* est entièrement reporté à la ligne.
B. Même page (30ᵉ ligne) : la fin du mot ...*dre* seulement reportée à la ligne.

A. Même page : dans la note marginale, le mot *Regar‖dant* et le mot *por‖traict* sont coupés chacun en deux lignes.
B. Même page : dans la note marginale, les mots *Regardat* et *portrait* sont chacun en une seule ligne.

A. Page 18 : dans la note marginale, le mot *portraict* est avec un *c*.
B. Page 18 : dans la note marginale, le mot *portrait* est sans *c*.

A. Page 23 (1ʳᵉ ligne) : *Qu'il en* SÇAIT *bien la* CAUSE.
B. Page 23 (1ʳᵉ ligne) : *Qu'il en* SAIT *bien la* CHAUSE.

A. Page 29 (5e vers) : *Mais* SE *sensible outrage*...
B. Page 29 (5e vers) : *Mais* CE *sensible outrage*...

A. Même page (au commencement de la scène XI) : Lelie. *La femme*....
B. Même page (au commencement de la scène XI) : Lelie. *Al femme*....

A. Page 32 : le fleuron est semblable à celui de la page 33.
B. Page 32 : le fleuron est différent; il est formé de 11 dessins en forme de trèfles.

A. Page 35 : le fleuron est composé de 13 trèfles.
B. Page 35 : le fleuron est composé de 11 trèfles.

A. Même page : la note marginale occupe 4 lignes.
B. Même page : la note marginale occupe 5 lignes.

A. Page 36 : la première note marginale occupe 6 lignes et commence par ces mots : *Celie approche*..., la seconde occupe 3 lignes.
B. Page 36 : la première note marginale occupe 7 lignes et commence par ces mots : *Celie approcha*..., la seconde occupe 4 lignes.

A. Page 37 : la note marginale placée en haut forme 7 lignes.
B. Page 37 : la note marginale placée en haut forme 8 lignes.

A. Page 41 : la note marginale placée en haut occupe 6 lignes.
B. Page 41 : la note marginale placée en haut occupe 7 lignes.

A. Page 42 : la note marginale comprend 4 lignes.
B. Page 42 : la note marginale comprend 5 lignes.

A. Page 44 (1er vers) : ...*que mes jambes*...
B. Page 44 (1er vers) : ...*que mes iambes*...

A. Page 45 (à la fin de l'avant-dernier vers) : ...*en cette place*...... (six points assez gros et écartés).
B. Page 45 (à la fin de l'avant-dernier vers) : ...*en cette place*..... (cinq points plus petits et serrés).

A. Page 46 : le fleuron est composé des mêmes ornements que celui de la page 45.
B. Page 46 : le fleuron est différent et composé de 11 trèfles.

A. Page 51 : le fleuron se compose de 12 trèfles.
B. Page 51 : le fleuron se compose de 11 trèfles.

A. Page 52 : la fin de l'argument en prose forme 23 lignes.
B. Page 52 : la fin de l'argument en prose forme 22 lignes seulement.

A. Page 53 (17e ligne) : le mot *cōprendre* est avec abréviation.
B. Page 53 (17e ligne) : le mot *comprendre* est sans abréviation.

A. Même page : la note marginale occupe 3 lignes.
B. Même page : la note marginale occupe 4 lignes.

A. Page 54 : la note marginale occupe 2 lignes, et on y voit le mot *monstrāt* en une seule ligne.
B. Page 54 : la note marginale occupe 3 lignes, et le mot *mons* || *trant* y est en deux lignes.

A. Page 56 : Le fleuron est formé de 13 trèfles.
B. Page 56 : le fleuron est formé de 11 trèfles.

A. Page 57 (avant-dernière ligne) : on voit le mot *sujet*.
B. Page 57 (avant-dernière ligne) : on lit ...*subjet*.

A. Dernière page, non chiffrée : à la fin de la cession à Ribou, on lit les mots *en*||*tr'eux*.
B. Dernière page, non chiffrée : ....ces mots sont ainsi disposés : *en* || *t'reux*.

A la Bibliothèque Nationale, on trouve, sous la même cote que l'édition A, un exemplaire de la seconde édition, avec un titre de la première. La confusion doit avoir été faite à la reliure. Cet exemplaire est relié en maroquin rouge du commencement de ce siècle.

L'édition de 1660, avec les arguments de Neuf-Villenaine, doit être considérée, quoi qu'on en dise, comme la vraie édition originale de *Sganarelle*. D'abord elle est aussi correcte, au moins, que toutes les suivantes, y compris celle de 1666, que M. Paul Lacroix prétendait avoir été donnée par Molière lui-même. Ensuite il est inadmissible que le sieur de Neuf-Villenaine, dont, entre parenthèses, personne n'a jamais constaté l'identité, ait pu retenir exactement la pièce de mémoire, comme il le dit, et la faire imprimer sans un manuscrit ou une copie quelconque, venant de Molière ou d'un de ses camarades. Il est donc probable que l'impression a été faite sur une copie authentique, et, qui sait ? le nom de Neuf-Villenaine cache peut-être un des intimes de Molière. Le nom ou pseudonyme de ce personnage est différent dans les actes officiels que nous allons citer ci-après.

On ne sait pas si le poète a jamais revu lui-même une édition séparée de cette comédie. M. Campardon a découvert aux Archives, et publié en 1871 et ensuite en 1876, des *Documents inédits sur Molière*, qui prouvent que celui-ci fit un procès au libraire et à l'éditeur au sujet de l'édition de 1660, et qu'il essaya d'obtenir la saisie de tous les exemplaires. On voit parmi ces documents le texte de deux arrêts du Roi, datés l'un du 3 septembre, l'autre du 16 novembre 1660, rendus à la requête de Molière, contre Jean Ribou et le sieur de Neufvillaine (sic). Aux termes du dernier de ces arrêts « le défendeur (Neufvillaine) est condamné à rapporter le privilège du 26 juillet dernier portant permission d'imprimer les pièces de théâtre composées par le demandeur (Molière), au préjudice du privilège obtenu par le demandeur, le dernier mai dernier..... et à délivrer au demandeur les douze cent cinquante exemplaires par lui retirés, ou la valeur à raison de trente sols par chaque exemplaire.... » Ces exemplaires furent sans doute écoulés peu à peu pour le compte de Molière, qui ne rejetait donc pas le texte de l'édition, puisqu'il n'en demandait pas la suppression, mais voulait plutôt obtenir des droits d'auteur (trente sols par exemplaire). D'ailleurs il ne publia pas d'édition de *Sganarelle* avec son privilège du « dernier mai », comme on va le voir ci-après. Il n'utilisa ce privilège que pour faire imprimer, en 1662, *l'Estourdy*, et le *Dépit amoureux*. D'autre part, on lit dans le Privilège de l'*Escole des Maris*, accordé à Molière l'année suivante, en date du 9 juillet 1661, que le sieur « de Moliers » (sic) requiert des défenses pour cette pièce, « parce qu'il seroit arrivé qu'en ayant ci-devant composé quelques autres, aucunes d'icelles auroient esté prises et transcrites par des particuliers qui les auroient fait imprimer, vendre et débiter, en vertu des lettres de privilèges qu'ils auroient surprises en notre grande Chancellerie à son préjudice et dommage ; pour raison de quoy il y auroit eu instance en nostre Conseil, jugée à l'encontre d'un nommé Ribou, libraire, imprimeur, en faveur de l'exposant... »

M. Paul Lacroix cite, sous la date de 1662, des exemplaires de l'une des premières éditions de 1660, pour lesquels un nouveau titre fut réimprimé au nom de Guillaume de Luyne, à celui d'Augustin Courbé, et dans lesquels on modifia le privilège, en y substituant seulement le nom du sieur *de Molier* à celui de Neuf-Villenaine, en ajoutant à la fin une déclaration de cession par Molier à Guillaume de Luyne, et par de Luyne à Augustin Couré (sic) et à Estienne Loyson. (On voyait, il y a quelques années, un de ces exemplaires à la librairie Fontaine, et aucun moliérophile n'a paru y attacher l'importance qu'il méritait, car il est resté chez le libraire pendant au moins quatre années.) D'un autre côté, il faut remarquer qu'en 1663 parut aussi, avec le nom de Courbé (et peut-être d'autres noms), une édition qui contient toujours les arguments, et dans laquelle on voit, outre l'épître *A un amy*, l'autre lettre à Molière qui se trouvait déjà, comme nous l'avons dit, dans quelques exemplaires de l'édition originale. En 1665, les libraires dont il est question dans la cession citée par nous en publièrent une nouvelle, toujours avec les arguments et sans modifications du texte. Ils durent seulement s'adjoindre Thomas Jolly, car c'est le nom de ce libraire que porte l'exemplaire conservé à la BIBL. NAT^{le} (Y... Réserve). Cette édition est encore imprimée en vertu du Privilège du 26 juillet 1660, portant le nom du « sieur *De Molier* », et on y retrouve la double déclaration de cession faite par « le dit sieur *Molier* » à Guillaume de Luyne, et par G. de Luyne à Estienne Loyson.

On peut supposer, d'après tout cela, que Molière ne réprouvait pas le texte de l'édition princeps de 1660, publiée sans son aveu, puisqu'il laissait paraître successivement, avec un privilège portant son nom, plusieurs autres éditions semblables, avec les arguments primitifs.

Cependant une édition portant le nom de I. B. P. Molier sur le titre avait paru, en 1664, chez Jean Ribou, sans les arguments. Mais Brunet et M. Lacroix supposent que c'est une contrefaçon de province. Si elle eût été publiée par Molière, il n'eût pas laissé sur le titre son nom orthographié de cette façon. Un exemplaire se trouvait dans la Bibliothèque de Solar.

Enfin parut en 1666 une édition dépouillée des arguments et offrant quelques modifications dans le texte. Elle a pour titre :

Sganarelle ou le Cocu imaginaire, comedie, par I. B. P. Molier (sic). *A Paris, chez Jean Ribou*... M.DC.LXVI. In-12 de 45 pages, y compris le titre et un feuillet préliminaire contenant le Privilège. A la fin de ce privilège, qui est tout bonnement celui qui fut donné au sieur de Neuf-Villenaine, en date du 26 juillet 1660, on lit la mention : *Achevé d'imprimer le 30 Septembre 1666.*

S'il faut en croire M. Paul Lacroix, cette édition aurait été probablement donnée par Molière, pour ce motif qu'on y rencontre plusieurs variantes, qui, dit-il, ne peuvent être que de l'auteur, et aussi des jeux de scène tout différents de ceux de l'édition de 1660. Cette opinion est respectable et il se peut, en effet, que les modifications soient du fait de Molière. Mais il est peu probable qu'il ait publié lui-même l'édition, ou même qu'il en ait vu l'impression ; car comment expliquer, dans ce cas, qu'il eût laissé passer des fautes comme, par exemple, celle de Molier sur le titre, et d'autres signalées par M. Lacroix, dans la scène XXII : *me quitter pour autre,* au lieu de *me quitter pour un autre,* et dans la scène XXIII, 4ᵉ couplet, l'omission du nom de Gorgibus, pour le changement de personnage, devant le vers : *Oui, monsieur, c'est ainsi que je fais mon devoir,* qui se trouve encore dit par Lelie, ce qui n'a plus de sens ? Comment aussi l'impression a-t-elle pu être faite en vertu d'un privilège accordé pour cinq ans et daté de 1660, c'est-à-dire périmé depuis plus d'un an, et qu'on y ait maintenu le nom de Neuf-Villenaine ? Il y a là une énigme assez difficile à éclaircir. Nous croyons que Molière, moins homme pratique que grand poète et grand comédien, laissa paraître cette édition avec la même indifférence qu'il avait montrée à propos des autres, et qu'un arrangement était intervenu entre lui et Jean Ribou et les autres libraires, après le procès de 1660. Cette édition de 1666 n'en présente pas moins un certain intérêt, à cause des variantes qu'on y trouve et des modifications que nous avons signalées dans les jeux de scène.

Il résulte de tout ce qui précède que c'est probablement dans l'édition collective des *Œuvres de Molière*, publiée en 1674, après la mort du poète, sur ses notes, et peut-être déjà imprimée de son vivant, qu'il faut chercher le vrai texte de *Sganarelle*, tel que Molière le prépara sans doute pour la première fois, en vue de l'impression. Ce texte fut d'ailleurs là très peu modifié. (Nous décrivons l'édition des *Œuvres*, de 1674, ci-après, pages 323-325).

Malgré cela, l'édition originale de 1660, publiée par Neuf-Villenaine, mérite de conserver une grande valeur. Elle est d'ailleurs fort rare et on n'en connaît actuellement que neuf exemplaires, cités dans le Répertoire de la librairie Morgand et Fatout de 1882.

Sganarelle ou le Cocu imaginaire fut représenté pour la première fois à Paris, sur le théâtre du Petit-Bourbon, le 30 mai 1660. On lit à ce sujet dans le *Registre de La Grange* (page 20) : *Pièce nouvelle de M. de Molière.* — *Dimanche 30me (May)*. — *Nicomede et Le Cocu Imaginaire*. Première Repre^{on}... 350^{tt} (Recette). *Partagé*... 19^{tt} 5^s.

Comme on a pu le voir ci-dessus, le sieur de Neuf-Villenaine ne tarda pas à faire paraître cette pièce, le privilège à lui accordé étant daté du 26 juillet et l'achevé d'imprimer du 12 août.

Prix de l'édition originale de 1660 : le bel et curieux exemplaire, relié en vélin ancien, que nous avons cité comme ayant figuré au Répertoire Morgand et Fatout, 1882, n'était pas accompagné du prix de vente; mais nous croyons savoir qu'il a été vendu environ 3,000 francs. — A la vente H. P. (Piquet), en 1884, un ex. un peu court de marges, rel. en mar. r. par Capé, fut adjugé à 1,100 francs.

Édition de 1662 : Catal. Fontaine (1875 à 1879), mar. r. par Trautz, très bel ex., 600 francs. — Vente Didot (1878), mar. r., ex. défectueux, 75 francs.

Édition de 1663 : Bulletin Morgand et Fatout (1876, n°s 3 et 4), ex. dérelié, 150 francs. — Même Bulletin (1879, n° 9), mar. r. par Trautz, 150 francs. — Vente Guy-Pellion (1882), mar. r. par Trautz, 150 francs.

Édition de 1664 : Vente Solar (1860), ex. non rogné, demi-reliure, 25 francs.

Édition de 1665 : Catal. Fontaine (1877), mar. r. bel. ex. non rogné, 300 francs.

Édition de 1666 : Catal. Fontaine (1875), mar. r. par Trautz, 600 francs. — Vente Didot (1878), mar. v. orné par Lortic, ex. non rogné, 400 francs. — Vente Guy-Pellion (1882), mar. r. par Trautz, 200 francs.

In-12, composé de : 6 feuillets préliminaires non chiffrés, comprenant : le frontispice gravé, le titre imprimé dont le verso est blanc, l'épître dédicatoire en prose, « à Monseigneur le duc d'Orleans, frere unique du Roy », signée I. B. P. Molière, et *les Personnages* ; — 65 pages chiffrées pour le texte de la pièce, et 5 pages non chiffrées, à la fin, pour le *Privilège* et l'*achevé d'imprimer*.

Le Privilège, qui se trouve à la fin en entier, est accordé à « *Nostre amé Iean Baptiste Pocquelin de Moliers* (sic), *Comedien de la Troupe de nostre trescher et tres amé Frere unique le Duc d'Orleans* », en date du 9 juillet 1661. A la suite se trouve la déclaration de cession faite par Molière à Charles de Sercy, puis la déclaration de Sercy,

L'ESCOLE
DES
MARIS,
COMEDIE,
DE I. B. P. MOLIERE.

REPRESENTEE SVR LE
Theatre du Palais Royal.

A PARIS,
Chez GVILLAVME DE LVYNE,
Libraire Iuré, au Palais, à la *Salle des Merciers*, à la *Iuftice*.

M. DC. LXI.
AVEC PRIVILEGE DV ROY.

associant à son privilège Guillaume de Luyne, Jean Guignard, Claude Barbin et Gabriel Quinet. A la fin, on lit la mention : *Acheué d'imprimer le 20. Aoust 1661.*

On trouve des exemplaires portant sur le titre l'un ou l'autre des noms des libraires que nous venons de citer. (Bibl. nat. Y. 5755, A. et E. Réserve.)

Le frontispice gravé est très joli. Il donne pour la seconde fois la figure de Molière, et le représente dans le rôle de *Sganarelle*. L'artiste a choisi la scène IX du deuxième acte: Isabelle, debout, donnant sa main à baiser à Valère, derrière le dos de Sganarelle. Cette gravure, comme quelques autres de l'époque, est précieuse, parce qu'elle peut servir à rétablir la vraie figure et le costume de Molière.

Le *Registre de La Grange* donne la date à laquelle fut jouée cette comédie. On lit, en effet, page 33, à l'année 1661 : « *Pièce No*^{lle} *de Mons*^r *Molière. Vendredi 24 juin.* « — TYRAN D'OEGYPTE *avec la 1*^{ere} *Representation de l'*ESCOLLE DES MARIS. » La recette fut de 410 livres.

PRIX de l'édition originale : Vente Bertin (1854), ex. non relié, 45 fr. — Vente Didot (1878), mar. r. par Trautz, ex. un peu court en tête, 650 fr. — Répertoire Morgand et Fatout (1878), mar. r. par Trautz, 1,700 fr. — Vente H. P. (Piquet) (1884), rel. en mar. r. par Capé, 400 fr.

LES FACHEVX

COMEDIE,

DE I. B. P. MOLIERE.

REPRESENTEE SVR LE Theatre du Palais Royal.

A PARIS,

Chez IEAN GVIGNARD le fils, en la Grand' Salle du Palais, du cofté de la Cour des Aydes, à l'image Saint Iean.

M. DC. LXII.
AVEC PRIVILEGE DV ROY,

In-12, composé de : 11 feuillets préliminaires non chiffrés, comprenant le titre dont le verso est blanc, l'épître dédicatoire en prose « au Roy », une préface sans titre, le *Prologue* et la liste des *Personnages*; — enfin, pages 9 à 76 (chiffrées irrégulièrement) pour le texte de la pièce, plus 2 pages non chiffrées pour l'*Extrait du Privilège* et l'*achevé d'imprimer*.

Cette disposition des feuillets non chiffrés et cette pagination du texte, commençant par 9—10 ne peut être expliquée qu'en supposant une erreur matérielle dans le compte des pages précédentes non chiffrées commençant avec la préface, lesquelles pages sont au nombre de 10 (au lieu de 8, comptées seulement, ce qui a fait commencer le texte par la page 9 au lieu de la page 11 comme cela aurait dû être). Ce qui rend cette supposition sérieuse, c'est que dès le second feuillet du texte, la pagination continue par les pages 13 et 14, et se suit sans interruption jusqu'à la fin. Les 6 premiers feuillets préliminaires, y compris le titre, forment un cahier indépendant signé $\bar{a}$. Le cahier suivant commence la série alphabétique des grandes signatures A à G, qui terminent le volume, toujours par cahiers de 6 feuillets chacun. Le premier feuillet du texte, paginé 9-10, est le sixième du cahier A. M. Paul Lacroix essaye de motiver cette irrégularité de pagination, en supposant qu'on a dû remanier la dédicace, la préface et le prologue, après la disgrâce du surintendant Fouquet, chez lequel la pièce avait d'abord été jouée le 16 août 1661, à la fête du château de Vaux. En effet, Molière avait sans doute dédié sa comédie au surintendant, et comme ce dernier avait été emprisonné le 5 septembre suivant, le poète ne pouvait laisser subsister sa dédicace.

Nous n'avons pas vu d'exemplaire dont la dernière page fût chiffrée par erreur 52 au lieu de 76, comme l'indiquent M. Lacroix et, après lui, le *Supplément au Manuel du libraire*. Dans l'édition originale le nom de la pièce est écrit *Facheux* sur le grand titre et *Fascheux* au titre courant du haut des pages.

Le Privilège, daté du 5 février (1662), est accordé « au sieur Molière ». Il est suivi de la double déclaration de cession par lui à Guillaume de Luyne, et par ce dernier à Charles de Sercy, Jean Guignard, Claude Barbin et Gabriel Quinet. Enfin on lit la mention : *Acheué d'imprimer le 18. Février 1662.* (Bibl. nat. Y. 5773 + a. Réserve.)

Voici les renseignements du *Registre de La Grange*, pages 36-37, année 1661, sur les premières représentations de cette comédie : « 6me *Pièce de Mr de Molière. Lundy 15 aoust, la Troupe est partie pour aller à Vau-le-Vicomte pour M^r le Sur Intendant, et a joué les* Fascheux *deuant le Roy, dans le jardin, et est reuenue le Sam edy 20me du d^t mois...* — *Le Mardy 23, la Troupe est partie pour Fontainebleau et a joué les* Fascheux *deux fois...* » Et sur la première représentation à Paris : « *Mardy* (1er novembre). *Preparations pour les* Fascheux. — *Vendredy 4 Nouembre.* — Les Fascheux. A cette représentation la recette fut, selon le même registre, de 765 livres.

Prix de l'édition originale : Vente Bertin (1854), ex. non relié, 39 fr. — Vente Germeau (1869), rel. en mar. r. par Trautz, 325 fr. — Catal. Fontaine (1875), bel ex. rel. mar. r. par Trautz, 1,500 fr. — Vente Didot (1878), rel. en mar. v. par Capé, 610 fr. — Vente Guy-Pellion (1882), bel ex. rel. en mar. r. par Trautz, 1,300 fr. — Vente H. Piquet (1884), rel. en mar. r. par Trautz, 360 fr.

L'ESCOLE DES FEMMES.

COMEDIE.

Par I. B. P. MOLIERE.

A PARIS,
Chez GVILLAVME DE LVYNES
Libraire Iuré, au Palais, dans la Salle
des Merciers, à la Iuftice.

M. DC. LXIII.
Avec Priuilege du Roy.

In-12, composé de : 6 feuillets préliminaires non chiffrés et 93 pages chiffrées pour le texte de la pièce (ou plutôt 95, comme nous allons l'expliquer ci-après).

Les feuillets préliminaires comprennent : le frontispice gravé représentant Arnolphe et Agnès, et signé F. C. (*François Chauveau*) *fec.*, le titre imprimé, l'épître dédicatoire « à Madame », la *Préface*, l'*Extraict du Privilége* et *les Personnages*.

« Madame », à qui la pièce est dédiée, est Henriette d'Angleterre, première femme du duc d'Orléans, frère du Roi, morte en 1670 et dont Bossuet prononça une si touchante oraison funèbre.

Le Privilège, daté du 4 février 1663 et accordé à Guillaume de Luyne, est suivi de la mention : *Acheué d'imprimer pour la premiere fois, le 17. Mars 1663.* Au bas de la page se trouve la déclaration de G. de Luyne faisant part de son privilège aux sieurs Sercy, Joly, Billaine, Loyson, Guignard, Barbin et Quinet. On trouve donc des exemplaires au nom de l'un ou l'autre de ces libraires.

La dernière page doit bien être cotée 93. Mais, en réalité, le texte se compose de 95 pages. Voici comment : après la page 74, se terminant en bas par le mot de réclame HORACE, doit se trouver un feuillet coté de nouveau 73-74, lequel fut imprimé après coup et intercalé pour compléter la scène II du cinquième acte, dont deux pages avaient été oubliées dans la mise en pages. Ce feuillet, signé D, comme le précédent, et portant en double les chiffres

73-74, est donc absolument indispensable pour que la pièce soit complète ; il sert d'ailleurs à caractériser la première édition originale.

Immédiatement on réimprima la pièce, sous la même date et aux mêmes noms, d'une façon plus correcte, avec une pagination non interrompue de 1 à 95, malgré cependant quelques fautes de chiffres qui ne changent rien à la pagination de la fin. Ici la dernière page est bien cotée 95. Les chiffres sont partout plus gros que dans la première édition. On y voit quelques différences dans les fleurons, dans la disposition d'un certain nombre de pages, dans l'orthographe de quelques mots. Citons seulement deux de ces différences : page 52, dans la première édition, dix-neuvième ligne, on lisait : *Voulu de cét amour estoufer la clarté.* Dans la deuxième édition on lit : *Voulu de cét esprit...* Page 65, première ligne, on lit dans la première édition ... *un bonheur trop parfait,* et dans la deuxième édition, ... *un bonheur tout parfait...* Nous pensons que ces deux éditions ont un égal intérêt. (BIBL. NAT. Y. 5755 et 5755 B. Réserve.)

L'édition originale de cette comédie célèbre fut imprimée à peine deux mois et demi après avoir été jouée, car le *Registre de La Grange* (page 50), année 1662, nous apprend qu'on donna « *Le mardy 26me Decembre la premiere Representation de l'*ESCOLLE DES FEMMES ». En marge, à côté, se trouve la mention : *7me Pièce nouuelle de Mr de Moliere* ». On y voit même que la recette fut ce jour-là de 1,518 livres, chiffre énorme pour l'époque, et que beaucoup des représentations suivantes furent presque aussi fructueuses. Ce fut un succès considérable, malgré les protestations indignées des prudes et des précieuses, qui entraînèrent dans leur camp bon nombre de beaux esprits, et finirent par soulever contre Molière des critiques aussi violentes qu'elles étaient injustes. Louis XIV ne fut pas du côté des détracteurs, car à ce moment-là même il a accorda à Molière une pension de mille livres. Contrairement aux habitudes d'alors, on joua la pièce au moins trente-cinq fois sans interruption, — ainsi que le constate le même registre, tenu au jour le jour, — sans compter les nombreuses représentations qui en furent données dans les mois qui suivirent.

PRIX de l'édition originale : Vente Bertin (1854), ex. non relié, 80 fr. — Vente Solar (1860), rel. mar. v., 305 fr. — Catal. Fontaine (1875), rel. en mar. r. par Trautz, 1,500 fr.; et un ex. de la même édition avec pagination corrigée, mar. r. par Chambolle, 600 fr. — Vente Didot (1878), ex. de l'édition corrigée, rel. en mar. v. par Lortic, 200 fr. — Vente Guy-Pellion (1882), bel ex. de premier tirage, rel. en mar. r. par Trautz, 1,220 fr. — Vente H. P. (Piquet) (1884), mar. r. par Capé, 370 fr.

REMERCIMENT AV ROY

A PARIS,

Chez { GVILLAVME DE LVYNES, au bout de la Gallerie des Merciers, à la Iustice.
ET
GABRIEL QVINET, dans la Gallerie des Prisonniers à S. Raphaël. } au Palais.

M. DC. LXIII.

Poème par MOLIÈRE.

In-4°, composé de : 7 pages chiffrées (soit 4 feuillets), y compris le titre dont le verso est blanc. Impression en gros caractères ronds. La septième page se termine vers le milieu par le mot FIN, et contient seulement les neuf derniers vers. En tête du *Remerciment* se trouve un fleuron mal gravé sur bois, représentant au milieu les armes de France entourées de guirlandes de feuillages ; de chaque côté une Renommée s'élançant pour courir et sonnant de la trompette. La première grande lettre, V, est ornée d'un encadrement. (BIBL. NAT. Y + 6045. Réserve.)

Edition originale, rarissime, de ce poème plein d'originalité et de verve comique. On n'en connaît actuellement que quatre exemplaires : l'un est à la Bibliothèque nationale, M. le comte de Lignerolles et M. le baron de Ruble en possèdent chacun un exemplaire, et le quatrième a figuré, en 1882, à la vente Rochebilière, où il a atteint le prix de 800 francs.

Le *Registre de La Grange* contient quelques lignes intéressantes à propos du *Remerciment au Roy*. On lit à la page 53, année 1663, époque de Pâques, après le 12 mars : « *En ce même tems, M*^r *de Moliere a receu Pan-sion du Roy en qualité de bel esprit, et a esté couché sur l'Estat p*^r *la somme de 1000* #. *Sur quoy il fist un remerciment en vers pour Sa Majesté. Imprimé dans ses Œuvres.* »

D'après cette note, le *Remerciment* aurait été composé et imprimé de suite, vers le mois de mars 1663, mais pas après le 3 avril ; car c'est le 3 avril, immédiatement après la note mentionnée ci-dessus, que La Grange reprend à relater dans son journal les différentes représentations de la troupe, lesquelles étaient toujours interrompues pendant la Pâque.

Molière ne fut pas seul à recevoir cette année-là une pension du Roi. Il se trouva compris dans une assez longue liste de personnages, auxquels Louis XIV accorda ses libéralités, et parmi lesquels on voit figurer : Conrard, pour quinze cents livres ; Pierre Corneille, « premier poète dramatique du monde », pour deux mille livres ; Thomas Corneille, pour mille livres ; Daniel Huet, pour quinze cents livres ; Racine, pour huit cents livres ; Chapelain, « le plus grand poète françois qui ait jamais été (!) et du plus solide jugement », pour trois mille livres. On trouve dans la même liste, à côté de quelques historiens, dont les pensions sont plus importantes, des poètes ou critiques, comme Desmarets, Ménage, Benserade, Charpentier, l'abbé Cottin, l'abbé Cassagne, Perrault, portés pour des sommes supérieures à celle accordée à Molière.

PRIX du *Remerciment au Roy* : Ce volume précieux a figuré en 1882 à la vente Rochebilière, et a été adjugé (ex. non relié) pour 800 fr.

LA CRITIQVE DE L'ESCOLE DES FEMMES,

COMEDIE.

Par I. B. P. MOLIERE.

A PARIS,
Chez ESTIENNE LOYSON, au Palais,
dans la Gallerie des Prifonniers, au
Nom de IESVS.

M. DC. LXIII.
AVEC PRIVILEGE DV ROY.

In-12, composé de : 5 feuillets préliminaires non chiffrés, plus 1 feuillet blanc qui doit correspondre avec le cinquième, soit qu'on le place à côté, soit qu'il se trouve placé en tête; — et 117 pages chiffrées pour le texte de la pièce.

Les feuillets préliminaires comprennent : le titre imprimé dont le verso est blanc, une épître dédicatoire en prose : « A la Reyne mère », signée I. B. P. MOLIÈRE, l'*Extrait du Priuilége* et les *Personnages,* enfin le feuillet blanc ci-dessus signalé.

Le Privilège accordé « au sieur de Moliere », en date du 10 juin 1663, est suivi de la déclaration de cession faite par lui aux libraires Joly, de

Luyne, Billaine, Loyson, Guignard, Barbin et Quinet. Les exemplaires peuvent ainsi porter indifféremment l'un ou l'autre de ces noms sur le titre, mais doivent toujours répondre à la description ci-dessus. A la suite on lit la mention : *Acheué d'imprimer pour la premiere fois le 7. Aoust 1663.* (BIBL. NAT. Y. 5755, C. Réserve.)

Ce fut dix jours après la première représentation de cette comédie que Molière obtint le Privilège du Roi. On lit, en effet, dans le *Registre de La Grange*, page 55, année 1663 : « 8me Piece No^{lle} de Mr de Moliere. Vendredy 1er Juin. — L'ESCOLLE DES FEMMES *et la* 1ere *repres*^{on} *de* LA CRITIQUE ». La recette y est portée à 1,357 livres.

La Critique de l'Escole des Femmes fut publiée le 7 août suivant, comme nous venons de le voir par l'achevé d'imprimer.

PRIX : Vente Bertin (1854), demi-rel., 25 fr. — Vente Huillard (1870), mar. r. par Trautz, 500 fr. — Catal. Fontaine (1875), mar. r. par Trautz, 1,500 fr. — Vente Didot (1878), mar. r. par Chambolle, 800 fr. — Vente Guy-Pellion (1882), mar. r. par Trautz, 1,150 fr. — Vente H. P. (Piquet) (1884), ex. raccommodé, mar. r. par Capé, 265 fr.

Molière eut l'idée de composer cette pièce, pour tirer une vengeance intelligente des ridicules critiques qu'avait soulevées *l'Escole des femmes*, dans le monde précieux de l'hôtel Rambouillet et parmi les marquis si agréablement plaisantés dans sa comédie. *La Critique de l'Escole des femmes* eut un très grand succès. Quoique les rieurs se fussent tournés en plus grand nombre que jamais du côté de Molière, quelques-uns de ses ennemis, ne se considérant pas comme battus, voulurent répondre et on vit paraître successivement : *Zelinde ou la véritable critique de l'Escole des femmes*, par Doneau de Visé, et aussi *la Critique de la Critique*, par le même ; *le Portrait du Peintre, ou la Contre-Critique de l'Escole des femmes*, par Boursault ; *la Vengeance des Marquis*, par De Villiers. Mais toutes ces rapsodies, oubliées aussitôt parues, ne firent qu'accroître la popularité du poète, à qui Boileau avait adressé à ce propos les vers si connus et dont les derniers peignent si bien la jalousie des rivaux de Molière :

> En vain mille jaloux esprits,
> Molière, osent avec mépris
> Censurer ton plus bel ouvrage.
> . . . .
> Si tu savais un peu moins plaire,
> Tu ne leur déplairais pas tant.

LES PLAISIRS DE L'ISLE ENCHANTÉE.

COVRSE DE BAGVE, Collation ornée de Machines, Comedie meslée de Danse & de Musique, Ballet du Palais d'Alcine, Feu d'Artifice : Et autres Festes galantes & magnifiques ; faites par le Roy à Versailles, le 7. May 1664. Et continuées plusieurs autres Iours.

A PARIS,
Chez ROBERT BALLARD, seul Imprimeur du Roy pour la Musique.

M. DC. LXIV.
AVEC PRIVILEGE DE SA MAIESTE.

Ce fac-similé est réduit. La hauteur de la justification doit être en réalité de 77 millim. et la largeur du mot *Plaisirs*, de 148 millim.

In-folio, composé de : 71 pages chiffrées, y compris le feuillet de titre dont le verso est blanc ; — et 12 pages non chiffrées ; — plus 9 grandes planches dessinées et gravées par Israël Silvestre, dont elles portent la signature.

Voici la description de ce volume précieux et rare, dans lequel on trouve l'*édition originale* de la Princesse d'Elide, de Molière :

La première partie, contenant 71 pages chiffrées, comprend la relation des deux premières journées des fêtes. C'est dans la seconde journée, pages 21-71, que se trouve *la Princesse d'Elide*.

La seconde partie, contenant 12 pages non chiffrées, comprend la *troisiesme journée,* dans laquelle se trouve le *Ballet du Palais d'Alcine,* précédé de vers de Benserade et du président de Périgny, à la louange de la Reine mère.

Le volume se termine à moitié de la douzième page non chiffrée, par le mot Fin, suivi d'un fleuron typographique.

Une remarque fort intéressante à faire ici, c'est la présence d'un passage relatif à l'interdiction de *Tartuffe*. On lit à l'avant-dernière page : « Le soir,
« Sa Majesté fit joüer une Comedie nommée *Tartuffe,* que le sieur de Molliere
« auoit fait contre les Hypocrites ; mais quoiqu'elle eut esté trouuée fort
« diuertissante, le Roy connut tant de conformité entre ceux qu'vne veritable
« devotion met dans le chemin du Ciel, et ceux qu'vne vaine ostentation des
« bonnes œuvres n'empesche pas d'en commettre de mauuaises ; que son
« extréme delicatesse pour les choses de la Religion ne put souffrir cette
« ressemblance du vice auec la vertu, qui pouuoient estre prise l'vne pour
« l'autre : Et quoy qu'on ne doutast point des bonnes intentions de l'Autheur,
« il la deffendit pourtant en public, et se priua soy-mesme de ce plaisir,
« pour n'en pas laisser abuser a d'autres, moins capables d'en faire vn juste
« discernement. »

La relation de ces fêtes est de Charles Perrault. Peut-être l'édition avait-elle paru sans les gravures que nous avons mentionnées, car on voit à la Bib. nat. (V. 592. 1 + J. Réserve) un exemplaire relié aux armes de Louis XIV, dans lequel les gravures ne se trouvent pas ; mais on a laissé des onglets pour les intercaler. Les planches avaient d'abord paru sans texte, dit M. Didot. Ce volume avec les planches de premier tirage est fort rare.

Prix : Vente Didot (1878), magnifique exemplaire, contenant les planches de premier tirage avec texte, rel. ancienne en mar. r., aux armes de Colbert, 4,500 fr.

La relation des fêtes avait déjà paru la même année, en trois parties ou journées formant un volume in-4°, chez Robert Ballard ; mais on n'y trou vait pas *la Princesse d'Elide* (la seule pièce qui fût de Molière). Dans le titre il faut remarquer qu'on a imprimé le « 6 may » comme date de la première journée, au lieu du « 7 may » qu'on lit sur le titre de l'in-folio.

PRIX : Vente Solar (1860), demi-rel. mar., 70 fr. — Vente J. Pichon (1869), mar. r. par Chambolle, 60 fr. — Vente Ruggieri (1873), même ex., 79 fr.

LES
PLAISIRS
DE L'ISLE
ENCHANTE'E·
COVRSE DE BAGVE,
Collation ornée de Machines,
Comedie de Moliere de la Princeſſe
d'Elide, meſlée de Danſe & de Muſique, Ballet du Palais d'Alcine, Feu
d'Artifice : Et autres Feſtes galantes
& magnifiques ; faites par le Roy à
Verſailles, le 7. May 1664. Et
continuées pluſieurs autres Iours.

A PARIS,
Chez ROBERT BALLARD, ſeul Imprimeur du Roy, pour la Muſique, rue S. Iean de Beauuais, au Mont Parnaſſe.
Et au Palais.
Chez { THOMAS IOLLY à la Salle des Merciers, à l'Enſeigne de la Palme.
GVILLAVME DE LVYNES, meſme Salle, à l'Enſeigne de la Iuſtice.
LOVIS BILLAINE dans la grande Salle, à l'Enſeigne de la Palme & du grand Ceſar.

M DC. LXV.
AVEC PRIVILEGE DE SA MAIESTE'.

Petit in-8°, composé de : 132 pages chiffrées, y compris le titre avec verso blanc, et 3 pages non chiffrées pour le *Privilege du Roy*. (BIBL. NAT. Y. non porté. Réserve.)

Le Privilège, accordé « à Robert Ballard, notre seul imprimeur pour la Musique », en date du 7 janvier 1665, est suivi de la mention : *Acheué d'imprimer pour la premiere fois le dernier Ianvier 1665*. On voit ensuite la déclaration de Ballard, cédant son droit à Estienne Loyson et Gabriel Quinet, libraires. Chose digne de remarque, on ne voit sur le titre aucun des noms de ces deux libraires, tandis qu'on y trouve ceux de Thomas Jolly, Guillaume de Luyne et Louis Billaine, au-dessous de celui de Robert Ballard. Il dut y avoir entre tous ces libraires une autre convention non mentionnée ici.

Il est intéressant de reproduire la partie du Privilège qui donne le titre de l'ouvrage et qui contient le nom de Molière... « *Les Plaisirs de l'Isle enchantée, contenant Course de Bagues, Collation ornée de machines meslée de dance & musique; Ballet du Palais d'Alcine, Feu d'artifice, la Comedie du Sieur Molliere* (sic) *intitulee la Princesse d'Elide auec les Intermedes et autres Festes galantes et magnifiques que nous avons fait a nostre Chasteau de Versailles le septiéme May dernier et continuées plusieurs autres jours de suitte...* »

Cette petite édition, la première dans ce format, peut figurer à côté des éditions originales des pièces de Molière. Elle est à peu près aussi rare que la grande et présente le même texte. De plus, c'est la première qui porte le nom de *La Princesse d'Elide* et celui de Molière sur le titre et dans le Privilège ; et ce fait lui donne un grand intérêt.

On vient de voir que dans le libellé du Privilège, le nom du grand poète est écrit *Mollière*. Cela a peu d'importance en général, car des négligences analogues d'orthographe se rencontrent très souvent dans ces actes ministériels, et particulièrement en ce qui concerne Molière, dont nous voyons aussi le nom écrit tantôt *Molier* et tantôt *Mollier*. Il peut y avoir eu de la part des rédacteurs de ces privilèges une confusion de noms, voici pourquoi : Il existait à cette époque un danseur et poète du nom de Molier, ou Mollier, ou Mollière, qui était très en faveur à la cour et dans la haute société : non seulement il dansait dans les ballets donnés chez le Roi, mais il en composait souvent les divertissements et même la musique. Il devait nécessairement figurer aux fêtes de Versailles. Aussi le retrouve-t-on à côté du grand Molière dans *les Plaisirs de l'Isle enchantée*. L'officier royal qui rédigeait la formule du privilège de cette relation aura pu croire que c'était du danseur poète qu'il s'agissait. Molière remplissait le rôle important de Moron, le « plaisant de la Princesse », comme on l'appelle dans l'énumération des noms des acteurs ; le rôle de LA PRINCESSE D'ELIDE était tenu par Armande Béjart, femme de Molière ; et le sieur Molier, entre autres emplois, figurait un des Maures dans le *Ballet du Palais d'Alcine*, qui formait une partie des divertissements de la troisième journée de ces fêtes.

PRIX : Cette édition mérite d'être recherchée, et nous y attribuons un assez grand prix. — Vente H. P. (Piquet), en 1884, mar. r. par Chambolle, 655 fr.

LE MARIAGE FORCE.
COMEDIE
Par I. B. P. DE MOLIERE

A PARIS,
Chez IEAN RIBOV, au Palais,
vis à vis la Porte de l'Eglise
de la Sainte Chapelle,
à l'Image S. Louis.

M. DC. LXVIII
AVEC PRIVILEGE DV ROY.

In-12, composé de : 2 feuillets préliminaires non chiffrés, comprenant le titre dont le verso est blanc, l'*Extrait du Privilége* et la liste des *Personnages*; 91 pages chiffrées la pièce.

Le Privilège, daté du 20 février 1668, est accordé « à I. B. P. de Molière ». A la suite se trouve la déclaration de cession par Molière au libraire Jean Ribou. On lit à la fin la mention : *Acheué d'imprimer pour la première fois le 9. Mars 1668.* (Bibl. nat. Y non porté. Réserve.)

On trouve sous la même date une contrefaçon contenant le même nombre de pages, mais d'une impression différente. Il est impossible de la confondre avec l'originale, car dans le fleuron du titre on lit ces mots : *Sur l'imprimé.*

Le *Mariage forcé* avait été représenté quatre ans avant d'être imprimé. Le *Registre de La Grange*, à la page 62, année 1664, mois de février, contient cette note : « *Piece No*ᵘᵉ *de M*ʳ *de Moliere. Vendredy 15*ᵐᵉ. — Mariage forcé *auec le Ballet et les Ornemens...* » Il ajoute que la recette fut de *1,215 livres 10 sols*. Et un peu plus haut, même page, on voit que cette pièce avait été auparavant jouée au Louvre : « *Le mesme Iour Mardy 29*ᵐᵉ *(Janvier).* — *Commancé au Louure deuant le Roy, dans l'Apartement bas de la Reyne Mere : Le Mariage forcé, Comedie Balet. Et le jeudy 31*ᵐᵉ*. Idem.* »

Prix de l'édition originale : Vente Solar (1860), rel. en mar. v., 180 fr. — Vente Huillard (1870), rel. mar. r. par Trautz, 1,000 fr. — Catal. Fontaine (1875), rel. mar. r. par Trautz, 1,500 fr. — Vente Guy-Pellion (1882), rel. mar. par Trautz, 1,220 fr. — Vente H. Piquet (1884), rel. mar. r. par Trautz, 320 fr.

L'AMOVR
MEDECIN.
COMEDIE.

Par I. B. P. MOLIERE.

A PARIS,
Chez THEODORE GIRARD, dans la
grande Salle du Palais du cofté de la
Cour des Aydes, à l'Enuie.

M. DC. LXVI.
AVEC PRIVILEGE DV ROY.

In-12, composé de 6 feuillets préliminaires non chiffrés, et 95 pages chiffrées, la dernière cotée 59, par une interversion de chiffres.

Les 6 feuillets préliminaires comprennent : le frontispice gravé à l'eau-forte et au burin, avec le titre *L'Amour Médecin*, au bas; — le titre imprimé dont le verso est blanc, une sorte d'avis *Au lecteur*, — un *Extrait du Privilége*, suivi de la déclaration de cession de droits et de l'*achevé d'imprimer*, — les *Personnages* et un *Prologue* de deux pages.

Le Privilège, daté du 30 décembre 1665, est accordé à Molière pour cinq ans. On l'a fait suivre de la déclaration de cession de droits faite par Molière aux libraires Pierre Trabouillet, Nicolas Legras et Théodore Girard. Les exemplaires peuvent donc porter sur le titre l'un ou l'autre de ces noms indifféremment. Mais ils doivent, dans tous les cas, répondre exactement à notre description qui précède. A la fin du Privilège on lit : *Acheué d'imprimer pour la premiere fois, le 15. Ianuier 1666.* (BIBL. NAT. Y. 5716 et Y. non porté. Réserve.)

Cette édition originale est très rare.

M. Paul Lacroix signale une contrefaçon sous la même date, portant le nom de Nicolas Legras et répondant à peu près à la description ci-dessus. Mais on la distingue facilement de la première, en ce qu'elle porte dans le fleuron du titre (d'ailleurs différent) les mots : *Sur l'imprimé*. On lit aussi, en tête de l'avis du troisième feuillet, la faute : *Au lecter*.

L'*Amour médecin* fut la première pièce nouvelle de Molière représentée par lui et sa troupe, comme « troupe du Roy ». On trouve des renseignements précieux à ce sujet dans le *Registre de La Grange*, année 1665, page 76 : « *Vendredy 14me Aoust, la Troupe alla à Saint-Germain en Laye; le Roy dit au Sr de Moliere qu'il uouloit que la Troupe doresnauant luy appartinst et la demanda à* MONSIEUR. *Sa M^{té} donna en mesme tems six mil liures de Pension à la Troupe qui prist congé de* MONSIEUR, *luy demanda la continuation de sa protection, et prist ce tiltre :* LA TROUPE DU ROY, *au pallais Royal.* » Et plus loin, même page : « *La Troupe est partie pour Versailles le Dimanche 13 Septembre, est reuenue le Jeudy 17me. On a joué l'Escolle des Maris auec l'Impromptu, et l'*AMOUR MEDECIN *trois fois, auec musique et ballet.* » Et enfin pour la date de la représentation à la ville, au bas de la même page : « *Piece Nou^{lle} de Mr de Moliere. Mardy 22me. — Fauory &* L'AMOUR MEDECIN,... *1966 livres .*» La part de chaque comédien (qu'on n'appelait pas encore *sociétaire*) fut de 125 livres ce jour-là.

On lit dans l'*Histoire de la vie et des ouvrages de Molière*, par J. Taschereau : « Demandé pour un divertissement du Roi, l'*Amour médecin* fut en cinq jours proposé, fait, appris et représenté. La cour l'applaudit le 15 septembre, la ville confirma son jugement le 22.... Les mots heureux dont la pièce abonde, le fameux *Vous êtes orfèvre, monsieur Josse*, et une foule d'autres traits dignes de cette histoire générale des donneurs d'avis, ne périront pas tant qu'il restera quelque sentiment du vrai. »

PRIX de l'édition originale : Vente Bertin (1854), ex. non rel., 43 fr. — Vente Didot (1878), ex. rel. en mar. v. par Lortic, 1,430 fr.

LE MISANTROPE

COMEDIE.

Par I.B.P. DE MOLIERE.

A PARIS.
Chez IEAN RIBOV, au Palais, vis à vis la Porte
de l'Eglife de la Sainte Chapelle,
a l'Image Saint Louis.

M. DC. LXVII.
AVEC PRIVILEGE DV ROY.

In-12, composé de : 12 feuillets préliminaires, non chiffrés, comprenant le frontispice gravé, le titre dont le verso est blanc, un avis intitulé *le Libraire au Lecteur*, la *Lettre ecrite sur la comedie du Misantrope*, l'*Extrait du Privilége* et la liste des *Acteurs*; — 84 pages chiffrées, pour le texte de la pièce.

Le Privilège, accordé « à J.-B.-P. de Molière, Comedien de la troupe de Monsieur le Duc d'Orléans » pour cinq années, est suivi de la déclaration de Molière, cédant son droit à Jean Ribou. On voit ensuite la mention : *Acheué d'imprimer pour la premiere fois, le 24. Décembre 1666.* (BIBL. NAT. Y. 5807 + 2 A. Réserve.)

La lettre sur le *Misantrope*, qui précède la pièce, est de Donneau de

Visé, lequel, après avoir été un ennemi acharné de Molière et avoir composé contre *l'Escole des femmes* deux pièces citées ici page 279, fut enfin converti par ce chef-d'œuvre et tint à exprimer publiquement son enthousiasme. On trouve quelquefois des exemplaires de cette *Lettre* reliés à part de la pièce, mais sans titre, et précédés seulement de l'avis *Au lecteur* qui se trouve en tête du *Misantrope*, de 1667. (Tel est l'ex. conservé à la BIBL. NAT. Y. 5807 + 2 A (2), Réserve, relié en parchemin du temps).

Une remarque curieuse à signaler, c'est que l'*Achevé d'imprimer* de l'édition originale du *Misantrope* porte exactement la même date que celui de l'édition originale du *Médecin malgre luy*. (Voir notre article suivant.)

Ce pur chef-d'œuvre de Molière, la plus admirable de ses comédies, *le Misanthrope*, fut représenté pour la première fois le 4 juin 1666. Le *Registre de La Grange*, toujours laconique dans ses notes au jour le jour, nous l'annonce, à la page 81, année 1666, de la façon suivante : « Piece « No^{lle} de Mr de Moliere. Vendredy 4me juin. — Premiere representation « du MISANTROPE ... 1447$^\#$ 10^s. » La recette fut donc ce jour-là de 1,447 livres 10 sols, et on voit à la ligne suivante du même registre que la part de chaque comédien de la troupe fut de 92 livres. Le *Misanthrope* fut joué vingt et une fois de suite sans interruption, et les recettes, qui furent superbes pour les représentations suivantes (la 2e produisit 1,617 livres 10 sols), étaient encore raisonnables à la fin, quoiqu'on fût en plein été. Après la vingt et unième représentation, d'après le même registre, Molière fit représenter le *Médecin malgré luy*, que nous décrivons ci-après.

D'après une note anonyme écrite par Saint-Simon sur le manuscrit du *Journal* de Dangeau, on aurait reconnu le duc de Montausier dans le type d'Alceste. M. de Montausier aurait d'abord été furieux et aurait fait menacer Molière de le faire mourir sous le bâton. Mais, après avoir vu la pièce, il aurait fait venir le poète chez lui, l'aurait embrassé et remercié « d'avoir pensé à lui en faisant le *Misantrope*, qui était le caractère du plus parfaitement honnête homme qui pût être, ajoutant qu'il lui avait fait trop d'honneur et un honneur qu'il n'oublierait jamais ».

PRIX : Vente Bertin (1854), ex. non relié, 112 fr. — Vente Solar (1860), mar. vert, 255 fr. — Vente Chedeau (1865), mar. v. par Bauzonnet, 300 fr. — Vente Germeau (1869), mar. r. par Trautz, 500 fr.— Catal. Fontaine (1875), mar. r. par Trautz, 1,500 fr. — Vente Didot (1878), mar. vert, par Lortic, 1,300 fr. — Vente Guy-Pellion (1882), mar. r. par Trautz, 1,220 fr.

LE
MEDECIN
MALGRE'-LVY.
C O *M E D I E.*
Par I. B. P. de Moliere.

A PARIS,
Chez IEAN RIBOV, au Palais, fur le
Grand Peron, vis à vis la porte de l'Eglife
de la Sainéte Chapelle, à l'Image S. Louis.

M. DC. LXVII.
Auec Priuilege du Roy.

In-12, composé de : 3 feuillets préliminaires, non chiffrés, comprenant le frontispice gravé, le titre imprimé reproduit ci-dessus, dont le verso est blanc, la liste des *Acteurs*, et l'*Extraict du Privilége;* — 152 pages chiffrées pour le texte de la pièce.

Le frontispice gravé porte au bas, sur un rideau, le titre : *Le Medecni* (sic) *Malgre Luy*. Ce frontispice doit avoir été tiré à part sur un feuillet isolé, ou, dans le cas contraire, il correspond à un feuillet blanc qui devait le précéder ; ce qui ferait dans ce cas 4 feuillets préliminaires.

Le Privilège, accordé « à Jean-Baptiste Pocquelin de Moliere, *comediens* (sic) *de la troupe de nostre tres-Cher et tres-Amé Frere unique le*

Duc d'Orléans », pour sept années, est daté du 8 octobre 1666. Il est suivi de la déclaration de cession par Molière au libraire Jean Ribou. On lit à la fin de la page : *Acheué d'imprimer pour la premiere fois, le 24. Décembre 1666.* C'est à la même date exactement que fut achevé d'imprimer le *Misanthrope*. (Voir notre article précédent.)

Le dernier cahier, signé en bas N, contenant 4 feuillets, pages 145 à 152, est entièrement d'une impression plus fine que le reste du volume, lequel est en gros caractères. (BIBL. NAT. Y. (non porté). Réserve.) On remarque une chose semblable dans *l'Avare* et dans *George Dandin*. (Voir nos observations à ce sujet, ci-après, p. 300 et 302.)

M. Paul Lacroix cite des exemplaires aux noms de Théodore Girard et de Pierre Trabouillet. Il signale une contrefaçon sous la même date de 1667, au nom de Jean Ribou; petit in-12 de 2 feuillets préliminaires et 115 pages. Le fleuron du titre renferme un petit écusson avec la lettre P, au-dessous d'un livre ouvert; ce fleuron, assez bien imité de celui qu'on voit ci-après, pages 298 et 299, sur les titres d'*Amphitryon* et de *l'Avare*, avec la lettre P au lieu de la lettre M, appartenait à une imprimerie de Grenoble, et selon M. Claudin, l'imprimeur s'appelait Provensal.

Cette comédie, imprimée en même temps que *le Misanthrope*, avait été représentée deux mois après ce chef-d'œuvre. On lit dans le *Registre de La Grange*, à la page 82, année 1666, mois d'aoust : « *Piece Nou^{lle} de M. de Moliere. Vendredy 6me.* — *Mere coquette.* MEDECIN MALGRÉ LUY... *632 livres.* »

Le *Médecin malgré luy*, que Molière traitait lui-même de farce sans conséquence, eut pourtant beaucoup de succès. « On sut, dit J. Taschereau, apprécier dès la première représentation le dialogue rapide de cet ouvrage, l'esprit vif et naturel, les traits brillants, mais sans apprêt, dont il est continuellement semé, enfin cette gaieté de bonne grâce, cette joyeuse folie mises aujourd'hui à l'index et condamnées au bannissement par ce que nous sommes convenus d'appeler le bon goût. Les successeurs de Molière, ne pouvant y atteindre, les ont proscrites. Le style d'un seul auteur, Beaumarchais, rappelle parfois celui de cette pièce. Mais ses personnages, toujours spirituels, ne sont pas toujours vrais; et c'est plus souvent lui qui parle que le tuteur de Rosine et l'amant de Suzanne. »

PRIX de l'édition originale : Vente Bertin (1854), non relié, 40 fr. — Vente Solar (1860), rel. en veau, 190 fr. — Vente Huillard (1870), mar. r. par Capé, 800 fr. — Vente Didot (1878), mar. vert, par Lortic, 780 fr. — Vente H. Piquet (1884), ex. un peu raccommodé, incomplet du frontispice, mar. r. par Trautz, 260 fr.

LE SICILIEN,
OV
L'AMOVR PEINTRE,
COMEDIE.
PAR I. B. P. DE MOLIERE.

A PARIS,
Chez IEAN RIBOV, au Palais, vis
à vis la Porte de la S. Chapelle,
à l'Image S. Louis.

M. DC. LXVIII.
AVEC PRIVILEGE DV ROY.

In-12, composé de : 2 feuillets préliminaires non chiffrés, comprenant le titre, dont le verso est blanc, et la liste des *Acteurs*, dont le recto est également blanc ; — 81 pages chiffrées pour le texte de la pièce, et 5 pages entières non chiffrées pour le *Privilége du Roy*.

Le privilège, daté du dernier jour d'octobre 1667, est accordé à « I. B. POCQUELIN DE MOLIÈRE, Comedien de la Troupe de nostre tres-cher et tres-amé Frere unicque le Duc d'Orleans, « pour cinq années. Il est suivi de la mention : *Acheué d'imprimer pour la premiere fois le 9. Nouembre 1667.*

Le texte de cette édition originale est imprimé en gros caractères. (BIBL. NAT. Y. + 5842. Réserve.)

Cette pièce avait été représentée pour la première fois à la ville, le 10 juin 1667. Elle n'eut pas un grand succès malgré son mérite, car les recettes furent maigres; cependant on la joua dix-sept fois de suite, d'après le *Registre de La Grange,* mais toujours accompagnée d'une autre pièce.

Voici la seule note qu'on trouve dans ce registre sur la première représentation. A la page 88, année 1667 : « *Piece nou^{lle} de Mr de Molière. — Vendredi 10 juin. Attila & Sicilien...* 142^# 10^s. » La plus grosse recette, à la 8e représentation (on donnait « le *Sicilien* et *les Medecins* (sic) », fut de « 356 livres », le dimanche 26 juin.

Dès le mois de décembre de l'année 1666, cette petite comédie, qui était alors composée, avait figuré dans le *Ballet des Muses*. Le *Registre de La Grange* relate ce fait en ces termes, à la page 85, année 1666 : « *Le Mercredy 1er Décembre, nous sommes partis pour St Germain en Laye par ordre du Roy. Le lendemain on commença le ballet des Muses, où la Troupe estoit employée dans une pastorale intitulée Melicerte, puis celle de Coridon. Quelque temps aprez, dans le mesme ballet des Muses, on y adjousta la comedie du* Sicilien. *La Troupe est revenue de St Germain le Dimanche 20^m Feurier 1667...* »

Prix de l'édition originale du *Sicilien :* Vente Bertin (1854), ex. non relié et non rogné, 50 fr. — Vente Solar (1860), rel. mar. vert, 155 fr. — Vente Chedeau (1865), ex. non rogné relié en mar. vert, 305 fr. — Vente Tufton (1873), mar. r. par Capé, 390 fr. — Vente Didot (1878), mar. vert, 540 fr. — Répertoire Morgand et Fatout (1882), mar. r. par Trautz, 1,600 fr. — Vente H. Piquet (1884), bel ex. non rogné, rel. en mar. r. par Capé, 600 fr.

On voit que cette petite pièce, si gracieuse et si animée, avait d'abord été jouée à la cour et intercalée dans les divertissements que le Roi donnait à Saint-Germain. Les frères Parfait racontent que ces fêtes présentèrent un attrait tout particulier et très piquant, par la présence de Mlle de La Vallière et Mme de Montespan, qui, avec les plus grandes dames et les plus belles de la cour, dansèrent dans les ballets. Ce fut Benserade, l'un des poètes à la mode de ce temps-là, qui, chargé de préparer un ballet où devaient figurer les Muses, demanda à Molière d'en composer une partie. C'est là que Molière fit jouer les deux premiers actes de *Mélicerte,* et la *Pastorale comique,* qu'il ne fit jamais imprimer. On imprima plus tard ces pièces dans les éditions collectives des *Œuvres,* mais il paraît que le manuscrit de la seconde avait été brûlé par Molière.

LE TARTVFFE,
OV
L'IMPOSTEVR,
COMEDIE.
PAR I. B. P. DE MOLIERE.

Imprimé aux despens de l'Autheur, & se vend
A PARIS,
Chez IEAN RIBOV, au Palais, vis-à-vis
la Porte de l'Eglise de la Sainte Chapelle,
à l'Image S. Loüis.

M. DC. LXIX.
AVEC PRIVILEGE DV ROY.

In-12, composé de : 12 feuillets préliminaires, non chiffrés, comprenant un feuillet blanc, le titre imprimé dont le verso est blanc, la *Préface*, imprimée en italiques assez grosses, l'*Extrait du Priuilege du Roy*, et la liste des *Acteurs*; — 96 pages chiffrées pour le texte de la pièce.

Le Privilege, en date du 15 mars 1669, est accordé à « I. B. P. DE MOLIERE, pour faire imprimer, vendre et débiter, par tel Libraire ou Imprimeur qu'il voudra choisir, une Piece de Theatre de sa composition, intitulée L'IMPOSTEUR, pendant le temps et espace de dix années... » On lit à la suite la mention : *Acheué d'imprimer pour la premiere fois, le 23. Mars 1669.* (BIBL. NAT. Y 5847 + B. Réserve.)

On trouve indifféremment des exemplaires soit avec le titre ci-dessus, le *Tartuffe ou l'Imposteur*, soit avec le titre *l'Imposteur ou le Tartuffe*, sans autre différence. M. Paul Lacroix signale, sous la même date, une contrefaçon difficile à distinguer, dit-il, de l'originale. Cependant il cite plusieurs passages différents, qui peuvent servir à la faire reconnaître. Nous avouons n'avoir pas rencontré de contrefaçon se rapprochant autant de l'originale. Nous avons bien remarqué quelques-unes des différences signalées par M. Lacroix, et plusieurs autres changements légers, mais dans des exemplaires d'une seconde édition ou au moins d'un second tirage modifié, qui parut presque de suite, avec les *Placets au Roy*, et que nous décrivons ci-après.

Le titre de cette seconde édition originale est presque exactement le même que celui de la première (voy. notre *fac-similé* ci-devant); on a seulement supprimé la ligne qui se trouve au-dessous du fleuron et qui contient ces mots : *Imprimé aux despens de l'Autheur, & se vend;* tout le reste est absolument semblable et le fleuron est aussi le même. Cette édition se compose de : 12 feuillets préliminaires, comme la première, et 96 pages copiées ligne pour ligne sur l'originale. Ici le premier feuillet, au lieu d'être blanc comme dans la première édition, contient une gravure-frontispice représentant la scène VII du IVe acte, *Tartuffe, Elmire,* et *Orgon sortant de dessous la table.* Mais on trouve de plus dans les feuillets préliminaires, entre la *Préface* et l'*Extrait* du *Privilége,* un avis d'une demi-page, intitulé *Le Libraire au Lecteur,* et les trois *Placets présentés au Roy sur la comédie du Tartuffe,* lesquels forment 9 pages. Ces *Placets* offrent un très grand intérêt et il est urgent de les posséder. Aussi un vrai amateur des pièces de Molière doit avoir les deux éditions. On a resserré de beaucoup le texte de la *Préface,* qui est ici en petites italiques et ne contient que 8 pages, tandis qu'elle en occupe 18 dans l'originale.

Le Privilège est exactement le même que dans la première édition; mais dans la seconde on voit, à la suite, une déclaration de cession par Molière au libraire Jean Ribou. L'achevé d'imprimer est aussi de date différente. On lit au bas du privilège de cette seconde édition : *Acheué d'imprimer le 6. Juin 1669.*

Prix de l'édition originale : Vente Bertin (1854), rel. en cuir de Russie, 100 fr. — Vente Solar (1860), mar. vert, par Duru, 240 fr. — Vente Chedeau (1865), mar. vert, 250 fr. — Catal. Fontaine (1875), mar. r. par Trautz, bel ex., 2,500 fr. — Vente Didot (1878), mar. vert, par Lortic, 1,850 fr. — Vente Guy-Pellion (1882), mar. r. par Trautz, très bel ex. du Catal. Fontaine ci-dessus, 2,205 fr.

Seconde édition, de 1669, avec les *Placets :* Catal. Fontaine (1875-1879), mar. r. par Trautz, 500 fr.

On sait les difficultés qu'éprouva Molière à faire jouer ce chef-d'œuvre, qui était composé dès 1664. Les trois premiers actes furent représentés devant Louis XIV et sa Cour, aux fameuses fêtes de Versailles données par le Roi, au mois de mai 1664, et dont les spectacles étaient désignés sous le nom de *Les Plaisirs de l'Isle enchantée*. Ce fut le 12 mai qu'eut lieu la première représentation. Mais la pièce fut de suite interdite à la ville. Louis XIV, écoutant évidemment les conseils de certains personnages qui s'étaient sentis blessés au vif par cette satire, refusa à Molière l'autorisation de jouer désormais *le Tartuffe* au théâtre.

On lit à ce propos une curieuse note, à la fin de la relation des *Plaisirs de l'Isle enchantée* (que nous décrivons ici, page 81). Voici cette note : « Le soir Sa Majesté fit joüer une Comedie, nommee *Tartuffe*, que le
« sieur de Moliere auoit fait contre les Hypocrites ; mais quoiqu'elle eut esté
« trouuée fort divertissante, le Roy connut tant de conformité entre ceux qu'vne
« véritable deuotion met dans le chemin du Ciel, et ceux qu'vne vaine osten-
« tation des bonnes œuures n'empesche pas d'en commettre de mauuaises, que
« son extrême delicatesse pour les choses de la Religion ne put souffrir cette
« ressemblance du vice auec la vertu, qui pouuoit estre prise l'vne pour
« l'autre : Et quoi qu'on ne doutast point des bonnes intentions de l'Autheur,
« il la deffendit pourtant en public, et se priua soy-mesme de ce plaisir,
« pour n'en pas laisser abuser à d'autres, moins capables d'en faire vn juste
« discernement ».

Malgré cela, les trois premiers actes du *Tartuffe* furent encore joués à Villers-Cotterets, chez MONSIEUR, frère du Roi, au mois de septembre suivant.

Voici en quels termes La Grange mentionne ces deux premières représentations dans son *Registre* : d'abord à la page 65, année 1664, au mois d'avril : « *La troupe est partye par ordre du Roy pour Versailles le dernier*
« *de ce mois, et y a séjourné jusques au 22me May. On y a representé, pen-*
« *dant trois jours, les Plaisirs de l'Isle enchantée, dont la Princesse d'Elide*
« *fist une journée qui fust le 6me de May*, — *Plus les Fascheux, Mariage forcé*
« — *et trois actes du* TARTUFFE *qui estoient les premiers. Receu... 4000 #*.
« *Partagé... 268 # 10 ^{s}.* »

Et à la page 67, même année : « *La Troupe est partie pour Villecoterets*
« *le Samedy vingt^{me} septembre et est reuenue le 27me dud^t mois ; a esté pen-*
« *dant huit jours au voyage. Par ordre de* MONSIEUR. *On y a joué Serto-*
« *rius et le Cocu I* (*Imaginaire*). — *L'Escolle des Maris et l'Impromptu*. —

« *La Thebaïde.* — *Les Fascheux.* — *Et les trois premiers actes du* TAR-
« TUFFE. *La Troupe a esté nourie. Receu...* 2000 # *Part...* 138 # 7 ˢ. »

Le Roi et la Reine mère assistaient à cette représentation.

Ce fut au mois de novembre de cette même année 1664 que la pièce fut représentée en son entier, au Raincy, sur la demande du prince de Condé. Voici la note du *Registre de La Grange* relative à ce sujet (page 69) : « Le
« *Samedy* 29ᵐᵉ *Nouembre, la Troupe est allée au Raincy, maison de Plai-*
« *sance de Madᵉ la princesse Palatine, prez Paris, par Ordre Monsgʳ le Prince*
« *de Condé, pour y jouer* TARTUFFE *en cinq actes. Receu...* 1,100 #.
« *Part...* 66 #. »

Un autre représentation fut encore donnée au Raincy, par le prince de Condé, le 8 novembre 1665.

L'interdiction qui pesait sur le *Tartuffe* ne fut levée qu'en 1667, et encore ce ne fut que momentanément. Louis XIV, toujours disposé favorablement pour Molière, et d'ailleurs plus grand et plus généreux dans ses idées que la plupart de ses conseillers, avait cherché le moyen de tout concilier autant que possible. Il accorda donc la permission de jour la pièce au théâtre, à condition que le nom de *Tartuffe* serait rayé du titre et de la liste des personnages et qu'un certain nombre de passages seraient adoucis, surtout ceux qui pouvaient donner prise aux réclamations et même aux colères des membres du clergé.

La comédie s'appela donc l'*Imposteur;* le principal personnage fut baptisé *Panulphe,* et Molière consentit aux changements demandés par le Roi. Louis XIV partait pour les Flandres, et c'est en son absence que la pièce fut représentée, d'après son autorisation, le 5 août 1667. Hélas! cette fois encore la première représentation ne devait pas être suivie d'une seconde. La rage des faux dévots n'était pas apaisée. Laissons à La Grange le soin de raconter les détails de cette nouvelle interdiction. On lit dans son *Registre,* page 89, année 1667 :

« *Vendredy* 5ᵐᵉ (août). TARTUFFE..., 1890 #. *Part...* 138 # 10 ˢ. »
« *Le lendemain* 6ʳᵉ, *un huissier de la Cour du parlement est venu de*
« *la part du premier President, Mʳ de la Moignon, deffendre la piece. Le*
« 8ᵐˢ, *le Sʳ de la Torillière et moy, De la grange, sommes partis de Paris,*
« *en poste, pour aller trouuer le Roy au sujet de la dᵉ deffence. Sa Mᵗᵉ estoit*
« *au siege de l'Isle en Flandre, où nous fusmes tres bien receus.* MONSIEUR
« *nous protegea a son ordʳᵉ, et Sa Mᵗᵉ nous fist dire qu'a son retour à Paris,*
« *il feroit examiner la piece de Tartuffe, et que nous la jouerions. Apres*

« *quoy nous sommes revenus. Le voyage a cousté 1,000 # à la Troupe.* »

Évidemment le président de Lamoignon, qui avait autant de grandeur d'âme et de bon sens que de mérite et de vertu, n'avait pris cette mesure que d'après une décision du Parlement.

La promesse du Roy ne devait recevoir que tardivement son exécution, car malgré les instances de Molière, malgré la protection du prince de Condé, qui fit jouer le *Tartuffe* chez lui à plusieurs reprises, il devait s'écouler encore plus de dix-huit mois avant que la pièce fût livrée au public.

Cette comédie immortelle fut jouée à la ville le 5 février 1669. Inutile de dire qu'elle eut un succès considérable, car elle était impatiemment attendue. Quarante-huit représentations à peu près consécutives démontrèrent aux fanatiques d'hypocrisie que la loyauté et la persévérante franchise venaient enfin de triompher.

Le *Registre de La Grange* signale ainsi tout simplement cette date mémorable, à la page 101, février 1669 : « Piece no^{lle} de Mr de Moliere. « *Mardy 5me*. — Imposteur ou Tartuffe... 2,860 #. Part... 208 # 4 ^{s}. » Les recettes des représentations suivantes furent également très fructueuses.

Il est intéressant de rappeler ici une anecdote par laquelle Molière terminait, dès 1669, la Préface de son édition du *Tartuffe* :

« *Finissons par un mot d'un grand Prince* (le prince de Condé) *sur la Comédie du* Tartuffe. *Huit jours après qu'elle eust été défendue, on représenta devant la Cour une piece intitulée* Scaramouche ermite ; *et le Roy en sortant, dit au Prince que je veux dire :* « Je voudrois bien scavoir pour-
« quoy les gens qui se scandalisent si fort de la Comédie de Molière, ne
« disent mot de celle de Scaramouche ? — *A quoy le Prince repondit :* « La
« raison de cela, c'est que la Comedie de Scaramouche jouë le Ciel et la
« Religion, dont ces Messieurs-là ne se soucient point; mais celle de Moliere
« les jouë eux-mesmes, c'est ce qu'ils ne peuvent souffrir. »

Cette dernière phrase fut presque textuellement reproduite dans le *Second Placet au Roy*, de Molière, qui se trouve en tête de la 2e édition originale de 1669, décrite ci-devant.

On a souvent cherché quel avait pu être le prototype du *Tartuffe*, et, dès l'époque de Molière, le personnage le plus souvent désigné a été l'abbé Roquette, qui était devenu le directeur ou le confident du prince de Conti, après la conversion de ce dernier. M. Louis Lacour a publié en 1877 un petit volume très intéressant à ce sujet.

AMPHITRYON,
COMEDIE
PAR J.B.P. DE MOLIERE.

A PARIS,
Chez IEAN RIBOV, au Palais, vis à vis
la Porte de l'Eglise de la Sainte Chapelle,
à l'Image Saint Louis.

M. DC. LXVIII.

AVEC PRIVILEGE DV ROY.

In-12, composé de : 4 feuillets préliminaires non chiffrés, et 88 pages chiffrées.

Les 4 feuillets préliminaires comprennent : le titre imprimé dont le verso est blanc, une épître dédicatoire en prose : « *A son Altesse serenissime Monseigneur le Prince* », signée MOLIÈRE, l'*Extrait du Priuilege*, accordé pour cinq ans à Molière et daté du 20 février 1668, lequel est suivi de la déclaration de cession de droits faite par lui au libraire Jean Ribou, et de la mention : *Acheué d'imprimer pour la premiere fois le 5 Mars 1668;* enfin la liste des *Acteurs*. (BIBL. NAT. Y. n. p. Réserve.)

Signalons, d'après M. Paul Lacroix, une contrefaçon sous la même date, avec le nom de Jean Ribou; mais cette contrefaçon est facilement reconnaissable. Le texte n'occupe que 83 pages.

Cette comédie, si originale et si gaie, imitée avec tant de verve de la fameuse pièce de Plaute, avait été jouée pour la première fois à Paris, au mois de janvier 1668. Il en avait été donné sans interruption trente représentations, ainsi que le constate le *Registre de La Grange*. On lit à la page 92 de ce registre, à l'année 1668, mois de janvier : « *Piece nou^{lle} de Mr de Moliere. Vendredy 13me.* — AMPHITRION... *1565 livres 10 sols.* — *Dimanche 15.* AMPHITRION... *1668 # 10 s.* » Le même registre constate encore une recette de 440 livres pour la dernière de ces représentations successives, donnée le samedi 17 mars. Ce grand succès décida Molière à faire imprimer sa pièce de suite. Aussi parut-elle à peine deux mois après la première représentation, comme nous venons de le voir par *l'achevé d'imprimer*.

Prix : Vente Bertin (1854), ex. non relié, 70 fr. —Vente Solar (1860), mar. vert, 250 fr. — Catal. Fontaine (1875), très bel ex. mar. r. doublé de mar. bl., par Trautz, 1,800 fr. — Vente Didot (1878), mar. vert, 760 fr. — Vente Guy-Pellion (1882), mar. r. par Trautz, 1,120 fr. — Vente H. Piquet (1884), mar. r. par Capé, 345 fr.

L'AVARE,

COMEDIE.

Par I. B. P. MOLIERE.

A PARIS,
Chez IEAN RIBOV, au Palais, vis-à-vis
la Porte de l'Eglise de la Sainte Chapelle,
à l'Image S. Louis.

M. DC. LXIX.
AVEC PRIVILEGE DV ROY.

In-12, composé de : 2 feuillets préliminaires non chiffrés, comprenant le titre imprimé, dont le verso est blanc, *l'Extrait du Priuilége*, et la liste des *Acteurs*; — 150 pages chiffrées pour le texte de la pièce.

Le privilège, en date du dernier jour de septembre 1668, était accordé « au sieur de Moliere », pour sept années ; il est suivi ici de la déclaration de cession faite par Molière au libraire Jean Ribou. On lit ensuite la mention : *Acheué d'imprimer pour la premiere fois le 18. Février 1669.* (BIBL. NAT. Y. n. p. Réserve.)

Une remarque curieuse particulière à cette édition : *l'Acte V,* occupant les pages 128 à 150, est entièrement imprimé en plus petits caractères que le reste du texte. Ces caractères sont les mêmes que ceux du Privilège. On ne peut expliquer ce fait qu'en supposant que le volume étant presque entièrement imprimé, on s'aperçut qu'il manquait des caractères du même corps que ceux de la partie composée, parce que sans doute l'imprimeur avait en même temps sous presse d'autres ouvrages où ces caractères étaient employés. Afin de ne pas perdre de temps, on se servit, pour terminer le volume, de ceux qui étaient libres et dont une partie avait déjà servi pour le privilège. La même chose se voit dans *George Dandin.* (Voir ci-après p. 302.)

M. Paul Lacroix signale une édition de Jean Ribou, 1668, dont le texte a 128 pages seulement. C'est, dit-il, une contrefaçon en petits caractères.

La publication de *l'Avare* ne suivit pas de très loin les représentations, car ce chef-d'œuvre avait été joué au mois de septembre 1668. On lit à ce sujet dans le *Registre de La Grange,* page 98, année 1668. « Piece nou^{lle} de « Mr de Moliere. Dimanche 9 septembre. — AVARE... *1069 livres 10 sols.* » Cette immortelle comédie reçut, paraît-il, un assez froid accueil et fut jouée seulement quatre fois de suite, reprise trois autres fois au bout de quelques jours, et enfin représentée assez rarement plus tard. C'était la troisième comédie que Molière faisait jouer en cette année 1668, et il y avait deux mois à peine qu'il avait mis à la scène *George Dandin,* pour les fêtes que le Roi donnait à Versailles dans la seconde semaine de juillet.

M. Taschereau essaye d'expliquer l'indifférence avec laquelle *l'Avare* fut accueilli, en disant que le personnage d'Harpagon, si admirablement peint, ne pouvait guère être compris de la société d'élite qui formait le public du théâtre de Molière ; il devait sembler une exception à ces gentilshommes, habitués au désintéressement et même aux folles prodigalités ; et la bourgeoisie, dans laquelle ce type d'avare était plus fréquent, allait moins au théâtre et était sans doute peu disposée à applaudir au ridicule jeté sur Harpagon.

PRIX : Vente Bertin (1854), rel. en cuir de Russie, 66 fr. — Vente Chedeau (1865), mar. r. par Duru, 520 fr. — Catal. Fontaine (1875), mar. r. par Trautz, 1,500 fr. — Vente Didot (1878), ex. raccommodé, mar. v. par Lortic, 400 fr. — Vente Guy-Pellion (1882), bel ex. rel. en mar. r. par Cuzin, 1,100 fr. — Vente H. Piquet (1884), ex. de petite taille, mar. r. par Capé, 260 fr.

GEORGE DANDIN,

OV LE

MARY CONFONDV.

COMEDIE.

Par I. B. P. DE MOLIERE.

A PARIS,

Chez IEAN RIBOV, au Palais, vis-à-vis la Porte de l'Eglife de la Sainte Chapelle, à l'Image Saint Loüis.

M. DC. LXIX.

Avec Privilege du Roy.

In-12, composé de : 2 feuillets préliminaires non chiffrés, comprenant le titre, dont le verso est blanc, l'*Extrait du Privilége*, et la liste des *Acteurs*; — 155 pages chiffrées pour le texte de la pièce, ou plutôt 152 pages, car la dernière est chiffrée 155 par erreur.

Le privilège, en date du « dernier jour de septembre 1668 », est accordé « au sieur de Moliere », pour sept années. On voit ici à la suite la déclaration de cession faite par Molière au libraire Jean Ribou. Il n'y a pas d'*Achevé d'imprimer*.

La pagination est fautive en plusieurs endroits : les deux chiffres de la page 65 sont retournés, les chiffres 93-94 n'existent pas, les chiffres 97-98 sont répétés, les chiffres 145-146 sont omis, et les deux dernières pages sont cotées 153-155. En totalité, le nombre est bien exactement de 152 pages chiffrées. Les 8 dernières pages (formant un cahier, signé N) sont imprimées en plus petits caractères. (BIBL. NAT. Y. 5780. C. Réserve.) Les suppositions que nous avons faites ci-devant (page 300), à propos d'une anomalie pareille qu'on rencontre à la fin de *l'Avare,* pourraient être reproduites ici. Peut-être même que les deux pièces s'imprimaient en même temps et avec les mêmes caractères ; et c'est à la fin de la composition de l'une et de l'autre qu'on s'aperçut que les caractères manquaient. On fut obligé d'en employer d'autres pour les terminer promptement. Ou peut-être l'imprimeur avait-il peu des caractères qui servirent dans ces deux pièces, et comme nous l'avons supposé dans l'article précédent, le reste des cases était peut-être occupé à ce moment-là par d'autres ouvrages.

M. Paul Lacroix signale, sous la même date, une contrefaçon française, en plus petits caractères, comprenant 2 feuillets et 92 pages, sans nom de libraire ni lieu d'impression.

Cette amusante comédie avait été jouée pour la première fois avec ses intermèdes, aux fêtes que Louis XIV donna à Versailles dans la seconde semaine du mois de juillet 1668, et ensuite à Saint-Germain en Laye, encore devant le Roi, dans les premiers jours de novembre de la même année. Enfin elle parut au théâtre du Palais-Royal, sans ses intermèdes, le 9 novembre. Voici les renseignements qu'on trouve à ce sujet dans le *Registre de La Grange,* année 1668. Page 97 : « GEORGE DANDIN, 1re *fois. Le mardy* 10^e
« (*juillet*). — *La troupe est partie pour Versailles. On a joué* LE MARY
« CONFONDU. *A esté de retour le Jeudy* 19me. » Et page 99 : « *Le vendredy*
« *2 nouembre, la troupe est allée à* St *Germain, où la troupe a joué le*
« MARY CONFONDU, *autrement le* GEORGE DANDIN *trois fois et une fois*
« L'AUARE. *Le retour a esté le* 7me *du d. mois. Receu du Roy*... *3,000* #.
« *Partagé* 210 #. » Et plus bas : « *Vendredy 9 Nouemb.* — *Critique d'And.*
« *et* MARY CONF... *246 livres.* » La recette de cette première représentation à la ville fut, on le voit, minime, et pourtant la pièce fut très applaudie.

PRIX : Vente Bertin (1854), ex. non relié, 49 fr. — Vente Chedeau (1865), mar. r. par Duru, 520 fr. — Vente Huillard (1870), mar. r. par Trautz, 1,110 fr. — Catal. Fontaine (1875), bel ex. mar. r. par Trautz, 1,500 fr. — Vente Didot (1878), mar. r. par Duru, 1,000 fr. — Vente Guy-Pellion (1882), autre bel ex. mar. r. par Trautz, 1,120 fr. — Vente H. Piquet (1884), ex. de petite taille, mar. r. par Capé, 280 fr.

MONSIEVR DE POVRCEAVGNAC,
COMEDIE
FAITE A CHAMBORD, pour le Diuertiſſement du Roy.

PAR I. B. P MOLIERE.

A PARIS,
Chez IEAN RIBOV, au Palais, vis à vis
la Porte de l'Egliſe de la Sainte Chapelle,
A l'Image S. Louis.

M. DC. LXX.
AVEC PRIVILEGE DV ROI.

In-12, composé de : 4 feuillets préliminaires, non chiffrés, comprenant le titre, dont le verso est blanc, l'*Extrait du Priuilege,* la liste des *Acteurs,* une sorte d'argument très court, commençant par ces mots *l'Ouverture se fait par Eraste...* et un seul fleuron au verso du 4e feuillet ; — 136 pages chiffrées pour le texte de la pièce.

Le privilège, en date du 20 février 1670, est accordé « à Iean Baptiste Pocquelin de Moliere, l'un de nos comédiens », pour cinq années. Il est suivi de la déclaration de cession faite par Molière au libraire Jean Ribou. On lit à la fin : *Acheué d'imprimer pour la premiere fois, le 3. jour de mars 1670.* (Bibl. Nat. Y. 5827 + + A. Réserve.)

Cette farce si amusante et si bouffonne avait été représentée d'abord devant Louis XIV, le 6 octobre 1669, au château de Chambord, accompagnée de divertissements qui furent supprimé sensuite. Elle obtint un très grand succès de gaieté à la cour, et ce fut le 15 novembre suivant qu'elle fut jouée au théâtre à Paris. Voici les notes du *Registre de La Grange,* relatives à ce sujet. A la page 107, année 1669 : « *Mardy 17* (septembre). *La Troupe est partie pour aller à « Chambord. On y a joué, entre plusieurs comedies, le* Pourceaugnac *« pour la première fois. Le retour a esté le Dimanche 20me Octobre.* » Et plus bas, même page : « *Piece noulle de Mr de Moliere. Vendredy 15. « —* Sicilien *et* Pourceaugnac*... 1205 livres 10 sols.* »

L'édition originale est extrêmement rare.

Prix : Vente Bertin (1854), non relié, 68 fr. — Vente Solar (1860), mar. r. par

Duru, 250 fr. —Vente Huillard (1870), demi-rel., ex. très ordinaire, 320 fr. — Catal. Fontaine (1876), mar. r. par Trautz, 1,500 fr. — Vente Didot (1878), mar. r. par Duru, 2,750 fr. — Vente Guy-Pellion (1882), mar. r. par Trautz, 1,120 fr. — Vente H. Piquet (1884), mar. r. par Capé, 410 fr. — Bulletin Morgand (1886), rel. anc. en veau, 800 fr.

LE

BOVRGEOIS

GENTILHOMME,

COMEDIE-BALET,

FAITE A CHAMBORT,
pour le Divertiſſement du Roy,

Par I.B.P. MOLIERE.

Et ſe vend pour l'Autheur
A PARIS,
Chez PIERRE LE MONNIER, au Palais, vis-à-vis
la Porte de l'Egliſe de la Sainte Chapelle,
a l'Image S. Louis, & au Feu Divin.

M. DC. LXXI.
AVEC PRIVILEGE DV ROY.

In-12, composé de : 2 feuillets préliminaires non chiffrés, comprenant le titre, dont le verso est blanc, l'*Extrait du Privilége* et la liste des rôles des *Acteurs;* — 164 pages chiffrées, pour le texte de la pièce.

Le Privilège, accordé à Molière, est daté du 31 décembre 1670. On n'y voit pas de déclaration de cession à un libraire. En effet, le titre nous indique que le livre se vendait pour l'auteur. A la suite du Privilège on lit la mention : *Achevé d'imprimer pour la première fois, à Paris, le 18 mars 1671.*

La première représentation de cette amusante comédie eut lieu au château de Chambord le 3 octobre 1670. Voici, en effet, ce qu'on lit à ce sujet dans le *Registre de La Grange*, année 1670, page 116 :

« *Vendredy 3me* OCTOBRE, *la Troupe est partie pour Chambord par ordre du Roy. On y a joué, entre plusieurs comedies,* LE BOURGEOIS GEN-TILHOMME, *piece nouuelle de Mr de Moliere. Le retour a esté le 28me du d^t mois. Receu de part pour nourriture et gratiffication… 600 livres 10^s.* »

Et plus bas, relativement à la première représentation en public, à la ville :
« *Piece nou^{lle} de Mr de Molière. Dimanche 23me* (novembre). BOURGEOIS GENTILHOMME *p^r la 1re fois… 1397 livres.* »

La pièce eut beaucoup de succès, et on la joua un bon nombre de fois, en l'alternant avec la *Bérénice*, ou plutôt *Tite et Bérénice*, de Pierre Corneille, qui venait aussi de paraître à la scène. L'une et l'autre amenaient à la caisse de la troupe de belles recettes.

A ce propos, il est curieux de constater ici que, dès le jour de la première représentation de la tragédie de P. Corneille, et tant qu'on joua cette pièce, La Grange inscrivit sur son registre le mot *Bérénice* seulement. Voici la mention du *Registre de La Grange*, page 116, année 1670 (en marge) :
« Pièce nouuelle de Mr de Corneille l'Aisné dont on luy a payé 2000 liures. » — (Et à côté) : « Vendredy 28 (novembre). Bérénice… 1913 livres 10 sols. » Il est possible que la pièce de Corneille portait primitivement le titre de *Bérénice*, comme celle de Racine, puisque ces deux tragédies avaient été demandées l'une et l'autre en secret aux deux poètes, par Henriette d'Angleterre. Celle de Corneille dut être jouée comme l'autre sous le titre de *Bérénice*, ainsi que le constate La Grange, et on l'imprima ensuite sous le titre de *Tite et Bérénice*, pour éviter une confusion. (Voir aussi nos observations sur la tragédie de Corneille, pages 189-190, et sur celle de Racine, page 365.)

L'édition originale du *Bourgeois gentilhomme* est fort rare ; c'est évidemment l'une des plus difficiles à rencontrer parmi les pièces de Molière. Elle ne se trouve pas à la Bibliothèque nationale. Nous devons le fac-similé ci-dessus à l'obligeance de M. le baron de Ruble, qui a bien voulu nous communiquer son bel exemplaire.

PRIX : Vente Bertin (1854), non relié, 68 fr. — Vente Aguilhon (1870), mar. r. par Lortic, 1,285 fr. — Vente H. Piquet (1884), ex. dont un feuillet était raccommodé, mar. r. par Capé, 500 fr.

PSICHÉ,

TRAGEDIE-BALLET.

Par I.B.P. MOLIERE.

Et se vend pour l'Autheur,
A PARIS,
Chez PIERRE LE MONNIER, au Palais,
vis-à-vis la Porte de l'Eglise de la S. Chapelle,
à l'Image S. Louis, & au Feu Divin.

M. DC. LXXI.
AVEC PRIVILEGE DU ROY.

In-12, composé de : 2 feuillets préliminaires, contenant le titre, dont le verso est blanc, un avis intitulé : *Le Libraire au Lecteur;* — 90 pages chiffrées pour le texte de la pièce, et 1 feuillet à la fin pour l'*Extrait du Privilége,* lequel occupe seulement le recto.

Le Privilège, daté du 31 décembre 1670, est accordé à « Jean-Baptiste Pocquelin de Molière, l'un des Comediens de Sa Majesté », pour « faire imprimer, vendre et débiter une pièce de théâtre, intitulée : LES AMOURS DE PSICHÉ... pendant le temps de dix années. » Il n'est pas question de cession à un libraire. Aussi voit-on sur le titre la mention : *Et se vend pour l'Autheur.*

A la fin du privilège on lit : *Achevé d'imprimer pour la premiere fois, le 6 octobre 1671.* (BIBL. NAT. Y. 5630. Réserve.)

Quoique cette pièce ne porte que le nom de Molière, elle fut composée en collaboration avec P. Corneille et Quinault. Molière, qui avait été chargé par le Roi de préparer un grand spectacle pour le moment du carnaval de 1671, s'adjoignit ces deux collaborateurs, afin d'avoir terminé sa pièce pour l'époque indiquée. Ce fut lui qui traça le plan de l'ouvrage et écrivit le *Prologue;* Corneille, malgré ses soixante-cinq ans, écrivit le reste de la pièce en peu de temps, et produisit plusieurs scènes qu'on croirait composées à la meilleure époque de sa jeunesse, entre autres la déclaration brûlante et pleine de tendresse de Psyché à l'Amour. Les intermèdes furent faits par Quinault, sauf le premier qui est de Lulli, lequel composa aussi la musique de la pièce.

On trouve dans le *Registre de La Grange*, pages 122 à 124, de curieux renseignements sur les préparatifs qu'on fit au théâtre pour monter cette pièce. On fit modifier l'intérieur du théâtre, pour le rendre propre à recevoir des machines nécessaires aux grands spectacles. On décida « d'auoir doresnavant à toutes sortes de représentations, tant simples que de machines, vn concert de douze violons; ce qui n'a esté exécuté qu'aprez la représentation de Psyché ». Et plus loin : « Jusques icy les musiciens et musiciennes n'auoient point voulu paroistre en public; ils chantoient à la Comedie dans des loges grillées et treillissées, mais on surmonta cet obstacle, et auec quelque legere despance on trouua des personnes qui chanterent sur le Theastre a visage descouuert, habillez comme les Comediens. » *Psyché* fut enfin représentée le 24 juillet 1671, à la ville. On lit en effet à la page 125 du même Registre : « Piece No^{lle} de Mr de Moliere. *Le vendredy 24 juillet* à « Psyché... *1022 livres 10 sols*. (Recette.) » Les répétitions avaient commencé le 7 juin, ainsi que le constate La Grange, à la page 121 : « Les « repetitions de Spsyche *ont commancé. Dimanche 7.* » Cette pièce avait été représentée auparavant, sur le théâtre des Tuileries, devant Louis XIV, au mois de janvier de la même année.

Nous avons placé ici cette pièce parce qu'elle porte le nom de Molière; mais elle serait tout aussi bien à son rang dans la série des pièces de Corneille. L'édition originale est fort rare.

Prix : Vente Bertin (1854), ex. non relié, 22 fr. — Catal. Fontaine (1875), mar. r. par Trautz, 2,500 fr. — Vente H. Piquet (1884), mar. r. par Trautz, 1,950 fr.

LES FOURBERIES DE SCAPIN.

COMEDIE.

PAR I. B. P. MOLIERE.

Et se vend pour l'Autheur,
A PARIS,
Chez PIERRE LE MONNIER, au Palais, vis-à-vis la Porte de l'Eglise de la S. Chapelle, à l'Image S. Loüis, & au Feu Divin.

M. DC. LXXI.
AVEC PRIVILEGE DV ROY.

In-12, composé de : 2 feuillets préliminaires non chiffrés, comprenant le titre dont le verso est blanc, la liste des *Acteurs*, au verso du second feuillet dont le recto est blanc ; — 123 pages chiffrées pour le texte de la pièce, et 4 pages non chiffrées pour le *Privilége*.

Ce Privilège, ici reproduit en entier, est accordé à I. B. P. DE MOLIÈRE, en date du 18 mars 1671. Il comprend « toutes les pieces de theatre par luy composées jusqu'à présent, lesquelles ont esté représentées, et ce conjointement ou séparément en un ou plusieurs volumes,… durant le temps et espace de neuf annees à compter du jour que chaque Piece ou volume sera achevé d'imprimer pour la premiere fois, en vertu des Présentes ».

On lit à la fin la mention : *Achevé d'imprimer pour la première fois le 18. jour d'Aoust 1671.* (BIBL. NAT. Y. 5777. J. Réserve.)

Il n'est pas question de cession à un libraire. Aussi le titre porte-t-il la mention : *Et se vend pour l'Autheur.*

Les Fourberies de Scapin furent représentées le 24 mai 1671, comme on le voit dans les notes du *Registre de La Grange*, page 121 : « *Piece nou^{lle} de Mr de Molliere. Dimanche 24.* SICILIEN et SCAPIN, *1ere fois… 545 livres 10 sols* ».

Il est bon d'insister sur le libellé du Privilège, qui comprend « *toutes les pièces de théâtre, composées jusqu'alors par Molière* » et lui permet de les faire imprimer « *conjointement ou séparément, en un ou plusieurs volumes* ». Il est vraisemblable que Molière, lorsqu'il obtint ce privilège, préparait déjà la grande édition de ses œuvres, qu'il ne put donner avant sa mort, arrivée en 1673, mais qui fut publiée peu de temps après, évidemment sur ses notes, en 1674. On remarque, en effet, que cette édition de 1674, considérée maintenant comme la vraie originale des Œuvres de Molière, fut imprimée d'après ce même Privilège. (Voir notre description, pages 323-325.)

Prix : Vente Bertin (1854), ex. non relié, 71 fr. — Vente Solar (1860), mar. r. par Capé, 300 fr. — Catal. Fontaine (1875), mar. r. par Trautz, très bel ex., 2,500 fr. — Vente Guy-Pellion (1882), bel ex. mar. r. par Trautz, 1,320 fr. — Vente H. Piquet (1884), mar. r. par Capé, 905 fr.

LES
FEMMES
SCAVANTES.
COMEDIE.
Par I. B. P. MOLIERE.

Et se vend pour l'Autheur.
A PARIS,
Au Palais, &
Chez PIERRE PROME', sur le Quay des Grands Augustins, à la Charité.

M. DC. LXXII.
AVEC PRIVILEGE DV ROY.

In-12, composé de : 2 feuillets préliminaires non chiffrés, comprenant le titre, dont le verso est blanc, l'*Extrait du Privilége,* et la liste des *Acteurs ;* — 92 pages chiffrées, pour le texte de la pièce.

Le Privilège, daté du 31 décembre 1670, est accordé « à I. B. P. Molière », pour dix ans, sans aucune mention de cession à un libraire. On lit ensuite : *Achevé d'imprimer le 10. Décembre 1672.*

Nous avons en même temps sous les yeux deux titres, l'un daté de 1672, l'autre de 1673, lesquels se rapportent à des exemplaires identiquement pareils de la même édition.

Tous ceux qui avaient passé en vente jusqu'à présent à notre connaissance étaient datés de 1673.

Les exemplaires portant la date de 1672 doivent être d'une insigne rareté. Nous avouons n'en avoir jamais vu qu'un seul, que nous avons possédé et que nous avons cédé à M. le baron de Ruble, dans la bibliothèque duquel ce précieux volume se trouve moins dépaysé que dans notre modeste collection, car il y figure à côté des autres chefs-d'œuvre du grand poète comique, dans le plus bel état de conservation et de reliure, et dans le voisinage de beaucoup d'autres trésors de nos classiques, poètes, prosateurs et historiens.

Les bibliographes de Molière, notamment Brunet et M. Paul Lacroix, annoncent, il est vrai, avec l'indifférence de gens qui n'osent affirmer un fait, qu'il existe « quelques exemplaires à la date de 1672 » ; mais aucun d'eux ne déclare en avoir vu. Un exemplaire daté de 1673 figure à la Bibl. nat., sous la cote Y. 5573. Réserve. Il est relié en maroquin citron, aux armes de Louis XIV.

Cette admirable comédie, *les Femmes savantes,* fut représentée pour la première fois le 11 mars 1672. On lit, en effet, dans le *Registre de La Grange,* page 129 : « *Piece No^{lle} de Mr de Moliere. Vendredy 11me* (Mars). « Femmes sauantes... *1735 livres. Part* (pour chaque comédien de la « Troupe)... *107 livres 14 sols* ». Les recettes des jours suivants ne furent guère moins fructueuses. Malgré cela ce chef-d'œuvre fut accueilli assez froidement du public, qui ne le comprit guère d'abord. Il n'eut qu'un petit nombre de représentations au début.

Prix : Vente Bertin (1854), bel. ex., 99 fr. — Vente Solar (1860), demi-rel., 270 fr. — Vente Chedeau (1865), rel. en vélin, 425 fr. — Vente Germot (1869), mar. r. par Trautz, 650 fr. — Vente Danyau (1872), rel. en veau, 450 fr. — Catal. Fontaine (1875), mar. r. par Trautz, 2,500 fr. — Vente Didot (1878), ex. taché, mar. r., 240 fr. — Vente H. Piquet (1884), mar. r. par Trautz, 590 fr.

Nous avons fait reproduire le titre, sans lieu ni date d'impression, du *Malade imaginaire,* qui se trouve dans le tome VII (daté de 1675) de l'édition des *Œuvres* de Molière, publiée en 1674. On doit considérer cette impression de la dernière pièce jouée par Molière comme la première vraiment authentique, car elle dut être faite, comme toutes les autres pièces de l'édition de 1674, sur les textes manuscrits laissés par Molière et probablement préparés par lui, puisqu'il s'était fait donner un privilège pour ses œuvres complètes, ainsi qu'on le voit dans tous les volumes que nous avons décrits pages 323-325). Nous pensons que, pour ce motif, le texte adopté dans cette édition doit être préféré à celui de toutes les autres de la même époque.

LE MALADE IMAGINAIRE.
Comedie
MESLE'E DE MUSIQUE ET DE DANSES.

Par Monsieur de MOLIERE.

A

Voici la description de cette pièce : in-12, contenant 150 pages chiffrées, en totalité, y compris le faux-titre reproduit ci-dessus et dont le verso est blanc, mais sans aucun autre titre avec date ou lieu d'impression. Cette pièce a dû être imprimée en 1674, en même temps que les autres volumes de l'édition qui portent cette date. Car en la rapprochant de *l'Ombre de Molière,* de Brécourt, pièce avec laquelle elle forme le tome VII de cette édition, on retrouve dans l'une et dans l'autre les mêmes fleurons, les mêmes grandes lettres, la même disposition de texte, les mêmes chiffres de pagination. Or l'*achevé d'imprimer* de *l'Ombre de Molière* est daté du « 2 May 1674 ». On peut supposer que telle est aussi probablement la date d'impression du *Malade imaginaire.* Cette présomption, qui nous semble logique, permet aussi d'attribuer une priorité de date à cette édition sur celles de Hollande, de *Jean Sambix* et de *Daniel Elzevier,* et même sur celle qui porte le nom d'*Estienne Loyson*, libraire à Paris, et que M. Émile Picot considère comme étrangère, toutes éditions datées de 1674, mais qui peuvent avoir paru plus tard, dans le courant de l'année.

D'ailleurs celles-ci fussent-elles antérieures en date, comme le texte en est généralement fort incorrect, l'édition française que nous avons signalée et décrite, présentant un texte bien supérieur, doit leur être préférée.

A ceux qui objecteraient que le tome VII de l'édition dans laquelle parut cette pièce porte la date de 1675, on peut répondre que ce n'est pas une raison pour que les pièces qu'il renferme n'aient pas été imprimées bien auparavant, car ce volume étant le dernier, n'a été mis en vente qu'après tous les autres, et le titre a dû n'être imprimé qu'au moment de la mise en vente. (BIBL. NAT. Y. 5516. A 7. Réserve.)

Voici les notes du *Registre de La Grange* relatives à cette pièce, page 140, mois de février 1673, en marge : « *Mardy 7me. Repetition* »; et au-dessous : « *Piece nouvelle et derniere de Mr de Moliere* ». Et à côté : « *Vendredy 10me. 1ere Représentation du* MALADE IMAGINAIRE… *1.992 $^{\#}$. Part 71 $^{\#}$ 14^s* ».

Ensuite on lit cette relation écrite par La Grange, de la mort de Molière :
« Ce mesme jour, aprez la comédie, sur les dix heures du soir, Monsieur
« de Moliere mourust dans sa maison, rue de Richelieu, ayant joué le roosle
« du d^t Malade Imaginaire, fort incommodé d'un rhume et fluction sur la
« poitrine qui luy causoit une grand toux, de sorte que dans les grans effortz
« qu'il fist pour cracher, il se rompit une veyne dans le corps et ne vescut
« pas demye heure ou trois quartz d'heures depuis la d^e veyne rompue. Son
« corps est enterré à St Joseph, ayde de la paroisse St Eustache. Il y a une
« tombe esleuée d'un pied hors de terre.

« Dans le desordre où la Troupe se trouva apres cette perte irréparable,
« LE ROY eust dessein de joindre les acteurs qui la composoient aux Come-
« diens de l'Hostel de Bourgogne. Cependant, apres avoir esté le Diman-
« che 18 et Mardy 21 sans jouer, en attendant les ordres du Roy, on recom-
« mencea, le Vendredy 24me Feurier, par le Misantrope. M. Baron joua le
« roosle. »

Le PRIX de cette première édition française n'a pas encore été déterminé par aucune adjudication publique, et nous ne l'avons pas vue figurer davantage dans un catalogue de librairie. Cette pièce se trouve toujours jointe à l'édition des œuvres de Molière de 1674, et il est très rare qu'on ait eu l'idée de la faire relier séparément. Nous pensons que, dans ce dernier cas, elle vaudrait de 300 à 400 francs.

Petit in-12, composé de : 1 frontispice gravé, tiré sur un feuillet indépendant; 2 feuillets préliminaires non chiffrés, comprenant le titre dont le verso est blanc, et la liste des *Acteurs*; — 72 pages chiffrées pour le texte de la pièce. (BIBL. NAT. Y. n. p. Réserve.)

Première édition séparée de la vraie pièce de Molière. Cette comédie avait déjà paru en 1682, dans le tome VIIIe des *Œuvres de Molière*, publiées par La Grange et Vinot. Mais dans tous les exemplaires, sauf deux ou trois, la police avait fait pratiquer des suppressions que nous avons signalées ici (voir pages 329-333). L'édition d'Amsterdam, 1683, que nous décrivons, a rétabli le texte primitif des passages supprimés, et contient en outre des scènes nouvelles.

Cette pièce, qui ne fut pas imprimée du vivant de Molière, avait été jouée pourtant avec un certain succès dès 1665. On lit dans le *Registre de La Grange*, année 1665, page 51 : « Piece Nolle de Mr de Moliere. *La Troupe a commancé le* FESTIN DE PIERRE » *le Dimanche 15 Feurier*... (Reçu) *1830 livres* ». C'était une superbe recette pour l'époque.

LE FESTIN DE PIERRE,
COMEDIE.
Par J. B. P. DE MOLIERE.
Edition nouvelle & toute differente de celle qui a paru jusqu'à present.

A AMSTERDAM.
M. DC. LXXXIII.

PRIX de cette édition de 1683 : Vente Bertin (1854), mar. bl., 57 fr. — Catal Fontaine (1875), mar. r. par Trautz-Bauzonnet, 800 fr. — Vente Didot (1878), mar. r. par Niedrée, 235 fr. — Vente Guy-Pellion (1882), mar. bl., 565 fr.

La publication du *Festin de Pierre* avait été précédée de celle d'un petit volume donnant une bonne partie du texte et dont voici le titre :

LES || FRAGMENS || DE MOLIERE || COMEDIE. || *A Paris,* || chez Jean Ribou... || M. DC. LXXXII; || (Voir le fac-similé ci-après.)

LES
FRAGMENS
DE
MOLIERE.
COMEDIE.

A PARIS,
Chez JEAN RIBOU, fur le Quay des
Auguftins, au deffus de la Grand'Porte
de l'Egife, à la defcente du Pontneuf,
à l'Image Saint Loüis.

M. DC. LXXXII.
Avec Privilege du Roy.

In-12, composé du titre dont le verso est blanc, et de 58 pages.

« Ce sont, dit M. Paul Lacroix, des fragments du *Festin de Pierre,* qui n'avaient pas encore été publiés. Champmeslé les aura tirés du portefeuille de son ami La Fontaine, pour les coudre ensemble, et les arranger tant bien que mal sous la forme d'une petite comédie. Mais, au moment où cette comédie allait être représentée, le *Festin de Pierre,* dont Champmeslé ne donnait que des fragments, parut dans l'édition posthume des *Œuvres de Molière* publiée par ses amis Vinot et La Grange. Il faut remarquer que le texte des *Fragmens* diffère, en bien des endroits, du texte original de Molière; de plus, il y a deux ou trois jolies scènes qui ne se retrouvent plus dans la pièce imprimée sur les manuscrits de l'auteur (celle des œuvres posthumes de 1682). Il n'en faut pas conclure que ces scènes soient de l'invention de Champmeslé; bien au contraire, car on y reconnaît la touche de Molière. »

Cette édition est très rare.

Une réimpression des *Fragmens* avait paru en 1682, à la Haye, chez Moetjens, avec le nom de Brécourt substitué à celui de Molière; M. Lacroix pense que l'éditeur hollandais aura confondu cette petite pièce avec l'*Ombre de Molière,* par Brécourt.

Prix des *Fragmens de Molière,* décrits ci-dessus : Vente Bertin (1854), rel. en vélin, 4 fr. — Vente Solar (1860), mar. r., 11 fr. — Vente Didot (1878), mar. r., 155 fr. — Catal. Fontaine (1875), non relié, 200 fr. — Vente Guy-Pellion (1882), mar. r. par Trautz, 730 fr. — Répertoire Morgand et Fatout (1882), ex. non relié, 300 fr.

LA GLOIRE
DV
VAL-DE-GRACE.

A PARIS,

hez IEAN RIBOV, au Palais, vis-à-vis la
Porte de l'Eglise de la Sainte Chapelle,
à l'Image S. Louis

M. DC. LXIX.
AVEC PRIVILEGE DE SA MAIESTE.

La Gloire du Val-de-Grace (Poème de Molière).

In-4°, composé de : 24 pages chiffrées, y compris le titre reproduit ci-dessus, au verso duquel on voit l'*Extrait du Priuilege du Roy*.

Le Privilège, daté du « 5. jour de Décembre 1668 », est accordé « au sieur de Molière », pour cinq années. Il est suivi de la déclaration de cession faite par Molière au libraire Jean Ribou.

En tête du poème on trouve un beau fleuron signé à gauche *P. Mignard inv.*, et à droite *F. Chauueau scul.*, représentant un groupe d'enfants qui symbolisent les différents arts, architecture, peinture et sculpture, occupés à préparer les plans et dessins du monument.

Au-dessous, le texte commence par une grande lettre ornée (D), dans laquelle se voit le portrait de la Reine, à genoux, offrant à Dieu le dessin du Val-de-Grâce.

On sait que cette superbe église fût bâtie d'après les ordres de la reine Anne d'Autriche, qui avait fait vœu d'élever un temple à la gloire de Dieu, si elle avait un fils. Commencé vers 1645, le monument ne fut achevé entièrement que vers 1665, peu de temps avant la mort de la reine. Le peintre Pierre Mignard avait été chargé de peindre à fresque la coupole. Ce fut à son instigation que Molière, dont il était l'ami, composa le poème intitulé : *La Gloire du Val-de-Grâce*. Molière se montre là plus complaisant ami que grand poète et appréciateur éclairé ; les talents de l'artiste y sont célébrés avec un enthousiasme que ne justifient pas tout à fait ses compositions plutôt gracieuses et passablement ordonnées que puissantes ou grandioses. Mignard était en effet dessinateur consciencieux et coloriste agréable ; mais ses œuvres manquaient souvent d'énergie et de caractère. On lui doit un bon portrait de Molière.

A la fin du volume, pour terminer la page 24, on a placé une superbe composition, signée à gauche : *P. Mignard in. F. Chauueau scul.* (La Muse de la Peinture dessinant une femme très belle, que le Temps lui indique, et cela au pied des colonnes d'un monument, sans doute du Val-de-Grâce.)

Tout le poème est imprimé en gros caractères italiques. (Bibl. nat. Y. 5160. a. Réserve. Voir aussi 5160. b.)

Sous la même date parut, probablement peu de temps après, une autre édition, portant le nom du libraire Pierre Le Petit, et toute différente de celle que nous venons de décrire. Elle contient en totalité 26 pages chiffrées, plus un feuillet blanc à la fin. On voit sur le titre un large fleuron représentant une apothéose de la Croix, allégorie de la vision de Constantin, avec un ange et un roi vêtu en guerrier, prosternés de chaque côté, et la devise : *In hoc signo vinces*. Le feuillet suivant est entièrement occupé au recto par une grande gravure de Chauveau d'après Mignard, représentant Minerve conduisant une femme personnifiant la Peinture, au bois sacré, où sont Apollon et les Muses. Le verso de ce feuillet est blanc.

Le reste du volume est disposé de même; on y trouve, au commencement et à la fin, les deux mêmes grandes vignettes que dans l'édition précédente. Le texte est imprimé de la même façon, page pour page et ligne pour ligne; mais dans l'édition de Pierre Le Petit on ne rencontre pas une grande quantité de majuscules aux substantifs communs, comme dans la première. Ainsi nous relevons, par exemple, dans l'édition de Jean Ribou, des mots comme *Vœu, Neveux, Présens, Coupe, Pinceau, Art, Tableau, Parties, Figures, Maistresse du Monde, Homme, Courtisans*, etc., qui commencent par une grande lettre, tandis qu'ils sont imprimés avec une première lettre minuscule dans celle de P. Le Petit. Les notes marginales ou manchettes de celle-ci sont aussi plus resserrées en largeur et contiennent plus de lignes.

Nous considérons l'édition de Jean Ribou comme l'originale, parce qu'elle porte le *Privilége* suivi de la déclaration de cession par Molière à Jean Ribou. Ni le Privilège ni la déclaration ne se retrouvent dans celle de Pierre Le Petit. Ce dernier dut imprimer son édition d'après la première, en vertu de conventions avec son confrère, en donnant les mêmes vignettes, mais en y ajoutant la grande planche du commencement.

D'ailleurs en 1669, Jean Ribou était le libraire en titre de Molière, car *Le Tartuffe, L'Avare*, et *George Dandin*, pièces imprimées à cette date, portent le nom de Jean Ribou. Il est donc à peu près évident que ce libraire dut publier aussi la première édition du poème qui nous occupe. (Bibl. nat. Y. 5160. a, Réserve.)

Dans la première édition, les feuillets sont signés en bas de A à C, et forment 3 cahiers complets de 4 feuillets chacun; le feuillet où commence le poème est signé Aij. Dans la seconde on trouve les signatures A à D; le cahier D contient seulement un feuillet imprimé et un feuillet blanc; celui où commence le poème est coté Aiij, parce que la gravure compte pour Aij.

Ce poème est d'une grande rareté. Nous n'en trouvons trace dans aucune vente publique; mais nous savons qu'un exemplaire, sans reliure, a été vendu cette année même par M. Durel, libraire, au prix de 1,000 francs.

LES
OEVVRES
DE MONSIEVR
MOLIERE.
TOME PREMIER

A PARIS,

Chez THOMAS IOLLY, Libraire Iuré, au Palais, dans la petite Salle des Merciers, à la Palme, & aux Armes d'Holande.

MDCLXVI.

Avec Privilege du Roy.

2 volumes in-12, ainsi composés :

TOME PREMIER : 9 feuillets préliminaires comprenant un charmant frontispice de François Chauveau, gravé sur cuivre, le titre, au verso duquel se trouve un sommaire des pièces, le *Remerciment au Roy*, le faux-titre des *Précieuses ridicules*, la *Préface*, la liste des *Personnages*, enfin un feuillet blanc (qui est nécessaire, car il compte dans le cahier A). Le texte commence à la page 19 (car tous les feuillets précédents comptent dans la pagination), et se termine à la page 391 ; enfin l'*Extrait du Privilége*, daté du 6 mars 1666, occupe le verso de la page 391 et se termine en haut de la page suivante par la mention : *Achevé d'imprimer le 23 mars 1666*. Il doit y avoir un feuillet blanc avant le commencement du texte de chaque pièce, après chaque liste des *Acteurs*. Les feuillets blancs comptent dans la pagination.

Le premier volume contient : *les Précieuses ridicules*, — *Sganarelle*, — *l'Estourdy*, — *le Dépit amoureux*.

Le Privilège est accordé à Gabriel Quinet, pour six années. Il est suivi d'une déclaration d'association de Quinet avec Thomas Jolly, Charles de Sercy, Louys Billaine, Guillaume de Luines, Jean Guignard fils, Estienne Loyson et Claude Barbin. On peut donc trouver des exemplaires au nom de chacun de ces libraires.

TOME SECOND (même titre que le premier) : 2 feuillets préliminaires, comprenant un autre très joli frontispice gravé sur cuivre, du même artiste, le titre, au verso duquel on voit le sommaire des pièces, le faux-titre des *Fascheux,* l'épître dédicatoire *au Roy,* signée de Molière; une sorte de préface, sans titre, commençant par ces mots : *Jamais entreprise...,* le Prologue, la liste des *Personnages;* tous ces feuillets sont comptéss dans la pagination, qui commence avec le frontispice. Le texte commence à la page 19 et se termine à la page 480, à moitié du verso, par le mot FIN, suivi d'un fleuron typographique. Il doit y avoir un feuillet blanc avant le commencement de chaque pièce, sauf pour les *Fascheux.*

Les pièces contenues dans ce volume sont : *les Fascheux,* — *l'Escole des maris,* — *l'Escole des femmes,* — *la Critique de l'Escole des femmes,* — et *les Plaisirs de l'Isle enchantée.*

Le premier frontispice gravé représente un buste couronné, celui de Molière, sans doute, de chaque côté duquel sont, debout accoudés, deux personnages; à gauche, un gentilhomme de cour richement vêtu (un de ces marquis si agréablement plaisantés par Molière), portant un large chapeau à plumes, une énorme et longue perruque et une profusion de dentelles, et tenant une longue canne à la main droite; de l'autre côté, un personnage de Molière, sans doute Mascarille, dans le costume de l'emploi; au-dessous un cartouche, dans lequel on lit : *Les Œuvres de Mr Moliere, tome I;* et au bas une tête ou masque de comédie, avec une longue barbe pointue, et

un singe de chaque côté.

Le deuxième frontispice gravé représente Thalie, ou peut-être une Renommée (bizarrement coiffée de plumes), couronnant, d'un côté, une femme debout (probablement Armande Béjart dans le rôle d'Agnès); de l'autre, un homme portant le costume d'Arnolphe dans *l'Escole des femmes*, évidemment Molière. Au-dessous un cartouche contenant les mots : *Les Œuvres de Mr Molière, tome II*, puis, au bas, un trophée d'instruments de musique et de masques de théâtre.

Les frontispices sont signés F. C. *fe* (*François Chauveau fecit*).

Première édition collective des *Œuvres de Molière*, avec pagination continue. (BIBL. NAT. Y. 5516. Réserve.) On y trouve toutes les pièces parues jusqu'alors séparément et qui n'avaient été réunies que dans des recueils factices. Elle est très rare et se vend fort cher maintenant.

PRIX : Vente Bertin (1854), rel. en mar. r. par Trautz, bel ex., 265 fr. — Vente L. de M. (Lebœuf de Montgermont (1876), mar. bl. doublé de mar. r. par Trautz, superbe ex., 5,700 fr. — Vente Didot (1878), ex. contenant quelques raccommodages, mar. vert, par Lortic, 1,950 fr. — Répertoire Morgand et Fatout (1878), bel ex. rel. en mar. r. par Trautz, 6,000 fr. — Id. (1882), ex. rel. en mar. bl. doublé de mar. citron avec dorures, 4,000 fr.

LES
OEUVRES
DE MONSIEUR
MOLIERE.
TOME PREMIER.

A PARIS,
Chez CLAUDE BARBIN, au Palais, fur le
fecond Perron de la Sainte Chapelle.

M. DC. LXXIII.
Avec Privilege du Roy.

7 volumes in-12.

Les TOMES PREMIER et SECOND sont une réimpression simple des deux volumes publiés en 1666, avec les mêmes frontispices, le même Privilège, placé à la fin du premier volume, mais sans *achevé d'imprimer*. Le nombre des pages est identique; on doit trouver avant le texte de chaque pièce le même feuillet blanc, comptant dans la pagination, sauf également pour *les Fascheux*. (Voir notre description des deux volumes de l'article précédent.)

On a dit quelquefois que ces deux premiers volumes étaient ceux de 1666 avec un nouveau titre. C'est là une erreur; il suffit de comparer les **deux** éditions en deux ou trois endroits, dès le commencement même, pour se convaincre que les deux volumes de 1673 sont une réimpression entière. Les fleurons sont différents, et quoique le nombre des pages soit le même que dans ceux de 1666, on remarque que souvent les lignes ou les mots sont disposés différemment. Les grandes lettres, notamment le J, sont changées. Dans l'édition de 1666, ce sont des I, suivant l'ancien système; dans l'édition de 1673, la modification de l'I au J est faite à peu près partout.

Voici la description des autres volumes, d'après l'exemplaire de la Bibl. Nat. Y- 5516, Réserve :

Tome III. 2 feuillets préliminaires pour le titre et la table des pièces; ensuite *l'Amour médecin,* 1669; — *le Misantrope* (sic), 1667; — *le Médecin malgré luy,* 1674 (4 feuillets préliminaires, dont le premier est blanc, 70 pages, et un feuillet blanc à la fin). — (*Voir pour les pièces dont nous ne donnons ici que le titre, parce qu'elles sont en éditions originales, notre description séparée de chaque pièce.*)

Tome IV. 2 feuillets préliminaires pour le titre et la table des pièces; *le Sicilien,* 1668; — *Amphitryon,* 1668; — *le Mariage forcé,* 1668.

Tome V. 2 feuillets préliminaires pour le titre et la table des pièces; — *l'Avare,* 1669; — *George Dandin,* 1669; — *le Tartuffe,* 1673. (Ce volume manque à l'exemplaire de la Bibliothèque Nationale.)

Tome VI. 2 feuillets préliminaires pour le titre et la table des pièces; — — *Monsieur de Pourceaugnac,* 1673 (3 feuillets préliminaires et 90 pages); — *le Bourgeois gentilhomme,* 1673 (2 feuillets préliminaires et 139 pages).

Tome VII. 2 feuillets préliminaires pour le titre et la table des pièces; — *Psiché,* 1673 (2 feuillets préliminaires, 90 pages et 1 page de Privilège); — *les Fourberies de Scapin,* 1671; — *les Femmes sçavantes,* 1673.

On y trouve quelquefois joint un volume contenant l'édition du *Malade imaginaire,* de Cologne Jean Sambix, 1674; et aussi, soit dans ce volume, soit à la fin du tome VII, *l'Ombre de Molière,* par Brécourt, datée de 1674.

Ce recueil est fort rare en reliure ancienne uniforme. Les deux ou trois exemplaires en maroquin ancien que l'on connaît actuellement ont été payés de 10,000 à 20,000 francs. En reliure moderne il a moins d'intérêt, car le recueil étant factice, un bibliophile quelconque peut réunir les pièces séparées et les faire relier ensemble, s'il possède toutefois les titres des sept volumes.

7 volumes in-12, ainsi composés :

TOME I (dont le titre est reproduit ci-contre). 313 pages chiffrées en totalité (y compris le titre, dont le verso est blanc, un autre feuillet blanc, le *Remerciement au roy*, la *Préface*, et les *Personnages* (des *Précieuses*); — plus 7 pages non chiffrées, à la fin du volume, pour le privilège et pièces qui s'y rapportent. La page 313 est cotée par erreur 113.

Le Privilège, accordé « à Jean-Baptiste Pocquelin de Molière », est daté du 18 mars 1671. Il est suivi d'une sommation faite, au nom de Molière, au syndic de la communauté des libraires de Paris, pour l'obliger à enregistrer le dit Privilège. Cet enregistrement suit. Enfin le volume se termine par la déclaration de

LES OEUVRES DE MONSIEUR DE MOLIERE.
TOME I.

A PARIS,
Chez DENYS THIERRY, ruë faint Jacques, à l'Enfeigne de la Ville de Paris.

ET

CLAUDE BARBIN, au Palais, fur le fecond Perron de la fainte Chapelle.

M. DC. LXXIV.

AVEC PRIVILEGE DU ROY.

cession « à Claude Barbin et à sa compagnie, marchands libraires à Paris. » Le privilège est exactement le même que celui qui se trouve dans l'édition originale des *Fourberies de Scapin*. (Voir notre description, p. 308.)

Ce volume contient quatre pièces : *Les Précieuses ridicules*, — *Sganarelle*, — *L'Estourdy*, — et le *Dépit amoureux*. On doit y trouver 4 feuillets blancs, qui sont indispensables et comptent dans la pagination, le 1er avant ou après le titre général, et chacun des autres entre la fin de la pièce qui précède et le titre de la pièce qui suit, c'est-à-dire aux pages 1-2, 53-54, 95-96, 211-212.

TOME II. 416 pages, chiffrées à partir de la page 15 seulement, plus 7 pages non chiffrées à la fin, pour le *Privilége,* lequel est exactement le même que dans le tome Ier, et est suivi des mêmes déclarations.

Les 14 premières pages non chiffrées comprennent : 1 feuillet blanc, lequel est indispensable et compte dans la pagination ; le titre imprimé, au verso duquel se trouve la table des *Pieces contenues en ce second volume,* une épître en prose *au Roy,* signée *Molière;* une sorte d'avis au public, sans titre ; le *Prologue* et les *Personnages* (des *Fascheux*).

Ce volume renferme cinq pièces : *Les Fascheux,* — *l'Escole des maris,* — *l'Escole des femmes,* — *La Critique,* — *La Princesse d'Élide,* avec les relations des *Plaisirs de l'Isle enchantée.* On doit y trouver 5 feuillets blancs, qui comptent dans la pagination et se trouvent placés, le premier avant le titre général, et les autres entre les pièces, c'est-à-dire aux pages 1-2, 63-64, 133-134, 235-240, 293-294.

TOME III. 306 pages chiffrées (y compris un feuillet blanc, et le titre général, dont le verso est blanc), plus 5 pages non chiffrées, à la fin, pour le *Privilége* (toujours le même, suivi des mêmes déclarations).

Ce volume renferme quatre comédies, savoir : *Le Sicilien,* — *Amphitryon,* — *Le Mariage forcé,* — *L'Avare;* — et le poème, *La Gloire du Val-de-Grâce.* On doit y trouver 4 feuillets blancs, placés comme dans les autres volumes, l'un avant le titre, les autres entre les pièces, c'est-à-dire aux pages 1-2, 37-38, 129-130, 171-172. Tous ces feuillets comptent dans la pagination.

TOME IV. 317 pages chiffrées, y compris 1 feuillet blanc avant le titre ; le titre imprimé, dont le verso contient la liste des *Acteurs* (de *George Dandin*); plus 5 pages non chiffrées, à la fin, pour le *Privilége* (qui est toujours le même, suivi des mêmes déclarations).

Ce volume renferme quatre pièces : *George Dandin,* — *Le Tartuffe,* — *le Médecin malgré luy,* — *L'Amour Médecin.* On doit y trouver 4 feuillets blancs compris dans la pagination, l'un avant le titre général, que nous venons de citer, les autres entre les pièces, c'est-à-dire aux pages 1-2, 73-74, 197-198, 267-268.

TOME V. 4 feuillets préliminaires non chiffrés, et ne comptant pas dans la pagination, comprenant 1 feuillet blanc, le titre imprimé, dont le verso est blanc; *l'Extrait du Privilége*, de *Pourceaugnac;* une sorte d'argument ou prologue occupant deux pages, et la liste des *Acteurs*, de *Pourceaugnac;* — 323 pages chiffrées, plus 5 pages non chiffrées, pour le Privilège (toujours le même que dans les volumes précédents).

Ce volume renferme 3 pièces : *Monsieur de Pourceaugnac*, — *le Misanthrope*, — et le *Bourgeois gentilhomme*.

Monsieur de Pourceaugnac est la seule pièce pour laquelle on ait fait imprimer le privilège particulier, dans cette édition. Ce privilège est celui de l'édition originale, que nous avons décrite ici, pages 304-305.

Tome VI. 290 pages chiffrées, y compris 1 feuillet blanc avant le titre général, le titre, dont le verso est blanc; plus 5 pages non chiffrées à la fin, pour le Privilège (le même que celui des autres volumes). Outre le feuillet blanc sus-indiqué formant les pages 1-2, on doit en trouver 2 autres aux pages 97-98, 199-200. Ce volume renferme trois pièces : *Psiché*, — *Les Femmes sçavantes*, — et *Les Fourberies de Scapin*.

Tome VII (portant la date de 1675). 52 pages, y compris le titre général et la pièce *L'Ombre de Molière*, qui est de Brécourt. Le Privilège de cette pièce est daté du 12 avril 1674, et accordé à Claude Barbin. On lit à la suite : *Achevé d'imprimer pour la première fois le 2 may 1674.* — Enfin *le Malade imaginaire*, avec faux-titre seulement, *s. l. n. d.*, formant en totalité 150 pages, sans privilège. Nous décrivons cette dernière pièce, qui est ici en édition originale, aux pages 311-312.

Cette édition doit être considérée comme la véritable originale des Œuvres de Molière, ainsi que l'a démontré, en 1875, M. Paul Lacroix, dans une intéressante étude. Elle fut publiée dans l'année qui suivit la mort du poète et vraisemblablement sur des notes qu'il avait préparées lui-même depuis longtemps pour la mettre au jour. Elle est fort recherchée.

Prix de cette bonne édition : Vente Bertin (1854), veau brun, 87 francs. (!) — Vente L. de M : (1876), mar. r. par Trautz, 3,350 francs. — A la vente Solar (1860), le même exemplaire avait atteint seulement le prix de 910 francs. — Vente Didot, (1878), mar. orange, par Smeers, 2,000 francs. — Vente de Béhague (1880), mar. r. doublé de mar. bl. (provenant de la vente Bertin, et relié depuis), 5,300 francs. — Répertoire Morgand et Fatout (1882), mar. r. doublé de mar. r. par Trautz, 2,000 fr. — Vente Roger du Nord (1884), mar. bleu reliure molle, par Trautz, 1,150 francs. — Vente Rochebilière (1882), ex. non relié, 1,250 francs.

LES
OEUVRES
DE
MONSIEUR
DE MOLIERE.

Reveuës, corrigees & augmentées.

Enrichies de Figures en Taille-douce.

A PARIS,
Chez DENYS THIERRY, ruë saint Jacques, à
l'enseigne de la Ville de Paris.
CLAUDE BARBIN au Palais, sur le second
Perron de la sainte Chappelle.
ET
Chez PIERRE TRABOUILLET, au Palais, dans la
Gallerie des Prisonniers, à l'image S. Hubert; & à la
Fortune, proche le Greffe des Eaux & Forests.

M. DC. LXXXII.
AVEC PRIVILEGE DV ROY

8 volumes in-12. (BIBL. NAT. Y. 5517. Réserve).

Première édition complète des œuvres de Molière. Elle fut publiée par le comédien Charles Varlet de La Grange, l'un des plus intimes camarades de Molière et le secrétaire de sa troupe, et un autre de ses amis nommé Vinot. C'est la première dans laquelle se trouvent imprimées les six comédies suivantes : *Don Garcie de Navarre.* — *l'Impromptu de Versailles*, — *Dom Juan, ou le Festin de Pierre*, — *Mélicerte*, — *les Amants magni-*

fiques, — *la Comtesse d'Escarbagnas*. Les éditeurs se servirent, pour faire cette édition, du texte même des manuscrits de Molière, plus ou moins revu et corrigé par lui, soit pour les besoins des représentations, soit pour l'impression. De sorte que le texte de 1682 diffère souvent un peu de celui des éditions originales séparées et de l'édition collective de 1674. Des bibliographes, M. Paul Lacroix entre autres, prétendent que Vinot et La Grange ne s'en tinrent pas là et se permirent de leur chef quelques modifications regrettables. Malgré cela, c'est le texte qui a le plus souvent servi de modèle pour les nombreuses éditions données jusqu'à nos jours

Voici la description de chaque volume :

TOME I (sans tomaison sur le titre, comme on le voit par le *fac-similé* ci-devant). 12 feuillets préliminaires non chiffrés, 304 pages chiffrées, plus 4 pages non chiffrées, à la fin, pour le *Privilege du Roy*. Les 12 feuillets préliminaires comprennent le titre, dont le verso est blanc, la Préface (des éditeurs), un *Avis au lecteur,* des *Stances* et quatre autres pièces de vers (dont deux en latin) sur Molière.

Le Privilège accordé « à Denis Thierry », en date du 15 février 1680, est suivi d'une déclaration de Thierry associant à ce privilège les libraires Claude Barbin et Pierre Trabouillet. On lit au bas de la page : *Achevé d'imprimer pour la première fois en vertu du présent Privilege, le 30 juin 1682*.

Ce volume contient 4 gravures, une en tête de chaque pièce ; les gravures ne comptent pas dans la pagination. Il doit y avoir, avant le *Dépit amoureux,* un feuillet blanc formant les pages 115-116.

TOME II. 416 pages chiffrées, y compris le titre, au verso duquel est la liste des *Pièces contenues en ce second volume,* et 4 pages non chiffrées, pour le *Privilége* (le même que celui du premier volume). On y trouve 5 gravures, une en tête de chaque pièce ; ces gravures ne comptent pas dans la pagination.

TOME III. 308 pages chiffrées, y compris le titre, au verso duquel se trouve la liste des *Pièces;* et 4 pages non chiffrées, à la fin, pour le *Privilége* (le même que pour les deux premiers volumes). On y voit 4 gravures, une en tête de chaque pièce ; ces gravures ne comptent pas dans la paginaion.

Tome IV. 296 pages chiffrées, y compris le titre, au verso duquel est la liste des *Pièces;* et 4 pages non chiffrées, pour le *Privilége* (le même que pour les trois premiers volumes). On doit y trouver 3 gravures, une en tête de chaque comédie, ne comptant pas dans la pagination.

Tome V. 335 pages chiffrées (la dernière cotée par erreur 535), y compris le titre, dont le verso contient la liste des *Pièces*. La pagination ne commence qu'à 25, mais tous les feuillets préliminaires non chiffrés comptent néanmoins. Au verso de la page 335 se trouve un *Extrait du Privilége*, avec le même achevé d'imprimer, formant seulement une page, non chiffrée. On doit trouver dans ce volume 3 gravures, ne comptant pas dans la pagination, une en tête de chaque comédie.

Tome VI. Ce volume a deux paginations distinctes : d'abord 93 pages chiffrées, comprenant ou un feuillet blanc qui précéderait le titre, ou peut-être la gravure des *Fourberies de Scapin,* et le titre dont le verso contient la liste des *Pièces;* enfin le texte des *Fourberies de Scapin.* — Ensuite 195 pages chiffrées, pour *Psiché* et *les Femmes sçavantes;* et 5 pages non chiffrées, pour le *Privilége.* Il est à remarquer que ce privilège, daté du 18 mars 1671, et accordé à « Jean-Baptiste Pocquelin de Molière », est le même exactement que celui de l'édition collective de 1674, décrite par nous ci-devant, pages 323-325, et est suivi de la même *sommation.* Ce volume contient 3 gravures, une en tête de chaque pièce.

Tome VII. (Ce volume et le suivant portent le titre : Les Œuvres posthumes de Monsieur de Molière. Imprimées pour la première fois en 1682. — Le reste du titre est pareil à ceux des volumes précédents et porte la date de 1682, comme les autres.) Ce tome VII contient en totalité 261 pages chiffrées, dans lesquelles sont comprises les gravures qu'on voit en tête de chaque pièce ; plus 4 pages non chiffrées, pour le *Privilége.* Ce privilège, en date du 20 aoust 1682, est accordé à Denis Thierry, spécialement pour les *Œuvres posthumes.* On lit à la fin : *Achevé d'imprimer pour la premiere fois, le dernier jour d'octobre mil six cens quatre-vingt deux.* Les gravures, ici au nombre de 4, forment les pages 3-4, 87-88, 127-128, 225-226.

Tome VIII. 312 pages chiffrées, en totalité, y compris 3 gravures, qui forment les pages 3-4, 85-86, 121-122. La dernière pièce, l'*Ombre de Mo-*

lière, comédie (de Brécourt), n'a pas de gravure. Aux pages 262-264, on retrouve le même privilège qu'au volume précédent, suivi du même achevé d'imprimer.

Pendant le tirage de cette édition, la censure exigea plusieurs changements, suppressions ou modifications, que l'on ne connaîtrait pas si quelques exemplaires n'avaient échappé à cette revision.

Nous allons signaler ceux de ces changements que nous avons relevés, d'après les exemplaires de la collection Rochebilière, lequel appartient aujourd'hui à M. le comte de Sauvage, celui de M. Bartholdi, lequel provient de la vente Claudé, et celui de la Bibliothèque Nationale, provenant de la vente Regnault-Bretel, que nous avons eus tour à tour sous les yeux. Nous avons eu aussi entre les mains le précieux exemplaire du lieutenant de police de La Reynie, lequel se trouvait dans la bibliothèque Soleinne, où il fut acquis par M. Armand Bertin et ensuite par M. de Montalivet, et fait actuellement partie de la collection superbe de M. G. de Villeneuve. Toutes les modifications portent principalement sur les tomes VII et VIII, *Œuvres posthumes*.

Dans le Tome VII, page 134, acte Ier, scène Ire, du Festin de Pierre, on lit aux lignes 3 et suivantes, dans le 1er état : « ... *Tu vois en D. Juan mon Maistre, le plus grand scelerat que la terre ait jamais porté, un enragé, un chien, un* Diable, *un Turc, un Hérétique, qui ne croit, ny Ciel, ny Enfer, ni* Loup-garou. » Le mot *Diable* a été remplacé par *Démon* dans le second état, et le mot *Loup-garou* a été changé en *Diable*.

A la page 139, scène II, lignes 23 et suivantes, Sganarelle, discutant avec D. Juan sur le mariage, termine ainsi une phrase : « ... *je m'en accommoderais assez, s'il n'y avait point de mal; mais, Monsieur, se jouer ainsi d'un Mystère sacré, etc.* »

D. Juan. *Va, va, c'est une affaire entre le Ciel et moy, et nous la demeslerons bien ensemble sans que tu t'en mettes en peine.*

Sganarelle. *Ma foy, Monsieur, j'ay toûjours oüy dire, que c'est une méchante raillerie, que de se railler du Ciel, et que les libertins ne font jamais une bonne fin.* »

Dans le second état, on a simplifié ces passages : « *Se jouer ainsi du mariage qui*.....

D. Juan. *Va, va, c'est une affaire que je sçauray bien démêler sans que que tu t'en mettes en peine.*

Sganarelle. *Ma foy, Monsieur, vous faites une méchante raillerie*

A la page 140, ligne 9e, du 1er état :

SGANARELLE. « ..... Osez-vous bien ainsi vous joüer du ciel et ne tremblez-vous point de vous moquer des choses les plus saintes? » Ce passage n'existe plus dans le second état.

Et plus bas, à la fin de l'admonestation de Sganarelle à son maître : « *Apprenez de moy, qui suis vostre Valet, que le Ciel punit tost, ou tard les Impies, qu'une méchante vie ameine une méchante mort, et que..... »

Dans le second état on lit seulement : « *Apprenez de moy, qui suis vostre Valet, que les libertins ne font jamais une bonne fin, et que..... » (Il est à remarquer que cette dernière partie de phrase est empruntée à un autre passage du 1er état, supprimé plus haut.)

A la page 142, ligne 16e, dans la réimpression se trouve le jeu de scène : « *Il appercoit D. Elvire,* » imprimé en italiques entre parenthèses ; il est omis complètement dans le premier état.

A la page 146, du premier état, on voit le passage suivant : « D. JUAN. *Sganarelle, le Ciel!* » — SGANARELLE. *Vrayment oüy, nous nous mocquons bien de cela, nous autres.* » Ce passage ne se retrouve plus dans le second état.

A la page 175, la discussion suivante n'existe que dans le premier état, dans son intégrité :

SGANARELLE. *Je veux sçavoir un peu vos pensées à fonds. Est-il possible que vous ne croyez point du tout au Ciel?*

D. JUAN. *Laissons cela.*

SGANARELLE. *C'est-à-dire que non. Et à l'Enfer?* D. JUAN. *Eh.*

SGANARELLE. *Tout de mesme. Et au Diable, s'il vous plaît?* — D. JUAN. *Oüy, oüy.*

SGANARELLE. *Aussi peu. Ne croyez-vous point l'autre vie?* — D. JUAN. *Ah, ah, ah.*

SGANARELLE. *Voilà un homme que j'auray bien de la peine à convertir. Et dites-moy un peu, encore faut-il croire quelque chose. Qu'est-ce que vous croyez?*

D. JUAN. *Ce que je croy.* — SGANARELLE. *Oüy.*

D. JUAN. *Je croy que deux et deux sont quatre, Sganarelle, et que quatre et quatre sont huit.*

SGANARELLE. *La belle croyance que voilà. Votre religion, à ce que je vois, est dans l'arithmétique?.....* Et une série d'autres discussions semblables, se terminant par ces mots : SGANARELLE... *Morbleu, je suis bien sot de m'amuser à raisonner avec vous. Croyez ce que vous voudrez, il m'importe bien que vous soyez damné.* »

D. Juan. *Mais tout en raisonnant, je croy que nous nous sommes egarez. Appelle un peu cét homme.....*

Cette longue partie de scène, qui forme environ deux pages, est remplacée dans le second état par ceci :

Sganarelle. *Je veux sçavoir vos pensées à fonds et vous connoistre un peu mieux que je ne fais : ça, quand voulez-vous mettre fin à vos débauches, et mener la vie d'un honneste homme.*

D. Juan *lève la main pour lui donner un soufflet. Ah ! maître sot ! Vous allez d'abord aux remontrances.*

Sganarelle *en se reculant. Morbleu, je suis bien sot, en effet, de vouloir m'amuser à raisonner avec vous; faites tout ce que vous voudrez, il m'importe bien que vous vous perdiez ou non, et que.....* »

Don Juan *en colère. Tay-toy, songeons à notre affaire. Ne serions-nous point égarez? appelle cét homme.....*

Dans le premier état, la scène du Pauvre, si souvent citée, acte III, scène II, commence ainsi à la page 177, après la scène ci-dessus : Sganarelle. *Enseignez-nous un peu le chemin qui meine à la Ville.* — Le Pauvre. *Vous n'avez qu'à suivre cette route.....* Ces deux phrases sont les mêmes dans le second état, sauf qu'on a remplacé Le Pauvre par Francisque, et la phrase suivante a été légèrement modifiée tout en offrant le même sens.

Mais on trouvait primitivement le passage suivant, qui fut ensuite complètement supprimé :

Le Pauvre. *Si vous vouliez, Monsieur, me secourir de quelque aumosne?*

D. Juan. *Ah, ah, ton avis est intéressé, à ce que je voy.*

Le Pauvre. *Je suis un pauvre homme, Monsieur, retiré tout seul dans ce bois depuis dix ans, et je ne manqueray pas de prier le Ciel qu'il vous donne toute sorte de biens.*

D. Juan. *Eh, prie-le qu'il te donne un habit, sans te mettre en peine des affaires des autres.*

Sganarelle. *Vous ne connoissez pas Monsieur, bon homme, il ne croit qu'en deux et deux sont quatre, et en quatre et quatre sont huit.*

D. Juan. *Quelle est ton occupation parmi ces arbres?*

Le Pauvre. *De prier le Ciel tout le jour pour la prospérité des gens de bien qui me donnent quelque chose.*

D. Juan. *Il ne se peut donc pas que tu ne sois bien à ton aise.*

Le Pauvre. *Hélas, Monsieur, je suis dans la plus grande nécessité du monde.*

D. Juan. *Tu te moques; un homme qui prie le Ciel tout le jour, ne peut manquer d'estre bien dans ses affaires.*

Le Pauvre. *Je vous assure, Monsieur, que le plus souvent je n'ay pas un morceau de pain à mettre sous les dents.*

D. Juan. *Voilà qui est étrange, et tu es bien mal reconnu de tes soins, ah, ah, je m'en vais te donner un Loüis d'or tout à l'heure pourveu que tu veuilles jurer.*

Le Pauvre. *Ah! Monsieur, voudriez-vous que je commisse un tel péché!*

D. Juan. *Tu n'as qu'à voir si tu veux gagner un Loüis d'or ou non, en voici un que je te donne si tu jures, tiens il faut jurer.*

Le Pauvre. *Monsieur.*

D. Juan. *A moins de cela tu ne l'auras pas.*

Sganarelle. *Va, va, jure un peu, il n'y a pas de mal.*

D. Juan. *Prens, le voila, prens, te dis-je, mais jure donc.*

Le Pauvre. *Non, Monsieur, j'aime mieux mourir de faim.*

D. Juan. *Va, va, je te le donne pour l'amour de l'humanité. Mais que voy-je là...*

Dans le second tirage, corrigé, on lit :

Sganarelle. *Ha, monsieur, quel bruit, quel cliquetis.*

D. Juan, en se retournant. *Que vois-je là...*

La scène se termine ensuite de même dans les deux tirages.

A la page 203, on lisait cette faute dans le texte primitif : *Ce n'est plus cette D. Elvire qui faisoit des* vaux *contre nous.* Dans le second texte, il y a bien : *... qui faisoit des* vœux.

Les pages 207, 208 et 209 ont été modifiées, mais comme impression seulement. On a rétabli, en italiques, dans le second texte, des jeux de scène, qui avaient été, par erreur, imprimés avec les mêmes caractères que le texte dans le premier tirage. Il en est résulté que la page 207, qui se terminait primitivement par ces mots : « *d'abord qu'il y a dessus* », se termine, dans le second état, par ceux-ci : « *un laquais oste les* ».

Même remarque à faire page 211; la page se terminait précédemment par les mots : « *et n'a pas vingt fois sur* ». Dans le second, elle finit par ceux-ci : « *Je voy les graces que sa bonté m'a fai-* »

Page 214, dans le premier texte, à la fin de la tirade de Don Juan, on lisait : *... & je suis bien-aise d'avoir un témoin* DU FOND DE MON AME, *& des véritables motifs qui m'obligent à faire les choses.*

SGANARELLE. *Quoy?* VOUS NE CROYEZ RIEN DU TOUT, *& vous voulez cependant vous eriger en homme de bien?*

Dans le texte corrigé on lit : *...je suis bien-aise d'avoir un temoin des veritables motifs qui m'engagent a faire les choses.*

SGANARELLE. *Quoy?* TOUJOURS LIBERTIN ET DÉBAUCHÉ, *vous voulez cependant vous eriger en homme de bien?*

Dans la longue tirade suivante de don Juan, le passage suivant, qui existait dans le premier texte, a été supprimé dans le second :

« *... Le personnage d'homme de bien est le meilleur de tous les personnages qu'on puisse joüer aujourd'huy et...* »

Page 215, à la 12ᵉ ligne et suiv., on lisait, après le mot *jeunesse* : « *qui se sont fait un bouclier du manteau de la Religion et sous cet habit respecté...* » Ce passage a été enlevé dans le second tirage, et on lit, après le mot *jeunesse* : « *qui, sous un dehors respecté...* »

Même page, 21ᵉ ligne, le mot *arbry*, fautif primitivement, a été corrigé, on lit *abry*. Et, à l'avant-dernière ligne, ces mots : « *Je seray le vangeur des interests du Ciel* », ont été remplacés par : « *Je seray le vangeur de la vertu opprimée.* »

Pages 216-217, à la fin d'une tirade de Sganarelle, après ces mots *vie finit par la mort*, on lisait dans le premier texte : « *la mort nous fait ser au Ciel, le Ciel est au-dessus de la terre, la terre n'est point la mer mer est sujette aux orages, les orages tourmentent les vaisseaux, les vais seaux ont besoin d'un bon pilote, un bon pilote a de la prudence, la prudence n'est point dans les jeunes gens, les jeunes gens doivent obeïssance aux vieux, les vieux ayment les richesses, les richesses font les riches, les riches ne sont pas pauvres, les pauvres ont de la nécessité, la nécessité n'a point de loy, qui n'a pas de loy vit en bête brute, & par conséquent vous serez damné à tous les Diables.*

Dans le second texte, ce passage a été supprimé; la tirade se termine immédiatement après les mots : *la vie finit par la mort.*

Primitivement, don Juan répondait à cela : « *O beau raisonnement!* » Dans le feuillet corrigé, on a ajouté le mot *le* : « *O le beau raisonnement!* »

Le TOME VIII contient aussi quelques modifications. Dans LA COMTESSE D'ESCARBAGNAS, page 90, scène première, à la grande tirade du Vicomte, on avait répété par erreur les quatre dernières lignes de la page 89, que voici :

« ... *pour trouver moyen de m'en dire des plus extravagantes qu'on puisse débiter, et c'est là, comme vous sçavez, le fleau des petites villes que ces grands Nouvellistes qui cherchent partout...* » Pour corriger cette faute et remplir le vide, dans le second tirage, on a allongé le texte de cette tirade et on l'a même un peu modifié. Voici le texte primitif du passage, à partir de la dixième ligne : « ... *il m'a fait avec grand mystère une fatigante lecture de toutes les sottises de la Gazette de Hollande, et de là s'est jeté à corps perdu dans le raisonnement du Ministère, d'où j'ai creu qu'il ne sortiroit point. A l'entendre parler, il sçait les secrets du Cabinet mieux que ceux qui les font.* »

Voici le même passage, tel qu'il a paru ensuite dans le second texte :

« ... *il m'a fait avec grand mystere une fatigante lecture de* TOUTES LES MECHANTES PLAISANTERIES *de la Gazette de Hollande,* DONT IL ÉPOUSE LES INTERESTS. IL TIENT QUE LA FRANCE EST BATUE EN RUINE PAR LA PLUME DE CET ECRIVAIN ET QU'IL NE FAUT QUE CE BEL ESPRIT POUR DEFAIRE TOUTES NOS TROUPPES; *et de là s'est jetté à corps perdu dans le raisonnement du Ministère,* DONT IL REMARQUE TOUS LES DÉFAUTS, ET *d'où j'ai creu qu'il ne sortiroit point. A l'entendre parler, il sçait les secrets du Cabinet mieux que ceux qui les font.* »

Nous croyons avoir, par cette longue étude, facilité aux bibliophiles les recherches pour distinguer les exemplaires ordinaires de cette édition des exemplaires de premier texte, que nous leur souhaitons de rencontrer, s'ils s'en trouvait encore quelques-uns égarés de par le monde.

Prix des exemplaires ordinaires : Vente Bertin (1854), rel. mar. r. par Duru, 305 francs. — Vente Solar (1860), rel. en mar. r. par Duru, 395 francs. — Vente Potier (1870), rel. en mar. r. par Masson-Debonnelle, 435 francs. — Vente L. de M. (1876), rel. en mar. r. par Duru et Chambolle, 500 francs. — Catal. Fontaine, mar. r., 800 francs. — Vente du baron J. P. (J. Pichon), en 1869, superbe ex. en rel. anc. mar. doublé, par Du Seuil, ayant probablement appartenu au Grand Dauphin, 4,610 francs. — Vente H. P. (Piquet), en 1884, autre bel ex. rel. en mar. ancien, 5,150 francs. — Vente Guy Pellion (1882), rel. en veau ancien, 499 francs.

Exemplaires de premier texte non cartonnés : Vente Armand Bertin (1854), précieux exemplaire du lieutenant de police de La Reynie, contenant intégralement le texte primitif, rel. anc. en mar. bleu, doublé de mar. rouge, 1,210 francs. (Il se vendrait maintenant quinze fois ce prix probablement). — Vente Chaudé (1867), ex. non relié, 2,560 francs. — Vente Rochebilière (1882), bel ex. grand de marges, sans aucune suppression, semblable pour l'intérieur à celui du lieutenant de police de La Reynie, cité ci-dessus, rel. en veau gran. ancien, 15,600 francs.

SENTENCES
ET
MAXIMES
DE
MORALE.

A LA HAYE,
Chez JEAN & DANIEL
STEUCKER.
cIↄ Iↄc LXIV.

Par LA ROCHEFOUCAULD.

Petit in-8°, composé de 79 pages chiffrées, y compris le titre reproduit ci-dessus, dont le verso est blanc.

Cette édition hollandaise (antérieure d'une année à l'édition originale avouée, publiée à Paris, chez Claude Barbin, en 1665) fut imprimée par les Elzevier, selon M. Willems. On retrouve au commencement du texte, en tête de la page 3, le fleuron dit de la Sirène et à la fin du texte, page 79, un fleuron que ces imprimeurs employèrent dans un certain nombre de volumes, entre autres dans le *Nouveau Testament* hollandais de 1659.

Elle est en gros caractères, bien formés, comme tous ceux des Elzevier, et imprimée avec un certain soin typographique, mais remplie d'incorrections et même de fautes grossières. Son intérêt consiste donc seulement dans son antériorité de date sur celle de Paris, 1665 (considérée jusqu'à présent comme l'originale), et dans l'attribution à peu près certaine qu'on en fait aux célèbres imprimeurs hollandais. Toutefois, il est curieux d'en comparer le texte avec celui de l'édition de Paris; et, comme cette édition de 1664 est rarissime, elle peut avoir une grande valeur pour des bibliophiles.

Le texte se compose de 188 maximes, non numérotées (au lieu de 317, contenues dans la première édition de Paris). L'édition de la Haye, 1664, aura été donnée sur un des manuscrits qui circulaient alors et étaient nécessairement plus incomplets les uns que les autres, puisque La Rochefoucauld continuait à écrire ses maximes. La même progression se remarque dans les éditions authentiques de Paris, depuis la première, de 1665, jusqu'à la cinquième, de 1678, que nous décrivons l'une et l'autre ci-après, pages 337-343 et pages 344-345.

Jusqu'à ces dernières années on doutait de l'existence d'une édition de 1664, malgré l'*Avis au lecteur* de celle de Paris, 1665, où il en est question (voir ci-après, page 338). C'est en 1879 seulement que M. Willems, l'auteur de l'ouvrage excellent sur *les Elzevier*, annonça qu'il en avait découvert un exemplaire, et le décrivit minutieusement. Un peu plus tard, on en trouva un second dans la bibliothèque de feu M. Rochebilière; celui-là subit le feu des enchères et atteignit le prix de 5,100 francs. Aujourd'hui, il fait partie de la splendide bibliothèque de M. Eugène Paillet, conseiller à la cour d'appel de Paris. C'est d'après cet exemplaire que nous donnons notre description.

Une édition nouvelle de ce volume de 1664 fut publiée en 1883 par M. Alphonse Pauly, sous le titre de : *Maximes de La Rochefoucauld, premier texte imprimé à la Haye en 1664, collationné sur le ms. autographe et sur les éditions de 1665 et de 1678.* Paris, D. Morgand, 1883, in-8°. Outre le texte original, on trouve, dans le volume intéressant de M. Pauly, de nombreuses variantes et la concordance du texte en question avec le manuscrit autographe de La Rochefoucauld et avec les différentes éditions originales françaises. Cette publication est donc fort intéressante. (BIBL. NAT. Z. 2278. volume in-8°.)

REFLEXIONS
OV
SENTENCES
ET
MAXIMES
MORALES.

A PARIS,
Chez CLAVDE BARBIN, vis à vis
le Portail de la Sainte Chapelle,
au figne de la Croix.

M. DC. LXV.
AVEC PRIVILEGE DV ROY

Par le duc de LA ROCHEFOUCAULD.

In-12, composé de 24 feuillets préliminaires non chiffrés, comprenant le frontispice gravé, le titre, l'*Advis au lecteur* et le *Discours sur les réflexions...*; — 148 pages chiffrées (les dernières cotées 147 à 150, au lieu de 145-148, à cause de l'omission des pages 145-146); — enfin 9 pages non chiffrées pour la *Table* et l'*Extraict du Privilege*. Les feuillets préliminaires forment deux cahiers de 12 feuillets chacun, signés $\bar{a}$ et $\bar{e}$. Le reste du volume comprend sept cahiers, signés A à G, de 12 feuillets chacun, sauf le dernier, G, qui commence à Giiij et se compose de 7 feuillets seulement. (Nous allons expliquer plus tard cette anomalie.)

Le Privilège, daté du 14 janvier 1664, est accordé à Claude **Barbin** pour sept années. On lit à la suite la mention : *Acheué d'imprimer le 27 octobre 1664.*

Les pages pleines se composent de 23 lignes, non compris le titre courant. Le texte se termine à la page 141, par la maxime cotée CCCXII. Au verso, page 142, commence, au-dessous d'un fleuron, une longue réflexion sur la mort; enfin, la *Table* et l'*Extrait du Privilége* terminent le volume.

Édition originale publiée par La Rochefoucauld, quoique anonyme. Dans l'*Advis au lecteur*, l'éditeur, au nom de La Rochefoucauld évidemment, désavoue l'édition de Hollande (que nous avons décrite dans notre article précédent) : « *... Il y a aparence que l'intention du Peintre n'a iamais esté de faire parroistre cét ouurage, et qu'il seroit encore renfermé dans son cabinet si une mechante copie qui en a couru, et qui a passé même depuis quelque temps en Hollande, n'auoit obligé un de ses Amis de m'en donner une autre, qu'il dit estre tout à fait conforme à l'original.* »

Le *Discours sur les réflexions...*, qui est généralement attribué à Segrais, n'a été reproduit dans aucune des éditions données par La Rochefoucauld, c'est-à-dire jusqu'à la cinquième, de 1678.

Pendant l'impression de cette édition française, l'auteur fit subir à son texte quelques modifications ; de sorte qu'on rencontre peu d'exemplaires de premier tirage, c'est-à-dire répondant exactement à notre description ci-dessus. On les trouve plutôt composés un peu différemment. Les divers changements en question nécessitèrent le remaniement du texte de plusieurs feuillets, même après le tirage. Et les nouveaux feuillets ou *cartons* furent substitués aux anciens, au moyen d'onglets, que l'on distingue parfaitement au fond des marges dans les exemplaires non reliés ou seulement recouverts de parchemin, comme on le faisait autrefois souvent chez les éditeurs. (BIBL. NAT. Z. + + 1784, Réserve.)

Afin qu'on puisse bien distinguer les exemplaires de première émission, ou non *cartonnés*, des exemplaires corrigés ou *cartonnés*, nous allons placer en regard le texte des maximes modifiées. Nous signalerons en même temps quelques autres changements de moindre importance. Le texte est le même partout jusqu'à la page 68 inclusivement.

Dans les exemplaires non cartonnés, à la page 69, la maxime CXLVIII contient 12 lignes et la maxime CXLIX 6 lignes; cette dernière se termine au bas de la page. Dans les exemplaires cartonnés, la maxime CXLVIII a été réduite à 11 lignes, quoiqu'elle contienne le même texte. On y trouvait primitivement cependant les mots *...flatterie...* et *... délicatte,* qui sont orthographiés *flaterie*... et *delicate* dans le texte corrigé. La maxime CXLIX, qui est augmentée, commence par 7 lignes qui terminent la page, et se continue en haut de la page suivante, où elle occupe encore 5 lignes. Les maximes de cette page 70 ont également été resserrées, mais non modifiées, sauf dans la dernière l'orthographe du mot *loüent,* qui est devenu *loüet.* Voici, du reste, les textes de chaque sorte d'exemplaires.

Les phrases ou les mots ajoutés par l'auteur dans le second tirage, ou les changements qu'il a faits dans certaines maximes, sont ici imprimés en caractères italiques.

Ier TIRAGE NON CORRIGÉ	TEXTE CORRIGÉ
Page 69, *Maxime CXLIX.* Nous choisissons souvent des loüanges empoisonnées, qui font voir par contrecoup en ceux que nous loüons des defauts, que nous n'osons decouurir autrement.	Page 69, *Maxime CXLIX.* Nous choisissons souvent des loüanges empoisonnées, qui font voir par contrecoup en ceux que nous loüons des défauts, que nous n'osons découurir autrement; *nous élevons la gloire des uns pour abaisser par là celle des autres et on loüeroit moins Monsieur le Prince et monsieur de Turenne, si on ne les vouloit point blâmer tous deux**.

* Cette dernière partie de la phrase n'a pas été conservée à la suite de la première dans les éditions postérieures. Toutefois, dès l'année suivante, dans celle de Claude Barbin, 1666, qui porte sur le titre *Nouvelle édition,* la fin de phrase qui commence ici par : *nous élevons la gloire des uns...* est reportée isolément à la page 70 et forme la maxime cotée 198; il y a cette légère modification : « ... Et *quelquefois* on loueroit moins... » Ainsi isolée et modifiée, elle est un peu moins agressive, mais, il faut le dire aussi, elle est moins compréhensible. Elle a conservé le rang de 198e et cette forme modifiée dans l'édition définitive (la 5e) de 1678.

Ier TIRAGE NON CORRIGÉ	TEXTE CORRIGÉ
Page 74 (lignes 3 et 4).... des qualitez bonnes et *inestimables*.	Page 74 (lignes 3 et 4).... des qualitez bonnes et *estimables*.
Id. Max. CLXIII... des *sottises*... et qui *gasteroient*...	Id. Max. CLXIII... des *sotises*......... & qui *gâteroient*....
Pages 99, 100, 101, dans la *Max. CCXXVIII :* La parfaite valeur et la poltronnerie complète sont des extremitez où on arrive rarement : l'espace qui est *entre*	Pages 99, 100, 101, dans la *Max. CCXXVIII :* La parfaite valeur et la poltronnerie complète sont *deux* extremitez où on arriue rarement : l'espace qui est

1ᵉʳ TIRAGE NON CORRIGÉ	TEXTE CORRIGÉ
les deux est vaste..... il n'y a pas moins de différence *entr'eux* qu'il y en a entre les visages et les humeurs, *cependant ils* conuiennent.... se *relachent*.... on en voit qui ne sont pas également maistres de leur peur, d'autres se laissent quelquefois entraisner à des *épouuantes* générales, d'autres vont à la charge pour n'oser demeurer dans leurs postes; enfin, il s'en trouue à qui l'habitude des moindres périls affermit le courage, et les prépare à s'exposer à de plus grands; outre cela.... ce qu'ils seroient capables de faire dans *une occasion*.... de sorte que la crainte de la mort oste quelque chose à leur valeur, et diminuë son effet.	*entre deux* est vaste... il n'y a pas moins de différence *entr'elles* qu'il y en a entre les visages et les humeurs, *cepēdant elles* conuiennent.... se *relaschent*.... on en voit qui ne sont pas *tousiours également* maistres de leur peur...................... .... *espouuantes* .... s'*exposer à de plus grands; il y en a encore qui sont braves à coups d'espée, qui ne peuuent souffrir les coups de mousquet, et d'autres y sont asseurez qui craignent de se battre à coups d'espée.* Outre cela........................... ce qu'ils seroient capables de faire dans *une action* .... de sorte *qu'il est visible* que la crainte de la mort oste quelque chose à leur valeur, et diminüe son effet*.

* Cette dernière rédaction a été conservée à peu près entière dans les éditions suivantes.

1ᵉʳ TIRAGE NON CORRIGÉ	TEXTE CORRIGÉ
Page 102, la 1ʳᵉ ligne commence par ces mots : .... *vn estat paisible*... La 232ᵉ maxime est cotée régulièrement.	Page 102, la 1ʳᵉ ligne commence par ces mots . *leuer en elle*... La 232ᵉ maxime est cotée par erreur CCXXXI, comme la précédente.
Page 117, *CCLIX*. La sobriété est l'amour de la santé, ou l'impuissance de manger beaucoup (*a*).	Page 117, *CCLIX*. (Remplacée par ceci :) Il y a une réuolution générale qui change le goust des Esprits, aussi bien que les fortunes du monde (*a*).

(*a*) On ne rencontre ni l'une ni l'autre de ces deux maximes dans les autres éditions. Comme celle qui commence ainsi : *La sobriété.....* existait deux fois dans le premier tirage, sous les nᵒˢ CXXXV et CCLIX, on l'a laissée dans le second tirage seulement sous le premier de ces numéros; c'est ce qui explique ce changement.

1ᵉʳ TIRAGE NON CORRIGÉ	TEXTE CORRIGÉ
Page 118 (1ʳᵉ ligne)... *simetrie*...	Page 118 (ligne 1ʳᵉ).... *symetrie*.
Page 118, *CCLXIII*. La cocquetterie est	Page 118, *CCLXIII*. La cocqueterie est

1ᵉʳ TIRAGE NON CORRIGÉ	TEXTE CORRIGÉ
le fonds de l'humeur de toutes les femmes; mais toutes ne coquettent pas, parce que la coquetterie de quelques-unes est retenüe par leur temperament, et par leur raison.	le fonds et l'humeur de toutes les femmes; mais toutes ne *la mettent pas en pratique,* parce que la cocqueterie de quelques-unes est retenüe par leur temperament, et par leur raison*.

* Dans l'édition définitive (la 5ᵉ), et même dans la 2ᵉ, la 3ᵉ, la 4ᵉ et les suivantes, cette maxime se termine ainsi : « *est retenue par la crainte ou par la raison.* »

1ᵉʳ TIRAGE NON CORRIGÉ	TEXTE CORRIGÉ
Page 122, *CCLXXII*. Il y a peu de choses impossibles d'elles-mêmes, et l'on trouue plus de voyes que l'on ne pense pour y arriuer. Et si nous auions assez d'aplication & de volonté, nous aurions tousiours assez de moyens.	Page 122, *CCLXXII*. (Remplacée par ceci :) Il y a pas moins d'éloquence dans le ton de la voix que dans le choix des paroles**.

** Cette dernière maxime a été laissée dans les éditions postérieures. L'autre y est entrée également, mais avec des modifications.

1ᵉʳ TIRAGE NON CORRIGÉ	TEXTE CORRIGÉ
Page 127, *CCLXXXIV*. L'éducation que l'on donne aux Princes, est un second amour-propre qu'on leur inspire.***	Page 127, *CCLXXXIV*. L'éducation que l'on donne d'ordinaire *aux ieunes gens,* est un second *orgueil* qu'on leur inspire ***.

*** Dans les éditions suivantes, les mots «*jeunes gens* » ont été conservés; mais on y a rétabli les mots « *amour-propre* ».

1ᵉʳ TIRAGE NON CORRIGÉ	TEXTE CORRIGÉ
Page 128, *CCLXXXV*. Rien ne prouve tant que les Philosophes, ne sont pas si persuadez qu'ils disent que la mort n'est pas un mal, que le tourment qu'ils se donnent pour establir l'immortalité de leur nom par la perte de la vie.	Page 128, *CCLXXXV*. (Remplacée par ceci :) Il n'y a point de passion ou l'amour de soy-même regne si puissamment que dans l'amour, et on est tousjours plus disposé de sacrifier tout le repos de ce qu'on aime que de perdre la moindre partie du sien ****.

**** C'est cette dernière maxime qui a été réimprimée presque textuellement dans les éditions postérieures. L'autre n'existe que dans le premier tirage de l'édition originale.

1ᵉʳ TEXTE NON CORRIGÉ	TEXTE CORRIGÉ
Page 135, *CCXXXXIX... toûjours... étoufé.*	Page 135, *CCXXXXIX... tousiours.... étoufé.*
Page 136, *CCC.* Il est moins impossible de prendre de l'amour quand on n'en a pas que de s'en défaire quand on en a.	Page 136, *CCC.* Il est *plus facile* de prendre de l'amour quand on n'en a pas que de s'en *deffaire* quand on en a*.

* Cette réflexion n'a reparu dans aucune des éditions suivantes.

1ᵉʳ TEXTE NON CORRIGÉ	TEXTE CORRIGÉ
Page 136, *CCCI.* La plus part des femmes se rendent plûtost par foiblesse que par passion, de là vient que pour l'ordinaire les femmes entreprenantes reüssissent mieux que les autres, quoy qu'elles ne soient pas plus aimables.	Page 136, *CCCI.* La pluspart des femmes se rendent plustost par foiblesse, que par passion, de là vient que pour l'ordinaire *les hommes entreprenans* reussissent mieux que les autres, quoy *qu'ils* ne soient pas plus aimables**.

** Maxime supprimée dans les éditions postérieures.

1ᵉʳ TIRAGE NON CORRIGÉ	TEXTE CORRIGÉ
ID. *CCCII.* N'aymer guère en amour, est un moyen asseuré pour estre aymé.	ID. *CCCII.* N'aimer gueres en amour, est un moyen asseuré pour estre aimé.

Jusqu'à la page 120, les changements que nous venons de signaler furent faits, comme nous l'avons dit, au moyen de simples feuillets réimprimés et montés sur des onglets laissés par les feuillets primitifs qu'on coupait. Mais, à partir de la page 121 (commencement du cahier F) jusqu'à la fin, l'auteur fit exécuter des rémaniements plus importants, qui durent causer le travail matériel suivant :

Dans le premier tirage, le texte des maximes s'arrêtait à moitié de la page 141, après la maxime cotée CCCXII, et sans aucun cul-de-lampe. Au verso, en haut de la page 142, après un fleuron, commençait la longue réflexion sur la mort, qui devait, avec la table et le Privilège, terminer le volume. Cette longue réflexion était tirée déjà jusqu'à la troisième page (fin du cahier F), se terminant par la réclame *d'aller*. Mais sans doute, avant de tirer la fin (le cahier G), l'auteur se décida à ajouter quatre maximes, cotées CCCXIII à CCCXVI; la première fut imprimée immédiatement à la suite de la page 141, qu'elle termine, les trois autres occupèrent la page 142 et le haut de la page 143, terminée par un cul-de-lampe typographique. Au verso, page 144, commença, au-dessous d'un fleuron, la longue réflexion sur la mort, qui va jusqu'à la page 150, avec une pagination régulière.

La table occupa les sept pages suivantes non chiffrées et l'Extrait du Privilège les deux dernières, également non chiffrées.

Dans ces remaniements, le cahier F fut réduit des deux derniers feuillets et le cahier G commença à la page 141, pour se continuer régulièrement jusqu'à la fin; tandis que si le tirage avait été terminé primitivement pour le cahier G, ce cahier n'aurait pu commencer qu'à la page 145. On réimprima le feuillet 121-122; mais on oublia d'y replacer en bas la signature F; on rectifia mal le chiffre de la maxime CCLXXIV, chiffrée CCLXIX dans le premier tirage. On fit concorder typographiquement le feuillet 121-122 avec 141-142, quoiqu'on signât G le bas de ce feuillet. Le feuillet 127-128 fut coupé et remplacé par un autre réimprimé et monté sur onglet; on fit de même pour le feuillet 135-136. On réimprima entièrement les trois premières pages de la réflexion sur la mort, avec quelques modifications dans l'orthographe, et le reste fut tiré comme il était imprimé d'abord, car la table resta la même dans les exemplaires de seconde émission; en effet, les quatre nouvelles maximes n'y sont pas portées et la réflexion sur la mort y est cotée 313, c'est-à-dire qu'on la fait venir immédiatement après la CCCXII^e maxime, comme dans le premier tirage. Il résulte des remaniements indiqués ci-dessus que, pour compléter les exemplaires de premier tirage qui avaient échappé aux corrections, on dut y ajouter le cahier G modifié à partir du feuillet paginé 147-148 et signé en bas Giiij, de sorte qu'il y a une lacune de pagination 145-146.

Chacun de ces exemplaires, corrigé ou non corrigé, contient une maxime de plus que ne l'indique le chiffre de la dernière, parce que dans l'un et l'autre le chiffre CCCII a été répété à la fin de la page 136 et en haut de la page 137. Dans le premier tirage, la maxime qui commence par ces mots : *La sobriété...* est répétée en deux endroits, sous les n^{os} CXXXV et CCLIX. Elle n'existe qu'une fois, sous le premier de ces numéros, dans les exemplaires corrigés.

Prix : Vente Ch. Nodier (1844), mar. r. par Bauzonnet, 62 francs. — Vente Bertin (1854), le même ex., 100 francs. — Vente Solar (1860), anc. rel. en v. f., 72 francs. — Vente Potier (1860), mar. r. par Trautz, 375 francs. — Vente L. de M. (Lebeuf de Montgermont), 1876, mar. br. par Trautz, 680 francs. — Catal. Fontaine (1877), mar. br. par David, 600 francs. — Répertoire Morgand et Fatout (1882), superbe ex. en mar. viol. par Trautz, 1,200 francs. — Bulletin Morgand (1887), très bel ex. orné d'une charmante rel. à mosaïque, par Cuzin, 1,500 francs.

REFLEXIONS
OU
SENTENCES
ET
MAXIMES
MORALES.
CINQUIE'ME EDITION,

Augmentée de plus de Cent Nouvelles Maximes.

A PARIS,
Chez Claude Barbin, sur le second Perron de la Sainte Chappelle.

M. DC. LXXVIII.
Avec Privilege du Roy.

Par le duc de La Rochefoucauld.

In-12, composé de 4 feuillets préliminaires non chiffrés, 195 pages chiffrées, pour le texte des *Réflexions*, et 13 pages non chiffrées pour la *Table des matières*.

Les feuillets préliminaires comprennent d'abord un feuillet blanc, puis le titre imprimé (reproduit ci-contre), dont le verso est blanc, un avis intitulé *Le Libraire au Lecteur* et l'*Extrait du Privilége*.

Le Privilège, en date du 3 juillet 1678, est accordé à Claude Barbin, pour « faire réimprimer, vendre et débiter un Livre intitulé : *Reflexions ou Sentences et Maximes morales*, pendant le temps et espace de six années... » Il est suivi de la mention : *Achevé d'imprimer avec l'augmentation pour la première fois, le* 26. Juillet 1678. (Bibl. nat. Z. 1784, A. Réserve.)

Cette édition est la dernière publiée du vivant de La Rochefoucauld. Elle offre, par conséquent, le texte définitif, suivi pour les éditions postérieures. On y trouve 504 maximes, toutes numérotées en chiffres arabes, même la grande réflexion de la fin, sur la mort. Dans son avis au lecteur, le libraire annonce que « cette cinquième édition est augmentée de plus de cent nouvelles maximes, et plus exacte que les quatre premières ». En effet, l'auteur modifia ou augmenta continuellement son texte, à chaque édition qu'il publia jusqu'en 1678.

La seconde édition, de Claude Barbin, 1666, qui porte le titre de *nouvelle édition,* ne contenait que 302 maximes, c'est-à-dire que l'auteur en avait supprimé quelques-unes de celles qui avaient paru dans la première. La *troisième,* datée de 1671, était augmentée de 39 maximes nouvelles. La *quatrième,* datée de 1675, renfermait 72 maximes nouvelles et contenait déjà en totalité 413 maximes. Cette cinquième édition, que nous décrivons ici, est donc augmentée de *près de cent* maximes nouvelles, puisqu'elle en comprend 504. Un certain nombre de réflexions ont subi aussi quelques modifications, souvent légères. Il est intéressant d'en comparer le texte avec celui des éditions précédentes.

Prix : Vente Potier (1870), mar. r. par Trautz, 190 fr. — Vente L. de M. (1876), mar. r. par Duru, 210 fr. — Catal. Fontaine (1877), très bel ex. rel. anc. en v. br., 400 fr. — Répertoire Morgand et Fatout (1882), superbe ex. mar. r. anc. rel. de Du Seuil, 400 fr., — et un autre ex. rel. en mar. br. par Hardy-Mennil, 275 fr.

Aussitôt après cette cinquième édition, l'éditeur fit paraître à part une plaquette dans laquelle il inséra toutes les maximes nouvelles qui venaient d'y figurer, sans doute pour compléter la quatrième, parue en 1675, et dont il restait probablement un certain nombre d'exemplaires. Voici le titre de la plaquette: *Nouvelles* ‖ *Reflexions* ‖ *ou* ‖ *Sentences* ‖ *et* ‖ *Maximes* ‖ *morales.* ‖ *Seconde partie.* ‖ *A Paris,* ‖ *chez Claude Barbin, sur le second* ‖ *Perron de la Sainte Chappelle.* ‖ M. DC. LXXVIII. ‖ *Avec Privilege du Roy.* ‖ In-12 de 4 ff. prélim. (le premier blanc), contenant le titre, l'*Extrait du Privilége* et l'*Achevé d'imprimer,* 76 pages chiffrées, pour le texte des maximes, et 5 feuillets non chiffrés pour la *Table,* plus un feuillet blanc. — Le texte des maximes est en gros caractères.

Le Privilège, accordé à Claude Barbin, est daté du 3 juillet 1678. Il est suivi de la mention : *Achevé d'imprimer pour la première fois, le sixiesme Aoust 1678.* On voit par cette date que la plaquette fut publiée postérieurement à la cinquième édition. Les 107 maximes dont elle se compose ne sont donc pas en édition originale dans la plaquette imprimée à part. Dans quelques exemplaires, le Privilège porte le nom de La Rochefoucauld.

Prix de ces *Nouvelles Réflexions :* Vente Rochebilière (1882), ex. dérelié, avec Privilège au nom de La Rochefoucauld, 145 fr.; — et un autre ex. avec le Privilège au même nom, rel. anc. en veau, 205 fr.

LA PRINCESSE DE MONPENSIER

A PARIS,
Chez CHARLES DE SERCY, au Palais, dans la Salle Dauphine, à la Bonne Foy couronnée.

M. DC. LXII.
Avec Privilege du Roy.

Par Mme de LA FAYETTE.

Petit in-8°, composé de : 4 feuillets préliminaires non chiffrés, comprenant le titre (reproduit ci-contre), dont le verso est blanc, un avis intitulé *Le libraire au lecteur*, le *Privilége* et l'*Achevé d'imprimer*; — 142 pages chiffrées, pour le texte, y compris au commencement le faux-titre, dont le verso est blanc.

Le *Privilége*, reproduit ici *in extenso*, est accordé à Augustin Courbé, pour sept années, et daté de Saint-Germain, le 27 juillet 1662. Il est suivi d'une déclaration de Courbé cédant ses droits à Thomas Jolly et Louis Billaine, et d'une autre déclaration de Jolly et Billaine s'associant Charles de Sercy, leur confrère. (On trouve donc des exemplaires au nom de l'un ou l'autre de ces libraires indistinctement.)

On lit ensuite la mention : *Achevé d'imprimer le 20 aoust 1662.*

PRIX : Vente Ch. Nodier (1844), mar. r. doublé de mar. v. par Padeloup, 25 fr. — Vente Bertin (1854), rel. en v. f., par Bauzonnet, 38 fr. 50. — Vente Solar (1860), mar. citr. par Thompson, 35 fr. — Vente du baron J. Pichon (1869), charmant ex. de Nodier, cité plus haut comme rel. par Padeloup. en mar. r. doublé de mar. v., rel. attribuée cette fois à Boyet, 700 fr. — Vente L. de M*** (Lebeuf de Montgermont), 1876, mar. citr. par Trautz, bel ex., 570 fr. — Répertoire Morgand et Fatout (1878), mar. r. doublé de mar. bl. par Cuzin, 600 fr. — Vente E. M. B. (Bancel), 1882, mar. doublé, par Duru, 245 fr. — Bulletin Morgand (1885), mar. r. doublé de mar. bl. par Cuzin, 350 fr.

Mme Marie-Madeleine Pioche de La Vergne, comtesse de La Fayette, auteur anonyme de cet ouvrage, était une femme d'esprit solide et d'un certain talent. Élève de Ménage, elle devint une des familières de l'hôtel Rambouillet et fut amie de La Fontaine, de La Rochefoucauld et de Segrais.

ZAYDE
HISTOIRE ESPAGNOLE,
PAR MONSIEVR DE SEGRAIS.

AVEC VN TRAITTE'
de l'Origine des Romans,
Par Monsievr Huet.

A PARIS,
Chez Clavde Barbin, au Palais,
sur le second Perron de la Sainte
Chappelle.

M. DC. LXX.
AVEC PRIVILEGE DV ROY.

Ouvrage de Mme de La Fayette, quoique le titre porte le nom de Segrais seul

2 volumes petit in-8°, ainsi composés :

Première partie (sans aucune tomaison sur le titre). 99 pages chiffrées pour la *Lettre de Huet*, y compris le titre (reproduit ci-dessus) dont le verso est blanc ; — 1 page non chiffrée, contenant seulement une épigraphe en latin de 2 lignes ; — 441 pages chiffrées à nouveau, pour le texte de *Zayde;* — plus 1 page non chiffrée, pour le *Privilége* suivi de l'*Achevé d'imprimer;* et un feuillet blanc, devant correspondre au dernier, signé Ff.

Le Privilège, daté du 8 octobre 1669, est accordé « au sieur de Segrais de l'Academie françoise », pour sept années. Il est suivi ici d'une déclaration de Segrais, cédant « son droict de Privilége pour cette premiere partie de Zayde, à Claude Barbin ». On lit ensuite la mention : *Achevé d'imprimer pour la premiere fois le 20. Novembre 1669.*

SECONDE ET DERNIÈRE PARTIE. (Fleuron différent du précédent.) Date : M. DC. LXXI. — 2 feuillets préliminaires, comprenant le titre, dont le verso est blanc, et l'*Extraict du Priuilege,* suivi de l'*Achevé d'imprimer;* — 536 pages chiffrées, pour le texte ; la dernière page se terminant par ces mots : *Fin de la seconde et derniere Partie de Zayde.*

Le Privilège (le même que ci-dessus) est suivi d'une déclaration de Segrais, cédant son droit « pour l'une et l'autre Partie de Zayde, à Claude Barbin ». On lit ensuite la mention : *Achevé d'imprimer pour la premiere fois le 2. Janv. 1671.*

Édition originale de *Zayde,* imprimée en gros caractères.

Le titre de ce roman porte le nom de Segrais seul ; mais le principal auteur est la comtesse de La Fayette. Regnaud de Segrais, poète et écrivain normand très apprécié de son temps et membre de l'Académie, après avoir été le protégé de Mademoiselle de Montpensier, était devenu le collaborateur de Mme de La Fayette. C'est à l'amitié qui unissait Segrais avec Daniel Huet, depuis évêque d'Avranches, que Mme de La Fayette dut de pouvoir publier en tête de son livre l'intéressante étude ou lettre de Huet *sur l'origine des Romans.*

Ce traité parut d'abord là pour la première fois évidemment, car les éditions séparées de cette plaquette portent toutes une date postérieure. Et l'édition fort rare publiée sans date n'est autre qu'un tirage à part, fait à très petit nombre, de cette sorte de Préface mise au roman de *Zayde,* mais avec un titre spécial.

PRIX de la première édition de *Zayde:* Vente Solar (1860), rel. mar. v. par Duru, 200 fr. — Vente L. de M*** (Lebeuf de Montgermont), en 1876, rel. mar. bl., dorure à la Du Seuil, par Trautz, 980 fr. — Catal. Fontaine (1877), mar. v. par Duru, 650 fr. — Vente Guy-Pellion (1882), mar. r. par Chambolle, 270 fr. — Vente E. M. B. (Bancel), 1882, mar. bl. par Trautz, 600 fr. — Bulletin Morgand (1885), rel. en basane, 180 fr.

Par Madame de LA FAYETTE.

4 volumes in-12, ainsi composés :

TOME I. 2 feuillets préliminaires non chiffrés, comprenant le titre (reproduit ci-contre), dont le verso est blanc, un avis intitulé *Le Libraire au Lecteur*; — 211 pages chiffrées, pour le texte; — plus 2 feuillets blancs, terminant le cahier S.

TOME II. Fleuron différent sur le titre.) 2 feuillets préliminaires, l'un blanc, l'autre contenant le titre, dont le verso est blanc; — 214 pages chiffrées, pour le texte; — plus 1 feuillet blanc, complétant le cahier S.

TOME III. (Fleuron encore différent.) 2 feuillets préliminaires, le premier blanc, le second contenant le titre, dont le verso est blanc; — 216 p. non chiffrées, pour le texte.

LA PRINCESSE DE CLEVES.
TOME I.

A PARIS,
Chez CLAVDE BARBIN, au Palais, sur le second Perron de la Sainte Chapelle.

M. DC. LXXVIII.
AVEC PRIVILEGE DV ROY.

TOME IV. (Fleuron différent de tous les autres et beaucoup plus grand.) — 213 pages chiffrées, comprenant le titre, dont le verso est blanc, et le texte; — 5 pages non chiffrées, à la fin, pour le *Privilége*, et l'*Achevé d'imprimer*.

Le Privilége, accordé à Claude Barbin, pour vingt années, est daté, à la fin, du 16 janvier 1678. Il est suivi de la mention : *Achevé d'imprimer pour la première fois le 8. Mars 1678.*

Édition originale, bien imprimée, en gros caractères. (BIBL. NAT. $Y^2 + 312$.) Cette édition est recherchée.

PRIX : Vente Ch. Nodier (1844), les 4 part. réunies en 1 vol., mar. citr. rel. anc., 20 fr. — Vente Solar (1860), en 2 vol. rel. mar. bleu, par Bauzonnet, 327 fr. — Catal. Fontaine (1875), superbe ex. mar. bl. doublé de mar. citr. par Trautz, 1,800 fr. — Vente Lebeuf de Montgermont (1876), rel. mar. citron, par Trautz, 1,325 fr. — Vente du marquis de Ganay (1881), mar. citron, par Trautz, 1,400 fr. — Vente Guy-Pellion (1882), mar. r. doublé de mar. v. par Chambolle-Duru, 440 fr. — Bulletin Morgand (1887), rel. en 2 vol. mar. bleu, 800 fr.

HISTOIRE
DE MADAME
HENRIETTE
D'ANGLETERRE
Premiére Femme de
PHILIPPE DE FRANCE
DUC D'ORLEANS.
Par DAME
MARIE DE LA VERGNE
COMTESSE DE LA FAYETTE.

A AMSTERDAM,
Chez MICHEL CHARLES LE CENE,
M. D. CCXX.

Par Madame de LA FAYETTE.

Petit in-8°, composé de : Un portrait de Henriette d'Angleterre; 4 feuillets préliminaires non chiffrés, comprenant le titre (reproduit ci-contre), dont le verso est blanc, et la *Préface;* — 223 pages chiffrées pour le texte ; plus un *Catalogue,* formant 25 pages non chiffrées. — Le titre est imprimé en rouge et en noir.

Le portrait, signé au bas à gauche, à la pointe, *G. Schouten f.,* est assez mal gravé ou mal tiré habituellement. Nous avouons n'en avoir jamais vu une bonne épreuve.

Le *Catalogue des Livres qui se trouvent à Amsterdam, chez Michel Charles Le Cene,* fait nécessairement partie du volume, car la première page commence au verso de la dernière de l'ouvrage. (BIBL. NAT. Ln. 27. 15478.)

Quoique cet ouvrage soit anonyme, Mme de La Fayette se désigne clairement comme l'auteur, dans la Préface. Après avoir raconté le séjour de Henriette d'Angleterre au couvent de Sainte-Marie de Chaillot, dont la supérieure, la mère Angélique, était Mlle de La Fayette, ancienne dame d'honneur d'Anne d'Autriche et avoir rappelé la jeunesse de Mlle de La Fayette à la cour, elle ajoute : « J'épousai son frère quelques années avant
« sa profession; et comme j'allois souvent dans son cloître, j'y vis la jeune
« princesse d'Angleterre, dont l'esprit et le mérite me charmèrent. » Et plus loin : « Ne trouvez-vous pas, me dit-elle, que si tout ce qui m'est arrivé,
« et les choses qui y ont relation étoit écrit, cela composeroit une jolie His-
« toire? vous écrivez bien, ajouta-t-elle, écrivez, je vous fourniray de bons
« mémoires.

« J'entrai avec plaisir dans cette pensée, et nous fîmes ce plan de nostre
« Histoire telle qu'on la trouvera ici. »

D'ailleurs, Madame de La Fayette se nomme en toutes lettres en haut de la page 190.

Il existe sous la même date de 1720, et avec le même nom de libraire, une autre édition in-12, avec titre rouge et noir, sans portrait, et contenant le même nombre de feuillets préliminaires, mais seulement 220 pages chiffrées, et sans catalogue à la fin. Cette édition est moins bien imprimée que l'autre. (BIBL. NAT. Ln. 27. 15478. A.)

PRIX : Vente L. de M. (Lebeuf de Montgermont), 1876, édition sans portrait, superbe ex. rel. en mar. citr. par Trautz, 265 fr. — Vente Roger (du Nord), en 1884, édition sans portrait, reliure en mar. par Trautz, rel. défraîchie, 42 fr. — Vente Guy-Pellion (1882), éd. avec portrait, rel. en basane, 12 fr. — Répertoire Morgand et Fatout (1882), éd. avec portrait, rel. mar. par Lortic, 120 fr. — ID. éd. sans portrait, rel. en basane, 25 fr.

DIVERSES PETITES POESIES DV CHEVALLIER D'ACEILLY.

PREMIER VOLVME.

A PARIS,
Imprimées chez ANDRE' CRAMOISY, ruë
faint Iacques, au Sacrifice d'Abraham,
proche la Pofte.
M DC LXVII.
Avec Privilege du Roy.

Et fe donnent au Palais.

In-12, composé de 6 feuillets préliminaires non chiffrés, comprenant le titre, dont le verso est blanc, un sixain de dédicace « Pour Monseigneur Colbert ministre d'Estat » (feuillet dont le verso est blanc), quatre petites pièces de vers, l'*Extrait du Privilége* et la Préface; — 228 pages chiffrées pour le reste du volume. (Biblioth. de l'auteur de cette *Bibliographie*.)

Le privilège, daté du 6 juin 1667, est accordé « au sieur d'Aceilly, chevallier de l'un des ordres du Roy, et gentilhomme de la chambre de Sa Majesté ». On lit à la suite : *Acheué d'imprimer pour la premiere fois le 26. Aoust 1667*.

Le véritable nom de l'auteur de ce petit recueil de poésies, qui ne manquent pas d'élégance, et parmi lesquelles on rencontre parfois des épigrammes assez vives, était Jacques DE CAILLY, chevalier de l'ordre de Saint-Michel, et dont le nom d'Aceilly est l'anagramme. Né en 1604, à Orléans, il avait soixante-trois ans lorsqu'il publia son recueil. Ce *premier volume* fut le seul qui vit le jour. L'auteur mourut en 1673.

On lit au bas du titre (reproduit ci-dessus) ces mots : *Et se donnent au Palais*. Cette note, presque semblable à l'enseigne du barbier qui rasait « le lendemain pour rien », avait, paraît-il, été prise à la lettre par un certain nombre de gens, et occasionnait au libraire de petits désagréments ou au moins des quolibets, de sorte qu'il ne tarda pas à la supprimer; et les exemplaires qui possèdent le titre, de première émission, sur lequel elle est conservée, sont maintenant assez rares et recherchés.

PRIX : Vente Solar (1860), ex. indiqué comme étant en grand papier, rel. en mar. bl. par Duru, 100 fr. — Vente L. de M*** (Lebeuf de Montgermont), 1876, mar. bl. par Trautz, 320 fr. — Vente Didot (1878), mar. r. rel. anc. assez médiocre, attribuée à Padeloup, bien à tort, 150 fr. — Répertoire Morgand et Fatout (1882), mar. bleu doublé de mar. orange par Trautz, très bel ex. grand de marges, 500 fr.

Par Jean RACINE.

In-12, composé : de 4 feuillets préliminaires non chiffrés, comprenant le titre, dont le verso est blanc, l'épître dédicatoire, en prose, « à Monseigneur le duc de S. Aignan, Pair de France », signée RACINE, et la liste des acteurs; — 70 pages chiffrées, pour le texte de la pièce, 1 feuillet contenant l'*Extrait du Privilège* et 1 feuillet blanc. (Il y a une faute de pagination aux pages 66 et 68, chiffrées par erreur 96-98.) Le fleuron du titre se trouve reproduit dans le volume, à la page 15, fin du premier acte. Le Privilège, accordé à Claude Barbin pour sept années, est daté du 27 octobre 1664. Il est suivi d'une déclaration de Barbin faisant part du susdit privilège à Thomas Jolly et Gabriel Quinet. On trouve donc des exemplaires portant sur le titre le nom de l'un ou de l'autre de ces libraires. A la fin, on lit la mention : *Achevé d'imprimer pour la première fois le 30 octobre 1664.* (A la BIBL. NAT. Y. + + 5527, 1, l'ex. est au nom de Claude Barbin.)

LA THEBAYDE OV LES FRERES ENNEMIS TRAGEDIE.

A PARIS,
Chez GABRIEL QVINET, au Palais,
dans la Galerie des Prisonniers,
à l'Ange Gabriel.

M. DC. LXIV.
Avec Privilege du Roy.

Édition originale de la première pièce écrite et publiée par Racine.

Elle ne tarda guère à être imprimée après qu'elle eut paru au théâtre, car elle avait été jouée au mois de juin 1664 par la troupe de l'hôtel de Bourgogne. On lit, en effet, dans le *Registre de La Grange,* à la page 66, année 1664 : « *Piece No^{lle} de M. Racine.—Vendredy 20me Juin. — Premiere Representation de la* THEBAIDE. *Reçu...* 370$^{#}$ 10^{s}. »

Cette tragédie fut donc jouée par la troupe de Molière, et elle eut peu de succès. Cependant elle tint la scène onze fois de suite, puis six autres fois environ jusqu'à la fin de cette année-là, dont trois fois devant la cour, ainsi que le constate le même *Registre*.

Ce fut, paraît-il, Molière qui donna à Racine le conseil de traiter le sujet de la *Thébaïde*. On raconte même qu'il lui avança cent louis, pour lui permettre de travailler tranquillement et d'attendre le résultat des représentations. En effet, Racine dit dans la préface de sa tragédie, que ce sujet lui fut proposé. M. Taschereau (*Histoire de la vie et des ouvrages de Molière*) écrit à ce propos : « Il (Molière) résolut de monter une tragédie qui pût faire valoir le talent de ses acteurs; mais, n'ayant aucune pièce reçue, il songea à Racine, qui, l'année précédente, lui avait apporté son *Théagène et Chariciée*. Il l'engagea à traiter le sujet de la *Thébaïde*... » Racine était alors âgé seulement de vingt-cinq ans. Il portait encore l'habit ecclésiastique, qu'il avait pris étant élève de Port-Royal. Grimarest rapporte aussi que Racine, dans sa précipitation à terminer la pièce, aurait emprunté presque textuellement deux récits à l'*Antigone* de Rotrou. Mais Molière l'aurait décidé à refaire ces deux scènes, lui conseillant de ne rien devoir qu'à lui-même.

Peut-être que la pièce fut en effet écrite en peu de temps et que Racine n'en fut pas complètement satisfait, car il en modifia plus tard le texte en beaucoup d'endroits, et l'édition originale contient une centaine de vers qu'il supprima dans les éditions suivantes.

PRIX : Vente Bertin (1854), mar. bl. par Niedrée, 44 fr. ; — et un autre ex. rel. en v. br. avec armoiries, 26 fr. 50. — Catal. Fontaine (1875), mar. r. par Capé, 800 fr. — Vente Lebeuf de Montgermont (1876), superbe ex. mar. r. par Trautz, 1,410 fr. — Répertoire Morgand et Fatout (1882), mar. r. par Trautz, très bel ex., 1,500 fr.; — et un autre ex. mar. r. par Duru et Chambolle, 1,000 fr. — Vente Guy-Pellion (1882), mar. r. par Capé, 300 fr.

Par Racine.

ALEXANDRE LE GRAND.

TRAGEDIE.

A PARIS,
Chez PIERRE TRABOVILLET, dans la Salle Dauphine, à la Fortune.

M. DC. LXVI.
AVEC PRIVILEGE DV ROY.

In-12, composé de : 12 feuillets préliminaires non chiffrés, comprenant le titre (reproduit ci-dessus), dont le verso est blanc, l'épître dédicatoire en prose « Au Roy », signée Racine, la *Préface*, l'*Extrait du Privilége* et la liste des *Acteurs*; — 84 pages chiffrées pour le texte de la pièce (ou plutôt, en réalité, 72 pages, car il y a une lacune de chiffres : 61 à 72 inclusivement ont été omis).

Le Privilége, daté du 30 décembre 1665, est accordé « à Jean Racine » pour cinq années. Il est suivi de la mention : *Acheué d'imprimer pour la premiere fois le 13. Ianvier 1666.* Après cette mention se trouve la déclaration de Racine, transportant son droit à Pierre Trabouillet et Théodore Girard. On peut donc trouver des exemplaires au nom de l'un ou l'autre de ces libraires et, malgré cela, absolument pareils, même pour la vignette du titre. Ce fleuron est pourtant celui de Théodore Girard, qui avait pris pour enseigne de sa librairie : *A l'Envie.* (Voir à la Bibl. nat. Y. + + 5527. 2. Réserve. Ex. au nom de Théodore Girard.)

Alexandre fut représenté pour la première fois le 4 décembre 1665, par la troupe de Molière, au Palais-Royal. Voici la constatation que La Grange fait de cette journée dans son *Registre*, à la page 78, année 1665 :

Piece Nou^lle de Mons. Racine. — Vendredy 4me Decembre, premiere representation du grand Allexandre *& de Porus...* 1294^ll. *Part...* 65^ll 15^s.

Racine ne se contenta pas de donner sa pièce à un seul théâtre. On lit, en effet, à la page suivante du même *Registre,* au vendredi 18 décembre :

« *Vendredy 18* (Décembre) : — Idem *(Alexandre).* 378# 5s. — Part... 24# 5s.

« Ce mesme jour, la Troupe fust surprise que la mesme piece d'Allexandre fut jouee sur le Theastre de l'Hostel de Bourgogne. Comme la chose s'estoit faite de complot avec Mr Racine, la Trouppe ne crust pas deuoir les parts d'autheur aud^t Mr Racine qui en vsoit si mal que d'auoir donné et faict apprendre la piece aux autres Comediens. Lesd^{tes} partz d'autheur furent repartagées et chacun des douze acteurs eust pour sa part... 47#. »

Pour bien comprendre cette note, il faut se rappeler que la troupe de Molière, qui avait été pendant longtemps celle de l'hôtel de Bourgogne, était devenue, depuis le mois d'août 1665, la TROUPE DU ROY, *au Palais-Royal.* La nouvelle troupe de l'hôtel de Bourgogne était donc une rivale. Cette dernière troupe continua à jouer *Alexandre;* Molière et sa troupe n'en donnèrent plus que trois représentations, le 20, le 22 et le 27 décembre 1665, ce qui fit en tout neuf représentations données par cette troupe.

On a prétendu que Racine avait pris cette détermination parce que sa pièce était mal jouée par les comédiens de Molière. Pourtant Robinet, dont le jugement était assez écouté, adressait beaucoup d'éloges aux acteurs du Palais-Royal, à propos des représentations d'*Alexandre.* (Voir les Lettres en vers de Robinet, du 20 décembre 1665 et du 3 janvier 1666.)

Il est pénible de supposer des sentiments de rivalité ou de jalousie de la part de Racine pour Molière, qui avait été son bienfaiteur. Quoi qu'il en soit, les écrivains les plus impartiaux donnent tort à Racine, non seulement pour ce fait, mais encore pour quelques autres qui rompirent pour longtemps les relations entre les deux grands poètes. (Voir la note du *Registre de La Grange* et les observations que nous avons faites ici, page 359, au sujet de la représentation d'*Andromaque* et de Mlle Du Parc.)

L'édition originale d'*Alexandre* est une des plus rares parmi les pièces de Racine.

PRIX : Vente Bertin (1854), ex. sans la dédicace au Roy, non rel., 39 fr. 50. — Catal. Fontaine (1875), mar. r. par Trautz, ex. un peu court de marges, 1,000 fr. — Vente Guy-Pellion (1882), très bel ex. rel. en vélin anc., 1,900 fr.

ANDROMAQVE.

TRAGEDIE.

A PARIS,
Chez Theodore Girard, dans la grand
Salle du Palais, du cofté de la Cour
des Aydes, à l'Enuie.

M. DC. LXVIII
Auec Priuilege du Roy.

Par Racine.

In-12, composé de : 6 feuillets préliminaires non chiffrés, comprenant le titre (reproduit ci-dessus), dont le verso est blanc, l'épître dédicatoire en prose, « A Madame », signée Racine, une sorte d'argument, précédé du court passage de l'*Énéide* (texte latin) duquel l'auteur a tiré sa tragédie, et la liste des *Acteurs;* — 95 pages chiffrées, pour le texte de la pièce (ou plutôt, en réalité, 93 pages, à cause d'une erreur), et 2 pages non chiffrées, pour le *Privilége*, lequel est ici en entier. Il y a quelques fautes de pagination. La page 71 est chiffrée 67, les chiffres 73 et 74 ont été omis et la page 76 est cotée 66.

Le Privilège, accordé « à Jean Racine, Prieur de l'Épinay,... pour *L'Andromaque* » (sic), et d'une durée de cinq années, est daté du 28 décembre 1667. Il est suivi de deux déclarations, l'une de Racine, cédant son droit à Théodore Girard; l'autre de Girard, associant à son privilège Thomas Jolly et Claude Barbin. On peut donc trouver des exemplaires portant sur le titre l'un ou l'autre de ces noms. On ne voit pas ici d'*achevé d'imprimer*. (BIBL. NAT. Y. + + 5527. 3. Réserve.)

Tous les exemplaires de cette édition ne sont pas entièrement de premier tirage. On en trouve un certain nombre dont le cahier C (pages 49 à 64) fut complètement réimprimé, et, dans cette réimpression, les titres courants des 12 feuillets du cahier furent composés en caractères beaucoup plus gros. Pour qu'un exemplaire soit de bon tirage de l'édition originale, il faut donc que les titres courants de tous les feuillets du cahier C soient pareils à ceux des autres pages du volume.

M. de Marchéville, qui nous a communiqué avec une grande obligeance le remarquable travail qu'il a préparé sur les éditions de Racine, démontre que le cahier C, avec titre courant plus gros, appartient à une édition publiée en 1673, à Paris, chez Henry Loyson. Ce libraire vendit sans doute cette édition pour le compte de Racine, en vertu d'un nouveau privilège, que le poète avait obtenu le 12 mars 1673, après que le précédent (cédé par lui aux libraires nommés ci-dessus) fut expiré. Il est probable que Théodore Girard et peut-être aussi Claude Barbin, auxquels il restait encore des exemplaires presque complets de l'édition de 1668, s'entendirent avec H. Loyson pour obtenir qu'il imprimât en plus de la nouvelle édition les cahiers correspondant à ceux qui leur manquaient, c'est-à-dire le cahier C et aussi, comme l'indique M. de Marchéville, les feuillets préliminaires. Il fut même imprimé à cette époque un titre, lequel n'est autre que celui de l'édition de 1673, dans lequel on modifia seulement le second chiffre romain X de la date, que l'on remplaça par un V, pour faire M. DC. LXVIII. Ce nouveau titre ne porte plus le même fleuron que ci-dessus. On le trouve presque toujours en tête de l'édition mixte dont il s'agit. Celui que nous avons fait reproduire ci-dessus ne peut s'y trouver que par hasard, sur des exemplaires reliés à nouveau et dans lesquels un relieur les aura mis par négligence, ayant les deux éditions à relier en même temps.

La première édition d'*Andromaque* est fort recherchée, non seulement parce qu'elle est très rare, mais encore parce qu'on y trouve des passages intéressants qui furent supprimés ou modifiés depuis.

Andromaque fut représentée à Pâques de 1667, par les acteurs de l'hôtel de Bourgogne. Racine engagea même à cette occasion Mlle Du Parc, alors artiste de la troupe de Molière au Palais-Royal, jouant ainsi à Molière le mauvais tour de lui enlever sa meilleure actrice et son amie intime. La Grange relate ce fait dans son *Registre*, page 87, année 1667, dans une note isolée, après la récapitulation qu'il faisait chaque année, au moment des vacances de Pâques :

« Mad^{lle} *Du Parc a quitté la Troupe et a passé à l'hostel de Bourgogne, où elle a joué* ANDROMAQUE *de M. Racine. Nostre Troupe qui estoit de douze partz est resté composee de* ONZE PARTZ *et a continué de mesme jusques à Pasques de l'année 1670.* »

Nous avons rappelé page 356, à propos d'*Alexandre*, que Racine, après avoir donné cette tragédie à la troupe de Molière, l'avait fait jouer quelques jours après, en même temps, par la troupe rivale, celle de l'hôtel de Bourgogne. Cette fois il prenait à Molière son actrice préférée. Ajoutons qu'il ne profita pas longtemps du talent de l'artiste ni de l'amour de la femme, car l'infortunée Du Parc mourut l'année suivante au mois de décembre 1668.

Les bibliographes racontent que Corneille, consulté par Racine au sujet d'*Alexandre* que ce dernier venait d'écrire, reçut du grand poète le conseil catégorique de renoncer à composer des tragédies. En effet, les premières pièces de Racine étaient loin de faire pressentir l'auteur d'*Andromaque*, de *Phèdre* et d'*Athalie*. Mais lorsque parut *Andromaque*, cette pièce superbe, le grand Corneille dut bientôt revenir sur son jugement à propos de celui qui devait le vaincre lui-même quelques années plus tard, dans le tournoi poétique proposé en secret par Henriette d'Angleterre, tournoi d'où sortirent en 1670 les deux *Bérénice*. (Voir les détails que nous donnons ici à ce sujet, pages 189-190 et aussi page 365.)

PRIX de l'édition originale d'*Andromaque* : Vente Bertin (1854), mar. bl. par Niedrée, 69 fr. — Catal. Fontaine (1875), mar. r. par Lortic, 800 fr. — et un autre ex. en vélin, 500 fr. — Vente Guy-Pellion (1882), bel ex. mar. r. par Lortic, 1,000 fr.

LES PLAIDEVRS COMEDIE.

A PARIS,
Chez CLAVDE BARBIN, au Palais
fur le Second Perron de la
Sainte Chapelle.

M. DC. LXIX.
AVEC PRIVILEGE DV ROY.

Par RACINE.

In-12, composé de : 4 feuillets préliminaires non chiffrés, comprenant le titre (reproduit ci-dessus), dont le verso est blanc, un avis *Au lecteur*, l'*Extrait du Priuilége* et la liste des *Acteurs;* — 88 pages chiffrées pour le texte de la pièce.

Le Privilège, daté du 5 décembre 1668, est accordé cette fois « à Claude Barbin, marchand libraire à Paris, » pour cinq années. On voit à la suite la déclaration de Barbin, associant à son droit Gabriel Quinet. Aussi trouve-t-on indistinctement des exemplaires avec l'un ou l'autre de ces noms, et en tout semblables autrement. Il n'y a pas d'*achevé d'imprimer*. (BIBL. NAT. Y. + + 5527. 4. Réserve.)

Le Répertoire Morgand et Fatout (1882) en signalait un exemplaire portant sur le titre le nom du libraire Christophe David. La pièce est en tout semblable, sauf pour le titre, qu'on a changé, les feuillets préliminaires et le dernier cahier D, qu'on a réimprimés, mais avec des caractères assez semblables et des fleurons très bien copiés sur ceux des autres exemplaires. Peut-être les libraires dénommés au privilège, ou plutôt leurs successeurs, auront-ils cédé à Christophe David ce qui restait de l'édition, après avoir vendu les exemplaires complets; ce qui ferait supposer aussi que le dernier cahier n'aurait pas été tiré au même nombre que les autres. Christophe David fut libraire à partir de 1687.

L'édition originale des *Plaideurs* est de la plus grande rareté. C'est, avec *Alexandre*, l'une des plus difficiles à trouver parmi les pièces de Racine.

Cette amusante comédie, imitée des *Guêpes* d'Aristophane, mais tout à fait modernisée, fut représentée, au mois de novembre 1668, par la troupe de l'hôtel de Bourgogne. Elle n'eut d'abord aucun succès, et ne fut jouée que deux fois; le public ordinaire ne l'avait pas comprise. Mais Louis XIV ayant désiré la voir, elle fut représentée devant lui, à la cour, le mois suivant, et le roi s'en divertit beaucoup. Aussi, lorsqu'elle fut reprise à la ville fut-elle applaudie comme elle le méritait, et on y courut en foule.

Puisque nous avons touché légèrement la question du différend qui brouilla Racine et Molière, à propos d'*Alexandre* et ensuite d'*Andromaque*, nous allons citer les quelques mots de la fin de la Préface des *Plaideurs*, qui pourraient bien viser entre autres l'auteur de *Sganarelle* et du *Tartuffe* : « ... Si le but de ma comedie étoit de faire rire, jamais comedie n'a mieux attrapé son but. Ce n'est pas que j'attende un grand honneur d'avoir assez longtemps réjouï le monde. Mais je me sçay quelque gré de l'avoir fait, sans qu'il m'en ait coûté une seule de ces sales equivoques, & de ces mal-honnestes plaisanteries, qui coûtent maintenant si peu à la pluspart de nos ecrivains, & qui font retomber le Theatre dans la turpitude, d'où quelques Auteurs plus modestes l'avoient tiré. »

Prix : Vente Bertin (1854), mar. bl. par Niedrée, 116 fr. — Catal. Fontaine (1875), mar. r. par Trautz, 1,500 fr. — Répertoire Morgand et Fatout (1882), mar. r. large dent. par Trautz, 1,500 fr. — Vente Guy-Pellion (1882), ex. court de marges, mar. r. par Trautz, 340 fr.

BRITANNICUS
TRAGEDIE.

A PARIS,

Chez CLAUDE BARBIN, au Palais, sur
le second Perron de la Sainte Chapelle.

M. DC. LXX.
AVEC PRIVILEGE DU ROY.

Par RACINE.

In-12, composé de : 8 feuillets préliminaires non chiffrés, comprenant le titre (reproduit ci-dessus), dont le verso est blanc, l'épître dédicatoire, en prose, « A Monseigneur le duc de Chevreuse », signée RACINE, la *Préface*, l'*Extrait du Privilége* et la liste des *Acteurs*; — 80 pages chiffrées pour le texte de la pièce.

Le Privilège, en date du septiesme janvier 1670, est accordé « au sieur Racine », pour cinq années. Il est suivi de la déclaration de Racine, cédant son droit à Denys Thierry et à Claude Barbin. Sans *achevé d'imprimer*. (Bibl. nat. Y. + + 5527. 5. Réserve.)

On peut donc trouver indifféremment des exemplaires soit au nom de Claude Barbin, soit au nom de Denys Thierry, et à part cela identiquement semblables.

Racine avait choisi là un sujet grandiose et terrible. Il fallait un génie ample et puissant comme celui de Corneille ou comme le sien pour en sortir avec honneur. Aussi employa-t-il cette fois à composer son œuvre plus de temps qu'il ne lui en avait fallu pour aucune de ses autres pièces, ainsi qu'il l'avoue lui-même. *Britannicus* est un des chefs-d'œuvre de la tragédie française. On rencontre dans peu de pièces des situations aussi belles et d'aussi beaux vers.

Cette superbe tragédie fut représentée, le vendredi 13 décembre 1669, par la troupe de l'hôtel de Bourgogne. On la joua seulement sept ou huit fois. Elle eut peu de succès d'abord, et Racine le constate dans la Préface dont elle est accompagnée dans ses œuvres : « Voici celle de mes Tragedies que je puis dire que j'ay le plus travaillée. Cependant j'avoue que le succez ne répondit pas d'abord à mes esperances. A peine elle parut sur le theatre, qu'il s'éleva quantité de Critiques qui sembloient la devoir detruire... Mais enfin il est arrivé de cette Piece ce qui arrivera toûjours des Ouvrages qui auront quelque bonté. Les Critiques se sont evanouïes. La Piece est demeurée. C'est maintenant celle des miennes que la Cour & le Public revoient le plus volontiers. Et si j'ay fait quelque chose de solide & qui merite quelque loüange, la plupart des connoisseurs demeurent d'accord que c'est ce même Britannicus. »

Louis Racine raconte, d'après une lettre de Boileau à M. de Montchesnay (éd. de 1747, mémoires, page 80. Lettres, page 60), que Louis XIV, « qui avoit dansé à plusieurs ballets, ayant vu jouer le Britannicus de M. Racine, où la fureur de Néron à monter sur le théâtre est si bien attaquée, ne dansa plus à aucun ballet, non pas même au tems du carnaval. »

Prix : Vente Bertin (1854), mar. bl. doublé de mar. r. par Gruel, 800 fr. — Vente Lebeuf de Montgermont (1876), très bel ex. mar. r. par Capé, 1,160 fr. — Répertoire Morgand et Fatout (1882), très bel ex., mar. r. par Capé, 1,200 fr. — Vente Guy-Pellion (1882), mar. bl. par Cuzin, 270 fr.

BERENICE

TRAGEDIE.

PAR M. RACINE.

A PARIS,
Chez CLAUDE BARBIN, au Palais,
sur le Second Perron de la Sainte Chapelle.

M. DC. LXXI.
AVEC PRIVILEGE DV ROY.

In-12, composé de : 10 feuillets préliminaires non chiffrés, comprenant le titre (reproduit ci-dessus), l'épître dédicatoire « A Monseigneur Colbert, Secretaire d'Estat..... », signée RACINE, la *Préface*, l'*Extrait du Privilége*, et la liste des *Acteurs* ; — 88 pages chiffrées, pour le texte de la pièce.

Le Privilège, daté de .... janvier 1671 (le quantième du jour est en blanc), est accordé « au sieur Racine », pour dix ans. Il est suivi d'une déclaration de Racine, cédant son droit à Claude Barbin. Au-dessous on lit la mention : *Achevé d'imprimer pour la premiere fois, le 24. Ianvier 1671.* (BIBL. NAT. Y. + + 5527. 6. Réserve.)

Cette édition originale offre un texte qui fut un peu modifié dans les suivantes, et des vers qui furent supprimés plus tard.

Remarque intéressante : Le papier sur lequel est imprimée cette pièce porte en filigrane les armes de Colbert. *Bérénice* lui était dédiée, comme on l'a vu d'autre part. Cependant il n'y a là (suivant M. de Marchéville) qu'une singulière coïncidence, car ce papier, dit *ministre,* était de fabrication courante.

Cette tragédie fut jouée pour la première fois le 21 novembre 1670, par la troupe de l'Hôtel de Bourgogne.

Nous avons rappelé (pages 190-191 de cette Bibliographie), que Racine et P. Corneille, avaient été, l'un et l'autre, priés secrètement par Henriette d'Angleterre de composer une pièce sur les amours et la séparation de l'empereur romain Titus et de la princesse Bérénice, dont l'histoire lui rappelait sans doute sa situation à elle-même vis-à-vis du jeune Louis XIV, qu'elle avait aimé et dont elle avait été aimée. Les deux tragédies se jouèrent en même temps, celle de Racine huit jours avant celle de Corneille, et elles eurent toutes deux un grand succès. Nous n'avons pas à discuter ici la valeur littéraire de ces tragédies de deux grands poètes, dont l'un était dans la maturité du talent, et dont l'autre, un peu vieilli, voyait depuis plusieurs années déjà son génie faiblir. Qu'il nous suffise de constater que le public, tout en accourant en foule à la pièce de Corneille, paraissait accorder une préférence marquée à celle de Racine, et cette préférence a été confirmée ensuite de tout temps avec raison.

Bérénice, de Racine, eut trente représentations consécutives, tandis que *Tite et Bérénice,* de Corneille, jouée seulement huit jours après et ensuite simultanément avec l'autre, n'eut qu'une vingtaine de représentations en quatre ou cinq mois.

Racine avait eu le grand talent de racheter la faiblesse du sujet proposé, en le traitant dans un style admirable, et en y apportant un tel sentiment, que sa pièce fit verser des larmes. On y rencontre un grand nombre de vers magnifiques et des beautés de détails qu'il eût été difficile de surpasser ou même d'égaler. Les adieux de Bérénice et de Titus sont un des passages les plus touchants qui aient été écrits.

Prix : Vente Bertin (1854), mar. bl. par Niedrée, 60 fr. — Catal. Fontaine (1875), mar. bl. par Duru, 800 fr. — Vente Lebeuf de Montgermont (1876), très bel ex. mar. r. par Trautz, 1,100 fr. — Répertoire Morgand et Fatout (1882), bel ex. mar. r. par Trautz, 1,000 fr. — Vente Guy-Pellion (1882), mar. r. par Chambolle, 151 fr.

BAJAZET.

TRAGÉDIE.

PAR M' RACINE.

Et se vend pour l'Autheur,
A PARIS,
Chez PIERRE LE MONNIER, vis-à-vis
la Porte de l'Eglise de la Sainte Chapelle,
à l'Image de Saint Loüis.

M. DC. LXXII.
AVEC PRIVILEGE DV ROY.

In-12, composé de : 4 feuillets préliminaires non chiffrés, comprenant le titre (reproduit ci-dessus), dont le verso est blanc, une sorte d'argument, commençant par ces mots : « Quoy que le sujet de cette Tragedie ne soit encore dans aucune Histoire imprimée… »; l'*Extrait du Priuilége*, et la liste des *Acteurs;* — 99 pages chiffrées, pour le texte de la pièce.

Le Privilège, en date du 15 février 1672, est accordé « au sieur Racine », pour dix ans. Il est suivi de la mention : *Achevé d'imprimer pour la premiere fois le 20. jour de Février 1672*. On n'y voit aucune cession à un libraire; aussi les exemplaires portent-ils tous sur le titre : *Et se vend pour l'Autheur*. Il n'y a ici ni préface, ni dédicace. (BIBL. NAT. Y + + 5527. 7. Réserve.)

La tragédie de *Bajazet* est la seule que Racine ait tirée de l'histoire du XVIIe siècle, presque contemporaine. Jusque-là il avait pris tous ses sujets dans l'antiquité ou l'histoire ancienne, grecque ou latine. Cette fois il eut l'idée de mettre à la scène des faits qui étaient encore présents dans les mémoires et de prendre ses personnages dans cet Orient vers lequel étaient encore tournés tous les esprits.

Le héros de la pièce, le jeune Bajazet, l'un des fils d'Achmet Ier, avait été étranglé, par ordre de son frère le sultan Amurath IV, vers l'année 1635. De tels actes de sauvagerie n'étaient pas rares dans les familles souveraines de l'empire ottoman; mais cette fois la victime avait laissé de telles sympathies, qu'après plus de trente ans on n'avait pas oublié ce fait, ni en Turquie, ni même en France. Racine espéra qu'il obtiendrait du succès en la présentant au théâtre. M. de Cézy, ambassadeur français à Constantinople, lui raconta des détails dont il avait été témoin, et le poète se mit à l'œuvre. Il sut tirer un parti excellent des circonstances dramatiques qui avaient accompagné cet assassinat, en les poétisant; et avec le don remarquable qu'il avait de traduire les sentiments du cœur, il composa des scènes poignantes d'émotion et les raconta dans ce langage magnifique dont il avait le secret. Il produisit ainsi cette intéressante pièce, qui fut jouée avec beaucoup de succès le mardi 5 janvier 1672, par la troupe de l'Hôtel de Bourgogne, et qu'on reprit souvent depuis.

Pourtant Racine n'était pas très rassuré en présentant sa pièce au public. Il exprime son inquiétude dans la Préface, et s'excuse presque « d'avoir osé mettre sur la Scène une Histoire aussi récente », s'autorisant cependant de ce que : « L'éloignement des païs repare en quelque sorte la trop grande proximité des temps. Car le peuple ne met guéres de différence entre ce qui est, si j'ose ainsi parler, à mille ans de luy, et ce qui en est à mille lieuës. »

Prix : Vente Bertin (1854), mar. bl. par Niedrée, 69 fr. — Catal. Fontaine (1875), ex. dérelié, grand de marges, 800 fr. — Vente Lebeuf de Montgermont (1876), mar. r. par Trautz, 980 fr. — Répertoire Morgand et Fatout (1882), mar. r. par Trautz, 1,200 fr. — Vente Guy-Pellion (1882), mar. bl. par Cuzin, 200 fr.

MITHRIDATE,

TRAGEDIE.

PAR Mr RACINE.

A PARIS,
Chez CLAVDE BARBIN, au Palais, sur le second Perron de la Sainte Chapelle.

M. DC. LXXIII.
AVEC PRIVILEGE DV ROY.

In-12, composé de : 6 feuillets préliminaires non chiffrés, comprenant d'abord un feuillet blanc, nécessaire pour compléter le premier cahier, le titre (reproduit ci-contre), dont le verso est blanc, la *Préface*, l'*Extrait du Privilége*, et la liste des *Acteurs*; — 81 pages chiffrées, pour le texte de la pièce, enfin un feuillet blanc, qui complète le dernier cahier G.

Le Privilège, en date du 2 mars 1673, est accordé « au sieur Racine », pour dix années. Il est suivi ici de la déclaration de Racine, cédant son droit à Claude Barbin. On lit au-dessous la mention : *Acheuée d'imprimer le 16. Mars 1673*. (BIBL. NAT. Y + + 5527. 8. Réserve.)

Cette édition originale contient quelques vers qu'on ne retrouve plus dans les suivantes.

La tragédie de *Mithridate* fut représentée, avec beaucoup de succès, au commencement de janvier 1673, par la troupe de l'Hôtel de Bourgogne. C'est à cette époque que Racine fut reçu à l'Académie française.

PRIX : Vente Bertin (1854), mar. bl. par Niedrée, 60 fr. — Vente Potier (1870), mar. r. par Trautz, 475 fr. — Catal. Fontaine (1875), rel. en vélin anc., bel ex. 400 fr.; — et un autre plus court, rel. en mar. r. par Chambolle, 250 fr. — Vente Lebeuf de Montgermont (1876), très bel ex. mar. r. par Trautz, 1,100 fr. — Répertoire Morgand et Fatout (1882), mar. r. par Duru, 1,000 fr. — Vente Guy-Pellion (1882) ex. très ordinaire, mar. r. par Belz-Niedrée, 160 fr.

In-12, composé de : 6 feuillets préliminaires non chiffrés, comprenant le titre (reproduit ci-contre), dont le verso est blanc, la *Préface*, l'*Extrait du Privilége* et la liste des *Acteurs;* — 72 pages chiffrées, pour le texte de la pièce.

Le Privilège, daté de Saint-Germain en Laye, le 28 janvier 1675, est accordé « au sieur Racine, Trésorier de France ». Il est suivi de la déclaration de Racine, cédant son droit à Claude Barbin. On n'y trouve pas d'*achevé d'imprimer*. (BIBL. NAT. Y. + + 5527. 9. Réserve.)

Iphigénie fut représentée d'abord à Versailles, devant le roi et la cour, le 18 août 1674. Elle fut ensuite jouée à la ville, avec grand succès, par la troupe et sur le théâtre de l'hôtel de Bourgogne, au mois de janvier 1675.

Cette tragédie est incontestablement l'une des plus

belles et des plus touchantes de Racine; selon Voltaire, c'est le chef-d'œuvre de la scène française. Pourtant il faut bien admettre que *Phèdre* et surtout *Athalie* lui sont encore supérieures, de même que deux ou trois pièces de Corneille, *Cinna* et *Le Cid,* par exemple.

PRIX : Vente Bertin (1854), mar. bl. par Niedrée, 93 fr. — Vente Lebeuf de Montgermont (1876), mar. r. par Trautz (légère déchirure à 5 feuillets), 540 fr. — Répertoire Morgand et Fatout (1882), mar. r. par Trautz, 800 fr. — Vente Guy-Pellion (1882), mar. bl. par Thibaron, 450 fr.

PHEDRE
&
HIPPOLYTE.
TRAGEDIE.
Par Mr RACINE.

A PARIS,
Chez JEAN RIBOU, au Palais, dans la
Salle Royale, à l'Image S. Louïs.

M. DC. LXXVII.
AVEC PRIVILEGE DV ROY.

In-12, composé de : 6 feuillets préliminaires non chiffrés, comprenant un frontispice gravé, le titre imprimé (reproduit ci-dessus), dont le verso est blanc, la *Préface*, l'*Extrait du Privilége* et la liste des *Acteurs*; — 78 pages chiffrées, pour le texte de la pièce, commençant au premier feuillet du cahier A; et à la fin un feuillet blanc, qui est le quatrième du cahier G.

Le frontispice, très finement gravé, d'après C. Le Brun, par Sébastien Le Clerc, représente la fameuse scène de la mort d'Hippolyte. Pour s'assurer que cette gravure est bien du premier tirage de 1677, il faut voir si les lignes des nuages du fond clair sont toutes bien nettes et visibles et si les noms, gravés au burin, sont aussi bien venus. Cette même planche reparut dans l'édition collective de 1687, et, comme elle était fatiguée, le tirage y est visiblement moins bon; les lignes que nous venons de citer ne s'y voient pas bien, pas plus que les noms des artistes.

Le Privilège, en date du 11 février 1677, est accordé « au sieur Racine, Trésorier de France en la Généralité de Moulins », pour sept années. Il n'est fait mention ici d'aucune cession à un libraire. On lit à la fin du Privilège la mention : *Achevé d'imprimer pour la premiere fois, en vertu des Presentes, le 15. Mars 1677.* Il n'y a pas de dédicace. (BIBL. NAT. Y. + + 5527. 10. Réserve.) On trouve des exemplaires de cette édition soit avec le nom de Jean Ribou, soit avec celui de Claude Barbin. Ils sont tous exactement semblables et le titre est orné du même fleuron.

Le bel exemplaire, dans une ancienne reliure en veau, que possède M. Daguin, offre, selon M. de Marchéville, une particularité curieuse : le frontispice gravé n'est pas tiré sur le premier des six feuillets préliminaires formant un cahier indépendant; il est tiré à part, sur papier plus fort.

Au lieu d'être particulière à un ou à quelques exemplaires seulement, cette remarque n'est-elle pas plutôt un signe distinctif de la vraie première édition en 78 pages, qui s'imprimait sans doute avant que la gravure du frontispice fût entièrement terminée et à laquelle on ajouta le frontispice tiré après coup sur papier à part, tandis que la planche étant prête pour l'édition en 74 pages que nous allons citer, on put l'imprimer sur le premier feuillet du cahier A? Le premier feuillet avant le titre est blanc et on voit seulement au bas la signature ā. Ce curieux exemplaire dut être offert par l'auteur, car on lit au dos de la gravure ces mots manuscrits, probablement de la main de Racine : *Pour Monsieur de Saint-Amant.*

Mais une remarque fort importante à faire, c'est qu'il existe sous la même date une autre édition, qui paraît être également originale, et qu'on trouve souvent avec le même titre exactement que ci-dessus et avec le même fleuron. En voici la description : 6 feuillets non chiffrés, comprenant le titre, dont le verso est blanc, le frontispice gravé, la *Préface*, l'*Extrait du Privilége* et la liste des rôles des *Acteurs;* — 74 pages chiffrées pour le texte et 1 feuillet blanc. Dans cette édition il n'y a pas de feuillets préliminaires formant un cahier à part, comme dans la première. Le cahier A commence avec le titre et la pièce commence au sixième feuillet de ce cahier A.

Le Privilège est exactement le même que celui de l'édition en 78 pages. La seule différence entre ces deux éditions consiste en ce que le texte de l'une a été plus serré à l'impression que celui de l'autre. L'édition en

78 pages a paru la première, séparément, sans doute à un petit nombre d'exemplaires, car elle est fort rare. L'édition en 74 pages a été imprimée pour faire suite aux exemplaires qui restaient à l'éditeur des *Œuvres de Racine*, de 1676. On la trouve souvent dans les exemplaires reliés anciennement en veau, mais avec un faux-titre seulement, remplaçant le titre ci-dessus. (Voir notre description, page 381.) Nous avons publié dans les *Miscellanées bibliographiques,* 1er volume, 1878, pages 45 et suivantes, sous la signature « Asmodée »), un article, où nous racontions qu'on venait de nous envoyer de Varsovie un exemplaire de *Phèdre,* édition originale en 78 pages, qui provenait de l'ancienne bibliothèque de Jean Sobieski, roi de Pologne. Sur les marges d'un ou de deux feuillets on voyait la marque de cette bibliothèque frappée avec une sorte de timbre sec emporte-pièce. Or, Racine qui était en relations suivies avec Jean Sobieski, lui envoyait toutes ses œuvres aussitôt qu'elles paraissaient. Il n'est pas douteux que le poète lui ait envoyé, cette fois comme toujours, la première édition de *Phèdre*, dès qu'elle fut imprimée. C'est là encore un argument de plus en faveur de la priorité de l'édition en 78 pages. Celle-ci est aussi beaucoup plus rare que l'autre et on ne la trouve jamais reliée à la suite de l'édition de 1676 des œuvres de Racine, avec son faux-titre, comme on y trouve celle de 74 pages.

Phèdre fut représentée par la troupe de l'hôtel de Bourgogne, le vendredi 1er janvier 1677. Cette pièce n'eut pas de succès, grâce à une cabale organisée contre Racine par de grandes dames et de hauts personnages. On lui préféra la tragédie que Pradon fit représenter sous le même titre trois jours après, par la troupe du roi, à la salle Guénégaud. Cet échec décida Racine à renoncer au théâtre. Pourtant le jugement d'un public prévenu ne tarda guère à être revisé, car trois ans plus tard, tandis que la *Phèdre* de Pradon commençait à tomber dans l'heureux oubli d'où personne n'a eu l'idée de la tirer depuis, la puissante œuvre de Racine était remise au théâtre et obtenait déjà le succès auquel elle avait droit.

Prix : Exemplaires de l'édition *princeps* en 78 pages : Répertoire Morgand et Fatout (1882), superbe ex. dans son ancienne reliure en veau, ayant appartenu à Jean Sobieski, roi de Pologne, 2,000 fr. — Vente Guy-Pellion, ex. ordinaire, mar. bl. par Capé, 450 fr. — Édition en 74 pages : Vente Bertin (1854), mar. bl. par Niedrée, 76 fr. — Vente Lebeuf de Montgermont (1876), mar. r. par Trautz, 900 fr. — Vente Didot (1878), curieux ex. non rogné, rel. en mar. bl. par Lortic, 1,599. — Répertoire Morgand et Fatout, mar. r. par Trautz, 600 fr.

ESTHER
TRAGEDIE

Tirée de l'Escriture Sainte.

A PARIS,
Chez DENYS THIERRY, ruë Saint Jacques,
devant la ruë du Plâtre, à la Ville de Paris.

M. DC. LXXXIX.
AVEC PRIVILEGE DU ROY.

Esther, tragédie, par Racine.

In-4°, composé de 7 feuillets préliminaires, contenant le titre, dont le verso est blanc, la *Préface*, les *Noms des personnages*, le *Prologue* (en vers), intitulé *La Piété*, et la gravure-frontispice, — 83 pages chiffrées, pour le texte. Au milieu de la 83ᵉ commence le Privilège, qui se termine au bas de la page suivante, non chiffrée. Le frontispice est tiré sur un feuillet à part et ne fait partie d'aucun cahier. Il représente la scène vii de l'acte II.

Le Privilège est accordé « aux Dames de la Communauté de S. Louis », pour quinze années, en date du 3 février 1689. A la suite se trouve la déclaration de cession des Dames à Denys Thierry, lequel déclare ensuite faire part de son privilège à Claude Barbin. On trouve donc des exemplaires au nom de l'un ou de l'autre de ces libraires et, à part cela, identiques.

Le frontispice, parfaitement gravé par Séb. Le Clerc d'après C. Le Brun, et signé de ces artistes, est imprimé sur un feuillet à part et ne compte dans aucun cahier, quoiqu'il fasse rigoureusement partie du volume. Il est d'ailleurs tiré sur un papier beaucoup plus fort. La pièce est imprimée en beaux caractères italiques. (Bibl. nat. Y. 5591. Réserve.)

M. G. de Villeneuve possède le précieux exemplaire de Mᵐᵉ de Maintenon, relié en maroquin rouge à ses armes et portant la dédicace suivante de la main de Racine, sur le premier feuillet de garde : *A Madame la Marquise de Maintenon, offert avec respect.* Racine. »

Une autre édition d'*Esther* fut publiée sous la même date et presque en même temps, de format in-12.

Elle se compose de 8 feuillets préliminaires non chiffrés, y compris le frontispice gravé, qui compte nécessairement dans le premier cahier et doit être placé avant le titre; 86 pages chiffrées, pour le texte de la pièce, qui se termine à moitié de la 86ᵉ et est suivi du commencement du Privilège, et 4 pages non chiffrées pour le reste du Privilège.

Les feuillets préliminaires comprennent le frontispice gravé, le titre imprimé, dont le verso est blanc, la *Préface*, les *Noms des Personnages* et le *Prologue*. Le frontispice est une réduction de celui de l'édition in-4°, mais en sens inverse; il ne porte pas, comme l'in-4°, les signatures des artistes.

Le Privilège est exactement le même que celui de la grande édition et il est suivi des mêmes déclarations de cession. (Bibl. nat. Y. + + 5527. 11. Réserve.)

On trouve des exemplaires portant sur le titre soit le nom de Denys Thierry, soit celui de Claude Barbin.

Après l'échec de *Phèdre*, Racine, dégoûté des injustices dont il était l'objet et des cabales formées contre lui, avait renoncé au théâtre. Revenu aux grands sentiments de piété puisés dans son éducation chez les solitaires de Port-Royal, il se réconcilia alors avec ses anciens maîtres, qui lui tenaient rigueur depuis qu'il avait fait jouer des pièces profanes. Ami de Mme de Maintenon, il fut prié par elle de composer pour les demoiselles de Saint-Cyr, des tragédies tirées des livres saints. Après douze ans de repos il écrivit d'abord cette intéressante pièce, *Esther*, qu'il appelait avec modestie un *amusement d'enfants;* et bientôt sur la demande du Roy, il fit cette admirable tragédie, *Athalie*, que Voltaire a appelée le « chef-d'œuvre de l'esprit humain. »

Esther fut représentée devant Louis XIV et Mme de Maintenon, le mercredi 26 janvier 1689, à la maison royale d'éducation de Saint-Louis, à Saint-Cyr. Elle ne fut jouée au Théâtre-Français que le 8 mai 1721.

Aussitôt que fut imprimée la grande édition, Robert Ballard publia les *Chœurs*, sous le titre suivant :

Chœurs ǁ de la ǁ Tragédie d'Esther, ǁ *avec la musique.* ǁ *Composée par J. B. Moreau, Maistre de musique du Roy.* ǁ (Même grand fleuron que celui du titre d'*Esther*.) ǁ *A Paris,* ǁ *chez Denys Thierry, rue Saint Jacques.* ǁ *Claude Barbin, au Palais.* ǁ *Et* ǁ *Christophle Ballard, rue S. Jean de Beauvais.* ǁ M. DC. LXXXIX. ǁ *Avec Privilege du Roy.* ǁ In-4°, composé de 4 feuillets prélim., comprenant le titre, dont le verso est en blanc, l'épître *Au Roy* (en italique), signée J. B. Moreau, le *Privilége du Roy* et la figure-frontispice : — 99 pages, formant 13 cahiers, signés de A à N, et contenant chacun 4 feuillets, sauf le dernier, qui n'en a que 2. La musique de ce volume est imprimée au moyen de caractères mobiles typographiques contenant chacun une note ou un signe sur un fragment de portée. Le texte est au-dessous de chaque portée, imprimé en caractères ronds ordinaires. On imprimait ainsi le plus souvent la musique et le plain-chant au xvie et au xviie siècle.

La figure, gravée par Sébast. Le Clerc, est la même que dans l'édition originale d'*Esther*. Elle est imprimée ici au verso du troisième feuillet du Privilège.

Le Privilège est celui du 3 février 1689, accordé aux dames de la Communauté de Saint-Louis, pour *Esther*. On lit à la suite : « Les dames de la

Communauté de S. Loüis ont consenty que J. B. Moreau, Maistre de Musique du Roy, fasse imprimer les Chœurs de la Tragédie d'Esther, avec la Musique qu'il a composée. » Il n'y a pas d'achevé d'imprimer. (Bibliothèque de M. Daguin et BIBLIOTHÈQUE DU CONSERVATOIRE DE MUSIQUE DE PARIS, n° 3129.) Cette édition originale est fort rare.

En 1696, Ballard publia une nouvelle édition, sous le titre : INTERMÈDES EN MUSIQUE DE LA TRAGÉDIE D'ESTHER... etc... Le nombre des pages de musique est le même; les caractères sont aussi les mêmes; mais c'est une impression nouvelle, faite page pour page et ligne pour ligne. On n'y voit plus ni feuillets préliminaires, ni épître, ni Privilège, ni figure.

En 1756, lors de la reprise d'*Esther*, on arrangea des exemplaires de l'édition de 1696 des *chœurs*, en conservant le titre sous cette date, mais en faisant des modifications auxquelles présidèrent les frères Clérambault, fils du grand Clérambault, organiste de Saint-Cyr et chef des concerts de Mme de Maintenon. On supprima le *Prélude pour la Piété qui descend du Ciel*, formant deux pages un quart, au commencement; on fit imprimer le titre de départ avec le même fleuron que précédemment, pour remplir le quart du haut de la troisième page, et la musique commença désormais après ces mots : *La Piété fait le Prologue et finit en disant :* TOUT RESPIRE..., c'est-à-dire que le premier feuillet de la musique est signé Aij au lieu de A. On fit d'autres suppressions encore en plusieurs endroits et aussi quelques additions, de sorte que le volume n'est plus régulier. On voit, à la BIBLIOTHÈQUE DU CONSERVATOIRE DE MUSIQUE DE PARIS (n° 20703), un curieux exemplaire où ces changements ont été faits, et dans lequel les additions manuscrites des Clérambault sont à la main sur des feuillets intercalés. M. Wekerlin, l'érudit et dévoué bibliothécaire du Conservatoire, a bien voulu nous communiquer les notes intéressantes qu'il a écrites lui-même sur un des exemplaires de ce volume.

PRIX : Vente Bertin (1854), éd. orig. d'*Esther*, 1689, in-4°, — les *Chœurs* d'Esther, 1689, in-4°, — et *Athalie*, 1691, in-4°, le tout rel. en un vol. en mar. r. par Muller, 79 fr. — Revendu 1,600, à la vente Didot en 1878.— Vente Lebeuf de Montgermont (1876), *Esther* et *Athalie*, in-4°, rel. en 1 vol. mar. r. par Trautz, 805 fr. — Catal. Fontaine (1875), *Esther*, in-4°, mar. r. par Hardy-Mennil, 650 fr. — Vente Guy-Pellion (1882), mar. r. par Chambolle, 460 fr. — Bulletin Morgand (1887), mar. r. par Thibaron, 300 fr.

ATHALIE
TRAGEDIE.

Tirée de l'Ecriture sainte.

A PARIS.
Chez DENYS THIERRY, ruë saint Jacques,
à la ville de Paris.

M. DC. XCI.
AVEC PRIVILEGE DU ROY.

ATHALIE, tragédie, par RACINE.

In-4°, composé de : 7 feuillets préliminaires, comprenant le titre, avec verso blanc, la *Préface*, l'*Extrait du Privilége*, les *Noms des personnages* et la gravure-frontispice; — 87 pages chiffrées, la dernière se terminant au recto du feuillet par le mot FIN. Le titre doit être précédé d'un feuillet blanc, qui y correspond pour former un premier cahier, car les signatures ne commencent qu'au second feuillet (première page de la Préface, signée a). Le cahier $\bar{a}$ contient 4 feuillets; le feuillet qui suit et qui contient d'un côté l'*Extrait du Privilége*, de l'autre les *Noms des personnages*, est signé $\bar{e}$ et n'a pas de feuillet correspondant. On pourrait croire que le frontispice gravé a été tiré sur ce feuillet; mais cela ne peut être, car, dans les divers exemplaires qui nous sont passés sous les yeux, ce frontispice est tiré à part sur un papier beaucoup plus fort et ne compte dans aucun cahier. La gravure est signée à gauche : *I. B. Corneille inv.*, et à droite : *I. Mariette sculp.*

Le texte de la pièce est imprimé en beaux caractères italiques.

Le privilège, accordé cette fois « au sieur Racine, gentilhomme ordinaire de Sa Majesté », est daté du 11 décembre 1690. A la suite, on voit une mention de cession de son droit à Denys Thierry, qui en a fait part à Claude Barbin. Suit l'*achevé d'imprimer pour la première fois le 3 mars 1691*. (BIBL. NAT. Y. + 5569. Réserve.) On trouve donc des exemplaires avec l'un ou l'autre des noms de libraires désignés dans la cession.

Le précieux exemplaire de cette édition qui avait appartenu à Mme de Maintenon, relié en maroquin rouge, à ses armes, par Du Seuil, et portant l'*ex libris* de la maison de Saint-Cyr, faisait partie de la belle bibliothèque d'Armand Cigongne, acquise en totalité par le duc d'Aumale en 1861. Il appartient donc maintenant à ce prince et est compris dans la généreuse donation qu'il a faite à l'Institut, de son palais de Chantilly et de ses merveilleuses collections, en 1886.

La première édition in-12, publiée d'après celle ci-dessus, parut plus tard sous la date de 1692. Cependant l'*achevé d'imprimer* y est daté du 3 mars 1691, comme celui de l'édition précédente. Le privilège est exactement le même.

Cette édition se compose de 8 feuillets préliminaires, comprenant le titre imprimé, dont le verso est blanc, la *Préface*, l'*Extrait du Privilége*, les *Noms des Personnages* et le frontispice gravé, qui compte dans le cahier $\bar{i}$;

— 114 pages chiffrées, pour le texte de la pièce, plus 1 feuillet blanc correspondant au feuillet coté K.

On y trouve une variante dans la scène première de l'acte Ier et deux strophes ajoutées dans l'acte III, scène VIII.

Le frontispice gravé est une réduction de celui de l'édition in-4°; mais il ne porte pas de signatures d'artistes.

Athalie fut d'abord jouée par les élèves de Saint-Cyr entre elles seulement, aux mois de janvier et de février 1691; mais cette belle tragédie ne trouva pas grâce devant le confesseur de la maison de Saint-Cyr, Godet des Marais, évêque de Chartres, et, sur son avis, elle ne fut représentée à la cour qu'une ou deux fois, chez Mme de Maintenon, devant le roi et les princes seulement, à Versailles. Après n'avoir eu que quelques représentations de loin en loin, chez la princesse Marie-Adélaïde de Savoie, depuis duchesse de Bourgogne, en 1697 et 1699, chez Mme de Maintenon, en 1702, où elle eut pour interprètes la duchesse de Bourgogne et d'autres personnages de la cour, elle fut mise à la scène au Théâtre-Français, le 3 mars 1716, et elle eut un grand succès. Mais, dans ces représentations à la ville, on supprima les chœurs.

Comme on l'avait fait pour *Esther*, on fit paraître la musique des chœurs d'*Athalie* sous ce titre :

LA MUSIQUE || D'ATHALIE || Par J. B. Moreau || Maistre de Musique du Roy || Composée par Ordre de Sa Majesté || Grauée par H. De Baussen. Vol. in-4°. Quatre Liures reliés en veau Et trois liures en blanc || *Se Vend à Paris* || *Chéz l'Autheur, Rue Ste Croix de la bretonnerie* || *chez Monsr Loyauté Me Ecriuain* || *Et chéz Foucault Marchand Papetier rue S^t* || *Honnoré deuant la rue des Bourdonnois* || *A la Regle D'or* || *Auec Priuilege de Sa Majesté* ||. In-4°, composé de 23 feuillets en totalité, y compris le titre, dont le verso est en blanc, une dédicace *Au Roy*, qui occupe le recto du feuillet suivant, et à la fin un *Extrait du Priuilege* (occupant le verso du dernier feuillet). La musique est paginée de 1 à 42, la première page commençant au verso de l'épître dédicatoire *Au Roy* et la dernière finissant au recto de l'*Extrait du Privilege*.

Ici, la musique n'est plus imprimée typographiquement, comme les chœurs d'*Esther*, mais bien gravée, avec les paroles très bien écrites en bâtarde et gravées aussi au-dessous des portées, sans un grand souci toutefois de faire tomber exactement chaque syllabe au-dessous de la note qui y correspond. Les pages se composent de neuf portées. Le texte est entièrement gravé en bâtarde, titre, dédicace et privilège compris. (BIBL. DU CONSERVATOIRE DE MUSIQUE A PARIS, n° 3127.)

PRIX d'*Athalie*, édition in-4° : Vente Potier (1870), mar. r. par Capé, 195 fr. — Catal. Fontaine (1875), mar. r., par Allô, très bel ex. 600 fr. — Répertoire Morgand et Fatout (1878), rel. anc. en basane, 300 fr. — Vente Guy-Pellion (1882), mar. r. par Hardy, 440 fr. — Bulletin Morgand (1887), mar. r. par Thibaron, 300 fr.

ŒUVRES
DE
RACINE.
TOME PREMIER.

A PARIS,
Chez JEAN RIBOU, au Palais, dans la Salle Royalle, à l'Image S. Louis.

M. DC. LXXVI.
Avec Privilege du Roy.

2 volumes in-12, ainsi composés :

TOME PREMIER. Frontispice gravé, non compris dans le cahier; — 4 feuillets préliminaires non chiffrés, comprenant le titre imprimé (reproduit ci-dessus), dont le verso est occupé par une liste des *Pièces contenuës en ce volume,* le faux-titre de *la Thebaïde* et, au verso, l'*Extrait du privilege du Roy;* la *Préface* de la *Thebaïde* et les rôles des *Acteurs;* — 364 pages chiffrées. — Enfin 5 figures dessinées et gravées par Chauveau, signées, une en tête de chaque pièce. Les gravures ne comptent pas dans la pagination.

Ce premier volume contient les pièces suivantes : *la Thebaïde, ou les Frères ennemis, — Alexandre le Grand, — Andromaque, — Britannicus,* — et *les Plaideurs,* pièces indiquées au verso du titre.

Le frontispice, signé, à gauche, *C. Le Brun inv.* et, à droite, *S. Le Clerc scul.*, représente Thalie couronnée et assise sur un trône, tenant d'une main un sceptre, une couronne et un poignard ; à ses pieds, deux guerriers tombés se poignardant, une femme désolée et des Amours en pleurs. En haut, on lit ces mots : TRAGÉDIES DE RACINE.

Le Privilège, daté de Saint-Germain en Laye, le 12 mars 1673, est accordé au sieur Racine, pour faire imprimer les pièces de ce volume, pendant dix années. Il est suivi de la mention : *Achevé d'imprimer pour la première fois, en vertu des présentes, le dernier Décembre 1675.*

TOME SECOND. Frontispice gravé, non compris dans le cahier ; — 6 feuillets préliminaires non chiffrés, comprenant le titre imprimé (avec fleuron différent du premier), dont le verso est occupé par une liste des *Pieces contenues en ce second volume;* le faux-titre de *Bérénice*, dont le verso est blanc ; la *Préface* et les rôles des *Acteurs;* — 324 pages chiffrées, pour le texte des différentes tragédies ; — et 3 pages non chiffrées pour deux *Extraits de Priviléges.* — Plus 4 figures, dessinées et gravées par Chauveau, une en tête de chaque pièce.

Ce volume contient : *Bérénice,* — *Bajazet,* — *Mithridate,* — *Iphigénie,* pièces indiquées au verso du titre.

Le frontispice est un large cartouche, entouré des attributs de la Tragédie et de la Comédie, très artistiquement groupés. Au milieu, on lit : ŒUVRES DE RACINE. TOME II.

Le premier *Extrait des Priviléges,* placé à la fin de ce volume, rappelle tous les privilèges donnés séparément pour *Bérénice, Bajazet, Mithridate, Iphigénie.* — Le second *Extrait* est tout bonnement la copie de celui du tome Ier, que nous venons de mentionner. On lit à la fin : *Achevé d'imprimer pour la premiere fois, en vertu des presentes le* (ici un blanc) *Décembre 1675.*

On trouve très souvent, jointe à la fin de ce tome second, la deuxième édition originale de *Phèdre et Hippolyte* (texte en 74 pages), que nous avons décrite ci-devant, pages 371-372. Mais, en général, cette pièce ne possède ici qu'un faux-titre, remplaçant le titre avec date, surtout lorsqu'elle se trouve annoncée au verso du titre du tome II des *Œuvres.* Dans ce dernier cas, elle fait nécessairement partie du volume, quoiqu'elle soit avec pagination séparée. Mais aussi cette annonce de *Phèdre* au verso d'un titre daté de 1676, quoique *Phèdre* n'eût paru qu'en 1677, indique que ce titre est d'une seconde impression faite au moment de la publication de *Phèdre* ou même plus tard. (BIBL. NAT. Y. + 5527. A. Réserve.)

Le titre de chaque volume existe sous la date de 1675, et on a trouvé des exemplaires du tome Ier des *Œuvres* dans une reliure du temps, avec le titre sous cette date. Dans ce cas, le verso du faux-titre de la *Thébaïde* est en blanc, au lieu de contenir le Privilège, comme dans l'édition de 1676. De plus, la préface d'*Alexandre*, dans l'édition de 1675, contient à la fin, après la citation latine, un paragraphe qui ne se retrouve plus dans celle de 1676. Ce paragraphe commence ainsi : « Il paraît, par la suite de ce passage, que les Indiens regardoient cette Cleofile comme les Romains regardèrent Cléopatre... » La préface est imprimée en italiques, tandis que, dans l'édition de 1676, elle est en lettres rondes.

On rencontre aussi, en reliure ancienne, un fragment du tome II avec le titre de 1675; mais ce fragment ne contient toujours que les préliminaires du volume signalés ci-devant et la pièce de *Bérénice*. M. Daguin possède de beaux exemplaires des deux volumes ainsi reliés. Jamais on n'a vu le tome II complet avec pagination suivie, en reliure ancienne, avec le titre de 1675. Les pièces qui s'y trouveraient après *Bérénice* seraient forcément avec pagination séparée et formeraient un recueil factice. Ce volume n'ayant paru complet probablement qu'au mois de janvier, tous les exemplaires furent reliés avec le titre de 1676, qu'on venait d'imprimer.

On trouve des exemplaires de chaque volume avec le nom de Claude Barbin sur le titre. Cette première édition des Œuvres de Racine est très recherchée.

Les derniers exemplaires qui restaient à Claude Barbin de l'édition de 1676 furent écoulés plus tard par Denys Thierry, sous un titre réimprimé portant la date de 1679. Et les derniers exemplaires qui restaient de la première émission de 1675-1676, dans le magasin de Jean Ribou, furent vendus après sa mort par Pierre Trabouillet (probablement son successeur), avec un nouveau titre daté de 1680.

Prix de l'édition de 1676 : Catal. Fontaine (1875), superbe ex. avec l'adjonction de *Esther* et *Athalie*, le tout formant 3 vol. mar. r. doublé de mar. bl. par Trautz, 4,000 fr. — et un autre ex. dont le 2e sommaire ne porte pas le nom de *Phèdre*, et aussi avec *Esther* et *Athalie* ajoutées, mar. r. non doublé par Trautz, 2,400 fr. — Vente L. de M. (Lebeuf de Montgermont), 1876, très bel ex. avec titre de 1675 au 1er vol. mar. r. par Trautz, 2,080 fr. — Vente Didot (1878), ex. avec *Esther* et *Athalie*, 3 vol. mar. bl. par Lortic, 2,040 fr. — Répertoire Morgand et Fatout (1882), très bel ex. avec *Esther* et *Athalie*, mar. r. doublé de mar. bl., par Cuzin, 2,000 fr.

2 volumes in-12, composés comme suit :

ŒUVRES DE RACINE.

TOME PREMIER.

A PARIS,
Chez PIERRE TRABOÜILLET,
dans la Galerie des Prifonniers,
à l'Image faint Hubert.

M. DC. XCVII.

AVEC PRIVILEGE DU ROY.

TOME PREMIER. 6 feuillets préliminaires non chiffrés ; — et 468 pages chiffrées, y compris les gravures (une en tête de chaque pièce), qui comptent dans la pagination.

Les feuillets préliminaires comprennent : le frontispice gravé, le titre imprimé, avec la liste des pièces au verso, le faux-titre de la *Thébaïde*, deux *Extraits de Priviléges du Roy*, la *Préface* (de la *Thébaïde*), la liste des *Acteurs* et la figure de la *Thébaïde*.

Ce volume contient : *la Thébaïde*, — *Alexandre*, — *Andromaque*, — *Britannicus*, — *Berenice*, — *les Plaideurs*, — *Harangue de l'Académie*, — et *Idylle sur la Paix*.

TOME SECOND. Frontispice gravé, 6 feuillets préliminaires non chiffrés ; — et 516 pages, y compris les gravures (une en tête de chaque pièce), qui comptent dans la pagination.

Les feuillets préliminaires comprennent : le frontispice gravé, le titre imprimé, au verso duquel se trouve la liste des pièces du volume, le faux-titre de *BajaƷet*, la *Préface* de cette tragédie, les deux *Extraits de Priviléges*, comme au volume précédent, la liste des *Acteurs* et la figure pour *BajaƷet*.

Ce second tome contient : *BajaƷet*, — *Mithridate*, — *Iphigénie*, — *Phèdre*, — *Esther*, — *Athalie*, — et *Cantiques*.

Les Extraits de Privilèges, qui sont les mêmes pour chaque volume, rappellent les Lettres patentes données à Denys Thierry, d'abord en date du

29 mai 1686, pour imprimer *les Œuvres du sieur Racine, Trésorier de France à Moulins,* ensuite, à la date du 19 juillet 1696, pour « *les Œuvres de Monsieur Racine Gentilhomme ordinaire de la Chambre du Roy.* » A la suite de chacun se trouve une déclaration de Thierry, associant audit privilège Claude Barbin et Pierre Trabouillet, libraires à Paris. On trouve indistinctement des exemplaires au nom de l'un ou l'autre de ces libraires et malgré cela identiques. (BIBL. NAT. Y. + 5527. + A. Réserve.)

Cette excellente édition est la dernière qui fut donnée par Racine, et elle a fixé le texte de toutes les éditions postérieures. C'est aussi la première qui soit complète, et dans laquelle on ait fait entrer sous une pagination suivie *Esther* et *Athalie*. Elle n'a pas de préface générale, pas plus que les éditions précédentes, mais seulement des préfaces pour chaque pièce. Déjà, en 1687, les mêmes libraires avaient publié une édition dans laquelle *Phèdre* avait paru, en suivant la pagination du deuxième volume. Cette édition intermédiaire a moins d'importance que celle de 1697, revue évidemment par Racine, qui y modifia un peu le texte en quelques endroits et y changea légèrement l'orthographe de certains mots. Pourtant celle de 1697 fut imprimée presque entièrement d'après l'autre. Les différences d'orthographe se voient surtout à la fin des mots terminés par la syllabe *ui* ou *uy;* dans l'édition de 1687, on écrit, par exemple, *oui, lui, celui, ennui, aujourd'hui,* et, dans l'édition de 1697, ces mots sont écrits souvent *ouy, luy, celuy, ennuy; aujourd'huy,* etc... Dans les éditions précédentes, la deuxième personne pluriel de l'indicatif ou de l'impératif des verbes se termine ordinairement par *és,* par exemple *vous trouvés, vous cherchés, vous espérés, vous regardés;* dans l'édition de 1697, ces mots sont orthographiés avec *ez, trouvez, cherchez, espérez, regardez,* etc... Racine supprima quelques vers dans l'édition de 1697, aux deux premiers actes de la *Thébaïde* et aux deux derniers de *Bajazet*. La préface de cette dernière pièce offre des différences avec celle de l'édition précédente, et on y a supprimé une page à la fin.

Le tome II de l'édition de 1697 renferme des corrections faites par des cartons après le tirage, en onze endroits, aux pages 146, 163, 172, 273, 407, 427-428, 451, 471-472, 503. Cela fait 9 feuillets cartonnés, renfermant seulement des corrections typographiques ou des changements insignifiants de mots fautifs. Ces cartons se distinguent des feuillets primitifs en ce qu'on voit sur tous en bas les mots TOME II, qui ne se trouvent dans le cours du volume qu'au bas du premier feuillet de chaque cahier.

PRIX de l'édition de 1697 : Vente Bertin (1854), mar. r. par Niedrée, 72 fr. —

Vente Brunet (1867), bel ex. orné d'une excellente reliure ancienne en mar. r. par Boyet, 999 fr. — Vente Potier (1870), mar. bl. par Capé-Masson-Debonnelle, 310 fr.— Catal. Fontaine (1875), superbe ex. mar. r. doublé de mar. r. par Trautz, 1,800 fr. — Vente L. de M. (Lebeuf de Montgermont), 1876, mar. r. par Trautz, 900 fr. — Vente Didot (1878), mar. r. par Hardy, 400 fr. — Répertoire Morgand et Fatout (1882), superbe ex. mar. bl. doublé de mar. citr. par Thibaron, 700 fr.; — un autre bel ex. plus grand de marges, mar. bl. par Lortic, 600 fr.; — et un autre enfin en première rel. en veau, 300 fr.

SATIRES
Du Sieur D✶✶✶

A PARIS,
Chez Lovïs Billaine, dans la
Grand' Salle du Palais, à la Palme,
& au grand Cefar.

MDCLXVI.
Avec Privilege du Roi.

Par Boileau-Despréaux.

In-12, composé de : 6 feuillets préliminaires non chiffrés, comprenant le frontispice gravé, le titre imprimé, dont le verso est blanc, un avis intitulé *Le Libraire au Lecteur*, l'*Extrait du Privilége du Roy*, occupant seulement le recto du sixième feuillet, dont le verso est blanc ; — 71 pages chiffrées, pour le texte des satires. (Biblioth. de l'auteur de cette *Bibliographie*.) La Bibl. nat. en possède un exemplaire au nom de Claude Barbin ; il est coté Y. 5344. Réserve.

Le Privilège, accordé à Claude Barbin, en date du 6 mars 1666, n'est suivi d'aucune déclaration d'association entre les libraires. Pourtant on voit, par le titre reproduit ci-dessus, qu'il existe des exemplaires au nom de Louis Billaine, et on en trouve aussi avec les noms de Denys Thierry et Frédéric Leonard. D'ailleurs, Claude Barbin s'était évidemment associé tous ces libraires pour la publication du livre ; mais sa déclaration fut omise dans cette première édition et ne parut que dans celle de 1668 (voir ci-après, page 393).

Le frontispice gravé représente une muse, ou la Satire, démasquant l'ignorance ou l'hypocrisie, personnifiées par un personnage à tête de nègre. Derrière est un petit satyre qui tient le flambeau de la science, et, au bas, trois jeunes satyres font des cornets avec de mauvais livres.

Cette édition *princeps* des *Satires* de Boileau est rare. On y trouve les sept premières satires, plus le *Discours au Roi,* lequel est placé ici entre la cinquième et la sixième (pages 49 à 57). Dans toutes les éditions suivantes, le *Discours au Roi* est placé en tête, avant la première satire.

Trois pièces de ce volume avaient déjà paru, en 1665, dans le *Nouveau recueil de plusieurs et diverses pièces galantes de ce temps* (à la Sphère), petit in-12, deux parties ordinairement réunies en un volume, contenant aussi le *Remerciment au Roy,* de Molière. Ces trois pièces de Boileau étaient la satire II, *A Molière,* la satire IV, *A M. l'abbé Le Vayer,* enfin le *Discours au Roy*. Mais elles présentent là un texte un peu différent, qu'on retrouve dans la petite édition clandestine de Boileau, décrite ci-après.

Il avait paru aussi, en 1666, une réunion de quelques pièces de Boileau, sous ce titre : *Recueil contenant plusieurs discours libres et moraux en vers,...* (voir le fac-similé ci-après), recueil anonyme presque inconnu, dont il est question pourtant dans l'avis du libraire au lecteur de l'édition de Paris, 1666, que nous venons de décrire.

Cette plaquette est d'une grande rareté, sans doute parce que son titre vague ne l'ayant pas désignée à l'attention des bibliophiles, les exemplaires en ont disparu, dédaignés même des chercheurs.

Ce petit volume se compose de 30 pages chiffrées, en totalité, y compris le titre avec date (reproduit ci-après), dont le verso est blanc.

On y trouve : le *Discours au Roy,* placé en tête et dont nous donnons le commencement (voir le fac-similé ci-après, page 388); — la pièce appelée *Satire I* dans l'édition originale authentique, et qui porte ici le titre de *Deuxieme Discours contre les meours* (sic) *de la ville de Paris;* — la pièce intitulée *Satire VII*, et qui s'appelle ici le *Discours troisième;* — la *Satire IV, à M. l'abbé Le Vayer*, appelée ici *Discours quatrieme;* — la *Satire V, à Monsieur le marquis d'Angeau*, portant ici le titre de *Discours cinquiesme sur la noblesse depourveue de vertu;* — enfin, la pièce adressée *à Molière, Satire II,* qui porte ici le nom de *Discours sixième, à Molière*.

On y remarque un

RECVEIL
CONTENANT
PLVSIEVRS DISCOVRS
LIBRES ET MORAVX EN VERS,

ET
VN IVGEMENT EN PROSE
SVR LES SCIENCES OV VN
HONNESTE HOMME
peut s'occuper.

M. DC. LXVI.

grand nombre de différences avec l'édition des *Satires du sieur D****, datée de 1666, donnée par Boileau, décrite ici page 385; plus un certain nombre d'additions, des modifications quelquefois importantes de plusieurs vers, des noms propres changés et même parfois orthographiés d'une façon plus rationnelle, d'autres écrits en toutes lettres et à la place desquels on ne voit que des points dans celle de *Satires,* 1666. Bref, cette édition présente une version primitive de Boileau, et, quoiqu'elle ait été publiée sans son aveu et qu'il la traite de *monstrueuse* dans la préface de ses éditions originales, il n'en est pas moins vrai qu'elle est importante pour prouver que le poète mettait déjà en pratique les préceptes que ses vers ont immortalisés depuis :

> Vingt fois sur le métier remettez votre ouvrage,
> Polissez-le sans cesse et le repolissez,
> Ajoutez quelquefois et souvent effacez.

DISCOVRS
AV
ROY.

IEVNE, & vaillant Heros, dont la haute sagesse
N'est point le fruit tardif d'une lente vieillesse ;
Et qui seul sans Ministre, à l'exemple des Dieux
Soûtiens tout par toy même, & vois tout partes veux
Grand Roy, si jusqu'icy par un trait de prudence
I'ay demeuré pour toy dans un lâche silence,
Ce n'est pas que mon cœur de ta gloire charmé
Ne soit à tant d'exploits d'un saint zele enflamé ;
Mais je sçay peu loüer, & ma Muse tremblante
Fuit d'un si grand fardeau la charge trop pesante,
Et ma plume mal propre à peindre des Guerriers,
Craindroit en les touchant de flétrir tes Lauriers ;
Ainsi, sans m'aveugler d'une vaine manie,
Ie sçay regler ma Muse à son humble Genie,
Plus sage en mon respect que ces sages mortels,
Qui d'un indigne encens profanent tes Autels ;
Dont la Muse marchant d'un pas lent & timide
Ne t'offre en ses Ecrits qu'une loüange Aride,
Et qui vont tous les jours d'une importune voix
T'ennuyer du recit de tes propres exploits :
Cependant à les voir avecque tant d'audace
Te promettre en leur nom les faveurs du Parnasse,
On diroit qu'ils ont seuls l'oreille d'Apollon,
A

Car il est incontestable que, si l'on y rencontre des fautes matérielles, on y voit aussi des passages différents, qui sont à n'en pas douter l'œuvre originale de Boileau, dont le style et la tournure d'esprit sont si faciles à reconnaître.

Le petit *Recueil* en question étant pour ainsi dire inconnu, et dans tous les cas d'une grande rareté, nous en publions à part une édition nouvelle, reproduisant en fac-similé la première e indiquant les variantes de l'édition originale donnée par Boileau, avec une notice bibliographique des œuvres de Boileau parues de son vivant.

Dans les recueils de Hollande, intitulés *Recueil des meilleurs contes du sieur de La Fontaine, les satyres de Boileau et autres pièces curieuses,* parus à Amsterdam, chez Jean Verhoeven, en 1668 et ensuite en 1669, on retrouve les pièces de l'édition clandestine de Boileau, avec le même texte.

PRIX de l'édition des *Satires*, de 1666 : Vente Bertin (1854), mar. r. par Bauzonnet-Trautz, 27 fr. — Vente Solar (1860), le même ex., 71 fr. ; — et un autre ex. mar. r., moins beau, 50 fr. — Vente Sainte-Beuve (1870), veau fauve, 157 fr. — Vente L. de M. (Lebeuf de Montgermont), 1876, mar. r. par Trautz, très bel ex., 380 fr. — Vente Didot (1878), mar. r., 190 fr. — Vente Rochebilière (1882), rel. anc. en v. br., bel ex., 255 fr.

SATIRES

Du Sieur D$_{***}$

SECONDE EDITION.

A PARIS,

Chez DENYS THIERRY, ruë S.
Jacques à l'enseigne de la
Ville de Paris.

M. DC. LXVII.
Avec Privilege du Roy.

Par BOILEAU-DESPRÉAUX.

 In-12, composé de : 6 feuillets préliminaires non chiffrés, comprenant le titre (reproduit ci-dessus, ou portant d'autres noms et d'autres fleurons, indiqués ci-après), et dont le verso est blanc, un avis intitulé *Le Libraire au Lecteur,* un *Extraict du Privilége;* — 71 pages chiffrées, pour les satires.

 Le Privilège, accordé à Claude Barbin, libraire, est daté du 6 mars 1666. C'est le même que celui de l'édition originale décrite ci-dessus. Il n'y est pas fait mention d'association de Barbin avec d'autres libraires; pourtant on trouve des exemplaires aux noms de Denys Thierry, ou de Claude Barbin, ou de Frédéric Leonard, avec des fleurons différents sur le titre, mais autrement tout à fait semblables. (Bibliothèque de M. A. DE CLAYE.) Les exemplaires au nom de Frédéric Leonard n'ont pas sur le titre le fleuron ci-dessus, représentant une jolie vue de Paris. Nous n'avons pas vu si elle existait sur le titre des exemplaires portant le nom de Claude Barbin.

Cette seconde édition, fort rare, reproduit les mêmes pièces que la première, sans autres modifications typographiques importantes que le déplacement du *Discours au Roy*, qui est ici placé en tête des Satires, au lieu d'être, comme dans la première édition, entre les satires V et VI, une addition de trois pages et demie à la fin de l'avis intitulé *Le libraire au Lecteur*, et quelques corrections.

Le Privilège est exactement le même dans la seconde édition que dans la première.

Voici quelques corrections qui furent faites au premier texte, lors de la publication de cette seconde édition. Dans la SATIRE IV, *A Monsieur l'abbé Le Vayer*, 2e vers de la page 37, on lisait :

Ariste veut rimer, & c'est là sa folie.

Ce vers est ainsi modifié dans la seconde édition, page 46, vers 2e :

Pucelain veut rimer, & c'est là sa folie.

Ce nom de *Pucelain* était ingénieux et énergique pour désigner Chapelain, l'auteur de la *Pucelle*, et était plus clair qu'*Ariste* ou que *Lisiman*, nom employé dans la première édition désavouée, décrite ci-devant sous le titre de *Discours*... Plus tard, Boileau adopta catégoriquement le nom de Chapelain, et on lit dans toutes les éditions :

Chapelain veut rimer, & c'est là sa folie.

Une autre correction importante fut faite dans la SATIRE VI (sur les embarras de Paris). Dans la première édition donnée par Boileau, en 1666, à la page 61, après le 4e vers : *Des mulets en sonnant augmentent le murmure*, ne se trouvaient pas les quatre vers suivants, qu'on voit dans les exemplaires de la seconde édition, portant sur le titre le nom de Denys Thierry ou celui de Frédéric Leonard :

> Et bientost cent chevaux *dans la foule appelez*
> De l'embarras qui croist *forment* les defilez ;
> Et partout des passans, enchaisnant les brigades,
> Au milieu de la Paix, font voir les barricades.

Il est à remarquer encore que, dans quelques exemplaires de cette seconde édition, généralement ceux qui portent le nom de Claude Barbin, se trouve un carton pour cette page 61, et on y a modifié ainsi les deux premiers vers ci-dessus :

> Et bientost cent chevaux, *l'un à l'autre attelez,*
> De l'embarras qui croist *ferment* les defilez ;

Dans les éditions postérieures, Boileau revint en partie à l'une et en partie à l'autre rédaction. On y lit en effet :

> *Aussitôt* cent chevaux *dans la foule appellez*
> De l'embarras qui croist *ferment* les defilez.

On trouve souvent, reliée à la suite de la seconde édition ci-dessus décrite, une plaquette intitulée :

Satires || du sieur D*** || Quatriesme édition. || (Un fleuron, fougères et chardons entrelacés.) || *A Paris,* || *chez Louis Billaine,* || *Denys Thierry,* || *Frederic Leonard* || *et* || *Claude Barbin.* || M. DC. LXVIII. || In-12, composé de : 2 feuillets préliminaires, le premier blanc, le second contenant le titre, dont le verso est blanc ; — 14 pages chiffrées, pour le texte, et une page non chiffrée, pour l'*Extrait du Privilége* (le même que celui des éditions précédentes).

A la fin du Privilège, on lit la déclaration d'association de Barbin avec les libraires nommés sur le titre.

Cette plaquette, qui ne contient que la première édition in-12 séparée de la Satire VIII, *A Monsieur M** Docteur de Sorbonne,* est également rare. Elle est imprimée en plus petits caractères que ceux des autres éditions.

Cette célèbre satire VIII, que Boileau appelait la satire *de l'homme,* était dédiée à M. Morel, de Châlons, docteur de Sorbonne, qui mourut en 1679, doyen de la faculté de théologie et chanoine de Paris.

Prix de la seconde édition : Vente Solar (1860), ex. mal annoncé comme daté de 1668, mar. r. par Capé, 24 fr. — Vente Didot (1878), mar. v. par Hardy, 80 fr. — Vente Rochebilière (1882), bel ex. demi-reliure, 151 fr. — Vente Roger (du Nord), mar. citr. un peu défraîchi, par Trautz, 50 fr.

SATIRES
DV SIEVR D***.

A PARIS,

Chez { LOUIS BILLAINE,
DENYS THIERRY,
FREDERIC LEONARD,
ET
CLAUDE BARBIN.

M. DC LXVIII.
Avec Privilege du Roi.

Par BOILEAU-DESPRÉAUX.

In-8°, composé de 6 feuillets préliminaires non chiffrés, savoir : un feuillet blanc, un frontispice gravé, le titre imprimé (reproduit ci-dessus) et un avis intitulé *Le libraire au lecteur*; — 76 pages chiffrées contenant le

Discours au Roi et neuf *Satires;* — un feuillet non chiffré, dont le recto est occupé par l'*Extrait du Privilége du Roi* et dont le verso est blanc; — un autre feuillet entièrement blanc; — enfin 6 feuillets non chiffrés (12 pages pleines), contenant le *Discours* (en prose) *sur la satire,* suivi d'un nouvel *Extrait du Privilége,* reproduisant exactement le premier.

Les feuillets préliminaires forment deux fragments de cahier, l'un de 2 feuillets non signés, l'autre de 4 feuillets, signé $\bar{a}$; le reste du volume est composé de 6 cahiers, signés *A-F,* de 8 feuillets chacun, y compris le feuillet blanc, sauf le dernier cahier, *F,* qui n'a que 6 feuillets.

Le Privilège, dont on voit ici deux extraits, est daté du 6 mars 1666 et accordé à Claude Barbin, lequel l'a fait suivre d'une déclaration d'association avec « Loüis Billaine, Denys Thierry et Frederic Leonard ».

Le frontispice gravé représente une muse démasquant l'ignorance ou le vice, personnifiés par un homme très laid à tête de nègre, pendant qu'un jeune satyre, tenant une torche à la main, lui fait un pied de nez et que d'autres jeunes satyres déchirent de mauvais livres, dont ils font des cornets. (BIBL. NAT. Y. 5344. + A. Réserve.)

Édition intéressante, qui contient de plus que les précédentes les *Satires VIII* et *IX* et le *Discours sur la Satire.* L'exemplaire de la Bibliotheque nationale que nous venons de signaler est dans une reliure ancienne en veau, aux armes du prince de Condé.

Comme cette édition et les précédentes ne portent pas d'*Achevé d'imprimer,* il est difficile de savoir si la Satire VIII a paru pour la première fois dans l'in-8° avec pagination suivie que nous décrivons ici, ou si elle a été d'abord imprimée séparément dans la plaquette in-12 de 1668, que nous avons décrite à la fin de notre article précédent (page 391). Mais il est certain que la Satire IX (de Boileau *à son esprit*), dans laquelle le poète ridiculise plusieurs écrivains de son temps, sous prétexte de critiquer ses propres défauts, et aussi le *Discours sur la Satire,* sont en édition originale dans l'in-8° de 1668. Boileau publia, dans les éditions de ses œuvres qui parurent de 1674 à 1701, de nouvelles poésies de différents genres, des épîtres, des poèmes, des épigrammes; ce fut seulement en 1694, qu'il fit paraître sa fameuse *Satire X,* sur les femmes, en une plaquette séparée de format in-4°.

PRIX de l'in-8° de 1668 : Vente Solar (1860), demi-rel., 10 fr. — Vente Didot (1878), mar. v. par Lortic, 76 fr.

ŒUVRES
DIVERSES
Du Sieur D***

AVEC

LE TRAITÉ
DU
SUBLIME
OU
DU MERVEILLEUX
DANS LE DISCOURS.

Traduit du Grec de Longin.

A PARIS,
Chez LOUIS BILLAINE, au deuxiéme Pillier de
la grand'-Salle du Palais, au grand Cesar.
M. DC. LXXIV.
AVEC PRIVILEGE DU ROI.

Première édition collective de BOILEAU, sous le titre d'ŒUVRES.

In-4°, ainsi composé : 2 feuillets préliminaires non chiffrés, contenant le titre et un avis *Au Lecteur*; — 142 pages chiffrées, pour le *Discours au Roi*, les huit Satires et le *Discours sur la Satire*, quatre épîtres et l'*Art poétique*, avec son faux-titre ; — 8 pages non chiffrées, pour la *Table des matieres de l'Art poetique*; — 3 feuillets non chiffrés, pour le faux-titre du *Lutrin* et un avis *Au lecteur* (ces 3 feuillets doivent former les pages 143-148); — pages 149-178 chiffrées, pour le *Lutrin* (les quatre premiers chants); — 1 feuillet non chiffré, pour un *Privilége;* — 4 feuillets non chiffrés, pour la *Préface* du *Traité du Sublime*; — 102 pages chiffrées à nouveau, pour le *Traité du Sublime*, y compris, au commencement, le faux-titre, qui compte pour les pages 1-2; — 7 pages non chiffrées, pour la *Table des matières du Traité du Sublime;* — 2 pages non chiffrées, pour le *Privilége;* — et une dernière page non chiffrée, pour une mention de l'imprimeur.

Le Privilège, qu'on retrouve en deux endroits dans le volume, est accordé au sieur D*** pour dix années. Il est daté de Versailles, le 28 mars 1674, et contresigné COLBERT. On voit à la suite une déclaration de cession de droits par le sieur D*** à Denys Thierry, à la charge d'associer au privilège Louis Billaine, Claude Barbin et la veuve La Coste. (Il existe des exemplaires portant l'un ou l'autre de ces noms sur le titre.) Ensuite vient la mention : *Achevé d'imprimer, pour la premiere fois, le 10 juillet 1674.*

La dernière page non chiffrée, au verso de la fin du privilège, contient seulement cette mention : *A Paris, De l'imprimerie de Denys Thierry, rue Saint Jacques, à l'Enseigne de la Ville de Paris.* — M. DC. LXXIV.

En tête du volume se trouve un beau frontispice gravé, signé, à droite, *P. Landry sculp.* Un autre frontispice signé, à gauche, *F. Chauveau in. et sculp. 1674,* se voit en tête du *Lutrin.* Ni l'une ni l'autre de ces gravures ne compte dans la pagination. (BIBL. NAT. Y. 5334. + + A. Réserve.)

Cette belle et bonne édition renferme, outre les satires, les quatre premières épîtres, la *Préface,* l'*Art poétique* complet (quatre chants) et les quatre premiers chants du *Lutrin,* qui paraissent ici pour la première fois.

PRIX : Vente Bertin (1854), mar. r. par Trautz, 80 fr. — Vente Solar (1860), mar. r. par Duru, 79 fr. — Vente Potier (1870), mar. r. par Duru, 102 fr. — Catal. Fontaine (1875), superbe ex. de M. E. Quentin-Bauchart, mar. r. par Trautz, 500 fr.; — et un autre ex. mar. v. par Hardy, 250 fr. — Vente L. de M. (1876), mar. r. par Duru, 140 fr. — Bulletin Morgand et Fatout (1878), bel ex. mar. r. par Lortic, 300 fr. — Vente Roger (du Nord), 1884, bel ex. mar. r. par Trautz, 145 fr.

OEUVRES
DIVERSES
Du St BOILEAU DESPREAUX:
AVEC
LE TRAITÉ
DU
SUBLIME,
OU
DU MERVEILLEUX
DANS LE DISCOURS,
Traduit du Grec de LONGIN.

Nouvelle Edition, reveuë & augmentée.

A PARIS,
Chez DENYS THIERRY, ruë saint Jacques, devant les Mathurins, à la ville de Paris.

M. DCCI.
AVEC PRIVILEGE DU ROY.

In-4°, ainsi composé : un frontispice gravé, non compris dans les cahiers, et sans doute précédé d'un feuillet blanc correspondant, 8 feuillets préliminaires non chiffrés, portant les signatures ã et ẽ, et comprenant le titre, la *Préface* et la table générale intitulée *Liste des ouvrages contenus dans ce volume;* — 446 pages chiffrées, pour le texte des œuvres poétiques et divers fragments en prose, notamment à la fin, la Lettre III, « à Monsieur Perrault de l'Académie françoise », une table détaillée par ordre alphabétique, intitulée *Table des principales matières;* — 200 pages chiffrées pour le *Traité du sublime ou du merveilleux dans le discours, traduit du grec de Longin* (mais non compris la *Préface*), avec les remarques, quelques odes latines, et la *Lettre de Monsieur Arnauld, docteur de Sorbonne, à M^r P** au sujet de la dixième satire de M. Despréaux;* — enfin 6 pages non chiffrées, contenant une *Table des principales matières du Traité du sublime* (par ordre alphabétique) et l'extrait du Privilège, occupant le dernier tiers de la 6e page; plus 1 feuillet blanc, pour terminer le cahier.

Le frontispice, très bien gravé et signé à droite *P. Landry sculp.*, représente un coin de l'Orangerie de Versailles, avec vue d'un fragment du palais, au second plan à gauche. Minerve ordonne à deux jardiniers de placer un superbe vase orné d'un soleil, et renfermant un oranger, sur un socle au bas duquel on lit ces mots : *Utile dulci.* C'est le même dessin que celui de l'édition de 1674, décrite ci-devant.

Au commencement du chant premier du *Lutrin* se trouve un frontispice dessiné et gravé par Chauveau, signé à droite et daté de 1674, lequel compte dans la pagination et les signatures. A cet endroit du volume on voit une lacune de pagination; l'avis au lecteur se termine à la page 230, vient ensuite le frontispice, non paginé, mais qui doit compter pour les pages 231-232, et la page suivante, qui commence le poème du *Lutrin*, reprend à 241. Ce fait pourrait faire supposer que le volume est incomplet; mais si l'on consulte les signatures du bas des pages, on se convainc de suite que rien ne manque. Avant le chant II, on trouve une autre gravure signée de Chauveau, laquelle est tirée au verso de la fin du texte du chant Ier. Les autres chants n'ont pas de frontispices. (BIBL. NAT. Y. + 5336. Réserve.)

Cette bonne édition, publiée par Boileau lui-même, est celle qu'il appelait son *édition favorite.* C'est la première à laquelle il ait attaché son nom. L'édition in-12, que nous allons décrire dans notre article suivant, parut presque simultanément et était comprise par l'auteur dans sa dénomination de *favorite,* quoique présentant des corrections et quelques légères augmentations.

Prix de l'édition in-4º : Vente Bertin (1854), rel. anc. en v. br., 22 fr. 50. — Bulletin Morgand et Fatout (1876), précieux ex. ayant appartenu au poète bourguignon du XVIIIᵉ siècle, Bernard de La Monnoye, et annoté par lui, contenant de plus une page autographe de Boileau, le tout rel. anc. en veau brun, 700 fr. — Même Bulletin (1877), mar. v. par Duru, avec une épigramme autographe de Boileau ajoutée, 350 fr. — Même Bulletin (1885), mar. bl. par Petit, 100 fr.

OEUVRES
DIVERSES
Du Sʳ BOILEAU DESPREAUX:
AVEC
LE TRAITÉ
DU
SUBLIME,
OU
DU MERVEILLEUX
DANS LE DISCOURS,

Traduit du Grec de LONGIN.

Nouvelle Edition reveuë & augmentée.

TOME PREMIER.

A PARIS

Chez DENYS THIERRY, ruë faint Jacques
à la ville de Paris, devant les Mathurins.

M. DCCI.
AVEC PRIVILEGE DU ROY.

2 volumes in-12, ainsi composés :

TOME PREMIER. 10 feuillets préliminaires non chiffrés, comprenant le frontispice gravé, le titre, imprimé en rouge et noir, dont le verso est blanc, la *Préface,* la « *Liste des ouvrages contenus dans les deux volumes de mes Œuvres* »; — 384 pages chiffrées, pour le texte des œuvres et la *Table des principales matières* du premier tome.

Le frontispice est signé *Petr. Landry.* C'est la réduction de la gravure des éditions in-4° de 1674 et de 1701, que nous venons de décrire ici (pages 395 et 397. En outre, ce volume contient 7 gravures, savoir : un frontispice pour l'*Art poétique* et une gravure en tête de chaque chant du *Lutrin.* Toutes ces figures comptent dans la pagination.

Tome second. 2 feuillets prélim. non chiffrés, comprenant le frontispice gravé et le titre, imprimé en rouge et noir, dont le verso est blanc; — 263 pages chiffrées en totalité, pour le texte des œuvres en prose, les lettres, la *Table des matières* et l'*Extrait du Privilége.* (Bibl. nat. Y. 5336. b. Rés.)

Le Privilège, daté du 23 octobre 1697, est accordé « au sieur Boileau-Despréaux » pour seize années. Il est suivi de la déclaration de cession à Denys Thierry. Le frontispice est une mauvaise imitation de celui de l'édition *princeps* de 1666.

Excellente édition, publiée par Boileau quelques mois après l'édition in-4° de la même année. Il la désigne dans sa Préface comme sa dernière édition, son *édition favorite,* de même qu'il l'avait fait dans la Préface de l'in-4° que nous avons décrit ci-devant, page 397. Cette édition en 2 volumes in-12 est bien en effet la dernière revue par lui et présente encore quelques différences légères avec l'édition in-4°, des corrections et même, dit M. Berriat Saint-Prix, quelques leçons nouvelles.

Elle mérite d'être recherchée à ce titre. Boileau, qui mourut en 1711, n'en donna pas d'autre, en effet. Il corrigea encore dans celle-ci quelques fautes qui lui avaient échappé dans l'édition in-4°, parue peu de temps auparavant et presque en même temps.

Prix : Vente Bertin (1854), très bel ex. mar. br. par Bauzonnet-Trautz, 130 fr. — Vente Potier (1870), mar. bl. par Capé, 88 fr. — Vente L. de M. (Lebeuf de Montgermont), 1876, bel ex. orné d'une bonne rel. anc. en mar. citr. doublé de mar. r. aux armes de Mme de Chamillart, vendu, à cause de cette reliure et de cette provenance, 3,920 fr. — Bulletin Morgand et Fatout (1876), bel ex. mar. r. par Hardy, 200 fr. — Vente Didot (1878), mar. bl. par Lortic, 155 fr. — Vente Guy-Pellion (1882), superbe ex. orné d'une bonne rel. anc. en mar. r., 710 fr.

REFLEXIONS
SUR
LA MISERICORDE
DE DIEU

Par une Dame Penitente.

A PARIS,
Chez ANTOINE DEZALLIER, rue
S. Jacques, à la Couronne d'or.

M. DC. LXXX.
Avec Approbation & Privilege.

Par Mademoiselle de LA VAL-
LIÈRE.

Petit in-12, de 8 feuillets prélim. non chiffrés, contenant le titre, dont le verso est blanc, l'*A-vertissement*, la *Table* et l'*Approbation des Docteurs*, datée du 8 juin 1680, signée ROULAND et PH. DUBOIS; — 139 pages chiffrées, pour le texte, plus 1 page pour l'*Extrait du Privilége*, suivi de l'*Achevé d'imprimer*.

Édition originale de ce célèbre ouvrage mystique, auquel les mots *Par une Dame pénitente*, adoptés par l'auteur, donnent un certain attrait piquant et mélancolique. Ce petit volume est fort recherché et il est devenu très rare. (BIBL. NAT. Inv. D. 13584.)

Le Privilège, en date du 13 mai 1680, est accordé à Antoine Dezallier, pour imprimer le livre pendant six ans. On lit à la fin la mention : *Achevé d'imprimer pour la première fois, le 20. Juin 1680.*

Le nom de Mlle de La Vallière ne fut pas imprimé avant l'édition de 1712, et encore il ne figura pas sur le titre, mais dans une pièce qu'y joignit l'éditeur et qui est intitulée *Récit abrégé de la vie pénitente et de la sainte mort de Madame la duchesse de La Vallière, connue depuis sa retraite sous le nom de sœur Louise de la Miséricorde.*

Mlle de La Vallière venait de mourir lorsque parut cette édition, publiée encore par le même Antoine Dezallier, qui avait donné l'originale.

PRIX de l'édition originale : Vente Solar (1860), ex. rel. en mar. r. par Niedrée, 29 francs. — Vente Taschereau (1875), rel. en mar. La Vall. par Capé, 420 fr. — Catal. Fontaine (1875), le même ex., 600 fr. — Répertoire Morgand et Fatout, 1882, rel. en mar. La Vall., par Duru et Chambolle, 450 fr.

ORAISON FVNEBRE
DE HENRIETTE MARIE
DE FRANCE,
REINE DE LA GRAND' BRETAGNE.

Prononcée le 16. *Novembre* 1669. *en presence de* MONSIEUR *Frere unique du Roi*, & *de* MADAME, *en l'Eglise des Religieuses de Saincte Marie de Challiot, où repose le Cœur de sa Majesté.*

Par MONSIEUR L'ABBE' BOSSUET, nommé à l'Evesché de Condom.

A PARIS,
Chez SEBASTIEN MABRE-CRAMOISY,
Imprimeur du Roy, ruë S. Jacques,
aux Cicognes.

M DC. LXIX.

ORAISON FUNÈBRE DE HENRIETTE DE FRANCE, par BOSSUET.

In-4°, composé de 2 feuillets préliminaires (le titre, précédé d'un feuillet blanc qui doit y correspondre); — 54 pages chiffrées, pour le texte, plus un feuillet blanc à la fin. Au bas de la 54e page se trouve un superbe cul-de-lampe, style Louis XIV, gravé en taille-douce et représentant une jolie tête surmontée de guirlandes de feuillages et de fleurs. En tête de l'*Oraison funèbre*, on voit un fleuron aussi gravé et dont le sujet est un tombeau ouvert, auprès duquel pleurent deux Amours. Édition originale, fort rare.

L'exemplaire de la BIBL. NAT. (Nc. 1221), qui nous a servi pour faire reproduire le titre ci-devant, est daté de 1669, comme quelques autres. Mais la plupart des exemplaires portent la date de 1670. Ce fait s'explique en ce que l'impression ayant été faite dans les derniers jours de l'année, on refit simplement un titre au mois de janvier pour les exemplaires non vendus.

Le style de cette oraison funèbre est particulièrement attachant. Bossuet, qui était surtout le grand orateur aux pensées puissantes et parfois sublimes, planant plutôt au-dessus des sentiments et des passions humaines que les pénétrant profondément, a trouvé là des expressions si touchantes et des sentiments si vrais, il a décrit avec tant de grandeur et tant d'impétuosité les orages politiques dont est victime la princesse dont il fait l'éloge, il montre avec une telle chaleur, presque avec une telle tendresse, le courage et le dévouement de cette femme admirable, qu'on suit avec émotion tous les développements de son discours, comme si on lisait la palpitante histoire d'une héroïne sympathique, autant que parce qu'on est en présence d'un superbe morceau d'éloquence religieuse. Les passages où, dans un mouvement grandiose, il rapporte tout à la divinité et rend la puissance des rois tributaire de la volonté et de la majesté de Dieu, sont à compter parmi les plus beaux qu'on puisse rencontrer non seulement chez Bossuet, mais encore chez tous les orateurs. Et l'on ne trouvera pas de plus belles pages que l'exorde de cette oraison funèbre de Henriette de France.

PRIX : Vente Solar (1860), ex. des deux oraisons funèbres de Henriette de France et de Henriette d'Angleterre, réunies en 1 vol., rel. anc. en mar. r. ayant appartenu à Bossuet, 195 fr. — Catal. Fontaine (1875), mar. r. par Trautz, 1,000 fr. — Vente Didot (1878), superbe ex. des deux oraisons de la bibliothèque de Solar, et venant de Bossuet, 5,000 fr. — Vente Rochebilière (1882), ex. pas grand de marges, non relié, 300 fr. — Vente Guy-Pellion (1882), très bel ex. mar. r. par Chambolle-Duru, 1,005 fr.

ORAISON FUNEBRE
DE HENRIETTE ANNE
D'ANGLETERRE,
DUCHESSE D'ORLEANS.

PRONONCEE A SAINT DENIS
le 21. jour d'Aouſt 1670.

Par Meſſire JACQUES BENIGNE BOSSUET, Conſeiller du Roi en ſes Conſeils, Evêque de Condom, Précepteur de Monſeigneur LE DAUPHIN.

A PARIS,
Chez SEBASTIEN MABRE-CRAMOISY,
Imprimeur du Roy, ruë S. Jacques,
aux Cicognes.

―――――――――――

M. DC. LXX.
AVEC PRIVILEGE DE SA MAIESTE.

Oraison funèbre de Henriette d'Angleterre, par Bossuet.

In 4º composé de : 53 pages chiffrées, y compris le titre, dont le verso est blanc ; plus une page non chiffrée, à la fin, pour un court *Extrait du Privilége*. En tête du faux-titre de départ, se trouve un fleuron-vignette représentant un tombeau, entouré de quatre femmes qui pleurent ; au milieu sont les armes de Henriette d'Angleterre, duchesse d'Orléans. Au bas de la dernière page du texte se trouve un joli cul-de-lampe, gravé sur cuivre par K. Audran et signé, représentant une charmante figure de femme, portant sur la tête une corbeille de fruits. Autour du buste sont deux dauphins entrelacés d'une façon aussi bizarre que décorative.

Le privilège, daté du 12 octobre 1670, était accordé à Sébastien Mabre-Cramoisy, sans délai déterminé. (Bibl. nat. Ln 27. 15472.)

Cette oraison funèbre est, comme la précédente, une des plus recherchées de Bossuet. Quoique au début ce morceau oratoire soit bien inférieur au précédent, on ne tarde pas à y rencontrer le talent du grand orateur développant peu à peu son sujet avec sa clarté habituelle et arrivant à s'élever graduellement, par des accents les plus pathétiques, jusqu'à ces paroles attendrissantes, qu'on ne se lasse pas de citer : « O nuit désastreuse ! ô nuit effroyable, où retentit tout à coup comme un éclat de tonnerre, cette étonnante nouvelle, Madame se meurt, Madame est morte ! Qui de nous ne se sentit frappé à ce coup, comme si quelque tragique accident avoit désolé sa famille ?..... Le Roi, la Reine, Monsieur, toute la Cour, tout le peuple, tout est abattu, tout est désespéré ; et il me semble que je vois l'accomplissement de cette parole du prophète : « Le Roi pleurera, le Prince sera désolé, et les mains tomberont au peuple de douleur et d'étonnement.

« Mais et les princes et les peuples gémissoient en vain. En vain Monsieur, en vain le Roi même tenoit Madame serrée par de si étroits embrassements. Alors ils pouvoient dire l'un et l'autre avec saint Ambroise : *Stringebam brachia, sed jam amiseram quam tenebam* : je serrois les bras, mais j'avois déjà perdu ce que je tenois. La Princesse leur échappoit parmi des embrassements si tendres, et la mort plus puissante nous l'enlevoit entre ces royales mains. »

Prix : Vente Potier (1870), mar. r. par Trautz, 250 fr. — Catal. Fontaine (1875), mar. r. par Trautz, 1000 fr. — Vente Rochebilière (1882), ex. non relié, 150 fr. — Vente Guy-Pellion (1882), très bel ex. mar. r. par Trautz, 910 fr. — Bulletin Morgand (1883), ex. dérelié, 350 fr. — Même Bulletin (1887), très bel ex. mar. r. par Trautz, 600 fr.

RECUEIL D'ORAISONS FUNÉBRES.

A PARIS,
Chez SEBASTIEN MABRE-CRAMOISY,
Imprimeur du Roi, ruë Saint Jacques,
aux Cicognes.

M. DC. LXXII.
Avec Privilege de Sa Majesté.

Un volume in-12.

Première tentative de réunion des deux oraisons funèbres de Henriette de France et de Henriette d'Angleterre par BOSSUET, dont nous avons décrit les éditions originales in-4° (Voir pages 401-402 et 403-404.) Chacune de ces oraisons figure dans le recueil d'ailleurs avec une pagination séparée et sous son titre à part.

Voici la description de ce recueil : Titre général (reproduit ci-dessus), lequel doit être précédé d'un feuillet blanc, qui y correspond ; — ensuite : *Oraison funèbre de Henriette-Marie de France, reine de la Grand'Bretagne.*

Prononcée le 16 novembre 1669, en présence de Monsieur Frère unique du Roi, et de Madame, en l'église des Religieuses de sainte Marie de Challiot, où repose le cœur de Sa Majesté. Par Messire Jacques Benigne Bossuet, Conseiller du Roi en ses Conseils, Evêque de Condom, Précepteur de Monseigneur le Dauphin. Quatrième édition. *A Paris, chez Sébastien Mabre-Cramoisy, Imprimeur du Roy, rue S. Jacques, aux Cigognes.* M. DC. LXXI. *Avec privilége de Sa Majesté.* 70 pages chiffrés en totalité, y compris le titre, qui compte pour les pages 1-2. = *Oraison funèbre de Henriette-Anne d'Angleterre duchesse d'Orléans*. Prononcée à Saint Denis le 21 jour d'Aoust 1670. Par messire Jacques Benigne Bossuet. Conseiller du roi en ses conseils, Évêque de Condom, Précepteur de Monseigneur le Dauphin. Seconde édition. *A Paris, chez Sébastien Mabre-Cramoisy*..... M. LC. LXXI. *Avec privilége de Sa Majesté.* 66 pages chiffrées, y compris le titre, qui compte pour les pages 1-2 ; plus 1 feuillet non chiffré à la fin, contenant au verso l'*Extrait du privilége du Roy*.

Ce Privilège, en date du 12 octobre 1670, est accordé à Sébastien Mabre-Cramoisy, pour imprimer « *les Oraisons funèbres prononcées par Monseigneur l'Evesque & Seigneur de Condom, Precepteur de Monseigneur le Dauphin.*

Ce recueil est rare avec le titre général. On y trouve la première édition dans le format in-12, de chacune des deux oraisons funèbres.

Le titre général paraît n'avoir pas été spécialement imprimé pour servir à réunir les oraisons funèbres de Bossuet. Il devait sans doute servir à d'autres ouvrages du même genre des orateurs contemporains. En effet, dans le catalogue de la bibliothèque Rochebilière, publié en 1882, on voyait à côté d'un recueil de 1672, tout à fait semblable à celui que nous avons décrit ci-dessus, un autre recueil avec le même titre et contenant, outre les deux oraisons funèbres de Bossuet, la pièce suivante : *Panégyrique funèbre de Messire Pompone de Bellièvre, premier Président au Parlement,* prononcé à l'Hostel-Dieu de Paris, le 17 avril 1657... par le Rev. Père Lallemant... Troisième édition. *Paris, S. Mabre-Cramoisy,* 1671 ; in-12. Il serait intéressant, pour être fixé avec certitude, de rencontrer sous le même titre de 1672, des recueils contenant d'autres panégyriques funèbres, mais sans les deux oraisons de Bossuet, et cela, bien entendu, en reliure du temps.

Prix du recueil décrit par nous ci-dessus : Vente Rochebilière (1882), ex. piqué de vers, rel. en veau, 10 fr. — et un autre ex. plus beau, contenant de plus le *Panégyrique de Pompone de Bellièvre,* rel. anc. en veau brun, 99 fr.

ORAISON FUNEBRE DE MARIE TERESE D'AUSTRICHE INFANTE D'ESPAGNE, REINE DE FRANCE ET DE NAVARRE.

Prononcée à Saint Denis le premier de Septembre 1683.

Par Messire JACQUES BENIGNE BOSSUET, Evesque de Meaux, Conseiller du Roy en ses Conseils, cy-devant Précepteur de Monseignour le DAUPHIN, Premier Aumosnier de Madame la DAUPHINE

A PARIS,
Chez SEBASTIEN MABRE-CRAMOISY, Imprimeur du Roy, ruë Saint Jacques, aux Cicognes.

M. DC. LXXXIII.
AVEC PRIVILEGE DE SA MAJESTÉ.

ORAISON FUNÈBRE DE MARIE THERÈSE, par BOSSUET.

In-4°, ainsi composé : titre, non compris dans la pagination ni dans les cahiers, et précédé d'un feuillet blanc et correspondant, 61 pages chiffrées pour le texte, plus une page non chiffrée, à la fin, pour l'*Extrait du Privilége;* plus un feuillet blanc, terminant le cahier H. On voit en tête de la première page une jolie vignette de Séb. Le Clerc, représentant un catafalque. Le privilège, daté de « Chaville, le 12 aoust 1682 », est accordé « à Messire Jacques Benigne Bossuet, Evesque de Meaux, pour faire imprimer *tous les livres qu'il aura composez ou qu'il jugera à propos de faire imprimer pour l'utilité publique,* pendant vingt années... » Il est suivi de la mention suivante : « *L'Oraison funèbre de la Reine a esté achevée d'imprimer le 12 octobre 1683.* »

Il fut tiré de cette édition originale des exemplaires sur grand papier fort. Tel est celui de la BIBL. NAT. Lb 37. 3806, relié en maroquin noir ancien, aux armes de France.

Dans cette oraison funèbre, Bossuet a poussé le sentiment religieux jusqu'à un mysticisme grandiose, qu'on a déjà rencontré, mais beaucoup plus rarement, dans ses autres discours du même genre. Il ne lui était guère possible de se montrer autrement, en faisant l'éloge de cette reine vertueuse jusqu'au fanatisme, pieuse et même dévote jusqu'aux scrupules les plus minutieux, et malgré tout, si dévouée au roi Louis XIV, son infidèle mari, que celui-ci put dire à propos de la mort de la Reine : « Depuis vingt-trois ans que nous vivons ensemble, voilà le premier chagrin qu'elle m'ait causé. »

Le grand prélat s'humanise pourtant dans certains passages, particulièrement dans celui qui a trait au mariage de Marie-Thérèse avec Louis XIV : « Cessez, princes et potentats, de troubler par vos prétentions le projet de ce mariage. Que l'amour qui semble aussi le vouloir troubler, cède lui-même. L'amour peut bien 'remuer le cœur des héros du monde; il peut bien y soulever des tempêtes et y exciter des mouvements qui fassent trembler les politiques, et qui donnent des espérances aux insensés; mais il y a des âmes d'un ordre supérieur à ses loix, à qu'il ne peut inspirer des sentiments indignes de leur rang. »

PRIX : Vente Bertin (1854), demi-reliure, 8 fr. — Vente Solar (1860), le même ex. 18 fr. — Vente Potier (1870), mar. r. par Trautz, 180 fr. — Catal. Fontaine (1875), mar. r. par Trautz, 850 fr. — et un autre ex. mar. r. par Chambolle, 350 fr. — Vente Didot (1878), ex. en grand papier, rel. anc. en mar. noir, 1600 fr.

ORAISON FUNEBRE
DE TRES-HAUTE
ET TRES-PUISSANTE PRINCESSE
ANNE DE GONZAGUE
DE CLEVES,
PRINCESSE PALATINE.

Prononcée en présence de Monseigneur LE DUC, *de* Madame LA DUCHESSE, *& de* Monseigneur *le Duc* DE BOURBON, *dans l'Eglise des Carmelites du Fauxbourg Saint Jacques, le 9. Aoust 1685.*

Par Messire JACQUES BENIGNE BOSSUET, Evesque de Meaux, Conseiller du Roy en ses Conseils, cy-devant Précepteur de Monseigneur LE DAUPHIN, Premier Aumosnier de Madame LA DAUPHINE.

A PARIS,
Par SEBASTIEN MABRE-CRAMOISY, Imprimeur du Roy.

M. DC. LXXXV.
AVEC PRIVILEGE DE SA MAJESTÉ.

Oraison funèbre de la Princesse Palatine, par Bossuet.

In-4°, composé de : 59 pages chiffrées, en totalité, y compris le titre, dont le verso est blanc. Sans privilège, malgré l'indication du titre. En tête de l'oraison, se trouve un fleuron-vignette représentant un tombeau entouré de quatre personnages, avec deux Amours. A la fin de la dernière page, un grand cul-de-lampe décoratif, en hauteur. (Bibl. nat. Ln 27. 8919.)

Il fut tiré des exemplaires en grand papier fort.

C'eût été pour tout autre que le grand Bossuet une tâche difficile, de retracer avec éloquence et avec une conviction persuasive, l'existence édifiante, pieuse et presque triste des dernières années de cette princesse, dont le nom seul pouvait amener un sourire sur les lèvres de ceux qui l'avaient connue dans la jeunesse et l'âge mûr. Anne de Gonzague, princesse Palatine, avait été, en effet, « une grande pécheresse », une mondaine aimant et pratiquant tous les plaisirs, et elle eut pendant longtemps si peu de foi que, selon les expressions employées par elle-même dans des notes qu'elle a laissées, lorsqu'on parlait sérieusement devant elle des mystères de la religion catholique, elle « se sentait la même envie de rire qu'on sent ordinairement quand des personnes fort simples croient des choses ridicules et impossibles. »

Bossuet raconte avec éloquence les motifs de sa « miraculeuse conversion » attribuée par la princesse elle-même, dans ses écrits, à des songes qu'elle eut à deux reprises et qui changèrent complètement ses dispositions religieuses..... « Dès lors elle renonça à tous les divertissemens, à tous les jeux jusqu'aux plus innocens; se soumettant aux sévères loix de la pénitence chrétienne, et ne songeant qu'à restreindre et à punir une liberté qui n'avoit pu demeurer dans ses bornes. Douze ans de persévérance au milieu des épreuves les plus difficiles, l'ont élevée à un éminent degré de sainteté. » Quelques passages où l'orateur s'élève jusqu'au sublime, à propos des conquêtes de Gustave-Adolphe, roi de Suède, et aussi à propos des plaisirs et des affaires de la cour, contribuent à faire de cette Oraison funèbre un des modèles du genre.

Prix : Catal. Fontaine (1875), mar. r. par Trautz, 900 fr. — Bulletin Morgand et Fatout (1876), bel ex. dérelié, 350 fr. — Même Bulletin (1878), ex. en grand papier, rel. anc. en mar. noir, aux armes de Anne, comtesse Palatine, princesse de Condé, 2,500 fr. — Vente Rochebilière (1882), ex. en grand papier, rel. anc. en mar. n. **aux armes du duc du Maine**, 650 fr. — Vente Guy-Pellion (1882), mar. r. par Cuzin, 360 **fr.**

ORAISON FUNEBRE
DE TRES-HAUT ET PUISSANT SEIGNEUR
MESSIRE
MICHEL LE TELLIER,
CHEVALIER,
CHANCELIER DE FRANCE.

Prononcée dans l'Eglise Paroissiale de Saint Gervais où il est inhumé, le 25. Janvier 1686.

Par Messire JACQUES BENIGNE BOSSUET, Evesque de Meaux, Conseiller du Roy en ses Conseils, cy-devant Precepteur de Monseigneur LE DAUPHIN, Premier Aumosnier de Madame LA DAUPHINE.

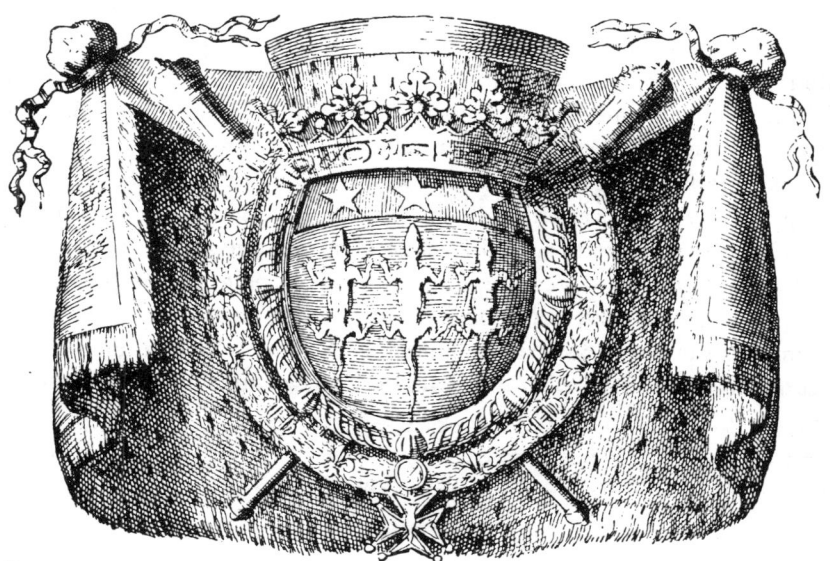

A PARIS, par SEBASTIEN MABRE-CRAMOISY, Imprimeur du Roy, & Directeur de son Imprimerie Royale.

M. DC. LXXXVI.

ORAISON FUNÈBRE DE MICHEL LE TELLIER, par BOSSUET.

In-4°, composé de : 2 feuillets préliminaires, le premier blanc, le second contenant le titre, dont le verso est blanc; — 62 pages chiffrées, pour le texte; — et une page non chiffrée, pour l'*Extrait du Privilége*.

Au commencement de l'Oraison, se trouve une belle vignette-fleuron, représentant le génie de la France, ou peut-être Minerve, montrant à Michel Le Tellier la France désolée. — A la fin du texte, page 62, on voit un grand cul-de-lampe, représentant un groupe d'amours, tenant divers attributs de la Justice et couronnant de fleurs les armes de Le Tellier. Ces deux belles vignettes, gravées sur cuivre, sont signées *J. Parosel Inv.* — la première *J. L. Roullet sculp.*, et la seconde *S. Thomassin sculp.*

Le privilège, daté du 12 aoust 1682, est accordé « à Messire Jacques Benigne Bossuet, evesque de Meaux... pour faire imprimer *tous les livres qu'il aura composez, ou qu'il jugera à propos de faire imprimer pour l'utilité publique*, et ce pendant vingt années. » Il n'est pas question de cession à un libraire. On lit seulement après ce privilège : « L'*Oraison funèbre de Messire Michel Le Tellier, chancelier de France, a esté achevée d'imprimer le 8. jour de Mars 1686*. » Le titre porte les armes de Le Tellier. (BIBL. NAT. Ln 27. 12535.)

Cette longue oraison funèbre est d'un style plus égal, plus soutenu peut-être que les autres, mais on y rencontre aussi bien moins de traits de cette éloquence superbe et hautaine qui est un des caractères dominants du style de Bossuet dans ses meilleurs discours. Ici l'éloge est trop monotone, trop continu; l'orateur nous montre un personnage probablement supérieur au modèle à certains points de vue. C'est ce qui a attiré par la suite à Bossuet diverses réfutations, particulièrement relatives au passage dans lequel il déclare honorable et digne de tous les éloges la conduite de Michel Le Tellier à propos de la révocation de l'édit de Nantes, ce fameux acte de politique violente et maladroite auquel le chancelier prit une grande part. Dans son *Siècle de Louis XIV,* Voltaire, qui écrivait à un point de vue plus libéral, et qui en somme avait peut-être à son époque des documents historiques plus complets sur la vie de certains hommes du grand règne, a montré un tout autre chancelier Le Tellier que celui de l'oraison funèbre de Bossuet.

PRIX : Vente Bertin (1854), demi-reliure, 7 fr. — Vente Solar (1860), le même ex., 17 fr. 50. — Vente Potier (1870), mar. par Trautz, 170 fr. — Catal. Fontaine (1875), mar. r. par Trautz, 850 fr. — Vente Didot (1878), veau fauve, ex. un peu piqué, 150 fr.

ORAISON FUNEBRE
DE TRES-HAUT,
ET TRES-PUISSANT PRINCE
LOUIS DE BOURBON
PRINCE DE CONDE',
PREMIER PRINCE DU SANG.

Prononcée dans l'Eglise de Nostre-Dame de Paris le 10. jour de Mars 1687.

Par Messire JACQUES BENIGNE BOSSUET, Evesque de Meaux, Conseiller du Roy en ses Conseils, cy-devant Précepteur de Monseigneur LE DAUPHIN, Premier Aumosnier de Madame LA DAUPHINE.

A PARIS,
Chez SEBASTIEN MABRE-CRAMOISY, premier Imprimeur du Roy, & Directeur de son Imprimerie Royale: ruë S. Jacques, aux Cicognes.

M. DC. LXXXVII.
AVEC PRIVILEGE DE SA MAJESTE'.

Oraison funèbre du Prince de Condé, par Bossuet.

In-4°, ainsi composé : titre, non compris dans la pagination ni dans les cahiers signés, et correspondant à un feuillet blanc, qui doit le précéder ; — et 61 pages chiffrées. Outre la gravure du titre, reproduite ci-devant (un écusson renfermant les armes de Condé) on trouve dans cette édition deux autres vignettes, l'une en tête de la première page, et signée *I. Parosel, inv. — Roullet sculp.*, l'autre au bas de la dernière page, représentant les armes de Condé, entourées d'un trophée d'armes et de drapeaux et surmontées d'une urne funéraire, autour de laquelle sont groupés des Amours.

Malgré la mention du titre on n'y voit pas de privilège.

Édition originale dont il fut tiré des exemplaires en grand papier fort. (Celui de la Bibl. Nat. Ln 27. 4,698, Réserve), est en grand papier, relié en maroquin noir, aux armes de Bossuet.

Voilà incontestablement l'un des plus admirables morceaux oratoires de Bossuet. Jamais le grand orateur ne s'est aussi bien identifié avec son sujet ; jamais il n'a montré dans la description ou dans le récit plus de chaleur, d'enthousiasme, d'impétuosité, ni plus de sublime grandeur dans les sentiments qui l'animent à l'égard de son héros. On croirait qu'il l'a suivi partout, tant il accumule avec profusion les détails et les actes de toute sa vie, et tant il met de clarté, en même temps que de passion, à les retracer. On dirait qu'il offre à son auditoire et à ses lecteurs une œuvre brillante de son imagination.

Qui ne sait par cœur ce superbe passage où il décrit avec tant de simplicité et de feu cette bataille de Rocroy à jamais mémorable, où le jeune prince de Condé, déjà grand homme de guerre, fut bien forcé de remporter une brillante victoire pour se faire pardonner une grande désobéissance ? Et cette sublime péroraison, où l'illustre prélat se met lui-même en scène, vieillard à cheveux blancs célébrant un héros, s'adressant à la grande âme de celui dont il honore la mémoire et lui donnant un prochain rendez-vous dans un monde meilleur, est l'une des plus belles et des plus touchantes qu'il ait prononcées.

Prix : Vente du baron J. P. (Pichon), 1869, bel ex. en grand papier, aux armes de Bossuet, 405 fr. — Vente Potier (1870), mar. r. par Trautz, 200 fr. — Catal. Fontaine (1875), mar. r. par Trautz, 1,000 fr. ; — et un autre ex. mar. br. par Thibaron, 600 fr. — Vente Didot (1878), très bel ex. portant un envoi de la main de Bossuet, et contenant une lettre autographe du prince de Condé, rel. anc. en mar. noir, 3,100 fr.

RECUEIL D'ORAISONS FUNEBRES,

COMPOSÉES

Par Messire JACQUES BENIGNE BOSSUET Evesque de Meaux, Conseiller du Roy en ses Conseils, cy-devant Précepteur de Monseigneur LE DAUPHIN, Premier Aumosnier de Madame LA DAUPHINE.

A PARIS,
Chez la Veuve de SEBASTIEN MABRE-CRAMOISY Imprimeur du Roy, ruë Saint Jacques, aux Cicognes.

M. DC. LXXXIX.
AVEC PRIVILEGE DE SA MAJESTÉ.

In-12, composé de : 2 feuillets préliminaires non chiffrés, comprenant le titre, dont le verso est blanc, et la *Table,* qui occupe seulement le recto du feuillet suivant, dont le verso ne contient que le seul mot *Oraison,* en réclame au bas de la page; — 562 pages chiffrées, pour le texte des six oraisons, plus 1 feuillet non chiffré, dont le recto est occupé par l'*Extrait du Privilége du Roy* et dont le verso est blanc, et 2 feuillets blancs qui terminent le cahier et servent souvent de gardes au volume.

Le Privilège, en date du *1. Aoust 1689,* est donné à la veuve de Sébastien Mabre-Cramoisy pour huit années. On lit à la fin la mention : *Achevé d'imprimer pour la première fois, le 18. Aoust 1689.*

L'exemplaire de la Bibliothèque nationale (X. 3810. A. Réserve) qui nous a servi pour cette description, est dans un état superbe; il est orné d'une belle reliure en maroquin rouge, de Du Seuil probablement, aux armes du savant Daniel Huet, évêque d'Avranches, bibliophile aussi distingué et délicat qu'il était érudit.

Cette édition contient, pour la première fois, la réunion complète, avec pagination suivie, des six principales oraisons funèbres de Bossuet, dont nous avons décrit les éditions originales (voir ci-devant pages 401-414).

Les deux premières oraisons avaient déjà paru ensemble, sous une pagination suivie, en un volume ayant pour titre : Oraisons funèbres composées par messire Jacques-Benigne Bossuet, Conseiller du Roy en ses Conseils, Evesque de Condom, Précepteur de Monseigneur le Dauphin. Troisième édition. *Paris, Séb. Mabre-Cramoisy,* M. DC. LXXX; in-12 de 2 feuillets préliminaires non chiffrés, y compris le titre; 179 pages chiffrées et 1 page non chiffrée, contenant le Privilège. Cette dénomination de *troisième édition* n'a pas de raison d'être, car, en supposant qu'on qualifie de *première édition* le recueil daté de 1672 des deux mêmes oraisons, avec pagination séparée (voir notre description, page 405-406), celle de 1680 ne serait que la *seconde*. A moins qu'on ait considéré comme seconde édition le même recueil, toujours daté de 1672, qui contient, outre les deux premières oraisons de Bossuet, le *Panégyrique funèbre de Messire Pompone de Bellièvre...*, cité par nous également à la page 406 ci-devant.

L'édition de 1689 des six oraisons funèbres ne se vendit guère à l'époque, car on refit un nouveau titre en 1691 pour écouler les exemplaires qui restaient, et on fut encore obligé d'en réimprimer un autre en 1699 pour essayer d'épuiser l'édition.

Prix de l'édition de 1689 : Vente L. de M. (Lebeuf de Montgermont), 1876, superbe ex. mar. r. par Trautz, 505 fr. — Vente Rochebilière (1882), rel. anc. en veau, 139 fr. — Bulletin de la librairie Morgand (1886), mar. violet par Trautz, 300 fr.; — et un autre bel ex. rel. en veau ancien, 250 fr.

Édition avec titre de 1691 : Bulletin Morgand et Fatout (1876), mar. r. par Hardy, 200 fr. — Vente Rochebilière (1882), bel ex. rel. anc. en veau, 180 fr.

Édition avec titre de 1699 : Vente Yemeniz (1867), rel. en v. f., 16 fr. — Catal. Fontaine (1878-79), superbe ex. très grand de marges, dans son anc. rel. en veau brun, 225 fr. — Vente Rochebilière (1882), bel ex. rel. anc. en veau, 172 fr.

ORAISON FUNEBRE

DE Mʳ

NICOLAS CORNET

GRAND MAITRE

DU COLLEGE DE NAVARRE.

Prononcée dans la Chapelle du Collége où il eſt inhumé, le 27. Juin 1663.

PAR MESSIRE

JAQUES-BENIGNE BOSSUET
Evêque de Meaux, Conſeiller du Roy en ſes Conſeils, cy-devant Précepteur de Monſeigneur le Dauphin.

A AMSTERDAM,
Chez HENRY WETSTEIN.

M. DC. XCVIII.

Petit in-8°, composé de : 3 feuillets préliminaires non chiffrés, comprenant le titre (reproduit ci-dessus), dont le verso est blanc, une épître « A Messire Jacques Benigne Bossuet, Evesque de Meaux », signée à la fin C. D. C., et une page presque pleine de fautes à corriger; — pages chiffrées 3 à 96, comprenant l'oraison funèbre de M. Nicolas Cornet et autres pièces.

L'oraison funèbre occupe les pages 3 à 41. Puis viennent plusieurs pièces de vers latins et une *Epitaphe...* en prose latine (pages 42 à 70), un « *Eloge* (en français) *de M. Nicolas Cornet, Grand Maître de Navarre... par*

M. Charles-François Cornet,... Avocat du Roy au Bailliage et Siége présidial d'Amiens, son Neveu » (pages 71 à 91); enfin, *Extrait d'un libelle fait contre Me Nicolas Cornet...* (pages 92 à 96).

L'épître à Bossuet, qui suit le titre et forme 2 feuillets, paraît avoir été ajoutée après coup, car le feuillet suivant, où commence l'*Oraison,* est signé en bas A 2 et est paginé 3 en haut. Le titre devait donc former le feuillet A et les pages 1-2. On aura profité de l'impression de l'épître en question pour y joindre l'erratum, qui contient un certain nombre de fautes. Ces deux feuillets n'en sont pas moins indispensables pour compléter le volume.

Édition unique de cette oraison funèbre, que Bossuet n'a jamais fait imprimer lui-même. Ce fut le neveu du défunt, Charles-François Cornet, sieur de Coupel, Saint-Marc, Graville et autres lieux... qui la publia trente-cinq ans après qu'elle eut été prononcée. L'épître dédicatoire que nous avons citée et dans laquelle le sieur de Coupel exprime à Bossuet sa reconnaissance et son admiration, est signée de ses initiales C. D. C. (Charles de Coupel).

L'édition ne fut certainement pas faite pour le commerce, mais seulement pour être distribuée en famille et à quelques amis, et tirée à un petit nombre d'exemplaires. Aussi est-elle d'une grande rareté. M. Daguin en possède deux beaux exemplaires. On n'en connaît guère d'autres.

Prix : Vente Rochebilière (1882), ex. bien complet, en bon état et grand de marges, rel. en v. br. ancien, 1,900 fr., adjugé pour M. Daguin.

Cette oraison funèbre, dont le style est évidemment inférieur à celui des autres, présentait aussi moins d'intérêt, le personnage qu'elle concernait étant peu connu. Aussi Bossuet ne l'a-t-il jamais jugée digne de l'impression et n'a-t-elle jamais été comprise dans le recueil de ses œuvres. Bossuet avait été, à l'âge de quinze ans, élève du collège de Navarre. C'est pour cette raison qu'il avait été choisi pour faire l'éloge du grand maître de ce collège, qui avait été aussi son maître à lui. Sur le titre de l'édition, imprimée trente-cinq ans plus tard, on a fait suivre le nom de Bossuet de la dignité d' « Évêque de Meaux », qu'il avait lors de l'impression, mais lorsqu'il prononça l'oraison funèbre, en 1663, il n'était encore que l'abbé Bossuet, puisque c'est seulement en 1669 qu'il fut nommé évêque de Condom. On se rappelle, en effet, que, le 16 novembre 1669, lorsqu'il prononça l'oraison funèbre de Henriette de France, reine d'Angleterre, il prit encore le titre de « l'abbé Bossuet, nommé à l'évêché de Condom ».

DISCOURS SUR L'HISTOIRE UNIVERSELLE

A MONSEIGNEUR LE DAUPHIN:

Pour expliquer la suite de la Religion & les changemens des Empires.

PREMIERE PARTIE

Depuis le commencement du Monde jusqu'à l'Empire de Charlemagne.

Par Messire JACQUES BENIGNE BOSSUET, Evesque de Condom, Conseiller du Roy en ses Conseils, cy-devant Précepteur de Monseigneur le DAUPHIN, premier Aumosnier de Madame la DAUPHINE.

A PARIS,
Chez SEBASTIEN MABRE-CRAMOISY, Imprimeur du Roy, ruë Saint Jacques, aux Cicognes.

M. DC. LXXXI.

AVEC PRIVILEGE DE SA MAJESTÉ.

DISCOURS SUR L'HISTOIRE UNIVERSELLE, par BOSSUET.

In-4°, composé de 2 feuillets préliminaires, le premier blanc, le second contenant le titre (dont la reproduction est ici), avec verso blanc; — 561 pages chiffrées, pour le texte, la dernière terminée par un large cul-de-lampe gravé, surmonté de la couronne fermée du dauphin de France (la page suivante au verso est blanche); enfin, 6 pages non chiffrées, pour la *Table* et le *Privilége* in extenso.

Le Privilège, accordé « au Sieur Jacques Benigne Bossuet, ancien Evesque de Condom, cy devant Précepteur... du Dauphin, » pour quinze années, est daté de Saint-Germain en Laye, le 11 février 1681.

Il est suivi de la déclaration suivante : « Et mondit Seigneur Evesque de Condom a cédé le Privilege cy-dessus au sieur Sebastien Mabre-Cramoisy, Imprimeur du Roy, et Directeur de son Imprimerie Royale du Louvre, pour en jouïr dans toute son étendue. »

Au commencement du *Discours* on voit une vignette qui représente le Temps assis, au milieu de ruines, et montrant un écusson contenant les armes du grand dauphin. Cette vignette est signée *Le P. in. Jollain. f.* (BIBL. NAT. G. 968.)

Édition *princeps* de cet ouvrage superbe, qui faisait l'admiration de Voltaire, pourtant peu suspect de tendresse pour Bossuet.

Il fut tiré des exemplaires en grand papier fort.

On ne tarda pas à en donner une petite édition de format in-12, copiée sur la première et portant la date de 1682.

PRIX de l'édition originale in-4° : Vente Bertin (1854), ex. rel. en mar. viol. par Purgold, avec une lettre autograghe de Bossuet ajoutée, 118 fr. — Vente Solar (1860), mar. r. aux armes de France, 64 fr. — Vente du baron J. P. (Pichon), 1869, ex. en grand papier, mar. r. rel. anc. aux armes de la duchesse d'Orléans, princesse palatine, 1,020 fr. — Vente Potier (1870), mar. r. par la veuve Niedrée, 105 fr. — Catal. Fontaine (1875), mar. r. par Hardy, 180 fr. — Vente Turner (1879), bel ex. en grand papier, rel. anc. en mar. r. par Du Seuil, aux armes du chancelier Le Tellier, 6,400 fr. — Vente Guy-Pellion (1882), bel ex. en grand papier, rel. anc. en mar. r., 520 fr. — Bulletin Morgand (1887), très bel ex. mar. brun, par Trautz, 400 fr.

1re édition in-12, de 1682 : Vente Solar (1860), en 1 vol. mar. v. par Derome, 76 fr. — Vente du baron J. Pichon (1869), précieux ex. rel. en un vol. mar. r. aux armes de Bossuet, 1,250 fr. — Vente Potier (1870), mar. r. par la veuve Niedrée, 24 fr. — Bulletin Morgand et Fatout (1876), rel. anc. en veau, 30 fr.

MAXIMES
ET
REFLEXIONS
SUR
LA COMEDIE.

Par Mre Jacques Benigne Bossuet Evesque de Meaux, Conseiller du Roy en ses Conseils, cy-devant Precepteur de Monseigneur le Dauphin.

A PARIS,
Chez Jean Anisson, Directeur de l'Imprimerie Royale, ruë Saint Jacques, à la Fleur de Lis de Florence.

M. DC. XCIV.
AVEC PERMISSION.

In-12, composé de 4 : feuillets prélim. non chiffrés, comprenant le titre (reproduit ci-dessus), dont le verso est blanc, la table des chapitres; — 152 pages chiffrées, pour le texte de l'ouvrage.

On n'y trouve ni Privilège ni texte de la *Permission* dont il est question au bas du titre. La table contient les sommaires de trente-cinq chapitres; mais, dans le cours du volume, aucun chapitre n'a de titre en interligne.

Chacun n'est indiqué que par une note marginale ou manchette, qui ne se distingue des autres notes que par le numéro du chapitre, lequel est partout en chiffres romains. (BIBL. NAT. D. 4540.)

Dans ce curieux ouvrage, Bossuet s'élève avec vigueur non seulement contre le théâtre en général, mais encore contre une sorte de tentative qu'avaient voulu faire quelques écrivains religieux de l'excuser. Il prend à partie même « ceux qui voudroient de bonne foy qu'on reformast à fond la comedie, pour à l'exemple des sages payens y ménager à la faveur du plaisir des exemples et des insinuations serieuses pour les Rois & pour les peuples... » et il soutient que « le charme des sens est un mauvais introducteur des sentimens vertueux ».

Il est intéressant de citer ces quelques passages relatifs à Molière, à Quinault, à Lully et à Corneille :

PAGE 5 : « Il faudra donc que nous passions pour honnestes les impietez et les infamies dont sont pleines les comedies de Moliere, ou qu'on ne veuille pas ranger parmi les pieces d'aujourd'huy, celles d'un auteur qui a expiré, pour ainsi dire à nos yeux, & qui remplit encore a present tous les theatres des équivoques les plus grossieres, dont on ait jamais infecté les oreilles des Chrétiens. »

Page 6 : « Songez encore, si vous jugez digne du nom de Chrétien & de Prestre, de trouver honneste la corruption réduite en Maximes dans les Opera de Quinault, avec toutes les fausses tendresses, & toutes ces trompeuses invitations à jouïr du beau temps de la jeunesse, qui retentissent par tout dans ses Poësies. Pour moy, je l'ay veû cent fois deplorer ses egaremens : mais aujourd'huy on autorise ce qui a fait la matiere de sa penitence et de ses justes regrets, quand il a serieusement songé à son salut... »

Page 7 : « Si Lully a excellé dans son art, il a deû proportionner, comme il a fait, les accents de ses chanteurs & de ses chanteuses à leurs recits et à leurs vers : & ses airs tant repetez dans le monde, ne servent qu'à insinuer les passions les plus decevantes, en les rendant les plus agreables & les plus vives qu'on peut par le charme d'une musique, qui ne demeure si facilement imprimee dans la memoire, qu'à cause qu'elle prend d'abord l'oreille & le cœur. »

Page 9 : « Dites-moy, que veut un Corneille dans son Cid, sinon qu'on aime Chimene, qu'on l'adore avec Rodrigue, qu'on tremble avec luy, lorsqu'il est dans la crainte de la perdre, & qu'avec luy on s'estime heureux lorsqu'il espere de la posseder?... » Et un peu plus loin, page 10 : « Ainsi tout le dessein d'un poëte, toute la fin de son travail, c'est qu'on soit comme son Heros épris des belles personnes, qu'on les serve comme des divinitez; en un mot qu'on leur sacrifie tout, si ce n'est peut-estre la gloire, dont l'amour est plus dangereux que celuy de la beauté mesme. »

Pages 18 et 19 : « Du moins donc, selon ces principes il faudra bannir du milieu des chrétiens les prostitutions dont les comedies italiennes ont esté remplies, mesme de nos jours, & qu'on voit encore toutes cruës dans les pieces de Moliere : on reprouvera les discours, où ce rigoureux censeur des grands canons, ce grave reformateur des mines et des expressions de nos précieuses, étale cependant au plus grand jour l'avantage d'une infâme tolerance dans les maris, & sollicite les femmes à de honteuses vengeances contre leurs jaloux. »

Et plus bas : « La postérité sçaura peut-être la fin de ce Poëte comédien, qui en jouant son malade imaginaire ou son medecin par force reçut la derniere atteinte de la maladie dont il mourut peu d'heures après & passa des plaisanteries du theatre parmi lesquelles il rendit presque le dernier soupir, au tribunal de celui qui dit : *Malheur à vous qui riez, car vous pleurerez.* »

En résumé, cet ouvrage n'est pas tout à fait digne de Bossuet, tant au point de vue du style qu'à celui de la largeur des idées et de l'élévation des pensées. Mais il est cependant rempli d'intérêt, et l'auteur n'a pas craint d'entrer dans certains détails assez scabreux pour un homme d'église!

En 1728 parut une nouvelle édition de cet ouvrage, avec les armes de Bossuet sur le titre et cette rubrique : *A Paris, chez Delusseux, Chevalier Romain, rue Saint Étienne des Grès.* M. D. CC. XXVII. *Avec Privilege du Roy.* Cette édition contient, comme la première, 4 feuillets préliminaires et 152 pages; plus (dans l'exemplaire broché que nous possédons), 4 feuillets paginés 1 à 7, contenant une *Profession de foy de l'Eglise Catholique, Apostolique et Romaine, tirée de la bulle de N. S. P. le Pape Pie IV.* Dans cette édition, on voit un *Privilége du Roy* imprimé en petits caractères et occupant les 2 pages du quatrième feuillet préliminaire. Ce Privilège, accordé à Jacques Delusseux, est daté du 25 septembre 1727.

Prix de l'édition originale : Vente Bertin (1854), mar. bl. par Bauzonnet-Trautz, 56 fr. — Vente Solar (1860), mar. bl. par Trautz-Bauzonnet, 50 fr. — Vente Potier (1870), mar. r. par Hardy, 134 fr. — Catal. Fontaine (1875), mar. r. par Chambolle, 60 fr. — Vente L. de M. (Lebeuf de Montgermont), 1876, mar. br. par Thibaron, 100 fr. — Vente Guy-Pellion (1882), mar. La Vall., par Belz-Niedrée, 50 fr.

MADRIGAVX
DE
M. D. L. S.

A PARIS
Chez Claude Barbin, fur
le fecond Perron de la fainte
Chapelle du Palais.

M. DC. LXXX.
Avec Privilege du Roy.

Par de la Sablière.

In-12, composé de : 4 feuillets préliminaires non chiffrés, comprenant le titre, dont le verso est blanc, le *Privilége* et l'*Achevé d'imprimer;* — 167 pages chiffrées, pour les Madrigaux.

Le Privilège, accordé à « Nicolas de Rambouillet, sieur de la Sabliere,... pour faire imprimer les ouvrages en vers françois de feu Antoine de Rambouillet Sieur de la Sablière, son père », pendant dix années, est daté, à la fin, du 26 may 1680. Il est suivi d'une déclaration de cession du sieur de la Sablière à Claude Barbin. On lit ensuite la mention : *Achevé d'imprimer pour la premiere fois, le neufième Iuillet 1680.*

Au bas du 4e feuillet préliminaire, au-dessous de l'*Achevé d'imprimer*, se trouve un grand fleuron décoratif, et, au bas de la page, la réclame : Madriga. (Bibl. nat. Y. 5207. b.)

Jolie édition originale, dont toutes les pièces sont imprimées entre un fleuron de tête et un cul-de-lampe (typographiques).

Les exemplaires de cette édition sont de deux sortes et se distinguent par les petites différences suivantes :

Dans le premier tirage, on voit, à la page 8, un madrigal *à Iris,* qui fut ensuite jugé trop léger et remplacé par une chanson; ce changement fut fait au moyen d'un *carton.* On coupa le feuillet primitif paginé 7-8, et on laissa un onglet sur lequel fut collé le feuillet modifié. La page 8, contenant la chanson, est donc de second état.

En outre, la déclaration de cession qui suit le privilège est différente dans chaque sorte d'exemplaires. Dans le premier tirage, on lit : « *Et ledit Sieur de la Sablière, son fils, a cédé et transporté le droit au présent privilége au sieur Claude Barbin, pour en jouir suivant l'accord fait entr' eux.* » Dans le second tirage, cette déclaration a été ainsi modifiée : « *Et Monsieur de la Sablière a cédé et transporté le droit du présent privilége à Claude Barbin, marchand libraire, pour en jouir pendant ledit temps.* »

Prix : Vente Ch. Nodier (1844), mar. r. par Kœhler, 13 fr. — Vente Bertin (1854), mar. bl. par Thompson, 20 fr. — Vente Solar (1860), ex. venant de Ch. Nodier, mar. r., par Kœhler, 30 fr. — Catal. Aug. Fontaine (1875), bel ex. mar. viol. par Fixon, 150 fr. — Bulletin Morgand et Fatout et Répertoire (1878), mar. viol. par Belz-Niedrée, 125 fr. — Vente Rochebilière (1882), ex. de premier état, rel. en v. marb., 45 fr. — et ex. de second état, rel. en v. f. par Derome, 20 fr.

On attribue souvent à tort les *Madrigaux* à Madame de la Sablière, femme de grand esprit et de grand savoir, qui fut une amie intime de La Fontaine et sut conserver l'amitié de ce grand poète pendant plus de vingt années. Mais on peut se convaincre, en lisant le privilège cité par nous, que l'auteur était Antoine Rambouillet, sieur de la Sablière, son mari, gentilhomme distingué, peut-être moins érudit que sa femme, mais non moins spirituel et aimable, comme on peut déjà en juger par ses poésies.

POËSIES
DE MADAME DESHOULIERES.

A PARIS,
Chez la Veuve de SÉBASTIEN MABRE-CRAMOISY,
Imprimeur du Roy, ruë Saint Jacques,
aux Cicognes.

___

M. DC. LXXXVIII.
Avec Privilege de Sa Majesté.

In-8°, composé de : 2 feuillets préliminaires, le premier blanc, le second contenant le titre (reproduit ci-dessus), dont le verso est blanc; — 219 pages chiffrées, pour les poésies, commençant par une *Préface*, en vers; — 12 pages non chiffrées, pour la *Table* et l'*Extrait du Privilége*, suivi de l'*Achevé d'imprimer*.

Le Privilège, daté du 19 juin 1678, est accordé « à la dame Deshoulières », pour six années. Il est suivi d'une déclaration de cession par ladite dame Deshoulières à la veuve de Sébastien Mabre-Cramoisy. Le volume se termine par la mention : *Achevé d'imprimer pour la première fois le 30. Décembre 1687.*

C'est bien là le seul volume publié par Mme Deshoulières. Mais on y joint une seconde partie, publiée quelques années après par sa fille, et qui contient un certain nombre de poésies de cette dernière. Voici la description de ce second volume :

Poësies || de Madame || Deshoulieres. Seconde partie. || *A Paris,* || *chez Jean Villette, ruë S. Jacques, au-dessus* || *des Mathurins, à la Croix d'or.* || M. DC. XCV. *Avec Privilége du Roy.* || In-8°, composé de 4 feuillets préliminaires non chiffrés, comprenant un feuillet blanc, le titre, dont le verso est blanc, et une *Préface;* — 296 pages chiffrées, pour toutes les poésies, la *Table* et l'*Extrait du Privilége,* qui termine la page 296.

Les poésies de Mme Deshoulières s'arrêtent à la page 224. Viennent ensuite un faux-titre intitulé *Poësies de Mademoiselle Deshoulieres* (avec verso blanc), un autre faux-titre intitulé *La Mort de Cochon, chien de Monsieur le Mareschal de Vivone, tragédie* (au verso duquel est une liste des rôles des *Acteurs,* tous chiens et chats, sauf l'Amour); cette pièce et d'autres poésies occupent les pages 229 à 284; enfin la *Table* et l'*Extrait du Privilége* occupent le reste du volume. (Bibl. nat. Y. 5280.)

La première édition des Poésies de Madame Deshoulières est assez recherchée des bibliophiles. C'est plutôt pour ce motif qu'à cause du mérite littéraire des pièces qu'elle contient, que nous lui donnons une place dans cette Bibliographie. En effet, sauf quelques idylles gracieuses et d'un sentiment délicat, et quelques églogues agréablement versifiées, on ne rencontre rien de remarquable dans les œuvres de cette aimable et spirituelle poétesse, pourtant appelée de son temps la *dixième Muse,* et qui eut comme Madame de Sévigné le mauvais goût de méconnaître le génie de Racine, préférant à sa *Phèdre* celle de Pradon.

Prix : 1er volume seul : Vente L. de M. (Lebeuf de Montgermont), 1876, mar. r. par Thibaron, 118 fr. — Vente Rochebilière (1882), rel. en veau gran., 26 fr. — Bulletin Morgand (1885), mar. r. par Duru, 60 fr.

Les 2 volumes réunis : Vente du baron J. P. (Pichon), 1869, superbe ex. rel. anc. en mar. doublé, aux armes de Mme de Chamillart, vendu, à cause de cette reliure et de cette provenance, 1,620 fr. — Catal. Fontaine (1875), mar. bl. par Brany, 80 fr. — Vente Guy-Pellion (1882), mar. bl. par Chambolle, 92 fr.

LES CARACTERES DE THEOPHRASTE

TRADUITS DU GREC.

AVEC LES CARACTERES OU LES MOEURS DE CE SIECLE.

A PARIS.,
Chez ESTIENNE MICHALLET,
premier Imprimeur du Roy, ruë S. Jacques,
à l'Image faint Paul.

M. DC. LXXXVIII.
Avec Privilege de Sa Majeſté.

In-12, composé de : 30 feuillets préliminaires non chiffrés, contenant le titre, dont le verso est blanc, et le *Discours sur Theophraste ;* — texte commençant à la page 53, par le sous-titre : *Les Caractères de Théophraste, traduits du grec,* et se continuant (pour ce premier ouvrage) jusqu'à la page 149 ; ensuite une page blanche ; au recto du feuillet suivant, le faux-titre : *Les Caracteres ou les mœurs de ce siecle,* avec verso blanc ; le texte de La Bruyère, commençant à la page 153 et se terminant à la page 360 ; enfin 1 feuillet, au recto duquel est l'*Extrait du Privilége,* avec verso blanc ; et, dans quelques exemplaires (de second état, comme nous allons l'expliquer), 1 feuillet, dont le verso est occupé aux trois quarts par un erratum, avec le titre : *Fautes d'impression.* (14 lignes, non compris le titre.) Cet erratum, imprimé sur un feuillet indépendant, manque quelquefois ; mais il est indispensable aux exemplaires ordinaires. Il vaut mieux aussi le joindre aux exemplaires de première émission dont nous allons parler plus tard ; cependant il n'en fait pas rigoureusement partie.

Le Privilège, daté du 8 octobre 1687, est accordé à Estienne Michallet, pour imprimer ce livre, sans qu'il soit spécifié aucune durée de temps.

Les 30 feuillets préliminaires forment 3 cahiers signés A-C. Les cahiers A et B ont chacun 12 feuillets, le cahier C n'en a que 6. Chose curieuse, le texte recommence (page 53) par la signature Ciij. Il y a là erreur évidente, comme il y a erreur dans la pagination ; car, en supposant que les 30 premiers feuillets fussent chiffrés, le texte devrait commencer par la page 61, et non 53. On ne peut expliquer ce fait qu'en supposant que, le texte étant imprimé et paginé, l'auteur aura eu l'idée d'ajouter 8 pages à son *Discours sur Theophraste* qui se terminait vraisemblablement d'abord à la 52e page. Pour faire cette addition, on coupa les deux premiers feuillets du cahier C, lesquels contenaient sans doute la fin du *Discours* tel qu'il existait d'abord, et on les remplaça par la demi-feuille (6 feuillets ou 12 pages) contenant la réimpression de cette fin du premier *Discours,* plus l'impression des augmentations qu'y fit l'auteur. Cette demi-feuille forma un cahier C de 6 feuillets, qui ne pouvait plus, par conséquent, concorder avec la fin de l'ancien cahier. Le reste du volume étant imprimé, il était impossible de modifier ni la pagination ni les signatures des cahiers.

On ne connaît que quelques exemplaires du *texte primitif* de cette édition, et encore sont-ils en partie de second état. Pendant le tirage, La Bruyère fit un certain nombre de changements, tantôt insignifiants et tantôt d'une certaine importance. Et, pour cela, on réimprima tous les feuillets sur lesquels portaient ces changements. Les feuillets primitifs furent coupés avec soin, de manière à laisser des onglets, sur lesquels on colla les feuillets nouveaux. Dans la plupart des exemplaires, surtout dans ceux qui ont conservé leur vieille reliure, on voit distinctement la trace de cette opération.

Nous allons signaler les feuillets ainsi *cartonnés* que nous avons remarqués dans les différents exemplaires de seconde émission comparés par nous avec quelques-uns de premier tirage, à nous communiqués obligeamment par M. de Villeneuve, M. Daguin, M. de Claye, et par la Biblioth. nat., où deux exemplaires, l'un de première émission (moins quatre cartons qui existent dans tous les exemplaires et que nous allons signaler) est coté R. 2810. — 1, ou Inv. Rés. 2056, et l'autre, de seconde émission, est coté Inv. Res. 2057.

TEXTE PRIMITIF	TEXTE CORRIGÉ
Feuillet signé Cij, du *Discours,* au recto, ligne 2e. — ... & de qui, faute d'attention...	Feuillet signé Cij, du *Discours,* au recto, ligne 2e. — .... & d'où faute d'attention...
Page 97. 1re ligne. — .... les acteurs, que les autres voyent... (*Les mots* les acteurs *sont une répétition de ceux qui se trouvent en bas de la page précédente.*)	Page 97 (1re ligne) : .... les autres voyent... (*Les mots* les acteurs *ne sont pas ici répétés en haut de la page.*)

TEXTE PRIMITIF	TEXTE CORRIGÉ
Page 165. — Le E** G** est immédiatement au-dessous du rien ; il a bien d'autres livres qui luy ressemblent : il y a autant d'esprit à s'enrichir par un mauvais livre, qu'il y a de sotise à l'acheter ; c'est ignorer le goust du peuple que de ne pas hasarder quelquefois de grandes fadaises.	Page 165 (cotée par erreur 265). — Le H** G** est immédiatement au-dessous de rien ; il y a bien d'autres ouvrages qui luy ressemblent : il y a autant d'invention à s'enrichir par un sot livre qu'il y a de sotise à l'acheter ; c'est ignorer le goust du peuple que de ne pas hazarder quelquefois de grandes fadaises.
Page 167 (3ᵉ et 4ᵉ lignes). — …. mais mais il est inégal… *(Le mot* mais *est répété.)*	Page 167 (3ᵉ et 4ᵉ lignes). — …. mais il est inégal… *(La répétition du mot* mais *n'existe plus.)*
Id. (16ᵉ et 17ᵉ lignes). — Ce qu'il y a eu en luy…	Id. (16ᵉ et 17ᵉ lignes). — Ce qu'il y eû en luy…
Id. (18ᵉ et 19ᵉ lignes). — …. à qui il a esté redevable…	Id. (18ᵉ et 19ᵉ lignes). — …. auquel il a esté redevable…
Page 168 (6ᵉ et 7ᵉ lignes). — …. admirable certes par…	Page 168 (6ᵉ et 7ᵉ lignes). — … admirable surtout par…
Id. (21ᵉ ligne). — …. riche sans ses rimes…	Id. (21ᵉ ligne). — … riche dans ses rimes…
Page 185 (7ᵉ ligne). — *Devant les mots* Il echape *il n'y a pas de signe de paragraphe.*	Page 185 (7ᵉ ligne). — … *Devant les mots* Il echape *il y a un signe de paragraphe.*
Page 186 (4ᵉ ligne). — *Devant les mots* Telle femme… *il y a un signe de paragraphe.*	Page 186 (4ᵉ ligne). — *Devant les mots* Telle femme… *Il n'y a pas de signe de paragraphe.*
Id. (14ᵉ ligne). — …. d'un esprit borné…	Id. (14ᵉ ligne). — …. d'un esprit borné…
Page 187 (6ᵉ ligne). — …. aux convents…	Page 187 (6ᵉ ligne). — … aux couvents…
Page 188 (10ᵉ ligne). — …. un goust hypochondre…	Page 188 (10ᵉ ligne). — … un goust hipocondre…
Page 101 (11ᵉ ligne et suivantes). — Il n'y a point dans le cœur d'une jeune fille un si violent amour, à qui l'interest ou l'ambition n'ajoûte quelque chose.	Page 191 (11ᵉ ligne et suivantes). — Il n'y a point dans le cœur d'une jeune personne un si violent amour, auquel l'interest ou l'ambition n'ajoûte quelque chose.
Page 222 (4ᵉ et 5ᵉ lignes). — …. six vingt mille livrer *(sic)* de revenu…	Page 222 (4ᵉ et 5ᵉ lignes)… six vingt mille livres de revenu…
Page 252. — La prevention du peuple en faveur de ses Princes est si aveugle, et l'entestement pour leur geste, leur visage, leur ton de voix et leurs manières si gene-	Page 252. — La prévention du peuple en faveur des grands est si aveugle, et l'entestement pour leur geste, leur visage, leur ton de voix & leurs manieres si ge-

TEXTE PRIMITIF	TEXTE CORRIGÉ
ral; que s'il s'avisoient d'estre bons, cela iroit à l'idolatrie, le seul mal sous ce regne que l'on pouvoit craindre. L'avantage... PAGE 257 (13ᵉ et 14ᵉ lignes). — ... à qui ils rapportent... PAGE 258 (23ᵉ et 24ᵉ lignes). — ... aux hōmes d'une condition ordinaire; s'ils se jettent dās la foule... PAGE 263. — Le plaisir d'un Roy qui est digne de l'estre, est de l'estre moins quelquefois ; de sortir du Theatre, de quitter le bas de soye et les brodequins... ID. (20ᵉ et 21ᵉ lignes). — .... bornée... PAGE 273 (8ᵉ ligne). — ... dās l'indifférence... PAGE 274 (4ᵉ ligne et suivantes). — Il y a des gens qui apportent en naissant chacun de leur part de quoy se haïr pendant toute leur vie, et ne pouvoir se supporter. L'on demande pourquoi tous les hommes ensemble ne composent pas comme une seule nation & n'ont point voulu parler une mesme langue, vivre sous les mesmes loix, convenir entre eux des mesmes usages & d'un mesme culte : & moy pensant à la contrariété des esprits, des goûts et des sentimens, je suis étonné de voir jusques à sept ou huit personnes se rassembler sous un mesme toit, dans une mesme enceinte & composer une seule famille. PAGE 311 (lignes 13ᵉ à 16ᵉ). — .... & une grande erreur d'en attendre tout & de la negliger. PAGE 317 (7ᵉ ligne). — Ce Prelat ne se montre point à la Cour...	neral; que s'ils s'avisoient d'estre bons, cela iroit à l'idolâtrie. L'avantage... PAGE 257 (13ᵉ et 14ᵉ lignes). — ... à quoy ils rapportent... PAGE 258 (23ᵉ et 24ᵉ lignes). — ... aux hommes d'une condition ordinaire; s'ils se jettent dans la foule... PAGE 263. — Le plaisir d'un Roy qui est digne de l'estre, est d'estre moins Roy quelquefois; de sortir du Theatre, de quitter le bas de saye & les brodequins... ID. (20ᵉ et 21ᵉ lignes). — ... boréee... PAGE 264 (cotée par erreur 164). PAGE 273 (cotée par erreur 173). — ... dans l'indifference... PAGE 274 (5ᵉ ligne et suivantes). — Une grande ame est au-dessus de l'injure, de l'injustice, de la douleur, de la moquerie ; & elle seroit invulnerable si elle ne souffroit pas la compassion. Penetrant à fond la contrariété des esprits, des goûts et des sentimens, je suis bien plus émerveillé de voir que les milliers d'hommes qui composent une nation se trouvent rassemblez en un mesme païs, pour parler une mesme langue, vivre sous les mesmes loix, convenir entr'eux d'une mesme coûtume, des mesmes usages, & d'un mesme culte; que de voir diverses nations se cantonner sous les differens climats qui leur sont distribuez, & se partager sur toutes ces choses. PAGE 311 (lignes 13ᵉ à 15ᵉ) .... & une grande erreur de n'en attendre rien et de la negliger. PAGE 317 (7ᵉ ligne). — Ce Prelat se montre peu à la Cour... (*Le feuillet devrait être signé* Oiij; *la signature a été omise.*)

TEXTE PRIMITIF	TEXTE CORRIGÉ
Page 318 (1re ligne et suivantes). — ... du zele et de la pieté des Apôtres : comment luy est venûe, dit le peuple, cette nouvelle dignité ? Tout le monde...	Page 318 (1re ligne et suivantes). — ... des Apostres. Les temps sont changez, & il est menacé sous ce regne d'un titre plus éminent. Tout le monde...
Page 333 (1re ligne). — .... celuy qui prêche...	Page 333 (1re ligne). — ... celuy qui presche...
Id. (5e et 6e lignes). — .... celuy a qui il est contraire. L'Orateur plaît aux uns, déplaît aux autres...	Id. (5e et 6e lignes). — ... celuy auquel il est contraire. L'Orateur plaist aux u ns deplaît aux autres...
Page 334 (14e ligne). — .... prêche simplement...	Page 334 (14e ligne). — ... presche simplement...
Page 354 (12e et 13e lignes). — .... que cette nature universelle à qui il puisse...	Page 554 (12e et 13e lignes). — ... que cette nature universelle à laquelle il puisse...

Outre ces feuillets offrant un texte différent du texte original, retrouvé dans les exemplaires que nous avons cités, on voit dans tous les exemplaires connus, même dans ceux qui ont échappé aux corrections signalées ci-dessus, des *cartons* montés sur onglets, dont le texte est toujours le même. Ces *cartons* sont là pour corriger un texte original qui demeure inconnu, puisqu'on n'a pas encore trouvé un seul exemplaire entièrement *non cartonné*. Ils se trouvent aux pages 61-62, 155-156, 177-178. Il serait très curieux de trouver les feuillets originaux dans un exemplaire.

Le feuillet de la fin, contenant les *Fautes d'impression,* ne fut probablement ajouté aux exemplaires qu'après la réimpression des *cartons,* car on y trouve une correction (celle de la page 178), qui se rapporte à une faute existant sur un feuillet cartonné dans tous les exemplaires connus.

Prix de la 1re édition : Vente Ch. Nodier (1844), mar. r. par Duru, 43 fr. — Vente Solar (1860), rel. anc. en veau éc., 100 fr. — Vente Potier (1870), bel ex. mar. r. par Trautz-Bauzonnet, 275 fr. — Vente L. de M. (Lebeuf de Montgermont, 1876), très bel ex. mar. r. par Duru, 705 fr. — Répertoire Morgand et Fatout (1882), superbe ex. mar. r. par Trautz, 1,200 fr. ; — et un autre ex. moins grand de marges, mar. r. par Duru, 600 fr. — Vente Rochebilière (1882), rel. en v. br., 549 fr. — Bulletin Morgand (1887), bel. ex. dans sa rel. anc. en mar. r., 1,000 fr.

Il existe, sous la même date de 1688, une édition de Lyon, qui est non pas une contrefaçon mais une copie de l'originale de Paris, que nous venons de décrire. Voici la disposition du titre :

Les || Caracteres || de || Theophraste, || traduits du grec, || AVEC || les Caracteres || ou les mœurs de ce siecle. || (Fleuron, formé du grand chiffre du libraire, surmonté d'une tête entre deux guirlandes de fleurs) || A Lyon, || Chez Thomas Amaulry, ruë Merciere, || au Mercure Galant. || M. DC. LXXXVIII. || *Avec Privilege du Roy*. ||

C'est un volume in-12, se collationnant ainsi : 30 feuillets préliminaires non chiffrés, comprenant le titre, dont le verso est blanc, et le *Discours sur Theophraste;* — 308 pages chiffrées pour les textes des *Caractères de Theophraste* et *les Caractères ou les mœurs de ce siècle;* — plus 1 feuillet non chiffré, dont le recto contient l'*Extrait du Privilege du Roy*.

Ce Privilège est le même que celui de l'édition de Paris. Mais on lit à la suite dans celle de Lyon : *Et le dit Michallet a fait part de son Privilege à Thomas Amaulry, suivant l'accord fait entre eux.*

Cette édition, à peu près aussi bien imprimée que celle de Paris, renferme en réalité le même nombre de feuillets et de pages, mais signés et chiffrés différemment. Dans l'édition de Lyon, la pagination commence à 1 pour les *Caractères de Theophraste*, au lieu de commencer à 53, comme dans l'autre. La justification du texte est différente. Pour les pages du *Discours* elle mesure en hauteur 120 millim. y compris le titre courant, dans l'édition de Paris, et 122 millim. dans celle de Lyon. Pour les pages des *Caractères,* la hauteur du texte, y compris le titre courant, est de 123 millim. dans l'édition de Paris et de 120 millim dans l'édition de Lyon. Cette édition de Lyon est soignée et correcte.

Mais une remarque curieuse à noter, c'est que l'un des caractères, qui fut l'objet d'une modification importante, est pris dans le texte de première émission, tandis que tous les autres offrent le texte des exemplaires cartonnés. Ce caractère est celui de la page 222 (correspondant à la page 274 de l'édition de Paris), qui donne le texte commençant par *L'on demande pourquoy tous les hommes...* comme dans les exemplaires non cartonnés. Sans doute que l'édition de Lyon a été copiée sur un exemplaire de seconde émission de celle de Paris, mais dans lequel on avait omis de changer le feuillet dont il s'agit. C'est le seul endroit où reparaisse le premier texte.

Il est intéressant d'observer que, dans les éditions postérieures, La Bruyère est revenu à sa première version de cette maxime.

LES
CARACTERES
DE THEOPHRASTE
TRADUITS DU GREC,
AVEC
LES CARACTERES
OU
LES MOEURS
DE CE SIECLE.
NEUVIE'ME EDITION
Revûë & corrigée.

A PARIS,
Chez Estienne Michallet premier
Imprimeur du Roy, ruë S. Jacques,
à l'Image S. Paul.
___
M. DC. CXVI.
AVEC PRIVILEGE DE SA MAJESTE'.

Par La Bruyère.

(La date du bas du titre est erronée par suite du déplacement du C. C'est M. DC. XCVI (1696) qu'il faut lire.)
In-12, composé de : 16 feuillets préliminaires non chiffrés, comprenant

le titre (reproduit ci-devant), imprimé en rouge et en noir, et le *Discours sur Theophraste*; — 52 pages chiffrées pour le texte des *Caractères de Theophraste*; — 652 pages chiffrées pour le texte, y compris le faux-titre *Les Caractères ou les mœurs de ce siècle*; — XLIV pages pour le *Discours prononcé dans l'Académie françoise*, y compris le faux-titre, dont le verso est blanc, et la *Préface*; — enfin 6 pages non chiffrées, pour les tables, et l'*Extrait du Privilége*.

Le Privilège, daté du 24 septembre 1693, est accordé à Estienne Michallet, pour « réimprimer un Livre intitulé *les Caractères*... et *la Harangue prononcée à l'Académie Françoise par le même Auteur*, pendant le temps de dix années .. »

Dernière édition publiée et corrigée par La Bruyèe, qui mourut pendant qu'on finissait de l'imprimer, puisqu'elle parut quelques jours après sa mort. Elle contient par conséquent le texte définitivement adopté par lui et a servi pour fixer le texte des éditions postérieures.

L'exemplaire de la bibliothèque de M. Rochebilière contenait, à la page 234, lignes 15 et 16, un mot qu'on ne retrouve pas dans la plupart des autres. Il y a là un carton. On lisait dans le feuillet primitif, que contient cet exemplaire ; ..,.. « leur *ignominie* souvent est volontaire...... »; dans le feuillet cartonné, qu'on trouve communément, on lit : .... « leur *ignorance* souvent est volontaire... » Le feuillet de premier état a été changé et le nouveau collé sur un onglet.

Dans l'intervalle de 1688 à 1696, La Bruyère avait publié huit éditions des *Caractères*, avec des changements et des additions dans chacune. Leur réunion dans une même bibliothèque présente un certain intérêt et permet au bibliophile studieux de suivre les différentes phases par lesquelles a passé cet ouvrage remarquable. La huitième et la neuvième édition renferment un texte au moins double de celui des premières.

Prix : Vente Potier (1870), mar. bl. par Capé, 135 fr. — Catal. Fontaine (1875), mar. r. par Chambolle, 100 fr. — Vente L. de M. (Lebeuf de Montgermont, 1876), superbe ex. mar. r. par Trautz, 285 fr. — Répertoire Morgand et Fatout, mar. r. par Cuzin, 150 fr. — Vente Rochebilière (1882), ex. non rel., 25 fr. ; — et un autre ex. rel. en veau, 50 fr. — Bulletin Morgand (1887), mar. r. par Cuzin, 150 fr.

LA MARQUISE DE SALUSSES, OU LA PATIENCE DE GRISELIDIS.
NOUVELLE.

A PARIS,
De l'Imprimerie de JEAN BAPTISTE COIGNARD,
Imprimeur du Roy, & de l'Académie Françoise,
ruë S. Jacques, à la Bible d'or.

M. DC. LXXXXI.
AVEC PRIVILEGE DE SA MAJESTÉ.

Par Charles PERRAULT.

In-12, composé de : 2 feuillets préliminaires, savoir : un feuillet blanc et le titre, dont le verso est également blanc; — 58 pages chiffrées, pour le poème, précédé d'un envoi en vers « A Mademoiselle ** », occupant les pages 1-2, et suivi à la fin du volume d'une épître, en prose, » A Monsieur **, en lui envoyant *La Marquise de Salusses.* »

Cette dernière épître est imprimée en italiques. On y trouve une sorte de critique plaisante de ceux qui engageaient l'auteur à retrancher différents passages de son poème. Une demi-page de la fin de cette lettre a été supprimée dans les éditions suivantes. Ce dernier passage explicatif a rapport au nom de *Griselde,* que l'auteur a substitué pour cette édition à celui de *Griselidis,* dans le cours du poème, quoiqu'il l'ait laissé sur le titre. (Bibl. nat. Y. 5237.)

Ce conte en vers reparut en 1694, avec deux autres, sous ce titre : *Griselidis* || *nouvelle.* || *Avec le conte de Peau d'Asne,* || *et celuy* || *des Souhaits ridicules.* || *Seconde édition.* || *A Paris,* || *chez la veuve de Jean-Baptiste Coignard,* || *Imprimeur du Roy,* || *et Jean Baptiste Coignard fils*..... ; || M.DC.LXXXXIV. || *Avec Privilege.* || En 1 volume in-12. Ici *Griselidis* occupe 69 pages, en y comprenant le faux-titre, mais sans y comprendre le titre général. Le texte est le même que celui de la première édition, sauf qu'on a substitué partout le nom de *Griselidis* à celui de *Griselde,* ce qui a nécessité de légères modifications dans les vers où ce nom se rencontre. (Bibl. nat. Y. 5238. a.)

A la suite se trouvent *Peau d'Asne,* conte en vers, avec titre spécial et pagination séparée (36 pages chiffrées, titre compris), et *Les Souhaits ridicules,* avec un faux-titre seulement, mais avec une nouvelle pagination (12 pages, y compris le faux-titre). Nous décrivons ci-après ces deux derniers contes. (*Voir notre article suivant*).

Charles Perrault paraît avoir imité cette nouvelle en vers, *La marquise de Salusse ou la patience de Griselidis,* des contes de Boccace, et elle avait dû être inspirée à ce dernier par un roman de chevalerie du moyen âge. Dans toutes les éditions suivantes elle ne porte plus que le titre de *Griselidis, nouvelle.*

Les trois contes dont il s'agit ont été souvent réunis sous le titre général de Contes de Charles Perrault avec les *Histoires ou contes du temps passé,* en prose, dont il est question ici, pages 439-443; nous croyons que tous les contes en prose ne sont pas de Charles Perrault et nous essayons de le démontrer dans la description que nous donnons ci-après de la première édition rarissime datée de 1697. M. Paul Lacroix avait déjà soutenu la même thèse dans la préface de l'édition des Contes de Perrault par Jouaust il y a quelques années.

PEAU D'ASNE
CONTE.

A MADAME LA MARQUISE DE L...

A PARIS,
Chez { La Veuve de JEAN BAPTISTE COIGNARD, Imprimeur du Roy, ET JEAN BAPTISTE COIGNARD Fils, Imprimeur du Roy, rue S. Jacques, à la Bible d'or.

M. DC. LXXXXIV.
AVEC PRIVILEGE.

Par Charles PERRAULT.

In-12, composé de : 36 pages chiffrées, y compris le titre, dont le verso est blanc.

Ce conte, en vers, le seul portant ce titre qui soit de Ch. Perrault, fait partie, malgré son titre spécial et sa pagination à part, du petit volume décrit dans l'article précédent sous le titre : *Griselidis, nouvelle. Avec le conte de Peau d'Asne, et celuy des Souhaits ridicules. Seconde édition. A Paris, chez la veuve de Jean-Baptiste Coignard... et Jean-Baptiste Coignard fils,...* M.D.C. LXXXXIV. *Avec Privilége.* Mais nous le décrivons ici séparément, parce qu'il paraît ainsi pour la première fois. Il est suivi des *Souhaits ridicules*, que nous avons également décrits à la fin de notre précédent article.

Les Souhaits ridicules paraissaient également pour la première fois dans cette édition de 1694. Ce conte n'a pas de titre daté, mais un faux-titre seulement. Il se compose de 12 pages, chiffrées, y compris ce faux-titre. (BIBL. NAT. Y. 5238. A.)

Il est difficile d'attribuer un prix séparé à chacun de ces contes, qui se trouvent toujours réunis dans le recueil de *Griselidis*, dont nous donnons le titre ci-dessus.

Contes attribués depuis à Charles PERRAULT, de l'Académie française, mais qui sont plutôt de son fils, Pierre PERRAULT D'ARMANCOUR.

In-12, composé de : 1 frontispice gravé, signé *Clouzier F.* (reproduit ci-après); 4 feuillets préliminaires, non chiffrés, comprenant le titre imprimé (dont le fac-similé est ci-contre), avec verso blanc; une épître dédicatoire » A Mademoiselle », signée P. Darmancour; — 229 pages chiffrées, pour le texte des contes; — 1 page non chiffrée pour la *Table des Contes de ce Recüeil*; — enfin 2 pages non chiffrées pour l'*Extrait du Privilége du Roy*; — plus 1 feuillet, dont le recto contient les *Fautes à corriger*, formant 9 lignes, non compris le titre. Ce feuillet d'errata ne fait pas partie du dernier cahier signé T, qui se compose de 8 feuillets. Comme il fut ajouté après coup, il n'est pas dans tous les rares exemplaires connus.

HISTOIRES
OU
CONTES
DU TEMPS PASSE'.
Avec des Moralitez.

A PARIS.
Chez CLAUDE BARBIN, sur le second Peron de la Sainte-Chapelle au Palais.

Avec Privilége de Sa Majefté.
M. DC. XCVII.

En tête de la dédicace à MADEMOISELLE (Elisabeth-Charlotte d'Orléans, fille de MONSIEUR, Philippe de France, duc d'Orléans, et de Charlotte-Elisabeth, princesse Palatine), se trouve un fleuron gravé représentant deux enfants tenant de chaque côté un médaillon, dans lequel est dessinée une marguerite. Au-dessus une banderole avec ces mots : *Pulcra* (sic) *et nata coronæ*. Et au-dessous la traduction en ce distique :

> Je suis belle et suis née
> Pour estre couronnée.

Au commencement de chaque conte, on voit à mi-page une vignette

plus naïve qu'artistique. Ce qui fait en totalité 8 vignettes, qui doivent être aussi de Clouzier, l'auteur du frontispice.

Le volume contient en effet huit contes, ainsi indiqués à la table : *La Belle au bois dormant*, page 1. — *Le Petit chaperon rouge*, p. 47. — *La Barbe bleüe*, p. 57. — *Le Maistre chat, ou le Chat Botté*, pag. 83. — *Les Fées*, pag. 105. — *Cendrillon, ou la petite pantoufle de verre*, p. 117. — *Riquet à la Houppe*, pag. 149. — *Le petit Poucet*, pag. 183.

Le Privilège, donné à Fontainebleau, le 28 octobre 1696, permet « au sieur P. Darmancour, de faire imprimer un livre qui a pour titre : *Histoires ou Contes du temps passé, avec des Moralités;* et ce pendant le temps et espace de six années... » On lit à la fin de ce privilège : ... « Et ledit sieur P. Darmancour a cédé son Privilège à Claude Barbin, pour en joüir par luy, suivant l'accord fait entr'eux. » Suit l'enregistrement sur le Livre de la Communauté des imprimeurs et libraires de Paris, daté du 11 janvier 1697.

La description de ce livre par Brunet (*Manuel du libraire*, 5e éd., tome IV, col. 507), est complètement erronée.

P. Darmancour, qui publia ce livre, était Pierre Perrault d'Armancour, le plus jeune fils de Charles Perrault, de l'Académie française. C'est à ce jeune écrivain, mort trois ans plus tard, qu'il faut vraisemblablement attribuer la paternité des contes immortels qui parurent dans ce recueil et dont on a toujours fait honneur à son père. D'abord, si ce dernier en eût été l'auteur, il est probable qu'il les eût publiés sous son nom, comme ses autres ouvrages, ou au moins que le privilège eût été donné à lui-même et non à son fils. D'ailleurs ces histoires ne furent jamais attribuées à Charles Perrault de son vivant. On voit même sur le titre de l'édition hollandaise, très rare, qui parut en 1697 (*suivant la copie, à Paris*), ces mots qui ont de l'importance : » *Par le Fils de monsieur Perrault, de l'Academie Françoise.* » Et le libraire qui publia cette contrefaçon, Adrien Moetjens, savait à quoi s'en tenir sur le nom de l'auteur, car c'était déjà lui qui les avait reçus séparément, à mesure sans doute qu'ils étaient composés, et les avait fait paraître dans son recueil périodique : *Recueil de pièces curieuses et nouvelles, tant en prose qu'en vers* (de 1694 à 1701), tome V^e, pages 130, 363, 376, 390, 405, 417, 437 et 451.

Un témoignage plus irrécusable encore est celui de Mlle L'Héritier de Villaudon, l'auteur de *l'Adroite princesse,* conte qui fut plus tard réuni à ceux de Perrault. Dans les *Œuvres meslées de Mademoiselle L'H****, Paris, Jean Guignard, 1696, mademoiselle L'Héritier dédie une histoire intitulée *Marmoisan, ou l'Innocente tromperie,* à mademoiselle Perrault, la fille de Charles Perrault, et on trouve dans sa dédicace ces passages : « Je me trouvay, il a quelques jours, Mademoiselle, dans une compagnie de personnes d'un mérite distingué où la conversation tomba sur les poëmes, les contes et les nouvelles... » Et après avoir loué avec chaleur les œuvres de Charles Perrault, après avoir cité *Griselidis,* fait allusion à *Peau d'Asne,* et nommé les *Souhaits ridicules,* qu'elle déclare les moindres productions « de leur illustre auteur », elle ajoute : « On fit encore cent réflexions dans lesquelles on s'empressa de rendre justice au mérite de ce sçavant homme, dont il vous est si glorieux d'estre fille. On parla de la belle éducation qu'il donne à ses enfans ; on dit qu'ils marquent tous beaucoup d'esprit, et enfin on tomba sur les Contes naïfs qu'un de ses jeunes élèves a mis depuis peu sur le papier avec tant d'agrément. On en raconta quelques-uns et cela engagea insensiblement à en raconter d'autres. Il fallut en dire un à mon tour. Je contay celuy de *Marmoisan,* avec quelque broderie qui me vint sur-le-champ dans l'esprit. Il fut nouveau pour la compagnie, qui le trouva si fort de son goût et le jugea si peu connu qu'elle me dit qu'il falloit le communiquer à ce jeune conteur qui occupe si spirituellement les amusemens de son enfance. Je me fis un plaisir de suivre ce conseil, et comme je sçay,

Mademoiselle, le goût et l'attention que vous avez pour toutes les choses où il entre quelque esprit de morale, je vais vous dire ce conte tel à peu près que je le racontay. J'espère que vous en ferez part à votre aimable frere, et vous jugerez ensemble si cette fable est digne d'estre placée dans son agreable recueil de Contes. »

Cette dédicace est concluante, croyons-nous. Le jeune P. d'Armancour préparait à ce moment-là son recueil, puisque le privilège lui fut accordé le 28 octobre 1696. Cela ne prouve pas toutefois que Charles Perrault n'ait pas eu quelque part à la composition de ces charmantes fictions. Il avait pu les raconter à ses enfants, ou peut-être enseigner à son fils les sources où il pouvait puiser, car lui qui avait composé les trois petits poèmes *Griselidis*, *Peau d'asne* et les *Souhaits ridicules*, avait tiré le premier de Boccace et les autres également d'anciens auteurs. Et quelques-uns des contes de son fils ont un grand rapport avec certaines histoires en patois napolitain de *Il Pentamerone*, du caval. Giov.-Battista Basile, publié en 1674, à Naples, sous le nom de G.-Alf. Abbattutis. Les contes du *Chat Botté*, — *Cendrillon*, — *la Belle au bois dormant*, doivent surtout avoir été inspirés par cet ouvrage.

Le commencement de l'épître dédicatoire « A MADEMOISELLE » qui se trouve en tête du volume des *Histoires et contes du temps passé*, n'est-il pas aussi de nature à confirmer notre opinion? En effet, cette épître débute ainsi : « Mademoiselle, on ne trouvera pas étrange qu'un enfant ait pris plaisir à composer les Contes de ce Recueil; mais on s'étonnera qu'il ait eu la hardiesse de vous les présenter. »

Mais un jeune homme de dix-huit à dix-neuf ans (âge de Pierre Perrault d'Armancour à cette époque), ayant reçu une brillante éducation, comme le dit Mlle L'Héritier des enfants de Charles Perrault, pouvait parfaitement, sans le secours de personne, rédiger et même composer ces jolis contes en prose, dont le style naïf et l'imagination simple s'accordent mieux d'ailleurs avec les idées de la première jeunesse qu'avec celles de l'âge mûr.

Le charmant frontispice de l'édition, portant le titre : *Contes de ma mère Loye*, que nous donnons ci-dessus en fac-similé, représente vraisemblablement les trois enfants de Charles Perrault, c'est-à-dire P. d'Armancour, le jeune auteur des Contes, sa sœur, dont il est question ci-dessus, et son frère, écoutant les récits d'une vieille femme qui file au fuseau. Il est donc presque certain qu'on a là un portrait de l'auteur, et ce fait est important.

Si les Contes de 1697 eussent été de Charles Perrault, il n'eût pas manqué non plus d'y joindre ceux qu'il avait écrits lui-même, *Griselidis*, *Peau-d'Asne* et les *Souhaits ridicules*, publiés séparément les années précédentes; et on n'en trouve aucun dans le recueil de 1697, ni dans l'édition de 1707, parue après sa mort. En cette même année 1707, on donna même une édition séparée de ses trois contes en vers. On en voit un exemplaire à la BIBLIOTHEQUE DE L'ARSENAL (B. L. 14311 *bis*).

L'édition des *Histoires ou contes du temps passé*, publiée à Paris, chez la veuve Barbin, en 1707, est, selon Brunet, une réimpression de la première de 1697, page pour page, avec le même frontispice et les mêmes vignettes à mi-page. Elle est aussi très rare.

L'édition originale de 1697, que nous venons de décrire, est de la plus grande rareté. C'est un livre de premier ordre pour un bibliophile. On en connaît à peine trois ou quatre exemplaires. L'un de ceux-là, que son possesseur, M. le comte de Fresne, a eu la grande obligeance de nous communiquer, est dans un état vraiment merveilleux. Il est d'une remarquable pureté de texte et de papier et d'une taille extraordinaire; il mesure en hauteur 0.152 millimètres, et en largeur 0.86 millimètres. Il est orné d'une reliure de Trautz-Bauzonnet, en maroquin rouge, avec filets, doublé de maroquin bleu, couvert d'une dorure à entrelacs de filets et au pointillé genre Le Gascon. Cet admirable livre a dû faire rêver bien des bibliophiles!

Deux autres exemplaires sont, croyons-nous, l'un chez M. le comte de Lignerolles, l'autre chez M. Gaiffe. Un quatrième a figuré à la vente Double, en 1881; nous ignorons quel en est le possesseur actuel. Il paraît que la Bibliothèque Cousin, à la Sorbonne, en possède aussi un exemplaire. Il s'en trouvait, il y a quelques années, un exemplaire, incomplet, croyons-nous, du frontispice gravé, à la librairie Morgand et Fatout, à Paris. Nous ne savons pas si cet exemplaire a pu être complété et nous n'en connaissons pas le possesseur.

PRIX : Vente Ch. Nodier (1884), ex. rel. en mar. bleu par Bauzonnet, 112 fr. — Vente Armand Bertin (1854), ex. avec titre refait, rel. en mar. doublé par Trautz, 195 fr. — Vente Solar (1860), le même ex. qu'à la vente Bertin, 610 fr.; — et un autre exemplaire très beau et bien complet, rel. en mar. r. doublé de mar., riche dorure par Trautz, 1,000 fr. (Cet exemplaire atteindrait bien actuellement un prix cinq ou six fois plus élevé.) — Vente Double (1881), ex. médiocre, rel. en mar. r. par Trautz, 1,600 fr.

EDUCATION DES FILLES.

*Par Monsieur l'*ABBE' DE FENELON.

A PARIS,

Chez { PIERRE AUBOUIN, PIERRE EMERY ET CHARLES CLOUSIER } Quay des Augustins, prés l'Hôtel de Luynes à l'Ecu de France, & à la Croix d'Or.

M. DC. LXXXVII.

Avec Privilege du Roy.

In-12, composé de : 4 feuillets préliminaires non chiffrés, comprenant le titre, imprimé en rouge (pour la majeure partie), et en noir, la *Table des Chapitres*, et un *Catalogue* des livres de dévotion... qui se vendent dans la même boutique ; — 275 pages chiffrées, pour le texte de l'ouvrage ; 6 pages non chiffrées pour le *Privilége* et 1 page non chiffrée pour les *errata*. (Les 2 feuillets du *Catalogue* sont quelquefois placés a la fin du volume.)

Au bas de la 275ᵉ page du texte, on lit la mention : *A Paris, de l'imprimerie d'Antoine Lambin, 1687. Aux dépens des sieurs Auboüin, Emery & Clousier.* (BIBL. NAT. Inv. D. 21317. Réserve.)

On sait que cet ouvrage excellent, dans lequel l'auteur montre tant de bon sens élevé et une connaissance si profonde de l'enfance et de la jeunesse, valut à Fénelon d'être élu de suite à la dignité de précepteur des enfants de la famille royale, le duc de Bourgogne, le duc d'Anjou et le duc de Berry.

Une partie des exemplaires contient des corrections faites au moyen de deux *cartons*, aux pages 167 et 275. A la page 167, ligne 20ᵉ, dans les exemplaires de premier état ne se trouvaient pas les mots « *sans vivre de son esprit* », que l'on ajouta dans la seconde émission. A la page 275 se trouvaient primitivement des fautes aux deux mots : *magnifiiques* et *simpliété*, qui furent corrigées dans le second état : on y lit : *magnifiques* et *simplicité*.

De plus, le feuillet d'*errata* ne fut imprimé, paraît-il, qu'après cette

seconde émission, aussi ne le trouve-t-on dans les exemplaires de la première
que lorsqu'il y a été ajouté après coup.

Prix : Vente Bertin (1854), très bel ex. mar. bl. par Bauzonnet-Trautz, 58 fr. —
Vente Solar (1860), bel ex. rel. anc. en mar. r. 82 fr., — et un autre bel. ex. mar.
br. par Trautz-Bauzonnet, 70 fr. — Vente Potier (1870), mar. br. par Chambolle-Duru,
65 fr. — Cata. Fontaine (1875), mar. r. par Chambolle-Duru, 100 fr. — Vente L. de
M. (Lebeuf de Montgermont, 1876), mar. br. par Thibaron, 140 fr. — Vente Guy-
Pellion (1882), mar. br. par Chambolle, 46 fr. — Bulletin Morgand (1886), mar. br.
par Raparlier 50 fr.

EXPLICATION
DES MAXIMES
DES SAINTS
SUR LA VIE
INTERIEURE.

Par Messire FRANÇOIS DE
SALIGNAC FENELON *Archevêque Duc de Cambray , Precepteur de
Messeigneurs- les Ducs de Bourgogne, d'Anjou & de Berry.*

A PARIS,

Chez { PIERRE AUBOUIN, Libraire de Messeigneurs les Enfans de France. PIERRE EMERY, CHARLES CLOUSIER } Quay des Au- guftins , prés l'Hôtel de Luynes , à l'Ecu de Fran- ce , & à la Croix d'Or.

M. DC. XCVII.
Avec Privilege du Roy.

In-12, composé de : 18 feuillets préliminaires non chiffrés, comprenant
le titre, l'avertissement, l'extrait du Privilège, daté du 17 décembre 1696, à

la fin duquel on voit l'*achevé d'imprimer* daté du 25 janvier 1697, — 272 pages chiffrées pour le texte, et 1 page non chiffrée pour les *Errata*. (Bibl. nat. D. 6491. a. Réserve.)

Première édition de cet ouvrage fameux, qui fit grand bruit à son apparition et dont s'émurent les autorités ecclésiastiques à un si haut point, qu'une commission d'évêques (dont fit partie Bossuet) fut nommée pour examiner le livre et en faire prononcer l'interdiction.

Cette édition est bien imprimée, sur papier fort. Il en fut publié plusieurs autres sous la même date ; elles sont moins soignées. Cependant l'une qui porte sur le titre la rubrique A Bruxelles, paraît sortir de presses parisiennes et est tirée sur beau papier. La première édition, que nous avons décrite ci-dessus, se distingue des autres par une simple faute. A la page 48, ligne 9, on y lit *la perfections,* tandis que dans toutes les autres la faute est corrigée, on lit *la perfection.*

Notre incompétence en théologie ne nous permet pas de porter un jugement hostile ou favorable sur l'orthodoxie de cet ouvrage mystique, dans lequel l'auteur traite en un style superbe la question de la grâce et du pur amour que l'on doit porter à Dieu. Ce fut à l'instigation de Bossuet que le livre fut déféré à la Cour de Rome. L'évêque de Meaux était alors très puissant à la cour de Louis XIV; son influence causa en même temps la condamnation du livre et la disgrâce de l'auteur. On a blâmé en général Bossuet de la violence hautaine et de l'acrimonie avec laquelle il attaqua le sympathique et vertueux archevêque de Cambrai. Celui-ci se contenta d'accepter avec douceur et résignation la sentence qui le frappait et de déclarer, dans un mandement simple et touchant, qu'il devait s'être trompé, puisque les autorités ecclésiastiques le lui avaient signifié. Il donna à cette occasion une nouvelle preuve de la vertu chrétienne et de la bonté admirable dont il était doué.

Prix : Vente Solar (1860), mar. br. par Hardy, 37 fr. — Vente Potier (1870), mar. bl. par Capé, 59 fr. — Catal. Fontaine (1875), mar. r. rel. anc., 45 fr. ; — et un autre ex. précieux, rel. anc. en mar. r. aux armes de Godet des Marais, évêque de Chartres, dont il portait des notes autographes, 650 fr. — Vente L. de M. (Lebeuf de Montgermont, 1876), mar. r. par Capé, 55 fr. — Vente de Béhague (1880), mar. r. par Duru, 50 fr. — Bulletin Morgand (1884), très bel ex. mar. r. par Trautz, 100 fr.

SUITE DU QUATRIEME LIVRE
DE L'ODYSSEE
D'HOMERE
O V
LES AVANTURES
DE
TELEMAQUE
FILS D'ULYSSE.

A PARIS,
Chez la Veuve de CLAUDE BARBIN,
au Palais, fur le fecond Perron de
la fainte Chappelle.

———

M. DC. XCIX.
Avec Privilege du Roy

Par FÉNELON.

In-12, composé de : 4 feuillets préliminaires, comprenant le faux-titre avec verso blanc; le titre, dont le verso est également blanc; un avis intitulé *Le Libraire au Lecteur*, au verso duquel sont les *Fautes à corriger;* l'*Extrait du Privilege du Roy*, dont le verso est blanc et ne contient que ce mot de réclame, en bas à droite : SUITE; — 208 pages chiffrées, pour le texte, la dernière pleine sans indication de *Fin*.

Le Privilège, daté de Versailles, le 6 avril 1699, fut accordé à Claude

Barbin, et permettait d'imprimer un livre intitulé *Suite de l'Odyssée d'Homère, ou les Avantures de Télémaque, fils d'Ulysse,* pendant le temps de huit années. Mais avant que cet ouvrage fût terminé, la censure ayant su que le livre était de l'archevêque de Cambrai (selon M. de Bausset dans son *Histoire de Fénelon*), l'impression en fut interdite, alors qu'on en était à la page 208 de cette première partie. D'ailleurs les ennemis de Fénelon qu approchaient Louis XIV et avaient déjà réussi à causer la disgrâce de l'auteu des *Maximes des Saints*, réussirent à persuader au Roi qu'il fallait voir dan les *Aventures de Télémaque* une critique de sa personne et de son règne, et obtinrent facilement la saisie de ce qui avait paru du livre. Ce n'est donc ici qu'un fragment, qui, pour ce motif de l'interdiction, est devenu très rare. (BIBL. NAT. Y.)

On distingue deux éditions de ce fragment, sous la même date, parues chez le même libraire, et portant le même titre, sauf que le fleuron est différent et qu'au bas de ce titre le mot *Chappelle,* orthographié avec deux *p,* comme on le voit ci-dessus, a été corrigé dans l'autre, où il est écrit *Chapelle.*

La description est la même pour l'une et l'autre édition. Toutes deux possèdent l'*erratum* sous le titre *Fautes à corriger,* lequel indique les mêmes corrections à faire. Le Privilège est identique et le nombre de pages est toujours de 208. Mais dans celle dont nous avons fait reproduire ici le titre, on remarque que le mot *Odyssée* du titre courant est orthographié différemment dans plusieurs parties du volume. Ainsi, au titre de départ du texte, et de la page 2 à la page 120, on lit *Suite de l'Odicée;* ensuite, de 122 à 168, *Odiſſée,* sauf à la page 124, où l'on rencontre une omisison de lettre, *Odſſée;* puis, de 170 à 204, *Odyſſée;* enfin à la page 206, *Odiſſée;* et à la page 208 et dernière, *Oydſſée* (sic).

Cette édition est considérée comme la première du fragment.

Dans l'autre, le mot *Odicée,* qui se trouve au titre de départ, reste partout orthographié de cette façon au titre courant.

La première faute à corriger indiquée dans l'erratum de l'une et l'autre édition est celle-ci : « *L'Odicée,* lisez *L'Odyssée.* »

Charles Nodier a disserté longuement et d'une façon très intéressante sur ce sujet, dans sa *Description raisonnée d'une jolie collection de livres,* publiée en 1844, quelques mois après sa mort.

Les autres parties, qui composent le *Télémaque* complet, parurent clan destinement, la même année, avec les titres suivants :

LES ÉDITIONS ORIGINALES. 449

Seconde partie || des Avantures || de || Telemaque || fils d'Ulysse. || M.DC.XCIX. || In-12 de 230 pages.

Troisième partie || des Avantures || de Telemaque || fils d'Ulysse. || M DC.XCIX. || In-12 de 204 pages.

Quatrième partie || des Avantures || de || Telemaque || fils d'U- lysse. || M.DC.XCIX. || In-12 de 215 pages. (Voir ci-après, à la fin de cet article, pour une autre édition de la *quatrième partie*.)

Cinquième partie || des || Avantures || de || Telemaque || fils d'U- lysse. || M.DC.XCIX. || In-12 de 208 pages.

Ces différentes parties sont fort rares et il est difficile de les réunir. Nous en avons pris la description sur le bel exemplaire formé d'abord par M. Ernest Quentin-Bauchart, exemplaire qui figura ensuite à la vente de M. le comte de S*** (de Sauvage), à Bruxelles, en 1880, et qui fait partie aujourd'hui de la superbe bibliothèque de M. Daguin.

Prix des cinq volumes : Vente Ch. Nodier (1844), rel. en mar. r. par Duru, 89 fr. — Vente Bertin (1854), ex. augmenté de la réimpression du 1ᵉʳ *fragment* et de deux autres volumes de Télémaque, ensemble 8 vol. rel. en mar. r. par Bauzonnet- Trautz, 420 fr. — Collection de M. Ernest Quentin-Bauchart (*Mes livres*, 1875-1881), superbe ex. rel. en mar. r. par Trautz-Bauzonnet, 1,500 fr. — Vente du comte de S*** (de Sauvage), en 1880, le même ex. adjugé à 5,000 fr.

Prix du 1ᵉʳ fragment : Vente Ch. Nodier (1844), mar. violet, par Kœhler, 20 fr. Vente Didot (1878), mar. citron, par Lortic, 420 fr. — Catal. Fontaine (1877), su- perbe ex. mar. doublé, par Trautz, 1,200 fr. — Vente Guy-Pellion (1882), mar. r. par Cuzin, 305 fr. — Bulletin Morgand (1884), mar. La Vall. par Trautz, 400 fr. — Même bulletin (1887), bel. ex. rel. anc. en veau, 500 fr.

Fragment, seconde édition : Bulletin Morgand et Fatout (1881), rel. en veau, 300 fr.

Il y a deux sortes d'exemplaires de la Quatrième Partie : ceux dont le titre est disposé exactement comme dans les autres volumes et daté de M.DC.XCIX, et d'autres qui n'ont qu'une sorte de faux-titre, libellé de la même façon que le vrai titre indiqué ici par nous, mais placé au milieu de la page, et sans aucune date. L'exemplaire superbe de cet ouvrage, que nous venons de citer, provenant de M. Quentin-Bauchart et de la vente du comte de Sauvage, contenait une quatrième partie avec ce seul faux-titre, non daté. Le nombre des pages est le même.

Or, selon nous, l'édition qui offre le titre semblable à ceux des autres volumes et daté, est évidemment la première, la bonne. L'autre, avec simple faux-titre non daté, est une réimpression, au moins pour les 12 premières pages, y compris le titre. Mais ce qui est certain, c'est que l'une et l'autre sortent des mêmes presses, car les caractères des titres sont identiques.

Voici, outre la différence des titres, quelques remarques qui serviront à les distinguer :

1re. Page 4 (17e ligne) : le mot *Ulisse* écrit avec un *i*.
2me. — le mot *Ulysse* est avec un *y*.
1re. Page 5 : La 1re ligne commence par le mot *Troye*...
2me. — La 1re ligne commence par *de Troye*... (Le mot *de* était déjà en bas de la page 4.)
1re. Page 6 : Commençant par les mots : *haine contre Ulysse*.
2me. — Commençant ainsi : *tant de haine contre Ulysse*.
1re. Page 7 : Commençant par : *-mes, tant qu'il avoit*...
2me. — Commençant par : *hommes, tant qu'il avoit*...
1re. Page 8 : Se terminant par : *les Taureaux les plus furieux qui au-*
2me. — Se terminant par : *les Taureaux les plus furieux qui auroient mugi dans*.
1re. Page 9 : Se terminant par : *me fier à Hercule : je songeais*.
2me. — Se terminant par : *a me cacher dans les cavernes*.
1re. Page 10 : Commençant par : *a me cacher*...
2me. — Commençant par : *les plus profondes*...
1re. Page 11 : Commençant par : *-nemis, je me suis*...
2me. — Commençant par : *-té étrangère*...
1re. Page 12 : Commençant par : *reste icy bas*...
2me. — Commençant par : *luy, il me tend les bras*...

L'ordre se rétablit en bas de la page 12, qui se termine dans l'une et dans l'autre de la même façon, par le mot : *tramblantes* (sic) et la réclame *etc*. Le reste du volume est tout à fait semblable ; nous pensons que c'est le même tirage. Le 1er cahier seul aurait été réimprimé. Du moins il en est ainsi dans le précieux exemplaire contenant les deux textes, que M. Daguin a eu l'amabilité de nous communiquer et de nous laisser étudier longuement dans sa bibliothèque. De plus, dans la réimpression, les 12 pages que nous venons de citer sont remplies de fautes, ce qui indique qu'on dut réimprimer ces pages à la hâte, pour un motif quelconque, et que l'auteur ne put les corriger. Le fleuron du commencement du texte est le même dans le premier tirage et dans la réimpression.

2 volumes in-12, composés ainsi :

TOME PREMIER. Frontispice gravé contenant le portrait de Fénelon d'après Bailleul, gravé par Duflos; — titre, imprimé en rouge et noir (reproduit en fac-similé ci-contre) et dont le verso est blanc; — lviij pages chiffrées, contenant une épître « Au Roy », signée FENELON, un *Avertissement*, un *Discours de la poésie épique, et de l'excellence du poème de Télémaque*; — une longue *Approbation*, signée DE SACY, commençant presque en haut de la page lviij et occupant en plus 2 pages non chiffrées; — 12 pages non chiffrées pour *Les Sommaires des Livres contenus en ce premier Tome*; — 492 pages chiffrées, pour le texte. — Plus 12 gravures, correspondant aux livres I à XII, et placées ordinairement en tête de chacun. La plupart de ces gravures sont signées *Bonnart fils delin.* ou *Bonnart del.*, et quelques-unes portent aussi à côté la signature *Giffart scul.*

LES AVANTURES DE TELEMAQUE FILS D'ULYSSE.

Par feu Messire FRANÇOIS DE SALIGNAC DE LA MOTTE FENELON, Précepteur de Messeigneurs les Enfans de France & depuis Archevêque-Duc de Cambrai, Prince du saint Empire, &c.

PREMIERE EDITION conforme au Manuscrit original.

TOME PREMIER.

A PARIS,
Chez JACQUES ESTIENNE, rue Saint-Jacques, à la Vertu.

M. DCCXVII.
AVEC PRIVILEGE DU ROY.

L'*Approbation*, qui ne contient pas moins de trois pages, renferme des éloges chaleureux des *Avantures de Télémaque*, du plan de l'ouvrage, des caractères des personnages et du style de l'auteur. Elle est datée du premier juin 1716 et signée : DE SACY.

TOME SECOND. Frontispice gravé, signé *Bonnart filius del.* et *P. F. Giffart sculp.*, représentant Minerve montrant à Télémaque le temple dédié à la Vertu. En haut de la gravure, un Amour tient une banderole sur laquelle on lit : *Télémaque. Tom. 2.;* — titre, dont le verso est blanc; — 6 feuillets prélim. non chiffrés (12 pages), pour *les Sommaires des Livres contenus en ce second tome;* — 472 pages chiffrées, pour le texte; (ici une *Carte* (géographique) *des voyages de Télémaque,* par Rousset); — les pages 473 à 478, contenant une *Ode;* — enfin, 2 pages non chiffrées, pour le *Privilége* in extenso. — Plus 12 gravures, correspondant aux livres XIII à XXIV, et signées comme celles du premier volume. Ces gravures sont placées en tête de chaque livre.

Le Privilège est accordé au « sieur Marquis DE FÉNELON », pour faire imprimer quelques ouvrages qui se sont trouvez parmi les manuscrits du feu sieur Archevêque de Cambray, son oncle, qui ont pour titre : *Les Avantures de Télémaque,*... etc... pendant quinze années. Il est daté du 23 mars 1717.

On trouve à la suite une déclaration du marquis de Fénelon, cédant ses droits à FLORENTIN DELAULNE, et JACQUES ESTIENNE, imprimeurs-libraires, à la date du 24 mars. Les exemplaires portent donc indistinctement l'un ou l'autre de ces noms sur le titre, et sont malgré cela identiques.

Cette édition est la meilleure et la plus belle des originales de *Télémaque*. C'est d'ailleurs la première complète. Elle fut publiée sur les manuscrits laissés par Fénelon, et ce fut son neveu, le marquis de Fénelon, qui y donna ses soins.

Il existe, sous la date de 1717, et avec les mêmes noms de libraires, une autre édition, imprimée en plus petits caractères, publiée après en un seul volume; mais elle est loin de valoir la première.

C'est celle que nous avons décrite qui a fixé le texte des éditions suivantes, et elle est recherchée, tant pour ce motif que parce qu'elle est très bien imprimée.

PRIX : Vente Parison (1856), superbe ex. rel. anc. en mar. bl. par Padeloup, avec les insignes de Longepierre, 1,785 fr. — Vente Brunet (1867), le même ex. 2,200 fr. — Vente du baron J. P. (Pichon), en 1869, rel. en v. f. ancien, 230 fr. — Catal. Fontaine (1875), superbe ex. mar. doublé, par Trautz, 1,200 fr.; — un autre ex. mar. r. non doublé, par Trautz, 650 fr. — Vente Didot (1878), rel. en v. f., 320 fr. — Bulletin Morgand et Fatout (1880), précieux ex. rel. anc. en mar. v. aux armes et au chiffre de Louis XV, et ayant ensuite appartenu à Louis XVI, dans sa prison du Temple, 4,000 fr. — Même bulletin (1885), bel ex. mar. bleu, par Cuzin, 450 fr.

DIALOGUES DES MORTS
COMPOSEZ
POUR L'EDUCATION
D'UN PRINCE.

A PARIS,
Chez FLORENTIN DELAULNE, ruë
Saint Jacques à l'Empereur.

M. DCCXII.
AVEC PRIVILEGE DU ROY.

Par FENELON.

In-12, composé de : xxv pages préliminaires chiffrées, comprenant le titre dont le verso est blanc, et la *Préface;* — 3 pages non chiffrées pour la *Table;* — 1 page non chiffrée pour l'*Approbation* et 3 pages non chiffrées, pour le *Privilége* in extenso. (Au bas de la page où se termine le Privilége on voit, en réclame, le mot DIALOGUES); — 314 pages chiffrées, pour le texte.

Le *Privilége*, accordé à Florentin Delaulne, pour cinq années, est daté de Versailles, le 17 mai 1711. BIBL. NAT., Z 1238. A.)

Le fleuron du titre est curieux. Il représente le portrait en pied du roi Louis XIV dans un médaillon circulaire, entouré de trophées de drapeaux français et étrangers, et des attributs de la guerre et de la victoire, avec la devise : *Imperio et virtute.*

Édition originale, la seule qui ait été publiée par l'auteur, et contenant quarante-cinq dialogues. Elle avait été précédée de l'impression subreptice d'un fragment contenant seulement quatre dialogues, sous ce titre : *Dialogues divers entre les cardinaux de Richelieu et Mazarin et autres...* (avec la rubrique :) *Cologne, P. L'Enclume...* 1700, de format petit in-12.

Après la mort de Fénelon, on publia, d'après ses manuscrits, une édition de beaucoup augmentée et d'après laquelle furent faites les éditions postérieures. En voici le titre :

DIALOGUES DES MORTS anciens et modernes, avec quelques fables, composez pour l'éducation d'un prince, par feu messire Fr. de Salignac de la Mothe-Fénelon. Paris... 1718; 2 volumes in-12, qu'il est bon de posséder à côté de l'édition originale décrite ci-devant, car on y trouve pour la première fois un certain nombre de passages que l'auteur n'avait pas jugé à propos de faire imprimer et qui n'en sont pas moins intéressants.

PRIX de l'édition originale de 1712 : Vente Potier (1870), mar. r. par Thibaron, 40 fr. — Vente L. de M. (Lebeuf de Montgermont, 1876), mar. br. par Thibaron, 80 fr. — Bulletin Morgand et Fatout (1876), ex. rel. en veau ancien, 30 fr. — Même bulletin (1877), superbe ex. provenant de la bibliothèque de M. Ernest Quentin-Bauchart, rel. en mar. br. par Trautz, 250 fr. — Vente Guy-Pellion (1882), mar. br. par Chambolle, 45 fr. — Bulletin Morgand (1887), mar. br. par Cuzin, 80 fr.

Édition de 1718 : Vente Guy-Pellion (1882), 2 vol. mar. br. par Chambolle-Duru, 80 fr.

Cet ouvrage, comme les Aventures de Télémaque, et quelques autres livres, avait été composé par Fénelon pour l'éducation de son élève, le duc de Bourgogne, alors que l'illustre archevêque n'avait pas encore été en butte à cette sorte de persécution venant de haut lieu, qui devait causer sa disgrâce et exciter contre lui la colère du Roi et du Pape. (Voir nos observations à ce sujet, ci-devant pages 445 et 448, à propos de l'*Explication des Maximes des Saints* et des *Aventures de Télémaque.*

SATYRE
CONTRE
LES MARIS

Par le Sieur R** *T. D. F.*

A PARIS,

M. DC. XCIV.

SATYRE CONTRE LES MARIS. (Par Jean-François REGNARD).

Plaquette in-4°, contenant : 2 feuillets prélim. non chiffrés, pour le titre et la préface (le verso de chacun de ces 2 feuillets est en blanc), — 15 pages, la dernière imprimée au tiers seulement du recto, et se terminant par le mot FIN, suivi d'un cul-de-lampe typographique, formé d'une corbeille de fleurs soutenue par une tête d'ange avec des ailes. En tête du texte est un fleuron sur bois, d'un dessin lourd, contenant au milieu une tête, entourée de chaque côté d'ornements contournés en double volute.

M. de M., le bibliographe de Regnard, signale une légère différence entre quelques exemplaires. En tête de la préface se trouve un autre fleuron sur bois. « Dans certains exemplaires, dit M. de M***, ce fleuron a au centre un médaillon rond, qui est resté en blanc; dans les autres, le fleuron se compose d'une corbeille de laquelle s'échappent des fleurs; un personnage est assis de chaque côté. » C'est un de ces derniers que nous avons sous les yeux : les deux personnages nus assis sont, à gauche, Adam, à droite, Ève, mordant à la pomme. Nous avons vu un exemplaire avec l'autre fleuron à la BIBLIOTHÈQUE DE L'ARSENAL (B. L. 6896, 4 *ter*, Recueil).

Cette satire fut composée pour répondre au *Dialogue ou Satyre X* (de Boileau) contre les femmes, qui avait paru la même année. Regnard y traite assez dédaigneusement Boileau, sans le nommer, en le désignant d'une façon aussi claire que peu judicieuse dans ces vers :

> Et les traits d'un critique affoibli par les ans,
> Sont tombés de ses mains sans force et languissans.

D'ailleurs, dans la préface, il déclare que son dessein est « de faire voir que les dégoûts et les chagrins qui en sont presque inséparables (du mariage), viennent pour l'ordinaire plutôt du côté des maris que de celui des femmes, contre le sentiment de M. Despréaux. »

Les initiales R** T. D. F., qu'on voit ici sur le titre, signifient : REGNARD, *Trésorier de France.*

PRIX : Bulletin de la librairie Morgand et Fatout (1878), demi-rel. mar. r. par David, bel ex. ayant 252 millim. de hauteur, 120 fr. — Catal. Durel (1887), rel. anc. en v. m., 100 fr.

Par REGNARD. Pièce en un acte, en prose.

In-12, composé de : 2 feuillets préliminaires non chiffrés, comprenant le titre, dont le verso est blanc, l'*Extrait du Privilége du Roy* et la liste des rôles des *Acteurs;* — 48 pages chiffrées, pour le texte de la pièce.

Le Privilège, daté du 30 janvier 1693, est accordé à Thomas Guillain, pour « faire imprimer, vendre et debiter les OEuvres de Theatre du sieur P** (*sic*), pendant le temps de six années... » Il est suivi de la mention : *Achevé d'imprimer pour la premiere fois, le 17. Juillet 1694.*

Il existe sous la même date de 1694, mais sans nom de libraire, ni lieu d'impression, une autre édition in-12, contenant le titre, et 48 pages, et qui doit avoir été imprimée en province. Elle ne peut être considérée que comme une contrefaçon.

ATTENDEZ-MOY
SOUS L'ORME,
COMEDIE.

A PARIS,
Chez THOMAS GUILLAIN, à la defcente du Pont-Neuf, prés les Auguftins, à l'Image S. Loüis.
M. DC. XCIV.
Avec Privilege du Roy.

Cette petite comédie fut représentée le 19 mai 1694, et on la joua onze fois.

PRIX : Vente Guy-Pellion (1882), mar. v. par Cuzin, environ 280 fr. (Dans une réunion de dix éditions originales séparées des pièces de Regnard, avec la même reliure, adjugées ensemble 2900 fr.)

LA SÉRÉNADE, COMÉDIE.

A PARIS,
Chez THOMAS GUILLAIN, à la descente du Pont-Neuf, près les Augustins, à l'Image S. Loüis.
M. DC. XCV.
Avec Privilege du Roy.

Par REGNARD. Pièce en un acte, en prose.

In-12, composé de : 2 feuillets préliminaires non chiffrés, comprenant le titre, dont le verso est blanc, l'*Extrait du Privilége* et les rôles des *Acteurs* ; 56 pages chiffrées, pour le texte de la pièce.

Le Privilège, daté du 30 Janvier 1693, est accordé à Thomas Guillain, pour « faire imprimer vendre et debiter les Oevres de Theatre du sieur P** (sic) pendant le temps de six années... » Il est suivi de la mention : *Achevé d'imprimer pour la première fois, le 23. Décembre 1694.*

La représentation de cette pièce suivit de près celle de *Attendez-moi sous l'orme*. On la joua le 3 juillet 1694, et elle eut dix-sept représentations.

Sans être à compter parmi les meilleures comédies de Regnard, cette petite pièce, *La Sérénade*, n'en est pas moins assez bien composée et agréablement écrite. Elle a du reste été remise à la scène plusieurs fois au XVIIIe siècle et de nos jours.

PRIX : Catal. Fontaine (1877), bel ex. mar. r. par Cuzin, 350 fr. — Bulletin Morgand et Fatout (1880), très bel ex. mar. v. par Cuzin, 400 fr. — Catal. Durel (1877), rel. anc. en parch., 60 fr.

Par REGNARD. Pièce en un acte, en vers.

In-12, composé de : 47 pages chiffrées, en totalité, y compris le titre, dont le verso est blanc, l'*Extrait du Privilége* et la liste des rôles des *Acteurs*, formant ensemble les 4 premières pages, lesquelles comptent dans le nombre sans être chiffrées.

Le Privilège est daté du 30 janvier 1693, et accordé à Thomas Guillain, pour « faire imprimer, vendre et debiter les OEuvres de Theâtre du Sieur P** (*sic*), pendant le temps de six années... » On lit à la suite : *Achevé d'imprimer pour la premiere fois, le 13 Aoust 1696.*

La date du titre (1694) est erronée, car cette pièce ne fut jouée que le 14 juin 1696 et imprimée deux mois après. Il faut lire M. DC. XCVI (1696).

M. de M***, l'auteur de

LE BOURGEOIS DE FALAISE. *COMEDIE.*

A PARIS,
Chez THOMAS GUILLAIN, à la descente du Pont-neuf, prés les Augustins, à l'Image S. Louis.

M. DC. XCIV.
AVEC PRIVILEGE DU ROT.

la *Bibliographie de Regnard*, dit qu'« à la suite de cette édition on trouve quelquefois la musique notée, avec le titre de départ ci-après : AIRS || DE LA COMEDIE || DU BOURGEOIS || DE FALAISE. || = 4 ff. signés A à AIV, la dernière page chiffrée 8. »

Dans toutes les éditions postérieures, cette comédie parut sous le titre : LE BAL.

PRIX : Bulletin Morgand et Fatout (1880), bel ex. mar. v. par Cuzin, 350 fr. — Catal. Durel (1887), ex. cartonné en toile, 60 fr.

LE JOUEUR,
COMEDIE
en Vers.

A PARIS,
Chez THOMAS GUILLAIN, proche
les Auguſtins, à la deſcente du Pont-neuf,
à l'Image S. Loüis.

M. DC. XCXVII.
AVEC PRIVILEGE DU ROY.

PAR REGNARD. Pièce en cinq actes, en vers.

In-12, composé de : 4 feuillets préliminaires, comprenant un feuillet blanc placé en tête, le titre, dont le verso est blanc, la *Préface,* formant deux pages, l'*Extrait du Privilege du Roy,* suivi de l'*Achevé d'imprimer,* et au verso les rôles des *Acteurs;* — 110 pages, ou plutôt 114, car il y a plusieurs erreurs de pagination ; — enfin 1 feuillet blanc pour faire pendant au dernier feuillet imprimé, signé L.

La pagination est régulière jusqu'à 103-104. Le feuillet suivant, qui devrait être chiffré 105-106, est coté 103-306; le feuillet 107-108, dernier du cahier L, est bien chiffré ; puis la pagination reprend à 105-106 (premier feuillet du cahier K) et se continue par 107-108, 109 (mais la dernière page verso est cotée 11, au lieu de 110). Cette dernière page se termine à moitié environ par le mot Fin. Après les feuillets préliminaires, le volume se compose de 11 cahiers de 6 feuillets chacun, sauf les cahiers K et L à la fin, qui n'ont que 2 ff. chacun. Il y a une petite erreur dans les signatures du bas des feuillets : le 2e feuillet du cahier H est signé Iij et le 3e signé Iiij, ce qui n'empêche pas Iij et Iiij de se trouver de nouveau à leur place.

Le Privilège, daté du « vingt-huitiéme Aoust 1695 », est accordé « à Thomas Guillain, Marchand libraire à Paris, pour faire imprimer *le Recueil des Comedies du Sieur D**** (sic), pendant le temps de six années. » On lit à la fin de l'*Extrait du Privilége*, au bas de la page, la mention : « *Achevé d'imprimer pour la premiere fois le 11. Fevrier 1697.* » Et au-dessous : *Le prix est de vingt sols.*

Cette édition originale d'une des deux meilleures pièces de Regnard est d'une extrême rareté. L'exemplaire superbe qui nous a servi pour notre description nous a été obligeamment communiqué par M. Daguin. La hauteur des feuillets de cet exemplaire mesure 137 millimètres.

On pourrait presque reproduire à propos du *Joueur* les observations que nous avons faites ci-après, page 469, au sujet du *Légataire universel*. L'auteur, sans rien emprunter à Molière, avait tellement étudié l'esprit du grand poète et la tournure de ses dialogues, qu'on retrouve par-ci par-là dans ses meilleures pièces des traces de l'influence que cette étude avait exercées sur son talent.

Cependant, lorsqu'il composa le *Joueur*, Regnard entrait en plein dans un sujet à lui familier et il avait été plus que personne en situation d'étudier sur le vif les caractères de ses personnages. Car le jeu avait été, avec les voyages, une de ses passions dominantes.

Dans sa jeunesse il avait gagné de grosses sommes au jeu, pendant un séjour d'une année en Italie, et il avait accru par ce moyen la fortune assez ronde que lui avait laissée son père.

Prix de l'édition originale du *Joueur* : Vente Bertin (1854), rel. en v. f. par Niedrée, 14 fr. 50. — Vente de Béhague (1880), ex. rel. en mar. r. par Thibaron-Joly, avec un raccommodage en haut du titre, 1,030 fr.

LE DISTRAIT,
COMEDIE.

A PARIS,

Chez PIERRE RIBOU, à la décente du Pont-Neuf, près les Augustins, à l'Image S. Loüis.

M. DC. XCVIII.
Avec Privilège du Roi.

Par REGNARD. Pièce en cinq actes, en vers.

In-12, composé de : 2 feuillets prélim. non chiffrés, comprenant le titre, dont le verso est blanc, l'*Extrait du Privilége*, au verso duquel est la liste des rôles des *Acteurs*; — texte occupant les pages 1 à 112, avec plusieurs erreurs de pagination.

En haut de la page 8, le titre courant est ainsi imprimé : *Le Distriat*. La page 84 est cotée par erreur 64 ; ensuite, il y a une lacune de chiffre, et la pagination saute à 89 et se continue sans compensation. Une autre erreur se voit à la page 95, elle est chiffrée 91. A la page 100, il manque le 1; elle est cotée 00.

Le Privilège, daté du 10 Janvier 1693, est accordé à Thomas Guillain, pour imprimer les *Pièces de Theâtre du sieur D**** (sic). On lit à la suite : *Achevé d'imprimer pour la première fois, le 4 de Février 1698*. Enfin, on voit une déclaration de cession par Guillain à Pierre Ribou.

Le Distrait fut représenté sur le Théâtre-Français, le 2 décembre 1697 et n'eut que quatre représentations. L'édition originale est très rare.

PRIX : Catal. Durel (1887), bel ex. grand de marges, cartonné en toile, 150 fr. — Un autre bel ex. faisait partie de la réunion des dix pièces originales de Regnard, reliées en mar. v. par Cuzin, adjugées ensemble à la vente Guy-Pellion, en 1882, à 2,900 fr.

DEMOCRITE,

COMEDIE.

Le prix 20. f.

A PARIS,
Chez PIERRE RIBOU, proche les Auguftins, à la defcente du Pont-neuf, à l'Image S. Louis.

M. DCC.
AVEC PRIVILEGE DU ROY.

Par REGNARD. Pièce en cinq actes, en vers.

In-12, composé de : 2 feuillets préliminaires non chiffrés, comprenant le titre, dont le verso est blanc, l'*Extrait du Privilége* et les rôles des *Acteurs*; — 90 pages chiffrées, pour le texte de la pièce.

Le Privilège, daté du 21 Février 1700, est accordé à Pierre Ribou, pour faire imprimer et vendre *le Recueil des Pièces de Theatre du Sieur R****, pendant six années. On lit à la suite la mention : *Achevé d'imprimer pour la premiére fois le 5. Mars 1700.* (BIBL. NAT. Y Th. 4579.)

Cette comédie, représentée le 12 janvier 1700, eut 17 représentations.

PRIX : Vente Guy-Pellion (1882), mar. v. par Cuzin, environ 280 fr.

LE RETOUR IMPREVEU.
COMEDIE.

A PARIS,
Chez PIERRE RIBOU, proche les
Auguſtins, à la defcente du Pont-neuf,
à l'Image S. Louis.

M. DCC.
AVEC PRIVILEGE DV ROY.

Par REGNARD. Pièce en un acte, en prose.

In-12, composé de : 59 pages chiffrées en totalité, y compris le titre, dont le verso est blanc, l'*Extrait du Privilége* et les rôles des *Acteurs*, formant ensemble les pages 1 à 4. — La dernière page est chiffrée par erreur 56 au lieu de 59.

Le Privilège, en date du 21 Février 1700, était accordé à Pierre Ribou, pour « faire imprimer *Un Recueil de pièces de Theatre du Sieur R****, pendant le temps de six années ». Au bas de la page de ce privilège, on voit la mention : *Achevé d'imprimer pour la premiere fois le 22. Mars 1700.* (BIBL. NAT. Y. + 5835 A.)

Cette pièce, datée de 1700, comme la précédente, fut imprimée en vertu du même privilège à quelques semaines d'intervalle. Elle avait d'ailleurs été mise à la scène un mois à peine après *Démocrite,* et n'avait pas obtenu le même succes.

La petite comédie *Le retour imprévu* fut jouée le 11 février 1700 et eut 8 représentations.

PRIX : Répertoire Morgand et Fatout (1882), ex. dérelié, 200 fr. — Catal. Durel (1887), ex. cartonné en toile, 60 fr.

Par REGNARD. Pièce en trois actes, en vers, précédée d'un prologue et suivie d'un divertissement intitulé *le Mariage de la Folie.*

In-12, composé de : 5 feuillets préliminaires non chiffrés, comprenant le faux-titre, dont le verso est blanc, un frontispice gravé, le titre imprimé, dont le verso est blanc, l'*Approbation*, le *Privilége* et les rôles des *Acteurs*; — 92 pages chiffrées, pour le texte de la pièce. — Avec des erreurs de pagination; les pages 70, 71, 72 sont répétées.

Le frontispice représente une des scènes de la comédie. En haut du théâtre, on voit les musiciens dans une galerie. Au bas de la gravure, on lit le titre : LES FOLIES AMOUREUSES.

L'Approbation est datée du 27 Février 1704.

LES FOLIES AMOUREUSES.

COMEDIE.

Par M. R***

A PARIS,

Chez PIERRE RIBOU, à la descente du Pont-Neuf, prés des Augustins, à l'Image S. Loüis.

M. DC. XCCIV.
Avec Approbation & Privilege du Roy.

Elle est donnée pour « *Les Folies amoureuses*, avec le Mariage de la Folie ». Le Privilège, accordé à Pierre Ribou, pour faire imprimer et vendre les *Folies amoureuses comedie,* est daté du 1er Février 1704.

On voit, par le fac-similé ci-dessus, que la date du titre est erronée. Il en est ainsi dans tous les exemplaires. C'est M. DCC. IV (1704) qu'il faut lire. (BIBL. NAT. Y. 5777. c.)

Cette charmante comédie, représentée le 15 janvier 1704, ne fut jouée que quatorze fois. Mais combien n'a-t-elle pas eu de représentations depuis ! Elle est toujours au répertoire de la Comédie-Française.

PRIX : Vente Bertin (1854), veau brun, 4 fr. 75. — Vente Bancel (1880), mar. r. par Cuzin, 130 fr. — Répertoire Morgand et Fatout (1882), superbe ex. dérelié, 300 fr.

LES
MENECHMES.
COMEDIE.
Avec une Epître à Mʳ. Despreaux.
Par Mʳ. REGNARD.
Le prix est de vingt sols.

A PARIS.
Chez PIERRE RIBOU, sur le Quay des Augustins, à la descente du Pont-Neuf, à l'Image S. Loüis.

M. DCCVI.
Avec Approbation & Privilege du Roy.

Par REGNARD. Pièce en cinq actes, en vers.

In-12, composé de : 4 feuillets préliminaires, savoir : un frontispice gravé représentant la dernière scène de la pièce, le titre imprimé, dont le verso est blanc, une *Epistre à Monsieur Despreaux*, signée REGNARD, et les rôles des *Acteurs du Prologue;* — 98 pages chiffrées, pour le texte du Prologue et de la pièce; — 4 pages non chiffrées, pour l'*Approbation,* le *Privilége* et les *Fautes à corriger*. — Enfin, dans quelques exemplaires, 4 pages non chiffrées, contenant un *Catalogue des Livres nouveaux imprimez chez Jean Ribou.* (Ce catalogue n'est pas indispensable.)

Le Privilège, accordé à Pierre Ribou, pour faire imprimer et vendre *les Menechmes,* pendant trois années, est daté du 27 décembre 1705. Les rôles des *Acteurs* de la comédie occupent la page 10. (BIBL. NAT. Y. 5801. B.)

L'Approbation est datée du 19 décembre 1705, quelques jours après la représentation. Elle est signée : FONTENELLE.

Le titre du commencement de la pièce est ainsi libellé : « *Les Menechmes ou les Jumeaux,* comédie. »

On lit en haut du frontispice gravé : *Les Menechmes,* et en bas : *Les Œuvres de M. Renard.* Cette gravure-frontispice a servi dans l'édition collective de 1708-1707. (Voir ci-après, pages 471-472.)

La comédie *les Menechmes,* faite à l'imitation de celle de Plaute, mais modernisée avec beaucoup de verve et d'esprit, de gaieté surtout, fut représentée le 4 décembre 1705 et jouée seize fois de suite. C'est une des plus amusantes pièces de Regnard.

PRIX : Vente Bertin (1854), ex. broché, 2 fr. — Vente Bancel (1882), bel ex. haut de 158 mill. mar. bl. par Thibaron, 200 fr. — Vente Guy-Pellion (1882), bel ex. mar. v. par Cuzin, environ 280 fr.

Il est curieux de remarquer que cette pièce est dédiée à Boileau, avec qui Regnard avait été brouillé pendant longtemps. La réconciliation des deux poètes date à peu près de cette époque, et leur amitié ne se rompit plus désormais. Il y avait douze ans que Regnard avait écrit sa *Satire contre les Maris* (voir notre description, page 456), en réponse à la Satire X de Boileau contre les femmes. Le ton d'ironie dédaigneuse, presque méprisante, à l'adresse de Boileau, qu'on remarquait dans la satire de Regnard, contraste singulièrement avec la flatterie enthousiaste et pleine d'humilité qui règne du commencement à la fin de l'épître dédicatoire de la comédie des *Menechmes,* adressée au même, « A M. Despréaux ».

LE LEGATAIRE UNIVERSEL.
COMEDIE.

Le prix est de vingt sols.

A PARIS,

Chez PIERRE RIBOU, sur le Quay des Augustins, à la descente du Pont-Neuf, à l'Image S. Loüis.

MDCCVIII.
Avec Approbation & Privilege du Roy.

Par REGNARD. Pièce en cinq actes, en vers.

In-12, composé de : un frontispice gravé, — le titre imprimé, avec vignette (reproduit ci-dessus), au verso duquel est la liste des rôles des Acteurs;

— 103 pages chiffrées, pour le texte de la pièce ; — et 3 pages non chiffrées, pour l'*Approbation* et le *Privilége*.

Le frontispice représente une des dernières scènes du *Légataire*. On voit au fond, à peine indiqué par des traits légers, un intérieur de salon ; au-dessus, en haut du rideau, un écusson contient les deux L entrelacées du roi Louis XIV, avec la couronne et les branches de laurier.

L'*Approbation*, datée du 15 janvier 1708, est signée Fontenelle. Le Privilège est accordé à Pierre Ribou, pour faire imprimer « une comedie sous le titre des *Menechmes*, et autres pieces de Theatre du sieur Regnard », pendant trois années. Il est daté du 27 décembre 1705.

On ne voit point ici d'*erratum;* mais, à la fin de la *Critique du Legataire*, que nous décrivons ci-après, page 470, se trouve un *erratum* sous le titre *Fautes à corriger dans la comedie du Legataire* (2 fautes seulement).

Le Légataire universel, l'un des chefs-d'œuvre de Regnard, fut représenté le 9 janvier 1708. Il eut vingt représentations et fut imprimé de suite. Cette édition originale se trouve presque toujours ainsi avec pagination séparée, à la fin du tome II des œuvres de Regnard, édition collective de 1708-1707, que nous décrivons ci-après, pages 471-472.

Sans être de l'avis des critiques qui, contestant à Regnard le génie de l'invention et l'originalité, ont prétendu que ce poète n'aurait pas réussi s'il n'avait imité Molière, on ne peut s'empêcher de reconnaître une certaine analogie de forme entre le dialogue de ses pièces et celui des comédies de notre plus grand poète comique. C'est surtout dans le *Légataire universel* que cette ressemblance de forme est particulièrement sensible. Il est incontestable que l'auteur a pris Molière comme modèle et que dans ses œuvres il a fait tous ses efforts pour se rapprocher le plus possible de son maître. Mais on trouve dans les comédies de Regnard des situations neuves, des tournures ingénieuses et pleines de gaieté qui lui appartiennent, et des traits de haut comique, qui caractérisent bien son genre de talent. C'est ce qui a contribué à lui maintenir un rang excellent parmi nos bons écrivains.

Prix de l'édition originale du *Légataire universel :* Vente Bertin (1854), mar. r. par Duru, 10 fr. — Vente Potier (1870), mar. r. par Chambolle, 70 fr. — Vente du baron Taylor (bel ex. à toutes marges, l'un des plus grands connus, rel. anc. en parchemin, 480 fr. — Catal. Fontaine (1877), le même ex., 600 fr. — Catal. Durel (1887), ex. médiocre, rel. en mar. par Thibaron, 60 fr.

LA CRITIQUE DU LEGATAIRE

COMEDIE.

A PARIS,

Chez Pierre Ribou, fur le Quay des Auguſtins, à la defcente du Pont-Neuf, à l'Image Saint Loüis.

MDCCVIII.

Avec Approbation & Privilege du Roi.

Par Regnard. Pièce en un acte, en prose.

In-12, composé de : 2 feuillets préliminaires, le premier blanc, le second contenant le titre, dont le verso est occupé par le rôle des *Acteurs* ; — 21 pages chiffrées, pour le texte de la pièce, et une page non chiffrée, pour les *Fautes à corriger dans la comedie du Legataire*. (Ces fautes, au nombre de deux seulement, occupent cinq lignes. Elles se rapportent à l'édition originale du *Légataire universel*, que nous avons décrite sous notre article précédent). — Plus un feuillet, qu'on rencontre rarement, et qui contient l'*Approbation* et le *Privilége*. L'approbation, datée du 17 avril 1705, est signée : Fontenelle. Le Privilège, accordé à Pierre Ribou, pour imprimer « les œuvres du sieur Renard », pendant cinq ans, est daté de Versailles, 10 may 1705. (Bibl. nat., Y + 5794 a.)

Au bas de la page 21, se trouve la permission d'imprimer ainsi conçue : Permission. *Vûë. Permis de faire imprimer. Fait à Paris ce 8. Février 1708.* M. R. De Voyer Dargenson.

Regnard fit représenter cette petite pièce le 19 janvier 1708. Elle n'eut pas de succès ; c'était d'ailleurs ce que méritait cette élucubration composée et écrite à la hâte.

Prix : Bulletin Morgand et Fatout (1880), très bel ex. mesurant 162 milllim. de hauteur, dérelié, 250 fr. — Même Bulletin (1883), très bel ex. mesurant 162 millim. de hauteur, 125 fr.

2 volumes in-12, ainsi composés :

Tome I. 2 feuillets préliminaires, comprenant le frontispice gravé (un grand cartouche élégamment dessiné entouré de deux trophées d'instruments de comédie et de musique, masque en haut et tête de satyre en bas, avec ces mots gravés au milieu : Teatre de M. Renard. *Tome I*ᵉʳ.); le titre imprimé (reproduit ci-contre), au verso duquel est un sommaire des *Pièces contenues dans ce I. volume;* — 357 pages chiffrées, pour le texte de toutes pièces ; — et trois pages non chiffrées pour l'*Approbation* et le *Privilége* entier. — Plus cinq gravures, une en tête de chaque pièce ; aucune ne compte dans la pagination.

Ce volume contient : *La Sérenade,* — *Le Bal,* — *Le Joueur,* — *Le Distrait,* — *Le Retour impreveu,* — *Attendez-moi sous l'Orme.*

ŒUVRES
DE
Mʳ. REGNARD.

TOME I.

A PARIS,
Chez Pierre Ribou, Quay des Augustins, à la descente du Pont-Neuf, à l'Image Saint-Louis.

M. DCCVIII.
Avec Approbation & Privilege du Roy.

Le *Privilége,* accordé à Pierre Ribou, pour « faire imprimer une comedie sous le titre des *Menechmes,* et autres pièces de théâtre du sieur Regnard... pendant le temps de *trois années* », est daté du 27 décembre 1705. L'*Approbation* est du 19 décembre 1705, et porte la signature : Fontenelle. Elle est donnée pour les *Menechmes* seulement.

Tome II. Frontispice gravé (une scène de la comédie *Democrite* avec un écusson aux armes royales, au haut rideau ; au bas les mots gravés : Teatre de M. Renard. *Tome* 2ᵉ Democrite.) ; — le titre imprimé (reproduit ci-

LES ŒUVRES DE M. REGNARD. TOME II.

A PARIS. Chez Pierre Ribou, Quay des Augustins, à la descente du Pont Neuf, à l'image S. Louis.

M DCCVII. Avec Approbation & Privilege du Roy.

contre), au verso duquel est le sommaire des *Pièces contenues dans ce II. volume;* — 278 pages chiffrées, pour le texte des pièces. Plus trois gravures, une en tête de chaque pièce, y compris celle de *Démocrite*, qui sert de frontispice; les gravures ne comptent pas dans la pagination.

Ce volume contient : *Démocrite,* — *Les Folies amoureuses,* — *Les Menechmes.*

Il est le plus souvent daté de 1707, comme on le voit dans le fac-similé ci-contre. Cependant on trouve des exemplaires datés de 1708, ne présentant d'ailleurs aucune différence avec les autres.

On joint à cette édition, pour former la suite complète des comédies de Regnard, les éditions originales du *Légataire universel* et de la *Critique du Légataire*, décrites ici, pages 468-470.

Prix: Vente Bertin (1854), bel. ex. mar. bl. par Niedrée, 170 fr. — Catal. Fontaine (1875), bel ex. mar. bleu par Trautz, 600 fr.; — et un autre ex. rel. anc. en basane, 350 fr. — Bulletin Morgand et Fatout (1876), superbe ex. mar. bleu par Trautz, 1,500 fr. — Catal. Durel (1887), rel. anc. en veau, 420 fr.

Avant de publier cette édition collective on avait déjà formé des recueils factices des pièces de Regnard et on avait imprimé des titres pour ces recueils, avec les dates de 1698, 1700, 1703 et 1705. Les pièces s'y trouvaient telles qu'elles avaient paru séparément, soit en édition originale, soit en 2ᵉ ou 3ᵉ édition, et chacune avec son titre et sa pagination à part.

LETTRES
CHOISIES
DE MADAME LA MARQUISE
DE SEVIGNÉ
A MADAME
DE GRIGNAN
SA FILLE.

Qui contiennent beaucoup de particularitez de l'Hiſtoire de Loüis XIV.

M. D C C. X X V.

In-12, composé de : 75 pages chiffrées, en totalité, y compris le titre (reproduit ci-dessus), dont le verso est blanc.

Cette plaquette rarissime, qui est le résultat de la première idée de réunion des lettres de Mme de Sévigné, contient seulement trois lettres, fragments ou billets, datés, le premier billet, de 1670, et les autres lettres, du 13 mars 1671 au 18 novembre 1676. (Le premier petit billet est de Mme de Grignan à son mari.)

Ce petit volume fut imprimé à Troyes, par Jacques Le Fèvre, ainsi que le constate M. Corrard de Bréban dans son volume *Recherches sur l'établissement et l'exercice de l'imprimerie à Troyes*. D'ailleurs, quoique cet opuscule soit fort peu connu et n'ait guère été signalé que par M. Monmerqué dans son excellente édition, et ensuite par l'éditeur des *Lettres de Mme de Sévigné*, publiées dans la collection des Grands Écrivains de la France, il avait été cité déjà au XVIIIe siècle, à propos de l'édition de 1754. Voici en effet comment s'exprimait le chevalier Perrin (l'éditeur du recueil de Lettres de 1754), dans une note qui accompagne la préface de ce recueil : « On ne dit rien d'une brochure imprimée à Troyes, qui contenait un choix d'environ cinquante lettres de Mme de Sévigné, et qui parut peu de temps avant que les éditions de Rouen et de La Haye fussent connues. » Cependant l'auteur de cette note n'avait pas évidemment la plaquette de 1725 sous les yeux; autrement il eût écrit une *trentaine* de lettres et non une *cinquantaine*.

On connaît à peine DEUX ou TROIS exemplaires de cette plaquette. L'un se trouve à la BIBLIOTHÈQUE DE L'ARSENAL, où il est coté : 18890. B. L. (du catal. de Nyon, n° 23,376.) Un autre a été trouvé il y a cinq ou six ans par un libraire de Paris, M. Rouquette, et il appartient actuellement à l'éditeur des *Lettres inédites de Mme de Sévigné*, M. Capmas. Cet exemplaire est-il celui que M. Monmerqué, dans une note datée de 1847, écrite sur l'exemplaire de la Bibl. de l'Arsenal, mentionnait comme appartenant à ce moment-là à M. Harmand, bibliothécaire à Troyes? Ou bien est-ce un troisième exemplaire? Cette dernière hypothèse est plus probable, car l'exemplaire que possède M. Capmas ne contient, paraît-il, aucune note manuscrite, et M. Monmerqué a constaté que dans celui de M. Harmand se trouvait une note de M. Huez, lieutenant particulier du bailliage de Troyes au XVIIIe siècle, assurant que ce petit livret sortait des presses de Jacques Le Fèvre, imprimeur à Troyes. Peut-être l'exemplaire en question appartient-il maintenant à la bibliothèque de la ville de Troyes?

PRIX : L'exemplaire que nous avons cité, appartenant à M. Capmas, a été vendu par M. Rouquette, libraire, 1,000 fr.

M. le marquis de Queux de Saint-Hilaire a publié, en 1880, une édition exacte de cette rareté bibliographique, avec une excellente notice, dans la collection publiée par Jouaust sous le titre *Cabinet du bibliophile*.

LETTRES
DE MARIE
RABUTIN-CHANTAL
MARQUISE DE SEVIGNE',
A MADAME
LA COMTESSE
DE GRIGNAN
SA FILLE.

TOME PREMIER.

MDCCXXVI.

2 volumes in-12, ainsi composés :

TOME PREMIER. 2 feuillets préliminaires, l'un blanc, l'autre contenant le titre (reproduit ci-dessus), dont le verso est blanc ; — 381 pages chiffrées, y compris la *Préface* (qui forme 8 pages) ; — plus 1 feuillet à part, dont le recto contient les *Errata* du tome premier.

TOME SECOND. (Fleuron du titre différent du premier). 2 ff. prélim., l'un blanc, l'autre contenant le titre, dant le verso est blanc ; — 324 pages chiffrées ; — plus 1 feuillet contenant au reste les *Errata* du tome second. Le fleuron du titre de ce volume est différent de celui du premier. (BIBL. DE L'ARSENAL. B. L. 18,982. Ex. de Guyon de Sardière et du catal. Nyon, 23377.)

Il y a des réclames au bas de chaque page. En beaucoup d'endroits les pages se terminent par des fleurons. Celui du titre du tome premier y reparaît plusieurs fois.

Secônde édition originale, qui dut être imprimée à Rouen. C'est l'une des éditions dont il est question dans la note du chevalier Perrin qui accompagnait la préface de l'édition de 1754 des Lettres de Mme de Sévigné, et que nous citons dans notre article précédent. Il existe d'autres éditions datées de 1726, toutes en deux volumes ou deux parties. Dans aucune le nombre de pages que renferme chaque volume n'est aussi élevé que dans celle-ci. Nous trouvons là encore un motif de plus pour confirmer l'opinion de ceux qui la considèrent comme la première sous la date de 1726. Car il est généralement admis, après de nombreuses et sérieuses observations, que lorsqu'on réimprimait une œuvre quelconque d'après une première édition, on s'attachait plutôt à resserrer le texte qu'à l'étendre ; et les éditions secondaires sont de ce fait ordinairement composées d'un nombre de pages moins grand que les originales.

PRIX : Catal. Fontaine (1875), superbe ex. rel. en mar. r. par Trautz-Bauzonnet, 600 fr. — Vente S. de Sacy (1879), rel. en veau, 82 fr. — Bulletin Morgand (1883), mar. r. par Thibaron, ex. sans les deux *errata*, 150 fr.

A propos des reproches qu'on a pu adresser à Mme de Sévigné d'écrire non pas naturellement et sans prétention, comme on le fait avec des intimes, mais en vue de la postérité, nous trouvons dans un charmant livre que vient de publier M. Gaston Boissier sur la célèbre épistolière, les quelques lignes suivantes, qui y répondent ingénieusement : « On a remarqué que les gens qui parlent bien ne sont pas seulement sensibles aux louanges des autres, ils veulent aussi se plaire à eux-mêmes, indépendamment du public qui les entoure et s'écoutent volontiers parler. On pourrait dire dans le même sens, que Mme de Sévigné se regarde quelquefois écrire. C'est une de ces coquetteries naïves qui, chez les femmes, n'excluent pas la sincérité et peuvent se joindre avec le naturel. »

OEUVRES
DIVERSES
Du Sieur R.**

Neque te ut miretur turba labores
Contentus paucis lectoribus. Horat. Sat. 10. L. 1.

A SOLEURE.
Chez Urfus Heuberger.

M DCC XII.
Avec Privilège

Par J.-B. Rousseau.

In-12, composé de : 2 feuillets préliminaires, contenant le titre, la *Copie du Privilege de l'Estat,* au verso de laquelle est un fleuron représentant un vase de fleurs ; — XXVIII pages chiffrées pour la *Préface ;* — 318 pages chiffrées, pour les poésies, y compris les faux-titres ; — enfin 4 pages non chiffrées pour la *Table des pièces.* (Bibl. nat. Y. 5434.)

Le Privilège est accordé « au sieur Rousseau », pour six années, et porte la date du 12 décembre 1711.

Première édition des OEuvres de Jean-Baptiste Rousseau.

Il existe au moins une autre édition sous la même date et du même format. Le titre est différent de celui qu'on voit reproduit ci-dessus.

Prix : Vente Potier (1870), mar. r. rel. anc., 11 fr. — Répertoire Morgand et Fatout (1881), rel. en veau, 15 fr.

MÉMOIRES
DE LA VIE
DU COMTE
DE GRAMMONT;
CONTENANT PARTICULIÉREMENT
L'HISTOIRE AMOUREUSE
DE LA COUR
D'ANGLETERRE,
SOUS LE REGNE
DE CHARLES II.

A COLOGNE,
CHEZ PIERRE MARTEAU.
MDCCXIII.

Par le comte Antoine HAMILTON.

In-12, composé de : 2 feuillets préliminaires, contenant le titre et l'*Avis du libraire* ; — 426 pages chiffrées pour le texte, et 2 pages non chiffrées pour la table des chapitres. Le titre (reproduit ci-contre) est imprimé en rouge et en noir.

Dans le texte tous les noms propres sont imprimés en capitales et un grand nombre de passages et de mots imprimés en lettres italiques.

Nous avons en ce moment sous les yeux trois éditions différentes sous la même date et avec le même nombre de pages. Deux de ces éditions sont de même format et présentent à peu près la même justification de texte, la troisième est de plus petit format et de plus petite justification. Dans l'édition que nous décrivons et dont le titre est ici reproduit, cette justification prise à une page pleine, par exemple 157, que nous prenons comme type, mesure 0^m,133 millim. du haut des chiffres de pagination au bas du mot YORCK qui sert de réclame, tandis que dans la seconde, qui s'en rapproche le plus, toujours à la même page, il n'y a que 0^m,132 millim. et dans la **troisième**, 0^{m}130 millim. La première est aussi mieux imprimée que les autres. Le titre surtout est beaucoup plus net et plus soigné. (BIBL. NAT. Ln. 27. 9022. A.)

PRIX : Vente Potier (1870), bel ex. en mar. citron par Trautz-Bauzonnet, 260 fr. — Vente L. de M. (Lebeuf de Montgermont, 1876), bel ex. mar. citron par Trautz-Bauzonnet, 320 fr. — Catal. Fontaine (1877), mar. bl. par Chambolle, 150 fr. — Répertoire Morgand et Fatout (1882), mar. r. par Chambolle, 130 fr.; — et un autre ex. rel. anc. en basane, 50 fr.

Pièce de LE SAGE.

In-12, composé de : 2 feuillets préliminaires, le premier blanc, le second contenant le titre dont le verso est occupé par la liste des *Acteurs*; — 80 pages chiffrées pour le texte de la pièce et 2 pages non chiffrées pour la fin du *Privilége*.

Le texte de la comédie se termine au tiers de la page 80 ; le reste de la page est occupé par l'*Approbation*, en date du 4 mai 1707, signée FONTENELLE, et le commencement du Privilège, lequel occupe encore le recto complet et la moitié du verso du feuillet suivant. Ce Privilège, accordé au « sieur Le Sage », pour trois années, est daté du 8 mai 1707. Il est suivi d'une déclaration de cession par Le Sage, à Pierre Ribou, libraire. (BIBL. NAT. Y. 5855.)

CRISPIN
RIVAL
DE SON MAÎTRE.
COMEDIE.

Par Monfieur Le S**.

Le prix eft de dix-huit fols.

A PARIS,
Chez PIERRE RIBOU, fur le Quay des Auguftins, à la defcente du Pont-Neuf, à l'Image S. Loüis.

MDCCVII.
Avec Approbation & Privilege du Roy.

PRIX : Vente Guy-Pellion (1882), bel ex. mar. r. par Lortic, 310 fr. — Bulletin Morgand (1887), mar. v. par Trautz, 200 fr.

TURCARET.

COMEDIE.

Par Monsieur LE SAGE.

Le prix est de vingt sols.

A PARIS,

Chez PIERRE RIBOU, sur le Quay des Augustins, à la Descente du Pont Neuf, à l'Image S. Loüis.

M. DCC. IX.

Avec Approbation, & Privilege du Roy.

In-12, composé de : 2 feuillets préliminaires non chiffrés, le premier blanc, le second contenant au recto le titre et au verso la liste des *Acteurs* ; — 166 pages chiffrées pour le texte de la pièce et l'*Approbation* ; — 2 pages non chiffrées pour le *Privilége* ; — enfin 7 feuillets non paginés ni signés, contenant deux morceaux différents ayant chacun pour titre : *Critique de la Comedie de Turcaret, par le Diable Boiteux*. Le second titre est suivi des mots : *Continuation du dialogue*. Le premier de ces morceaux occupe 6 pages, le second 7 pages. Ce dernier se termine au recto du dernier feuillet par les mots : *Fin de la critique*.

A la fin de la page 166, se trouve l'*Approbation*, donnée pour *Turcaret, comédie, et sa Critique*, et datée du 20 février 1609.

Le Privilège, accordé à Pierre Ribou, pour *Turcaret, comedie, avec sa Critique faite par le Diable Boiteux,* est daté du 23 février 1709. Il était donné pour trois années. (BIBL. NAT. Y. 5,855.)

Cette intéressante et belle comédie, satire virulente des gens de finance, est le chef-d'œuvre du théâtre de Le Sage.

PRIX : Bulletin Morgand et Fatout (1881), bel ex. dérelié, 300 fr. — Vente Guy-Pellion (1882), bel ex. mar. r. par Cuzin, 300 fr. — Vente Lessore (1882), ex. pas grand de marges. rel. en veau, 70 fr. — Bulletin Morgand (1887), très bel ex. mar. v. par Trautz, 400 fr.

LE
DIABLE
BOITEUX.

A PARIS,
Chez la Veuve BARBIN, au Palais, fur
le Perron de la fainte Chapelle.

M. DCCVII.
AVEC PRIVILEGE DU ROY.

Par LE SAGE.

 In-12, composé de : 1 frontispice gravé (sur papier fort) ; — 4 feuillets préliminaires non chiffrés, comprenant le titre, dont le verso est blanc ; une épître dédicatoire en prose, « Au très illustre auteur Louis Velez de Guevara », laquelle forme quatre pages et se termine par un joli fleuron typographique Renaissance ; et la *Table des chapitres* (deux pages) ; — 314 pages chiffrées, pour le texte, avec un joli cul-de-lampe typographique à la fin; — 5 pages non chiffrées, pour la *Table des matieres;* — 3 pages non chiffrées, pour l'*Approbation* et le *Privilége*.

L'*Approbation* est datée du 26 may 1707. Le *Privilége*, accordé à la veuve Claude Barbin, pour faire imprimer « le *Diable Boiteux,* composé par le sieur le Sage, » pendant six années, est daté de Versailles, 5 juin 1707.

Le frontispice gravé est signé *Madeleine Hortemels*. Il est en général tiré sur papier fort. On lit en bas, dans un cartouche allongé : EL DIABLO COIUELO. Nous avons vu chez M. Eugène Paillet un exemplaire précieux, dans lequel cette gravure-frontispice est avant la lettre. Il provient de la bibliothèque de Solar et de celle d'Armand Bertin. Un autre exemplaire, dont le frontispice est dans le même état, appartient à M. Georges Masson.

En tête du texte, au-dessus du titre de départ de l'ouvrage, se trouve un joli fleuron ornemental.

Édition originale, fort rare, dans laquelle parurent XVI chapitres.

Pendant le tirage de cette édition, un feuillet fut réimprimé, celui qui est paginé 17-18, et quelques corrections furent faites au texte primitif. Mais certains exemplaires ont échappé à ces corrections. Celui de la vente Rochebilière, n° 657, était de ce nombre. Voici en quoi consistent les modifications : Page 17, le dernier mot de la 18e ligne est orthographié *Ouy* dans le premier texte; il est écrit *Oüi* dans le carton. Page 18, à la 3e ligne, le mot *laboratoire* commence par un *l* ordinaire dans le texte primitif; il commence par un *L* majuscule dans la réimpression. Même page, aux lignes 22-23, dans le 1er tirage, on lisait : *La maîtresse d'un ministre;* dans le carton on lit : *La maîtresse d'un contador.*

Ce roman satirique avait été inspiré à Le Sage par un ouvrage espagnol du même genre et portant le même titre, *El Diablo cojuelo,* satire amusante des mœurs de Madrid, par Louis Velez de las Duenas y Guevara. C'est à cet écrivain ou plutôt à sa mémoire (Louis de Guevara était mort en 1646), que Le Sage adressait son épître dédicatoire.

PRIX : Vente Solar (1860), bel ex. rel. en mar. r. par Trautz-Bauzonnet, 202 fr. — Catal. Fontaine (1875), superbe ex. mar. citron par Trautz, 700 fr. — Vente L. de M. (Lebeuf de Montgermont, 1876), mar. bl. par Chambolle, 545 fr. — Vente Guy-Pellion (1882), superbe ex. mar. r. par Cuzin, 595 fr. — Bulletin Morgand (1887), magnifique ex. de Solar et ensuite de M. Paillet, que nous avons cité ci-dessus, contenant le frontispice avant la lettre, relié en mar. r. par Trautz-Bauzonnet, 1,000 fr.

Première édition des différentes parties de l'immortel roman de Le Sage, publiées ainsi séparément : les tomes premier et second en 1715, — le tome troisième en 1724, — et le tome quatrième en 1735. En voici la description :

TOME PREMIER. In-12, composé de : 6 feuillets préliminaires non chiffrés, comprenant le titre (reproduit ci-contre), dont le verso est blanc, une *Déclaration de l'auteur*, la *Table* des chapitres, une sorte de préface intitulée *Gil Blas au lecteur*; — 394 pages chiffrées, pour le texte, plus 1 feuillet non chiffré, au recto duquel se trouve l'*Erratum* sous ce titre : *Fautes d'impression*.

Les cahiers se composent alternativement de 8 et de 4 feuillets, et portent les signatures A à Kk. Le dernier cahier seul contient, par exception, 6 feuillets. Ce premier tome contient les livres I, II et III de *Gil Blas*. Il est illustré de 8 figures, placées aux pages 1, 62, 113, 139, 161, 292, 319 et 372. Les gravures ne comptent pas dans la pagination, ni dans les signatures. Il existe de très rares exemplaires de ce premier volume avec la date de M.DCC.XIV. (Deux grands bibliophiles de Paris, M. le comte de Lignerolles et M. Laugel, en possèdent chacun un exemplaire.) Cette particularité est d'autant plus intéressante qu'en 1714, l'autorisation d'imprimer le volume n'était pas accordée, puisque l'*Approbation*, qui ne parut que dans le second volume, est datée du 2 janvier 1715, et le *Privilège*, imprimé à la suite, n'est daté que du 20 février 1715.

HISTOIRE
DE
GIL BLAS
DE SANTILLANE.

Par Monsieur LE SAGE.

Enrichie de Figures.

TOME PREMIER.

A PARIS,
Chez PIERRE RIBOU, Quay des Augustins, à la Descente du Pont Neuf, à l'Image saint Loüis.

M. DCC. XV.
Avec Approbation, & Privilege du Roy.

HISTOIRE DE GIL BLAS DE SANTILLANE.

Par M LESAGE.

TOME TROISIE'ME.

EDITION NOUVELLE.

A PARIS,
Chez la veuve PIERRE RIBOU, Quay des Augustins, à l'Image S. Loüis.

M. DCC. XXIV.

Avec Appobation & Privilege du Roy.

TOME SECOND. (Titre semblable à celui du tome Ier, sauf une légère modification du fleuron. Le treillage qui entoure le petit vase de fleurs est plus serré.) 4 feuillets préliminaires, comprenant le titre, la *Table des chapitres*, l'*Approbation* et le *Privilége;* 335 pages chiffrées, pour le texte, et une page non chiffrée, contenant seulement 9 lignes au recto, sous le titre : *Fautes d'impression.*

L'*Approbation* est datée du 2 janvier 1715. Le *Privilége,* accordé à Pierre Ribou, porte la date du 20 février suivant.

Les cahiers sont composés alternativement de 8 et de 4 feuillets, et portent les signatures **A** à **Ee**. Le dernier cahier se compose de 4 feuillets.

Ce second tome contient les livres IV, V et VI. Il est illustré de 10 figures, placées en regard des pages 1, 11, 26, 135, 144, 169, 177, 189, 296, 330. Les figures ne comptent pas dans la pagination ni dans les signatures.

TOME TROISIÈME (daté de 1724, et dont le titre est reproduit ci-dessus, avec la mention *Edition nouvelle,* qui doit toujours s'y trouver). 4 feuillets préliminaires, comprenant le titre, l'*Avertissement* et la *Table des chapitres;* — 362 pages chiffrées, pour le texte, plus 1 feuillet non chiffré, au recto duquel sont les *Errata,* formant 6 lignes, titre compris.

HISTOIRE
DE
GIL BLAS
DE SANTILLANE.

Par M. LE SAGE.

TOME IV.

A PARIS,

Chez Pierre-Jacques Ribou, vis à vis la Comedie Françoise, à l'Image S. Loüis.

M. DCC. XXXV.

Avec Approbation & Privilege du Roy.

Les cahiers sont composés de 8 et de 4 feuillets alternativement, et signés A à Hh. Le dernier contient 2 feuillets.

Ce volume comprend les livres VII, VIII et IX. Il est illustré de 8 figures non signées, placées en regard des pages 1, 15, 46, 104, 134, 176 (figure chiffrée par erreur 123), 288, 304.

Tome IV (daté de 1735, et dont le titre est ici reproduit). 4 feuillets préliminaires, comprenant le titre et la *Table des chapitres;* — 347 pages chiffrées, pour le texte, plus 3 pages non chiffrées, pour l'*Approbation* et le *Privilége*.

L'Approbation est datée du 19 octobre 1733. Le Privilège, accordé à Pierre-Jacques Ribou, porte la date du 8 avril 1734.

Les cahiers sont composés alternativement de 8 et de 4 feuillets, et portent les signatures A à Ff. Le dernier comprend 7 feuillets, plus 1 feuillet blanc.

Ce quatrième tome comprend les livres X, XI et XII, c'est-à-dire la fin des aventures de *Gil Blas*. Il est illustré de 8 figures, placées en regard des pages 1, 17, 30, 68, 87, 185, 328, 342. Les figures sont signées : *Dubercelle In.* et *Fecit.*

Les exemplaires complets de ces quatre volumes sont très rares et très recherchés. L'un des plus beaux connus, celui qui nous a servi de type pour notre description, nous a été obligeamment confié par M. Eugène Paillet, conseiller à la cour de Paris.

Prix : Vente Guy-Pellion (1882), bel ex. mar. bleu doublé de mar. rouge par Cuzin, 2,400 fr. — Bulletin Morgand (1887), très bel ex. mar. rouge doublé de mar. bleu par Cuzin, 3,000 fr.

HISTOIRE
DE
GIL BLAS
DE SANTILLANE.
Par M. LE SAGE.
Dernière Edition revue, & corrigée.
TOME PREMIER.

PARIS,
Par les Libraires Associés.

M. DCC. XLVII.
Avec Approbation & Privilége du Roy.

4 volumes in-12, dont les titres sont imprimés en rouge et en noir,

LES ÉDITIONS ORIGINALES.

et sont disposés de même, sauf que les fleurons sont différents. En voici la description :

Tome premier (dont le titre est reproduit ci-devant). 4 feuillets préliminaires, comprenant le faux-titre, le titre, une *Déclaration de l'auteur* et un avis intitulé *Gil Blas au lecteur;* — 402 pages chiffrées, pour le texte, et 6 pages non chiffrées, pour la *Table.*

Au verso du faux-titre, on voit les noms des libraires associés, savoir : veuve Gandouin, Huart, Nyon fils, Bordelet, Prault fils, Ganeau, Damonneville, Durand, David le jeune et Quillau fils.

Ce premier tome est illustré de 8 figures, qui sont placées aux pages 1, 64, 119, 148, 168, 300, 328, 380.

Tome second. (Le fleuron du titre est différent du précédent.) 2 feuillets préliminaires, comprenant le faux-titre et le titre ; — 342 pages chiffrées, pour le texte, et 3 pages non chiffrées, pour la *Table.*

Ce second volume est illustré de 9 figures, placées aux pages 12, 28, 144, 157, 174, 179, 197, 304, 338.

Tome troisième. (Fleuron du titre différent des autres.) 2 feuillets préliminaires, pour le faux-titre et le titre ; — 381 pages chiffrées, pour le texte, et 7 pages non chiffrées, pour la *Table.*

Ce troisième volume est illustré de 8 figures, qui se placent aux pages 10, 20, 53, 108, 142, 182, 295, 317.

Tome quatrième. (Fleuron du titre encore différent de tous les autres.) 4 feuillets préliminaires, pour le faux-titre, le titre, la *Déclaration de l'auteur* et l'avis intitulé *Gil Blas au lecteur;* — 369 pages chiffrées, pour le texte, et 10 pages non chiffrées, commençant au verso de la page 369, et contenant la *Table,* l'*Approbation* et le *Privilége.*

Les deux avis, qui occupent 4 pages des feuillets préliminaires, c'est-à-dire la *Déclaration de l'auteur* et *Gil Blas au lecteur,* sont ici exactement les mêmes que dans le tome premier, avec cette seule différence que le cul-de-lampe minuscule qui termine chacune a été tiré la tête en bas dans le tome quatrième.

L'*Approbation* est datée du 29 octobre 1738 et signée Danchet. Le *Privilége,* accordé à Jean-Baptiste Juin, libraire à Paris, est daté du 30 janvier 1739. Il est suivi d'une mention de cession de droits, par Juin, aux libraires associés, datée du 6 décembre 1740. Dans cette cession, les noms des trois derniers des libraires associés sont différents de ceux qu'on a imprimés au verso du titre du premier volume (voir ci-devant). On y lit les noms de Gabriel Valleyre, Clouzier, David l'aîné, à la place de ceux de David le jeune et Quillau.

Ce quatrième et dernier tome est illustré de 7 figures, qui doivent être placées aux pages 1, 18, 33, 74, 94, 198, 350.

Dans tous ces volumes, les figures sont en dehors de la pagination indiquée pour le texte.

Cette bonne édition, la dernière publiée par Le Sage, a fixé le texte des nombreuses éditions postérieures. Elle est très recherchée. Il importe de ne pas la confondre avec une autre, publiée sous la même date de 1747, copiée exactement, page pour page et ligne pour ligne, sur celle que nous venons de décrire, mais qui n'est qu'une contrefaçon. Voici quelques remarques qui serviront à les distinguer : La contrefaçon est moins bien imprimée que la bonne édition; les figures qui s'y trouvent sont retournées. Elles ont été calquées et on les a regravées dans le sens du calque, sans prendre la peine de les dessiner en sens inverse sur les nouvelles planches de cuivre pour les avoir semblables aux premières sur les épreuves. Par exemple, pour la première gravure, le chanoine, qui était placé à gauche dans la première de ces éditions, est à droite dans la contrefaçon. De plus, le premier fleuron gravé sur bois qui se trouve en tête de la première page du roman, et qui est le même pour chacun des douze livres, renferme au milieu un petit monument dans la bonne édition, tandis que, dans la contrefaçon, le fleuron est un simple ornement typographique.

La distinction à faire entre ces deux éditions a beaucoup d'importance; car outre que la contrefaçon est loin d'offrir aux bibliophiles le même intérêt *livresque* que l'originale, la différence de valeur entre elles est aussi considérable.

Prix de la bonne édition de 1747 : Vente Armand Bertin (1854), mar. r. par Duru, 100 fr.— Vente Solar (1860), veau fauve, 79 fr.—Vente Potier (1870), mar. r. par Chambolle, 380 fr. — Catal. Fontaine (1875), mar. r. par Trautz, 800 fr. — Même catal. (1879), très bel ex., mar. r. par Trautz, 1,550 fr.— Vente L. de M. (Lebeuf de Montgermont), 1876, très bel ex. mar. r. par Trautz, 1,120 fr. — Bulletin Morgand (1887), superbe ex. non rogné, venant de M. Paillet, mar. doublé par Cuzin, 2,000 fr.

La contrefaçon de 1747 vaut à peine 30 à 40 francs.

LE BACHELIER

DE

SALAMANQUE,

OU

LES MEMOIRES

DE D. CHERUBIN

DE LA RONDA,

TIRÉS D'UN MANUSCRIT ESPAGNOL

Par Monsieur LE SAGE

A PARIS,

Rue de la Vieille Bouclerie, près le Pont S. Michel:

Chez { VALLEYRE Fils, à l'Annonciation;
ET
GISSEY, à l'Arbre de Jessé.

M DCC XXXVI.
Avec Approbation & Privilege du Roi.

In-12, composé de : 4 feuillets préliminaires non chiffrés, comprenant le titre (reproduit ci-dessus), presque entièrement imprimé en rouge, et dont le verso est blanc, et la *Table des Chapitres;* — 378 pages chiffrées, pour le texte; — et 5 pages non chiffrées, pour l'*Approbation* et le *Privilége.*

L'*Approbation* est datée du 12 décembre 1735 et signée DANCHET. Le *Privilége,* accordé à Gabriel Valleyre fils, pour *le Bachelier de Salamanque, ou les Mémoires... tirés d'un manuscrit Espagnol, et rédigé par le Sieur L. S.,*

& les Amans Jaloux, pour six années, est daté du 9 mars 1736. On lit à la fin, au bas de la page : *De l'Imprimerie de G. Valleyre fils, rue de la Vieille Bouclerie* (sic).

Ce volume contient l'édition originale des trois premiers livres du *Bachelier de Salamanque*. Au bas de la dernière page, chiffrée 378, on lit : Fin du troisième et dernier Livre.

On y trouve 3 gravures non signées, placées aux pages 1, — 133, — et 295. (Bibl. nat. Y². 1152 a.)

Malgré la mention qui termine cette première édition, Le Sage donna, en 1738, d'abord une nouvelle édition, réimprimée page pour page, de son premier volume, puis une suite à son ouvrage, en un second volume, dont voici la description :

Le Bachelier de Salamanque, ou les mémoires de D. Cherubin de la Ronda, tirés d'un manuscrit espagnol par Monsieur Le Sage. Tome second. *A La Haye, chez Pierre Gosse...* M. DCC XXXVIII. — In-12, comprenant un faux-titre, le titre, imprimé en rouge et en noir (plus de rouge que de noir); 380 pages chiffrées et 2 feuillets non chiffrés, pour la *Table*. On trouve, dans ce tome second, 3 gravures placées aux pages 129, 221 et 375.)

Ce second volume forme, avec le premier décrit ci-dessus, l'édition originale complète du *Bachelier de Salamanque*.

On distingue le texte de la première édition de 1736 du tome premier de celui de la réimpression de 1738, notamment, en ce que, au bas du premier feuillet de chaque feuille, à côté de la signature A, B, C, etc..., on lit les mots Tome I, dans la réimpression, ce qui n'existe pas dans l'original.

L'édition de 1738 n'étant pas épuisée, on refit plus tard de nouveaux titres avec la date de 1741, les uns avec la rubrique de *Paris, Poilly...* et les autres avec celle de *La Haye, Pierre Gosse...* Tous ces exemplaires sont bien de la même impression de 1738; l'omission de la moitié du mot *hôtellerie* à la page 44, ligne 6, dans tous les exemplaires de l'une et l'autre date en est une preuve.

Prix : Vente Solar (1860), ex. des deux vol., mar. bl. par Duru, 162 fr.; — et un ex. du 1ᵉʳ volume, de 1736, mar. r. par Duru, 50 fr. — Vente L. de M. (Lebeuf de Montgermont, 1876), très bel ex. des deux vol. mar. r. par Trautz, 500 fr. — Catal. Fontaine (1877), le même ex., 750 fr. — Bulletin Morgand (mars 1885), les deux vol. rel. en mar. r. par Lortic, 175 fr.

LES ÉDITIONS ORIGINALES. 491

LETTRES
PERSANES.
TOME I.

A COLOGNE,
Chez P<small>IERRE</small> M<small>ARTEAU</small>,
M DCC XXI.

Par M<small>ONTESQUIEU</small>.

2 volumes petit in-12, ainsi composés :

T<small>OME</small> I. Titre (reproduit ci-dessus), imprimé en rouge et en noir, et dont le verso est blanc ; — 311 pages chiffrées, pour le texte.

Feuillets cartonnés dans certains exemplaires, aux pages 7-8, 11-12, 103-104, 223-224.

T<small>OME</small> II. Titre (reproduit ci-après), imprimé en rouge et en noir, et dont le verso est blanc ; — 347 pages chiffrées pour le texte.

Carton aux pages 85-86.

En tête de la page 1, au dessus du titre de départ des *Lettres persanes*, on voit un joli fleuron, un ornement composé de feuillages en volute de

LETTRES
PERSANES.
TOME II.

A COLOGNE,
Chez Pierre Marteau,

M DCC XXI.

chaque côté, surmonté d'une petite corbeille. Ce fleuron se retrouve à la même place dans les deux volumes.

Le seul fait de l'existence de cartons dans cette édition doit suffire, croyons-nous, pour la faire accepter comme l'originale, publiée sous la direction de Montesquieu, par un de ses amis, qui avait fait le voyage de Hollande dans ce but.

Mais il existe huit éditions différentes des *Lettres persanes*, sous la même date de 1721.

Prix : Répertoire Morgand et Fatout (1878), mar. bleu par Chambolle, 160 fr. — Bulletin Morgand (1887), bel ex. mar. bleu par Cuzin, 300 fr. — Vente Guy-Pellion (1882), mar. brun par Thivet, 70 fr.

Par Montesquieu.

Petit in-8°, composé : de 2 feuillets préliminaires non chiffrés, comprenant le titre, imprimé en noir et en rouge (reproduit ci-dessus en noir), dont le verso est blanc, et la *Table des chapitres;* — 277 pages chiffrées, pour le texte de l'ouvrage. — Plus une page d'*Errata,* qui ne se trouve pas dans tou les exemplaires. Le 3ᵉ feuillet du cahier G est signé G4, comme le suivant et il est paginé aussi par erreur 103-104 au lieu de 101-102, de sorte que les pages 103-104 sont répétées et les pages 101-102 manquent.

Édition originale. On rencontre deux sortes d'exemplaires, dont le titre et la description correspondent exactement à la description ci-dessus. Ces exemplaires se distinguent entre eux par des différences de texte ou des fautes, ensuite corrigées et dont nous allons signaler les principales. C'est, en un mot, la même édition ; mais certains feuillets furent modifiés, soit pendant l'impression, soit après.

CONSIDERATIONS, SUR LES CAUSES DE LA GRANDEUR DES ROMAINS ET DE LEUR DECADENCE.

A AMSTERDAM, Chez JAQUES DESBORDES. MDCCXXXIV.

A la page 129, dans les exemplaires de première émission, on lit à la première ligne de la 2ᵉ note du bas, précédée d'une +, ces mots : « Leur cruauté fut si *infenséc...* » (c'est-à-dire qu'il y a deux fautes dans le même mot). Dans le feuillet corrigé on lit : « Leur cruauté fut si insensée... »

Pages 130-131, des passages relatifs aux suicides qui se trouvaient dans la première édition, ont été modifiés dans les feuillets corrigés ou cartonnés. La note suivante, par exemple, se trouvait au bas de la page 130 dans le texte primitif : « *Si Charles I. si Jacques II. avoient vécu dans une Religion qui leur eût permis de se tuer, ils n'auroient pas eu à soutenir, l'un une telle mort, l'autre une telle vie.* » Cette sorte d'apologie du suicide a été impitoyablement enlevée dans le texte corrigé.

Cette suppression et les remaniements ayant un peu raccourci le texte de ces deux pages, il s'est trouvé, en bas de la page 131, un blanc assez large que l'on a rempli par un fleuron typographique dans le feuillet de seconde émission. Dans le texte primitif on ne voit là aucun fleuron. Il est d'ailleurs à remarquer que dans le second tirage ce fleuron se trouve être le seul qui existe dans le volume.

A la page 267, lignes 6 à 9, on lisait dans le premier texte : « C'est ainsi que nous voyons aujourd'hui l'Espagne et le Portugal se maintenir malgré leur foiblesse... » L'auteur ou le correcteur n'ayant pas voulu laisser subsister les mots *l'Espagne et,* on les enleva dans le second texte, mais sans faire attention à la construction grammaticale de la phrase qui a été laissée ainsi dans le second texte : « C'est ainsi que nous voyons aujourd'hui le Portugal se maintenir malgré leur foiblesse... »

Même page 267, au bas, la seconde note se termine ainsi : « ces projets, dis-je, n'étoient pas sérieux ou étoient faits par des gens qui ne voyoient pas *l'intérieur* de L'Europe. » La faute a été corrigée dans le feuillet cartonné et on lit : «... des gens qui ne voyoient pas *l'intérêt* de l'Europe. »

Il existe encore des cartons pour les feuillets cotés 17-18, 121-122, 179-180, 199-200, 245-246, 247-248, 265-266, 273-274. Mais ils sont de moindre importance.

Les exemplaires de l'édition originale de 1734, avec texte de premier état *non cartonné,* sont rares.

Prix : Vente Guy-Pellion (1882), mar. br. rel. par Thivet, 52 fr. — Bulletin Morgand (1883), ex. sans suppressions, rel. en vélin, 50 fr. — Même Bulletin (1886), bel ex. demi-reliure, non rogné, 80 fr. — Catalogue Rouquette (avril 1887), ex. indiqué comme portant la rubrique de *Paris, chez Huart, Clousier et Guillyn,* 1734, rel. en veau, 820 fr.

DE L'ESPRIT
DES
LOIX

OU DU RAPPORT QUE LES LOIX DOIVENT AVOIR AVEC LA CONSTITUTION DE CHAQUE GOUVERNEMENT, LES MOEURS, LE CLIMAT, LA RELIGION, LE COMMERCE, &c.

à quoi l'Auteur a ajouté

Des recherches nouvelles sur les Loix Romaines touchant les Successions, sur les Loix Françoises, & sur les Loix Féodales.

TOME PREMIER.

A GENEVE,
Chez BARRILLOT & FILS.

De l'Esprit des Loix (sic). Par Montesquieu.

2 volumes in-4°, ainsi composés :

Tome premier. 16 feuillets préliminaires, comprenant le faux-titre, dont le verso est blanc, le titre (reproduit à la page précédente) dont le verso est également blanc, la *Préface*, et la *Table des livres et chapitres contenus en ce premier tome;* — 522 pages chiffrées, pour le texte. La dernière se termine au tiers, par les mots : Fin du premier tome, suivis d'un fleuron typographique.

Les feuillets préliminaires ont une pagination en chiffres romains, mais seulement (chose bizarre) à partir de la cinquième page de la Préface. Cette page est chiffrée I et la pagination se continue jusqu'à XXIV, où se termine la Préface.

Pendant l'impression, beaucoup de passages furent modifiés, soit par ordre de la censure, soit du fait de l'auteur, et les feuillets primitifs, où se trouvaient ces passages, ont été remplacés par d'autres feuillets ou *cartons* corrigés ou réimprimés, collés sur les onglets laissés à dessein en coupant les anciens. Ces onglets se voient encore dans les exemplaires en ancienne reliure. (Bibl. nat. Inv. E*-215-216.)

Voici les feuillets où se produisirent ces modifications : Pages 23-24, 27-28, 29-30, 37-38, 45-46, 47-48, 85-86, 87-88, 185-186, 227-228, 261-262.

Tome second. (Même titre exactement, avec le même fleuron.) 2 feuillets préliminaires non chiffrés, le premier blanc, le second contenant le titre, dont le verso est blanc; — 8 autres feuillets prélim. paginés des deux côtés, soit XVI pages, contenant la *Table des livres et chapitres contenus en ce second tome;* — 564 pages chiffrées, pour le texte. La dernière se termine par le mot Fin.

Les modifications faites dans ce second volume portent sur les pages 267-268, 273-274, 425-426, 427-428; c'est-à-dire qu'on trouve le plus souvent à ces endroits les *cartons* ou feuillets de seconde émission collés sur des onglets.

Un exemplaire qui contiendrait les feuillets primitifs et les *cartons* serait du plus haut intérêt. Celui de la Bibliothèque de l'Arsenal, à Paris, possède le premier texte. Nous en avons vu, chez M. Eug. Paillet, un autre ex. dans lequel on trouve presque tous les feuillets originaux, accompagnés des cartons.

Voici deux des principaux passages modifiés :

TEXTE PRIMITIF	TEXTE MODIFIÉ
TOME Ier, pages 44-45. *Liv. III,* fin du CHAP. X. — De quelque côté que le Monarque se tourne, il emporte toujours la balance. Il est vrai que les mauvais Ministres dans la Monarchie doivent avoir plus d'habileté ; aussi en ont-ils davantage. Ils ont plus d'affaires ; ils y sont donc plus rompus. Il est vrai que pour s'en débarrasser, ils veulent quelquefois renverser les Loix. Dans ce cas, ce gouvernement, en formant de pareils génies, est cet oiseau qui fournit la plume qui le tue.	Pages 44-45. — *Livre III,* fin du CHAP. X. — De quelque côté que le Monarque se tourne, il emporte et précipite la balance, et est obéi. Toute la différence est que dans la Monarchie le Prince a des lumières, et que les Ministres y sont infiniment plus habiles et plus rompus aux affaires que dans l'État despotique.

TOME Ier, page 186. *Liv. VIII,* CHAP. VII, à la fin. (*Texte primitif*).

La plus belle monarchie du monde est aujourd'hui gouvernée par un roi qui comprend que la plus grande force de son empire consiste dans l'amour de ses sujets et qui possède toutes les qualités propres à le mériter.

Ce dernier passage a été entièrement supprimé dans le *carton*.

Quoi qu'en dise Brunet, cette édition originale ne contient ni table des matières, ni carte géographique. On ne les trouve que dans l'édition de 1749, sur le titre de laquelle elles sont annoncées pour la première fois ainsi : *Nouvelle édition... augmentée d'une Table des matières... et d'une carte géographique...*

Il existe sous la même rubrique : *à Genève, chez Barillot & fils,* une autre édition également sans date, dont le titre est le même que ci-dessus, sauf que le nom de *Barillot* est orthographié avec un *r* seulement.

PRIX : Vente Lebeuf de Montgermont (1876), mar. brun, par Trautz, 340 fr. — Catal. Fontaine (1879), bel ex. rel. en veau, 120 fr. — Vente Guy-Pellion (1882), ex. ordinaire, rel. en veau, 38 fr. — Bulletin Morgand (1883), bel ex. mar. La Vall. par Chambolle, 200 fr. — Bulletin Morgand (1887), bel ex. de M. Eug. Paillet, non cartonné, mar. r. doublé, par Thibaron, non rogné, 650 fr.

DÉFENSE
DE
L'ESPRIT DES LOIX,

A laquelle on a joint quelques ÉCLAIRCISSEMENS.

Le prix est de trente sols broché.

A GENEVE,
Chez BARRILLOT & FILS.

M. DCC. L.

Par MONTESQUIEU.

In-12, composé de : 207 pages en totalité, y compris le titre, dont le verso est blanc.

Le texte du livre se termine à la page 196, par le mot FIN. Vient ensuite un feuillet formant les pages 197-198 non chiffrées; le recto porte ce faux-titre : *Éclaircissemens sur l'Esprit des Loix* (le verso est blanc). Les pages 199 à 207 contiennent ces éclaircissements. La dernière, contenant seulement cinq lignes, se termine par le mot FIN. Il n'y a pas de Privilège dans ce volume. (BIBL. NAT. Inv. E*., 1323.)

PRIX : 15 à 20 fr., en bon état ordinaire, rel. en veau. — Catal. Fontaine (1879), veau marbré, 20 fr.

Par Marivaux.

Petit in-8°, composé de : 3 feuillets préliminaires non chiffrés, comprenant le titre, dont le verso est blanc, le *Privilége*, suivi de différentes mentions, — 110 pages chiffrées pour le texte de la pièce, y compris, au commencement, un feuillet dont le recto est blanc, et dont le verso contient la liste des *Acteurs de la Comédie*. A la fin de la page 110 se trouve l'*Approbation*.

Le *Privilége* est accordé « au sieur Riconobi dit Lelio », pour le *Nouveau Théâtre italien*, en date du 24 novembre 1716. Il est suivi du rappel d'un *Arrest du Roi*, ordonnant que les livres dont l'impression se permet par privilège ne pourront être vendus que par un libraire ou imprimeur. Enfin on voit une déclaration de cession « à Coûtellier, libraire de son Altesse Roïale », datée du 28 no-

LA SURPRISE
DE
L'AMOUR,
COMEDIE.

REPRESENTÉE PAR LES
Comediens Italiens de Son Alteſſe Royale
Monſeigneur Le Duc d'Orleans.

Le prix eſt de 25. ſols.

A PARIS,
Chez la Veuve Guillaume, Quay des Auguſtins, au coin de la ruë Pavée, au Nom de Jeſus.

M. DCC. XXIII.
Avec Approbation, & Privilege du Roy.

vembre 1716, et signée *Luigi Riccoboni*. La veuve Guillaume, dont le nom se trouve ici sur le titre, avait sans doute une part dans les droits de Coûtellier. (Bibl. nat., Yth. 16,924.) Cette comédie fut représentée le 3 mai 1722.

Prix : Vente Guy-Pellion (1882), mar. r., 45 fr. — Catal. Durel (1887), mar. r. par Thivet, 50 fr.

LE DENOUEMENT IMPREVÛ

COMEDIE D'UN ACTE

A PARIS,

Chez NOEL PISSOT, Quay de Conty,
à la descente du Pont-Neuf, au coin de
la ruë de Nevers, à la Croix d'or.

M. DCC. XXVII.
Avec Approbation & Privilege du Roy.

Par Marivaux.

In-12, composé ainsi : titre (reproduit ci-dessus) dont le verso est occupé par la liste des rôles des *Acteurs*; — 49 pages chiffrées pour le texte de la pièce; — et 3 pages non chiffrées, pour l'*Approbation* et le *Privilége*.

L'*Approbation* est datée du 3 mars 1727. Le *Privilége*, imprimé *in extenso*, était accordé à Noel Pissot pour d'autres livres et pour cette pièce. Il est daté du 8 may 1727. (Bibl. nat. Y. 5,743 + a.) Cette pièce en un acte, en prose, fut représentée à Paris le 10 décembre 1724.

Prix : Exemplaires ordinaires reliés en veau, 15 à 20 fr.

Par Marivaux.

In-12, composé de : 2 feuillets préliminaires non chiffrés, comprenant le titre, dont le verso est blanc, une *Liste des Pièces de Théatre de Monsieur de Marivaux*, la liste des rôles des acteurs, et l'*Approbation*; — 116 pages chiffrées pour le texte de la pièce.

L'*Approbation* est datée du 21 février 1730, et signée Danchet.

Cette pièce gracieuse, en trois actes, en prose, offre l'un des principaux types de ce style plein de finesse, d'afféterie et d'esprit maniéré, qui caractérise le genre de Marivaux, tant admiré de son temps, tant dénigré depuis, sous le nom de marivaudage, et auquel ont tenté de revenir, de loin en loin,

NOUVEAU THEATRE ITALIEN

LE JEU
DE L'AMOUR
ET
DU HAZARD,
COMEDIE EN TROIS ACTES

Représentée pour la premiere fois par les Comediens Italiens ordinaires du Roi, le 23. Janvier 1730.

A PARIS,
Chez Briasson, ruë faint Jacques, à la Science.

M. DCC. XXX.
Avec Approbation & Privilege du Roy.

quelques auteurs de nos jours, non sans un certain succès. Deux charmantes comédiennes, Mademoiselle Mars et Madame Arnould Plessy, ont contribué à remettre ces comédies à la mode pendant un certain nombre d'années, et grâce à leur admirable talent, elles y ont été très applaudies.

Prix : Vente Guy-Pellion (1882), mar. r. par Cuzin, 100 fr. — Bulletin Morgand (1887), mar. r. par Thibaron-Joly, 120 fr. — Catal. Durel (1887), ex. cartonné, rogné, 100 fr.

LE TRIOMPHE DE L'AMOUR.

COMEDIE

DE Mᶜ DE MARIVAUX.

Reprefentée par les Comediens Italiens au mois d'Avril 1732.

Le prix eft de Vingt-quatre fols.

A PARIS;
Chez PIERRE PRAULT, Quay de Gefvres, au Paradis.

M. DCC. XXXII.

Avec Approbation & Privilege du Roy.

In-12, composé de : 4 feuillets préliminaires non chiffrés, comprenant le titre, dont le verso est blanc, un *Avertissement de l'auteur*, l'*Approba--tion* et le *Privilége*; — 144 pages chiffrées, y compris le faux-titre, au verso duquel est la liste des *Acteurs*. Le Privilège, accordé à Pierre Prault, pour *les Œuvres du sieur de Marivaux, la Vie de Marianne*, etc..., pour six années, est daté du 19 juillet 1731. L'*Approbation* est du 4 avril 1732. (BIBL. NAT. Y non porté. Recueil. Tome III.)

PRIX : Vente Guy-Pellion (1882), mar. r. par Thivet, 30 fr. — Vente du comte de G** (1884), ex. cartonné, rogné, 10 fr. — Catal. Durel (1887), mar. r. par Thivet, 50 fr.

LES
SERMENS
INDISCRETS,
COMEDIE
DE M^r DE MARIVAUX.

Repréfentée par les Comediens François,
au mois de Juin 1732.

Le prix eſt de Vingt-quatre ſols.

A PARIS,
Chez PIERRE PRAULT, Quay de
Gêvres, au Paradis.

M. DCC. XXXII.
Avec Approbation & Privilege du Roy.

In-12, composé de : 6 feuillets préliminaires, comprenant le faux-titre, dont le verso est blanc, et l'*Avertissement;* — 99 pages chiffrées pour le texte de la pièce; — 2 pages non chiffrées pour le *Privilége.* Quelquefois on y trouve aussi, à la suite, 6 pages non chiffrées contenant un *Catalogue des livres amusans qui se vendent chez le même libraire.*

Cette pièce en cinq actes, en prose, fut représentée à Paris le 8 juin 1732.

PRIX : Vente Guy-Pellion (1882), mar. r. par Thivet, 30 fr. — Catal. Durel (1887), mar. r. par Thivet, 50 fr.

L'ECOLE DES MERES,

COMEDIE

DE Mr DE MARIVAUX.

Repréſentée par les Comediens Italiens, au mois de Juillet 1732.

Le prix eſt de Vingt ſols.

A PARIS,
Chez PIERRE PRAULT, Quay de Gêvres, au Paradis.

M. DCC. XXXII.
Avec Approbation & Privilege du Roy.

In-12, composé de : 2 feuillets préliminaires non chiffrés, comprenant le faux-titre, dont le verso est blanc, le titre, dont le verso est également blanc; — 61 pages chiffrées pour le texte de la pièce, y compris un second faux-titre, au verso duquel est la liste des *Acteurs;* — enfin 3 pages non chiffrées, à la fin, pour le Privilège précédé de l'*Approbation*.

Le Privilège, en date du 19 juillet 1731, est le même exactement que dans le *Triomphe de l'amour* (voir notre description, p. 502). Mais pour *L'École des mères* l'Approbation est datée du 7 août 1732. (BIBL. NAT. Y. non porté. Recueil. Tome III.)

L'*École des mères* fut représentée le 26 juillet 1732. Cette comédie, comme la suivante, n'a pas un grand mérite littéraire. On ne peut même pas dire que ce soit du bon marivaudage, comme le *Legs*, par exemple. Mais elle est encore de celles que les bibliophiles recherchent un peu; c'est pour ce motif que nous lui donnons une place ici.

PRIX : Vente Guy-Pellion (1882), mar. r. par Thivet, 30 fr. — Catal. Durel (1887), mar. r. par Thivet, 50 fr.

In-12 composé de : 2 feuillets préliminaires non chiffrés, comprenant le titre, dont le verso est blanc, un catalogue des *Livres imprimés en 1732 et 1733*, qui se vendent chez les mêmes libraires ; — 89 pages chiffrées pour le texte de la pièce, y compris le faux-titre, au verso duquel se trouve la liste des *Acteurs* ; — enfin, 3 pages non chiffrées à la fin, pour l'*Approbation* et le *Privilége*.

L'*Approbation* est datée du 20 juin 1733. Le Privilège, daté du 19 juillet 1731, est le même que celui des pièces précédentes. (Bibl. Nat. Y. non porté. Recueil, tome III.)

Quoique cette comédie ne soit pas une des meilleures de Marivaux, on y retrouve cependant par ci par là quelques traits heureux de cet esprit précieux et de ce langage affecté, mais rempli de finesse, qui sont si personnels à l'auteur. Les bibliophiles placent encore cette pièce dans leurs collections.

Prix : Exemplaires ordinaires, rel. en veau, 20 à 25 fr.

L'HEUREUX STRATAGÈME,

COMEDIE

DE Mr. DE MARIVAUX.

Repréfentée par les Comédiens Italiens, le 6. Juin 1733.

Le prix eft de Vingt-quatre fols.

A PARIS,

Chez { PRAULT Pere, Quay de Gêvres au Paradis. ET PRAULT, Fils, Quay de Conty, à la defcente du Pont-Neuf, à la Charité.

M. DCC. XXXIII.

Avec Approbation & Privilege du Roy.

LE LEGS,
COMEDIE
EN UN ACTE.
DE MONSIEUR M**

A PARIS,
Chez PRAULT, Fils, Quay de Conty, vis-à-vis la defcente du Pont-Neuf, à la Charité.

M. DCC. XXXVI.
Avec Approbation, & Privilege du Roy

Par MARIVAUX.

In-12, composé de : 100 pages chiffrées, y compris le titre, au verso duquel se trouve la liste des *Acteurs*; — plus 4 pages non chiffrées, à la fin, pour l'*Approbation* et le *Privilege*.

Le Privilège, en date du 10 juin 1736, est accordé à Laurent-François Prault, pour *les Contre-tems* et *Le Legs*, pour six années. (BIBL. NAT. Y. (Recueil.) *Les Comédies de Marivaux*, tome II.)

Édition originale, recherchée, de la meilleure comédie de Marivaux. Elle est assez rare.

Cette pièce en un acte, en prose, fut représentée à la Comédie française le 11 janvier 1736. C'est un véritable petit chef-d'œuvre du genre. Pourtant elle ne fut jouée d'abord que sept fois de suite; mais remise plus tard au répertoire, elle y resta jusqu'à nos jours. Madame Arnould Plessy y joua le rôle de la comtesse un bon nombre de fois, à partir du 3 janvier 1844, et M. Coquelin remplit avec grand succès le rôle du marquis à la représentation de retraite de cette grande artiste, le 8 mai 1876.

PRIX : Vente Guy-Pellion (1882), bel ex. mar. r. par Cuzin, 105 fr. — Catal. Durel (1887), mar. r. par Thivet, 175 fr.

In-12, composé de : 2 feuillets préliminaires non chiffrés, comprenant le titre, dont le verso est blanc, l'*Approbation* et le *Privilége;* — 131 pages chiffrées pour le texte de la pièce, y compris le faux-titre, au verso duquel est la liste des *Acteurs*. Souvent on trouve à la suite 4 feuillets, contenant un *Catalogue des livres imprimés,...* chez Prault père, 1738.

Le Privilège, daté du 20 décembre 1737, est accordé à Pierre Prault, non pas spécialement pour cette pièce, mais pour le « *Nouveau Recüeil de Pièces du Théatre Italien; le Diable boiteux; Histoire d'Orosman..; la Vérité triomphante de l'Erreur;...* pour neuf années. L'*Approbation* pour *les Fausses Confidences* est datée du 15 septembre 1738. (BIBL. NAT. Y. Th. 6603.)

LES FAUSSES CONFIDENCES,

COMÉDIE.

De Monsieur DE MARIVAUX.

Réprésentée par les Comédiens Italiens ordinaires du Roi.

Le prix est de trente sols.

A PARIS,
Chez PRAULT pere, Quay de Gêvres, au Paradis.

M. DCC. XXXVIII.
Avec Approbation & Privilege du Roy.

Cette jolie pièce, en trois actes, en prose, fut représentée le 16 mars 1737 par la troupe de la Comédie italienne, à laquelle furent données, du reste, la plupart des comédies de Marivaux, notamment les meilleures, sauf le *Legs*. Dix-neuf de ses pièces furent jouées par la Comédie italienne et dix par la Comédie française.

PRIX : Exemplaires reliés en veau, 25 à 30 fr.

LA JOYE IMPRÉVÛE

COMEDIE

Répréfentée pour la premiere fois par les Comédiens Italiens ordinaires du Roy, en 1738.

Le prix eft de vingt-quatre fols.

À PARIS,
Chez PRAULT pere, Quay de Gêvres, au Paradis.

M. DCC. XXXVIII.
Avec Approbation & Privilége du Roy.

Par MARIVAUX.

In-12, composé de : 2 feuillets préliminaires non chiffrés, comprenant le titre, dont le verso est blanc, le *Privilége*, précédé de l'*Approbation*; — 68 pages chiffrées pour le texte de la pièce, y compris le faux-titre, au verso duquel on voit la liste des *Acteurs*.

L'*Approbation* pour cette pièce est datée du 26 octobre 1738. Le *Privilége*, en date du 20 décembre 1737, est le même que celui des *Fausses confidences* (voir notre description, page 507). Il est aussi accordé à Pierre Prault pour plusieurs ouvrages. (BIBL. NAT. Y. Recueil. Tome IV.)

Cette pièce fut représentée le 7 juillet 1738. Quoiqu'elle ne manque pas d'intérêt, on ne peut la compter parmi les meilleures œuvres de l'auteur. Elle est tout au plus dans la bonne moyenne; pourtant les bibliophiles la jugent digne d'entrer dans leurs collections de pièces originales.

PRIX : Vente Guy-Pellion (1882), mar. r. par Thivet, 30 fr. — Catal. Durel (1887), mar. r. par Thivet, 50 fr.

In-12, composé de: 2 feuillets préliminaires non chiffrés, comprenant le titre, dont le verso est blanc, l'*Approbation* et le *Privilége*; — 65 pages chiffrées pour le texte de la pièce, y compris le faux-titre, au verso duquel se trouve la liste des Acteurs; — enfin 1 feuillet blanc à la fin, correspondant au dernier ff. imprimé, coté F.

L'*Approbation* est datée du 26 avril 1739. Le Privilège, en date du 16 mars 1736, est accordé à Pierre Prault, pour la *Bibliothèque de Campagne, ou recueil d'Avantures choisies, Nouvelles, histoires, contes, bons mots, et autres pièces...* Mais le nom de Marivaux n'y est pas cité, pas plus que le titre de cette pièce.

LA MEPRISE,

COMEDIE.

De Monsieur DE MARIVAUX.

Representée pour la premiere fois par les Comédiens Italiens Ordinaires du Roi le 16. Août 1734.

A PARIS,
Chez PRAULT, pere, Quay de Gefvres, au Paradis.

M. DCC. XXXIX.
Avec Approbation & Privilege du Roy.

(BIBL. NAT. Y. non porté. Recueil, tome IV.)

La Méprise... Ces deux mots suffisent presque à désigner non-seulement l'intrigue de cette comédie, mais encore l'intrigue à peu près uniforme et insignifiante qui constitue tout le théâtre de Marivaux, dans lequel les bons mots, les traits d'esprit et la sentimentalité maniérée, tiennent presque toujours lieu de qualités plus solides.

PRIX : Catal. Durel (1887), mar. r. par Thivet, 50 fr.

L'EPREUVE.

COMEDIE.

Par M. D***.

Représentée pour la premiere fois par les Comédiens Italiens le 19. Novembre 1740.

Le prix est de 24. sols.

A PARIS,

Chez F. G. MERIGOT, Quay des Augustins, à la descente du Pont S. Michel à S. Louis.

M. DCC. XL.
AVEC APPROBATION ET PRIVILEGE DU ROI.

Par MARIVAUX.

In-12, composé de : 90 pages chiffrées en totalité, y compris le titre, au verso duquel se trouve la liste des rôles des *Acteurs*, et à la fin l'*Approbation*, qui termine la dernière page.

L'Approbation est datée du 29 novembre 1740, et signée : CRÉBILLON.

L'*Épreuve* est une des pièces les plus intéressantes de Marivaux. Elle fut au nombre de celles qui, jouées d'abord par les comédiens italiens, furent reprises plus tard par la Comédie française et restèrent au répertoire.

PRIX : Catal. Durel (1887), mar. r. par Thivet, 50 fr.

LA VIE DE MARIANNE,

OU

LES AVANTURES DE MADAME LA COMTESSE DE ***.

Par *Monsieur* DE MARIVAUX.

PREMIERE PARTIE.

A PARIS,
Chez PIERRE PRAULT, Quay de Gêvres, au Paradis.

M. DCC. XXXI.
Avec Approbation, & Privilege du Roy.

12 parties in-12, avec titre pour chacune et pagination distincte, et dont voici la description, d'après le seul exemplaire authentique en reliure ancienne que nous ayons vu, celui de M. Eugène Paillet.

PREMIÈRE PARTIE. 4 feuillets préliminaires non chiffrés, comprenant le faux-titre avec verso blanc, le titre (reproduit ci-dessus), avec verso blanc, un *Avertissement* (imprimé en gros caractères); — 95 pages chiffrées pour le texte; — et 3 pages non chiffrées pour l'*Approbation* et le *Privilége*.

L'approbation avait été donnée dès le 28 avril 1728, et le privilège, accordé à Pierre Prault, pour imprimer ou faire imprimer *la Vie de Marianne...* pendant trois années, est daté du 13 may 1728. Chose curieuse, cette première partie ne parut qu'au moment de l'expiration de la date du privilège. On lit au bas de la page : *A Paris, De l'imprimerie de Pierre Prault,* 1731.

Cette date est bien réellement celle de la première édition, car on lit dans un ouvrage de l'abbé Desfontaines, publié chez Chaubert en 1731, et intitulé le *Nouvelliste du Parnasse, ou Réflexions sur les ouvrages nouveaux* : « J'aurois dû peut-être vous entretenir plutôt d'un ouvrage nouveau de M. de Marivaux, dont la première partie vient de paraître (chez Prault, quai de Gesvres, brochure de 95 pages). Il est intitulé *la Vie de Marianne* ou les avantures de Madame la comtesse de ***... »

SECONDE PARTIE. (Fleuron du titre différent.) *Paris, Prault père, quay de Gêvres, au Paradis, et à la Croix Blanche.* M. DCC. XXXIV. — 2 feuillets préliminaires, comprenant le titre avec verso blanc, et un *Avertissement;* — 98 pages chiffrées pour le texte; — 4 pages non chiffrées, dont 3 pour le Privilège et une pour un catalogue des Livres nouveaux qui se vendent chez le même Libraire, 1734.

L'approbation était donnée, pour *La suite de Marianne*, en date du 15 janvier 1734. Le privilège, accordé à Pierre Prault pour imprimer et donner au public *les Œuvres du sieur de Marivaux, la Vie de Marianne, &[ra]*, pendant six années, était daté du 19 juillet 1731. Cette seconde partie paraissait donc encore trois ans après obtention du privilège.

TROISIÈME PARTIE. (Fleuron de titre encore différent). *Paris, Prault fils, quay de Conty....* M. DCC. XXXV, — 2 feuillets prélim. non chiffrés, comprenant le titre avec verso blanc, l'*Approbation* et le *Privilége;* — 140 pages chiffrées pour le texte. (Au bas de la dernière page, une annonce de quatre lignes pour un ouvrage intitulé les *Egaremens du cœur ou les Mémoires de M. Meilcourt.*)

L'approbation de la suite de *Marianne*, est ici datée du 17 novembre 1735. Le privilège est le même que celui de la seconde partie ci-dessus. Mais à la suite on trouve ici une déclaration de Prault père, en date du 4 octobre 1735, cédant à son fils ses droits pour *la Vie de Marianne*, et le *Paysan parvenu*, de Marivaux. En effet les quatre parties suivantes portent le nom du fils.

Quatrième partie. (Même fleuron que sur le titre de la 3ᵉ partie). *Paris, Prault fils,...* M. DCC. XXXVI. — 126 pages en totalité, y compris le titre, dont le verso est blanc. — A la fin de la page 126, on voit simplement l'Approbation : *Lu par l'ordre de Monseigneur le Garde des Sceaux. Le 19 mars 1736.* J. Saurin. Ici il n'y a plus de Privilège, quoiqu'il soit mentionné au bas du titre.

Cinquième partie. (Très petit fleuron typographique sur le titre). *Paris, Prault fils...* M. DCC. XXXVI. — 130 pages chiffrées, y compris le titre, dont le verso est blanc, plus 1 feuillet non chiffré, au recto duquel se trouve simplement l'*Approbation,* aussi brève que celle de la 4ᵉ partie, et datée du 4 septembre 1736. Sans Privilège, quoiqu'il soit mentionné au bas du titre.

Sixième partie. (Très petit fleuron typographique différent du précédent.) *Paris, Prault fils,...* M. DCC. XXXVI. — 120 pages chiffrées, en totalité. Au bas de la dernière, on voit l'*Approbation* pour « cette sixieme partie de l'*Histoire de Marianne* », datée du 27 octobre 1736. Sans Privilège, malgré la mention du titre.

Septième partie. (Très petit fleuron typographique, encore différent.) *Paris, Prault fils,...* M. DCC. XXXVII. — 144 pages chiffrées, en totalité. Au bas de la dernière, on voit l'*Approbation,* semblable à la précédente, et datée du 27 janvier 1737. Sans Privilège, malgré la mention qui se trouve au bas du titre.

Huitième partie. (Fleuron typographique plus grand). *A La Haye, chez Gosse & Neaulme,* 1737. — 132 pages chiffrées en totalité. Sans Approbation ni Privilège. Malgré la rubrique de La Haye, l'impression doit être française. Les caractères ressemblent à ceux des autres parties, et on ne voit de réclames qu'au bas des pages de fin de cahier et non à toutes les pages, comme dans les impressions étrangères.

Neuvième partie. (Fleuron composé typographiquement, en triangle, la pointe en bas.) *Sans lieu.* M. DCC. XLI. — 2 feuillets prélim. comprenant le faux-titre, avec verso blanc, le titre, dont le verso est également blanc ; — 168 pages chiffrées. Sans Approbation ni Privilège. L'impression doit être française, pour les mêmes motifs que ci-dessus.

DIXIÈME PARTIE. (Même fleuron typographique que le précédent.) *Sans lieu*. M. DCC. XLI. — 2 feuillets prélim. pour le faux-titre, avec verso blanc, et le titre, dont le verso est aussi blanc ; — 122 pages chiffrées. Sans Approbation ni Privilège. Même impression que la précédente.

ONZIÈME PARTIE. (Fleuron typographique différent des autres.) *A La Haye, chez Jean Neaulme*. M. DCC. XLI. — Titre avec verso blanc, non compris dans la pagination, et correspondant peut-être avec un feuillet blanc ; — 106 pages chiffrées. Sans Approbation ni Privilège. Impression à peu près semblable à celle des parties précédentes.

DOUZIÈME ET DERNIÈRE PARTIE. (Fleuron typographique en triangle renversé comme ceux des 9e et 10e parties, sauf que les petits ornements à double volute qui le composent sont placés en sens inverse.) *Sans lieu*. M. DCC. XLV. — Faux-titre et titre, avec verso blanc l'un et l'autre ; — 91 pages chiffrées. Sans Approbation ni Privilège. L'impression de cette dernière partie, qui doit être également française, est en caractères beaucoup plus petits.

Les romans de Marivaux eurent beaucoup plus de succès à leur apparition, volume par volume, que n'en avaient obtenu ses pièces de théâtre. Mais ils sont à peu près tous tombés dans l'oubli depuis cette époque. A peine la *Vie de Marianne* est-elle lue encore quelquefois par ceux qui recherchent toujours la forme élégante et soignée, l'esprit délicat et précieux plutôt que solide, et toutes les qualités aimables qui caractérisent le genre du gracieux écrivain. Un de ses autres romans, *le Paysan parvenu*, renferme encore des pages intéressantes.

L'édition originale de la *Vie de Marianne* est recherchée de quelques bibliophiles. Il est extrêmement difficile de réunir les douze parties du premier tirage. Aussi attribue-t-on à la première édition bien complète une certaine valeur.

PRIX : Bulletin Morgand (1887), bel ex. de M. Eug. Paillet, rel. anc. en veau fauve, aux insignes de Rohan-Soubise, 350 fr. — Catal. Durel (1887), ex. dont le tome 1er est daté de 1734, rel. en 3 vol. mar. r. par Brany, 135 fr.

In-12, composé de : 4 feuillets préliminaires non chiffrés, comprenant le faux-titre, dont le verso est blanc, le titre, dont le verso est blanc, une épître dédicatoire, en prose, « A monseigneur le comte de Morville, ministre et secrétaire d'État, « signée Nericault Destouches, et la liste des Acteurs; — 110 pages chiffrées, pour le texte de la pièce, plus 2 pages non chiffrées pour le *Privilége*, précédé de l'*Approbation*.

Au bas de la page 110, on lit : *De l'imprimerie de Paulus-du-Mesnil.*

Le Privilège, accordé « au sieur Nericault Destouches », en date du 20 mars 1727, est suivi de la déclaration de N. Destouches, cédant ses droits à Mesdemoiselles le Breton. (Bibl. nat. Y. Th. 14,115.)

Le *Philosophe marié* est une des meilleures

LE PHILOSOPHE MARIE',
OU
LE MARY
HONTEUX DE L'ÊTRE.
COMEDIE EN VERS
en cinq Actes.

Par M. Nericault Destouches, *de l'Academie Françoise.*

Le prix est de 25 sols.

A PARIS,
Chez FRANÇOIS LE BRETON, Libraire, au bout du Pont-neuf, près la ruë de Guenegaud, à l'Aigle-d'or.

M. DCC. XXVII.
Avec Approbation & Privilege du Roy.

comédies de Destouches. On y trouve de sérieuses qualités de style, d'observation et de mise en scène. Cette pièce est peu recherchée; mais elle mérite certainement mieux que de l'indifférence.

Prix : Exemplaires reliés en veau, 25 à 30 fr.

LE
GLORIEUX.
COMEDIE
en Vers.

En cinq Actes.

Par M. Nericault Destouches
de l'Academie Françoise.

Le prix est de 15 sols.

A PARIS

Chez FRANCOIS LE BRETON, Libraire
au bout du Pont-neuf, près la rue de Guenegaud,
à l'Aigle d'or

M. DCC. XXXII
AVEC APPROBATION ET PRIVILEGE DU ROY.

In-12, composé de : 6 feuillets préliminaires, non chiffrés, comprenant le titre, dont le verso est blanc, le faux-titre, au verso duquel se trouve la liste des *Acteurs* et la *Préface*; — 118 pages chiffrées, pour le texte de la pièce, et 2 pages non chiffrées pour l'*Approbation* et le *Privilége*.

A la fin de la page 118 on lit : *De l'imprimerie de Paulus-du-Mesnil*.

Le Privilège, accordé « au sieur Nericault Destouches », en date du

27 mars 1727, est suivi de la déclaration de Destouches, cédant ses droits à Mlle le Breton. (BIBL. NAT. Y. TH. 5,781.)

A première vue, on pourrait croire qu'un exemplaire disposé comme nous le décrivons, est incomplet dans les feuillets préliminaires, parce que le 1er cahier A se trouve coupé en deux par la préface. Ainsi les deux feuillets contenant le titre, le faux-titre et la liste des acteurs, comptent ici pour A 1 et A 2 ; viennent ensuite 4 feuillets de préface signés d'une astérisque *, enfin le texte de la pièce commence à Aiij et se continue ensuite régulièrement. Quelquefois les feuillets préliminaires sont disposés différemment, mais on doit toujours y trouver ceux que nous venons de citer.

C'est dans cette pièce, restée au répertoire du Théâtre-Français, que se trouve, dans l'acte IIe, scène v^e, le vers fameux, si souvent attribué à Boileau, même par des lettrés :

> La critique est aisée et l'art est difficile.

Voici le passage qui renferme ce vers célèbre :

PHILINTE

. . . .
Un auteur, quel qu'il soit, me paraît mériter
Qu'aux efforts qu'il a faits on daigne se prêter.

LISETTE

Mais, on dit qu'aux auteurs la critique est utile.

PHILINTE

La critique est aisée et l'art est difficile.
C'est là ce que produit ce peuple de censeurs
Et ce qui rétrécit le talent des auteurs...

Rendons à Destouches ce qui est à Destouches et rendons-lui aussi cet autre vers, dont bien peu de personnes évidemment se rappellent l'origine :

> Chassez le naturel, il revient au galop.

Ce vers est aussi dans *le Glorieux*, acte III, scène v.

PRIX : Vente Solar (1860), mar. r., 18 fr. — Un bon ex. relié en veau se vendrait actuellement 30 à 40 fr.

LES ÉDITIONS ORIGINALES

LE
DISSIPATEUR
OU
L'HONNESTE-FRIPONNE,
COMEDIE.

Par M. NERICAULT DESTOUCHES,
de l'Accadémie Françoise.

A PARIS,
Chez PRAULT pere, Quay de
Gêvres, au Paradis.

M. DCC. XXXVI.
Avec Approbation & Privilege du Roy.

In-12, composé de : 2 feuillets préliminaires, l'un blanc, l'autre contenant le titre, dont le verso est blanc ; XII pages (les deux dernières chiffrées par erreur X et Vij ; — 137 pages chiffrées, pour le texte de la pièce, y compris le faux-titre, au verso duquel est la liste des *Acteurs* ; — enfin 3 pages non chiffrées, pour l'*Approbation* et le *Privilége*.

Le Privilège est accordé « au sieur Nericault Destouches », en date **du** 20 février 1735. Il est suivi de la déclaration de Destouches, cédant **son** droit à Pierre Prault père. (BIB. NAT. Y. Th. 5240.)

PRIX : Vente Solar (1860), mar. doublé, 27 fr. — Un bon ex. relié en veau se vendrait actuellement 20 à 30 fr.

VAIRVERT
OU
LES VOYAGES
DU
PERROQUET
DE LA VISITATION DE NEVERS
POEME
HEROICOMIQUE

A LA HAYE.
Chez GUILLAUME NIEGARD.

M. DCC. XXXIV.

Par GRESSET.

In-12, composé de : 48 pages chiffrées, en totalité, y compris le titre, dont le verso est blanc, et l'*Avertissement* (pages 3 et 4).

Le poème de *Vairvert* (sic) commence à la page 5, et se termine à la page 31 (avec le mot *Le*, en réclame au bas de la page à droite); la page suivante est blanche; — les pages 33 à 40 sont occupées par *Le Caresme impromptu;* — et les pages 41 à 48, par *Le Lutrin vivant. A Monsieur l'abbé de Segonzac.*

Première édition de ces charmants poèmes de Gresset. Elle parut clandestinement sans le consentement de l'auteur, et dut être imprimé en France dans une ville de province, malgré la rubrique de *La Haye* qu'on voit sur le titre. On n'y trouve pas de réclames au bas de chaque page, comme dans les éditions étrangères, mais seulement à la fin de chaque feuille ou cahier. M. de Cayrol (*Essai sur la vie et sur les ouvrages de Gresset*) suppose qu'elle fut imprimée à Rouen, comme les autres éditions clandestines que nous allons citer.

Dans l'*Avertissement* (signé G...) d'une édition que Gresset publia probablement lui-même l'année suivante, et que nous allons décrire, il désavoue énergiquement celle-ci et deux autres sous la même date de 1734, l'une portant aussi la rubrique de *La Haye, G. Niegard,* mais différente de la nôtre, et l'autre publiée sous la rubrique de *Londres*. Il les déclare *très infidèles* et dit que le texte de sa pièce a été complètement défiguré.

Voici le titre de cette édition : Vert-Vert, || ou || les Voyages || du Perroquet || de Nevers. || *Poëme heroïque.* || *Quatrième édition.* || (Une sphère) || *A Amsterdam.* || M.DCC.XXXV. ||

In-12, composé de : 2 feuillets préliminaires non chiffrés, contenant le titre, dont le verso est blanc, l'*Avertissement* (au bas, en réclame, Ver-Vert); — 32 pages chiffrées, la dernière signée G, pour le texte de *Ver-Vert* (seulement), — et 1 page, plus remplie que les autres, pour les *Errata,* qui sont très nombreux.

Dans cette édition, le poème est divisé en 4 chants, la fin a été un peu augmentée et modifiée; on y trouve, de plus que dans les éditions précédentes, la pénitence de Vert-Vert, formant deux pages environ. L'auteur annonce ces additions dans sa préface : « On aura ici, dit-il, la pièce avec plus de correction et d'exactitude. Elle est augmentée de la Pénitence du Perroquet, qui était manquée dans les éditions précédentes. »

Nous avons vu de très beaux exemplaires de ces deux éditions dans la bibliothèque de M. Eugène Paillet, qui a bien voulu nous les communiquer.

Prix de l'édition de 1734 : Bulletin Morgand (1887), bel ex. rel. en mar. v. par Thibaron-Joly, 100 fr.

Édition de 1735 : Bulletin Morgand (1887), bel ex. rel. en mar. v. par Thibaron-Joly, 100 fr.

Par Gresset.

In-12, composé de 32 pages chiffrées, en totalité, la dernière presque pleine se terminant par le mot Fin.

Première édition. Quoiqu'elle ne porte pas de lieu d'impression, elle doit sortir de presses françaises, sans doute d'une ville de province. On ne voit de réclames qu'à la fin des cahiers, comme dans les impressions françaises, et non au bas de chaque page, comme dans les livres imprimés à l'étranger. Elle fut probablement imprimée à Rouen, comme les précédentes.

On sait que la publication de ces poésies satiriques motiva l'expulsion définitive de Gresset par les Jésuites, comme l'apparition de *Ver-Vert* et la

LA
CHARTREUSE,
EPITRE
A M. D. D. N.
PAR L'AUTEUR
DE VER-VERT.
Du 17 Novembre 1734.

M. DCC. XXXV.

composition de quelques autres poèmes avaient causé son renvoi de Paris, où il étudiait la théologie. Dès la publication de ses premières œuvres, Gresset avait été envoyé, selon l'expression de M. de Cayrol, « expier sa gloire dans la solitude de La Flèche. »

La présente édition doit être celle dont il est question dans trois lettres datées de novembre 1735, que M. de Cayrol a reproduites dans son *Essai sur la vie et sur les ouvrages de Gresset*, pages 65 à 68 du tome Ier, d'Amiens, 1844. Dans la première de ces lettres, écrite au cardinal Fleury, le P. de Linyères informe Son Éminence qu'il y a dans la Société « un jeune homme, nommé Gresset,... qui a un vrai talent pour la poésie française..., mais qu'il s'est échappé à en faire quelques-unes où il y a des choses très répréhensibles ; qu'outre la première pièce qui était venue à sa connaissance (*Ver-Vert,* évidemment), il y en a une seconde qui contient quelques vers très propres à choquer avec raison le Parlement. » (Il s'agit ici de *la Chartreuse,* où l'on rencontre un certain nombre de vers, dirigés contre la haute magistrature et la présentant sous un aspect peu honorable.) « Cette pièce est tombée entre les mains d'un libraire qui l'a imprimée... Pour n'être point exposés à toutes les suites fâcheuses que cela pourrait nous attirer du côté du Parlement, nous serions obligés de congédier l'auteur de le pièce. Si V. E. veut bien conférer de cette affaire avec M. Hérault elle verra mieux que nous ce qu'il convient de faire. »

Suit un billet de quelques lignes, daté du 23 novembre 1735, adressé par le cardinal à M. Hérault, lieutenant de police, avec la lettre ci-dessus, et où se trouve cette phrase, à propos de Gresset : « Le plus court et le plus sûr est de le renvoyer... » Puis vient une lette du P. Lavaud à M. Hérault, qui lui avait transmis la note du cardinal Fleury : « ... Nous nous déterminâmes hier à suivre le conseil que S. E. a daigné nous donner, et sous quatre ou cinq jours ce sera chose tout à fait exécutée. *La Chartreuse* et *les Ombres* paraissent dans le public, imprimées. Des Jésuites m'ont assuré en avoir lu hier un exemplaire. Je ne sais qui les vend, mais on dit qu'il s'en débite au jardin du Palais Royal. » Cette lettre est datée du 26 novembre 1735. Elle peut servir à préciser l'époque de l'année 1735 à laquelle parut *la Chartreuse;* on voit que ce fut au mois de novembre, c'est-à-dire juste une année après que cette épître satirique eût été écrite, s'il faut s'en rapporter à la date qu'on voit ici sur le titre, date qui paraît être celle de la composition de la pièce.

Cette édition doit être fort rare, car vraisemblablement les Jésuites s'attachèrent à la faire disparaitre, comme ils l'avaient fait pour *Ver Vert* et pour une première tentative d'impression des poésies de Gresset, datée de 1730.

La Chartreuse est un des plus intéressants poèmes de Gresset. On y trouve un abandon et une franchise qui attirent la sympathie. Pourtant c'est aussi l'un de ceux où la verve satirique de l'auteur s'exerce avec le plus de vivacité et d'indépendance.

Prix de *la Chartreuse* : 20 à 30 fr., ex. rel. en veau.

In-12, composé de : 2 feuillets préliminaires, le premier blanc, le second contenant le titre, au verso duquel est la liste des *Acteurs*; — 152 pages chiffrées, pour le texte de la pièce, avec l'*Approbation* au bas de la dernière.

L'*Approbation* est datée du sept décembre 1747, et signée CRÉBILLON. Quoiqu'il soit fait mention d'un Privilège sur le titre, on n'en trouve aucune trace dans le volume. Ce privilège fut évidemment accordé; mais on n'en imprima pas le texte dans l'édition.

Cette intéressante comédie fut représentée, comme l'indique le titre, au mois d'avril 1747, le 15, selon le chevalier de Mouhy (*Tablettes dramatiques*), le 27 seulement, suivant la *Petite Bibliothèque des Théâtres*. Elle eut un grand succès, et cependant souleva, en même temps que des éloges enthousiastes, de violentes attaques,

LE MECHANT.
COMEDIE
En cinq Actes en Vers.
Par M. GRESSET
De l'Académie Royale des Sciences &
Belles-Lettres de PRUSSE.

Représentée par les Comédiens Ordinaires du Roy aux mois d'Avril & May 1747, & remise au Théatre aux mois de Novembre & Décembre de la même année.

Le prix est de trente sols.

A PARIS,
Chez SEBASTIEN JORRY, Quai des Augustins, près le Pont S. Michel, aux Cigognes.

M. DCC. XLVII.
Avec Approbation & Privilége du Roy.

suscitées, dit M. de Cayrol, par certains roués du temps, qui prétendirent se reconnaître dans le personnage de Cléon. Le caractère principal est tracé avec une vérité saisissante, les autres personnages de la pièce s'y meuvent avec beaucoup de naturel et on y trouve des vers qui sont devenus proverbes.

PRIX : Vente Renard (1881), mar. v. par Magnin, 61 fr. — Répertoire Morgand et Fatout (1882), ex. broché non rogné, 40 fr. — Vente Guy-Pellion (1882), **mar.** bleu par Thivet, 21 fr.

LA MÉTROMANIE,
OU
LE POËTE
COMEDIE
EN VERS ET EN CINQ ACTES.

Par M. PIRON.

Repréſentée pour la premiere fois ſur le Théâtre Français le 10. Janvier 1738.

A PARIS,

Chez LE BRETON, Quai des Auguſtins, au coin de la ruë Gît-le-Cœur, à la Fortune.

M. DCC. XXXVIII.

Avec Approbation & Privilége du Roi.

PRIX d'un exemplaire en bon état, rel. en veau, 30 à 40 fr.

In-8°, composé de : 113 pages chiffrées en totalité, y compris le titre, dont le verso est blanc, et un second feuillet, dont le verso est occupé par une épitre en vers « à M. L. C. D. M*** » et le verso par la liste des *Acteurs*. Le texte de la pièce occupe les pages 5 à 113. Au bas de cette dernière on voit l'*Approbation*, datée du 26 février 1738, et signée DE MONCRIF.

Sur le titre se trouve une petite vignette sur bois, assez primitive, représentant le poète, dans sa chambre, entouré de livres jusque sur son lit et écrivant à la lueur d'une chandelle. (Voir ce titre reproduit ci-contre.)

La Métromanie est la meilleure pièce d'Alexis Piron.

MEMOIRES
ET
AVANTURES
D'UN HOMME
DE QUALITE

Qui s'eſt retiré du monde.

Tome Septieme.

A AMSTERDAM.
Aux dépens de la Compagnie,
MDCCXXXI.

Par l'abbé Prévost d'Exiles.

Édition originale véritable de l'*Histoire de Manon Lescaut et du chevalier des Grieux*. Tout le roman est renfermé dans ce tome septième des *Mémoires et avantures*. Il est même parfaitement admis parmi les bibliophiles qu'on peut le posséder isolément, et ne pas s'embarrasser des autres tomes, qui sont pour ainsi dire sans intérêt.

Celui-ci est précieux et recherché. En voici la description :

Petit in-12, composé de : 2 feuillets prélim. non chiffrés, comprenant le faux-titre, dont le verso est blanc, le titre (reproduit ci-dessus), avec verso également blanc (le titre est imprimé en rouge et noir) ; — 344 pages chiffrées, pour le texte (y compris un *Avis de l'auteur*, qui occupe les 8 premières pages après le titre).

Jusqu'à ces derniers temps, on avait toujours considéré comme l'édition originale de *Manon Lescaut,* celle qui parut en 1733, sans les autres volumes de mémoires, et sous le titre : SUITE DES MÉMOIRES ET AVANTURES D'UN HOMME DE QUALITÉ... *A Amsterdam, aux depens de la Compagnie, M.DCC.XXXIII;* un volume grand in-12. On se basait sur l'hypothèse que le tome VII, décrit ci-dessus, avait été publié seulement en 1733, après la *Suite* dont nous venons de donner le titre, mais qu'on l'avait antidaté pour le joindre aux six tomes parus en 1731. Mais M. Henry Harrisse a prouvé clairement, en 1875 et 1877, dans sa remarquable *Bibliographie de Manon Lescaut,* qu'il n'en était pas ainsi. Il a démontré que le tome VII, contenant *Manon Lescaut,* avait bien paru en 1731 comme les six autres et en même temps; que, par conséquent, il offrait la véritable édition originale du célèbre roman de l'abbé Prévost.

Indiquons maintenant sommairement les autres volumes de cette édition des *Mémoires et avantures d'un homme de qualité, de* 1731. Les tomes I et III contiennent sur le titre le même dessin de vignette que celui du tome VII (reproduit p. 525); mais le sujet est plus petit et la gravure n'en est pas signée. Le fleuron-vignette du titre du tome V est absolument le même que celui du tome VII. Quant aux fleurons des tomes II, IV et VI, ce sont tout simplement des fleurons typographiques. Ce fait s'explique ainsi, croyons-nous : l'éditeur, en publiant ces tomes si minces, supposait bien qu'ils étaient destinés à être reliés deux par deux, comme ils avaient paru, d'ailleurs, dans les éditions précédentes des six premières parties des *Mémoires et Aventures d'un homme de qualité.* Et il n'a fait mettre de vignette qu'aux titres des tomes I, III, V, VII, qui devaient être en tête des volumes.

A part la différence des fleurons et celle de la tomaison, tous ces tomes offrent le même titre, imprimé en rouge et noir, avec la même rubrique : *Amsterdam, aux depens de la Compagnie.* M DCC XXXI.

Il existe une autre édition sous la date de 1731 ; le titre est différent de celui que nous avons fait reproduire ci-devant.

PRIX : Répertoire Morgand et Fatout (1878), bel ex. mar. bleu, le tome 7e doublé de mar. orange par Thibaron-Joly, 1,200 fr. — Vente Guy-Pellion (1882), ex. dans le même état, 400 fr. — Vente Lessore (1882), ex. très ordinaire, rel. en veau, 125 fr. — Répertoire Morgand et Fatout (1882), le tome 7e seulement, demi-rel. basane, 100 fr. — Vente Longch. de B*** (1885), mar. bleu, le dernier doublé de mar. orange par Thibaron, 250 fr.

Par l'abbé Prévost.

2 volumes in-12, tomés, l'un, *Première partie*, et l'autre, *Seconde partie*, ainsi composés :

Première partie : faux-titre (*Histoire de Manon Lescaut*), 1 feuillet; titre, 1 feuillet; *Avis de l'auteur*, 11 pages chiffrées; au verso de la 11e se trouve 1 page non chiffrée, contenant une note précédée du mot *Nota* (cette note est imprimée en caractères italiques et contient 13 lignes, suivies d'un petit cul-de-lampe typographique et du mot *histoire* comme réclame); — 302 pages chiffrées, la dernière terminée par les mots *Fin de la première Partie*, avec un petit ornement noir comme cul-de-lampe; enfin, une dernière page non chiffrée, contenant les *Fautes à corriger*, cinq lignes.

HISTOIRE
DU CHEVALIER
DES GRIEUX,
ET DE
MANON LESCAUT.
PREMIERE PARTIE

A AMSTERDAM,
Aux dépens de la Compagnie.
M. DCC. LIII.

Seconde partie : faux-titre, 1 feuillet; titre, 1 feuillet; 252 pages, la dernière contenant seulement trois lignes après le titre courant, terminée par les mots *Fin de la seconde Partie*, suivis d'un cul-de-lampe typographique. Le fleuron du titre est différent de celui du premier volume. Ici, c'est une corbeille entourée de feuilles d'acanthe.

La première partie contient 4 jolies figures de J.-J. Pasquier et de Gravelot, gravées par Pasquier et par J.-P. Le Bas, lesquelles se rapportent aux pages 29, 97, 186, 262; plus une charmante vignette de Pasquier en tête de la première page du texte. La même vignette se retrouve en tête du texte de la seconde partie.

Dans la seconde partie on voit également 4 figures très jolies, toutes de J.-J. Pasquier, correspondant aux pages 20, 115, 183 (gravure chiffrée par erreur 283) et 241. Plus la même petite vignette en tête du texte que celle du volume précédent. (BIBL. NAT. Y². n. p. Réserve.)

On distingue différents tirages de ces gravures. Le premier et le plus beau fut fait sur papier plié dans le sens de l'in-8°, c'est-à-dire que, dans le volume, les feuillets des gravures ont des *pontuseaux* de haut en bas; tandis que, dans les autres tirages, faits plus tard pour une édition de 1756, le papier présente les pontuseaux en travers, dans le sens de l'in-12, comme pour le papier du texte.

Il existe aussi une autre édition du texte sous la date de 1753, également en 2 volumes in-32; mais la date des titres est fausse, comme on pourra s'en convaincre en examinant le petit fleuron typographique placé à la fin du tome II, lequel fleuron (une tête de folie) porte la date de 1772, en très petits chiffres, à gauche; on lit, à droite, aussi en très petits caractères, le mot *Zapouraph*. On ne voit plus, en tête du texte de chaque volume, la jolie vignette que nous avons signalée ci-dessus, mais simplement un fleuron typographique tenant la largeur du texte.

La vraie édition de 1753, que nous avons décrite ci-dessus, est celle qui a fixé le texte des éditions postérieures. Elle est fort recherchée et mérite de l'être à tous les points de vue. M. Harrisse, dans son excellente *Bibliographie de Manon Lescaut*, a donné des détails intéressants sur l'impression du texte, sur les différents tirages des gravures et aussi sur un *carton* qui se rencontre quelquefois à la page 151 du tome Ier. Nous engageons les bibliophiles à consulter son ouvrage. Nous nous bornerons à constater que le feuillet primitif ou de premier tirage de la page 151 du tome Ier porte en bas seulement la signature Niij, tandis que le feuillet *cartonné* ou de second tirage est signé PART. I. Niij*. De plus, dans le second tirage, on lit, en haut de la page 151, la répétition des mots « *en lui apprenant cette fâcheuse* », ce qui n'a pas lieu dans le premier tirage.

PRIX : Vente Bertin (1854), mar. r. par Kœhler, 30 fr. — Vente Potier (1870), rel. en mar. bl. orné par Capé, 355 fr. — Vente L. de M. (Lebeuf de Montgermont), 1876, mar. bl., rel. par Trautz, bel ex. 1,260 fr. — Catal. Fontaine (1877), mar. r. par Trautz, superbe ex., 1,400 fr. — Répertoire Morgand et Fatout (1882), très bel ex. rel. en mar. orné par Trautz, 2,000 fr. — Vente de Ganay (1881), magnifique ex. indiqué comme étant en papier de Hollande (quoique Cohen affirme qu'il n'en existe pas) et presque non rogné, rel. richement par Trautz, 3,450 fr. — Vente Roger (du Nord), en 1884, ex. pas très grand, rel. en mar. doublé, par Trautz, 520 fr.

Par Vauvenargues.

In-12, composé de : 10 feuillets préliminaires, comprenant le faux-titre, le titre, un *Discours préliminaire*, le *Privilége*, la *Table des titres*; 384 pages chiffrées, et enfin 1 page non chiffrée pour les *Errata des principales fautes*.

Le Privilège, accordé au libraire Briasson, est daté du 21 janvier 1746. A la fin de la page 384, se trouvent deux *Approbations*, suivies de la mention : *De l'imprimerie de Cl. Simon, Père*. (Bibl. Nat. R. 2848. b.)

Ouvrage le plus important de ce jeune philosophe chrétien, mort à trente-deux ans, avant d'avoir pu donner tout ce que l'on pouvait attendre de son talent si élevé, si pur et si libéral. C'est à Vauvenargues, débutant dans la littérature, que Voltaire, déjà illustre et bien plus âgé que lui, disait, après lui avoir exprimé hautement ses sympathies : « Si vous étiez né quelques années plus tôt, mes ouvrages en vaudraient mieux. »

INTRODUCTION
A LA
CONNOISSANCE
DE
L'ESPRIT HUMAIN,
SUIVIE
DE REFLEXIONS
ET
DE MAXIMES.

A PARIS,
Chez Antoine-Claude Briasson, rue S. Jacques, à la Science & à l'Ange Gardien.

M. DCC. XLVI.
Avec Approbation & Privilege du Roi.

Prix : Exemplaires ordinaires reliés en veau, 40 à 50 fr. — Vente Guy-Pellion (1882), mar. br. par Thivet, 52 fr. — Répertoire Morgand et Fatout (1882), superbe ex. rel. en mar. doublé de mar. r. par Cuzin, 350 fr. — Bulletin Morgand (1887), curieux ex. de M. Paillet, rel. en veau, aux armes du maréchal duc de Richelieu, 250 fr.

ŒDIPE,
TRAGEDIE.
PAR MONSIEUR DE VOLTAIRE.

A PARIS,

Chez
- Pierre Ribou, Quay des Augustins, vis-à-vis la descente du Pont-Neuf, à l'Image faint Louis.
- AU PALAIS,
- Pierre Huet, sur le second Perron de la Ste Chapelle, au Soleil Levant.
- Jean Mazuel, au Palais.
- ET
- Antoine-Urbain Coustelier, Quay des Augustins.

M. DCC. XIX.

Avec Approbation, & Privilege du Roy.

In-8°, composé de : 4 feuillets préliminaires non chiffrés, comprenant le titre, dont le verso est blanc, une épître dédicatoire en prose « A Son Altesse Royale Madame », signée Arouet de Voltaire, l'*Approbation*, le *Privilége* et la liste des *Acteurs* ; — 134 pages chiffrées, pour le texte de la pièce, qui s'arrête à la page 82, et les *Lettres écrites par l'auteur, qui contiennent la Critique de l'Œdipe de Sophocle, de celui de Corneille, et du sien,* lesquelles occupent les pages 83 à 134 ; enfin 1 feuillet blanc, pour terminer le dernier cahier R.

A la fin de la page 134, se trouvent des *Errata,* formant 5 lignes.

Le nom de Voltaire n'est pas cité dans le Privilège, quoiqu'il existe sur le titre et à la fin de la dédicace. Le Privilège est accordé « au sieur *** », pour neuf années, en date du 19 janvier 1719. Et on lit ici à la suite : « Ledit sieur D*** a cédé à perpétuité ledit Privilege à Pierre Ribou, libraire à Paris... » (BIBL. NAT. Y. + 5,618, et Coll. Volt. Beuchot, 531.)

Edition originale de la première œuvre de théâtre écrite et publiée par Voltaire. *Œdipe* avait été joué avec succès le 18 novembre 1718, pour la première fois, et avait eu quarante-cinq représentations.

On en publia la même année une édition in-12. (Voir BIBL. NAT. Coll. Volt. Beuchot, 531.)

Œdipe est la première tragédie de Voltaire et c'est aussi l'une des meilleures pièces qu'il ait produites. Elle présente, à côté de sérieuses qualités dramatiques, un langage clair et précis, qui annonce un grand écrivain. On y rencontre déjà cette indépendance de jugement et cet amour de la liberté de pensée, qui devait dégénérer en haine implacable du fanatisme religieux et même de la religion, ou, pour mieux dire, de toutes les religions. Henri Martin, dans une intéressante étude sur *Voltaire et Rousseau, et la philosophie au XVIIIe siècle,* parle ainsi des débuts de Voltaire : « Il s'ouvrit la carrière, à vingt-trois ans, par une tragédie, *Œdipe* (1718). On crut d'abord qu'il serait un successeur de Corneille et de Racine. Mais le théâtre ne devait être pour lui qu'un moyen de propagande et non un but. On remarqua dans *Œdipe* ces vers :

> Nos prêtres ne sont pas ce qu'un vain peuple pense;
> Notre crédulité fait toute leur science.

« Il pensait à autre chose qu'aux prêtres de Jupiter qui sont mis en scène dans la pièce, et c'était le début de sa longue guerre contre le clergé. »

PRIX de l'édition in-8° : Vente Bertin (1854), ex. auquel on avait joint plusieurs brochures parues à propos de cette tragédie, le tout rel. en 1 vol. mar. r. par Duru, 23 fr.

LES ÉDITIONS ORIGINALES.

LA LIGUE
OU
HENRY LE GRAND
POEME EPIQUE
Par M DE VOLTAIRE.

A GENEVE,

Chez JEAN MOKPAP.

MDCCXXIII.

Par VOLTAIRE.

In-8°, composé de : VIII pages préliminaires, comprenant le titre, dont le verso est blanc, l'*Avertissement de l'éditeur,* une sorte d'abrégé chronologique très succinct de la Ligue; — et 231 pages chiffrées.

Le poème occupe les pages 1 à 157 ; suivent trois pages blanches ; enfin les pages 161 à 231 sont occupées par les *Remarques* sur chaque chant. (BIBL. NAT. Coll. Volt. Beuchot, 539.)

Première édition de *La Henriade,* laquelle, malgré la rubrique de Genève, fut publiée en secret à Rouen, par le libraire Viret, et non pas, comme le disent Brunet et ses continuateurs, par les soins de l'abbé Desfontaines, mais plutôt par Thieriot, secrétaire et ami de Voltaire, comme on peut s'en bien convaincre en lisant la correspondance de Voltaire avec Thieriot.

Voltaire ne put obtenir l'autorisation de faire imprimer son poème en France. L'édition parut donc clandestinement et la rubrique *Genève, Jean Mokpap,* fut mise sur le titre, pour dérouter les recherches de la police.

Voici quelques lignes de la Préface intéressante que Marmontel écrivit plus tard, pour une des meilleures éditions de *La Henriade* :

« On ne se lasse point de réimprimer les ouvrages que le public ne se lasse point de relire ; et le public relit toujours avec un nouveau plaisir ceux qui, comme *la Henriade,* ayant d'abord mérité son estime, ne cessent de se perfectionner sous les mains de leurs auteurs.

« Ce poëme, si différent dans sa naissance de ce qu'il est aujourd'hui, parut pour la première fois, en 1723, imprimé à Londres, sous le titre de *La Ligue*. Voltaire ne put donner ses soins à cette édition : aussi est-elle remplie de fautes, de transpositions et de lacunes considérables.

« L'abbé Desfontaines en donna peu de temps après, une édition à Évreux, aussi imparfaite que la première, avec cette différence qu'il glissa dans les vides quelques vers de sa façon… »

Il existe, sous le même titre et avec la même date de 1723, une autre édition in-8º, qui se distingue de la première en ce que le nombre des pages, pour le poème et les remarques, n'est que de 216. Celle-ci est une contre-façon, ou peut-être l'édition d'Évreux, donnée par l'abbé Desfontaines.

PRIX de l'édition originale : Catal. Fontaine (1887), rel. en veau, 30 fr. — Vente Guy-Pellion (1882), bel. ex. rel. en mar. v. anc. aux armes de Machault d'Arnouville, 100 fr.

LA HENRIADE.

DE
Mr. DE VOLTAIRE.

A LONDRES, MDCCXXVIII.

In-4°, composé de : 8 feuillets préliminaires, ainsi répartis : titre imprimé (reproduit ci-contre), avec verso blanc ; — épître dédicatoire en anglais, à la reine d'Angleterre, signée Voltaire, occupant 3 pages (la 4ᵉ blanche) ; — une longue liste des « *subscribers* », tous anglais, formant 10 pages chiffrées ; — 202 pages chiffrées pour le texte du poème, la dernière se terminant par un beau cartouche, finement gravé, contenant un écusson avec les armes de France et de Navarre.

Cette édition de luxe, la première qui porte le titre *La Henriade*, est aussi la première qui ait été corrigée avec soin et revue par Voltaire. Elle présente un texte parfois différent de celui de l'édition de 1723 et des suivantes, et partout ce texte est beaucoup plus correct. Cette belle édition peut donc être considérée comme la première vraiment authentique. Voltaire, qui était depuis près de deux ans en Angleterre, la dédia à la reine de ce pays, dont il admirait les institutions libérales. Le volume est illustré d'un frontispice par J. de Troy, gravé par Surugue; de 10 grandes et belles planches hors texte, dessinées par J. de Troy, Vleugels et F. Le Moine, gravées par Surugue, Desplaces, C. Dupuis et N. Dupuis, N. Tardieu, C.-N. Cochin, E. Jeaurat ; de 10 grandes vignettes, une en tête de chaque chant, signées de Micheux et C. Michu, comme dessinateurs, gravées par Dupuis, Lépicié, Fletcher, de Poilly, Desplaces, comme graveurs, et de beaux culs-de-lampe, un à la fin de chaque chant et un sur le titre (Voir le fac-similé ci-devant). L'ouvrage coûtait une guinée et fut publié par souscription.

La vignette qui se trouve en tête du *Chant troisième* contient le portrait, en médaillon, de la reine Élisabeth d'Angleterre; cette vignette est signée *Fletcher*. (Bibl. nat. Y. 5440. Réserve.) L'exemplaire porté sous la cote Y. 5452 A, Réserve, signalé par M. Bengesco, sans explications suffisantes, n'est pas seulement de la première édition ; il a été augmenté des remarques publiées, en 1741, par un libraire de Paris, Gandouin, mais sous la rubrique *Londres*, M.DCC.XLI. On y trouve d'ailleurs le titre de 1741. Dans cet exemplaire les gravures ont été coloriées à la main.

Les remarques, variantes et autres notes dont il s'agit forment xxiv pages préliminaires, comprenant le faux-titre avec verso blanc, le titre avec verso blanc, un *Avertissement du libraire*, une traduction française de l'épître dédicatoire « A la Reine » (Élisabeth d'Angleterre), signée Voltaire, la *Préface de l'édition de 1737*, une *Traduction d'une lettre de M. Antoine Cocchi, lecteur de Pise, à M. Rinuccini, secrétaire d'État de*

Florence, sur *La Henriade*, la *Préface de l'édition de 1730*, une sorte d'argument du poème, sous le titre : *Histoire abrégée des événemens sur lesquels est fondée la fable du poëme de La Henriade*, une *Idée de La Henriade*; — cxxii pages, pour les *Remarques*, arguments et notes diverses de chaque chant.

Ces remarques, étant imprimées par cahiers séparés, peuvent être réparties dans le volume de façon à correspondre au chant auquel elles se rapportent. C'est ce qui a été fait pour l'exemplaire de la Bibliothèque nationale que nous venons de signaler.

Voici la teneur de l'*Avertissement* de l'éditeur du volume paru en 1741 :

« Je ne me suis point proposé de faire une nouvelle Édition de la *Henriade* de M. de Voltaire; mais j'ai voulu rendre la superbe Édition de 1728, la plus complète de toutes, en y faisant des additions necessaires. Dans ce dessein, j'ai imprimé, à la fin de chaque chant, les differences des principales Editions qui en ont paru, et je me suis, sur-tout, attaché à celle de 1723, & à la derniere de 1737.

« J'ai rassemblé toutes les Remarques, que M. de Voltaire avoit dispersées dans les differentes Editions de son Poëme, et je les ai quelquefois augmentées par des traits singuliers d'Histoire, que l'auteur n'avoit pas jugé à propos d'y faire entrer.

« Les Préfaces différentes ne m'ont point échappé ; elles paroissent ici telles qu'elles se trouvent dans les Editions, qui ont été publiées depuis celle de 1728. Et pour faire plaisir aux Français, j'ai fait traduire en leur Langue la belle Epître, par laquelle M. de Voltaire a dédié son Ouvrage à la Reine de la Grande-Bretagne.

« Enfin mes Additions sont disposées de maniere que ceux qui voudront les faire relier, à la fin de chaque Chant le pourront aisément, ayant toujours fait imprimer par Cahiers détachés les Observations qui regardent chaque Chant en particulier. »

Il est donc intéressant de joindre cette publication à l'original de 1728, en faisant relier le tout suivant les indications de l'éditeur.

Prix : Catal. Fontaine (1875), rel. en basane, 70 fr. — Vente Em. Martin (1877), rel. en veau fauve, 23 fr. — Répertoire Morgand et Fatout (1878), demi-reliure, 50 fr.

HISTOIRE DE CHARLES XII.

ROI DE SUEDE.

Par Mr. DE V***.

TOME PREMIER.

A BASLE,
Chez Christophe Revis.

MDCCXXXI.

Par Voltaire.

2 volumes in-12, ainsi composés :

Tome premier. iv pages préliminaires, contenant le titre, dont le verso est blanc; un *Argument* du premier livre, au verso d'un feuillet dont le recto est blanc, — 355 pages chiffrées, 1 page blanche au verso de la dernière, et enfin 1 page pour les *fautes à corriger*, avec verso blanc.

Tome second. 2 feuillets non chiffrés, contenant le titre, dont le verso est blanc, ainsi que le recto du second feuillet, et l'*Argument du livre cinquième;* — 363 pages chiffrées, 1 page blanche au verso de la dernière et enfin 1 page sur le recto suivant, pour les fautes à corriger. (Bibl. nat. Coll. Volt. Beuchot, 341.)

Le feuillet qui contient les *fautes à corriger,* à la fin de chaque volume, a été ajouté après coup et ne compte pas dans le dernier cahier. Celui du tome II est même tiré sur papier dont les pontuseaux sont en sens inverse de ceux des derniers feuillets. C'est pourquoi ces deux feuillets peuvent manquer quelquefois. Ainsi on ne les trouve pas dans l'exemplaire de la Bibl. nat. (M. 1708, 2 A 1-2[1]), lequel exemplaire est, à part cela, en tout semblable à celui que nous venons de signaler dans la collection Beuchot. L'un et l'autre sont pourtant dans une reliure en veau, faite à l'époque de la publication du livre.

Édition originale. Quoique portant la rubrique de Bâle, elle fut imprimée à Rouen, chez Jore, sous la direction même de Voltaire. De même que pour *La Ligue,* il ne put obtenir la permission de publier ce livre et dut le faire paraître clandestinement.

Voltaire avait terminé son *Histoire de Charles XII* pendant un séjour de plusieurs mois qu'il fit à Rouen, chez le libraire Jore. Cet ouvrage est d'un tel intérêt, la narration en est si simple et si rapide, le style si coloré et si attachant, qu'on le lut pendant longtemps comme une œuvre romanesque. D'ailleurs la vie de ce jeune roi, gouvernant à peu près sans conseil, à dix-huit ans à peine, obligé, dès le début, de faire la guerre à trois souverains, remportant de suite une série de victoires presque invraisemblables ; les luttes qu'il ne cessa de soutenir et de provoquer, plutôt pour sa propre gloire que pour son intérêt et pour l'agrandissement de son pays, ses aventures à travers l'Europe et jusqu'à sa mort violente, arrivée au milieu des préparatifs d'un siège, sans qu'on ait jamais pu affirmer si la balle qui l'avait frappé était celle d'un assassin ou celle d'un assiégé, tout cela raconté par Voltaire paraît tenir autant de la fiction que de la réalité. Le génie du poète de *La Henriade* se retrouve dans les principaux passages de cette prose élégante et chaude, qui semble être aussi bien un poème héroïque qu'une belle page d'histoire.

Prix : Vente Guy-Pellion (1882), mar. r. par Duru, 70 fr.

Par VOLTAIRE.

Petit in-8°, composé de : 4 feuillets préliminaires, le premier blanc, les autres contenant le titre, dont le verso est blanc, le *Privilége,* dont la dernière page contient seulement 9 lignes au recto, le verso ne contenant que le mot *Zayre,* au bas, à droite, en réclame; — 95 pages chiffrées, pour le texte de la pièce, y compris le faux-titre, au verso duquel est la liste des *Personnages ;* — 1 page pour l'*Approbation;* — enfin 1 page pour les *Fautes à corriger dans la tragédie de Zayre.* Le dernier feuillet contenant ces fautes ne fait pas partie du cahier. Il fut ajouté après coup. Il est néanmoins indispensable.

Le Privilège, accordé « au Sieur *****,... pour *Zaïre Tragedie* », est daté du 20 novembre 1732. L'*Approbation,* signée DE MONGRIF (Paradis de Moncrif), est datée du 18 du même mois.

ZAYRE, TRAGEDIE.

REPRESENTE'E A PARIS Aux mois d'Aouft, Novembre & Décembre 1732.

Imprimée à Rouen
Chez JORE Pere & Fils,
Et se vend
A PARIS,
Chez JEAN-BAPTISTE BAUCHE, à la defcente du Pont-neuf, proche les Auguftins, à Saint Jean-Baptifte dans le defert.

M DCC XXXIII.
AVEC PRIVILEGE DU ROY.

(BIBL. NAT. Coll. Volt. Beuchot, 889.)

Il existe, sous la même date et avec le même nom d'imprimeur, une autre édition, moins soignée, disposée différemment, ne contenant que 91 pages chiffrées, non compris le titre, et qui est évidemment postérieure à celle que nous venons de décrire, car on n'y retrouve plus d'*Errata.* Les fautes signalées à la fin de la première ont été corrigées dans celle-ci.

PRIX : Exemplaires rel. en veau, 15 à 20 fr.

VIE
DE
MOLIERE,
AVEC
DES JUGEMENS
SUR
SES OUVRAGES.

A PARIS,
Chez PRAULT Fils, Quay de Conty,
à la descente du Pont-neuf,
à la Charité.

MDCCXXXIX.
Avec Approbation & Privilege du Roi.

Par VOLTAIRE.

In-12, composé de : 2 feuillets préliminaires non chiffrés, comprenant le faux-titre, avec verso blanc, et le titre, dont le verso est également blanc; — 120 pages chiffrées, pour le texte, et 4 pages non chiffrées, pour le *Privilége,* précédé de l'*Approbation.* La dernière page non chiffrée contient seulement six lignes, pour l'enregistrement de la Chambre Royale des Libraires, et la signature.

L'Approbation, signée FONTENELLE, est datée du 29 février 1739. Le Privilège, accordé à Laurent-François Prault, pour différents ouvrages et pour celui-ci, est daté du 9 juin suivant. (BIBL. NAT. Ln^{27}. 14358.)

Première édition de cette intéressante mais peu importante étude sur Molière, faite par Voltaire, pour être mise en tête de l'édition de luxe publiée la même année, chez Prault, en 6 volumes in-4°, avec gravures d'après les dessins de Boucher. La notice biographique est courte, et chaque pièce de Molière y est ensuite analysée et critiquée dans un chapitre séparé. Cette notice ne parut pas en tête des OEuvres de Molière. On lui préféra une étude faite par un nommé La Serre.

PRIX : Un bon ex. rel. en veau se vend 20 à 25 fr.

LA MÉROPE FRANÇAISE,

AVEC
QUELQUES PETITES PIECES
DE LITTER·ATURE.

Hoc legue austeri, crimen amoris abest.

A PARIS,

Chez PRAULT Fils, Libraire, Quai de Conty, vis-à-vis la descente du Pont-Neuf, à la Charité.

M. DCC. XLIV.

Avec Approbation & Privilege du Roy.

Par VOLTAIRE.

In-8°, composé de : 2 feuillets préliminaires non chiffrés, comprenant titre, dont le verso est blanc, l'*Avis au lecteur,* suivi des *Errata;*

xxiv pages chiffrées, contenant la lettre « à Monsieur le marquis Scipion Maffei », l'*Approbation,* au bas de laquelle on lit : *De l'imprimerie de Joseph Saugrain, 1744;* 1 feuillet non chiffré, pour le faux-titre, au verso duquel est la liste des *Acteurs;* — enfin, 115 pages chiffrées, contenant le texte de la pièce, une *Lettre sur l'Esprit* et de *Nouvelles considérations sur l'Histoire.* Le texte de *Mérope* se termine à la page 92. (BIBL. NAT. Y. Th. 11677.)

On trouve dans quelques exemplaires, à la fin, avec une pagination spéciale : *Lettre à M. Norberg...* Londres, 1744, plaquette de 16 pages.

Cette pièce de Voltaire obtint un succès considérable, lorsqu'elle parut au théâtre, pour la première fois, le 20 février 1743. On lit, en effet, dans le *Journal de Barbier,* éd. Charpentier, tome VIII, page 232 : « Le succès de la *Mérope* a été des plus éclatants qu'il y ait jamais eus. Le parterre a non seulement applaudi à tout rompre, mais même a demandé mille fois que Voltaire parût sur le théâtre, pour lui marquer sa joie et son contentement. Mesdames de Boufflers et de Luxembourg ont fait tout ce qu'elles ont pu pour engager ce poète à satisfaire l'empressement du public, mais il s'est retiré de leur loge avec un air soumis, après avoir baisé la main de Madame de Luxembourg. »

On trouve dans une lettre que le P. Tournemine, jésuite, adressait au P. Brumoy, l'auteur de la traduction très appréciée du *Théâtre des Grecs,* les éloges les plus enthousiastes de la *Mérope* de Voltaire. Voici quelques passages de cette lettre : « Vous, mon Père, qui avez donné en français Euripide, tel qu'il charmait la Grèce, avez reconnu, dans la *Mérope* de notre illustre ami, la simplicité, le naturel, le pathétique d'Euripide. Voltaire a conservé la simplicité du sujet : il l'a débarrassé non seulement d'épisodes superflus, mais encore de scènes inutiles... Le cinquième acte égale ou surpasse le peu de cinquièmes actes excellents qu'on a vus sur le théâtre. »

Il existe au moins trois autres éditions sous la même date, dont deux portant le nom de Prault. Mais il n'y a pas lieu de se méprendre sur la priorité de celle que nous avons décrite. D'ailleurs, aucune des autres ne répond à notre description.

PRIX : Vente Lessore (1882), ex. cartonné, rogné, indiqué comme étant en grand papier, 18 fr.

ZADIG

O U

LA DESTINÉE.

HISTOIRE ORIENTALE.

M. DCC. XL. VIII.

Par VOLTAIRE.

Petit in-12, composé de : 6 feuillets préliminaires, le premier blanc, les autres contenant le faux-titre avec verso blanc, le titre (reproduit ci-dessus), dont le verso est aussi blanc, une *Epître dédicatoire à la sultane Shéraa, par Sadi,* une *Approbation* (parodie ironique faite évidemment par l'auteur) et la *Table des Matières;* — 178 pages chiffrées, pour le texte du roman, plus 1 feuillet blanc, pour compléter le dernier cahier signé P.

Les premiers feuillets, contenant le faux-titre, le titre et l'*Epître*, sont paginés jusqu'à VIII. Celui qui contient l'*Approbation* et la *Table* n'est pas chiffré. (BIBL. NAT. Coll. Volt. Beuchot, 886, et Y². Réserve.)

Cette première édition a dû être imprimée en France. On n'y trouve de réclame qu'à la fin des cahiers et non à toutes les pages, ce qui avait lieu dans les livres imprimés à l'étranger.

PRIX : Vente Lessore (1882), mar. r. par Reymann, 26 fr.

LE SIECLE DE LOUIS XIV.

PUBLIÉ

Par M. DE FRANCHEVILLE *conseiller aulique de sa Majesté, & membre de l'académie roiale des sciences & belles lettres de prusse.*

TOME PREMIER.

A BERLIN.
Chez C. F. Henning, Imprimeur du Roi.

M. DCC. LI.

Par Voltaire.

2 volumes in-12, ainsi composés :

Tome premier. 8 feuillets préliminaires non chiffrés, le premier blanc, les autres comprenant le faux-titre, dont le verso est blanc, le titre, dont le verso est également blanc, la *Préface de l'éditeur*, la *Table des chapitres* ; — 488 pages chiffrées, pour le texte, plus une page (avec verso blanc) pour les *Errata du premier volume*.

Tome second. 2 feuillets préliminaires non chiffrés, le premier blanc et le second contenant le titre avec verso blanc ; — 466 pages chiffrées, pour le texte (qui s'arrête à la page 438), et pour la *Table des matières*, qui occupe les pages 439 à 466 ; — enfin 2 pages non chiffrées contenant les *Errata pour le premier volume*, et ensuite *pour le second volume*.

Les fautes corrigées dans ces *Errata* contiennent celles qui figurent déjà à la fin du 1er volume, mais on en indique en outre un certain nombre d'autres. (Bibl. Nat. Lb.^{37}.-84, et coll. Volt. Beuchot, 814.)

Édition originale d'un des meilleurs ouvrages de Voltaire. Elle fut publiée sous le nom de M. de Francheville (Dufresne de Francheville), son ami, lequel habitait Berlin, où il avait été appelé depuis plusieurs années par le grand Frédéric. M. de Francheville s'était chargé de publier l'édition et permit à Voltaire de la faire paraître sous son nom, pour éviter à ce dernier les désagréments qui ne manquaient pas de lui survenir en France à l'apparition de chacun de ses livres importants.

Prix : Vente Lessore (1882), bel ex. broché, non rogné, 116 fr. — Catal. Durel (1887), ex. cartonné, rogné, 50 fr.

Par Voltaire.

In-12, composé de : 2 feuillets préliminaires, savoir un feuillet blanc et le titre (reproduit ci-dessus), dont le verso est blanc ; — 92 pages chiffrées, pour le texte de l'ouvrage. (Bibl. nat. Coll. Volt. Beuchot. Z. 561 ; et aussi Y².)

Le titre est entièrement gravé. Quoiqu'il ne porte pas de date, on sait que ce volume parut en 1752. Le titre fut tiré à part sur un feuillet de papier plus fort.

Nous avons trouvé dans un des exemplaires de la Bibliothèque nationale, coté Y² (Réserve), lequel est broché et recouvert encore de son papier jaune original, deux feuillets en double, paginés 69-70, et 83-84. Le texte de ces feuillets, qui sont des *cartons* destinés à remplacer les feuillets primitifs au moment de la reliure, présente les modifications suivantes : Page 70, on lisait d'abord « ..... Ils conclurent que ce qu'ils voyoient étoit en effet *un beau jeune*... de cent vingt mille pieds de Roy. » Dans le texte cartonné on lit : « ... *un beau jeune homme* de cent vingt mille pieds de Roy. » —Page 83, texte primitif : « ... *Il cita le passage*. Je n'entends pas trop bien le Grec, dit le Géant. Ni moi non plus, dit le mite philosophique. » Et dans le texte cartonné : « ... Il *voulut citer* le passage; *ce n'est pas la peine,* dit le Géant, je n'entends pas trop bien le Grec. Ni moi non plus, dit *la* mite philosophique. »

Prix : Vente Lessore (1882); mar. vert par Cuzin, 60 fr.

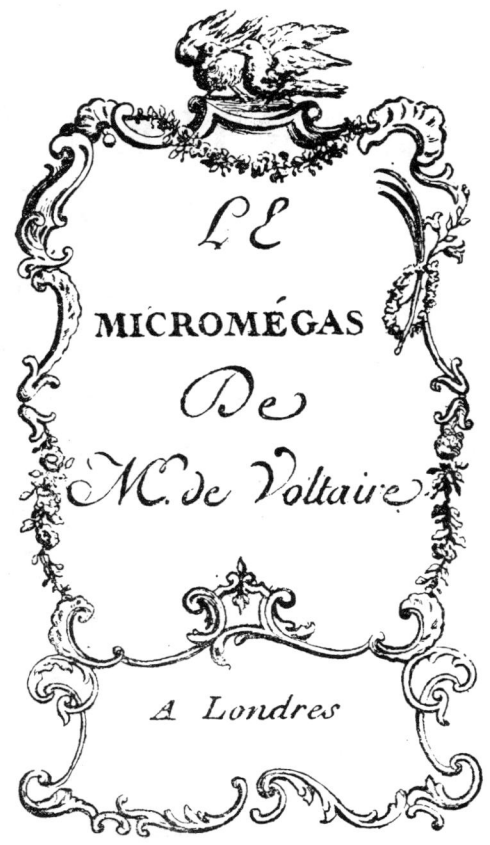

LA PUCELLE D'ORLEANS POËME.

DIVISÉ EN QUINZE LIVRES.

PAR Monsieur de V***

LOUVAIN,
M DCC LV.

Par Voltaire.

Petit in-8°, composé de : 2 feuillets préliminaires non chiffrés, comprenant le titre, dont le verso est blanc, et la *Préface* ; — 161 pages chiffrées, pour le texte du poëme. (Bibl. nat. Y. 5454. Fa. Réserve.)

Édition considérée généralement comme originale du trop célèbre poème de Voltaire. M. Bengesco, dans son important et consciencieux ouvrage, *Voltaire, Bibliographie de ses œuvres*, donne à ce sujet des renseignements a un grand intérêt, tirés de la correspondance de Voltaire, de celle de madame du Châtelet, etc... Tous ces renseignements seraient à citer ici, mais notre cadre ne nous le permettant pas, nous renvoyons les bibliophiles à l'ouvrage de M. Bengesco.

Voici deux lignes seulement qui servent à appuyer l'opinion de ceux qui considèrent l'édition décrite ici comme la première. Voltaire écrivait dans sa lettre à l'Académie française à propos de *la Pucelle* : « Ce poème a été d'abord imprimé à Francfort, quoiqu'il soit annoncé de Louvain. » L'édition ou plutôt l'une des deux éditions de *Louvain*, 1755 (les premières en date), est donc à peu près certainement l'originale.

Mais il existe sous cette rubrique deux éditions presque identiques. Il est difficile d'accorder la priorité à l'une ou à l'autre. Nous les considérons comme d'égal intérêt et de même valeur. Cependant comme l'une est de format petit in-8°, l'autre de format in-12, quoique la justification soit presque la même et que la taille soit à peu près semblable, nous croyons que l'édition in-8°, celle dont les mots : PAR MONSIEUR DE V***, sont *entre quatre lignes* horizontales sur le titre reproduit ci-dessus, doit avoir précédé l'autre. Car à cette époque, comme de tout temps, on avait en général l'habitude de réduire le texte et le format pour les réimpressions qui suivaient de près les éditions originales. Dans l'autre édition de 1755, les mots du titre : PAR MONSIEUR DE V*** sont placés entre deux filets horizontaux, l'un au-dessus, l'autre au-dessous, au lieu de quatre, comme ici.

L'une et l'autre de ces éditions se terminent à moitié de la page 161, par trois lignes de points..... suivis de ces mots : *cœtera desunt*.

Ces éditions furent désavouées par Voltaire. Elles avaient été publiées, en effet, sans son autorisation, par La Beaumelle et Maubert, capucin, d'après une des copies manuscrites qui avaient été faites tant bien que mal sur l'original de Voltaire. Toutefois les éditeurs y avaient, paraît-il, ajouté des vers que l'on n'avait jamais rencontrés dans aucune de ces copies. Quelques années après, Voltaire se décida à donner lui-même une édition toute différente de son poème, en vingt chants. C'est cette édition parue en 1762, in-8°, qui a fixé le texte des éditions postérieures.

PRIX de l'édition de 1755 : Vente Solar (1860), veau fauve, 17 fr. 50. — Vente Potier (1870), bel ex. relié sur brochure par Trautz, 165 fr. — Catal. Fontaine (1875), rel. en veau, 50 fr. — Répertoire Morgand et Fatout (1878), ex. broché, 30 fr. ; — et un autre rel. en basane, 20 fr. — Vente Lessore (1882), mar. r. par Reymann, 30 fr.

CANDIDE,

OU

L'OPTIMISME,

TRADUIT DE L'ALLEMAND

DE

MR. LE DOCTEUR RALPH.

MDCCLIX

Par Voltaire.

In-12, composé de 299 pages chiffrées, en totalité, y compris le titre, dont le verso est blanc, et à la fin la *Table des chapitres*, qui occupe les pages 295 à 299.

Les feuillets du dernier cahier N, sont signés en bas N à N 4. Les chiffres de pagination du commencement de la *Table* (page 295) sont placés au milieu, entre deux parenthèses et deux petites rosaces, au lieu d'être placés à l'angle comme aux autres pages. (BIBL. NAT. Y² 751, c.)

Cette édition a dû être imprimée à Genève, par les Cramer. On trouve d'ailleurs ici les signes caractéristiques des impressions étrangères à la France : il existe des réclames au bas de toutes les pages.

On trouve plusieurs éditions de *Candide* sous la date de 1759. M. Bengesco en décrit huit et il accorde la priorité à celle que nous venons de décrire.

Deux de ces éditions se rapprochant plus particulièrement de la première, contiennent le même nombre de pages et sont disposées presque entièrement de la même façon, savoir :

L'une, décrite par M. Bengesco, d'après un exemplaire de sa collection, est imprimée page pour page et ligne pour ligne sur l'originale, excepté aux pages 3 et *295* à *299*. Le fleuron de fin de chapitre de la page 86 (un buste entouré d'une guirlande de fleurs) est répété à la page 228. — Le fleuron de fin de chapitre de la page 134 (un vase de fleurs sur une console) est répété page 193. Cette édition, sous le rapport typographique, est plus soignée et plus belle que l'édition *princeps*. La dernière signature du bas des feuillets est N 3 au lieu de N 4 comme dans la première. « Les caractères et le papier sont plus forts, » ajoute M. Bengesco, qui considère cette édition comme imprimée à Londres. Le fleuron du titre est aussi différent de celui qui se trouve reproduit ici. Il se compose de deux E entrelacés surmontés d'une couronne et il se trouve répété aux pages 34 et 279.

L'autre, que nous avons eu sous les yeux en même temps que l'originale, est imprimée partout page pour page et ligne pour ligne sur cette originale, mais elle en diffère en ce que les feuilles ou cahiers F et G (pages 121 à 168), sont imprimés en plus gros caractères, et d'une plus grande justification. La dernière signature du bas est N 3, au lieu de N 4. Les fleurons sont différents de ceux des deux autres. Celui de la page 86, contenant les initiales *n. c.* est répété à la page 266. Celui de la page 115, dans lequel se trouvent aussi les lettres *n. c.* est répété aux pages 179 et 193. Celui de la page 213, contenant les initiales *N. C.* est répété aux pages 244 et 279. Celui de la page 134 représente une petite corbeille de fruits et celui de la page 228, deux cornes d'abondance entrelacées et encadrées d'ornements. Page 127, à la 17ᵉ ligne de l'impression en gros caractères, le mot *arrivés* est écrit *arrités*. Cette faute n'existe pas dans la première édition. — A la page 88, ligne 11ᵉ, le mot *Chapellle* est ainsi écrit avec trois *l;* il est correct dans l'originale. La page 277, bien cotée dans la première, est cotée 177 dans l'autre. (BIBL. NAT. Y. 751. B. et coll. Volt. Beuchot, 130.)

M. Bengesco croit que cette dernière a été imprimée à Paris. On ne peut fournir aucun document pour ou contre cette opinion ; cependant la présence de réclames au bas de toutes les pages nous fait supposer qu'elle est plutôt d'impression étrangère. Certains bibliophiles la considèrent comme l'originale donnée par Voltaire, à cause des différences typographiques que présente le texte, se basant sur ce que Voltaire a écrit qu'il était obligé, pour certains de ses ouvrages, de faire imprimer des feuilles dans une ville et d'autres feuilles dans une autre, pour dérouter la police.

D'autres ont accordé la priorité à une édition de texte plus compact, ne contenant que 237 pages y compris le titre, plus trois pages non chiffrées à la fin, pour la *Table des chapitres*, dont on trouve (à la BIBL. NAT. Y² 751. A. Réserve) un exemplaire annoté par Jamet, portant à la fin la date du *27 mars 1759*, écrite de sa main.

Nous ne croyons pas que cette édition ait paru la première, car il est à peu près prouvé que Voltaire a fait imprimer son *Candide* d'abord à Genève et la présente édition présente tous les caractères d'une impression française et même parisienne. M. Bengesco y retrouve les fleurons employés dans d'autres livres par l'imprimeur Lambert. Ensuite le texte est plus resserré que dans les autres et il est admis en principe, d'après de sérieuses observations, que dans les réimpressions on avait l'habitude de resserrer le texte. Cette édition est d'ailleurs plus jolie que les autres et on ne doit pas la dédaigner.

Dans ce curieux roman philosophique, Voltaire a critiqué avec tant de verve et d'esprit l'optimisme, qui avait été d'abord une de ses croyances, il a su y mêler si agréablement des traits d'imagination et des plaisanteries romanesques à des réflexions sérieuses, que le livre est un chef-d'œuvre du genre.

PRIX : Toutes les éditions signalées ci-dessus ont à peu près la même valeur : elles se vendent de 25 à 50 fr., suivant l'état des exemplaires, non compris le coût de la reliure. — Vente Potier (1870), mar. v. par Chambolle, 95 fr. — Catal. Fontaine (1879), mar. r. par Thibaron, 80 fr.

En 1761, parut une suite à *Candide*, avec la mention de SECONDE PARTIE. Cette suite n'étant pas de Voltaire, nous n'avons pas à nous en occuper ici, quoiqu'elle ait été souvent réimprimée à la suite de *Candide*.

Par Voltaire.

In-8°, composé de : 12 pages préliminaires chiffrées, comprenant le faux-titre dont le verso est blanc, le titre dont le verso est également blanc, l'épître dédicatoire en prose « à Mme la marquise de Pompadour », non signée ; — 80 pages chiffrées pour le texte de la pièce, en y comprenant le faux-titre, au verso duquel se trouve la liste des *Acteurs*.

On voit au commencement, entre le faux-titre et le titre, un portrait de Voltaire gravé assez mal d'après La Tour, et deux gravures de P.-F. Tardieu, d'après L. R., placées dans l'acte 3e, à la page 49, et dans l'acte 5e, à la page 79.

Dans une lettre à Mlle Clairon, du 7 auguste (août) 1761, Voltaire désavoue cette édition. Il en donna lui-même une, à Genève, chez les frères Cramer, ses éditeurs. Mais celle que nous décrivons est la première qui ait paru.

Prix : Vente de Béhague (1880), mar. r. par Belz-Niedrée, 56 fr — Vente Bancel (1882), mar. r. par Thibaron-Joly, 66 fr.

TANCREDE,
TRAGÉDIE,
EN VERS CROISÉS,
ET EN CINQ ACTES;
Repréſentée par les Comédiens Français ordinaires du Roi, le 3 Septembre 1760.

A PARIS,
Chez PRAULT, petit-fils, Libraire, Quai des Auguſtins, la deuxieme Boutique au-deſſus de la rue Gilles-Cœur, à l'Immortalité.

M. DCC. LXI
AVEC PRIVILÉGE DU ROI.

DICTIONNAIRE
PHILOSOPHIQUE,
PORTATIF.

LONDRES.

MDCCLXIV.

Par Voltaire.

In-8°, composé de : viij pages préliminaires, comprenant le faux-titre, dont le verso est blanc, le titre, dont le verso est également blanc, et la *Table des Articles*...; — 344 pages chiffrées, pour le texte de l'ouvrage. (Bibl. nat. D 2. 2859 + e. Réserve.)

Bien que ce volume porte la rubrique *Londres*, il fut imprimé à **Genève** chez les Cramer.

Première édition de cet ouvrage hardi autant que séduisant, empreint d'un scepticisme tel qu'il souleva de vives protestations et malgré cela eut une influence considérable sur l'esprit religieux, dès son apparition. Voltaire commença par le désavouer, comme c'était d'ailleurs son habitude pour plusieurs de ses livres. Il ne lui donna pas moins des développements importants dans les différentes éditions qui suivirent; si bien que dans les œuvres de Voltaire publiées par les soins de Beaumarchais de 1784 à 1789, l'ouvrage n'occupe pas moins de 9 gros volumes. Il est vrai que dans cette superbe édition, imprimée à Kehl, l'éditeur annonçait « qu'il avait réuni sous le titre de *Dictionnaire philosophique*, les *Questions sur l'Encyclopédie*, le *Dictionnaire philosophique*, réimprimé sous le titre de *La Raison par alphabet*, un dictionnaire manuscrit intitulé *L'Opinion en alphabet*, les articles de Voltaire insérés dans l'*Encyclopédie*; enfin plusieurs articles destinés pour le *Dictionnaire de l'Académie française*... et un grand nombre de morceaux peu étendus, qu'il eût été difficile de classer dans quelqu'une des divisions de cette collection. » L'éditeur déclarait aussi que cette manière de procéder ayant pu donner lieu à quelques répétitions, il avait tâché de les éviter, autant qu'il était possible de le faire, sans altérer ou mutiler le texte.

Le volume unique que nous décrivons ici n'a pas de plus grand mérite que d'offrir la première idée du fameux *Portatif*, comme on l'appela jusqu'au moment où, l'accumulation des documents l'ayant considérablement grossi, cette appellation ne fut plus justifiée. Il serait intéressant de posséder les différentes éditions qui parurent jusqu'à la mort de Voltaire, afin d'étudier les nombreuses phases que ce livre eut à parcourir avant de devenir cette sorte d'encyclopédie philosophique et critique que l'on connaît. (Consulter, pour se rendre compte de cette progression, l'ouvrage intéressant de M. Bengesco, *Voltaire, Bibliographie de ses œuvres*, pages 412 et suivantes.)

Prix de la première édition du *Dictionnaire philosophique*, 10 à **15** fr. à peine, à moins que l'exemplaire ne soit relié en maroquin par un bon relieur de l'époque; dans ce cas il peut atteindre 60 à 100 fr.

LA PHILOSOPHIE DE L'HISTOIRE.

Par feu l'Abbé BAZIN.

A AMSTERDAM,
Chez CHANGUION.

MDCCLXV.

Par Voltaire.

In-8° composé de : 6 feuillets préliminaires non chiffrés, comprenant le faux-titre avec verso blanc, le titre avec verso également blanc, une dédicace d'une page « *A très haute et très auguste Princesse Catherine seconde, Impératrice de toutes les Russies...* (verso blanc), la *Table des chapitres,* et les *Errata* (verso blanc); 336 pages chiffrées pour le texte.

On trouve à la suite un opuscule intitulé : *La Défense de mon Oncle,* formant en tout 108 pages chiffrées, y compris au commencement le faux-titre avec verso blanc, et à la fin la *Table des chapitres.* (BIBL. NAT. Y². 552. E. Recueil.)

Quoique le titre de ce volume porte la rubrique *Amsterdam,* il dut être imprimé à Genève, par les frères Cramer. L'impression ressemble à celle du *Dictionnaire philosophique portatif,* décrit ici à la page précédente.

PRIX d'un exemplaire ordinaire en bon état, relié en veau, 10 à 15 fr.

Par VOLTAIRE.

In-8°, composé de : 4 feuillets préliminaires, comprenant le faux-titre, dont le verso est blanc, le titre, dont le verso est également blanc, la *Table des chapitres*, et les *Errata;* — 240 pages chiffrées, pour le texte du roman.

A toutes les pages le texte est entouré de l'encadrement qu'on voit ici sur le titre. (BIBL. NAT. Y². 552 E. Recueil Réserve.)

Cette édition, bien que portant la rubrique *Utrecht*, fut imprimée à Genève, par les Cramer, selon M. Bengesco. Les autres, qui portent la même date, sont postérieures, car on y trouve corrigées les fautes indiquées dans les *Errata* de celle-ci. Quelques-unes de ces dernières ont pour titre : *Le Huron ou l'Ingénu*... Aucune d'ailleurs ne répond à notre description, et dans toutes le nombre de pages est plus restreint que dans la première.

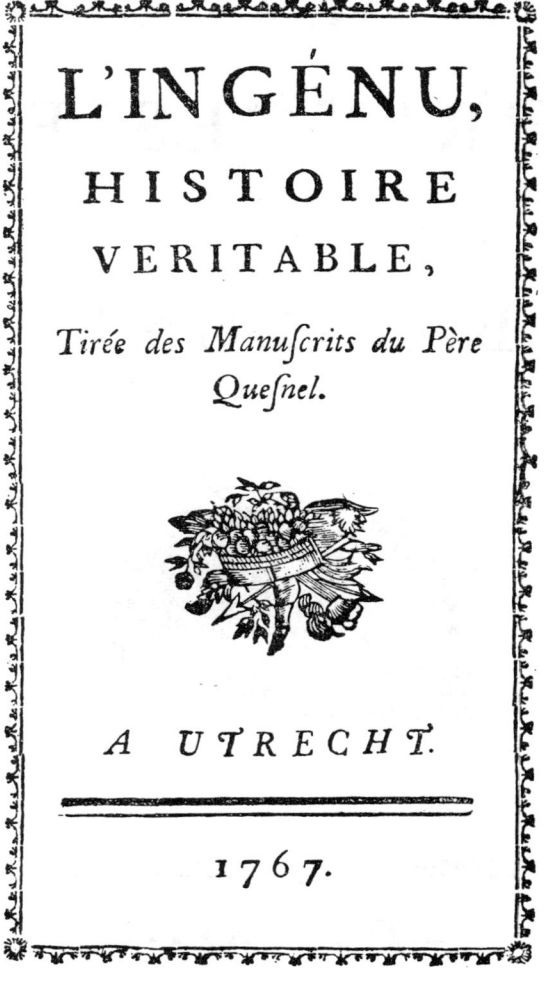

PRIX : Vente Potier (1870), bel exemplaire relié sur brochure, en mar. vert par Chambolle, 95 fr.

LA PRINCESSE DE BABILONE.

MDCCLXVIII.

Par Voltaire.

In-8°, composé de : 2 feuillets préliminaires non chiffrés, savoir : le faux-titre, avec verso blanc, et le titre, dont le verso est aussi blanc; — 182 pages chiffrées, pour le texte du roman.

Cette première édition doit avoir été imprimée à Genève, par les Cramer. Cependant on n'y voit des réclames qu'à la fin de chaque cahier, au lieu de la fin de chaque page, comme cela arrive dans les impressions étrangères.

Quoiqu'il existe plusieurs éditions sous la date de 1768, celle-ci est considérée comme la première, d'abord parce qu'elle est plus correcte que les autres, ensuite parce que le nombre de pages est plus considérable, et qu'on avait l'habitude de réduire le texte dans les réimpressions. (Bibl. Nat. Coll. Volt. Beuchot, 695 et 696, et Y². 552 e.)

Prix : Répertoire Morgand et Fatout (1878), ex. derelié, 10 fr. — Un bon ex. rel. en veau se vendait de 20 à 25 fr.

L'HOMME AUX QUARANTE ÉCUS.

Par Voltaire.

In-8°, composé de : 2 feuillets préliminaires non chiffrés, comprenant le faux-titre, dont le verso est blanc, et le titre, dont le verso est également blanc; — 120 pages chiffrées, pour le texte (se terminant à la page 118), la *Table* et les *Errata*. (Bibl. nat. Z. Beuchot, 375, et Y 2. 552. E.)

Cette première édition doit avoir été imprimée à Genève, par les Cramer. Pourtant on n'y voit pas des réclames à toutes les pages, comme dans les impressions étrangères, mais seulement à la fin de chaque cahier ou feuille, comme dans les éditions françaises.

Les deux exemplaires que nous venons de signaler comme existant à la Bibliothèque nationale sont identiques comme aspect, mais un peu différents, en ce sens que, dans le second, les fautes indiquées par l'*Erratum* sont corrigées.

Il faut donc distinguer, sinon deux éditions, au moins deux tirages de la même édition. M. Bengesco considère l'exemplaire dans lequel les fautes ont été corrigées, quoique l'*Erratum* ait été conservé (coté Y 2. 552. E), comme étant d'une réimpression. La première édition serait celle dont le texte contient les fautes indiquées dans les *Errata*.

1768.

Prix : Vente Potier (1870), bel ex. rel. sur brochure, en mar. v. par Chambolle, 95 fr.

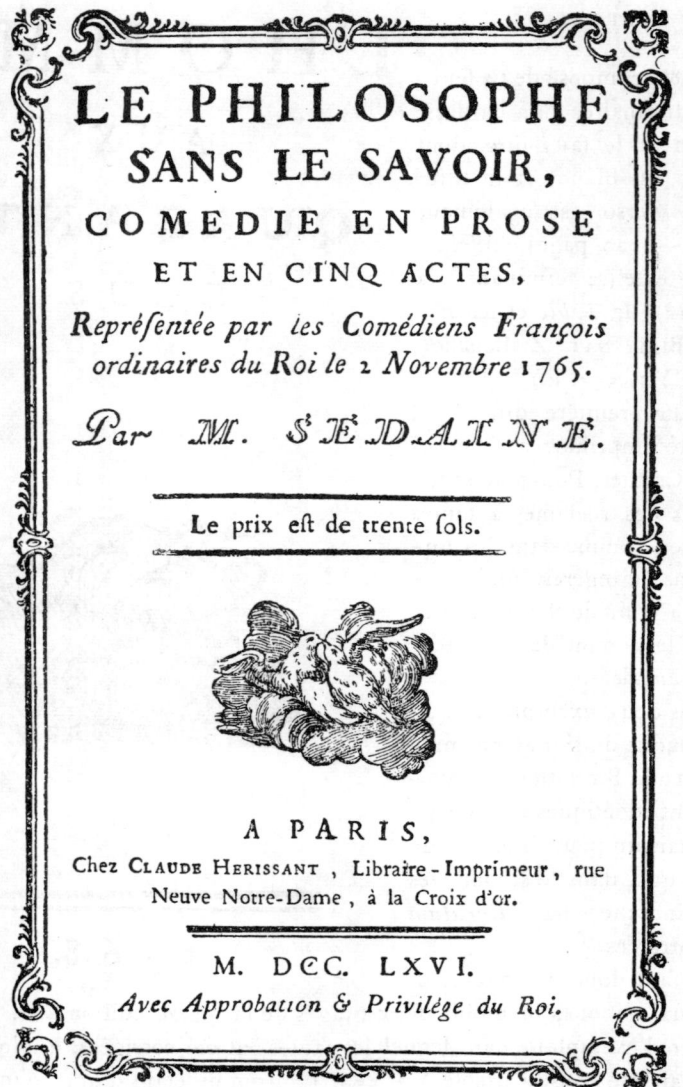

LE PHILOSOPHE
SANS LE SAVOIR,
COMEDIE EN PROSE
ET EN CINQ ACTES,

Repréſentée par les Comédiens François ordinaires du Roi le 2 Novembre 1765.

Par M. SEDAINE.

Le prix eſt de trente ſols.

A PARIS,
Chez CLAUDE HERISSANT, Libraire-Imprimeur, rue Neuve Notre-Dame, à la Croix d'or.

M. DCC. LXVI.
Avec Approbation & Privilége du Roi.

In-8°, composé de : 2 feuillets préliminaires, contenant le titre reproduit ci-dessus, dont le verso est blanc, les *Noms des Personnages* et ceux *des Acteurs*, et les *Errata*; — 95 pages chiffrées, pour le texte de la pièce, suivi de l'*Approbation*; — enfin, 26 pages chiffrées, d'une nouvelle pagination, contenant les scènes primitives, supprimées aux représentations. (BIBL. NAT. Y. Th. 14125.)

L'*Approbation*, placée à la fin de la page 95, est datée du 20 février 1766. On lit à la suite : « Le Privilège est à la Pièce intitulée : *Le Roi et le Fermier.* » (Nous n'avons pas cru devoir donner ici cet opéra comique.)

PRIX d'un ex. en bon état, relié en veau, 20 à 30 fr.

In-8°, composé de : 2 feuillets préliminaires, comprenant le titre, dont le verso est blanc, l'*Avertissement* et la liste des *Personnages* avec les noms des *Acteurs* de la création ; — 82 pages chiffrées, pour le texte de la pièce ; — plus 1 page non chiffrée, pour le *Privilége*.

La dernière page, cotée 82, ne contient que 3 lignes du texte, suivies du mot FIN. Ensuite vient l'*Approbation*, et une note des *Pièces de Théâtre de M. Sedaine* termine la page. L'*Approbation* est datée du 10 janvier 1769.

Le *Privilége*, placé au recto du feuillet suivant, dont le verso est blanc, est accordé au libraire Claude Hérissant, pour cette comédie. Il est daté du 14 décembre 1768. (BIBL. NAT. Y. Th. 7743.)

LA GAGEURE
IMPREVUE,
COMEDIE,
EN PROSE, ET EN UN ACTE.

Représentée, pour la première fois à Paris, par les Comédiens François ordinaires du Roi, le Vendredi 27 Mai 1768.

Par M. SEDAINE.

Le prix est de trente sols brochée.

A PARIS,

Chez CLAUDE HERISSANT, Imprimeur-Libraire, rue Neuve Notre-Dame, à la Croix d'or.

M. DCC. LXVIII.
Avec Approbation & Permission.

PRIX d'un ex. en bon état, rel. en veau, 20 à 30 fr.

LETTRES

DE DEUX AMANS,

Habitans d'une petite Ville
au pied des Alpes.

RECUEILLIES ET PUBLIÉES

PAR J. J. ROUSSEAU.

PREMIERE PARTIE.

*Non la conobbe il mondo, mentre l'ebbe :
Conobbill' io ch' a pianger qui rimasi.*
Petrarc.

A AMSTERDAM,
Chez MARC MICHEL REY.
MDCCLXI.

6 volumes in-12, ainsi composés :

PREMIÈRE PARTIE. 8 feuillets préliminaires non chiffrés, comprenant le faux-titre, avec verso blanc, le titre (reproduit ci-dessus), imprimé en rouge et en noir, et dont le verso est blanc, la *Préface* et les *Fautes d'impression* (et une page blanche) ; — 4 pages chiffrées, pour les *Errata* des 6 volumes ; — 407 pages chiffrées, pour le texte du premier volume, et 1 page non chiffrée, contenant un *Catalogue des livres du fond de M. Rey, Libraire à Amsterdam*.

Le faux-titre, qui est le même pour tous les volumes, est ainsi libellé : JULIE, OU LA NOUVELLE HELOÏSE (avec la tomaison).

Ce volume contient deux figures d'après Gravelot, la première, à la page 87, gravée par N. Le Mire et datée de 1760 ; la seconde, à la page 343, gravée par J. Ouvrier.

SECONDE PARTIE. 2 feuillets préliminaires non chiffrés, comprenant le faux-titre, dont le verso est blanc, le titre, imprimé en noir et en rouge, avec verso blanc ; — 319 pages chiffrées, pour le texte, et 1 page non chiffrée, pour une *Suite* (n° II) *du Catalogue... de Rey*.

2 figures d'après Gravelot, l'une, à la page 79, gravée par L. Lempereur ; l'autre, à la page 294, gravée par A. de Saint-Aubin.

TROISIÈME PARTIE. 2 feuillets préliminaires, comprenant le faux-titre, avec verso blanc, le titre, noir et rouge, dont le verso est blanc ; — 255 pages chiffrées, pour le texte, et 6 pages non chiffrées, pour la *Suite* (n° III) *du Catalogue... de Rey*.

2 figures d'après Gravelot, la première, gravée par N. Le Mire, datée de 1760, à la page 76 (cette gravure est paginée par erreur 57 dans le premier tirage) ; la seconde, gravée par Aliamet, à la page 117.

QUATRIÈME PARTIE. 2 feuillets prélim., comprenant le faux-titre, avec verso blanc, et le titre, noir et rouge, avec verso blanc ; — 331 pages chiffrées, pour le texte. (Sans catalogue à la fin.)

2 figures d'après Gravelot, toutes deux gravées par J.-P. Choffard et datées de 1761 (à la pointe), pages 69 et 323.

CINQUIÈME PARTIE. 2 feuillets prélim., comprenant le faux-titre, avec verso blanc, et le titre, rouge et noir, avec verso blanc ; — 311 pages chiffrées, pour le texte, et 6 pages non chiffrées, pour le n° IV, *Suite du Catalogue... de Rey*.

2 figures d'après Gravelot, la première, gravée par Flipart, page 99 ; la seconde, gravée par J. Ouvrier, datée de 1761, page 256.

SIXIÈME PARTIE. 2 ff. prélim., savoir : le faux-titre, avec verso blanc, et le titre, imprimé en noir et en rouge, avec verso blanc; — 362 pages chiffrées, pour le texte.

2 figures d'après Gravelot, la première, gravée par N. Le Mire, à la page 19; la seconde, gravée par le même, mais signée *N. Mire*, à la page 288.

Les fleurons de titre des tomes I et VI sont les mêmes (avec les deux vers italiens de Pétrarque, qu'on voit dans le fleuron du titre reproduit ci-devant); ceux des autres volumes sont différents de ceux-là et semblables entre eux, sauf pour le quatrième.

Première édition de ce roman fameux, qui fut tant lu dès l'époque de son apparition, tant de fois réimprimé depuis et qui est si connu sous son simple titre : *La Nouvelle Héloïse*.

On doit trouver joints à cet ouvrage les deux opuscules suivants, qui, selon nous, en font rigoureusement partie :

6° PRÉFACE || DE LA || NOUVELLE HÉLOÏSE : || *ou entretien sur les romans,* || *entre l'éditeur* || *et un homme de lettres.* || *Par J. J. Rousseau, Citoyen* || *de Geneve.* || (Un fleuron.) || *A Paris, chez Duchesne, Libraire, rue* || *S. Jacques, au Temple du Goût.* || M. DCC. LXI. || *Avec approbation et Privilége du Roi.* || In-12, de IV pages prélim., pour le titre et l'*Avertissement;* — 91 pages chiffrées. La 91ᵉ est occupée par l'*Approbation,* datée du 10 février 1761, au bas de laquelle on lit : *Le Privilége se trouvera à la fin du Recueil d'Estampes de la Nouvelle Héloïse, que l'on mettra incessamment au jour.*

2° RECUEIL || D'ESTAMPES || POUR || LA NOUVELLE HÉLOÏSE, || avec les sujets des mêmes estampes, tels qu'ils || ont été donnés par l'Editeur. || (Fleuron.) || *A Paris, chez Duchesne,....* || M. DCC. LXI. || *Avec Approbation et Privilége du Roi.* || In-12 de 47 pages, en totalité. Les pages 44-46 sont occupées par l'*Approbation,* datée du 10 février 1761, et le Privilège, accordé à Duchesne, pour la *Préface* et le *Recueil d'estampes,*... à la date du 3 mars 1761. — La page 47 contient une *Faute à corriger dans la Nouvelle Préface.*

PRIX : Vente Solar (1860), ex. rel. en 3 vol. mar. v. aux armes de Le Clerc de Lesseville, 60 fr. — Vente Potier (1870), bel ex. rel. en 3 volumes, mar. r. par Chambolle-Duru, 250 fr. — Vente L. de M. (Lebeuf de Montgermont), 1876, mar. r. par Chambolle, 260 fr. — Répertoire Morgand et Fatout (1878), ex. ordinaire, rel. en 3 vol. en veau, 15 fr. — Catal. Rouquette (1886), bon ex. rel. en 6 vol. en veau, 60 fr.

4 volumes in-8°, ainsi composé (BIBL. NAT. R. 2992):

TOME PREMIER. — Faux-titre avec verso blanc et titre (imprimé en rouge et noir), avec verso blanc ; — viij pages chiffrées, pour une sorte de préface sans titre, commençant ainsi : *Ce Recueil de réflexions...*; — 2 pages non chiffrées, pour les *Explications des Figures*, au recto, et les *Fautes d'impression* (des tomes I et II), au verso ; — 466 pages chiffrées pour le texte ; — 4 pages non chiffrées pour le Privilège (en hollandais) ; — et 1 feuillet non chiffré, dont le recto seul est occupé par les *Fautes à corriger dans les deux derniers volumes*.

EMILE,
OU
DE L'ÉDUCATION.

Par J. J. ROUSSEAU, Citoyen de Genève.

Sanabilibus ægrotamus malis ; ipfaque nos in rectum natura genitos, fi emendari velimus, juvat.
Sen : de irâ. L. II. c. 13.

TOME PREMIER.

A LA HAYE,
Chez JEAN NÉAULME, Libraire.

M. DCC. LXII.
Avec Privilége de Noffeign. les Etats de Hollande & de Weftfrife.

Ce tome premier contient deux figures d'après Eisen, la première charmante, gravée par de Longueil, se rapportant à la page 37, mais placée ordinairement avant le titre (elle est sans légende en bas) ; la seconde, gravée par Louis Le Grand (avec la légende CHIRON, *Liv. II*), se rapportant à la page 382, et qu'on trouve presque toujours au commencement du Livre second.

Le Privilège hollandais, accordé à Jean Néaulme, est daté de La Haye, 10 mars 1762, et signé P. STEYN.

TOME SECOND. Faux-titre avec verso blanc, et titre en rouge et noir, avec verso blanc ; — 407 pages chiffrées. Le texte se termine à la page 360.

Les pages 361-407 contiennent une *Table des matières* pour les deux premiers volumes.

Ce tome IIe renferme une figure d'après Eisen, gravé par Le Grand, se rapportant à la page 76, et qu'on trouve ordinairement placée au commencement, avant le titre. (Elle porte la légende : HERMÈS, *Liv. III.*)

TOME TROISIÈME. Faux-titre, avec verso blanc, et titre (rouge et noir), avec verso blanc; — 384 pages chiffrées. Le texte se termine à la page 357 ; la page suivante est en blanc, de même que le feuillet qui suit et qui compte pour les pages 359-360. Les pages 361 à 384 sont occupées par une *Table des matières pour les deux derniers volumes*.

On trouve dans ce IIIe tome une figure d'après Eisen, gravée par de Longueil, placée ordinairement avant le titre, mais se rapportant à la page 128, avec la légende : ORPHÉE, *Liv. IV.*

TOME QUATRIÈME. Faux-titre, avec verso blanc, titre (rouge et noir) avec verso blanc; — 455 pages chiffrées, pour le texte, la dernière se terminant par le mot FIN.

On doit trouver dans ce tome IVe une figure d'après Eisen, gravée pa J.-J. Pasquier, avec la légende CIRCÉ, *Liv. V.*, placée ordinairement avant le titre et se rapportant à la page 304.

Nous avons donné l'indication du format in-8°, parce que c'est le plus recherché et le plus intéressant. Mais cette édition existe de format in-12 C'est le même texte remis en pages en plus petite réimpression.

PRIX : Répertoire Morgand et Fatout (1878), rel. en veau, 50 fr.

Dans ce livre, J.-J. Rousseau a exposé, en un superbe langage, de belles utopies, irréalisables dans la pratique, à côté de bon nombre d'idées très sensées. On y trouve le résumé de ses idées religieuses, dans le fameux chapitre intitulé *La Profession de foi du Vicaire Savoyard,* titre qu'il avait donné à ce passage, dit Henri Martin, « par reconnaissance pour un pauvre
« prêtre interdit, qui dans sa première jeunesse lui avait enseigné les prin-
« cipes de philosophie religieuse, toujours conservés à travers sa vie errante
« et agitée. *La Profession de foi du Vicaire Savoyard*, ajoute-t-il, est u1
« des monuments impérissables de la pensée humaine. Il n'avait rien par
« de si grand depuis Descartes. »

Petit in-8°, composé de : 206 pages chiffrées en totalité, y compris le titre (reproduit ci-contre), dont le verso est blanc. Le texte se termine à la page 197. La page suivante est occupée par un *Avvertissement* (sic) (de l'auteur), et les pages 199-206 contiennent la *Table*.

Il n'y a pas de préface. L'*Avertissement* est ainsi conçu : « Ce petit traité est extrait d'un ouvrage plus étendu, entrepris autrefois sans avoir consulté mes forces, et abandonné depuis longtemps. Des divers morceaux qu'on pouvoit tirer de ce qui étoit fait celui-ci est le plus considérable, et il m'a paru le moins indigne d'être offert au public. Le reste n'est déjà plus. »

Première édition, contenant à la fin, après le chapitre IX, la *Lettre de J.-J. Rousseau de Genève*, qui contient sa renonciation à la Société civile, & ses derniers adieux aux Hommes, adressée au seul *Ami* qui lui reste dans le monde.

DU
CONTRACT SOCIAL;
OU
PRINCIPES
DU
DROIT POLITIQUE.
Par J. J. ROUSSEAU,
CITOTEN DE GENEVE.

· · · fœderis æquas ·
Dicamus leges.
Æneid. xi.

A AMSTERDAM,
Chez MARC MICHEL REY.
MDCCLXII.

Il existe au moins deux éditions de 1762, avec la rubrique *A Amsterdam, chez Marc-Michel Rey*. L'autre, que nous avons eue aussi sous les yeux, n'a pas le même fleuron sur le titre ; elle est d'une impression différente, et ne contient pas la *Lettre* de la fin. L'*Avertissement* est au commencement, ainsi que la *Table*. Il est assez difficile de déterminer quelle est l'originale. La valeur de l'une et de l'autre est la même et l'on annonce indifféremment l'une ou l'autre comme étant la première.

Prix : 10 à 15 fr., ex. relié en veau. — Vente Potier (1870), rel. anc. en mar. r., 56 fr. — Répertoire Morgand et Fatout (1878), rel. anc. en mar. vert, 30 fr. ; — et un autre ex. broché, 30 fr.

LE BARBIER DE SÉVILLE,

OU LA PRÉCAUTION INUTILE,

COMÉDIE EN QUATRE ACTES;

Par M. DE BEAUMARCHAIS;

REPRÉSENTÉE & tombée sur le Théâtre de la Comédie Françoise aux Tuileries, le 23 de Février 1775.

...... Et j'étois Père, & je ne pus mourir!
(*Zaïre*, Acte 2e.)

A PARIS,

Chez RUAULT, Libraire, rue de la Harpe.

MDCCLXXV.
AVEC APPROBATION ET PERMISSION.

In-8°, composé de : 46 pages préliminaires chiffrées, comprenant le faux-titre, le titre, et une longue préface intitulée : *Lettre modérée sur la chute et la critique du Barbier de Séville. L'auteur, vêtu modestement et courbé, présentant sa pièce au Lecteur;* — 2 pages non chiffrées, où se trouve la liste des *Personnages,* avec des explications sur leurs costumes ; enfin 132 pages chiffrées, pour le texte de la pièce, suivi de l'*Approbation* et de l'*Achevé d'imprimer.*

L'*Approbation,* placée au bas de la dernière page, est datée du 29 décembre 1774, et signée CRÉBILLON. Elle est suivie du *Permis d'imprimer,* daté du 31 janvier 1775, et signé LE NOIR. On lit ensuite : *Achevé d'imprimer le 30 mai 1775.* Et au-dessous : *De l'Imprimerie de Clousier, rue Saint-Jacques.* Le permis d'imprimer remplace ici le Privilège. (BIBL. NAT. Y Th. 1,700.)

Dans la *Bibliographie des œuvres de Beaumarchais,* M. Henri Cordier décrit cinq éditions sous la date de 1775. Quoiqu'il n'accorde à celle dont nous donnons le titre et la description que le troisième rang, nous la considérons comme l'originale. C'est au moins la première dont l'achevé d'imprimer soit daté. De plus, le texte en est moins compact, le nombre de pages dépassant celui des autres éditions; et nous attachons toujours une certaine importance à ce principe, si routinier qu'il paraisse, observé chez les éditeurs ou imprimeurs, de resserrer le texte des éditions postérieures aux originales, plutôt que de l'étendre.

PRIX : 20 à 25 fr., en bon état, reliure ordinaire en veau.

L'auteur du *Barbier de Séville* eut une idée plaisante et originale, en introduisant, à l'impression, dans la phrase sacramentelle du titre de sa pièce : *Représentée... sur le théâtre de la Comédie Française... etc...,* les deux mots : *et tombée.* Cette comédie n'avait pas été bien accueillie, en effet, sur le théâtre des Tuileries, devant la Cour; mais le succès qu'elle obtint plus tard à la ville dédommagea Beaumarchais de cette sorte d'échec, quoique le succès fût loin d'égaler l'accueil enthousiaste qu'on fit à son *Mariage de Figaro,* dix ans après. La *Lettre modérée...* qui se trouve au commencement de la présente édition, raconte et commente plaisamment la chute du *Barbier* aux Tuileries. Cette satire fine et mordante de la société du XVIIIe siècle n'avait pu plaire de prime-abord à une noblesse mal prévenue, qui y recevait quelques pointes assez vives, auxquelles le public ordinaire, le grand public, comme on l'appelle de nos jours, devait naturellement applaudir.

LA FOLLE JOURNÉE,

O U

LE MARIAGE DE FIGARO,

Comédie en cinq Actes, en Profe,

PAR M. DE BEAUMARCHAIS.

Repréfentée pour la première fois par les Comédiens Français ordinaires du Roi, le Mardi 27 Avril 1784.

En faveur du badinage,
Faites grace à la raifon. *Vaud. de la Piece.*

AU PALAIS-ROYAL,

Chez RUAULT, Libraire, près le Théâtre,
N° 216.

M. DCC. LXXXV.

In-8° composé de : 2 feuillets préliminaires, non chiffrés, comprenant le faux-titre, au verso duquel sont indiquées les villes où se trouve l'ouvrage, avec un *Avis de l'Éditeur* au bas de la page; et le titre (reproduit ci-devant), dont le verso est blanc; — lvj pages chiffrées, pour la *Préface*, les *Caractères et habillemens de la pièce*, et une approbation suivie d'un permis d'imprimer; — 237 pages chiffrées, pour le texte de la pièce, y compris, au commencement, un faux-titre, au verso duquel est la liste des *Personnages*, et à la fin, de nouvelles *Approbations*, un nouveau permis d'imprimer et l'achevé d'imprimer.

L'approbation et le permis d'imprimer qui se trouvent au commencement, sont ainsi libellés : *Lu et approuvé le 25 janvier 1785.* BRET. — *Vu l'approbation, permis d'imprimer, ce 31 janvier 1785.* LENOIR.

A la fin, la première *approbation* est datée du 28 février 1784, et signée COQUELEY DE CHAUSSEPIERRE ; la seconde, du 21 mars 1784, signée BRET.

Elles ont trait l'une et l'autre aussi bien à la représentation de la pièce qu'à son impression.

On lit ensuite : *Vu les Approbations ; Permis d'imprimer et représenter. A Paris, ce vingt-neuf mars mil sept cent quatre-vingt-quatre. Signé :* LENOIR.

Et au-dessous : *Achevé d'imprimer pour la première fois, le 28 février 1785.*

Enfin au bas de cette dernière page on voit la mention : *A Paris, De l'Imprimerie de Ph.-D. Pierres, imprimeur ordinaire du Roi, etc...* (BIBL. NAT. Y. 5,777 + DA.)

C'est la véritable édition originale de la *Folle Journée*, publiée par l'auteur. Elle parut sans gravures. Mais on fit faire de suite cinq jolies figures dessinées par Saint-Quentin, et gravées, les quatre premières par C. N. Malapeau, la dernière par Roi. Les bibliophiles de l'époque les joignirent à leurs exemplaires. On en trouve donc en reliure du temps, soit sans gravures, soit avec gravures. Ces gravures paraissent avoir été plus grandes ; on voit encore dans quelques épreuves de bon tirage la trace du grattage de la planche à quelques millimètres en dehors du cadre.

D'après l'*Avis de l'éditeur* qui se trouve au verso du faux-titre, une édition aurait été publiée à Amsterdam avant celle-ci, sans l'aveu de l'auteur, d'après un manuscrit « tiré de mémoire et défiguré, plein de lacunes, de contre-sens et d'absurdités. »

Il s'agit sans doute d'une édition d'Amsterdam, 1785, contenant 144 pages et ne renfermant ni la Préface, ni les Approbations, mais où l'on trouve la musique notée.

Dans la même année Beaumarchais fit imprimer à Kehl, avec les caractères qui lui servaient pour les œuvres de Voltaire, la belle édition grand in-8°, qui porte la rubrique : *De l'imprimerie de la Société Littéraire-Typographique; Et se trouve à Paris, chez Ruault, libraire, au Palais-Royal, près le Théâtre, n° 216. 1785.* — Beau volume de lij pages préliminaires, comprenant le faux-titre au verso duquel on voit la liste des villes où se trouve l'ouvrage, le titre, dont le verso est blanc, la *Préface*, les *Caractères et habillemens de la pièce*, le *Placement des Acteurs*, une approbation et un permis d'imprimer ; — 199 pages chiffrées pour le texte, 1 page non chiffrée pour deux approbations et un permis d'imprimer, et un dernier feuillet non chiffré, dont le recto est occupé par les *Errata*. Ce dernier feuillet manque souvent.

On trouve dans cette édition les mêmes sujets dessinés par Saint-Quentin, mais gravés ici, par Liénard (pour le 1er, le 3e et le 5e actes), par Halbou (pour le 2e) et par Lingée (pour le 4e acte). Ces gravures sont plus belles que celles de Malapeau et Roi, et un peu plus grandes.

Il existe de très rares épreuves avant la lettre. Dans ce cas les sujets sont entourés d'un joli cadre gravé et ne peuvent être placés que dans des exemplaires en grand papier vélin, à toutes marges. Les exemplaires ainsi formés deviennent tout à fait précieux.

M. Eugène Paillet possédait un exemplaire, renfermant ces tirages avant la lettre, plus 4 eaux-fortes, et provenant de la collection de Pixerécourt. Un autre exemplaire contenant aussi ces pièces, appartient à M. G. de Villeneuve.

PRIX : Édition de Ruault ; 40 à 50 fr., en bon état, plus le prix de la reliure, si l'ex. est bien relié en maroquin. — Catal. Durel (1887), mar. bleu, 35 fr.

Édition de Kehl : Vente Potier (1870), gr. papier vélin, rel. v. f. par Bauzonnet, 101 fr. — Vente de Béhague (1880), rel. en mar. r. par Chambolle, 410 fr. — Un ex. contenant les figures avant la lettre se vend en moyenne de 1,500 à 2,500 fr. suivant les marges. — Vente D. C. (Delbergue-Cormont), 1881, ex. en cet état, 2,180 fr. — Bulletin Morgand (1887), superbe ex. de M. Eugène Paillet, dans lequel on voit non seulement les gravures avant la lettre, mais encore 4 épreuves sur 5, à l'état d'eaux-fortes, ce qui est peut-être unique, et quelques autres pièces ajoutées, riche rel. en mar. v. doublé de mar. r., dorures à l'extérieur et à l'intérieur, par Cuzin, 10,000 fr.

Cette charmante comédie, *Le Mariage de Figaro*, obtint un succès considérable. Elle fut jouée pendant près de deux années, et on raconte qu'elle rapporta à l'auteur environ 80,000 francs, — superbe chiffre pour cette époque !

In-18, composé de : xxxvi pages préliminaires chiffrées, comprenant le faux-titre, au verso duquel sont trois lignes d'impression (voir ci-après), le titre (reproduit ci-contre), dont le verso est blanc, un *Avant-propos*, un *Avis sur cette édition*; — 243 pages chiffrées, pour le texte.

On lit au verso du faux-titre : *Et se trouve à Paris, chez Fr. Didot jeune, libraire, imprimeur de* Monsieur, *quai des Augustins.*

Au verso de la page 243, on voit ces deux lignes : *L'Approbation et le Privilége se trouvent aux Etudes de la Nature.*

Jolie édition, la première publiée séparément de ce poétique roman. L'éditeur la fit illustrer, par Moreau et J. Vernet, de 4 jolies figures, qui durent paraître un peu

PAUL
ET
VIRGINIE,

Par Jacques-Bernardin-Henri
DE SAINT-PIERRE.

AVEC FIGURES.

. Miseris succurrere disco. Æneid. lib. 1.

Prix, papier vélin d'Essone, 6 liv.

A PARIS,
DE L'IMPRIMERIE DE MONSIEUR.
M. DCC. LXXXIX.
AVEC APPROBATION, ET PRIVILÉGE DU ROI.

plus tard que le texte, car on ne les trouve pas dans tous les exemplaires. Les trois premières sont de Moreau, gravées, l'une par Girardet, la seconde par Halbou, datée de 1789, et la troisième par de Longueil. La quatrième est de Joseph Vernet, datée de 1788, et gravée par de Longueil. Elles correspondent aux pages 1, — 34, — 124, — 204 de cette édition.

L'impression de ce petit livre est fort jolie et les figures ne manquent pas de grâce. Il fut tiré sur beau papier vélin un certain nombre d'exemplaires, qui contiennent le premier tirage des figures, dont il existe de très rares épreuves avant la lettre.

On trouve les prix auxquels étaient cotés, chez l'éditeur, les exemplaires sur différents papiers, en consultant l'annonce que nous signalons ci-après à la fin des feuillets préliminaires de *la Chaumière indienne* :

« *Paul et Virginie;* avec figures, papier vélin d'Essonne, 6 l. (livres).— Avec figures, papier fin d'Essonne, 4 livres. — Sans figures, papier commun, 1 liv. 10 sols. »

Ces prix sont un peu changés aujourd'hui, comme on va le voir.

Prix : Vente Potier (1870), papier vélin, figures, rel. en mar. bleu par Trautz, 130 fr. — Vente L. de M. (Lebeuf de Montgermont), 1876, même pap. et fig. rel. du temps, en mar. bl. par Bozérian, 400 fr. — Catal. Rouquette, ex. rel. en mar. r. anc., 450 fr. — Répertoire Morgand et Fatout, rel. en mar. v. par Hardy, 200 fr.; — et papier écu fin d'Essonne, rel. en veau, 70 fr. — Vente Roger (du Nord), 1884, rel. mar. v. par Trautz, 350 fr. — Chez Fontaine, un ex. avec les gravures avant la lettre, vendu 2,000 fr.

LA CHAUMIÈRE INDIENNE.

Par Jacques-Bernardin-Henri DE SAINT-PIERRE.

..... Miseris succurrere disco.
Virg. Æneid. lib. 1, v. 634.

Prix, 30 sols, broché.

DE L'IMPRIMERIE DE MONSIEUR.

A PARIS,

Chez P. Fr. Didot le jeune, quai des Augustins, n°. 22.

1 7 9 1.

In-18, composé de : xlviii pages préliminaires chiffrées, comprenant le faux-titre, dont le verso est blanc, le titre, dont le verso est également blanc, l'*Avant-propos*, les *Notes* et une liste des *Œuvres de M. de Saint-Pierre*, qui se vendent chez *Pierre Didot le jeune, quai des Augustins*; — 130 pages chiffrées, pour le texte.

Première édition, qui fut tirée sur *papier vélin d'Essonne*, au prix de 3 livres l'exemplaire, et sur *papier ordinaire*, au prix de 1 livre 10 sols, ainsi que l'indique la liste des *Œuvres de M. de Saint-Pierre*, que nous venons de citer. On trouve dans la même liste des œuvres l'annonce de *Paul et Virginie*, même format (édition de 1789, décrite dans notre article précédent), avec les prix des exemplaires sur différents papiers, illustrés de gravures ou non illustrés. Les exemplaires de *La Chaumière indienne*, tirés sur papier vélin d'Essonne, sont recherchés.

Prix : Vente Roger (du Nord), 1884, papier vélin, rel. en mar. v. par Trautz, 152 fr. — Vente L*** (Lessore), 1882, pap. vélin, cart. non rogné, 47 fr.

VOYAGE

AUTOUR DE MA CHAMBRE.

PAR

M. LE CHEV. X*** ***.

O. A. S. D. S. M. S.

Dans maint auteur, de science profonde,
J'ai lu qu'on perd à trop courir le monde.
GRESSET.

A TURIN.

1 7 9 4.

Par Xavier DE MAISTRE.

In-12, composé de : 188 pages chiffrées, y compris le titre, dont le verso est blanc ; plus 1 feuillet, dont le recto n'est occupé que par 2 lignes, savoir : le mot ERRATA, et l'indication d'une seule faute à corriger ; enfin 1 feuillet blanc, nécessaire pour compléter le cahier H, qui sans cela n'aurait que 11 feuillets.

Première édition de ce petit chef-d'œuvre de style et d'esprit français, Les initiales qui sont sur le titre : *Par M. le chev. X*** ***. O. A. S. D. S. M. S.* signifient : *Par M. le chevalier* XAVIER DE MAISTRE, *Officier au service de Sa Majesté Serenissime.* Cette « Majesté Serenissime » était le roi de Savoie, au service duquel Xavier de Maistre avait passé quelques années. C'est pendant une consigne disciplinaire de quarante jours qui lui avait été infligée à la suite d'un duel, que le jeune officier écrivit cette charmante fantaisie, qu'on ne se lassera jamais de relire et d'admirer.

Voici quelques lignes de Sainte-Beuve (*Portraits littéraires*, 1839), qui fournissent un document sérieux en faveur de la priorité de cette édition sur d'autres qu'on a quelquefois citées à la légère comme originales : « Dans une visite qu'il (Xavier de Maistre) fit à son frère Joseph, à Lausanne, vers 93 ou 94, il lui porta le manuscrit : « Mon frère, dit-il, était mon parrain « et mon protecteur; il me loua de la nouvelle occupation que je m'étais « donnée et garda le brouillon qu'il mit en ordre après mon départ. J'en « reçus bientôt un exemplaire imprimé... » Et en note au bas de la page, avec un renvoi correspondant à cela : « Edition de Turin 1794. »

Cette édition originale est rare en belle condition. Nous en avons vu un exemplaire superbe, non rogné, et relié en maroquin, chez M. Eugène Paillet, qui a eu l'heureuse chance de trouver aussi, dans le même état, l'édition originale de l'autre opuscule du même auteur : *Le Lépreux de la cité d'Aoste,* paru près de vingt ans plus tard.

PRIX : Ce petit volume est passé rarement en vente publique. Il vaut, en bon état ordinaire, 30 à 35 fr. — Bulletin Morgand (1887), très bel ex. rogné, relié sur brochure, en mar. v. par Cuzin, 200 fr.

INDEX ALPHABÉTIQUE

DES NOMS D'AUTEURS

	Pages.
ACEILLY (chevalier d'). Voir CAILLY (Jacques de)	352-353
ALSINOIS (comte d'). Voir DENISOT	64-65
AUBIGNÉ (Théodore-Agrippa d'). Né en 1550, mort en 1630	112-115
BAÏF (Jean-Antoine de). Né en 1532, mort en 1589	85-92
BEAUMARCHAIS (Pierre-Augustin CARON de). Né en 1732, mort en 1799	566-570
BELLAY (Voir DU BELLAY)	93-94
BELLEAU (Remy). Né en 1528, mort en 1577	95-96
BOILEAU-DESPRÉAUX (Nicolas). Né en 1636, mort en 1711	385-399
BOSSUET (Jacques-Bénigne). Né en 1627, mort en 1704	401-423
CAILLY (Jacques de), connu sous le nom de chevalier d'ACEILLY. Né en 1604, mort en 1673	352-353
CHARTIER (Alain). Né en 1386, mort en 1449 suivant les uns, en 1457 ou 1458, suivant les autres	9-11
COQUILLART (Guillaume). Né en 1421, mort vers 1510	12-15
CORNEILLE (Pierre). Né en 1606, mort en 1684	131-203
DENISOT (Nicolas), connu sous le pseudonyme de Conte d'ALSINOIS	64-65
DESCARTES (René). Né en 1596, mort en 1650	119-120
DESHOULIÈRES (Mme Antoînette du LIGIER DE LA GARDE). Née en 1634, morte en 1694	426-427
DES PERIERS (Bonaventure). Né vers la fin du XVe siècle, mort vers 1544	65-74
DESPRÉAUX (Voir BOILEAU)	385-399
DES PORTES (Philippe). Né vers 1546, mort en 1606	97-98
DESTOUCHES (Philippe NÉRICAULT). Né en 1680, mort en 1754	515-518
DU BELLAY (Joachim). Né en 1524, mort en 1560	93-94

	Pages.
FÉNELON (François de SALIGNAC de la MOTHE-). Né en 1651, mort en 1715.	444-454
FRANC (Martin). Mort vers 1460.	4-5
FURETIÈRE (Antoine). Né en 1620, mort en 1688.	214-215
GRESSET (Jean-Baptiste-Louis). Né en 1709, mort en 1777.	519-523
GRINGOIRE (Pierre). Né vers 1480, mort vers 1547 ou 1548.	16-18
GUILLET (Pernette du). Morte en 1545.	77-78
HAMILTON (Comte Antoine). Né en 1646, mort en 1720.	478
LABÉ (Louise). Née en 1526, morte en 1566.	75-77
LA BRUYÈRE (Jean de). Né en 1644, mort en 1696.	428-435
LA FAYETTE (Marie-Madeleine PIOCHE DE LA VERGNE, comtesse de). Née en 1632, morte en 1693.	346-351
LA FONTAINE (Jean de). Né en 1621, mort en 1695.	221-254
LA FRESNAYE (Jean VAUQUELIN DE). Né en 1536, mort en 1606.	106-107
LA ROCHEFOUCAULD (Le duc François VI de). Né en 1613, mort en 1680.	335-345
LA SALE (Antoine de). Né en 1398, mort en 1462.	22-24
LA VALLIÈRE (Louise-Françoise de LA BAUME-LE-BLANC, duchesse de). Née en 1644, morte en 1710.	400
LE SAGE (Alain-René). Né en 1668, mort en 1747.	479-490
LORRIS (Guillaume de). Mort vers 1240.	1-3
LOUIS XI et les seigneurs de sa cour. — Louis XI, né en 1423, mort en 1483.	19-21
MAISTRE (Xavier de). Né en 1764, mort en 1852.	573-574
MALHERBE (François de). Né vers 1555, mort en 1628.	116-118
MARGUERITE DE FRANCE, ou DE VALOIS, reine de Navarre, sœur de François Ier. Née en 1492, morte en 1549.	54-63
MARIVAUX (Pierre CARLET DE CHAMBLAIN DE). Né en 1688, mort en 1763.	499-514
MAROT (Clément). Né en 1495, mort en 1544.	27-36
MAROT (Jehan ou Jan). Né en 1463, mort en 1526.	25-26
MELLIN DE SAINT-GELAIS (Voir SAINT-GELAIS).	84
MEUNG (Jehan de). Né vers le milieu du XIIIe siècle, mort vers 1310 à 1322.	1-3
MOLIÈRE (Jean-Baptiste POQUELIN dit). Né en 1622, mort en 1673.	255-334
MONTAIGNE (Michel de). Né en 1533, mort en 1592.	99-105
MONTESQUIEU (Charles de SECONDAT, baron de LA BRÈDE et de). Né en 1689, mort en 1755.	491-498
MONTPENSIER (Anne-Marie-Louise D'ORLÉANS, duchesse de). Née en 1627, morte en 1693.	215-220
PASCAL (Blaise). Né en 1623, mort en 1662.	204-213
PATHELIN. (Voir LA SALE, Antoine de).	22-24
PERIERS. (Voir DES PERIERS).	65-74
PERRAULT (Charles). Né en 1628, mort en 1703.	436-438

INDEX ALPHABÉTIQUE.

	Pages.
PERRAULT d'ARMANCOUR (Pierre), fils de Charles PERRAULT	439-443
PIRON (Alexis). Né en 1689, mort en 1773.	524
PRÉVOT D'EXILES (L'abbé Antoine-François). Né en 1697, mort en 1763.	525-528
RABELAIS (François). Né vers 1483, mort vers 1553	37-53
RACINE (Jean). Né en 1639, mort en 1699.	353-385
REGNARD (Jean-François). Né en 1647, mort en 1709.	455-472
RÉGNIER (Mathurin). Né en 1573, mort en 1613.	108-111
ROCHEFOUCAULD. (Voir LA ROCHEFOUCAULD)	335-345
RONSARD (Pierre de). Né en 1524, mort en 1585.	78-83
ROUSSEAU (Jean-Baptiste). Né en 1670, mort en 1741.	477
ROUSSEAU (Jean-Jacques). Né en 1712, mort en 1778.	560-565
ROTROU (Jean). Né en 1609, mort en 1650.	121-124
SABLIÈRE (Antoine RAMBOUILLET de LA). Né vers 1615, mort en 1680	424-425
SAINT-GELAIS (MELLIN DE). Né en 1491, mort en 1558.	84
SAINT-PIERRE (Jacques-Bernardin-Henri de). Né en 1737, mort en 1814	571-572
SCARRON (Paul). Né vers 1610, mort en 1660	125-130
SEDAINE (Michel-Jean). Né en 1719, mort en 1797.	558-559
SÉVIGNÉ (Marie de RABUTIN-CHANTAL, marquise de). Née en 1626, morte en 1696.	473-476
VAUQUELIN de LA FRESNAYE. (Voir LA FRESNAYE)	106-107
VAUVENARGUES (Luc de CLAPIERS, marquis de). Né en 1715, mort en 1747.	529
VILLON (François). Né en 1431, mort vers 1495.	6-8
VOLTAIRE (François-Marie AROUET de). Né en 1694, mort en 1778	530-557

TABLE ALPHABÉTIQUE

DES TITRES D'OUVRAGES DÉCRITS

	Pages.
Adolescence (l') Clémentine.	27
Agésilas, par P. Corneille.	186
Alexandre-le-Grand, par Racine.	355
Amour (l') médecin, par Molière.	285
Amours (les) de Psiché et de Cupidon.	241
Amphitryon, par Molière.	298
Andromaque, par Racine.	357
Andromède, par P. Corneille.	172
Athalie, par Racine.	377
Attendez-moy sous l'orme, par Regnard.	457
Attila, par P. Corneille.	187
Avare (l'), par Molière.	299
Aventures de Télémaque (1699).	447
Id. Id. (1717).	451
Aventures (les) du baron de Fœneste	114
Bachelier (le) de Salamanque.	489
Bajazet, par Racine.	366
Barbier (le) de Séville.	566
Bérénice, par Racine.	364
Bergerie (la) de R. Belleau.	95
Bourgeois (le) de Falaise, par Regnard.	459
Bourgeois (le) gentilhomme, par Molière.	304
Brave (le), comédie de Baïf.	85
Britannicus, par Racine.	362
Candide, par Voltaire.	548
Caractères (les) de Théophraste et de La Bruyère (1688).	428
Id. Id. (1696).	434
Cent nouvelles (les).	19
Champion des Dames (le).	4
Chartreuse (la), par Gresset.	521
Chasteau (le) de Labour.	16
Chaumière (la) indienne.	572
Chroniques (les grandes) de Gargantua (1532).	37
Cid (le), par P. Corneille.	146
Cinna, par P. Corneille.	154
Cinquiesme livre de Pantagruel (1564).	53
Clitandre, par P. Corneille.	133
Considérations sur la grandeur des Romains.	493
Contes et nouvelles en vers, de La Fontaine (1665).	224

	Pages.
Contes et nouvelles en vers, de La Fontaine, 2e partie (1666)	225
Contes et nouvelles en vers, de La Fontaine (1667)	226
Id. (1669)	227
Id. 3e partie (1671)	229
Id. illustrés par Romain de Hooghe (1685)	246
Contes (Nouveaux) de La Fontaine (1674)	231
Contes de Perrault . . . . 436 à	443
Contrat (du) social	565
Coupe (la) enchantée, par La Fontaine	254
Crispin rival, par Le Sage	479
Critique (la) de l'École des femmes, par Molière	278
Critique (la) du Légataire, par Regnard	470
Cymbalum mundi en françoys, par B. Des Periers (1537)	65
Cymbalum mundi (1538)	68
Défense de l'Esprit des lois	498
Démocrite, par Regnard	463
Dénouement (le) imprévu	500
Dépit amoureux, par Molière	257
Diable (le) boîteux, par Le Sage	481
Dialogues des morts, par Fénelon	453
Dictionnaire philosophique	552
Dissipateur (le)	518
Discours de la méthode, par Descartes	119
Discours sur l'histoire universelle	419
Distrait (le), par Regnard	462
Divers portraits (1659)	217
Diverses poésies du chev. d'Aceilly	352
Diverses poésies (les) de la Fresnaye Vauquelin	106
Don Sanche d'Aragon, par P. Corneille	174
Droitz (les) nouveaulx, de Coquillart	12

	Pages.
Ecole (l') des mères	504
Education des filles, par Fénelon	444
Emile, par J.-J. Rousseau	563
Epreuve (l'), par Marivaux	510
Escole (l') des femmes, par Molière	274
Escole (l') des maris, par Molière	271
Esprit (de l') des lois, par Montesquieu	495
Essais de Montaigne (1580)	99
Id. (1588)	101
Essais (les) de Montaigne (1595)	103
Esther, par Racine	373
Estourdy (l'), par Molière	255
Étrenes de poezie fransoeze, par Baïf	91
Eunuque (l'), de La Fontaine	221
Euvres de Louise Labé	75
Euvres en rime, de Baïf	87
Explication des maximes des saints	445
Fables choisies, de La Fontaine, 1re édition (1668)	233
Fables choisies, de La Fontaine, (édition de 1678-1694)	236
Fables nouvelles, de La Fontaine (1671)	235
Fâcheux (les), par Molière	272
Fais (les) d'Alain Chartier	10
Fausses (les) confidences	507
Femmes (les) sçavantes, par Molière	309
Festin (le) de pierre, par Molière	313
Folies (les) amoureuses, par Regnard	465
Folle journée (la), ou le Mariage de Figaro	568
Fourberies (les) de Scapin, par Molière	308
Fragmens (les) de Molière	314
Gageure (la) imprévue	559
Galerie (la) du palais, par P. Corneille	136
Gargantua, de Rabelais (1535)	45
George Dandin, par Molière	301
Gil Blas, par Le Sage . . . 483 à	486
Gloire (la) du Val-de-Grâce, par Molière	315

TABLE ALPHABÉTIQUE. 581

	Pages.
Glorieux (le)	516
Grandes (les) chroniques de Gargantua (1532)	37
Grand testament de Villon (le)	6
Griselidis, par Perrault (Voir la marquise de Salusses)	437
Henriade (la), par Voltaire	534
Heureux (l') stratagème	505
Heptameron de Marguerite de Valois	61
Héraclius, par P. Corneille	171
Histoire de Charles XII	537
Histoire de Gil Blas, par le Sage (1715-1735)	483
Id. Id. (1747)	486
Histoire de Henriette d'Angleterre	350
Histoire des amans fortunez	59
Histoire du chevalier des Grieux et de Manon Lescaut (1753)	527
Histoires ou contes du temps passé (par Perrault d'Armancour)	439
Homme (l') aux quarante écus	557
Horace, par P. Corneille	150
Illusion (l') comique, par P. Corneille	144
Ingénu (l'), par Voltaire	555
Introduction à la connoissance de l'esprit humain (par Vauvenargues)	529
Iphigénie, par Racine	369
Jan Marot de Caen	25
Jeu (le) de l'amour et du hazard	501
Je vous prens sans verd, par La Fontaine	253
Joueur (le), par Regnard	460
Joye (la) imprévue	508
Ladolescence Clémentine	27
Légataire (le) universel, par Regnard	468
Legs (le), par Marivaux	506
Lettres de deux amans (Nouvelle Héloïse)	560
Lettres de Mme de Sévigné (1725)	473
Id. Id. (1726)	475

	Pages.
Lettres persanes, par Montesquieu	491
Ligue (la), par Voltaire	532
Madrigaux de la Sablière	424
Maistre Pierre Pathelin	23
Malade (le) imaginaire, par Molière	311
Marguerites de la Marguerite	57
Mariage de Figaro (voir Folle journée (la)	568
Mariage forcé (le), par Molière	284
Marquise (la) de Salusses, ou Griselidis	436
Maximes de La Rochefoucauld. 336 à	341
Maximes et réflexions sur la comédie	421
Méchant (le), par Gresset	523
Médecin (le) malgré luy, par Molière	289
Médée, par P. Corneille	142
Mélite, par P. Corneille	131
Mémoires de Grammont	478
Mémoires et aventures d'un homme de qualité (1731)	525
Menechmes (les), par Regnard	466
Menechmes (les), de Rotrou	121
Menteur (le), par P. Corneille	161
Méprise (la)	509
Mérope (la), par Voltaire	541
Métromanie (la), par Piron	524
Miroir (le) de l'âme pécheresse	54
Miroir (le) de Marguerite de Navarre	55
Micromégas (le), de Voltaire	545
Mimes (les), de Baïf	88
Misanthrope (le), par Molière	287
Mithridate, par Racine	368
Monsieur de Pourceaugnac, par Molière	303
Mort (la) de Pompée, par P. Corneille	159
Nicomède, par P. Corneille	176
Nouveaux contes de La Fontaine (1674)	231
Nouvelle Héloïse (la). Voir Lettres de deux amans	560

Nouvelles en vers, de La Fontaine.	223
Nouvelles récréations de B. Des Periers	73
Odes de Ronsard (les quatre premiers livres des)	78
Œdipe, par P. Corneille	179
Œdipe, par Voltaire	530
Œuvres de Baïf (1572-1573)	87
Œuvres diverses du sieur D*** (Boileau-Despréaux (1674)	394
Id. Id. (1701) in-4º	396
Id. Id. (1701) in-12. . . .	398
Œuvres de Coquillart	14
Œuvres de P. Corneille (1644). . .	192
Id. Id. (1648). . .	194
Œuvres (premières) de Ph. Desportes	97
Œuvres (les) de Joach. Du Bellay .	93
Œuvres de Louise Labé.	75
Œuvres (les) posthumes de La Fontaine	251
Œuvres (les) de Fr. Malherbe. . .	117
Œuvres de Cl. Marot (1538) . . .	33
Œuvres de Cl. Marot (1545) . . .	35
Œuvres de Molière (1666) . . .	318
Id. Id. (1673)	321
Id. Id. (1674)	323
Id. Id. (1682)	326
Œuvres de Rabelais (1553)	52
Œuvres de Racine (1675-1676) . .	380
Id. Id. (1697)	383
Œuvres de Regnard	471
Œuvres (premières) de M. Régnier (1608)	108
Œuvres (les) de Ronsard	79
Œuvres diverses du sieur R*** (J.-B. Rousseau)	477
Œuvres poétiques de Mellin de Saint-Gelais	84
Œuvres de Villon.	8
Oraison funèbre de Henriette de France, par Bossuet	401
Id. de Henriette d'Angleterre	403
Oraison funèbre de Marie-Thérèse.	407
Id. de la princesse palatine. . . . . : . .	409
Id. Id. de Michel Le Tellier	411
Id. du prince de Condé	413
Id. de Nicolas Cornet .	417
Othon, par P. Corneille	185
Ouvrages de prose et de vers, de Maucroy et La Fontaine	249
Pantagruel (1532).	40
Pantagruel (1534).	43
Pantagrueline Prognostication. . .	41
Pathelin le grand et le petit	22
Paul et Virginie (1789)	571
Peau d'asne, par Ch. Perrault . . .	438
Pensées de Pascal	207
Pertharite, par P. Corneille. . . .	178
Phèdre et Hippolyte, par Racine. .	370
Philosophe (le) marié.	515
Philosophe (le) sans le savoir . . .	558
Philosophie (la) de l'histoire. . . .	554
Place (la) royale, par P. Corneille .	140
Plaideurs (les), par Racine	360
Plaisirs (les) de l'Isle enchantée (1664)	280
Id. (1665)	282
Poëme de la captivité de Saint-Malc	243
Poëme du quinquina.	244
Poésies de Mme Deshoulières . . .	426
Polyeucte, par P. Corneille. . . .	157
Précieuses (les) ridicules, par Molière	260
Premières œuvres (les) de Ph. Desportes	97
Premières œuvres (les) de M. Régnier (1608).	108
Princesse de Babilone (sic)	556
Princesse (la) de Clèves.	349
Princesse (la) de Monpensier. . . .	346
Provinciales (les), de Bl. Pascal . .	204
Psiché, par Molière, Corneille et Quinault.	306

TABLE ALPHABÉTIQUE.

	Pages.
Pucelle (la) d'Orléans, par Voltaire.	546
Pulchérie, par Corneille	190
Quart livre de Pantagruel (1552).	50
Quatre (les) premiers livres des Odes de Ronsard.	78
Recueil contenant plusieurs discours (satires de Boileau (1666).	386
Recueil de portraits et éloges	219
Recueil des œuvres de B. Des Périers	71
Recueil d'oraisons funèbres (1672)	405
Id. Id. (1689)	415
Recueil Jehan Marot.	26
Réflexions ou sentences et maximes, par La Rochefoucauld (1665)	337
Id. (1678)	344
Réflexions sur la miséricorde de Dieu	400
Relation (la) de l'isle imaginaire	215
Remerciment au roy, par Molière.	276
Retour (le) imprévu, par Regnard.	464
Rodogune, par P. Corneille.	165
Roman bourgeois (le).	214
Roman (le) comique de Scarron	129
Roman de la Rose (le)	1
Rymes de Pernette du Guillet.	77
Satires du sieur D*** (Boileau Despréaux) (1666).	385
Id. (1667)	389
Id. (1668)	392
Satyre contre les maris, par Regnard	455
Satyres (les) de Regnier (1613).	110
Sentences et maximes de morale (1664) par La Rochefoucauld.	336
Sérénade (la), par Regnard	458
Serments (les) indiscrets	503
Sertorius, par P. Corneille.	183
Sganarelle, par Molière	263
Sicilien (le), par Molière	291
Siècle (le) de Louis XIV	544

	Pages.
Sophonisbe, par P. Corneillle.	184
Suite (la) de l'Adolescence Clémentine.	31
Suite (la) du Menteur, par P. Corneille.	163
Suite du IVe livre de l'Odyssée, ou les aventures de Télémaque.	447
Suivante (la), par P. Corneille.	138
Suréna, par P. Corneille.	191
Surprise (la) de l'amour.	499
Tancrède, par Voltaire.	551
Tartuffe (le), par Molière.	293
Testament (le grand et le petit) de Villon.	6
Théâtre (le) de P. Corneille (1664).	197
Id. Id. (1682).	201
Thebayde (la), par Racine	353
Théodore, par P. Corneille.	169
Tiers livre de Pantagruel (1546).	47
Id. Id. (1552)	49
Tite et Bérénice, par P. Corneille.	189
Toison (la) d'or, par P. Corneille.	181
Tombeau (le) de Marguerite de Valois.	64
Tragiques (les) de d'Aubigné.	112
Triomphe (le) de l'amour.	502
Turcaret, par Le Sage.	480
Vairvert (*sic*), par Gresset	519
Vefve (la), par P. Corneille.	135
Venceslas, par Rotrou	123
Vert-Vert (*voir* Vairvert)	519
Vie (la) de Marianne.	511
Vie de Molière, par Voltaire	540
Vie (la) inestimable de Gargantua (1535).	45
Virgile travesti (le), de Scarron	125
Voyage autour de ma chambre	573
Zadig, par Voltaire.	543
Zayde (par Mme de La Fayette)	347
Zayre, par Voltaire.	539